国家出版基金项目
NATIONAL PUBLICATION FOUNDATION

南岭走廊契约文书汇编（1683—1949年）

主　编　杨文炯　骆桂花　唐学情
副主编　李　双　沈世明

贺州卷

赵炳林　刘志慧
周万里　闫福琴　编校

中山大學出版社
SUN YAT-SEN UNIVERSITY PRESS
·广州·

图书在版编目（CIP）数据

南岭走廊契约文书汇编：1683—1949年．贺州卷 / 赵炳林等编校；杨文炯，骆桂花，唐学情主编；李双，沈世明副主编．—广州：中山大学出版社，2023.12

ISBN 978－7－306－07930－5

Ⅰ．①南… Ⅱ．①赵… ②杨… ③骆… ④唐… ⑤李… ⑥沈… Ⅲ．①契约—文书—汇编—中国—1683—1949 Ⅳ．①D923.69

中国国家版本馆CIP数据核字（2023）第208028号

NANLING ZOULANG QIYUE WENSHU HUIBIAN：
1683—1949 NIAN · HEZHOU JUAN

出版人：王天琪
策划编辑：王天琪 嵇春霞
责任编辑：徐诗荣 梁锐萍
封面设计：曾 斌
责任校对：蓝若琪
责任技编：靳晓虹
出版发行：中山大学出版社
电 话：编辑部（〇二〇）八四一一一九〇一
发行部（〇二〇）八四一一一一九八
地 址：广州市新港西路一三五号
邮 编：五一〇二七五
印刷者：广州市友盛彩印有限公司
开 本：十六 印 张：二五点六二五
字 数：五〇二千字
版次印次：二〇二三年十二月第一版 二〇二三年十二月第一次印刷
定 价：一一八元

南岭走廊契约文书汇编（1683—1949年）

凡例

一、本汇编所收契约文书之时间，上限为一六八三年，下限为一九四九年十月中华人民共和国成立前；按地域分为五卷，分别是粤北卷，郴州卷，贺州卷，桂林、柳州、来宾、贵港卷，衡阳、永州、浏阳、玉林、赣州卷。

二、本汇编所收原件为收藏在广东瑶族博物馆和连山壮族瑶族自治县统战部的契约文书。

三、本汇编所录契约文书皆无名称，均由编者自拟，文书名称包括时间、责任者（立契人或发布人）、事由、文书类别。

四、本汇编每一卷中的契约文书先按地域排列，再以时序编次。若一契写有两个年份者，以初立契约日为序编排；若干支纪年与历史纪年不对应者，按照历史纪年排序；若只知年号不知年份者，排在该年号的最后。

五、本汇编之录文，无版本依据不作按断。简体字以二〇一三年六月国务院公布之通用规范汉字表为准。通假字、生僻字，不改。繁体字、异体字（人名与地名除外）、避讳字，径改。舛误，用（ ）标注正确的内容。衍字，用［ ］标示。疑讹字，用〔 〕号补上拟正的字。根据上下文或者前后文的意思，需补充的字用〈 〉标示。画押符号均写成『【押】』，印章均写成『【印】』。

六、本汇编凡原文献因年代久远、手写或印刷等因素导致字迹漫漶不清、缺字、纸页残缺者，按照以下方式处理：无法辨认的用『⍰』标示；据所缺字数用『□』逐一标示，字数难以确定者用『▨』标示，可以补齐的用〈 〉标示。

七、本汇编中出现的对少数民族的蔑称均根据国家相关民族政策一律改为规范称呼，如『猺』改为『瑶』。其余未规定事项，为保存历史文献原貌，一般从原。

南岭走廊契约文书汇编（1683—1949年）

总序

杨文炯

民间契约文书的发掘、整理、出版和跨学科研究是改革开放四十余年以来中国学术文化苑中最亮丽的风景之一，形成了『东有石仓文书，西有敦煌文献、黑水城文献，南有徽州文书、清水江文书，北有太行山文书的研究格局』[一]。自近代民间契约文书发现以来，作为历史文化现象的民间契约文书遍布西北、华南、华北、华中、西南等广大地区，不仅存在于汉族地区，而且存在于少数民族分布地区。这种文化现象的普遍性及其『大同小异』的丰富内容无疑呈现了『多元一体的中国社会』——一个沉淀在底层社会且呼应着经史子集之大传统的『小传统』的中国社会。如果说作为正史的二十四史是大一统历史的『上层建筑』——王朝国家的话语表达，那么这些浩如烟海的民间契约文书作为『元史料』就是它的『下层建筑』——乡土中国的乡土话语。正如赵世瑜先生所说的清水江文书的研究具有『重建西南乃至中国的历史叙述』[二]之价值，亦如郑振满先生指出的『系统收集和整理、利用民间历史文献，深入揭示民间文化的传承机制，开展多学科结合的综合研究，对于推动中国人文社会科学的发展具有战略性意义。通过深入发掘和研究民间文献，有助于深化对中国基本国情的认识，建构具有中国特色的人文社会科学理论模式与概念体系』[三]。因此，这些民间历史文献的全面发掘、整理和研究，有助于对中国社会历史文化深层结构的探究，有助于深化对中华文明之突出特性的理解与揭示，有助于提升中国式现代化的文化自信，有助于构建中国人文社会科学的话语体系。

每一份民间契约文书都是沉默的全息的历史文本。它们作为乡土中国的乡土话语是老百姓曾经的日常生活实践和生活样态的真实写照，作为今天学术研究的史料又是我们寻找中国文化乡土之根的历史记忆。传统的中国文化是土地里长出来的，正如费孝通先生所言的：『中国基本的社会结构和生活方式都植根于农村这个乡土社会，这

〔一〕鲁书月、顾海燕：邯郸学院藏太行山文书学术研讨会综述，中国史研究动态二〇一五年第三期。

〔二〕赵世瑜：清水江文书在重建中国历史叙述上的意义，原生态民族文化学刊二〇一五年第四期。

〔三〕郑振满：民间历史文献与文化传承研究，东南学术二〇〇四年增刊。

是中国的国情。因此，我认为认识中国社会，认识中国人，首先要认识中国农村社会，认识农村经济，认识农民生活及其社会心态。』[一]差序格局是乡土熟人社会的基本结构，礼制又是生于斯、长于斯的乡土人不言自明的规矩，信用是教化、内化于『礼』中的『规』，又是敬畏、服膺于心的『矩』。所以，『乡土社会的信用并不是对契约的重视，而是发生于对一种行为的规矩熟悉到不假思索时的可靠性』[二]。因此，民间契约文书作为文化记忆是连结过去与未来的生生不息的文脉，对它的学术研究正是对历史的追问与对未来承前启后的理性思考，更是理解『何为中国』的一种全新的学术视角。从学术史的角度看，此类研究也是傅衣凌、梁方仲二位先生所开创的华南学派的学术传统，近些年学术界关于清水江文书的发现和整理研究而形成的『清水江学』就是典型个案。正如张应强先生指出的：『从宏观上看，如果把清水江文书反映的具体社会生活，与大的历史背景、区域的历史建构联系起来，那么，从非常具体而微的个案入手，围绕清水江文书的解读，就不仅可以助益我们对区域社会文化过程的认识和理解，而且还提供了理解和解释明清西南开发历史进程的新途径，乃至通过西南理解和解释中国历史的一把钥匙。』[三]同样，朱荫贵先生从构建中国特色哲学社会科学体系的角度指出：『长期以来，学术界对明清以来中国社会经济各个领域的研究，受史料和文化传承等影响，基本集中在东部、中部和汉族文化地区，这种状况使得已有的研究成果很难说完整地代表了整个中华文明，也成为现有研究成果难以避免的弱点之一。清水江文书的发现和整理研究……也为今后更长期的历史研究和从更广泛的角度研究中国奠定了坚实基础，有可能使中国的社会科学研究在某些领域和课题上具有更加鲜明的中国特色，并大大增强站在世界学术研究前沿的可能性。』[四]同时，作为方法的清水江文书的中国研究又有着『小中见大』的重要意义，即透过地方性『小问题』『小历史』而发现中国性的『大意义』『大历史』。如张新民先生指出的：『我们既要透过中华文明的整体架构来准确地分析复杂多元的地域文明形态，也要以复杂多元的地域形态来客观完整地反映中华文明的整体架构。研究清水江流域乡民生存、生活、交往与劳作的社会性实践模式，当然应该将其置于中华文明变迁发展的整体历史背景中，以「多元一体」即大一统复合型文明共同体的视域来展开多方面的分析，在强调其地方性（个别性）的同时也注意其国家性（共同性），而注意国家性（共同性）则决不意味着可以忽视地方性（个别性）……复线式的叙事学研究方法之所以显得重要，

〔一〕费孝通：中国乡村考察报告·总序，社会二〇〇五年第一期。
〔二〕费孝通：乡土中国，人民出版社二〇一五年版，第七页。
〔三〕张应强：方法与路径：清水江文书整理研究的实践与反思，贵州大学学报二〇一八年第一期。
〔四〕朱荫贵：从贵州清水江文书看近代中国的地权转移，杨军昌主编清水江学研究，中央民族大学出版社二〇一六年版，第五十四页。

即在于它能够帮助我们更好地认知多重地理文化空间组合而成的完整意义上的中国。』[一]由此可见，因为民间历史文献学的『下层建筑』视角呈现了被长期遮蔽的中国历史文化之根深叶茂的乡土性，从而与正史的『上层建筑』视角构成了深度理解中国社会多元一体结构的全新视阈，使得以往的中国研究的宏大叙事因为落地生根的乡土性而使『中国故事』更为生动、真实、丰满，使得『何为中国』的自主性知识体系的本土话语更有中国特色、风格、气派。

我们步学界后尘，与广东瑶族博物馆合作出版五卷本《南岭走廊契约文书汇编（1683—1949年）》。这套民间历史文献具有三大特点：一是时间跨度大，从清朝康熙二十二年（一六八三）到一九四九年，其间虽经『三千年未有之大变局』与改朝换代之巨变，但这些民间契约文书作为一种文化现象却保持了相当的历史连续性与书写风格的一致性。二是这些文献主要分布在南岭走廊，它是历史上多元族群的共生之地，又是不同族群南来北往、东进西出的必经之道。大量契约文书的存在，既反映了这一地区的社会流动性，又说明了契约文书是地方社会之共识性契约与社会制度的设置。三是这些契约文书最大的特点是绝对多数是『白契』，即民契。如果说『红契』作为官契是地方社会正式制度，那么，『白契』就是非正式制度，是传统乡土社会自在的契约文化的载体与物证。如仲伟民、王正华先生指出的：『契约文书揭示了中国历史最真实的样态，从中我们可以看到传统中国尤其是乡土社会所表现出的务实精神、契约精神和法治精神。就契约文书的内容与格式而言，呈现出丰富多彩的面貌，同时又具有极大的相似性，从此出发可以让我们对于中国文化的多样性与统一性有更为深层的理解。』[二]但笔者依然需要追问的是，什么样的意义使得这些作为非正式制度的『白契』在地方社会起着让人信守契约的重要作用？这些『一纸值千金』的『白契』的神圣性何在，即是什么样的神圣性让人们敬畏契约、尊重契约？这就需要我们的研究回归它所在的没有『祛魅』的地方社会中，因为它是这些契约文本被生产的语境，这一语境不仅有显性的归户性、宗族性、地方性的社会结构，更有其隐性的、内嵌于宇宙观之中的神圣价值结构。人是意义的社会存在，亦如马克斯·韦伯所言，人是悬挂在自己编织的意义之网上的动物。这些契约文书是无声的历史话语，我们只有通过分析文本话语，即对意义的追问才能回归对『人』的主体性研究，因为历史研究不是研究『史料』本身，而是通过『史料』认识、理解具体的『人』。笔者在阅读这些契约文书时，发现大量的契约文书在契尾处的『中见人』

〔一〕张新民：《寻找中国文化的乡土社会之根》，《广西民族研究》二〇一六年第三期。

〔二〕仲伟民、王正华：《契约文书对中国历史研究的重要意义》，《史学月刊》二〇一八年第五期。

「经场人」「代笔人」「保人」「中证人」「族老某某正」等上方明确写有「天理良心」「存乎天理」「存乎天良」「仁心天理」「永年千秋」「天长地久」「长发祺祥」「添丁进业」「永远善业」「风调雨顺」等字样。显而易见，这些字样不是装饰的，它恰似契约文书的「天眼」，是契约文本话语的关键词。透过这些源自文化主体之宇宙观的「心灵话语」，笔者看到了乡土社会无处不在的香火袅袅的土地庙、佛道与民间信仰杂糅的寺院、宗祠乃至家屋墙上的「天地君亲师」，更见到了作为大传统的宋明理学在乡土社会的根植与功能。这些「白契」文书不只是一张张立字为据的契约，更是一张无形的意义之网。在乡土社会，它们不仅是可见的「礼」——工具性的乡规民约，更是人们心灵的「理」——乡土人安身立命的价值之基，正是这种内在的「理」与外在的「礼」构筑了乡土社会「白契」之有效性契约规范的双重价值维度。因此，对这些契约文书的研究让我们找到了中国乡土社会生生不息的文脉，看到了中国社会悠久的契约文化传统和精神，揭橥了源远流长的中华文明之连续性、统一性、稳定性的文化基因。

在本套丛书付梓之际，我们非常感谢中山大学出版社王天琪社长、嵇春霞副总编辑的大力支持和各位编辑付出的艰辛劳动！同时，谨以本套丛书的出版纪念骆桂花教授！

目录

康熙二十二年十二月初六日任孔珠卖地契

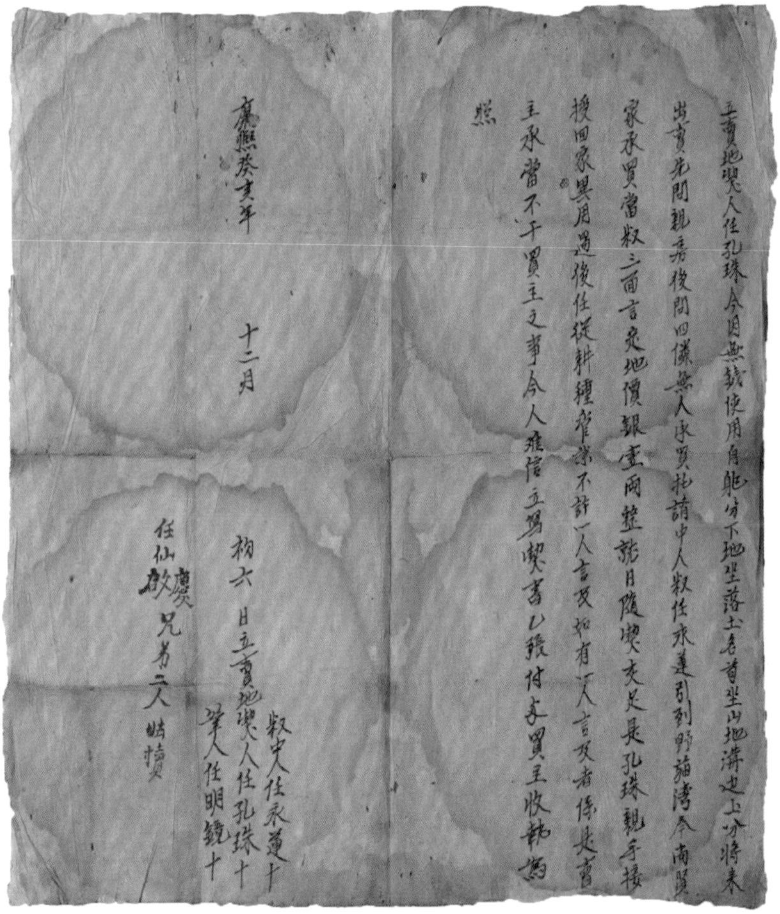

立卖地契人任孔珠今因无钱使用自己分下地坐落土名首坐山地沟边上分将来出卖先问亲房后问四僯（邻）无人承买托请中人叔任永莲引到野猫湾奉尚贤家承买当叔三面言定地价银壹两整孰（就）日随契交足是孔珠亲手接授（受）回家异用过后任从耕种管业不许一人言及如有一人言及者系是卖主承当不干买主之事今人难信立写契书一张付与买主收执为照

叔中人任永莲【押】

康熙癸亥年十二月初六日立卖地契人任孔珠【押】

笔人任明镜【押】

任仙庆任仙启兄弟二人⍰⍰

雍正元年五月二十四日何道善卖房屋契

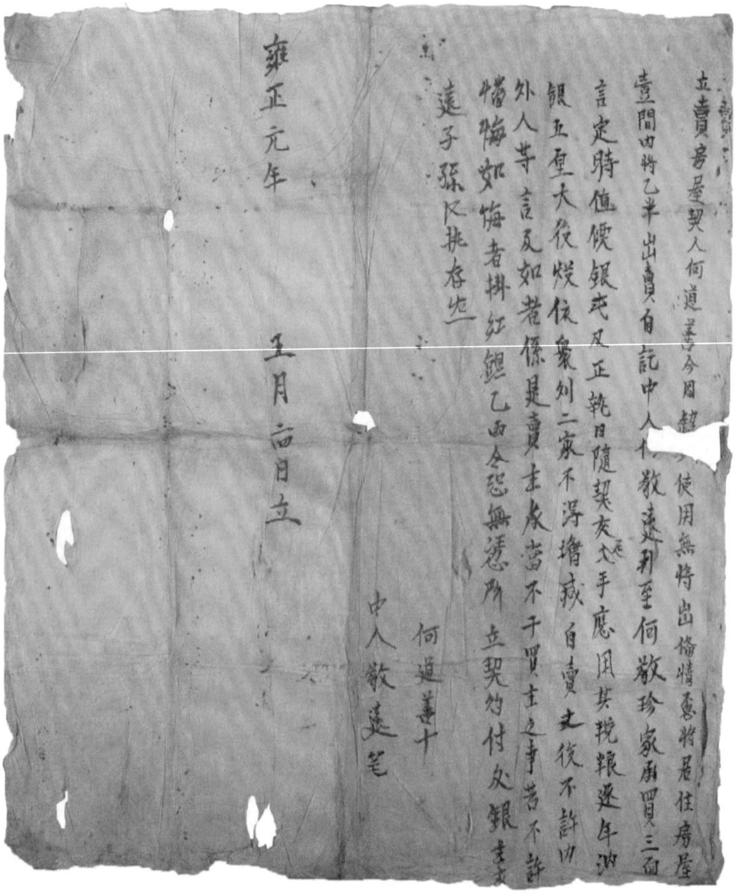

立卖房屋契人何道善今因□□使用无
将出备情悳将居住房屋壹间内将一半
出卖自托中人何敬远引至何敬珍家承
买三面言定时值价银贰两正執（就）
日随契交足入手应用其税粮逐年纳银
五厘大后炆依众刘二家不得增减自卖
之后不许内外人等言及如者系是卖主
承当不干买主之事若不许憣悔如悔者
挂红银一两今恐无凭所立契约付与银
主永远子孙收执存照
何道善【押】
中人敬远笔
雍正元年五月二四日立

乾隆十三年十二月十日何道富卖山岗地契

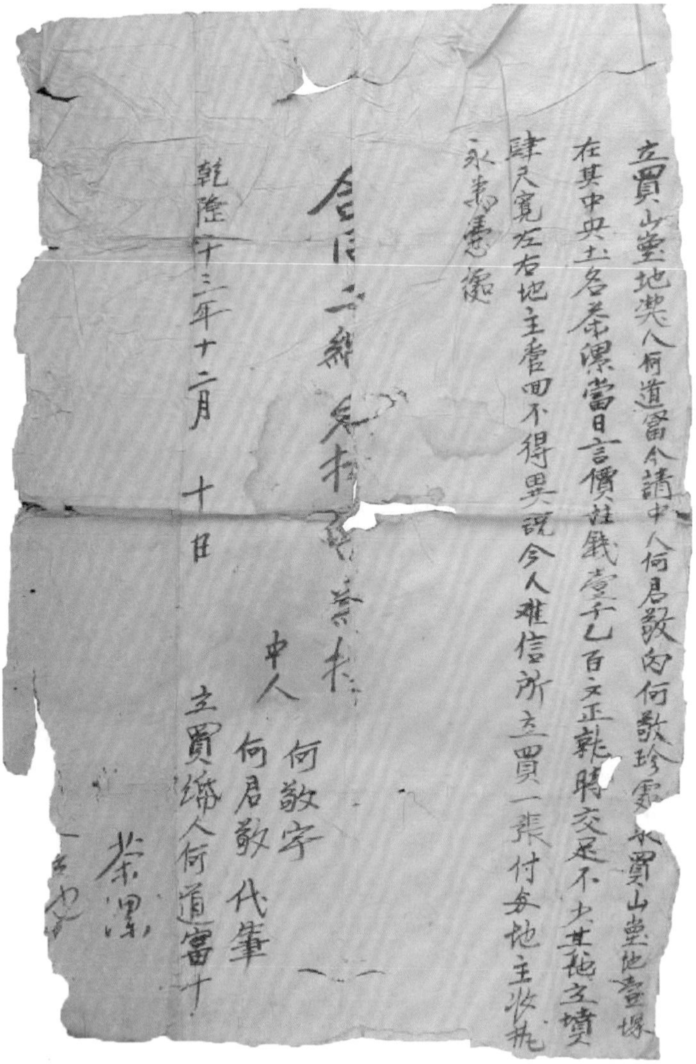

立买山岗地契人何道富今请中人何君敬向何敬珍处求买山岗地壹冢在其中央土名茶漯当日言价挂钱壹千一百文正就时交足不少其地立坟肆尺宽左右地主管回不得异说今人难信所立买一张付与地主收执永为凭据

〈合同二纸□执留为据〉

中人何敬宇何君敬代笔

乾隆十三年十二月十日立买纸人何道富【押】

茶漯

□也

乾隆二十一年十二月任圣寄佃字契

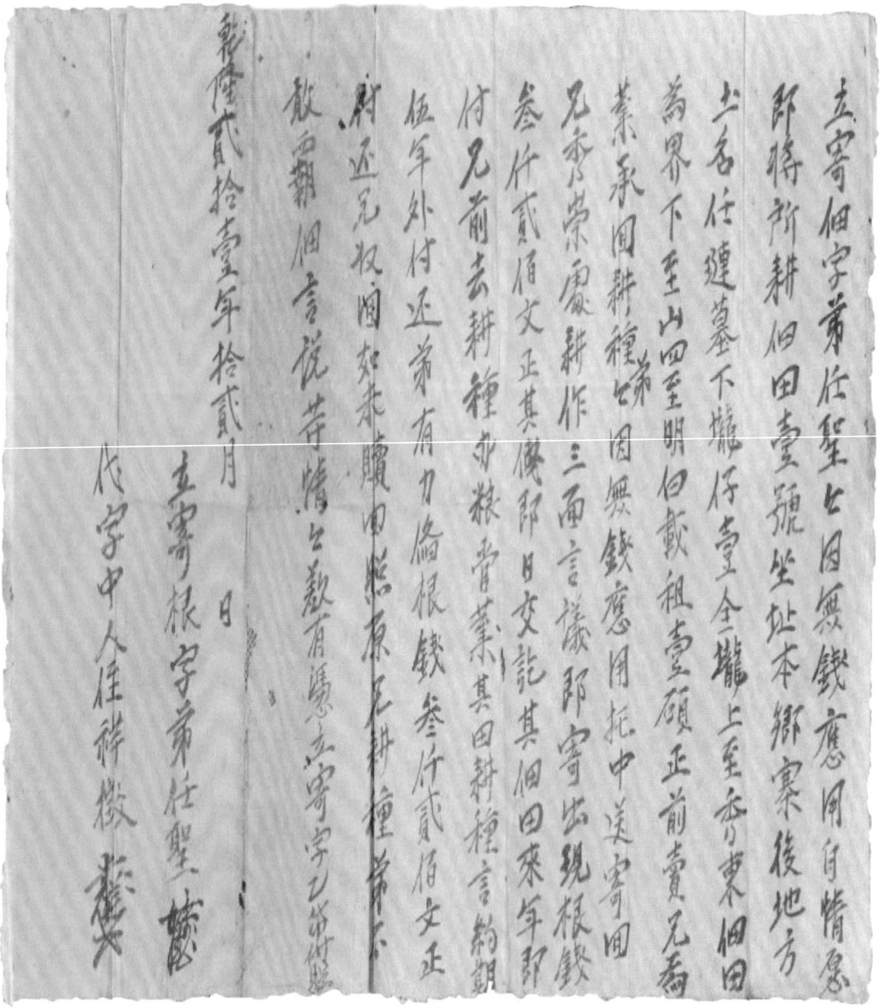

立寄佃字弟任圣今因无钱应用自情愿即将所耕佃田壹号坐址本乡寨后地方土名任琏墓下垅仔壹全垅上至秀东佃田为界下至山四至明白载租壹硕正前卖兄为业承回耕种弟今因无钱应用托中送寄回兄秀崇处耕作三面言议即寄出现根钱叁仟贰佰文正其钱即日交讫其佃田来年即付兄前去耕种办粮管业其田耕种言约期伍年外付还弟有力备根钱叁仟贰佰文正付还兄收回如未赎回照原兄耕种弟不敢霸佃言说等情今欲有凭立寄字一纸付照

乾隆贰拾壹年拾贰月日

立寄根字弟任圣【押】

代字中人任祥征【押】

乾隆二十二年四月十五日李天富李天福卖宅居契

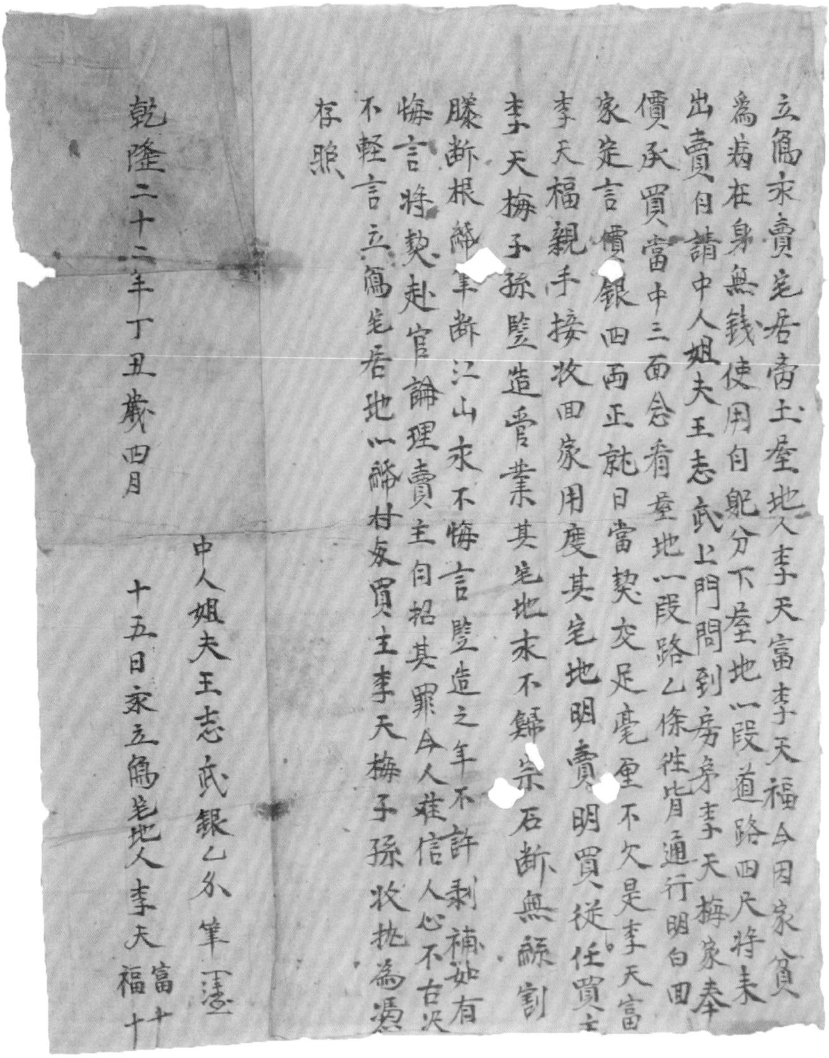

立写永卖宅居斋土屋地人李天富李天福今因家贫为病在身无钱使用自己分下屋地一段道路四尺将来出卖自请中人姐夫王志武上门问到房茅李天梅家奉价承买当中三面念看屋地一段路一条往皆通行明白回家定言价银四两正就日当契交足毫厘不欠是李天富李天福亲手接收回家用度其宅地明卖明买任从买□李天梅子孙监造管业其宅地永不归宗石断无丝割滕（藤）断根纸笔断江山永不悔言监造之年不许剥补如有悔言将契赴官论理卖主自招其罪今人难信人心不古决不轻言立写宅居地一纸付与买主李天梅子孙收执为凭存照

中人姐夫王志武银一钱笔【押】

乾隆二十二年丁丑岁四月十五日永立写宅地人李天富【押】李天福【押】

乾隆四十六年十二月二十二日罗邦英邦俊卖田契

立写永卖断田文约人罗邦英邦俊不因别故今为家蝟正事无钱使用切思无路办兄弟謫（商）议自将父亲置买土名牛栏山田壹处去价钱贰拾壹仟文兄弟自愿将父分去卖与人召问房亲四僯（邻）无人承买自请中人周开萱上门问到同寨民李开秀允从承买即日凭中登临土名牛栏山分占长田二丘湴唐亦占一分余税贰分陆厘八毫七丝五勺连浮在内一概出卖是日回家当中取出前约四纸照约还回一半田价钱捌仟文整即日立契钱两交明白钱系卖主兄弟亲手接受并无货物准折而田自卖之后永不生端如若生心悔复索取分文任从买主将约赴　公究治自干（甘）罪戾今恐人心不古立写永卖断约一纸付与买主永年耕种子孙永远收执存照

同见罗仲晃【押】

中人周开萱笔

乾隆四十六年十二月廿二日立约人罗邦英【押】罗邦俊【押】

乾隆四十九年十二月能禄寄佃田契

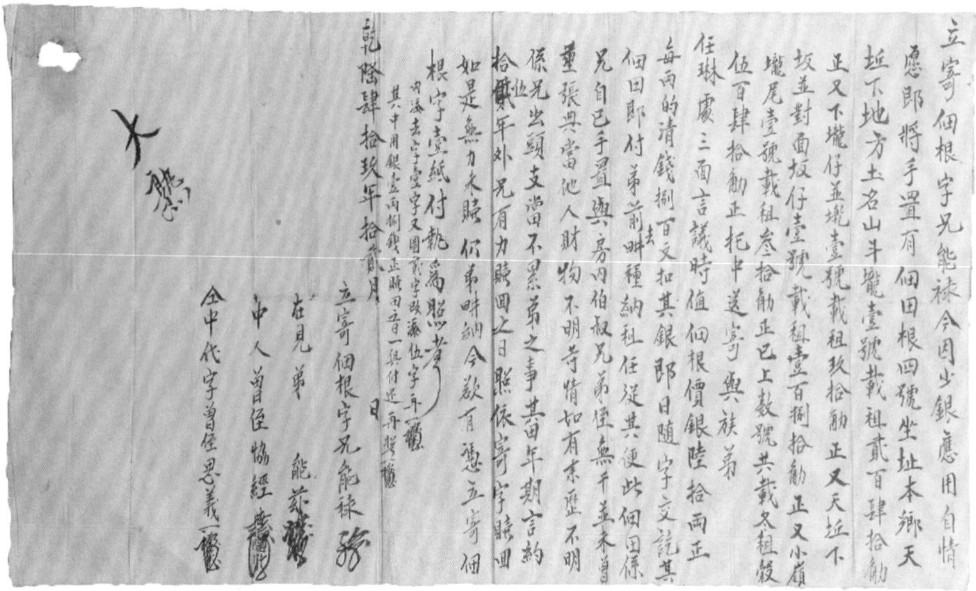

立寄佃根字兄能禄今因少银应用自情愿即将手置有佃田根四号坐址本乡天坵下地方土名山斗垅壹号载租贰百肆拾斤正又下垅仔并垅壹号载租玖拾斤正又天坵下坂并对面坂仔壹号载租壹百捌拾斤正又小岭垅尾壹号载租叁拾斤正已上数号共载冬租谷伍百肆拾斤正托中送寄与族弟任琳处三面言议时值佃根价银陆拾两正每两的清钱捌百文扣其银即日随字交讫其佃田即付弟前去耕种纳租任从其便此佃田系兄自已（己）手置与房内伯叔兄弟侄无干并未曾重张典当他人财物不明等情如有来历不明系兄出头支当不累弟之事其田年期言约拾伍年外兄有力赎回之日照依寄字赎回如是无力未赎仍弟耕纳今欲有凭立寄佃根字一纸付执为照者

内添去字壹字又图贰字改添伍字再【押】

其中用银壹两捌钱正赎田之日一俱付还再照【押】

乾隆肆拾玖年拾贰月日

立寄佃根字兄能禄【押】

在见弟能兹【押】

中人曾侄协经【押】

仝中代字曾侄思义【押】

大熟

乾隆五十三年三月二十二日何贵明卖房屋契

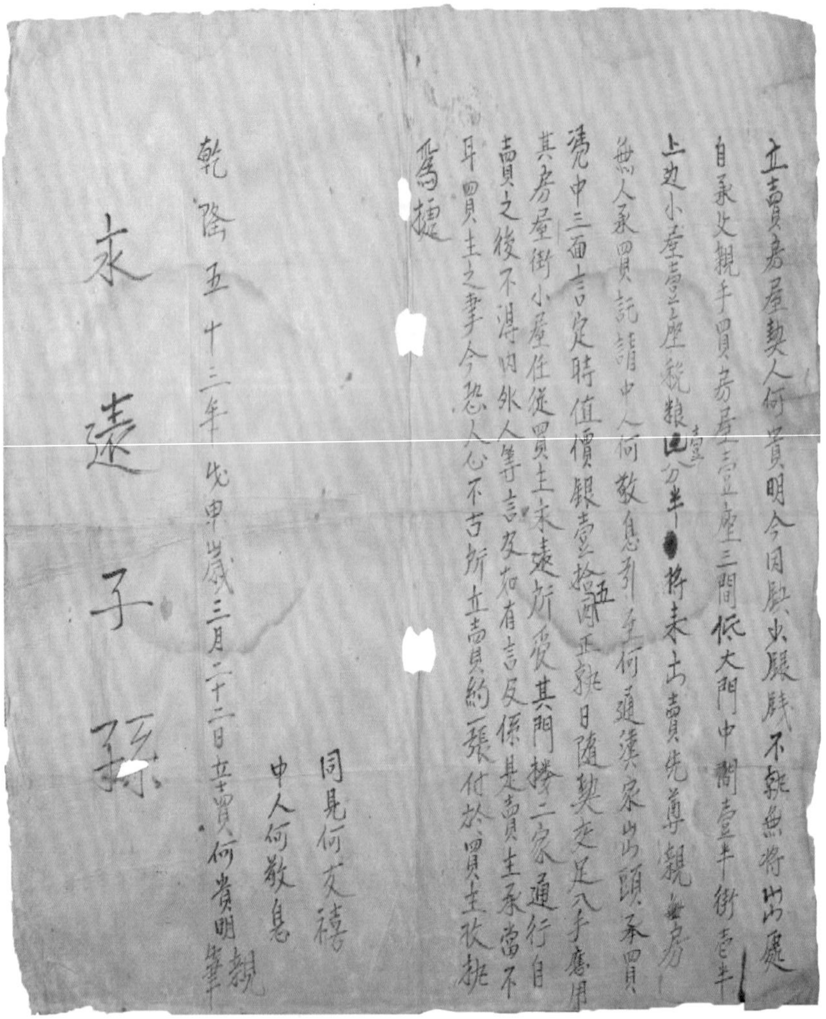

立卖房屋契人何贵明今因缺少银钱不孰（就）无将出处自承父亲手买房屋壹座三间低大门中间壹半街壹半上边小屋壹座税粮壹分半将来出卖先尊亲房无人承买托请中人何敬息引至何通汉家出头承买凭中三面言定时值价银壹拾五两正孰（就）日随契交足入手应用其房屋街小屋任从买主永远所爱（管）其门楼二家通行自卖之后不得内外人等言及如有言及系是卖主承当不甘（干）买主之事今恐人心不古所立卖约一张付于买主收执为据

同见何友禧

中人何敬息

乾隆五十三年戊申岁三月二十二日立卖何贵明亲笔

永远子孙

乾隆五十五年十一月绍玉洗断出寄佃田契

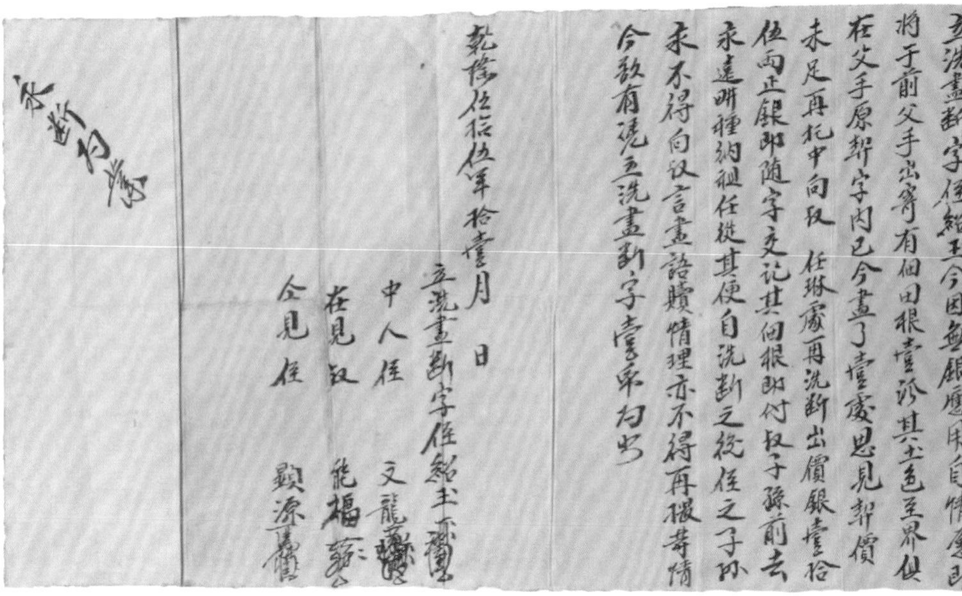

立洗尽断字侄绍玉今因无银应用自情愿即将于前父手出寄有佃田根壹泒其土色至界俱在父手原契字内已今尽了壹处思见契价未足再托中向叔任琳处再洗断出价银壹拾伍两正银即随字交讫其佃根即付叔子孙前去永远耕种纳租任从其便自洗断之后侄之子孙永不得向叔言尽语赎情理亦不得再撮等情今欲有凭立洗尽断字一纸为书

乾隆伍拾伍年拾壹月日

立洗尽断字侄绍玉【押】

中人侄文龙【押】

在见叔能福【押】

仝见侄显源【押】

永断为业

嘉庆元年十二月十四日缵廷卖田屋基屋宇沟地等项契

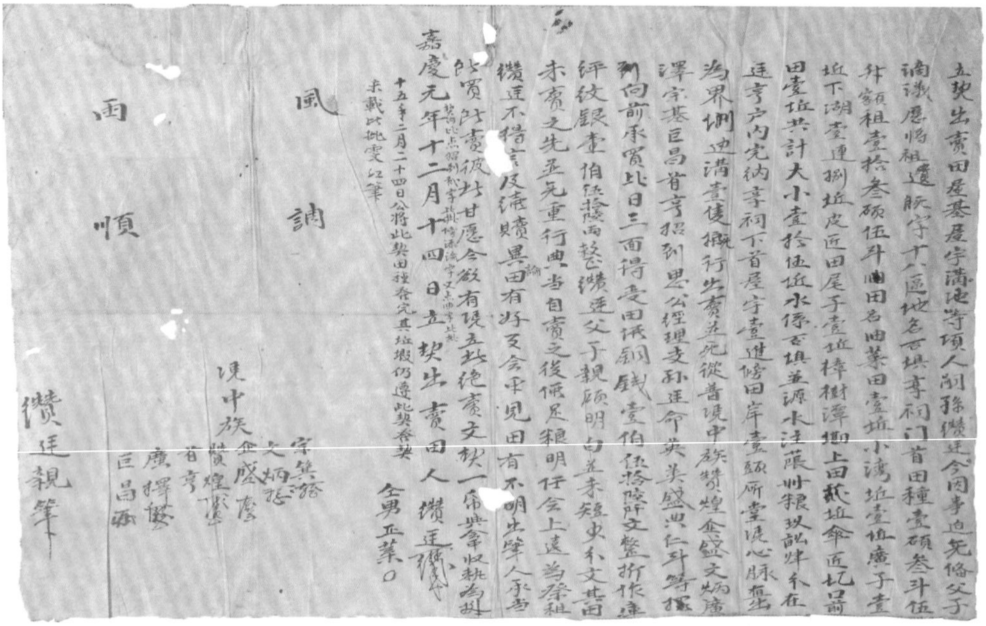

立契出卖田屋基屋宇沟地等项人嗣孙缵廷今因事迫无备父子谪（商）议愿将祖遗既字十八区地名石埧〔埧〕亨祠门首田种壹硕叁斗伍升额租壹拾叁硕伍斗田名油菜田壹丘小湾坵壹丘广子壹丘下湖壹连捌丘皮匠田尾子壹丘樟树潭坳上田贰丘伞匠圮口前田壹丘共计大小壹拾伍丘水系石埧〔埧〕并源水注〔荫〕册粮玖亩肆分在廷亨户内完纳亨祠下首屋宇壹进傍田岸壹头厅堂凭心脉直出为界侧边沟壹只概行出卖并无从普凭中族赞煌企盛文炳广泽宗基巨昌首亨招到思公经理支孙廷命英美盛典仁斗等向前承买比日三面得受田价铜钱壹伯（佰）伍拾陆阡（仟）文整折作库〔平〕纹银壹伯（佰）伍拾陆两整缵廷父子亲顾明白并未短少分文其田未卖之先并无重行典当自卖之后价足粮明任会上远为祭祖缵廷不得言及续赎异论田有好歹会众见田有不明出笔人承当所买所卖彼此甘愿今欲有凭立此绝卖文契一纸典会中收执为据

契内比点招到贰字此批傍添论字又点四字此批

嘉庆元年十二月十四日立契出卖田人缵廷【押】

十五年二月二十四日公将此契田种发完其坵塅仍遵此契发契仝男正业

未载此批雯红笔

风调雨顺

凭中族宗箕【押】文炳【押】企盛【押】赞煌【押】首亨广择【押】

巨昌【押】

缵廷亲笔

嘉庆十二年十月二十日谭思公等卖田契

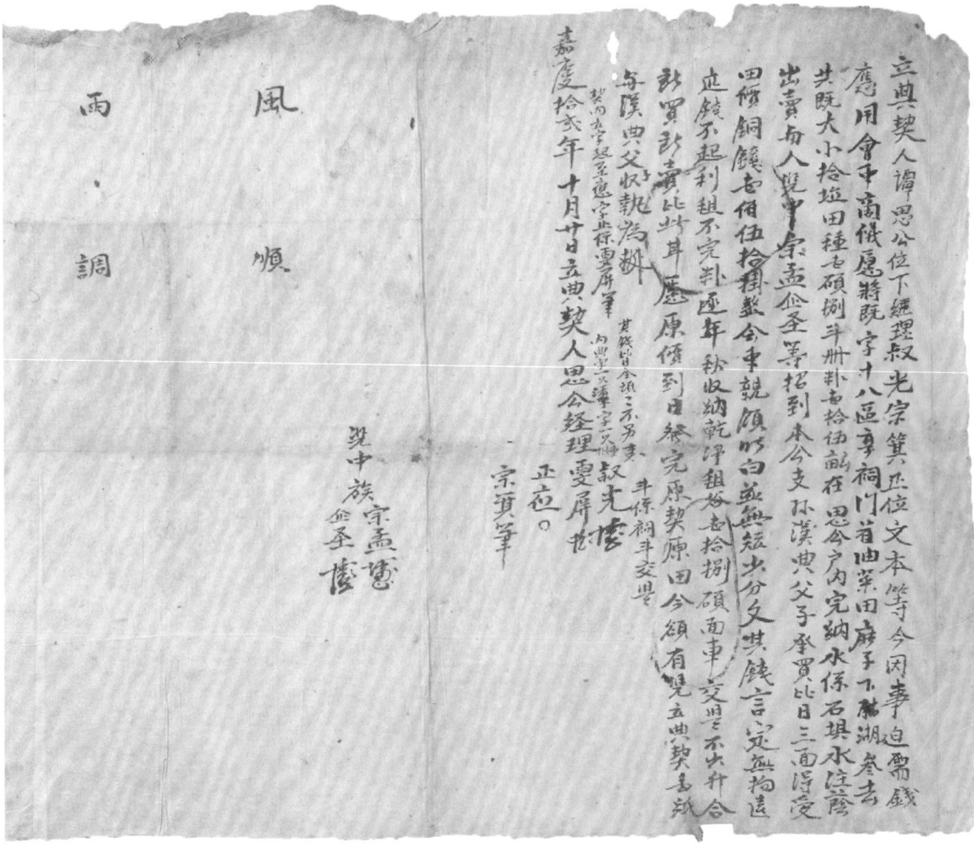

立典契人谭思公位下经理叔光宗箕正位文本等今因事迫需钱应用会众商仪（议）愿将既字十八区亭祠门首油菜田麻子下湖叁去共既大小拾丘田种壹硕捌斗册粮壹拾伍亩在思公户内完纳水系石埧〔埧〕水注荫出卖与人凭中宗孟企圣等招到本公支孙汉典父子承买比日三面得受田价铜钱壹佰伍拾挂整会众亲领明白并无短少分文其钱言定无拘远近钱不起利租不完粮逐年秋收纳干净租谷壹拾捌硕面车交量不出升合所买所卖比此耳愿原价到日发完原契原田今欲有凭立典契壹纸与汉典父子收执为据

契内立字起至应字止系雯屏笔　其钱皆全领领不另书斗系祠斗交量　内典字一只添字字一只重批

嘉庆拾贰年十月廿日立典契人思公经理叔光【押】

雯屏【押】

正位【押】宗箕笔

凭中族宗孟【押】企圣【押】

风调雨顺

嘉庆十三年十一月二十六日唐尚锦父子卖田契

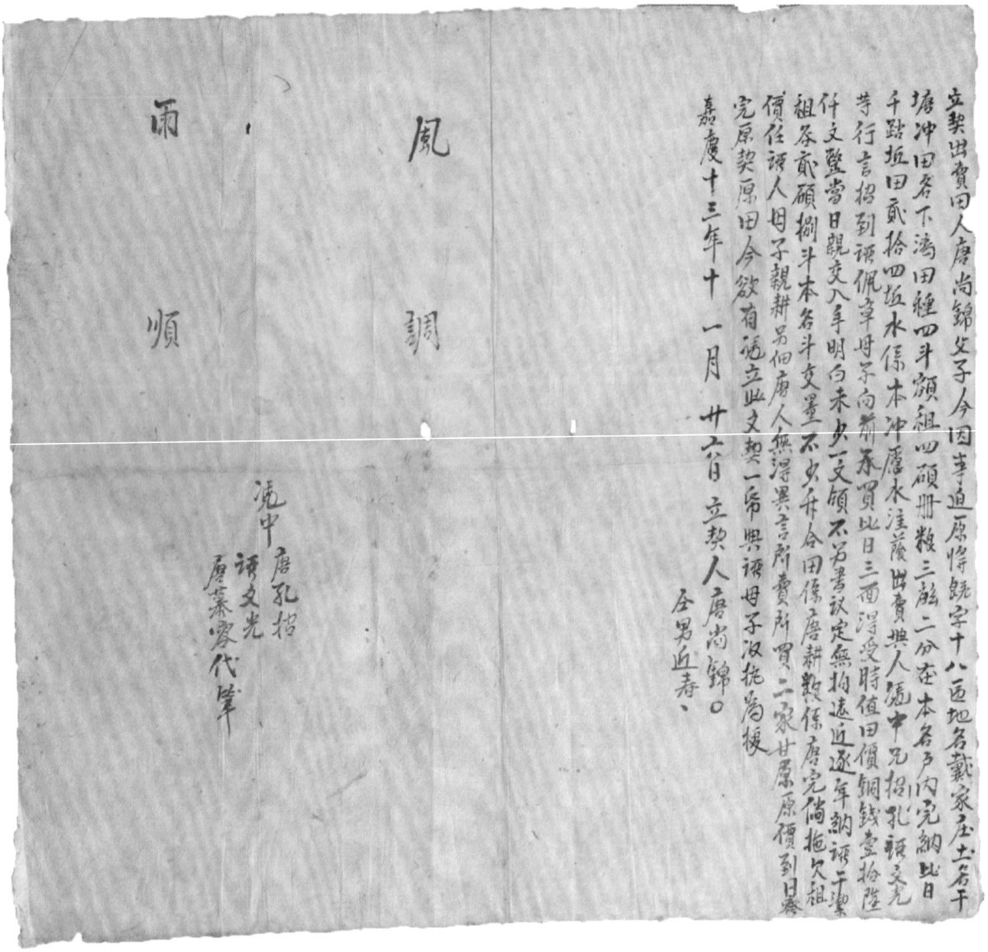

立契出卖田人唐尚锦父子今因事迫原将既字十八区地名戴家庄土名干塘冲田名下湾田种四斗额租四硕册粮三亩二分在本各户内完纳比日千踏丘田贰拾四丘水系本冲塘水注荫出卖典人凭中兄孔招路文光等行言招到谭佩章母子向前承买比日三面得受时值田价铜钱壹拾陆仟文整当日亲交入手明白未少一文领不另书认定无拘远近逐年纳价干洁租谷贰硕捌斗本各斗交量不少升合田系唐耕粮系唐完倘拖欠租价任谭人母子亲耕另佃唐人无得异言所卖所买二家甘原（愿）原价到日发完原契原田今欲有凭立此文契一纸典价母子收执为据

嘉庆十三年十一月廿六日立契人唐尚锦

【押】仝男近春

风调雨顺

凭中唐孔招谭文光唐慕容代笔

嘉庆十五年二月二十四日谭廷命等卖田契

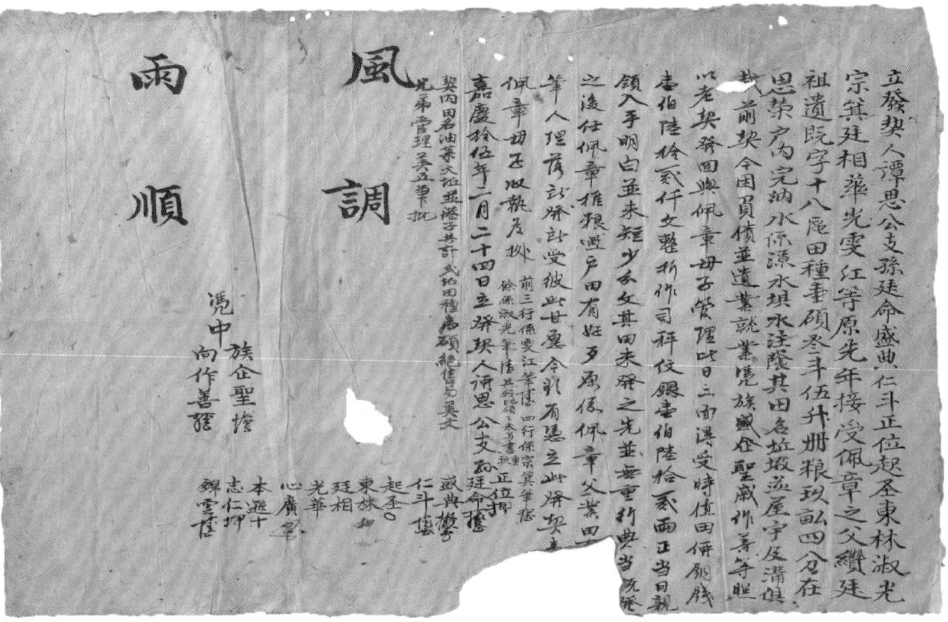

立发契人谭思公支孙廷命盛典仁斗正位起圣东林淑光宗箕廷相萃光雯江等原先年接受佩章之父缵廷祖遗既字十八区田种壹硕叁斗伍升册粮玖亩四分在思荣户内完纳水系源水坝（埧）水注荫其田名坵堰并屋宇及沟俱载前契今因负债并遗业就业凭族盛企圣戚作善等照以老契发回与佩章母子管理比日三面得受时值田价铜钱壹佰陆拾贰仟文整折作两秤纹银壹佰陆拾贰两正当日亲领入手明白并未短少分文其田未发之先并无重行典当既发之后任佩章推粮过户田有好歹原系佩章父业田□□□□笔人理落所发所受彼此甘愿今将有凭立此发契□□□□佩章母子收执为据

前三行系雯江笔【押】四行系宗箕笔【押】余系淑光笔【押】其钱比领之末另书重批

嘉庆拾伍年二月二十四日立发契人谭思公支孙正位【押】孙廷命【押】孙盛典【押】孙仁斗【押】孙起圣【押】孙东林【押】孙廷相孙光华孙心广【押】孙本逊【押】孙志仁【押】孙锦云【押】

契内田名油菜大坵并港子共计贰丘田种壹硕绝售与美文兄弟管理

美五笔批

风调雨顺

凭中族企圣增【押】向作善【押】

嘉庆十六年八月二十八日谭光织夫妻卖地契

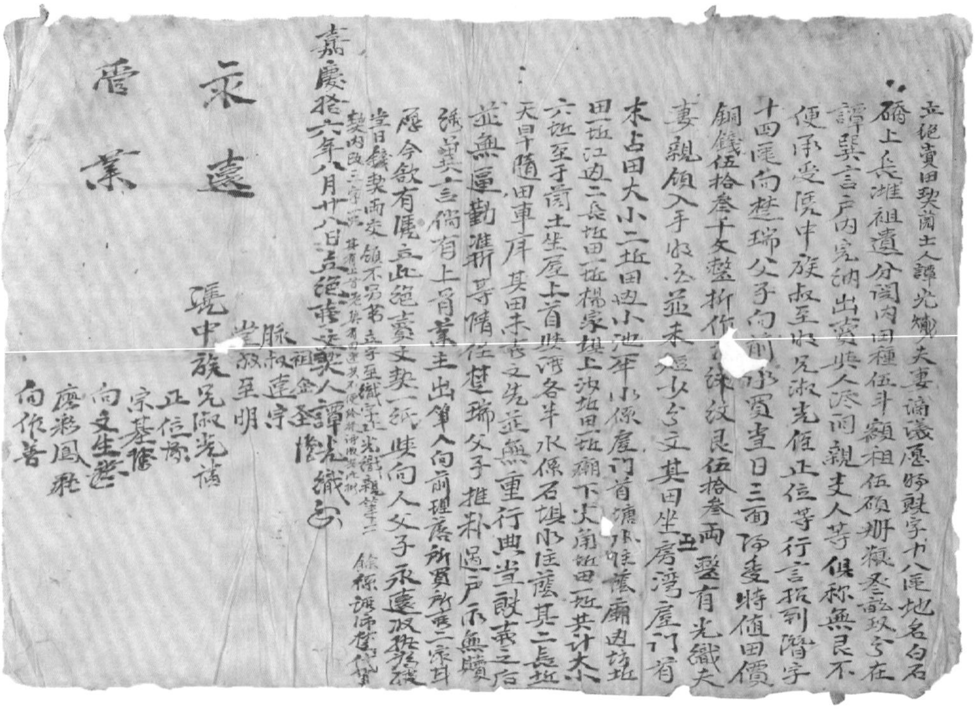

立绝卖田契园土人谭光炽（织）夫妻谪（商）议愿将既字巾八区地名白石硚上长滩祖遗分关内田种伍斗额租伍硕册粮叁亩玖分在谭巽言户内完纳出卖与人尽尽问亲支人等俱称无银不便承受凭中族叔至（侄）明兄淑光侄正位等行言招到阶字十四尾向楚瑞父子向前承买当日三面得受时值田价铜钱伍拾叁千文整折价□□纹银伍拾叁两整有光织夫妻亲领入手收至并未短少分文其田坐三房湾屋门首末占田大小二丘田边小池一半水系屋门首塘水住荫庙边坊坵田一丘江边二长坵田一丘杨家垻（坝）上沙坵田一丘庙下尖角坵田一丘共计大小六坵至于园土坐屋上首与价各半水系石坝水住荫其二长坵天旱随田车斛其田未卖之先并无重行典当即卖之后并无逼勤（勒）准折等情任楚瑞父子推粮过户永无赎绣异言倘有上首业主出笔人向前理落所买所卖二家甘愿今欲有凭立此绝卖文契一纸与向人父子永远收执为据

当日钱契两交领不另书立字至织字止光织亲笔　余系价沛楚代笔

契内改三字一只　其有上首老契有田连共不便给发价服共比批

嘉庆拾六年八月廿八日立绝卖文契人谭光织【押】

永远管业

凭中族祖企圣【押】脉叔远宗堂叔至明兄淑光【押】正位【押】宗基【押】向文生【押】廖彩凤【押】向作善

嘉庆十七年二月二十二日唐宁富唐宁安后裔等立分关合同

立约分关合同人唐宁富唐宁安后裔等今先祖□叔伯之子堂弟堂兄因义（议）□合同奻所有合同敓之时议有分额字据其后兴创之业作五大分叁分安嗣受分贰分富生世梅世松梅生贰子应龙应凤龙□国吉受分叁小分松生三了应蛟应朋应交谷□分安生世彬世林彬生三子应廉应耻应芳受分贰小分林受分贰小分作四小分合成拾分无讹一处地名毕□□基门首田半边约谷八石又并台盘坵田一墹约谷四石又并迯丘田一节约谷八石又并大垻（垻）上田　节约谷沙周田一边约谷四石又并胜先田一丘四分一分约谷四石又并塘头田田一节约谷三罗又并胜先田圹下□□屋场□门首台上大坵田一边又并龙里田一丘又并昌家田一节共三处约谷壹十一石半又并郑家井水□田□圹下田一丘□二罗又并石头坵田约谷二石半又圹下田一丘□又并屋门首江圹上大坵上一节三分一分约谷□□又并田一边谷四□并大尖坵里头一边▨田一边约谷二石半又并铺门首水打田▨垻（垻）口上□□分一分谷七十斤又并屋门前四间田里头一边五分一分谷二石半又并桥子恼大坵田一边□□塘□又并□□上大冬田一节又并马口上秧田一节又并仁凹上天积大坵田一丘又并兴主长坵圹下田一丘又并园里田头田一□又并老仁冲一丘田一边又并尖小度坵田一丘又圹下衫树脚小田一丘又并大塆里栗山脚田圹下田坵又并老塘大小六丘圹下长坵田一丘又并田十禾田李子塆田一丘又并小长丘田一丘圹下黄毛田一丘又并刘六祖后头凸圹上小田一丘又黄審圳圹下田一丘又并木坪园大坵田一丘又虎又坵田一丘又屋门前棉花田一丘□坵田一丘又三墹田田一节又头上小田一丘又圹上长坵田

一丘又杉树山圹上田一丘又并石屋恼田一丘又黄土岭窑门前大坵田一丘又圹下小田一丘又并岩恼上茶业园田一丘
又木坪园豆子恼上老山土岩头上土一黾又路圹上中心一黾又各处山场土名新塘冲牛塘土一阄又瘩边土一阄又文礼
□恼田圹下土二阄又鼎上土一阄又文礼山土二阄上登石屋边下凭石匠打麻条横蹬左凭婡右凭塘边崎上告石为㮚山
田边土一阄又窑边毛柴山一阄又大山?里袁姓文山头上土一阄又刘家石山上下二阄又岩恼上山㮚山一黾坪土一黾
达早禾田伍姓文山脚圳圹下土一节又并泥井冲杉树山一黾又间家山一黾又汜井冲崎上土一阄山一黾又老仁冲坑里
竹山一黾又瘩边竹山左右二黾又屋后头杉树山上下二黾又鼎上松树山黾头上竹山一黾又剪山凹坪土一黾又圹上土
一黾又大審恼土二黾连界又并袁姓屋后头五大分上下几蹬櫰才山?巛恼聂姓文山右边圹下各处分又并仁凹工屋后
头土一黾又屋左边崎上□□石圹土一黾又郑家冲灰屋后园土一黾又岩上茶业园土一黾计开住居泳沙?脚下房屋并
达上正屋右边一头后言□横屋上坐一分占三墹左边小横屋三坐上一坐内占堂屋左边一间连堂屋贰共大小横正七坐
分□□苍楼一坐门前三头上栊上楼下苍又下圹灰苍一墹和应□叔侄连界又并大牛栏一坐□栊并氏墹在内又上横屋
后猪楼中心一墹又将老屋各房并□正屋一坐左边后言一墹又右墹与侄应廉弟兄并分内占一半墹又面前小新横屋一
□坐墹内占右边前言墹其老□所并分占九墹半屋后头园上下二蹬分占四黾又园一黾牛栏后头计开实将老巷世林世
彬二房并达▨分占小头一节约谷四石又并井边田一丘分大头节又并连界鱼花塘□坵又并四□□□路圹下一节又并
沙帽凹氹里大坵分占大头一节又圹上田一丘又田边□地在内又凹上□黾又屋后头枝里树脚新田一丘又新塘冲半边
田一丘路边一半又并土后头园田一丘分占右边又圹□□□□分左边又下圹老园九分之业内占四分二占应山园连
界并大審绵花地左边中心一黾又并猴□头上土一黾右鼎上坪里土一节又并一凤田边土審圹上山一黾名屋边消岩氹
土一黾□并新塘圹上山大山?里?田上一丘并横土山一黾
其□屋边文山四土告石为界未分应廉应福弟兄等二房□□下土一黾在内未分
合约大吉天理人心　　在场亲邓伯达
嘉庆拾柒年二月廿二日立分关合同各管各业一分十小分二分复与唐世林子孙永远收执存照

嘉庆十七年五月十七日全照龙卖田契

立断卖田契人全照龙今因父故少欠钱件自将分下土名大路脚石头根田小田贰丘该米叁贰合将来断卖自请中人周佛枝上门问到堂叔全自贤出价承买当中三面言定田价钱叁仟文整就日立契交足是龙接收回家应用其田断卖日后不得归赎今人难信立写一纸付与买主收执存照

中人周佛枝【押】

嘉庆十七年壬申岁五月十七日立契人全照龙【押】

人全永美笔【押】

嘉庆十七年九月十八日玉山公玉石公支孙等卖屋基等契

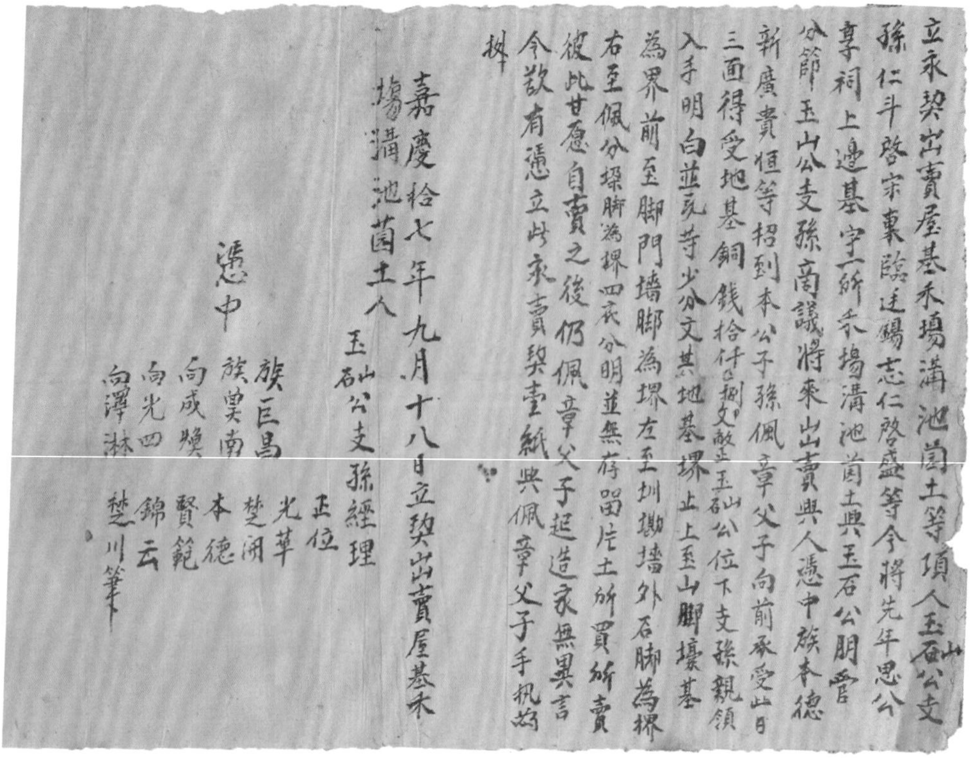

立永契出卖屋基禾场沟池园土等项人玉山玉石公支孙仁斗启宋东临廷锡志仁启盛等今将先年思公亨祠上边基宇一所禾场沟池园土与玉石公朋管分节玉山公支孙商议将来出卖与人凭中族本德新广贵恒等招到本公子孙佩章父子向前承受此日三面得受地基铜钱拾仟捌文整玉山玉石公位下支孙亲领入手明白并无苛少分文其地基堺止上至山脚壕基为界前至脚门墙脚为堺左至圳墈墙外石脚为堺右至佩分垛脚为堺四底分明并无存留片土所买所卖彼此甘愿自卖之后仍佩章父子起造家无异言今欲有凭立此永卖契壹纸与佩章父子手执为据

嘉庆拾七年九月十八日立契出卖屋基禾场沟池园土人玉山玉石公支孙经理

凭中族巨昌族奠南向成焕向光四向泽淋正位光华楚开本德贤范锦云楚川笔

嘉庆十八年二月初一日何志开卖楼房屋地契

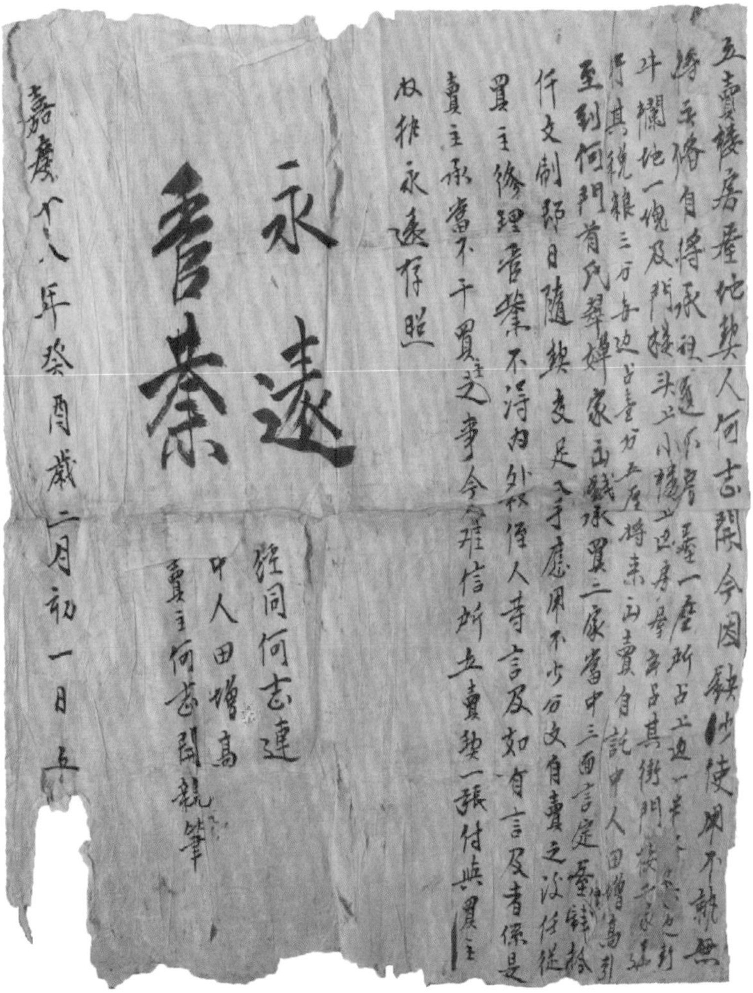

立卖楼房屋地契人何志开今因缺少使用不孰（就）无得出备自将承祖遗下房屋·座所占上边一半□□□牛栏地一块及门楼头上小楼上边房屋所占其街门楼二家递行其税粮三分每边占壹分五厘将来出卖自托中人田增高引至到何门首氏翠婵家出钱承买二家当中三面言定屋价钱拾仟文制即日随契交足入手应用不少分文自卖之后任从买主修理管业不得内外叔侄人等言及如有言及者系是卖主承当不干买主之事今人难信所立卖契一张付与买主收执永远存照

永远管业

经同何志连

中人田增高

卖主何志开亲笔

嘉庆十八年癸酉岁二月初一日立

嘉庆十八年十二月十九日陈良彬卖田契

立断卖田契人良彬今因无钱正用无出办父子謪（商）议自将己下垎洞尾三象田礴口田一丘横过路田一丘福镇田尾一丘一共三丘该秧三崩民米四合正将来出卖先问房亲后问四林（邻）无人承买自请中人陈良相上门问到堂侄陈圣养承买三面看过田坵水路明白回家三面言定田价钱伍仟文正就日立契凭中交足系是良彬亲手接受回家应用其明卖明买任从买主耕种管业并无异言如有异言等情中人陈良相卖主陈良彬一并承当今恐有（无）凭立永断卖一纸付与买主永远为据

中人陈良相

嘉庆拾捌年癸酉岁拾贰粤（月）拾玖日立契人陈良彬【押】

代笔宗成【押】

良相米二合

嘉庆十九年九月初三日石世茂卖阴地契

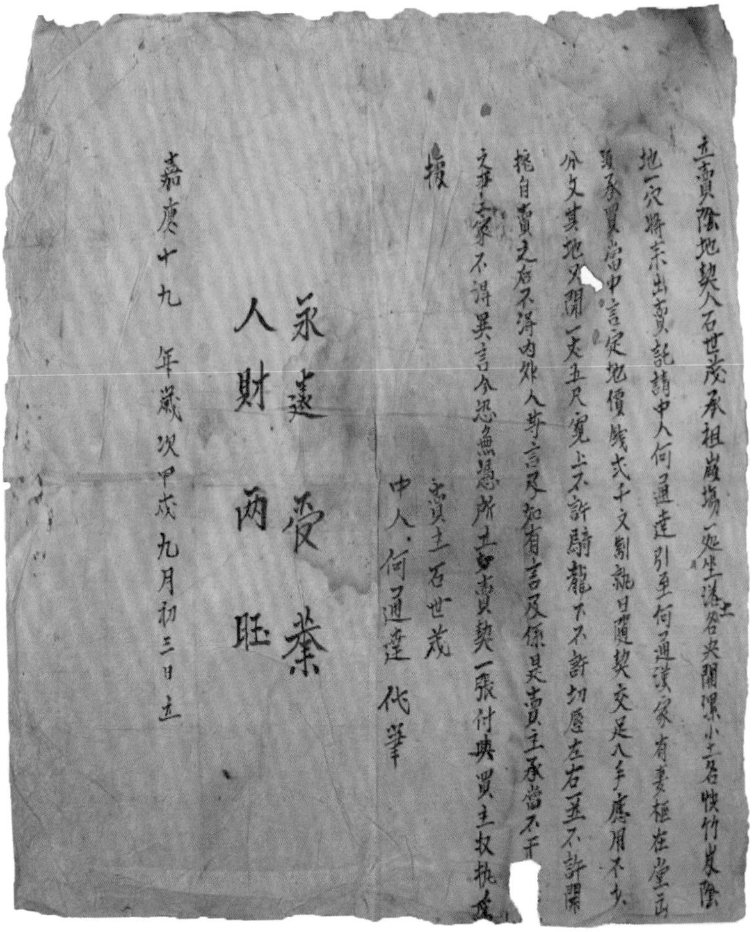

立卖阴地契人石世茂承祖岭场一处坐落土名央开漯小土名怏竹岌阴地一穴将来出卖托请中人何通达引至何通汉家有妻柩在堂出头承买当中言定地价钱贰千文制孰（就）日随契交足入手应用不少分文其地又开一丈五尺宽上不许骑龙下不许切屋左右一并不许开挖自卖之后不得内外人等言及如有言及系是卖主承当不干〈买主〉之事二家不得异言今恐无凭所立卖契一张付与买主收执为据

卖主石世茂

中人何通达代笔

永远管业

人财两旺

嘉庆十九年岁次甲戍（戌）九月初三日立

嘉庆二十年十一月二十日向楚瑞续租田契

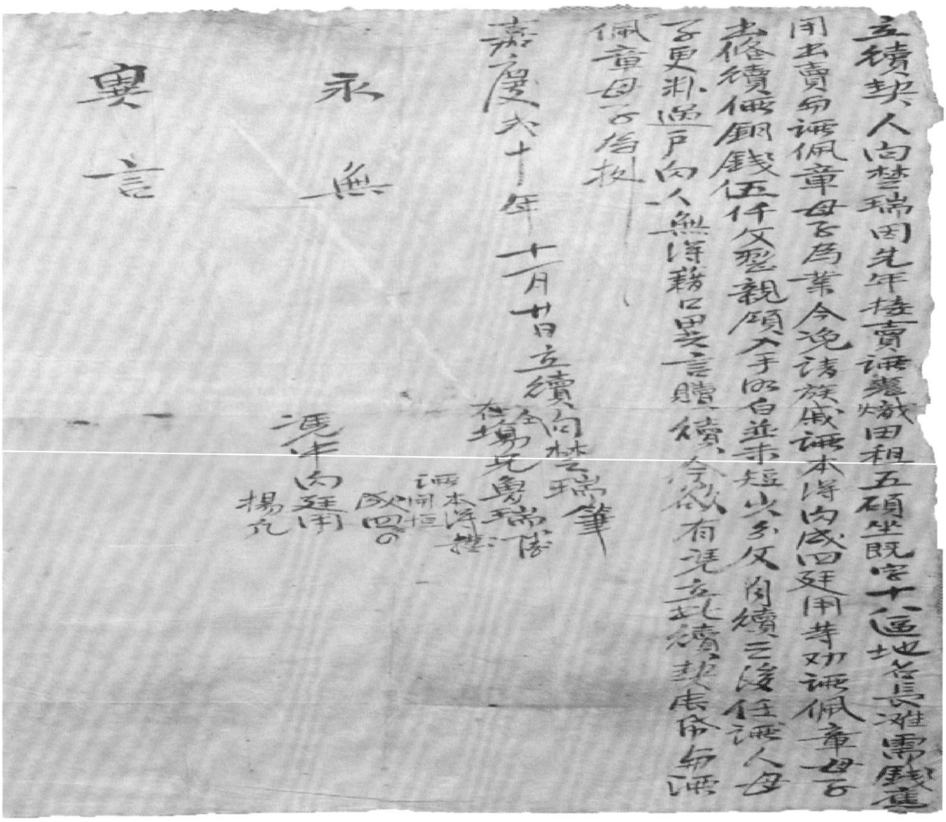

立续契人向楚瑞因先年接卖谭光炽田租五硕坐既字十八区地名长滩需钱应用出卖与谭佩章母子为业今浼请族戚谭本得向咸四廷用等劝谭佩章母子出备续价铜钱伍仟文整亲领入手明白并无短少分文自续之后任谭人母子更粮过户向人无得借口异言赎续今欲有凭立此续契壹纸与谭佩章母子为据

嘉庆贰十年十一月廿日立续向楚瑞笔仝在场兄鲁瑞【押】谭本得【押】谭开恒谭成四【押】

凭中向廷用向杨凡

永无异言

嘉庆二十一年三月十五日谭阿王等租田契

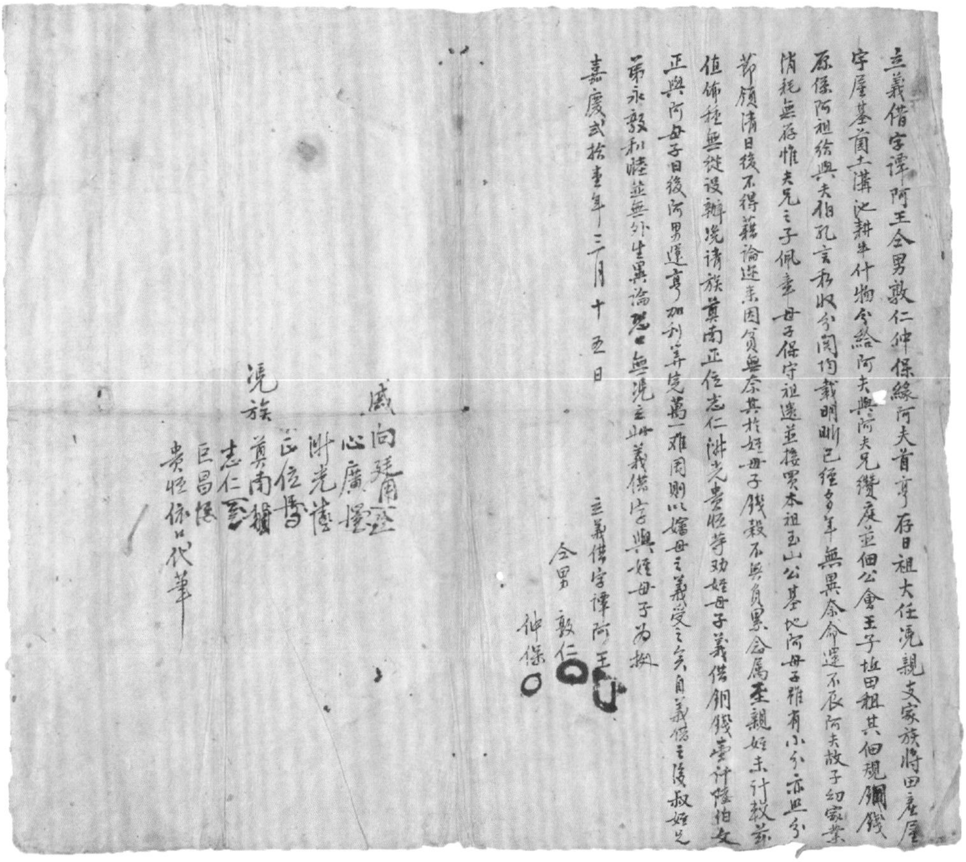

立义借字谭阿王仝男敦仁仲保缘阿夫首亨存日祖大任凭亲支家族将田产屋宇屋基园土沟池耕牛什物分给阿夫与阿夫兄缵庭并佃公会王子坵田租其佃规铜钱原系阿祖给与夫伯孔言私收分关均载明晰已经多年无异奈命运不辰阿夫故子幼家业消耗无存惟夫兄之子佩章母子保守祖遗并接买本祖玉山公基地阿母子虽有小分亦照分节领请日后不得藉论迩来因贫无奈其于姪母子钱谷不无负累念属至亲姪未计敕兹值布种无从设办凭请族奠南正位志仁淋光贵恒等劝姪母子义借铜钱壹仟陆伯（佰）文正与阿母子日后阿男运亨加利算完万一难罔则以婶母之义受之矣自义借之后叔姪兄弟永毅和睦并无外生异论恐口无凭立此义借字与姪母子为据

嘉庆贰拾壹年三月十五日立义借字谭阿王【押】仝男敦仁【押】仲保【押】

凭戚向廷用【押】心广【押】谢光【押】正位【押】族奠南【押】志仁【押】巨昌【押】贵恒依口代笔

嘉庆二十一年二十六日陈良相卖田契

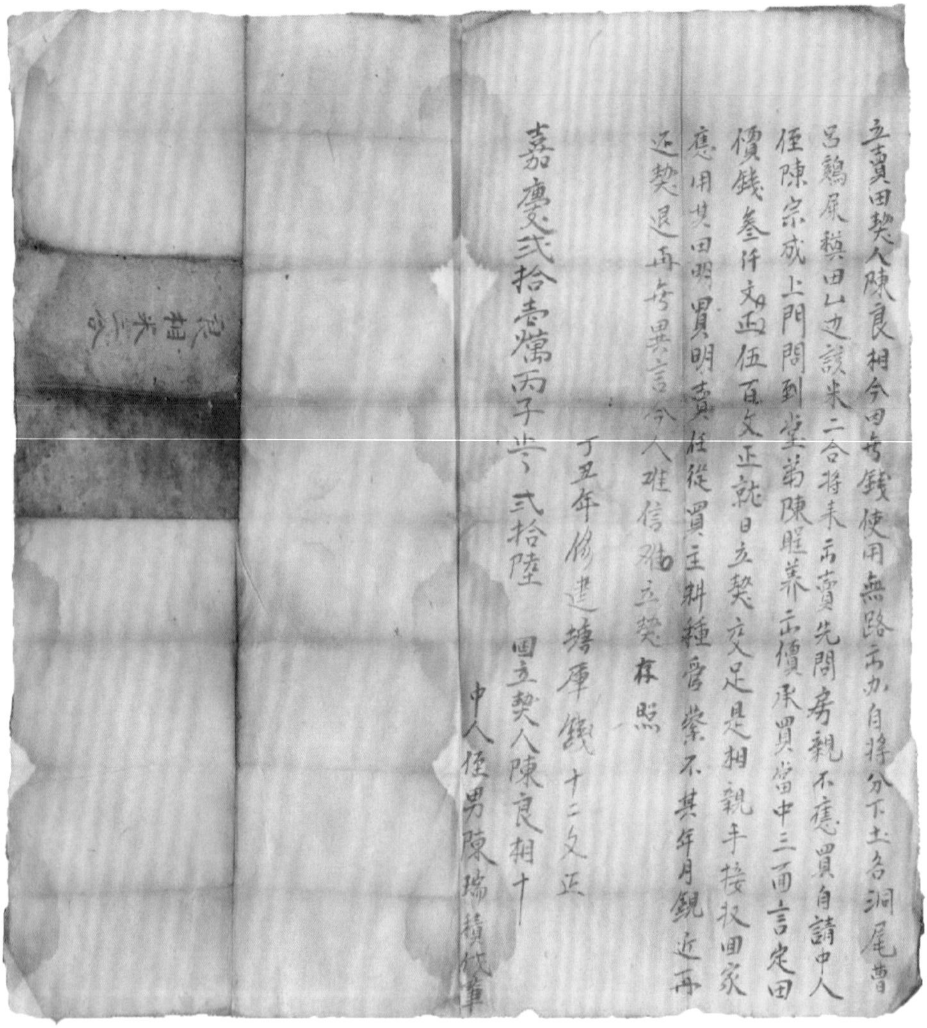

立卖田契人陈良相今因无钱使用无路出办自将分下土名洞尾曹吕鸡屎秧田一边该米二合将来出卖先问房亲不应买自请中人侄陈宗成上门问到堂弟陈圣养出价承买当中三面言定田价钱叁仟伍百文正就日立契交足是相亲手接收回家应用其田明买明卖任从买主耕种管业不其年月鋧近再还契退再无异言今人难信立契存照

丁丑年修建塘库钱十二文正

嘉庆贰拾壹年丙子岁贰拾陆日立契人陈良相【押】

中人侄男陈瑞积伐（代）笔

良相米二合

嘉庆二十二年二月二十四日陈良彬卖田契

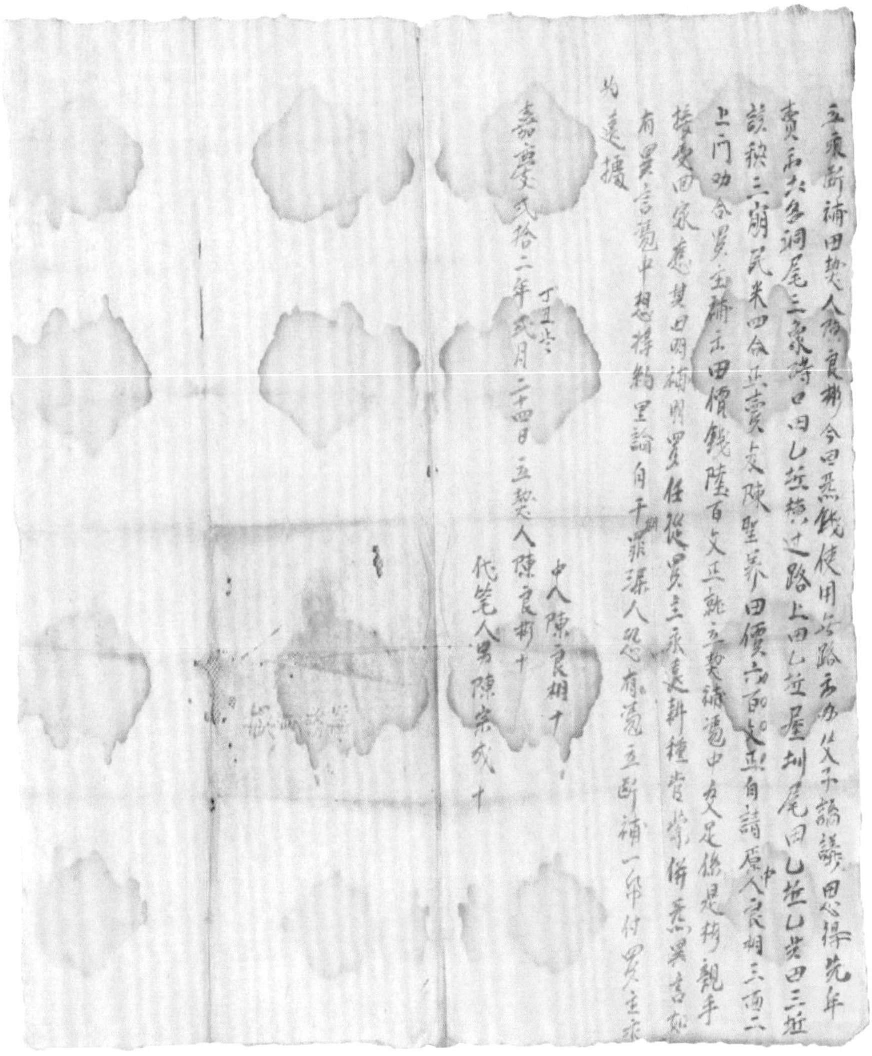

立永断补田契人陈良彬今因无钱使用无路出办父子謪（商）议思得先年卖出土名洞尾三象磚口田一丘横过路上田一丘屋圳尾田一丘一共田三丘该秧三崩民米四合正卖与陈圣养田价六百文正自请原中人良相三面二上门劝合买主补出田价钱陆百文正就（日）立契补凭中交足系是彬亲手接受回家应其田明补明买任从买主永远耕种管业并无异言如有异言凭中想将约里论自干（甘）期（其）罪淚（戾）人恐有（无）凭立断补一纸付买主永为远据

中人陈良相【押】

嘉庆贰拾二年丁丑岁贰月二十四日立契人陈良彬【押】

代笔人男陈宗成【押】

嘉庆二十三年十月十四日谭雯江等卖田契

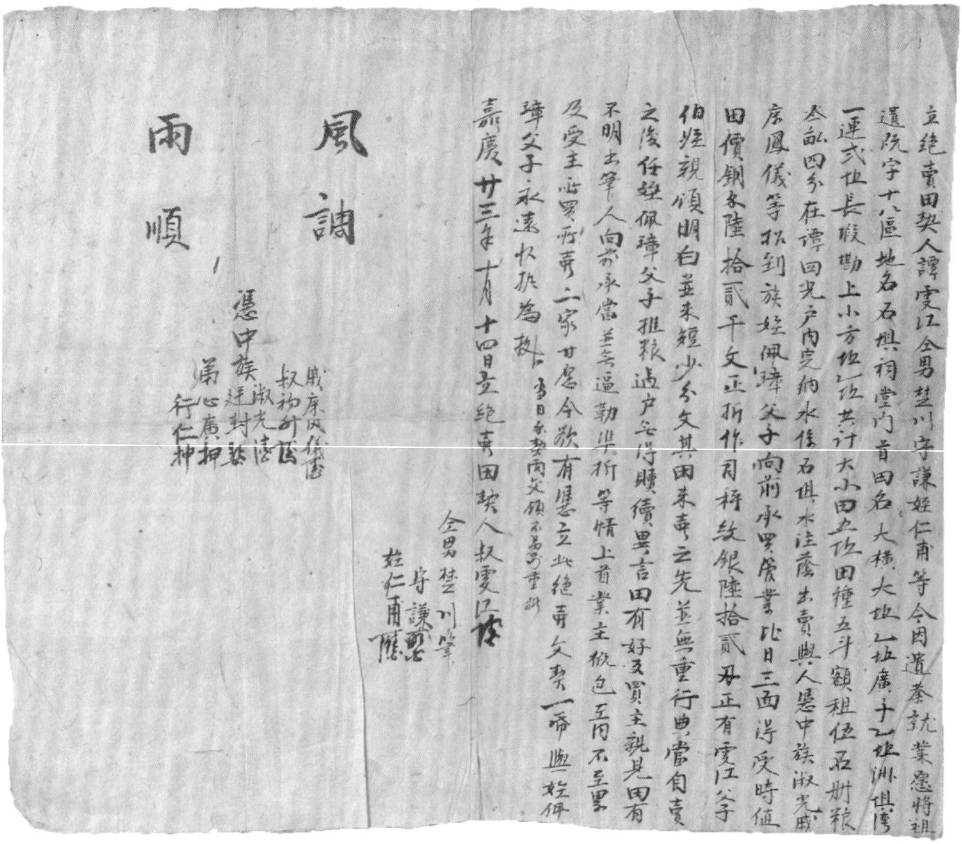

立绝卖田契人谭雯江仝男楚川守谦侄仁甫等今因遗业就业愿将祖遗既字十八区地名石埧〔垻〕祠堂门首田名大横大坵一丘广十一丘洲埧〔垻〕湾一连贰丘长塅勘上小方坵一丘共计大小田五丘田种五斗额租伍石册粮叁亩四分在谭四光户内完纳水系石埧〔垻〕水注荫出卖与人凭中族淑光戚床凤仪等抵到族侄佩璋父子向前承买管业比日三面得受时值田价铜钱陆拾贰千文正折作两秤纹银陆拾贰两正有雯江父子伯侄亲领明白并未短少分文其田未卖之先并无重行典当自卖之后任侄佩璋父子推粮过户无得赎续异言田有好歹买主亲见田有不明出笔人向前承当并无逼勒准折等情上首业主概包在内不至累及受主所买所卖二家甘愿今欲有凭立此绝卖文契一纸与侄佩璋父子永远收执为据　当日钱立契两交领不另书重批

嘉庆廿三年十月十四日立绝卖田契人叔雯江等

仝男楚川笔守谦【押】侄仁甫【押】

风调雨顺

凭中戚床凤仪【押】叔初升【押】族弟淑光【押】

廷封【押】心广【押】行仁【押】

嘉庆二十四年三月二十六日钟苟二等卖田契

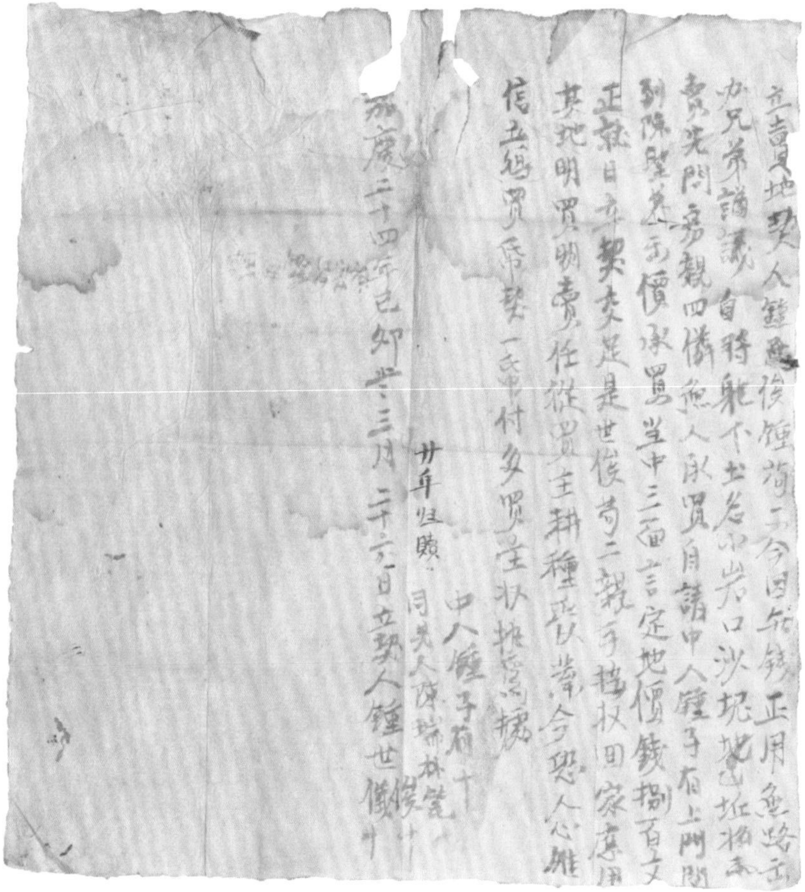

立卖地契人钟世俊钟苟二今因无钱正用无路出办兄弟謪（商）议自将己下土名小岩口沙坭地一丘将来出卖先问房亲四僯（邻）无人承买自请中人钟子有上门问到陈圣养出价承买当中三面言定地价钱捌百文正就日立契交足是世俊苟二亲手接收回家应用其地明买明卖任从买主耕种管业今恐人心难信立写买纸契一纸付与买主收执为据

中人钟子有【押】

廿年归赎同见人陈瑞林笔

嘉庆二十四年已（己）卯岁三月二十六日立契人钟世俊【押】钟世仪【押】

嘉庆二十四年四月十五日赵廷封卖屋契

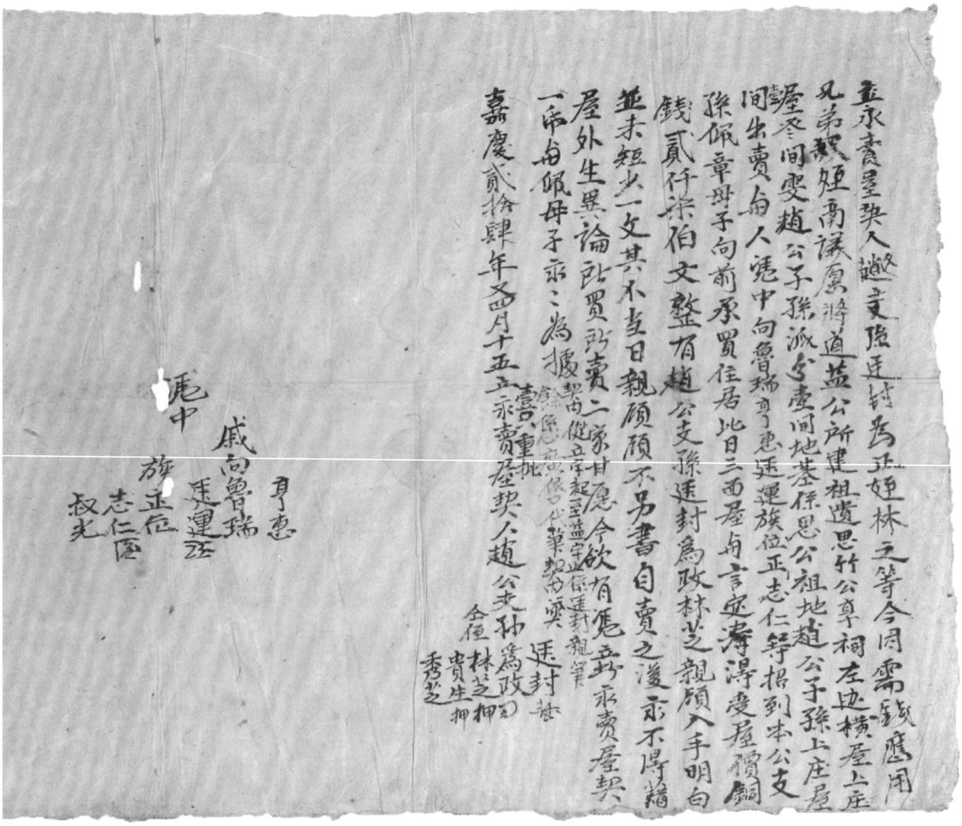

立永卖屋契人赵支孙廷封为正姪林之等今因需钱应用兄弟叔姪商议愿将道益公所建祖遗思竹公享祠左边横屋上庄屋叁间雯赵公子孙派分壹间地基系思公祖地赵公子孙上庄屋壹间出卖与人凭中向鲁瑞亨惠廷运族位正志仁等招到本公支孙佩章母子向前承买住居比日三面屋与言定得受屋价铜钱贰仟柒伯（佰）文整有赵公支孙廷封为政林芝亲领入手明白并未短少一文其不当日亲领［领］不另书自卖之后永不得藉屋外生异论所买所卖二家甘愿今欲有凭立此永卖屋契一纸与佩母子永永为据契内从立字起至益字止系廷封亲笔余系心广依口代笔契内添大壹只重批

嘉庆贰拾肆年又四月十五立永卖屋契人赵公支孙廷封【押】为政【押】仝侄林芝押贵生押　秀芝

凭中戚亨惠向鲁瑞廷运族正位志仁【押】叔光

嘉庆二十四年九月二十六日谭佩章出卖田契

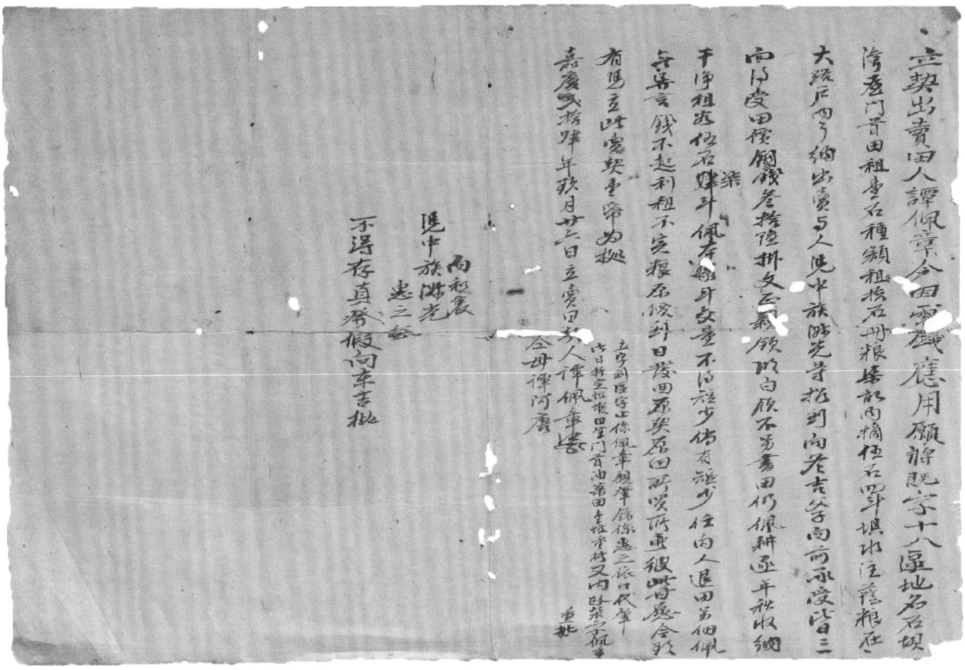

立契出卖田人谭佩章今因需钱应用愿将既字十八区地名石塡〔塡〕湾屋门首田租壹石种额租拾石册粮柒亩内摘伍石四斗塡〔塡〕水注荫粮在大路户分纳出卖与人凭中族时光等招到向老吉父子向前承受比日三面得受田价铜钱叁拾陆挂文正亲领明白领不另书田仍佩耕逐年秋收纳干净租谷价伍石柒斗佩本家斗交量不得短少倘有短少任向人退田另佃佩无异言钱不起利租不完粮原价到日发回原契原田所买所卖彼此甘愿今欲有凭立此卖契壹纸为据

立字到区字止系佩章亲笔余系惠之依口代笔北日扦完垢塅田坐门首油菜田壹丘壹抵又内改柒字佩章重批

嘉庆贰拾肆年玖月廿六日立卖田契人谭佩章【押】仝母谭阿唐

凭中族向利衷淑光惠之【押】

不得存真发假向东吉批

道光三年五月初八日全世昌卖田契

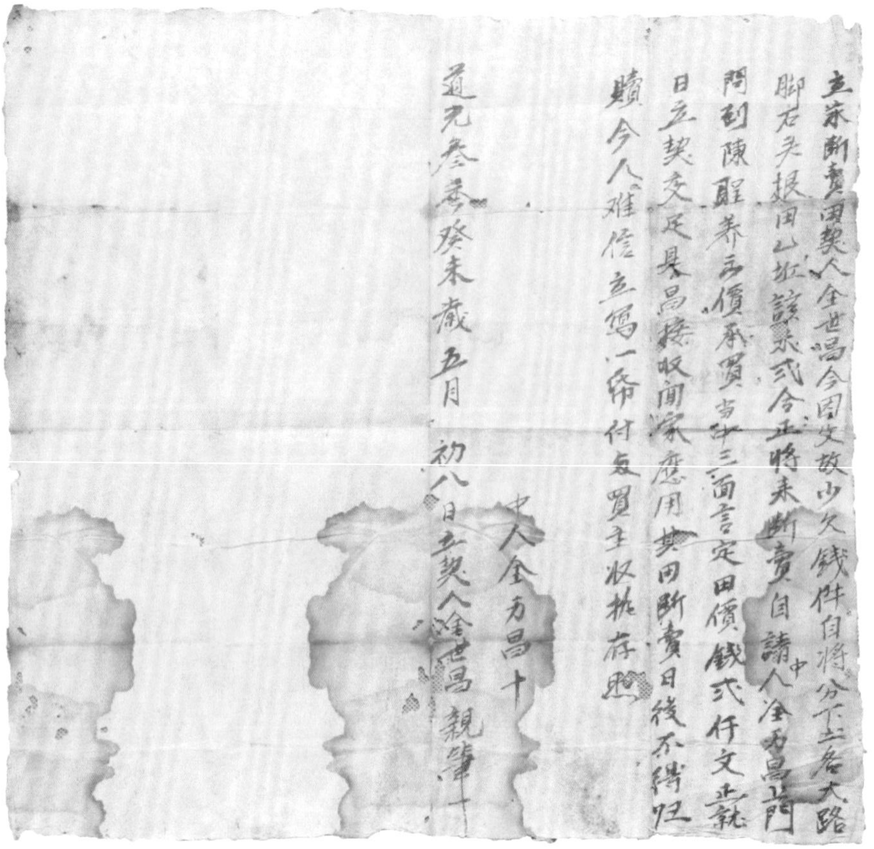

立永断卖田契人全世昌今因父故少欠钱件自
将分下土名大路脚石头根田一丘该米贰合正
将来断卖自请中人全万昌上门问到陈圣养出
价承买当中三面言定田价钱贰仟文正就日立
契交足是昌接收回家应用其田断卖日后不得
归赎今人难信立写一纸付与买主收执存照

中人全万昌【押】

道光叁年癸未岁五月初八日立契人全世昌亲
笔【押】

道光六年六月初五日陈清林卖田契

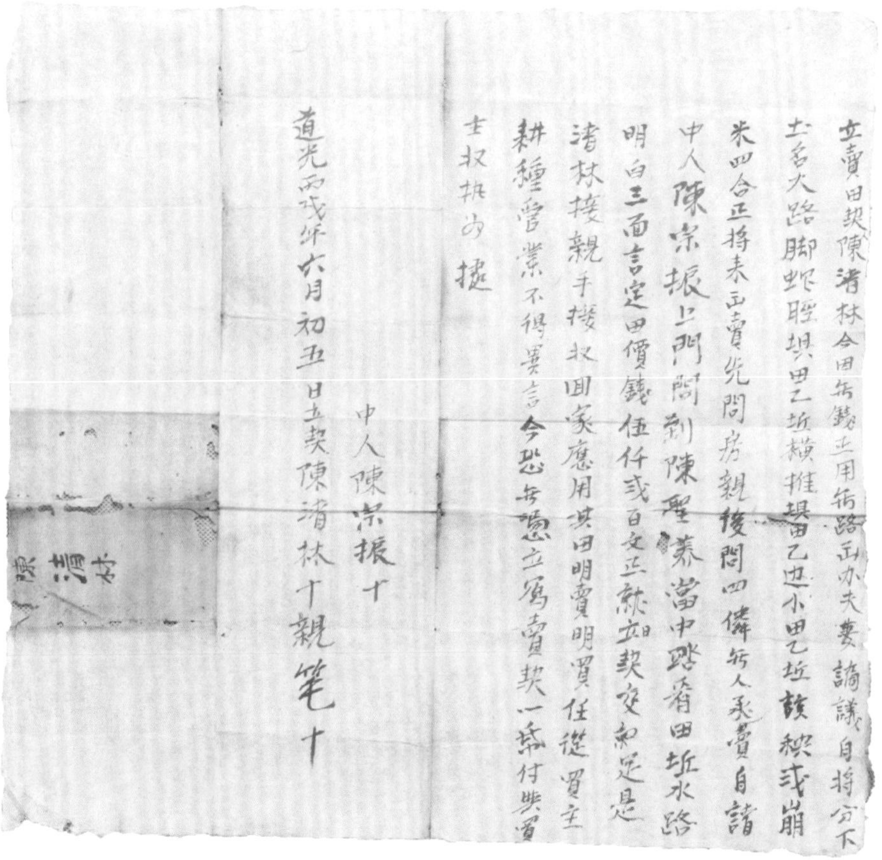

立卖田契人陈清林今因无钱正用无路出办夫妻谪（商）议自将分下土名大路脚蛇胫埧（垻）田一丘横推埧（垻）田一边小田一丘该秧贰崩米四合正将来出卖先问房亲后问四僯（邻）无人承买自请中人陈宗振上门问到陈圣养当中踏看田垳水路明白三面言定田价钱伍仟贰百文正就日立契交足是清林接亲手接收回家应用其田明卖明买任从买主耕种管业不得异言今恐无凭立写卖契一纸付与买主收执为据

中人陈宗振【押】

道光丙戌年六月初五日立契陈清林【押】亲笔

【押】

陈清林

道光七年二月二十六日李莫潘氏遗嘱

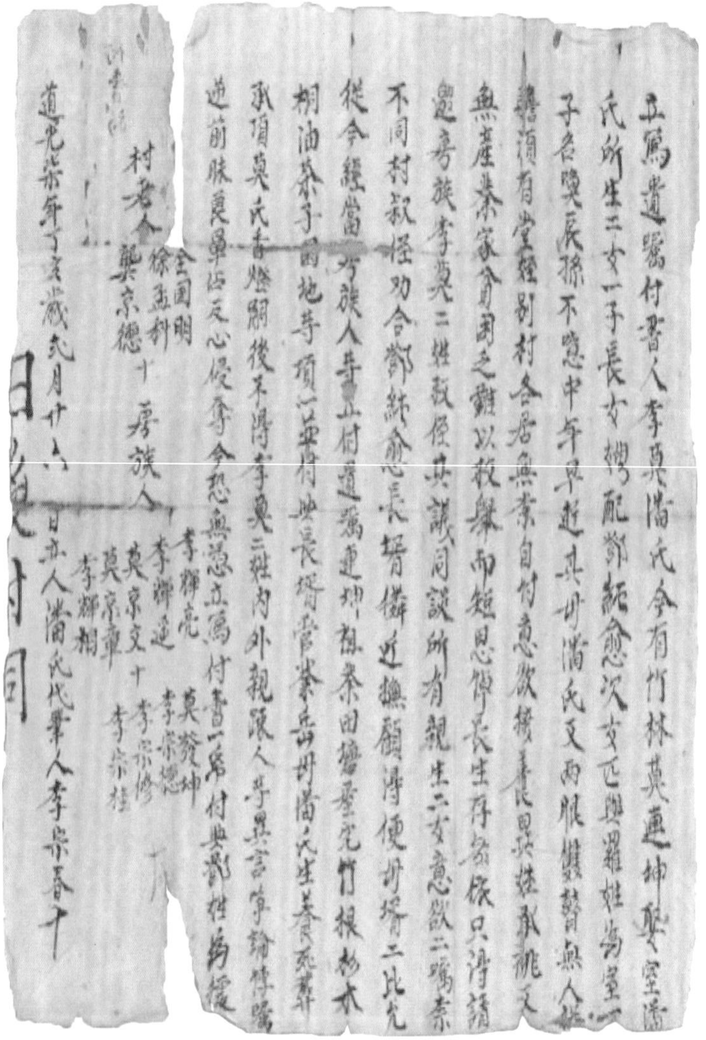

立写遗嘱付书人李莫潘氏今有竹林莫连坤娶室潘氏所生二女一子长女娉配邓纯愈次女匹与罗姓为室一子名唤辰孙不意中年早逝其母潘氏又两眼双瞽无人□赡须有堂侄别村各居无业自忖意欲接养异姓承祧又无产业家贫困乏难以枚举而短思悼长生存无依只得请邀房族李莫二姓叔侄共议同谈所有亲生二女意欲二嘱奈不同村叔侄劝合邓纯愈长壻（婿）僯（邻）近抚顾得便母壻（婿）二比允从今经当房族人等立付遗嘱连坤祖业田塘屋宅竹根杉木桐油茶子园地等项一并付与长壻（婿）管业岳母潘氏生养死葬承项莫氏香灯嗣后不得李莫二姓内外亲疏人等异言争论悖嘱逆前昧良单占反心侵夺今恐无凭立写付书一纸付与邓姓为据

村老人金国明徐孟科龚京德【押】

房族人李辉亮李辉遥莫京文莫京章李辉相【押】莫发坤李宗德李宗修李宗桂【押】

道光柒年丁亥岁贰月廿六日立人潘氏代笔人李宗春【押】

□□□□

道光十三年六月初二日抵借契

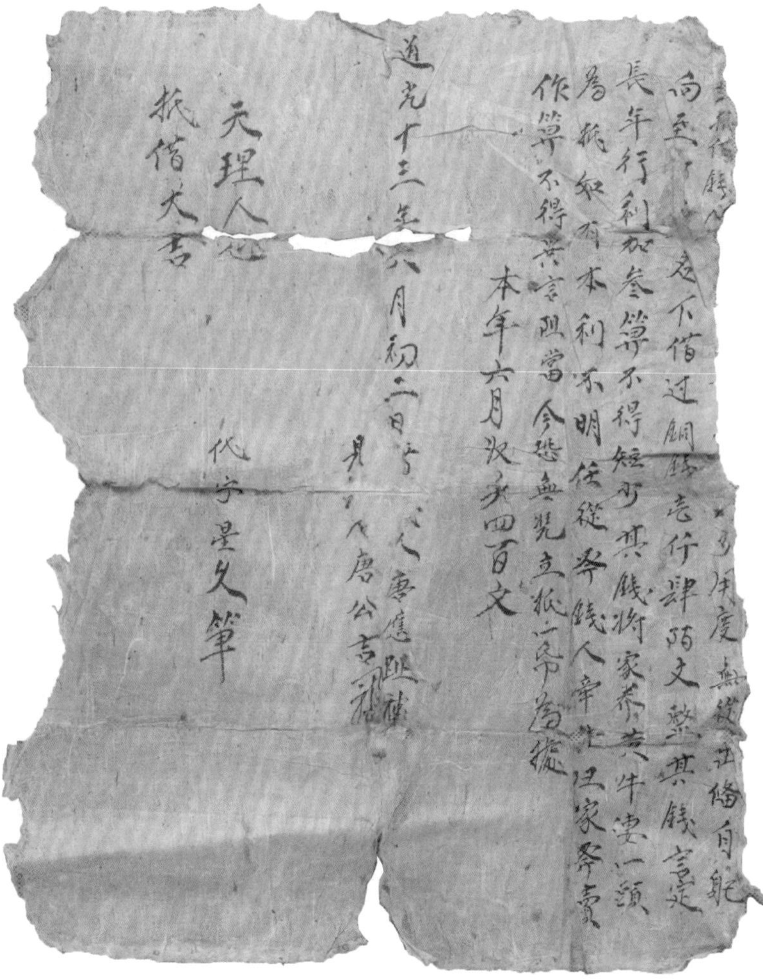

立抵借钱▨用度无从出备自己向至□□名下
借过铜钱壹仟肆陌（佰）文整其钱言定长年
行利加叁算不得短少其钱将家养黄牛溇一头
为抵如有本利不明任从发钱人牵牛归家发卖
作算不得异言阻当（挡）今恐无凭立抵一纸
为据
本年六月收钱四百文
道光十三年六月初二日□□唐应趾【押】
□□□唐公吉【押】
天理人心
抵借大吉
代字星久笔

道光十六年十一月初六日贤新卖田契

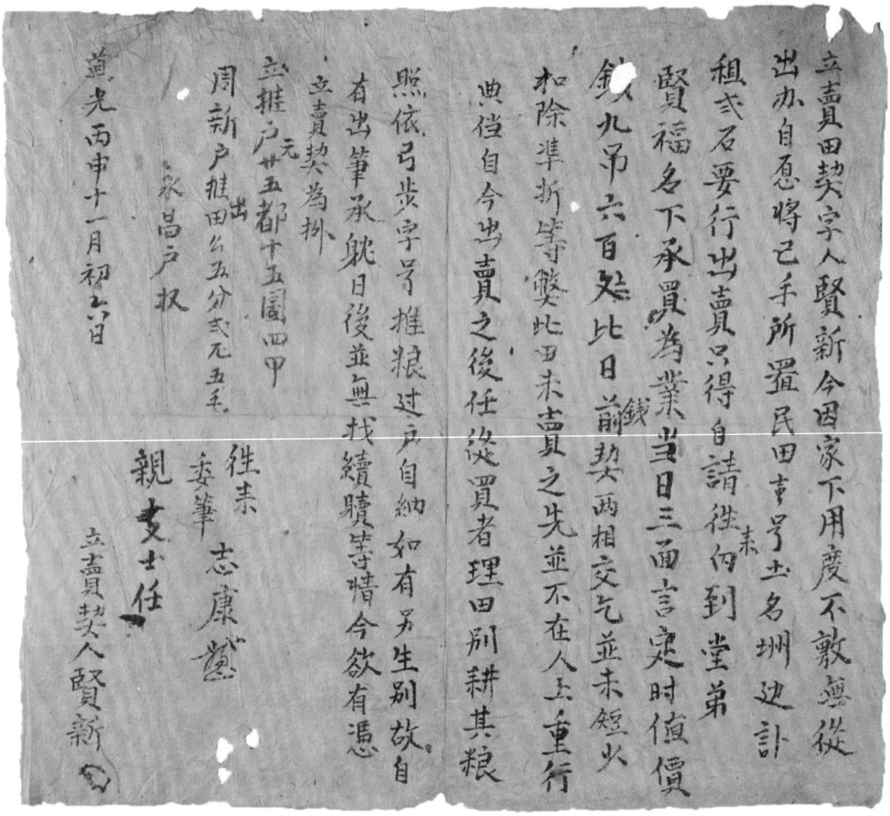

立卖田契字人贤新今因家下用度不敷无从出办自愿将己手所置民田壹号土名圳边计租贰石要行出卖只得自请往来向到堂弟贤福名下承买为业当日三面言定时值价〈钱〉九吊六百七文比日［前］钱契两相交乞（讫）并未短少扣除准折等弊此田未卖之先并不在人上重行典佁（当）自今出卖之后任从买者理田别耕其粮照依弓步字号推粮过户自纳如有另生别故自有出笔承耽（担）日后并无找续赎等情今欲有凭立卖契为据

立推户元廿五都十五图四甲

周新户推出田么（亩）五分贰钱五毛

往来委笔志康【押】

永昌户收新支士任

道光丙申十一月初六日立卖契人贤新【押】

道光十六年十二月十八日钟永高卖田契

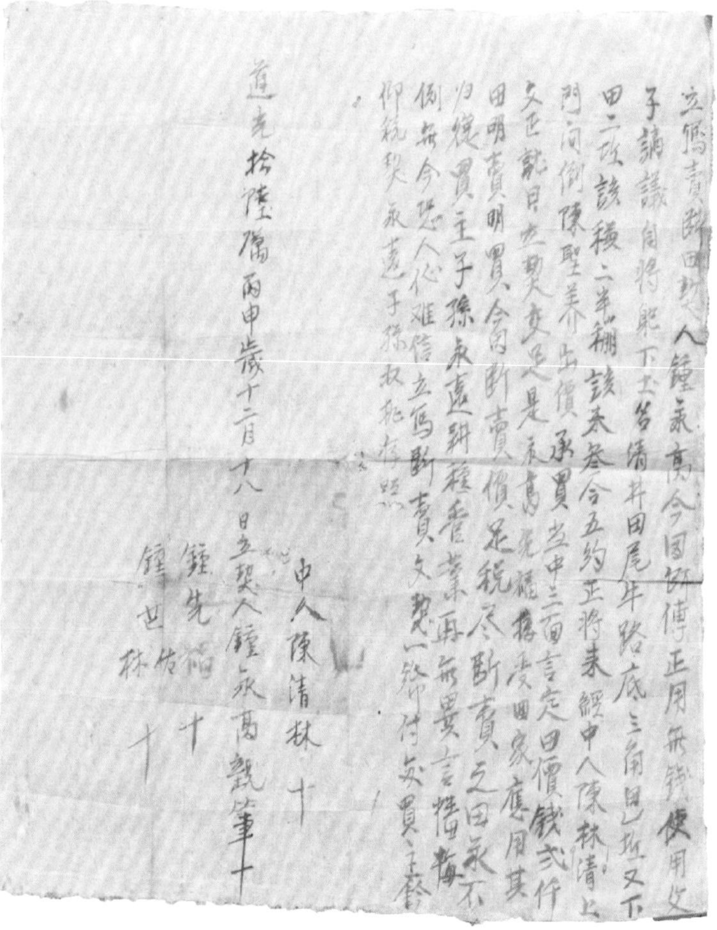

立写卖断田契人钟永高今因师传正用无钱使用父子謫（商）议自将己下土名清井田尾牛路底三角田一丘又下田二丘该秧二半糊该米叁合五约正将来经中人陈清林上门问倒（到）陈圣养出价承买当中三面言定田价钱贰仟文正就（就）日立契交足是永高先福接受回家应用其田明卖明买今因断卖价足税尽断卖之田永不归从买主子孙永远耕种管业再无异言憣悔例无今恐人心难信立写断卖文契一纸付与买主钤仰税契永远子孙收执存照

中人陈清林【押】

道光拾陆年丙申岁十二月十八日立契人钟永高亲笔【押】

钟先福【押】钟世佑钟世林【押】

道光十六年十二月十八日钟永高等卖田契

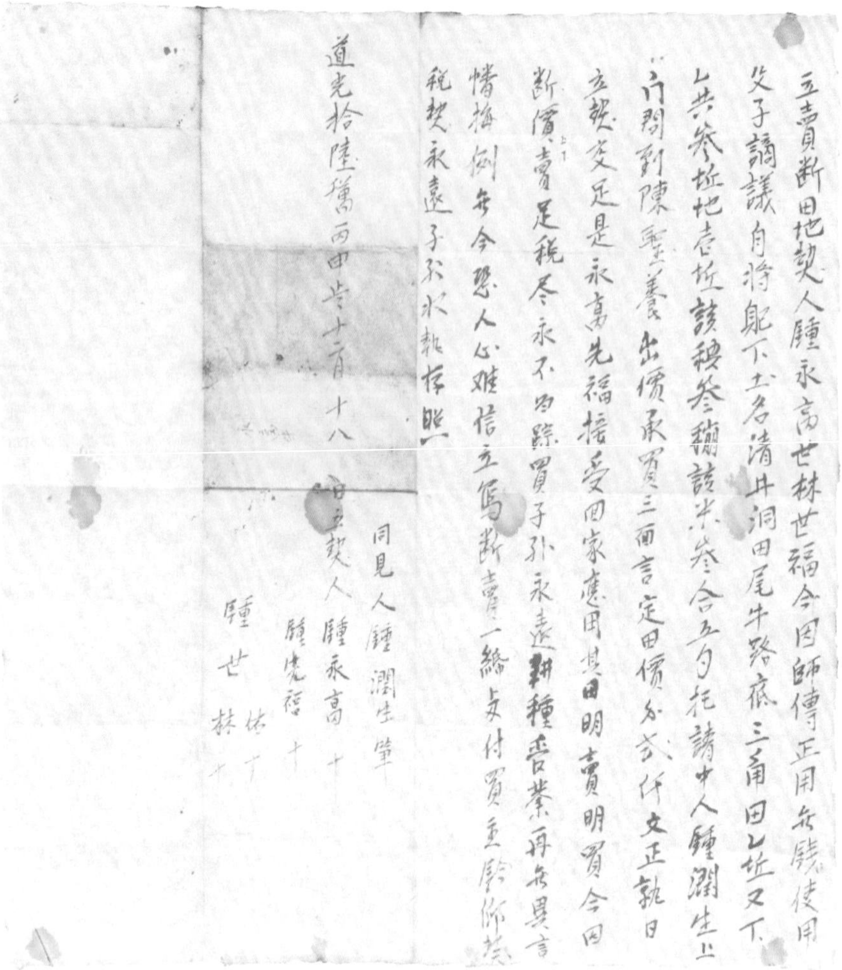

立卖断田地契人钟永高世林世福今因师传正用无钱使用父子謪（商）议自将己下土名清井洞田尾牛路底三角田一丘又下一共叁丘地壹丘该秧叁糊（棚）该米叁合五勺托请中人钟润生上门问到陈圣养出价承买三面言定田价钱贰仟文正鼽（就）日立契交足是永高先福接受回家应用其田明卖明买今因断卖价足税尽永不归踪（宗）买（主）子孙永远耕种管业再无异言憣悔例无今恐人心难信立写断卖一纸与付买主钤仰契税契永远子孙收执存照

同见人钟润生笔

道光拾陆年丙申岁十二月十八日立契人钟永高【押】钟先福【押】钟世佑【押】钟世林【押】

道光十七年二月 十四日陈圣养分家合同

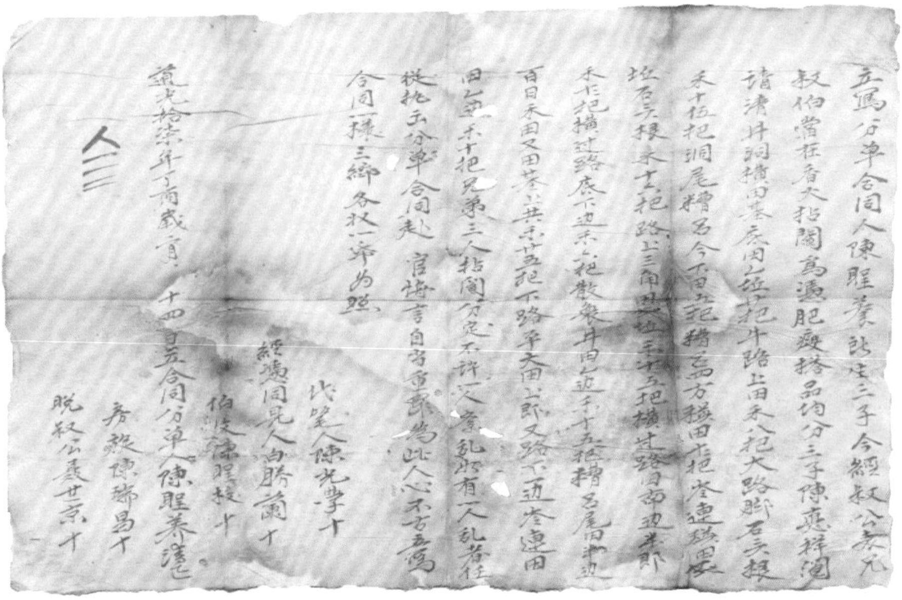

立写分单合同人陈圣养所生三子今经叔公表兄叔伯当在香火拈阄为凭肥瘦搭品均分三子陈真祥阄请清井洞横田基底田一丘廿把牛路上田禾八把大路脚石头根禾十伍把洞尾糟吕今下田五把糟吕四方秧田十二把叁连秧田贰丘石头根禾十六把路上三角田二丘禾十五把横过路田南边半即禾十二把横过路底下边禾六把散象井田一边禾十五把糟吕尾田半边百日禾田又田基上共禾廿五把下路平大田上即又路下一边叁连田田一边禾十把兄弟三人拈阄分定不许一人紊乱如有一人乱者任从执出分单合同赴官悔言自当重罪为此人心不古立写合同一样三纸各收一纸为照

代笔人陈光学【押】

经凭同见人白胜兰【押】

伯父陈圣校【押】

道光拾柒年丁酉岁二月十四日立合同分单人陈圣养清正【押】

房旋陈瑞昌【押】

晚叔公聂世京【押】

道光十七年十二月二十六日唐肇联卖池塘契

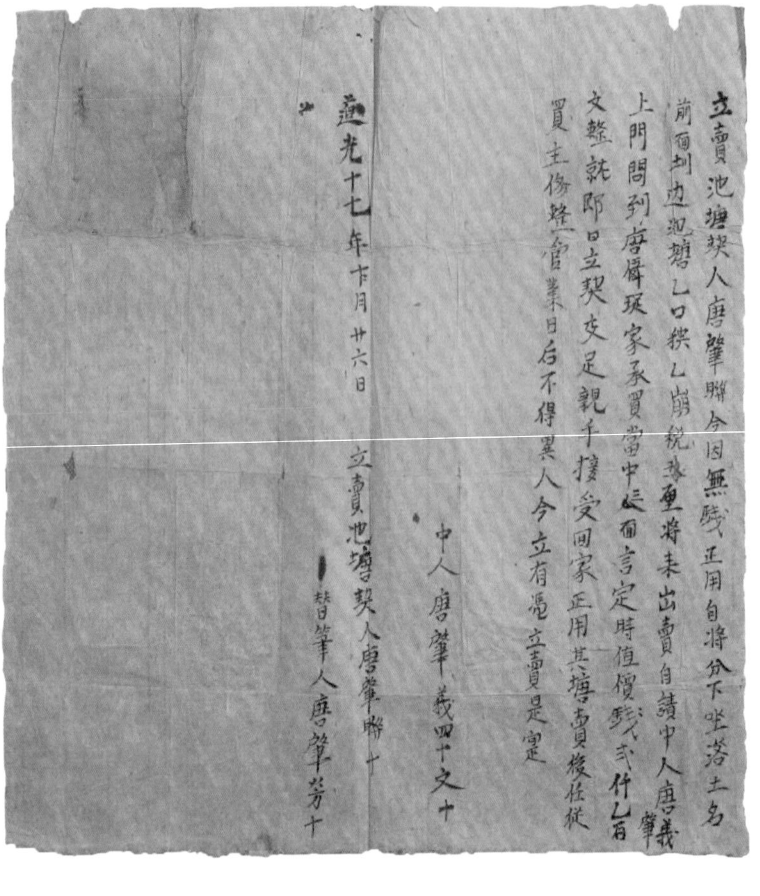

立卖池塘契人唐肇联今因无钱正用自将分下坐落土名前面圳边池塘一口秧一崩（棚）税五厘将来出卖自请中人唐肇义上门问到唐伟珽家承买当中三面言定时值价钱贰仟一百文整就即日立契交足亲手接受回家正用其塘卖后任从买主修整管业日后不得异人（言）今立有凭立卖是实

中人唐肇义四十文【押】

道光十七年十二月廿六日立卖池塘契人唐肇联【押】

替笔人唐肇芳【押】

道光十八年十二月二十三日唐胜志卖田契

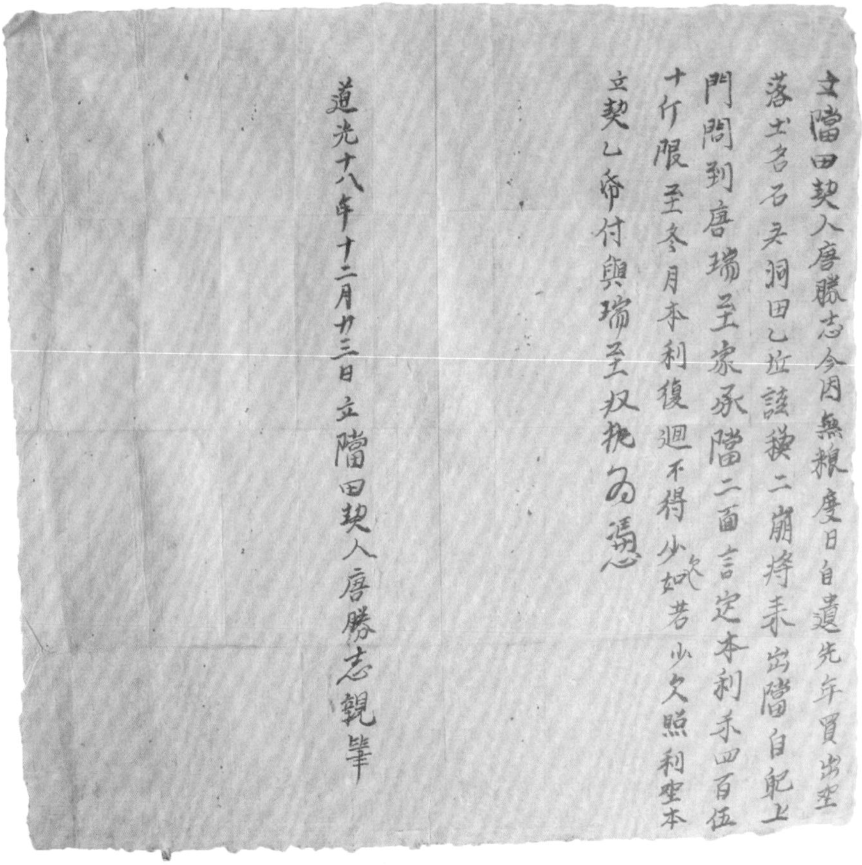

立当田契人唐胜志今因无粮度日自遗先年买出坐
落土名石头洞田一丘该秧二崩〔棚〕将来出当自
己上门问到唐瑞至家承当二面言定本利禾四百伍
十斤限至冬月本利复回不得少欠如若少欠照利坐
本立契一纸付与瑞至收执为凭
道光十八年十二月廿三日立当田契人唐胜志亲笔

道光二十年三月十二日唐廷贵卖田契

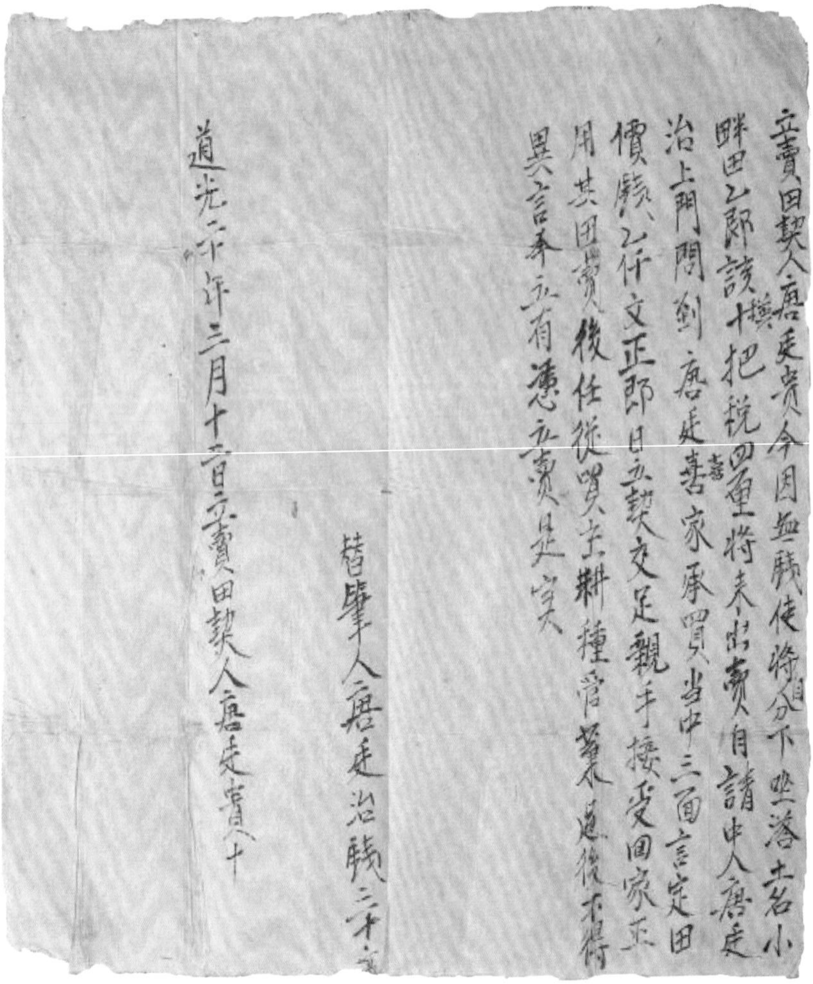

立卖田契人唐廷贵今因无钱使将自分下坐落土名小畔田一即该秧十把税四厘将来出卖自请中人唐廷治上门问到唐廷喜家承买当中三面言定田价钱一仟文正即日立契交足亲手接受回家正用其田卖后任从买主耕种管业过后不得异言今立有凭立卖是实

替笔人唐廷治钱三十文

道光二十年三月十二日立卖田契人唐廷贵【押】

道光二十一年三月十九日唐廷富等卖田契

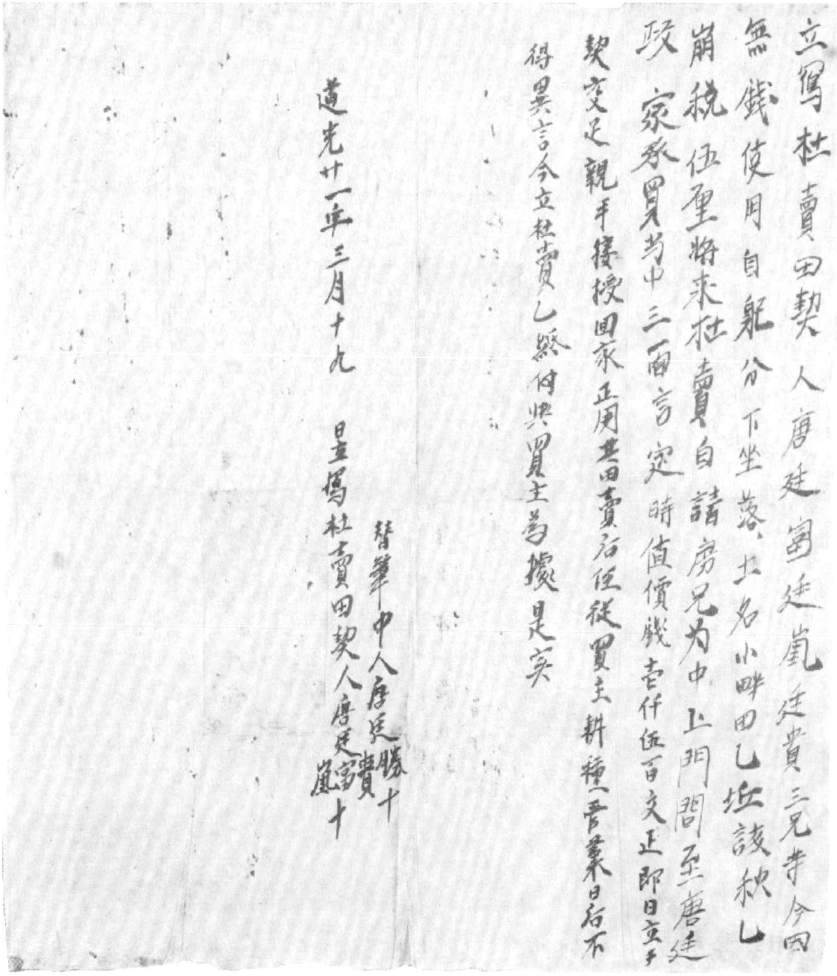

立写杜卖田契人唐廷富廷岚廷贵三兄等今因无钱使用自己分下坐落土名小畔田一丘该秧一崩〔棚〕税伍厘将来杜卖自请房兄为中上门问至唐廷政家承买当中三面言定时值价钱壹仟伍百文正即日立契交足亲手接授（受）回家正用其田卖后任从买主耕种管业日后不得异言今立杜卖一纸付与买主为据是实

替笔中人唐廷胜【押】

道光廿一年三月十九日立写杜卖田契人唐廷贵【押】唐廷富【押】唐廷岚【押】

道光二十五年一月二十日何灿洪卖鱼塘契

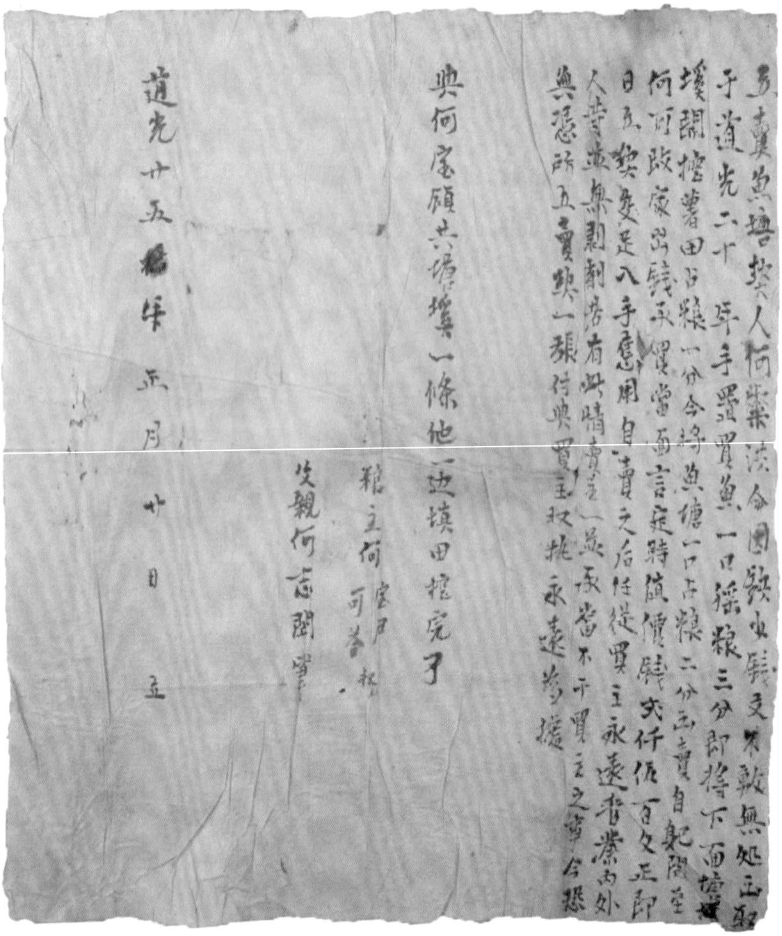

立卖鱼塘契人何灿洪今因缺少钱文不敷无处出取
于道光二十　年手置买鱼一口徭粮三分即将下面
塘堘开挖薯田占粮一分今将鱼塘一口占粮二分出
卖自己问至何可改家出钱承买当面言定时值价钱
贰仟伍百文正即日立契交足入手应用自卖之后任
从买主永远管业内外人等并无剥削若有此情卖主
一并承当不干买主之事今恐无凭所立卖契一张付
与买主收执永远为据
与何宝颂共塘堘一条他一边填田挖完了
粮主何宝尹何可荅收
父亲何志开笔
道光廿五年正月廿日立

道光二十九年七月十六日唐肇宗肇枝卖横屋契

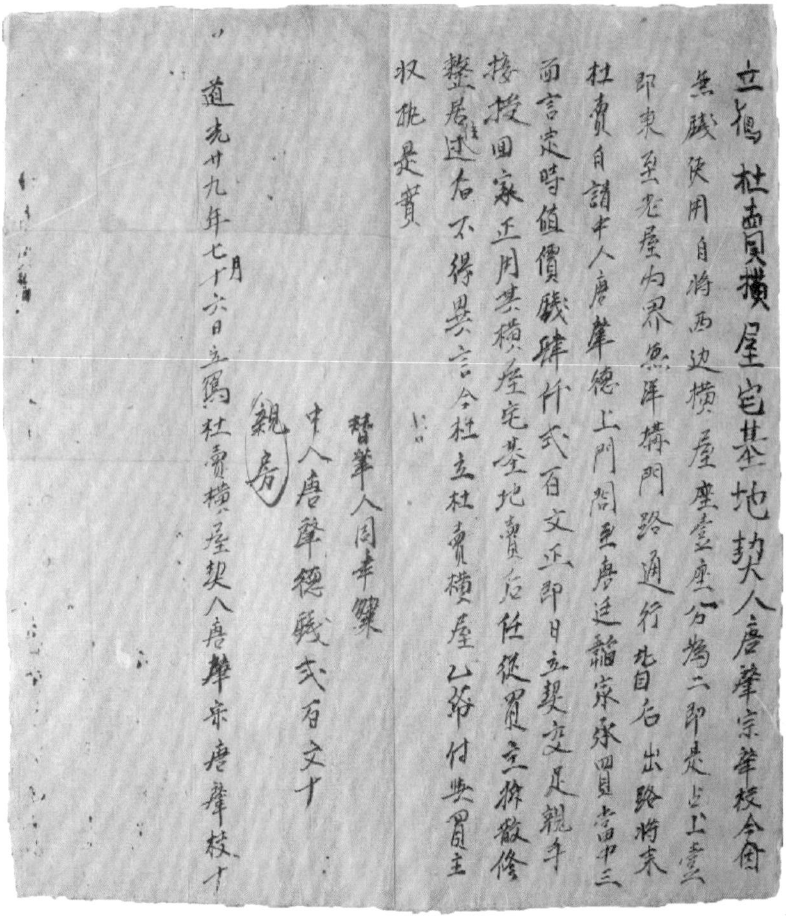

立写杜卖横屋宅基地契人唐肇宗肇枝今因无钱使用自将西边横屋座壹座分为二即是占上壹即东至老屋为界无洋均墈门路通行皆后出路将来杜卖自请中人唐肇德上门问至唐廷韬家承买当中三面言定时值价钱肆仟贰百文正即日立契交足亲手接授（受）回家正用其横屋宅基地卖后任从买主拆散修整居住过后不得异言今［杜］立杜卖横屋　纸付与买主收执是实

替笔人周聿粲

中人唐肇德钱贰百文【押】

道光廿九年七月十六日立写杜卖横屋契人唐肇宗

唐肇枝【押】

咸丰元年五月初二日陈瑞昌卖田契

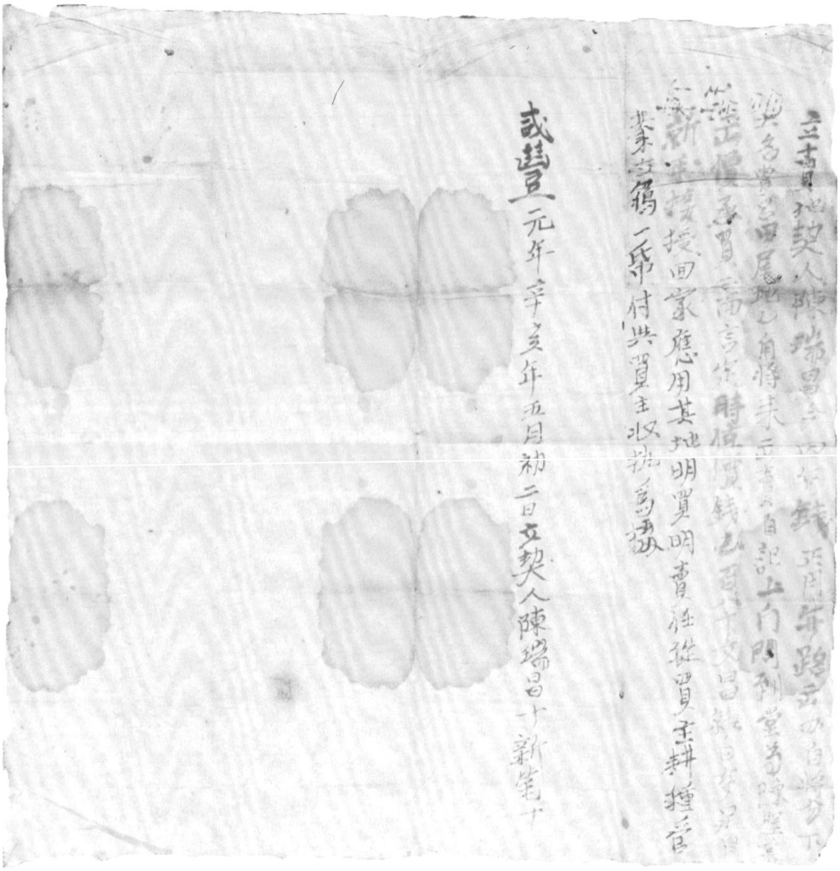

立卖地契人陈瑞昌今因无钱正用无路出办自将分下土名曹吕田尾地一角将来出卖自记（己）上门问到堂弟陈圣养出价承买二面言定时值价钱一百八十文昌就（就）日交足自新手接授（受）回家应用其地明买明卖任从买主耕种管业立写一纸付与买主收执为据

咸丰元年辛亥年五月初二日立契人陈瑞昌【押】新笔【押】

咸丰二年十二月二十六日何金魁等卖田契

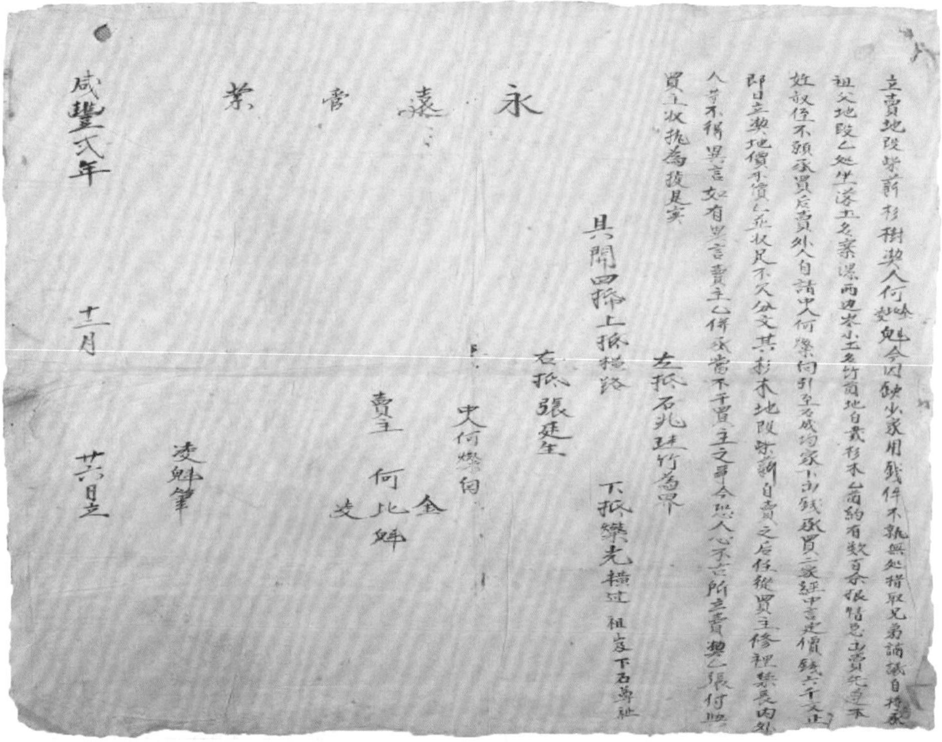

立卖地段柴薪杉树契人何金魁何比魁何凌魁今因缺少家用钱件不就（就）无处措取兄弟謪（商）议自将承祖父地段一处坐落土名寨漯两边岭小土名竹园地自栽杉木一园约有数百余根情愿出卖先遵本姓叔侄不愿承买后卖外人自请中人何灿向引至石成均家下出钱承买二家经中言定价钱六千文正即日立契地价钱价一并收足不欠分文其杉木地段柴薪自卖之后任从买主修里（理）禁长内外人等不得异言如有异言卖主一并承当不干买主之事今恐人心不古所立卖契一张付与买主收执为据是实

具开四抵左抵石兆珪竹为界右抵张廷生上抵横路下抵灿光横过祖岌下石尊祉

中人何灿兴

卖主何金魁何比魁何凌魁

凌魁笔

永远管业

咸丰贰年十二月廿六日立

咸丰二年十二月二十九日奉祖太杜卖松树木兰契

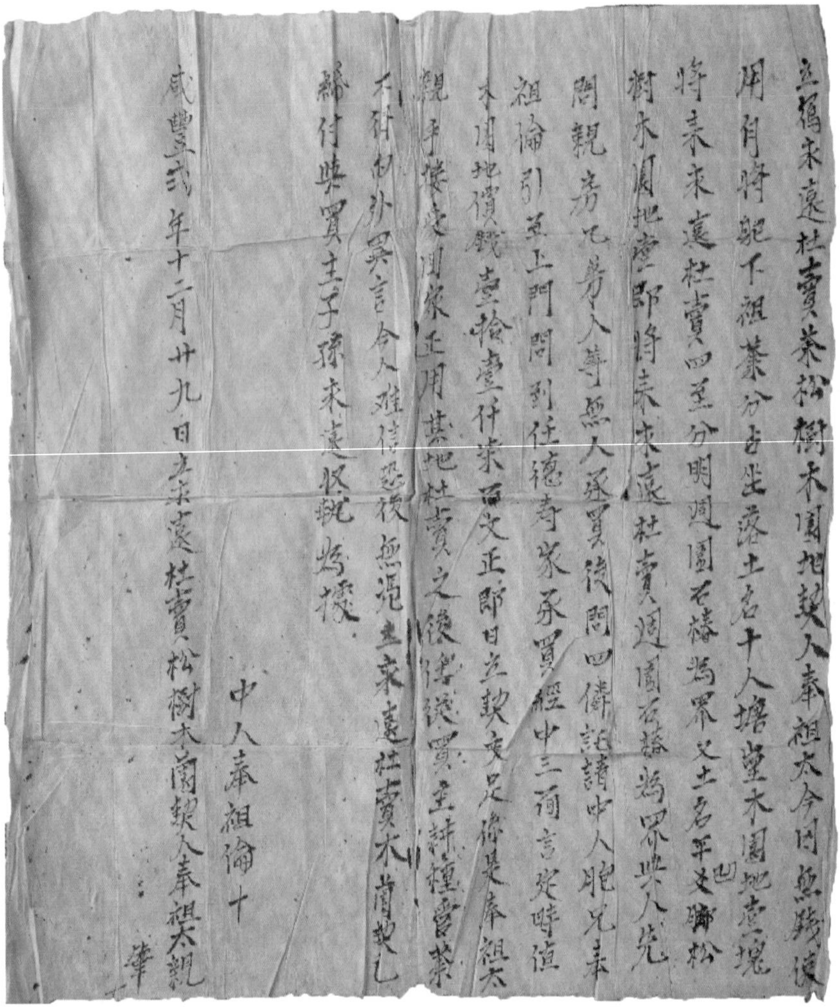

立写永远杜卖茶松树木园地契人奉祖太今因无钱使用自将己下祖业分占坐落土名十人塘岗木园地壹块将来永远杜卖四至分明周围石椿〔桩〕为界又土名平凹叉脚松树木园地壹即将来永远杜卖周围石椿〔桩〕为界与人先问亲房兄弟人等无人承买后问四僯（邻）托请中人胞兄奉祖伦引至上门问到任德寿家承买经中三面言定时值木园地价钱壹拾壹仟柒百文正即日立契交足系是奉祖太亲手接受回家正用其地杜卖之后任从买主耕种管业不得内外异言今人难信恐后无凭立永远杜卖木园契一纸付与买主子孙永远收执为据

中人奉祖伦【押】

咸丰贰年十二月廿九日立永远杜卖松树木园契人奉祖太亲笔

咸丰八年十月初十日陈开德兄弟收清单

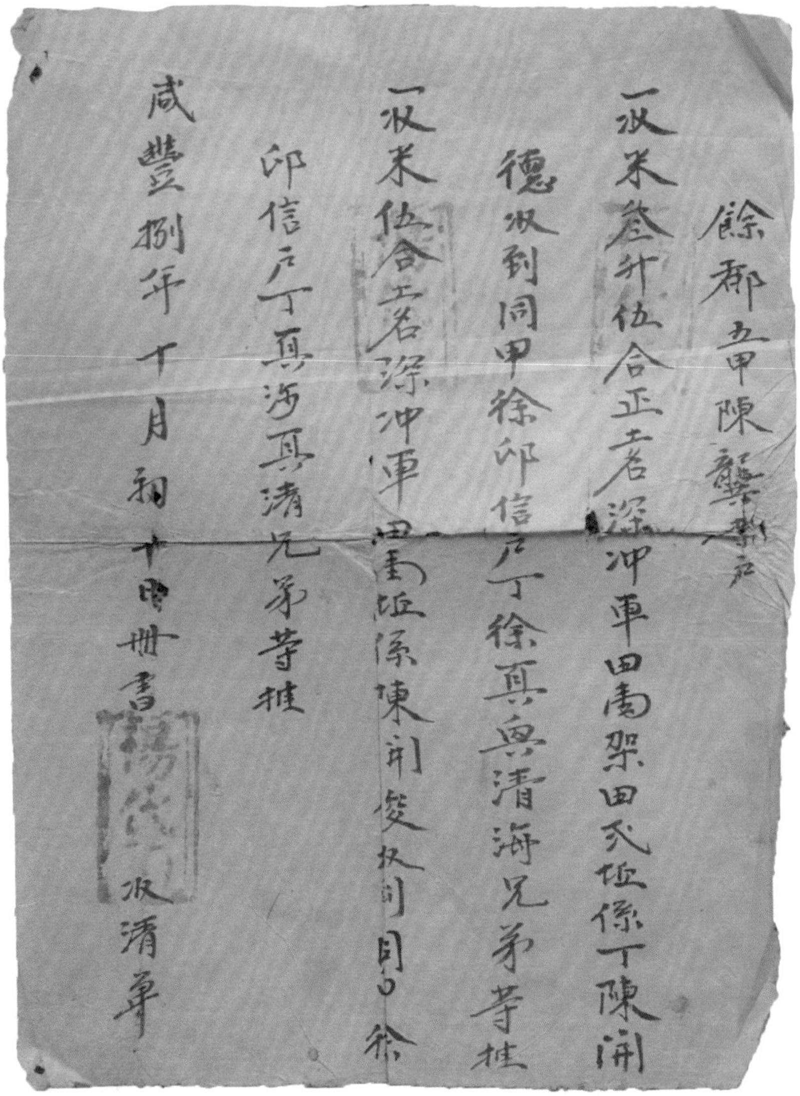

余都五甲陈龚业户
收米叁升伍合正土名深冲车田壹
架田二丘系丁陈开德收到同甲徐
印信户丁徐真兴清海兄弟等推
收米伍合土名深冲车田壹丘系陈
开俊收到同甲徐印信户丁真□真
清兄弟等推
咸丰捌年十月初十日册书杨代□
收清单

咸丰十一年八月二十七日余都五甲徐印信户

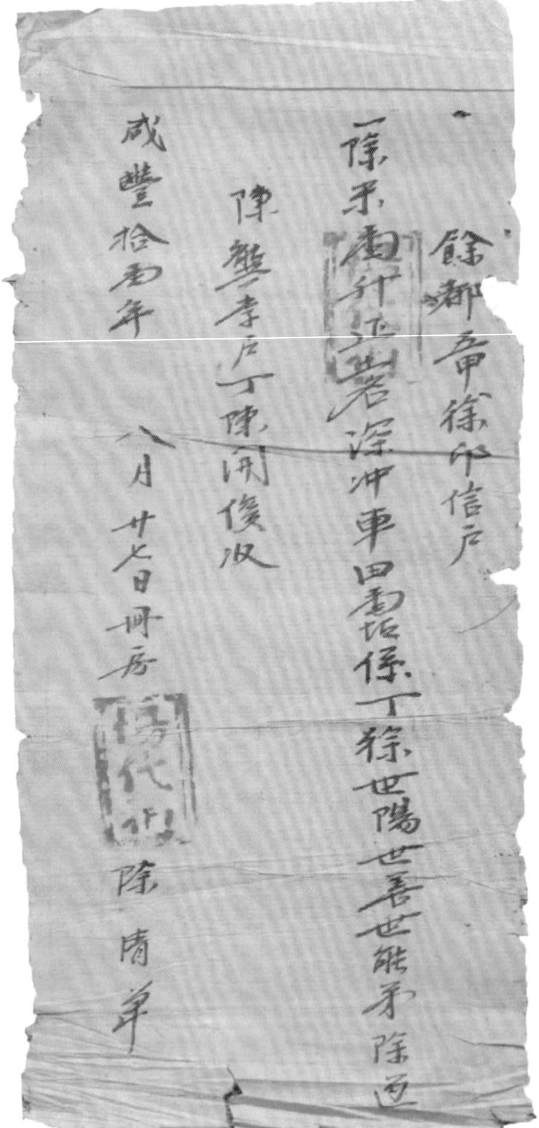

余都五甲徐印信户
除米壹升正土名深冲车田壹丘系丁徐世阳世善世能弟除过陈龚李户丁陈开俊收
咸丰拾壹年八月廿七日册房杨代祖除清单

同治元年二月初七日唐毓忠卖木园契

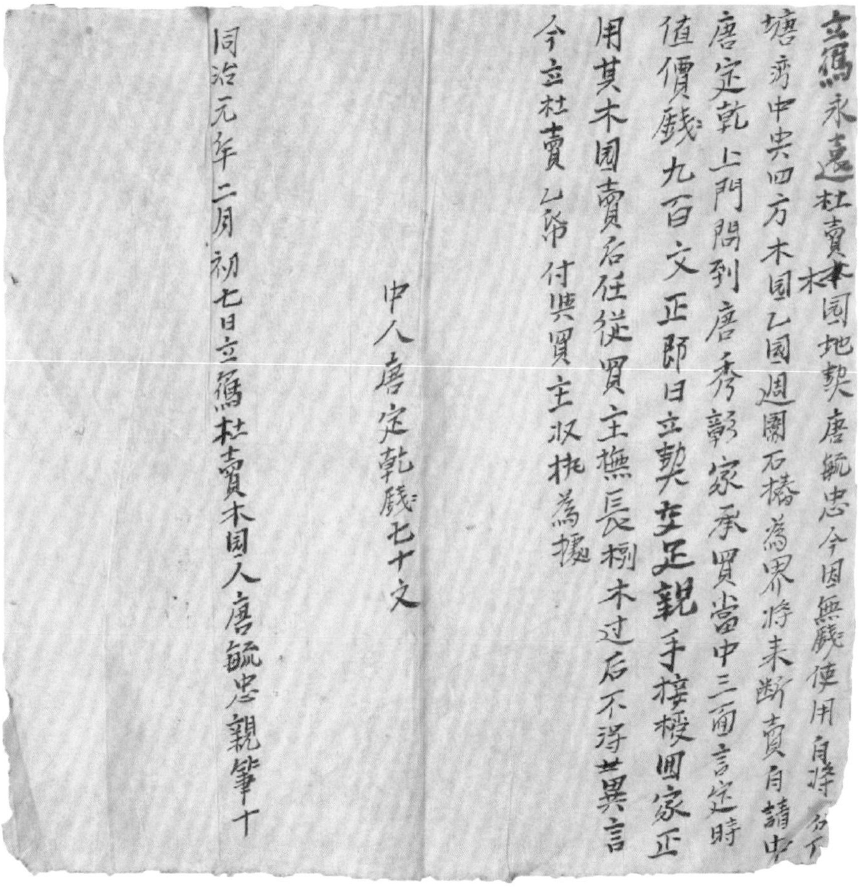

立写永远杜卖木园地契唐毓忠今因无钱使用自将分下塘湾中央四方木园一园周围石椿（桩）为界将来断卖自请中唐定乾上门问到唐秀彰家承买当中三面言定时值价钱九百文正即日立契交足亲手接授（受）回家正用其木园卖后任从买主抚长栅木过后不得异言今立杜卖一纸付与买主收执为据

中人唐定乾钱七十文

同治元年二月初七日立写杜卖木园人唐毓忠亲笔【押】

同治三年四月初六日潘作才夫妻卖杉木契

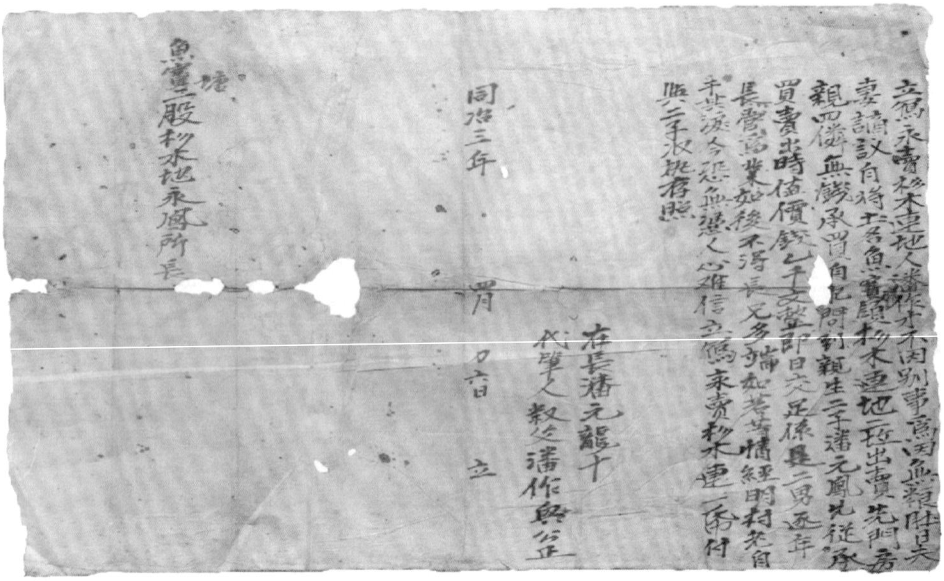

立写永卖杉木连地人潘作才不因别事为因无粮肚（度）日夫妻謪（商）议自将土名鱼赛塘领（岭）杉木连地二丘出卖先门（问）房亲四僯（邻）无钱承买自己问到亲生二子潘元凤先从承买卖出时值价钱一千文整即日交足系是二男逐年长管为业如后不得长兄多端如若等情经明村老自干其泪今恐无凭人心难信立写永卖杉木连一纸付与二子收执存照

在长潘元龙【押】

代笔人叔父潘作兴公正

同治三年四月初六日立

鱼赛塘二股杉木地永凤所长

同治四年十一月十三日唐秀礼卖田契

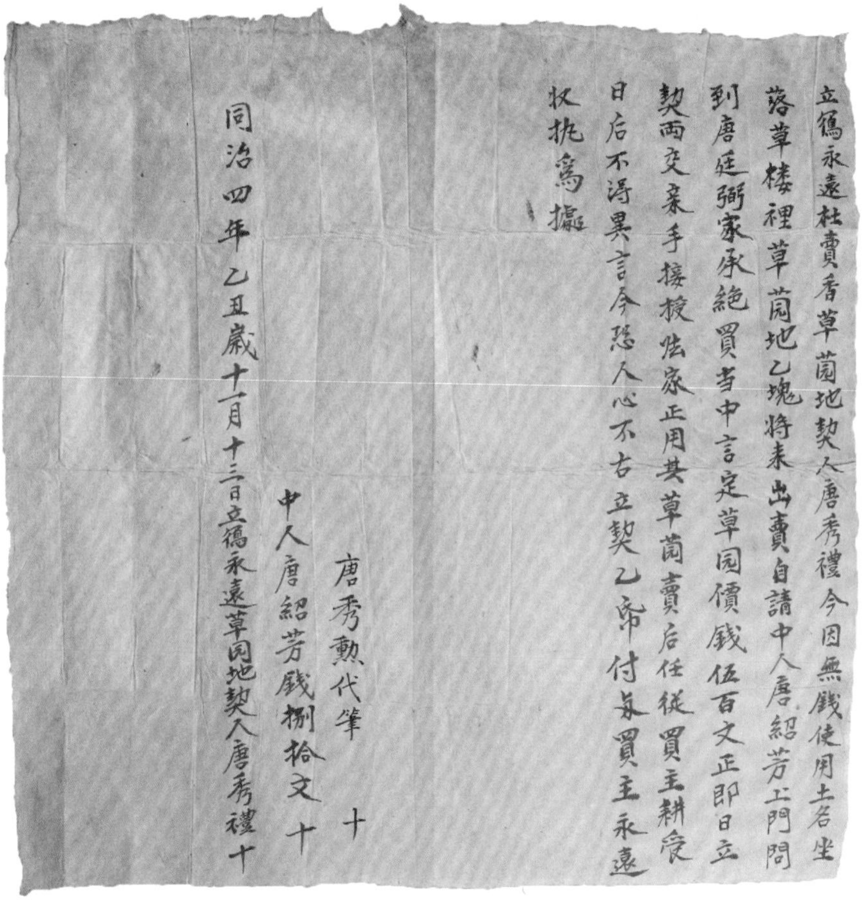
立寫永遠杜賣香草園地契人唐秀禮今因無錢使用土名坐落草樓裡草園地乙塊將來出賣自請中人唐紹芳上門問到唐廷弼家承絕買当中言定草园價錢伍百文正即日立契兩交亲手接授歸家正用其草園賣后任從買主耕管日后不得異言今恐人心不古立契乙帋付与買主永遠收执為據

唐秀勳代筆 十

中人唐紹芳錢捌拾文 十

同治四年乙丑歲十一月十三日立寫永遠草园地契人唐秀禮 十

立写永远杜卖香草园地契人唐秀礼今因无钱使用土名坐落草楼里草园地一块将来出卖自请中人唐绍芳上门问到唐廷弼家承绝买当中言定草园价钱伍百文正即日立契两交亲手接授（受）归家正用其草园卖后任从买主耕管日后不得异言今恐人心不古立契一纸付与买主永远收执为据

唐秀勋代笔【押】

中人唐绍芳钱捌拾文【押】

同治四年乙丑岁十一月十三日立写永远草园地契人

唐秀礼【押】

同治六年二月二十日谭立朝等人索补帖

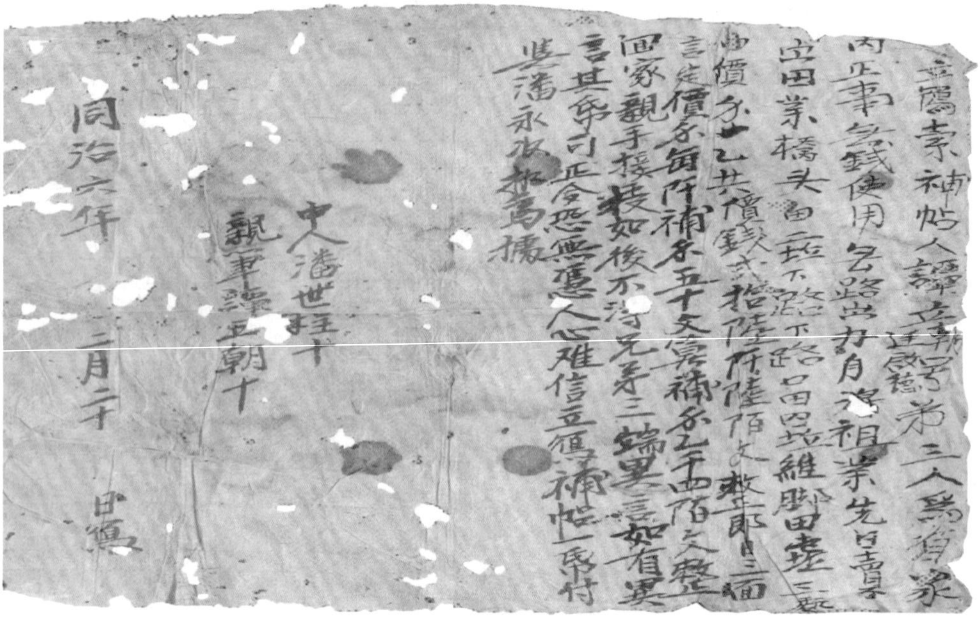

立写索补帖人谭立朝谭立廷谭啟德兄弟三人为自家内正事无钱使用无路出办自〈将〉祖业先日卖出田业桥头田二丘下路［下路］口田四丘维脚田壹丘三处□价钱一共价钱贰拾阡（仟）陆陌（佰）文整即日三面言定价钱每阡（仟）补钱五十文算补钱一千四陌（佰）文整回家亲手接授（受）如后不〈得〉兄弟三端异言如有异言其纸可正今恐无凭人心难信立写补帖一纸付与潘永收执为据

中人潘世程【押】

亲笔谭立朝【押】

同治六年二月二十日写

同治七年三月清明钟光吉等议立族内章程

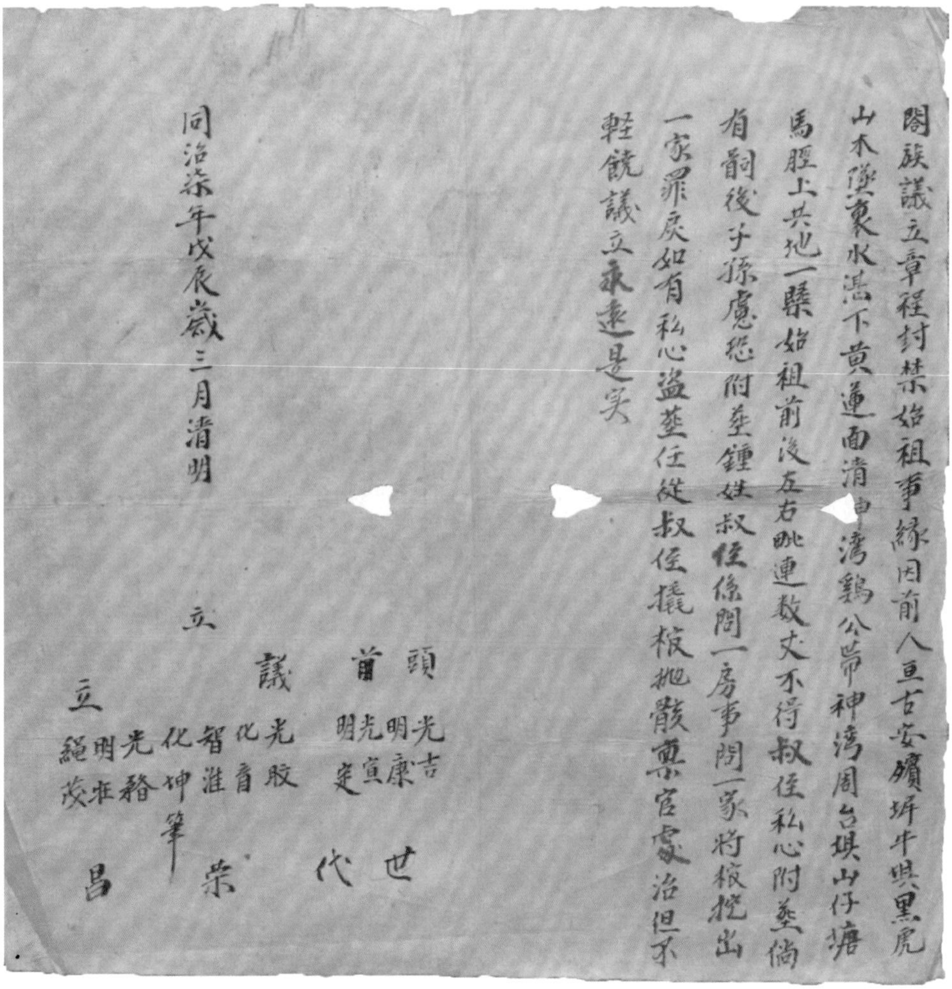

阖族议立章程封禁始祖事缘因前人亘古安殡墀牛坝（垻）黑虎山水坠里水湛下黄莲面清神湾鸡公带神湾台坝（垻）山仔塘马胫上共地一概始祖前后左右毗连数丈不得叔侄私心附葬倘有嗣（嗣）后子孙虑恐附葬钟姓叔侄系同一房事同一家将棺挖出一家罪戾如有私心盗葬任从叔侄撬棺抛骸禀官处治但不轻饶议立永远是实

头首议立光吉明康光宣明定光胶化育智淮化坤光稆明旺绳茂笔

世代荣昌

同治七年戊辰岁三月清明立

同治八年十二月十七日谭阿舒等卖田业文契

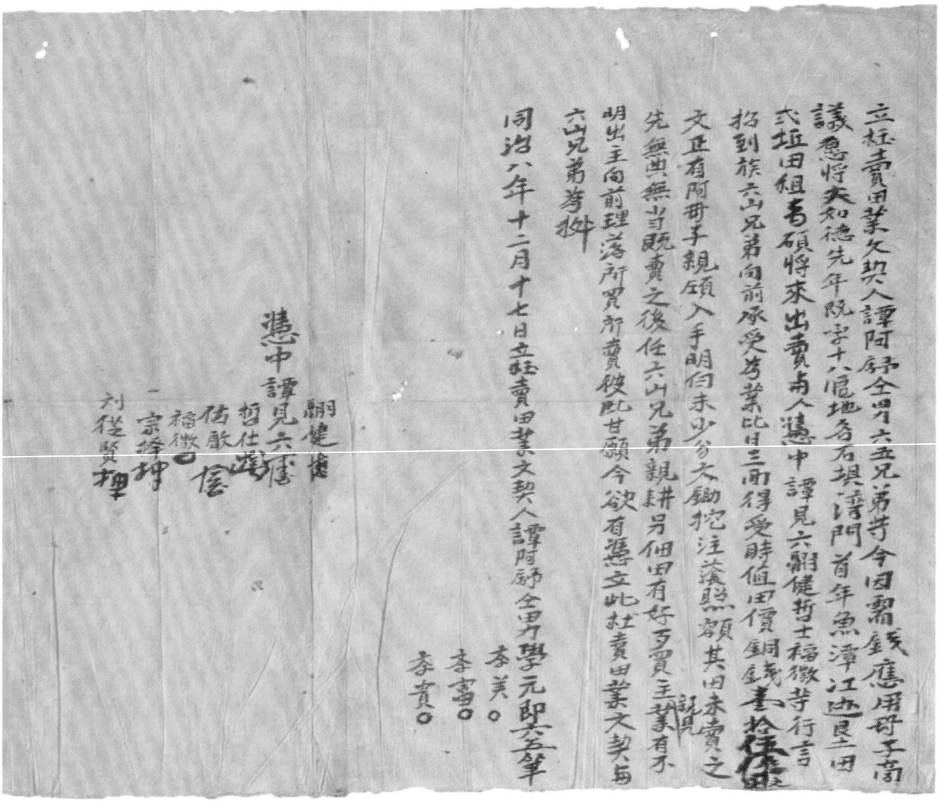

立杜卖田业文契人谭阿舒仝男六五兄弟等今因需钱应用母子商议愿将夫如德先年既字十八区地名石埧（埧）湾门首年鱼潭江边垦田贰丘田租为硕将来出卖与人凭中谭见六翩健哲士福徽等行言招到族六山兄弟向前承受为业比日三面得受时值田价铜钱壹拾伍□文正有阿母子亲领入手明白未少分文锄挖注荫照额其田未卖之先无典无当既卖之后任六山兄弟亲耕另佃田有好歹买主亲见业有不明出主向前理落所买所卖彼此甘愿今欲有凭立此杜卖田业文契与六山兄弟为据

同治八年十二月十七日立杜卖田业文契人谭阿舒仝男学元即六五笔孶美【押】孶富【押】孶贵【押】

凭中谭翩健【押】谭见六【押】谭哲仕【押】谭估啟【押】谭福徽【押】谭宗择【押】刘从贤【押】

同治九年二月十三日任呈明任呈先卖田契

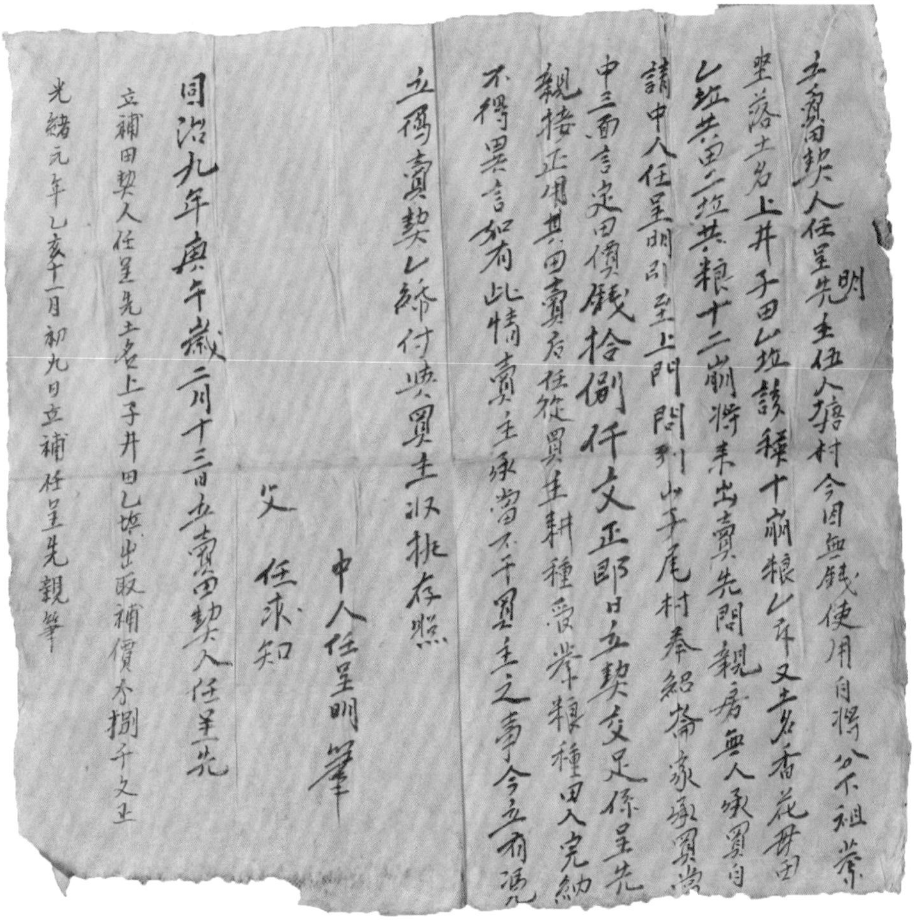

立卖田契人任呈明任呈先主伍人塘村今因无钱使用自将分下祖业坐落土名上井子田一丘该秧十崩粮一斥（斤）又土名香花母田一丘共田二丘共粮十二崩将来出卖先问亲房无人承买自请中人仜呈明引至上门问到山子尾村奉绍崙家承买当中二面言定田价钱拾捌仟文正即日立契交足系呈先亲接正用其田卖后任从买主耕种管业粮种田入完纳不得异言如有此情卖主承当不干买主之事今立有凭立写卖契一纸付与买主收执存照

中人任呈明笔

父任求知

同治九年庚午岁二月十三日立卖田契人任呈先

立补田契人任呈先土名上子井田一丘出取补价钱捌仟文正

光绪元年乙亥十一月初九日立补任呈先亲笔

同治九年三月初五日蒋学宝卖田契

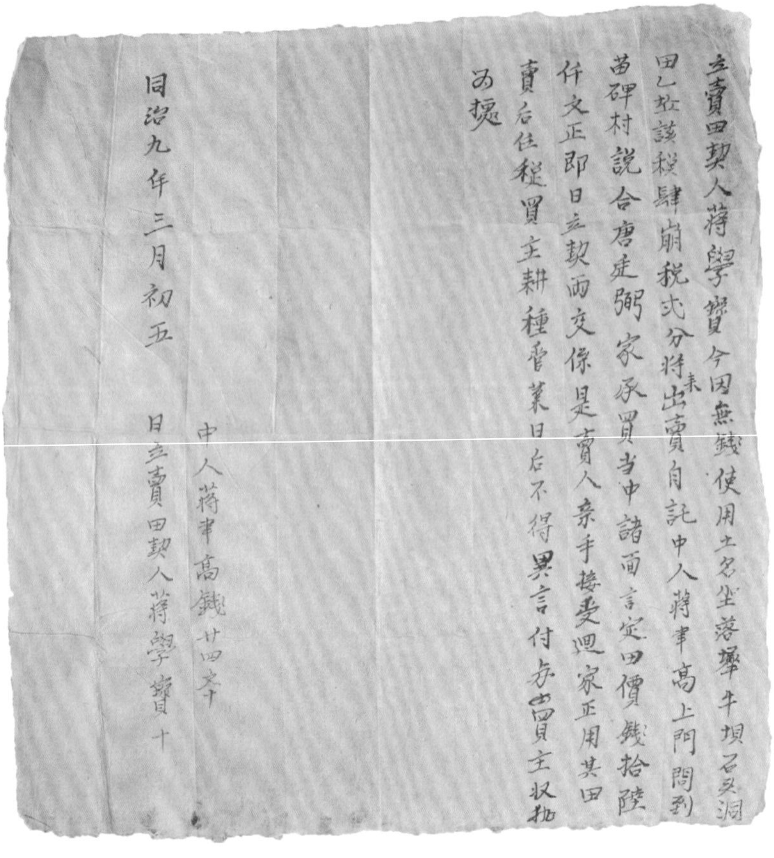

立卖田契人蒋学宝今因无钱使用土名坐落墀牛垻〔坝〕石头洞田一丘该秧肆崩〔棚〕税贰分将来出卖自托中人蒋聿高上门问到苗碑村说合唐廷弼家承买当中诸面言定田价钱拾陆仟文正即日立契两交系是卖人亲手接受回家正用其田卖后任从买主耕种管业日后不得异言付与买主收执为据

中人蒋聿高钱廿四文【押】

同治九年三月初五日立卖田契人蒋学宝【押】

同治九年十一月三十日蒋学宝卖田契

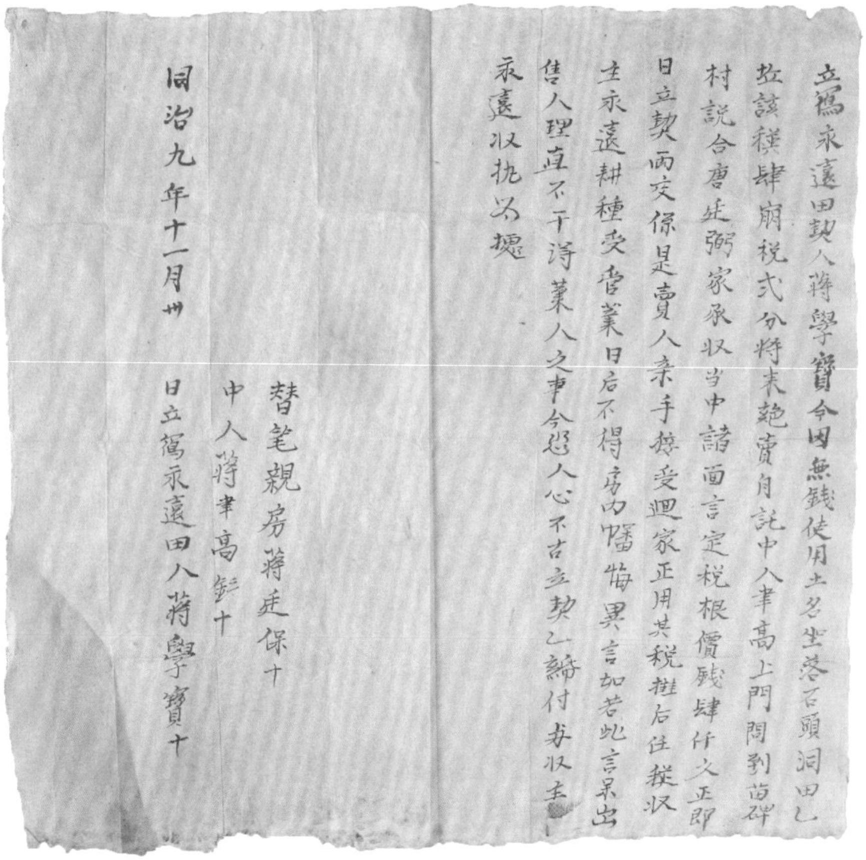

立写永远田契人蒋学宝今因无钱使用土名坐落石头洞田一丘该秧肆崩〔棚〕税贰分将来绝卖自托中人聿高上门问到苗碑村说合唐廷弼家承收当中诸面言定税根价钱肆仟文正即日立契两交系是卖人亲手接受回家正用其税挂〔推〕后任从收主永远耕种受管业日后不得房内憣悔异言如若此言呆出售人理直不干得业人之事今恐人心不古立契一纸付与收主永远收执为据

替笔亲房蒋廷保【押】

中人蒋聿高钱【押】

同治九年十一月卅日立写永远田人蒋学宝【押】

同治十一年五月二十四日潘永龙当田契

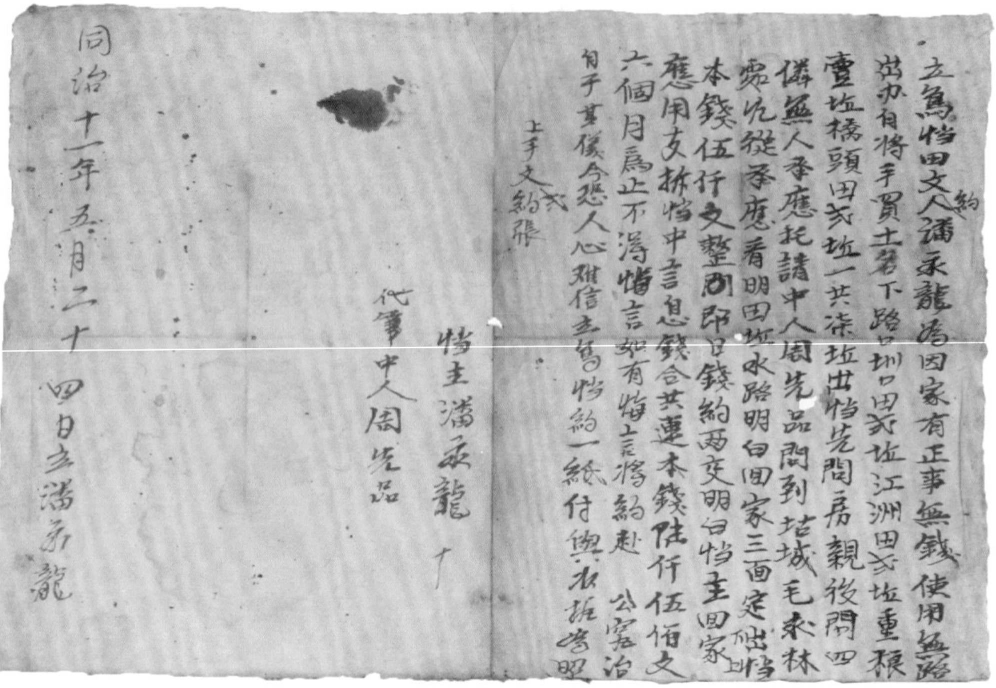

立写㦧（当）田文约人潘永龙为因家有正事无钱使用无路出办自将手买土名下路口圳口田贰丘江洲田贰丘重粮壹丘桥头田贰丘一共柒丘出㦧（当）先问房亲后问四僯（邻）无人承应托请中人周先品问到坫城毛求林处先从承应看明田丘水路明白回家三面定出㦧（当）本钱伍仟文整即日钱约两交明白㦧（当）主回家应用支拆㦧（当）中言息钱合共连本钱陆仟伍佰文六个月为止不得悔言如有悔言将约赴　公究治自干其仪今恐人心难信立写㦧（当）约一纸付与收执为照

上手文约贰张

㦧（当）主潘永龙【押】

代笔中人周先品

同治十一年五月二十四日立潘永龙

同治十一年十二月二十五日任呈礼廷璟卖田契

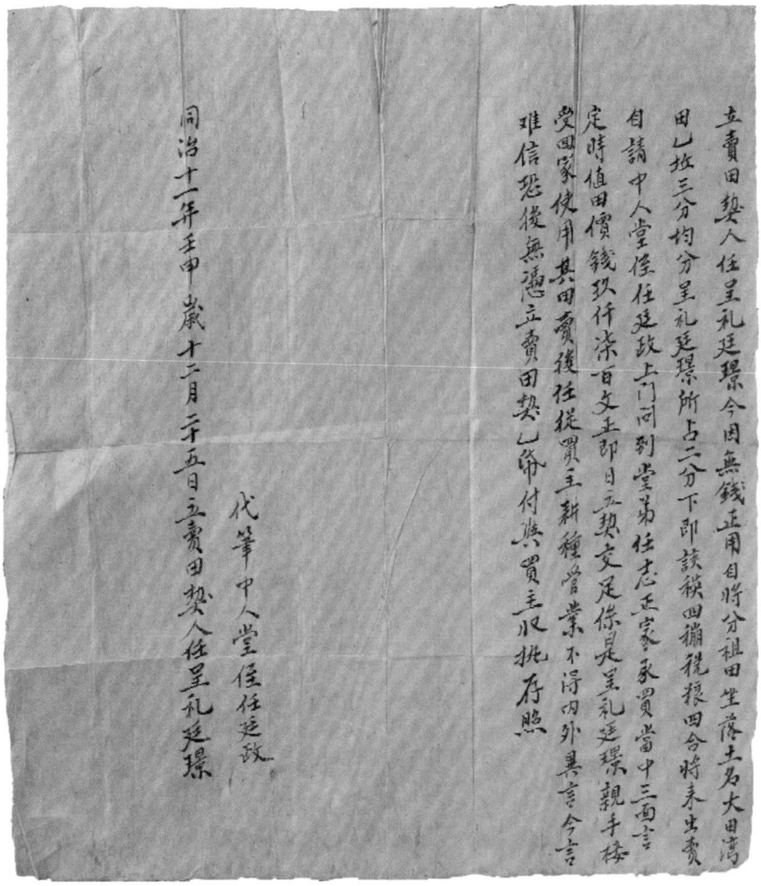

立賣田契人任呈礼廷璟今因無錢正用自將分祖田坐落土名大田灣
田乙坵三分均分呈礼廷璟所占二分下即該秧四擟税粮四合將來出賣
自請中人堂侄任廷政上门问到堂弟任志正家承買當中三面言
定時值田價錢玖仟柒百文正即日立契交足係是呈礼廷璟親手接
受回家使用其田賣後任從買主耕種管業不得内外異言今言
难信恐後無憑立賣田契乙紙付與買主收执存照
代筆中人堂侄任廷政
同治十一年壬申歲十二月二十五日立賣田契人任呈礼廷璟

立卖田契人任呈礼廷璟今因无钱正用自将分祖田坐落土名大田湾田一丘三分均分呈礼廷璟所占二分下即该秧四𪟝〔棚〕税粮四合将来出卖自请中人堂侄任廷政上门问到堂弟任志正家承买当中三面言定时值田价钱玖仟柒百文正即日立契交足系是呈礼廷璟亲手接受回家使用其田卖后任从买主耕种管业不得内外异言今言难信恐后无凭立卖田契一纸付与买主收执存照

代笔中人堂侄任廷政

同治十一年壬申岁十二月二十五日立卖田契人任呈礼廷璟

同治十三年十一月二十八日任呈清卖田契

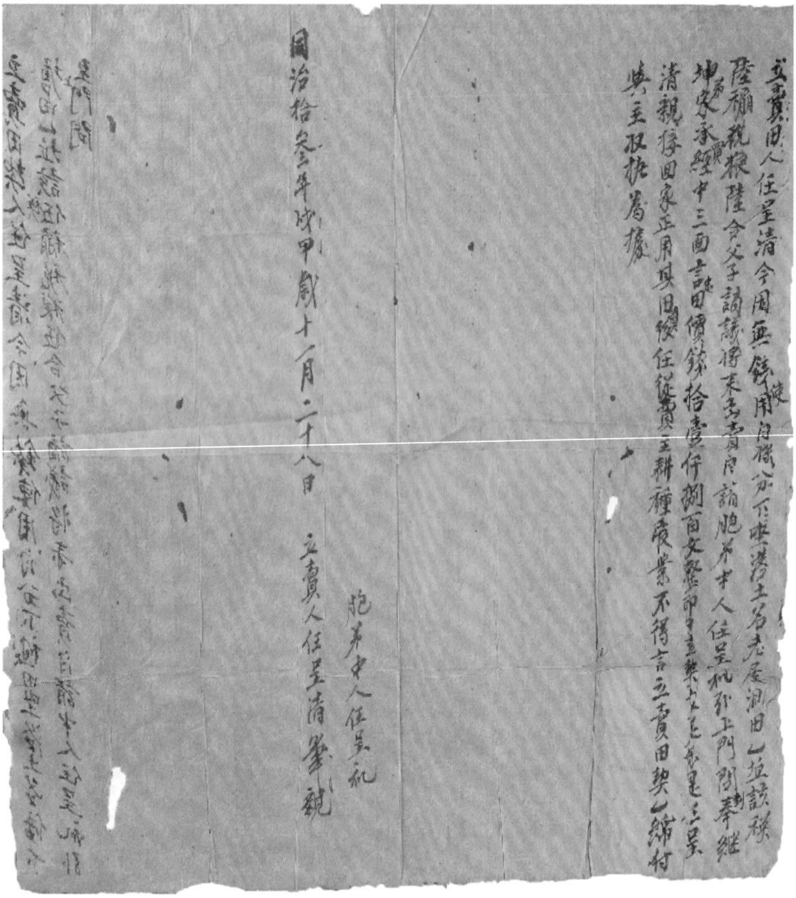

立卖田人任呈清今因无钱使用自将分下坐落土名老屋洞田一丘该秧陆糊（棚）税粮陆合父子謫（商）议将来出卖自请胞弟中人任呈礼引上门问到奉继坤弟家承买经中三面言定田价钱拾壹仟捌百文整即日立契交足系是任呈清亲接回家正用其田卖后任从买主耕种管业不得〈异〉言立卖田契一纸付与主收执为据

胞弟中人任呈礼

同治拾叁年甲戌（戌）岁十一月二十八日立卖人任呈清亲笔

光绪元年十二月十二日任呈先卖田契

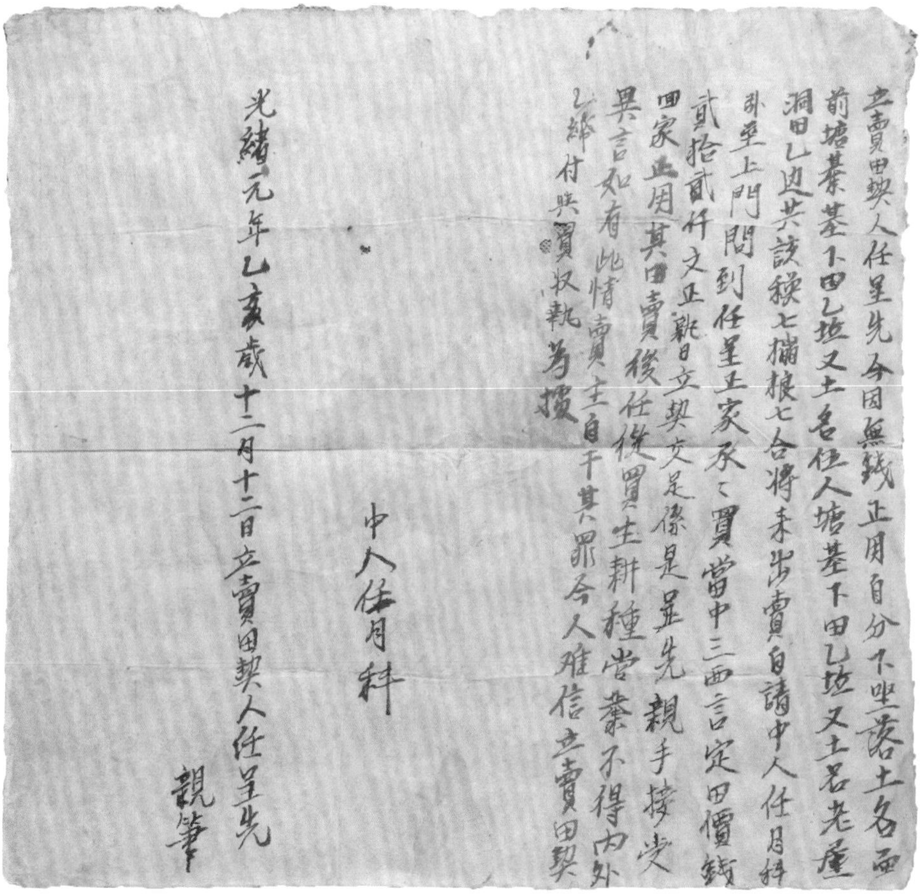

立卖田契人任呈先今因无钱正用自分下坐落土名面前塘业基下田一丘又土名伍人塘基下田一丘又土名老屋洞田一边共该秧七⿰米朋〔棚〕粮七合将来出卖自请中人任月科引至上门问到任呈正家承［承］买当中三面言定田价钱贰拾贰仟文正孰（就）日立契交足系是呈先亲手接受回家正用其田卖后任从买主耕种管业不得内外异言如有此情卖主自干其罪今人难信立卖田契一纸付与买收执为据

中人任月科

光绪元年乙亥岁十二月十二日立卖田契人任呈先

亲笔

光绪二年十月初六日立写任明芳兄弟卖田契

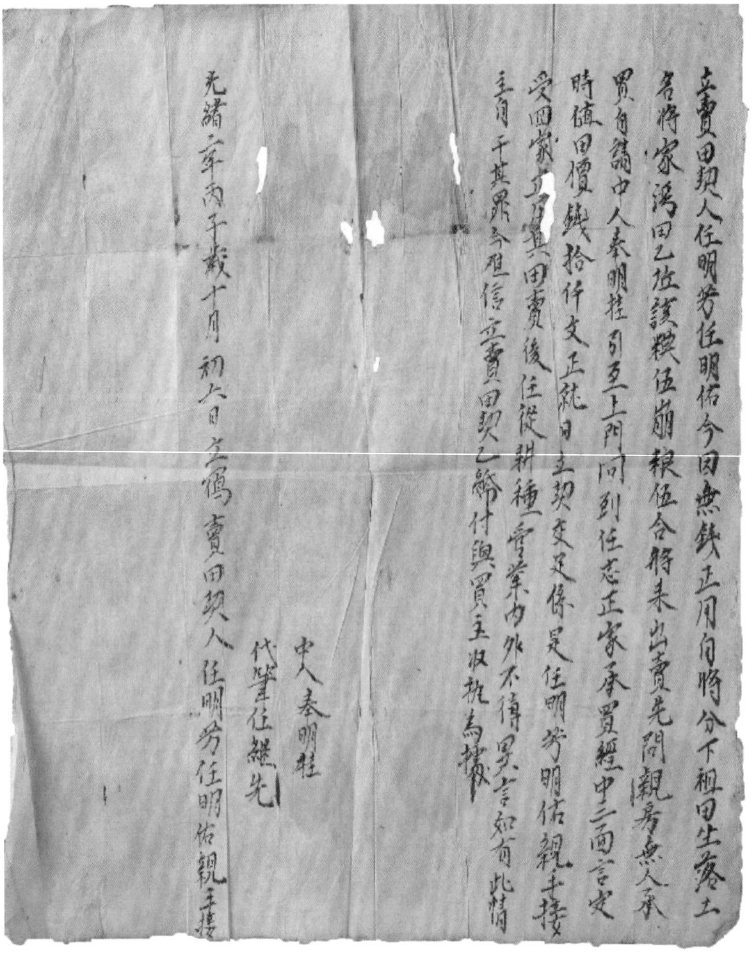

立卖田契人任明芳任明佑今因无钱正用自将分下祖田坐落土名将家湾田一丘该秧伍崩〔棚〕粮伍合将来出卖先问亲房无人承买自请中人奉明桂引至上门问到任志正家承买经中三面言定时值田价钱拾仟文正就日立契交足系是任明芳明佑亲手接受回家〈正用〉其田卖后任从耕种管业内外不得异言如有此情〈卖〉主自干〔甘〕其罪今难信立卖田契一纸付与买主收执为据

中人奉明桂

代笔任继光

光绪二年丙子岁十月初六日立写卖田契人任明芳任明佑亲手接

光绪三年四月初十日潘作龙借钱当田契

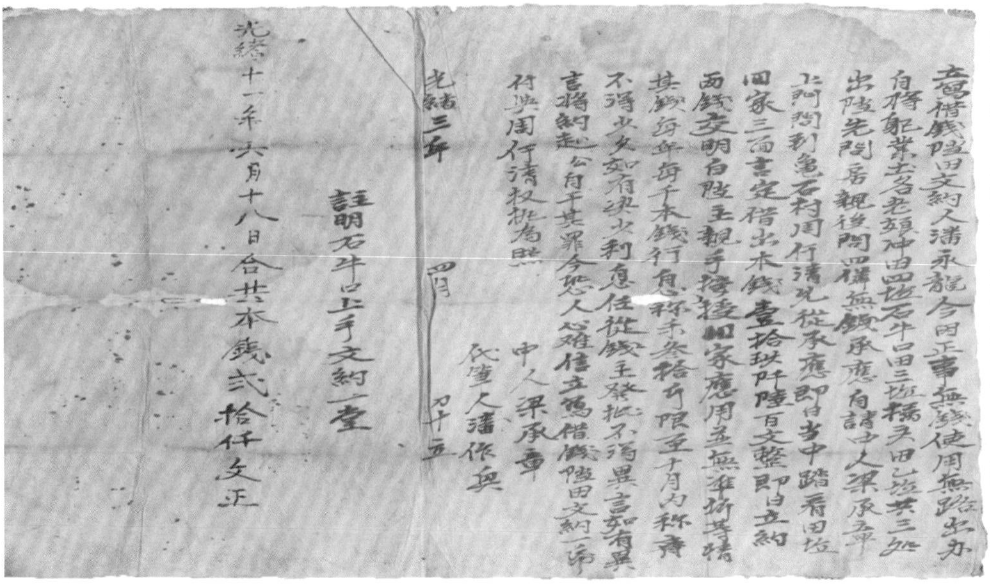

立写借钱阤（当）田文约人潘永龙今因正事无钱使用无路出办自将己业土名老娘冲田四丘石牛口田三丘桥头田一丘共三处出阤（当）先问房亲后问四僯（邻）无钱承应自请中人梁承章上门问到龟石村周仔清兄从承应即日当中踏看田坵回家三面言定借出本钱壹拾玖阡（仟）陆百文整即日立约两钱交明白阤（当）主亲手接授（受）回家应用并无准折等情其钱每年每千本钱行息称禾叁拾斤限至十月内称齐不得少欠如有缺少利息任从钱主发批不得异言如有异言将约赴公自干（甘）其罪今恐人心难信立写借钱阤（当）田文约一纸付与周仔清收执为照

中人梁承章

代笔人潘作兴

光绪三年四月初十立

注明石牛口上手文约一堂

光绪十一年六月十八日合共本钱贰拾仟文正

光绪五年七月初二日任德科断卖田契

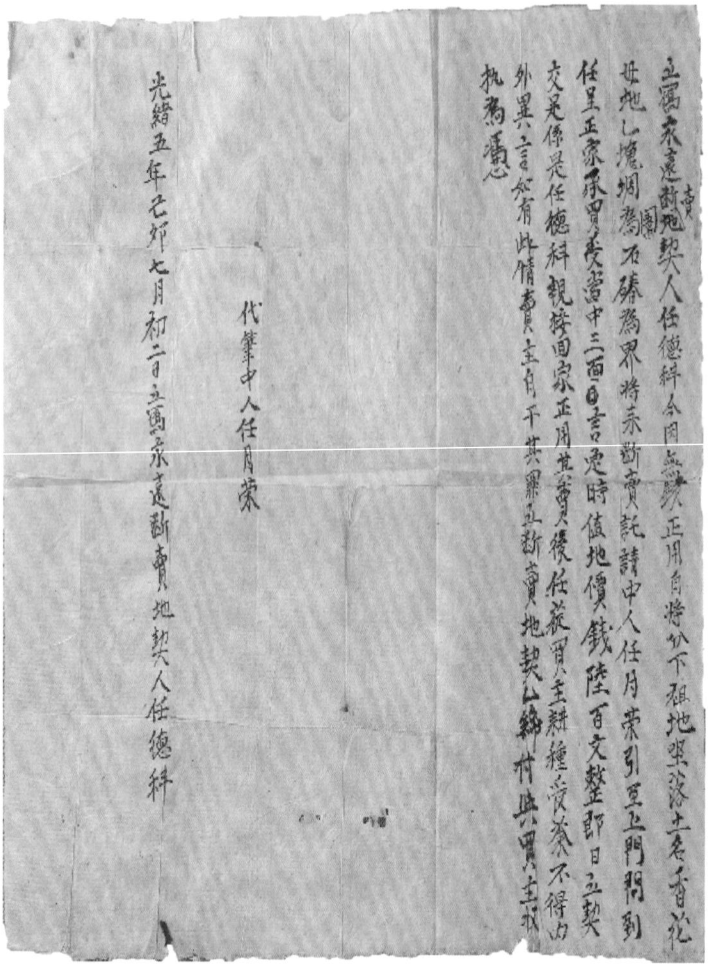

立写永远断卖地契人任德科今因无钱正用自将分下祖地坐落土名香花母地一块垌□为石碡〔桩〕为界将来断卖托请中人任月荣引至上门问到任呈正家承买受当中三面言定时值地价钱陆百文整即日立契交足系是任德科亲接回家正用其卖后任从买主耕种管业不得内外异言如有此情卖主自干（甘）其罪立断卖地契一纸付与买主收执为凭

代笔中人任月荣

光绪五年己卯七月初二日立写永远断卖地契人任德科

光绪五年八月四日田显迪卖屯田契

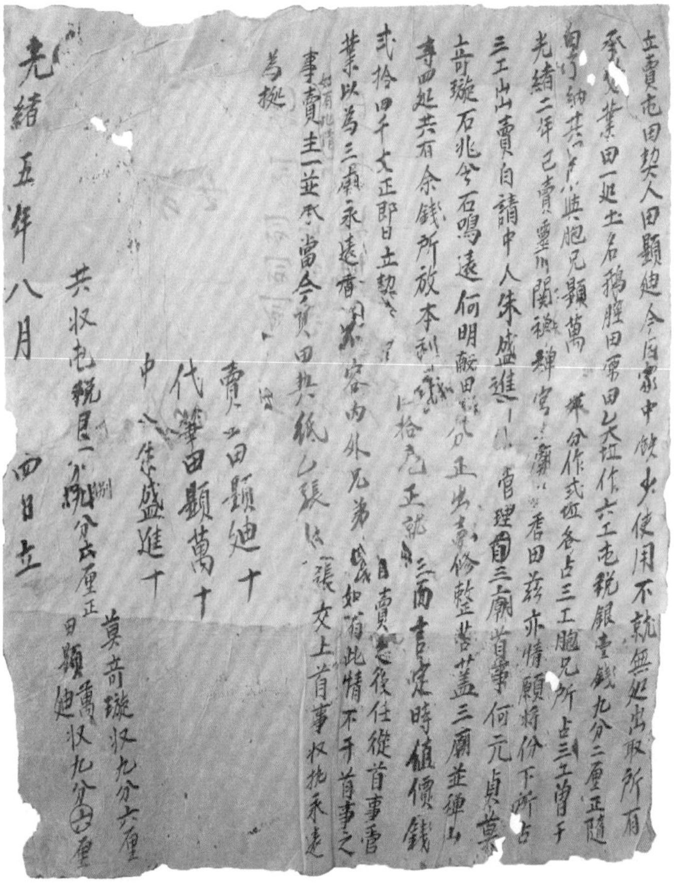

立卖屯田契人田显迪今因家中缺少使用不就无处出取所有承〈父〉业田一处土名鹅胫田原田一大丘作六工〔弓〕屯税银壹钱九分二厘正随田了纳其□□与胞兄显万□平分作贰丘各占三工〔弓〕胞兄所占三工〔弓〕曾于光绪二年已卖灵川关禅〔禅〕宫□庙□香田兹亦情愿将份下所占三工〔弓〕出卖自请中人朱盛进□□管理三庙首事何元贞莫哥璇石兆令石鸣远何明献田□分正出卖修整苫盖三庙并禅山寺四处共有余钱所放本利钱□拾毫正就日三面言定时值价钱贰拾四千文正即日立契⧄自卖之后任从首事管业以为三庙永远香□不容内外兄弟当如有此情不干首事之事如有此情卖主一并承当今买田契纸一张付一张交上首事收执永远为据

卖田田显迪【押】

代笔田显万【押】

中人朱盛进【押】

共收屯税银一钱捌分六厘正莫哥璇收九分六厘田显万田显迪收九分厘

光绪五年八月四日立

光绪六年十二月三十日陈添庆卖塘契

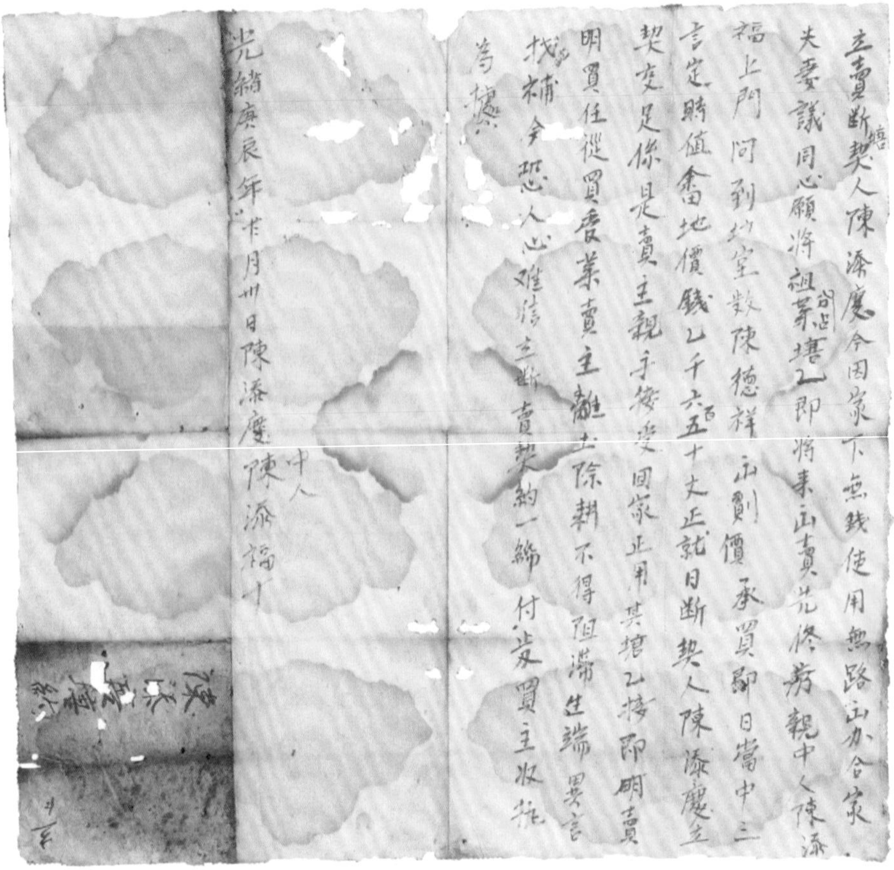

立卖断塘契人陈添庆今因家下无钱使用无路出办合家夫妻议同心愿将祖业分占塘一即〔节〕将来出卖先佟（尽）房亲中人陈添福上门问到□堂叔陈德祥出□价承买即日当中三言定时值畲地价钱一千六百五十文正就日断契人陈添庆立契交足系是卖主亲手接受回家正用其塘一接即明卖明买任从买管业卖主离土除耕不得阻滞生端异言找补今恐人心难信立断卖契约一纸付与买主收执为据

光绪庚辰年十二月卅日陈添庆中人陈添福【押】

光绪八年十二月十三日唐至顺卖田契

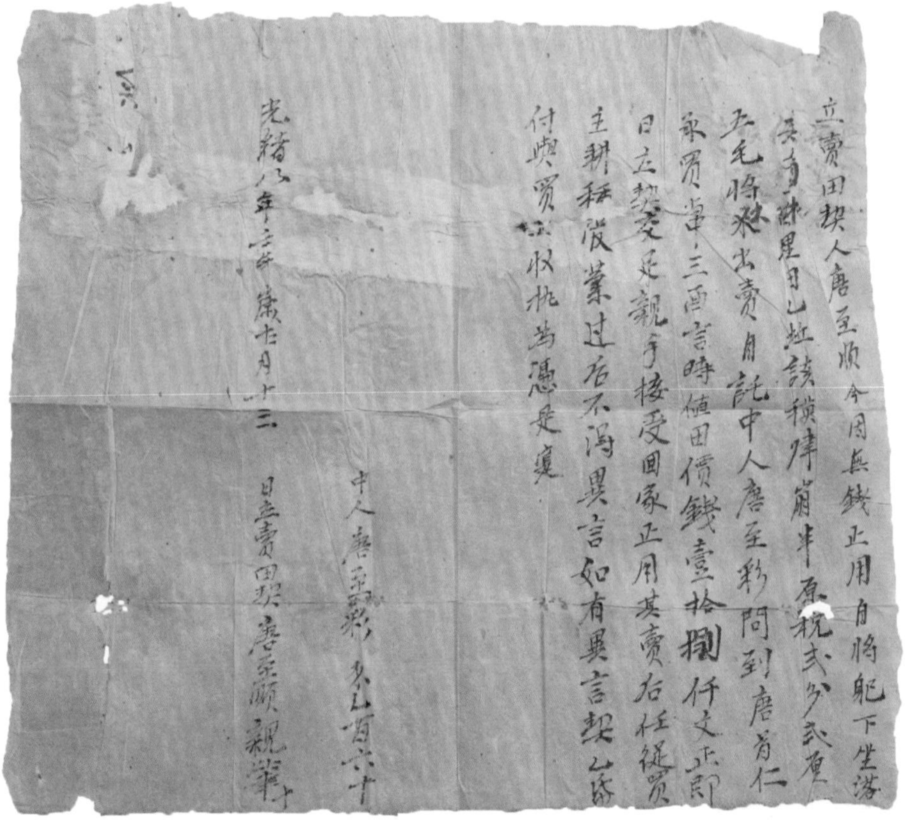

立卖田契人唐至顺今因无钱正用自将己下坐落□□□⍰田一丘该秧肆崩半原税贰分贰厘五毛将□出卖自托中人唐至彩问到唐首仁承买当中三面言时值田价钱壹拾捌仟文正即日立契交足亲手接受回家正用其卖后任从买主耕种管业过后不得异言如有异言契一纸付与买主收执为凭是实

中人唐至彩钱一百六十

光绪八年壬午岁十二月十三日立卖田契唐至顺亲笔【押】

光绪九年十一月二十七日周苟五卖地契

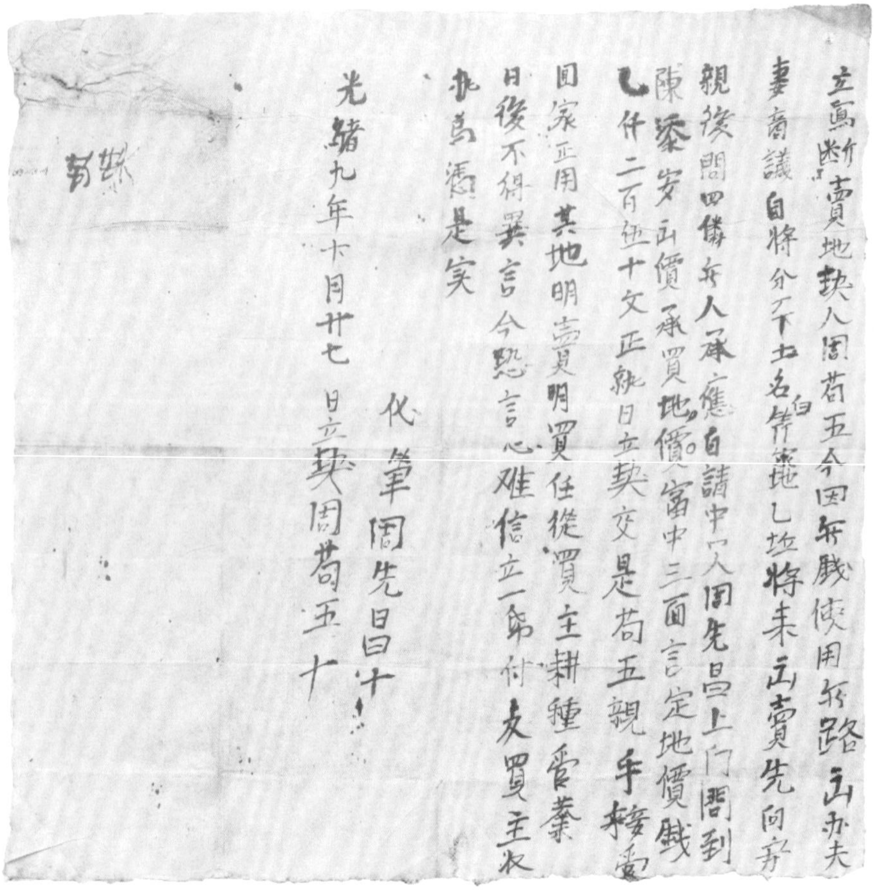

立写断卖地契人周苟五今因无钱使用无路出办夫妻商议自将分下土名白竹家地一丘将来出卖先问房亲后问四僯（邻）无人承应自请中人周先昌上门问到陈添安出价承买地价当中三面言定地价钱一仟二百伍十文正孰（就）日立契交是苟五亲手接受回家正用其地明卖明买任从买主耕种管业日后不得异言今恐言心难信立一纸付与买主收执为凭是实

代笔周先昌【押】

光绪九年十一月廿七日立契周苟五【押】

光绪九年十二月二十四日唐廷政卖田契

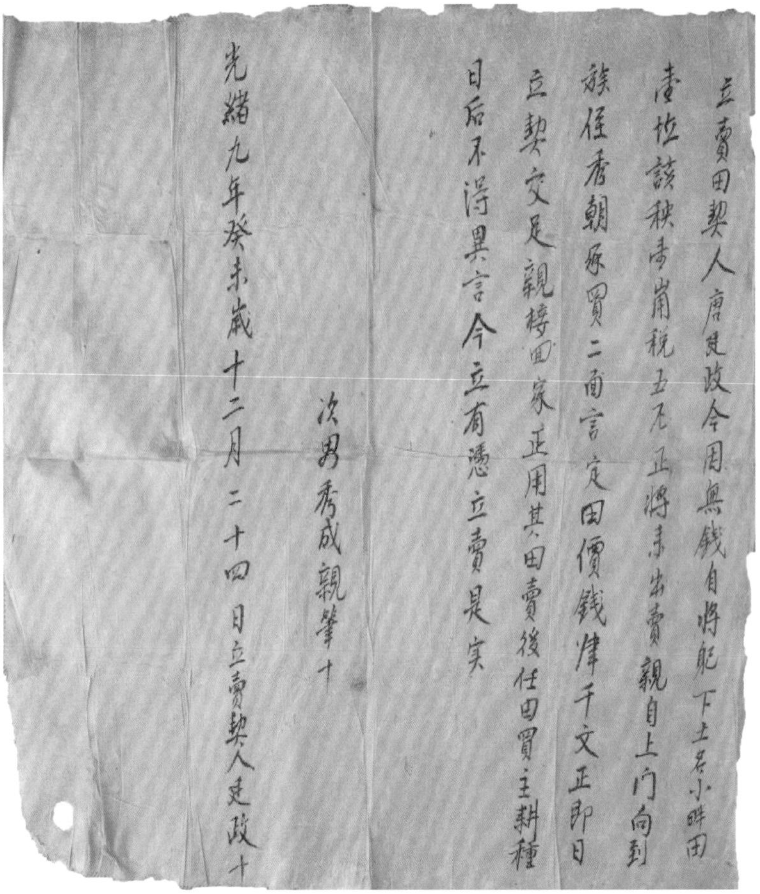

立卖田契人唐廷政今因无钱自将己下土名小畔田壹丘该秧壹崩〔棚〕税五钱正将来出卖亲自上门向到族侄秀朝承买二面言定田价钱肆千文正即日立契交足亲接回家正用其田卖后任由买主耕种日后不得异言今立有凭立卖是实

次男秀成亲笔【押】

光绪九年癸未岁十二月二十四日立卖契人廷政【押】

光绪十年十二月初六日唐廷政卖田契

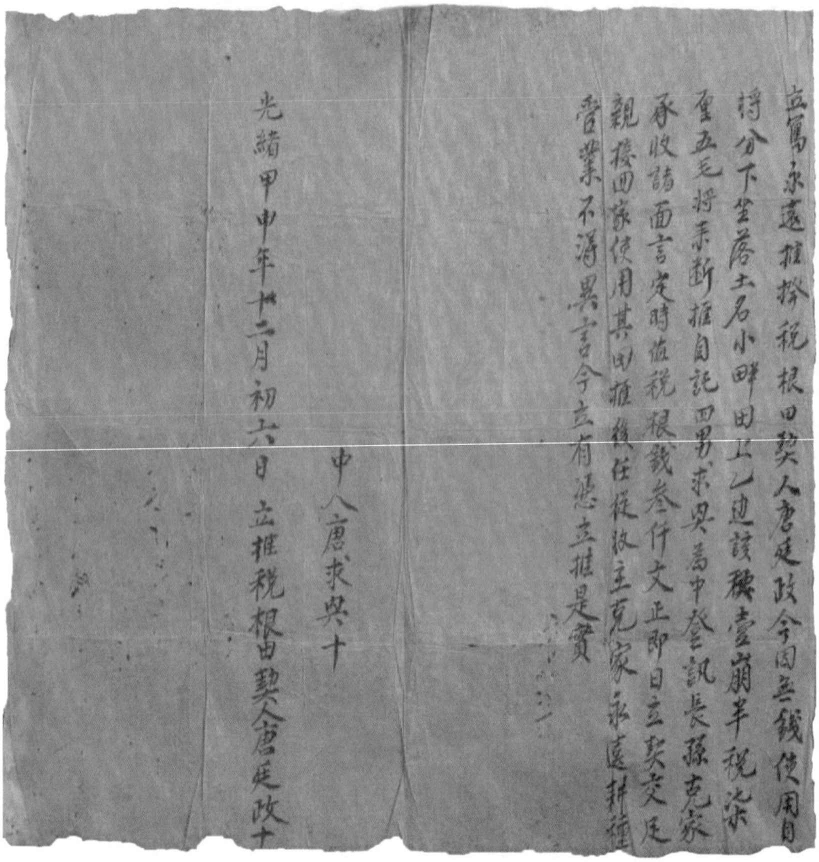

立写永远推拨税根田契人唐廷政今因无钱使用自将分下坐落土名小畔田上一边该秧壹崩半税柒厘五毛将来断推自托四男求兴为中登讯长孙克家承收诸面言定时值税根钱叁仟文正即日立契交足亲接回家使用其田推后任从收主克家永远耕种管业不得异言今立有凭立推是实

中人唐求兴【押】

光绪甲申年十二月初六日　立推税根田契人唐廷政【押】

光绪十一年四月二十五日唐至顺补田契

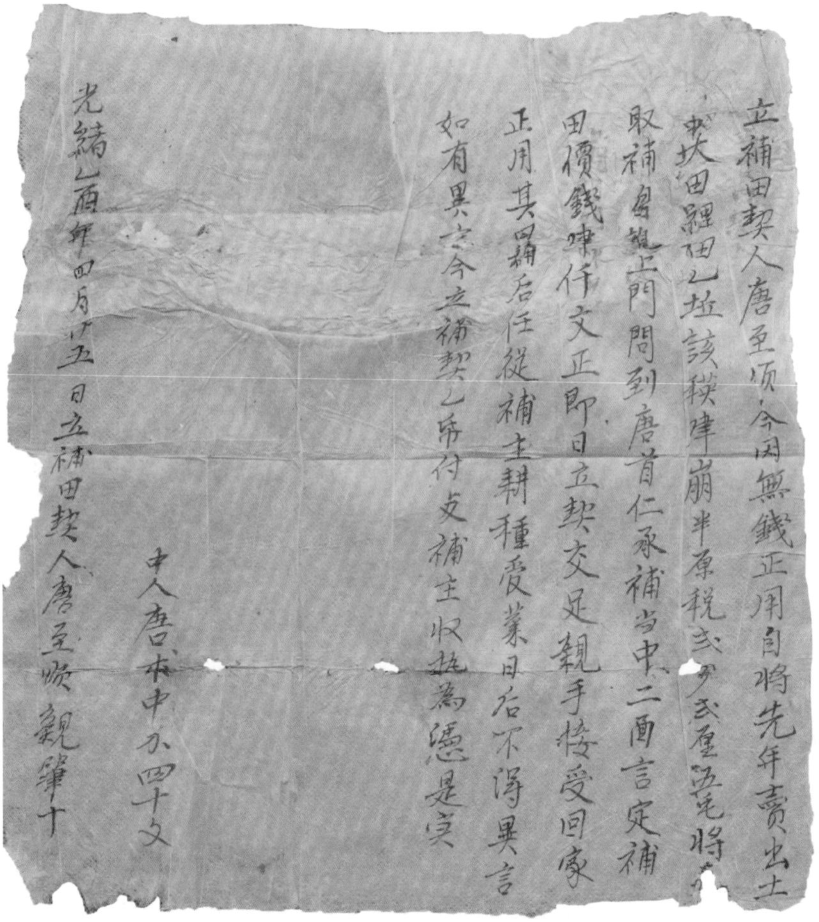

立补田契人唐至顺今因无钱正用自将先年卖出土中⍰
田里田一丘该秧肆崩半原税贰分贰厘五毛将□取补自
亲上门问到唐首仁承补当中二面言定补田价钱肆仟文
正即日立契交足亲手接受回家正用其田补后任从补主
耕种管业日后不得异言如有异言今立补契一纸付与补
主收执为凭是实

中人唐求中钱四十文

光绪乙酉年四月廿五日立补田契人唐至顺亲笔【押】

光绪十一年十二月二十三日唐求先卖横楼契

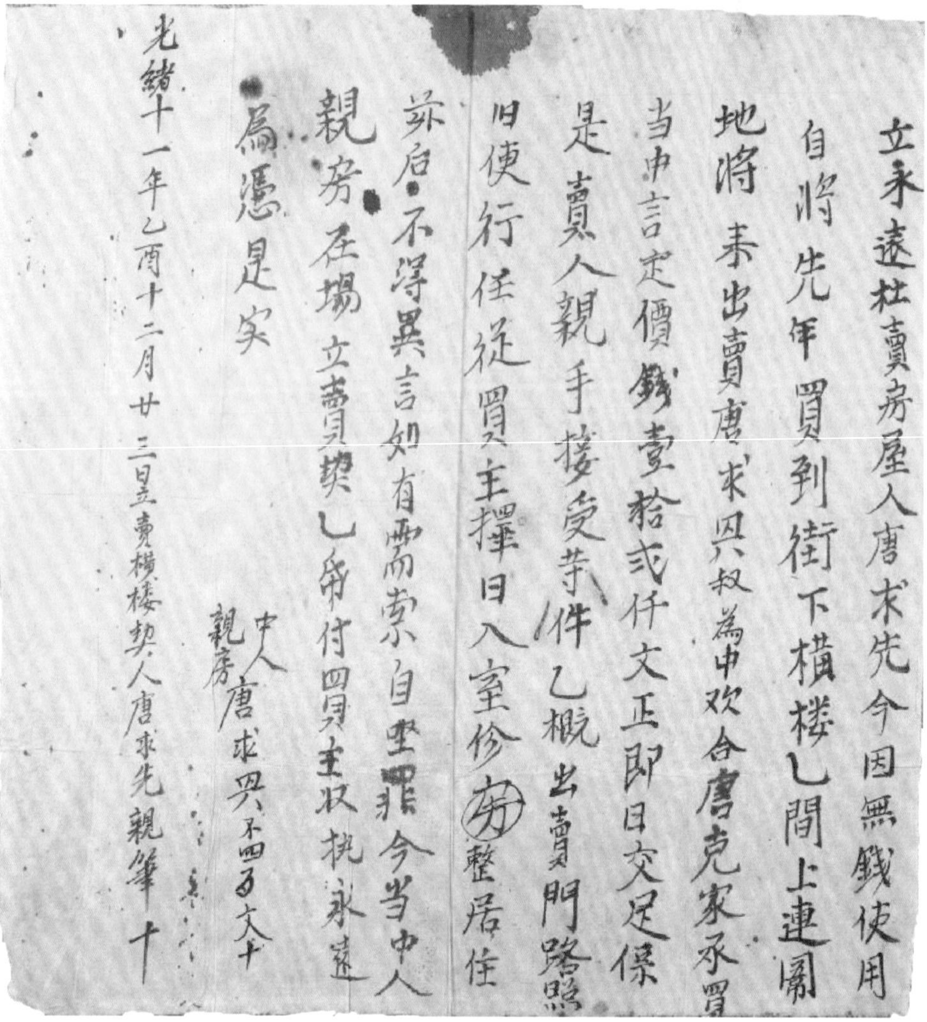

立永远杜卖房屋人唐求先今因无钱使用自将先年买到街下横楼一间上连围地将来出卖唐求兴叔为中欢合唐克家承买当中言定价钱壹拾贰仟文正即日交足系是卖人亲手接受等件一概出卖门路照旧使行任从买主择日入室俢（修）整居住兹后不得异言如有需索自坐罪今当中人亲房在场立卖契一纸付买主收执永远为凭是实

中人亲房唐求兴钱四百文【押】

光绪十一年乙酉十二月廿三日立卖横楼契人唐求先亲笔【押】

光绪十二年三月二十日奉梓进卖田契

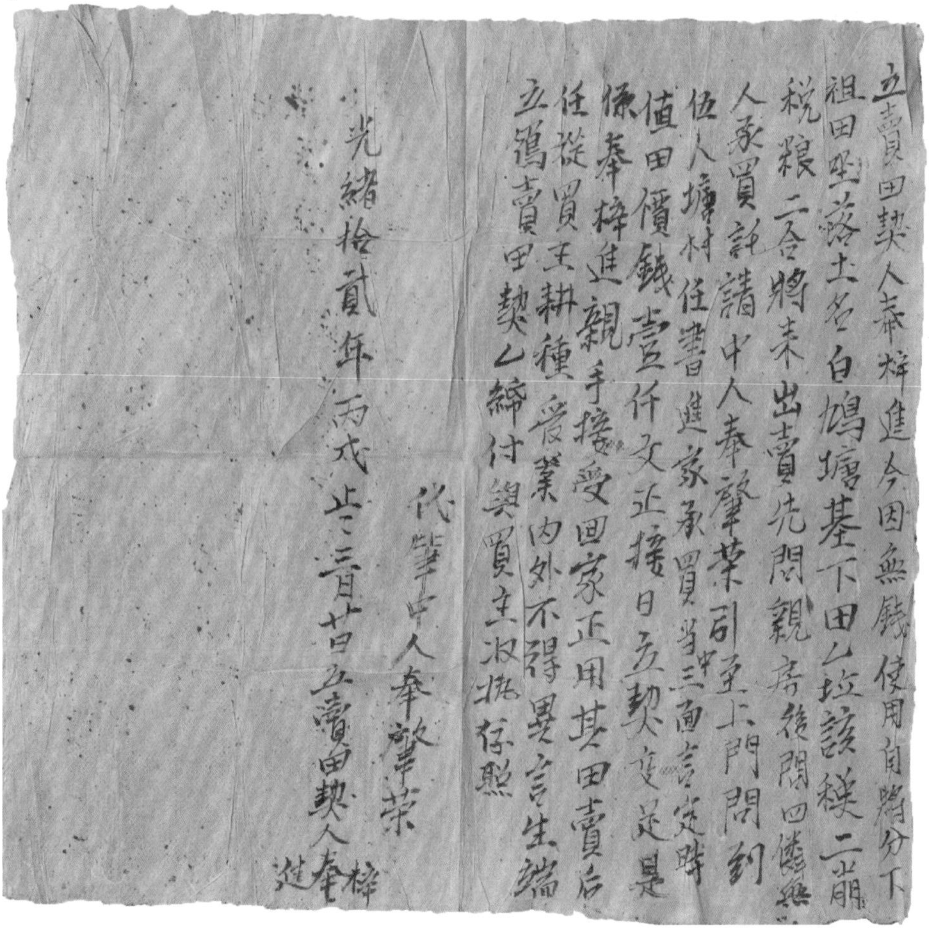

立卖田契人奉梓进今因无钱使用自将分下祖田坐落土名白鸠塘基下田一丘该秧二崩税粮二合将来出卖先问亲房后问四僯（邻）无人承买托请中人奉肇荣引至上门问到伍人塘村任书进家承买当中三面言定时值田价钱壹仟文正接日立契交足是系奉梓进亲手接受回家正用其田卖后任从买主耕种管业内外不得异言生端立写卖田契一纸付与买主收执存照

代笔中人奉肇荣

光绪拾贰年丙戌（戍）岁三月廿日立卖田契人奉梓进

光绪十三年四月二十日何清泉等卖地契

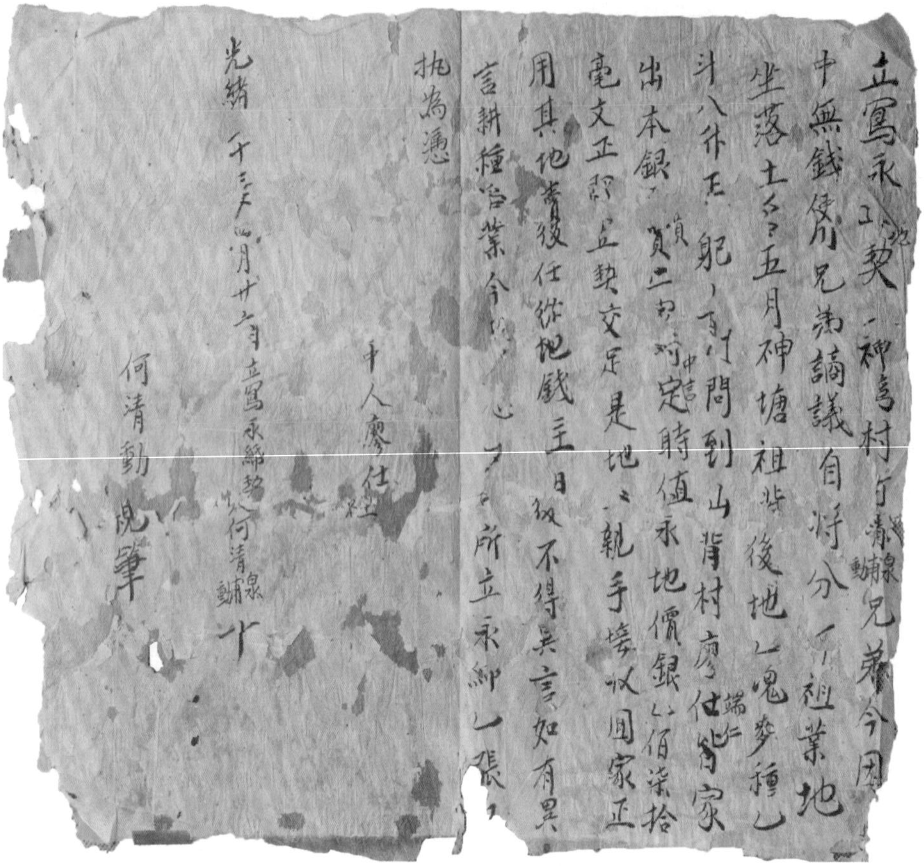

立写永地契〈人〉神湾村何清泉何清甫何清动兄弟
今因□中无钱使用兄弟谪（商）议自将分下祖业地
坐落土名五月神塘祖背后地一块麦种一斗八升正□
己〈上〉门问到山背村廖端仁家出本银□买二家对
中言定时值永地价银一佰柒拾毫文正即〈日〉立契
交足是地□亲手接收回家正用其地卖后任从地钱主
日后不得异言如有异言耕种管业今恐〈人心不古〉
所立永纸一张〈收〉执为凭
中人廖仕□
光绪一十三年四月廿日立写永纸契人何清泉何清甫
何清动【押】
何清动亲笔

光绪十三年十一月二十日唐秀禔卖田契

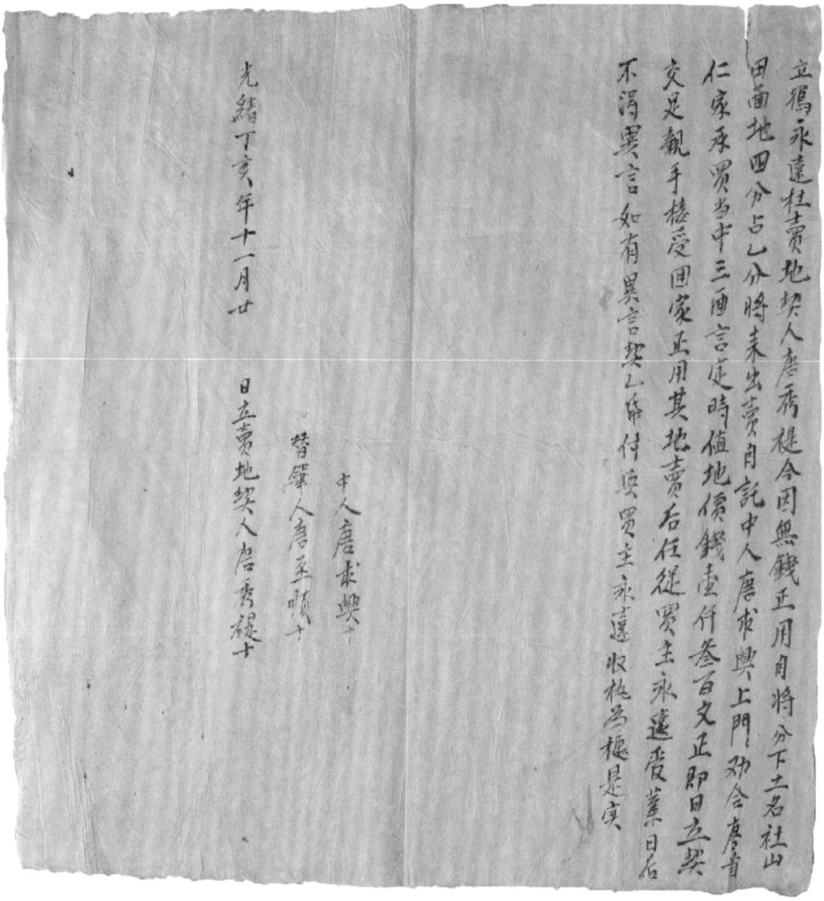

立写永远杜卖地契人唐秀禔今因无钱正用自将分下土名社山田面地四分占一分将来出卖自托中人唐求兴上门劝合唐首仁家承买当中三面言定时值地价钱壹仟叁百文正即日立契交足亲手接受回家正用其地卖后任从买主永远管业日后不得异言如有异言契一纸付与买主永远收执为据是实

中人唐求兴【押】

替笔人唐至顺【押】

光绪丁亥年十一月廿日立卖地契人唐秀禔【押】

光绪十三年十一月二十日唐秀禔卖地契

立卖地契人唐秀禔今因无钱正用自将牛桥本山脚众地一块将来出卖头口托请中人唐求兴上门劝合唐仁家承买当中三面言定地价钱陆百文正即立契两交亲手接受回家正用其地卖后任从买主耕种管业日后不得异言今立有凭立卖是实

中人唐求兴【押】

替笔人唐至顺【押】

光绪丁亥年十一月二十日立卖地契人唐秀禔【押】

光绪十三年十二月二十九日周瑞伦卖田契（一）

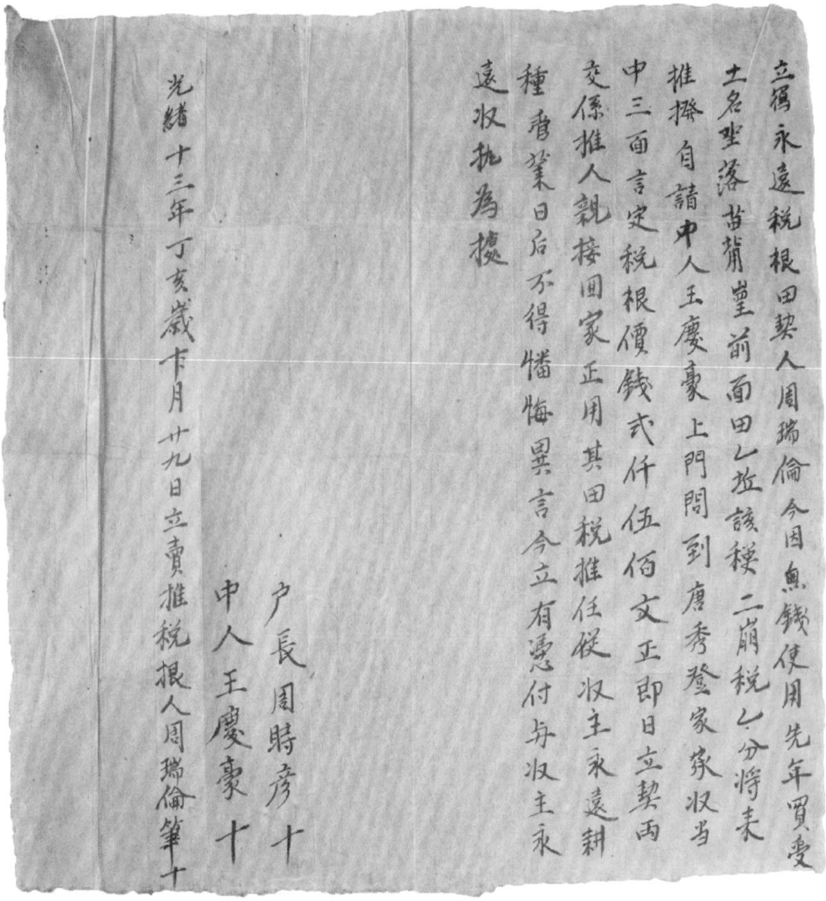

立写永远税根田契人周瑞伦今因无钱使用先年买受土名坐落苗背㞷（岗）前面田一丘该秧二崩（棚）税一分将来推拨自请中人王庆豪上门问到唐秀登家承收当中三面言定税根价钱贰仟伍佰文正即日立契两交系推人亲接回家正用其田税推任从收主永远耕种管业日后不得憣悔异言今立有凭付与收主永远收执为据

户长周时彦【押】

中人王庆豪【押】

光绪十三年丁亥岁十二月廿九日立卖推税根人周瑞伦笔【押】

光绪十三年十二月二十九日周瑞伦卖田契（二）

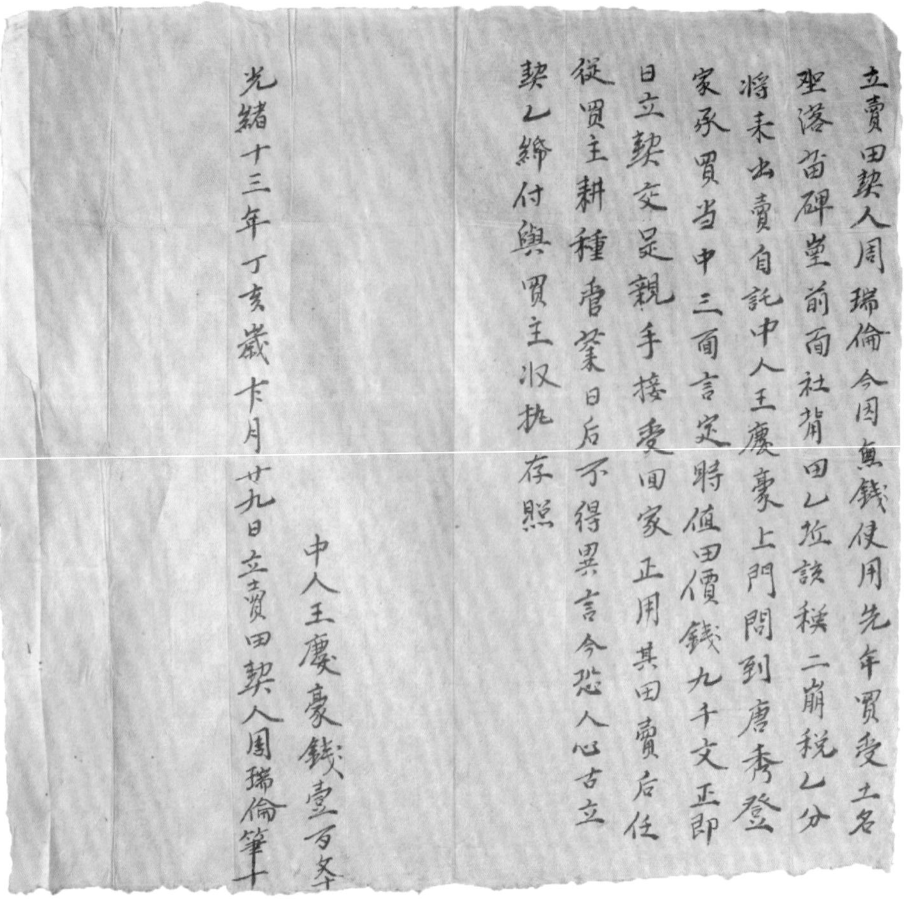

立卖田契人周瑞伦今因无钱使用先年买受土名坐落苗碑堂〔岗〕前面社背田一丘该秧二崩〔棚〕税一分将来出卖自托中人王庆豪上门问到唐秀登家承买当中三面言定时值田价钱九千文正即日立契交足亲手接受回家正用其田卖后任从买主耕种管业日后不得异言今恐人心〈不〉古立契一纸付与买主收执存照

中人王庆豪钱壹百文【押】

光绪十三年丁亥岁十二月廿九日立卖田契人周瑞伦笔【押】

光绪十四年四月初七日钟声田等议让买阴穴地纸契

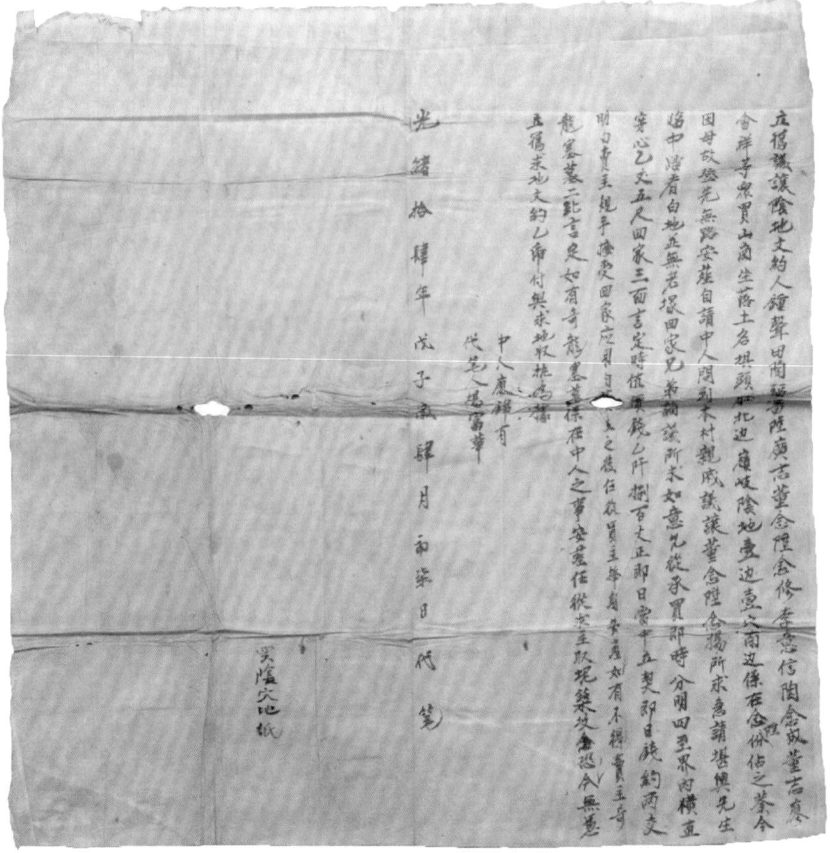

立写议让阴地文约人钟声田陶福□陆广志董念陞念修李意信陶念成董志廖会祥等众买山岗坐落土名埧头肚北边岭岐阴地壹边壹穴南边系在念陞份占之业今因母故登先无路安葬自请中人问到本村亲戚议让董念陞念扬所求急请堪舆与先生临中踏看白地并无老冢回家兄弟謪（商）议所求如意兄从承买即时分明四至界内横直穿心一丈五尺回家三面言定时值价钱一阡（仟）捌百文正即日当中立契即日钱约两交明白卖主亲手接受回家应用自□□之后任从买土择期安葬如有不得卖主哥龙塞墓二比言定如有哥龙塞墓系在中人之事安葬任从求主取埖筑坟今恐无凭立写求地文约一纸付与求地收执为据

中人廖锦有

代笔人杨富华

光绪拾肆年戊子岁肆月初柒日代笔

买阴穴地纸

光绪十四年四月十三日唐廷富卖地契

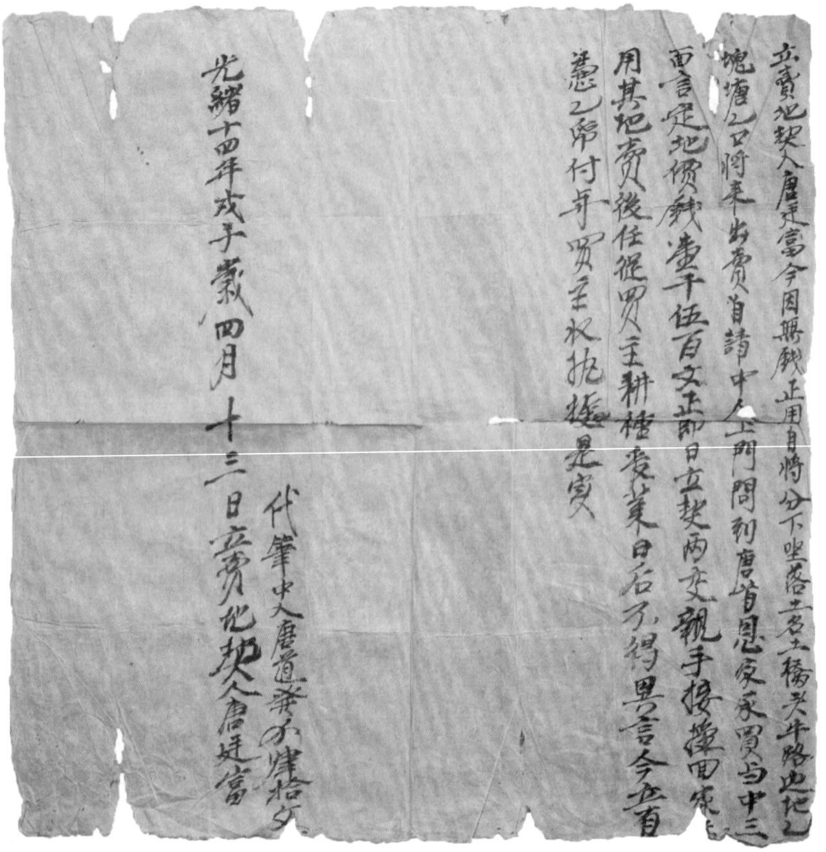

立卖地契人唐廷富今因无钱正用自将分下坐落土名土桥头牛路边地一块塘一口将来出卖自请中人上门问到唐首恩家承买当中三面言定地价钱壹千伍百文正即日立契两交亲手接授（受）回家□用其地卖后任从买主耕种管业日后不得异言今立有凭一纸付与买主收执据是实

代笔中人唐道发钱肆拾文

光绪十四年戌（戊）子岁四月十三日立卖地契人唐廷富

光绪十四年十二月十九日唐定乾卖地茶树契

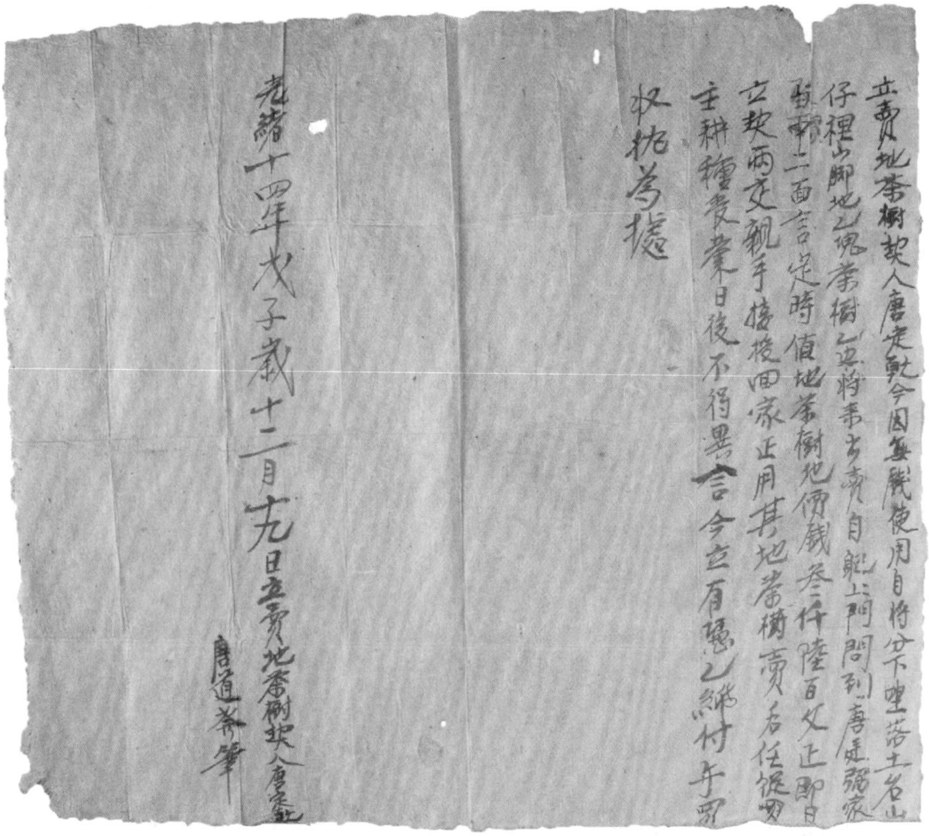

立卖地茶树契人唐定乾今因无钱使用自将分下坐落土名山仔里山脚地一块茶树一边将来出卖自己上门问到唐廷弼家当买二面言定时值地茶树地价钱叁仟陆百文正即日立契两交亲手接授（受）回家正用其地茶树卖后任从买主耕种管业日后不得异言今立有凭一纸付与买〈主〉收执为据

光绪十四年戊子岁十二月十九日立卖地茶树契人唐定乾

唐道发笔

光绪十五年一月十八日唐廷贵卖地契

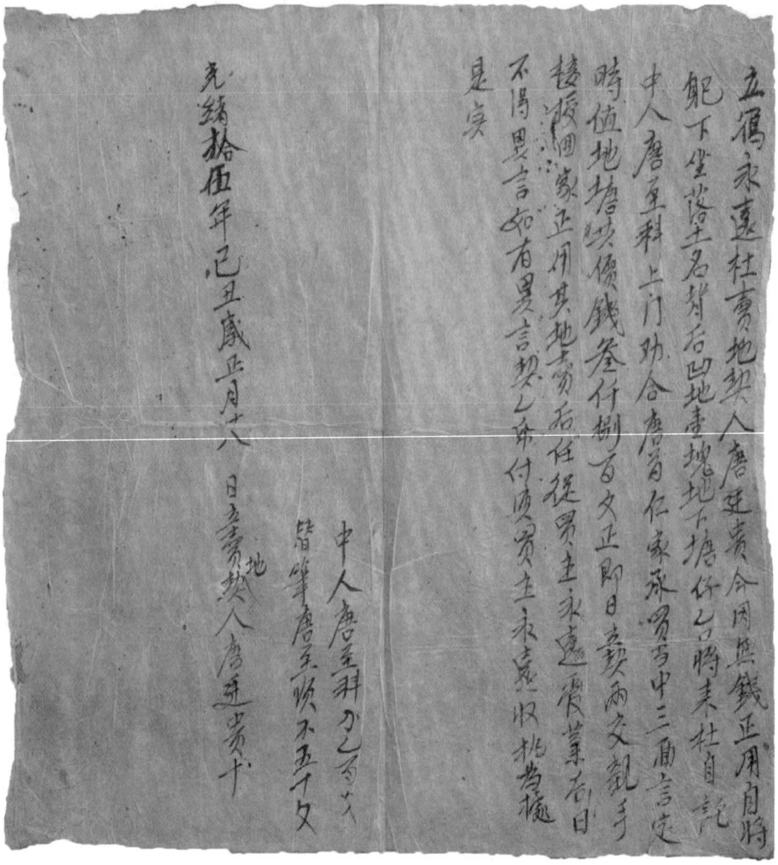

立写永远杜卖地契人唐廷贵今因无钱正用自将己下坐落土名背后凹地壹块地下塘仔一口将来杜自托中人唐至科上门劝合唐首仁家承买当中三面言定时值地塘共价钱叁仟捌百文正即日立契两交亲手接授（受）回家正用其地卖后任从买主永远管业日后不得异言如有异言契一纸付与买主永远收执为据是实

中人唐至科钱一百文

替笔唐至顺钱五十文

光绪拾伍年已（己）丑岁正月十八日立卖地契人唐廷贵【押】

光绪十五年一月二十六日唐可信卖田契

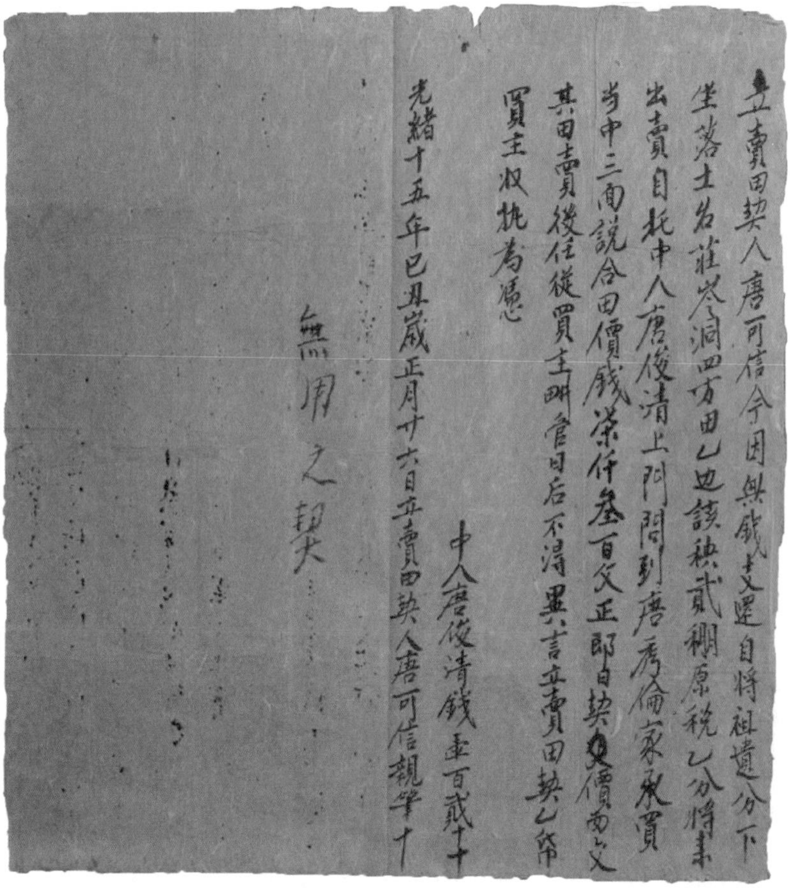

立卖田契人唐可信今因无钱支还自将祖遗分下坐落土名庄岑洞四方田一边该秧贰棚原税一分将来出卖自托中人唐俊清上门问到唐秀伦家承买当中三面说合田价钱柒仟叁百文正即日契价两交其田卖后任从买主耕管日后不得异言立卖田契一纸买主收执为凭

中人唐俊清钱壹百贰十【押】

光绪十五年已（己）丑岁正月廿六日立卖田契人唐可信亲笔【押】

无用之契

光绪十五年一月二十九日陈添安卖田契

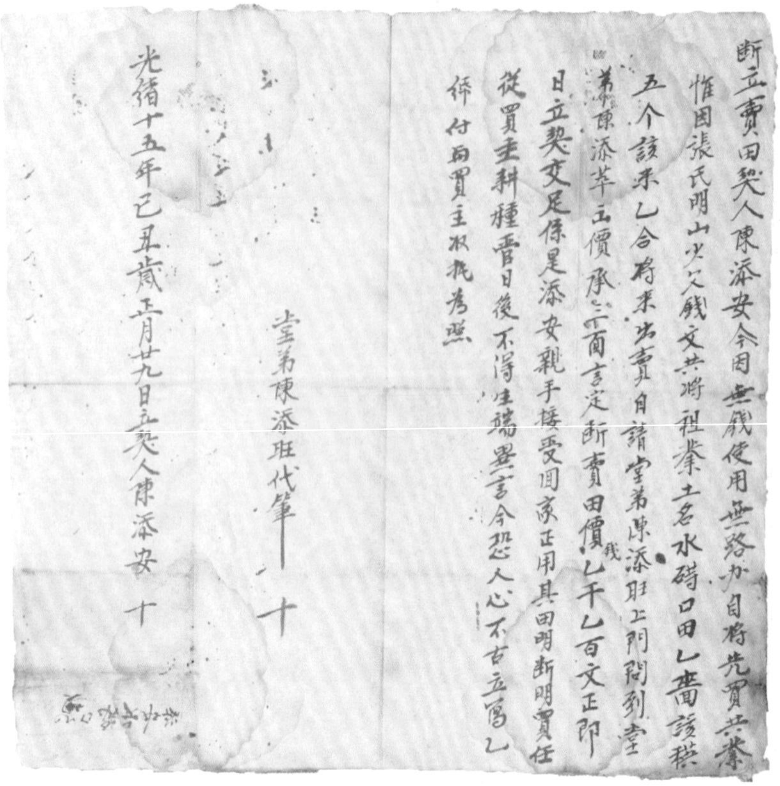

断立卖田契人陈添安今因无钱使用无路办自将先买共业惟
因张氏明山少欠钱文共将祖业土名水磅口田一啬该秧五个
该米一合将来出卖自请堂弟陈添旺上门问到堂弟陈添华出
价承三面言定断卖田价钱一千一百文正即日立契交足系是
添安亲手接受回家正用其田明断明买任从买主耕种管日后
不得生端异言今恐人心不古立写一纸付与买主收执为照
堂弟陈添旺代笔【押】
光绪十五年已（己）丑岁正月廿九日立契人陈添安【押】

光绪十五年七月初六日陈添安卖田契

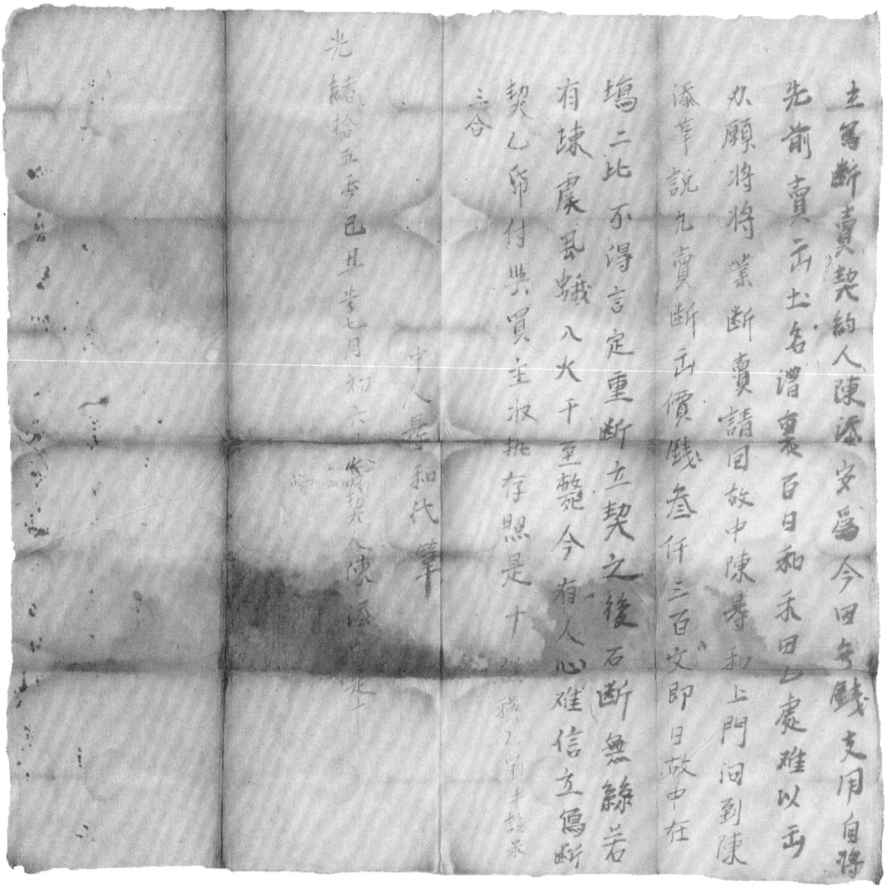

立写断卖契约人陈添安为今因无钱支用自将先前卖出土名漕里百日和禾田一处难以出办愿将［将］业断卖请回故中陈寻和上门问到陈添华说允卖断出价钱叁仟三百文即日故中在场二比不得言定重断立契之后石断无丝若有疏虞飞蛾入火干至毙今有人心难信立写断契一纸付与买主收执存照是【押】该税一崩半该米三合

中人寻和代笔

光绪拾五年己丑岁七月初六日立契人陈添安是【押】

光绪十五年十二月二十四日唐求春卖屋契

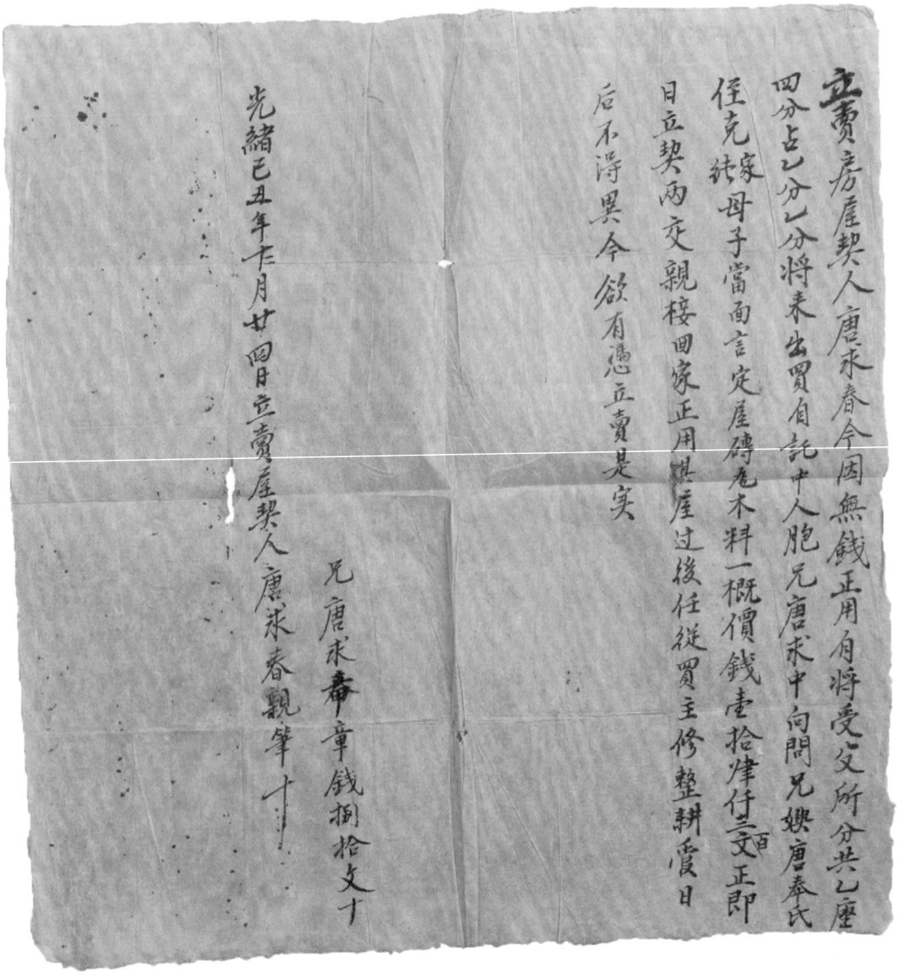

立卖房屋契人唐求春今因无钱正用自将受父所分共一座四分占一分一分将来出卖自托中人胞兄唐求中向问兄嫂唐奉氏侄克家克纯母子当面言定屋砖瓦木料一概价钱壹拾肆仟三百文正即日立契两交亲桜（接）回家正用其屋过后任从买主修整耕管日后不得异言今欲有凭立卖〈契〉是实

兄唐求章钱捌拾文【押】

光绪己丑年十二月廿四日立卖屋契人唐求春亲笔【押】

光绪十六年闰二月十三日唐求春卖房屋契

立写永远杜卖房屋契人唐求春今因无钱正用自将房屋一座三间四分分占一分砖瓦木石脚桁桊板踏梯神箱上及天面下及地连⍰隔出水阳沟门路通行将来断卖托请中人三胞兄唐秀枝问到兄嫂奉氏侄唐克家唐克纯家说合承买当中三面言定房地价钱贰拾陆仟伍百文正即日立契交足系是求春亲手接受回家正用造其房屋自卖之后任从买主修整入宅居住日后卖主毋得找补亦后不得归赎自此以后石乐深潭永无异言特立契纸地久天长付与买主收执为凭是实

中人胞兄唐求中钱陆百文

亲房人胞兄唐求兴钱叁百文【押】唐求先钱叁百文

光绪十六年庚寅岁闰二月十三日立写永远杜卖房屋契人唐求春亲笔

光绪十六年十二月十七日任廷璟杜推税根契

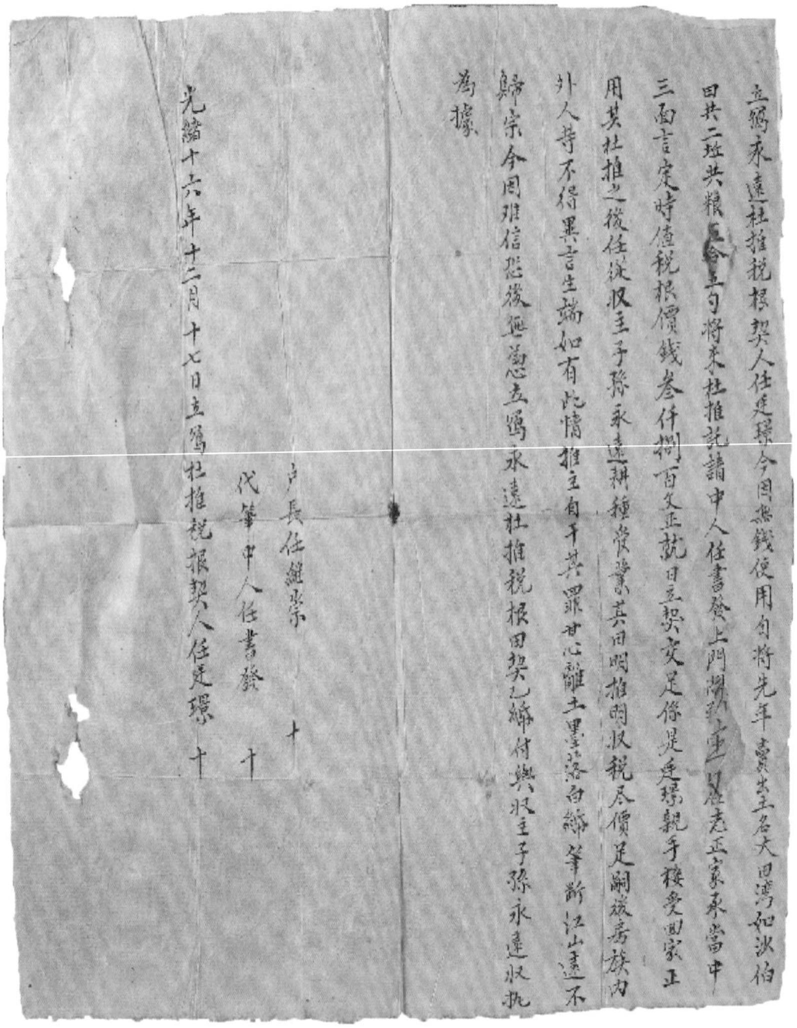

立写永远杜推税根人任廷璟今因无钱使用自将先年卖出土名大田湾如沙伯田共二丘共粮五合五勺将来杜推托请中人任书发上门问到□□任志正家承当中三面言定时值税根价钱叁仟捌百文正就日立契交足系是廷璟亲手接受回家正用其杜推之后任从收主子孙永远耕种管业其田明推明收税尽价足嗣后房族内外人等不得异言生端如有此情推主自干（甘）其罪甘心离土墨落白纸笔断江山远不归宗今因难信恐后无凭立写永远杜推税根田契一纸付与收主子孙永远收执为据

户长任继崇【押】

代笔中人任书发【押】

光绪十六年十二月十七日立写杜推税根契人任廷璟【押】

光绪十七年二月二十日陈长庆等卖屋契

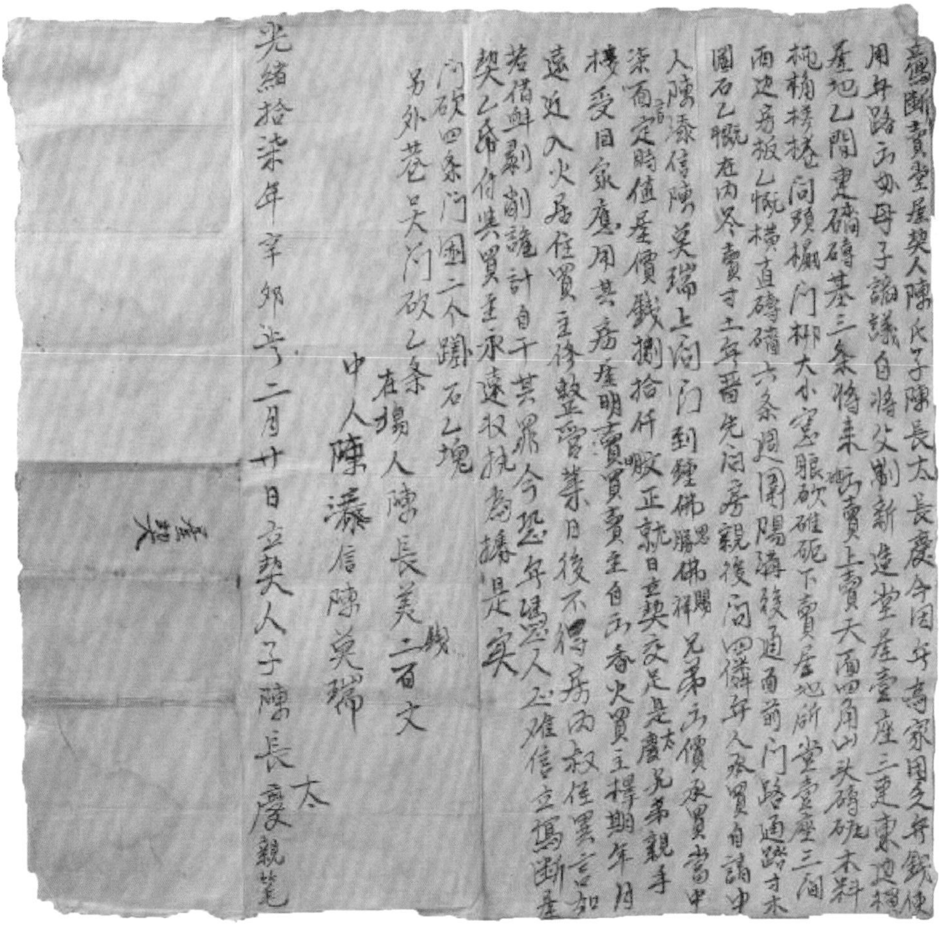

立写断卖堂屋契人陈氏子陈长太长庆今因无为家困乏无钱使用无路出办母子謪（商）议自将父制新造堂屋壹座三连东边横屋地一间连磄砖基三条将来出卖上卖天面四角山头砖瓦木料枙桷楼棬问头扇门梆大小窗眼碓砍碓砑下卖屋地所堂壹座三间两边房板一概横直砖磄六条周围阳沟后通面前门路通踏寸木圈石一概在内尽卖寸土无留先问房亲后问四僯（邻）无人承买自请中人陈添信陈英瑞上门到钟佛恩钟佛胜钟佛赐钟佛祥兄弟出价承买当中柒面言定时值屋价钱捌拾仟文正就日立契交足是太庆兄弟亲手接受回家应用其房屋明卖明买卖主自出香火买主择期年月远近入火居住买主修整管业日后不得房内叔侄异言如若借衅剥削诡计自干（日）其罪今恐无凭人心难信立写断屋契一纸付与买主永远收执为据是实

门砍四条门框圂二个蹹石一块

另外巷口大门砍一条

在场人陈长美钱二百文

中人陈添信陈英瑞

光绪拾柒年辛卯岁二月廿日立契人子陈长太陈长庆亲笔

屋契

光绪十八年四月初五日唐化恩卖田契

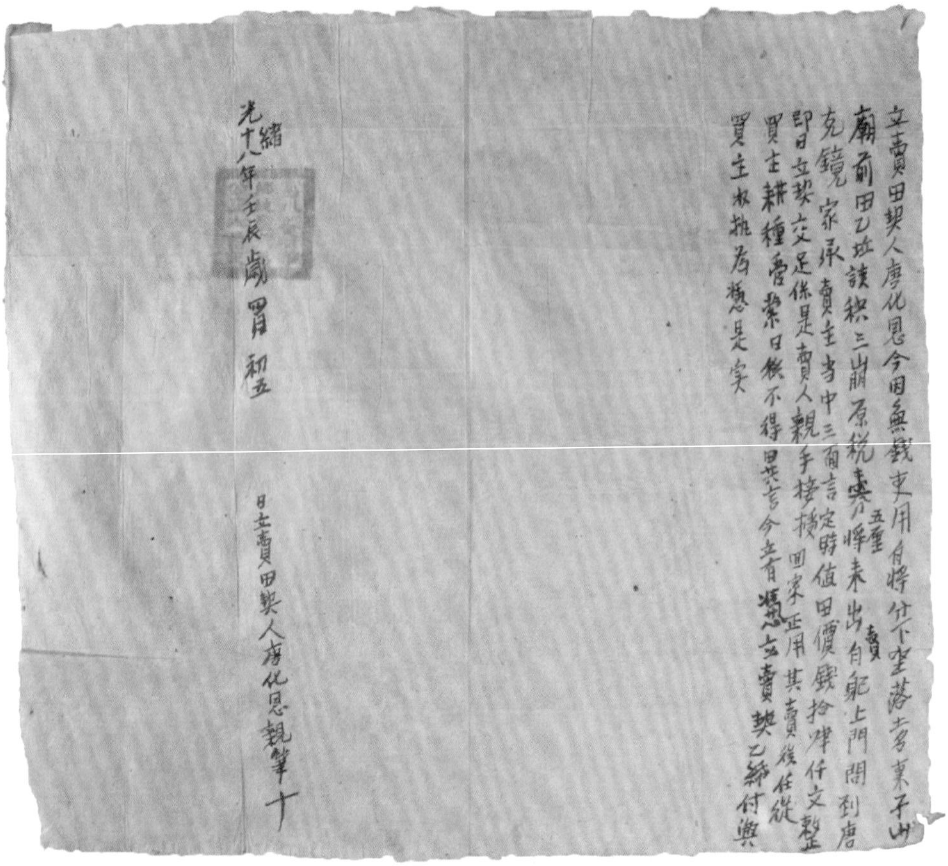

立卖田契人唐化恩今因无钱吏（使）用自将分下坐落土名东子山庙前田一丘该秧三崩（棚）原税壹分五厘将来出卖自己上门问到唐克镜家承〈买〉卖主当中三面言定时值田价钱拾肆仟文整即日立契交足系是卖人亲手接授（受）回家正用其卖后任从买主耕种管业日后不得异言今立有凭立卖契一纸付与买主收执为凭是实

光绪十八年壬辰岁四月初五日立卖田契人唐化恩亲笔【押】

光绪十八年分五月十二日除收单

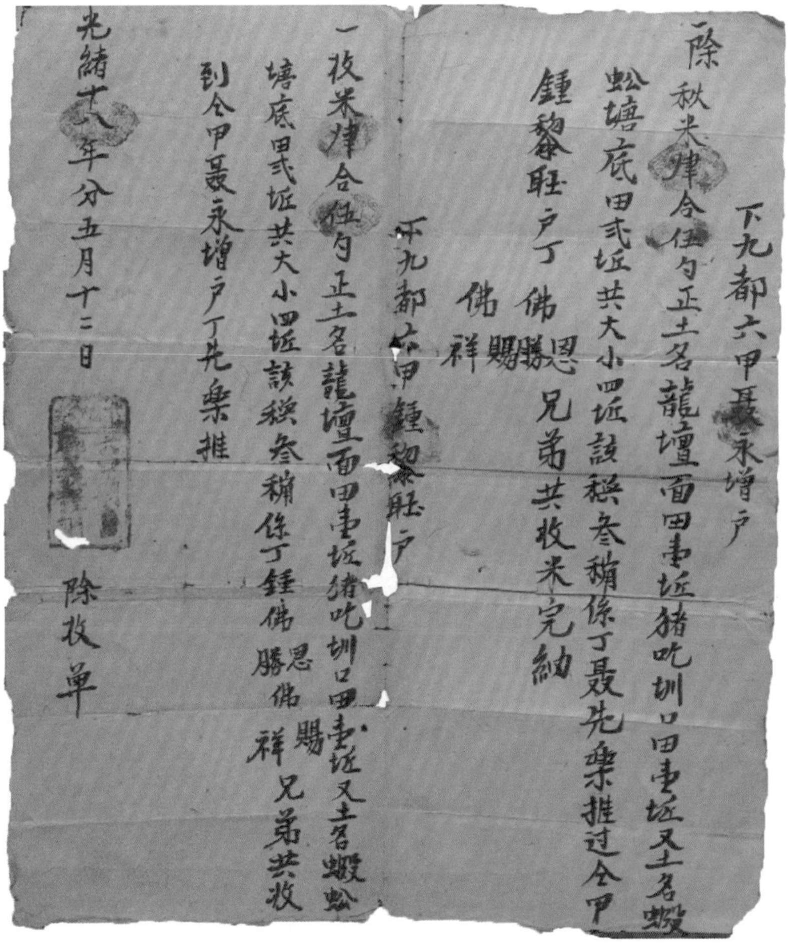

下九都六甲聂永增户
除秋米肆合伍勺正土名龙坛面田壹丘猪吃
圳口田壹丘又土名虾蚣塘底田贰丘共大小
四丘该秧叁穪〔硼〕系丁聂先乐推过仝甲
钟黎旺户丁佛恩佛胜佛赐佛祥兄弟共收米
完纳
下九都六甲钟黎旺户
收米肆合伍勺正土名龙坛面田壹丘猪吃圳
口田壹丘又土名虾蚣塘底田贰丘共大小四
丘该秧叁穪〔硼〕系丁钟佛恩佛胜佛赐佛
祥兄弟共收到仝甲聂永增户丁先乐推
光绪十八年分五月十二日【印】除收单

光绪十八年八月十六日聂贵春卖地契

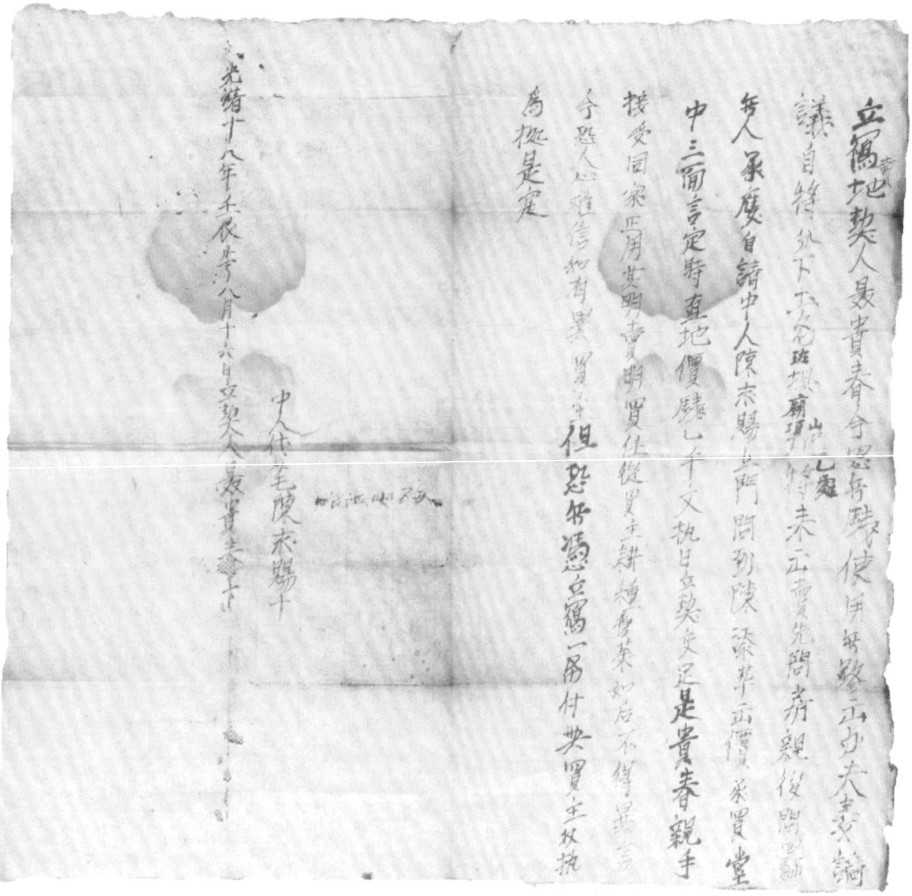

立写卖地契人聂贵春今恩（思）无钱使用无路出办夫妻謪（商）议自将分下土名班埧（坝）庙项（顶）山地一处将来出卖先问房亲后问四邻无人承应自请中人陈求赐上门问到陈添华出价承买堂中三面言定时直地价钱一千文执日立契交足是贵春亲手接受回家正用其明卖明买任从买主耕种管业如后不得异言今恐人心难信如有异买主但恐无凭立写一纸付与买主收执为据是实

中人代笔陈求赐【押】

光绪十八年壬辰岁八月十六日立契人聂贵春【押】

光绪十九年二月十一日书常书彩杜推税根契

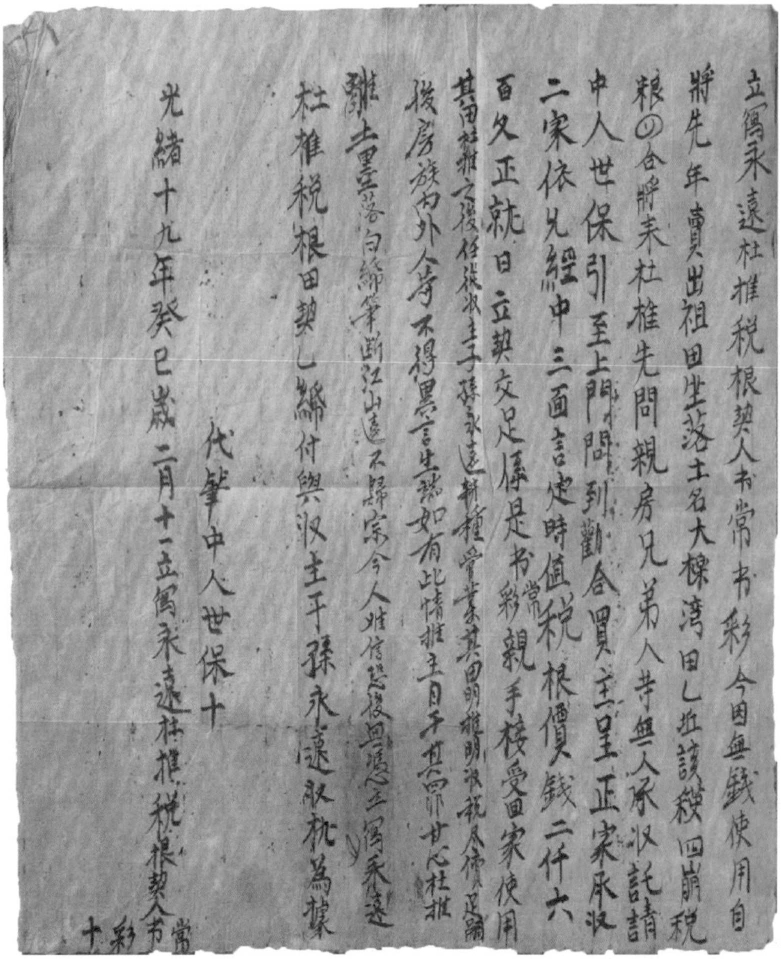

立写永远杜推税根契人书常书彩今因无钱使用自将先年卖出祖田坐落土名大栎湾田·丘该秧四崩（硼）税粮四合将来杜椎（推）先问亲房兄弟人等无人承收托请中人世保引至上门问到劝合买主呈正家承收二家依允经中三面言定时值税根价钱二仟六百文正就口立契交足系是书常书彩亲手棱（接）受回家使用其田杜推之后任从收主子孙永远耕种管业其田明推明收税尽价足嗣后房族内外人等不得异言生端如有此情推主自干（甘）其罪甘心杜推离土墨落白纸笔断江山远不归宗今人难信恐后无凭立写永远杜推税根田契一纸付与收主子孙永远收执为据

代笔中人世保【押】

光绪十九年癸巳岁二月十一立写永远杜推税根契人书常书彩【押】

光绪十九年三月初六日孔成吉等卖田契

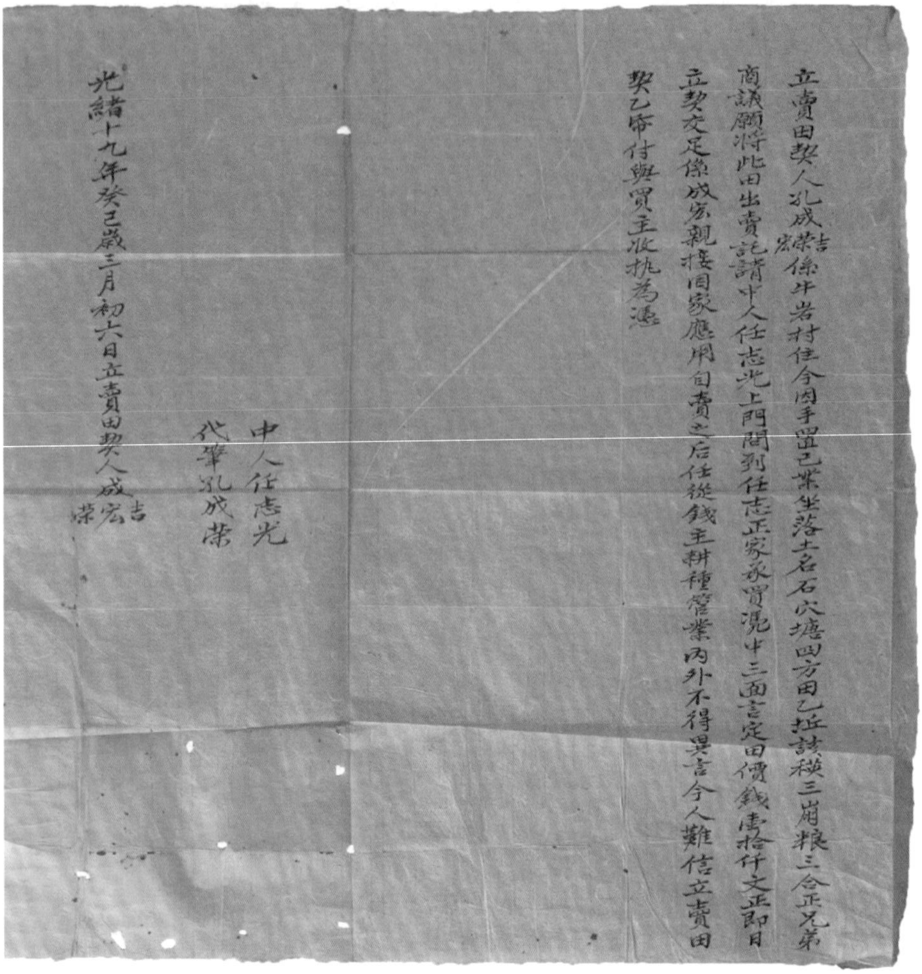

立卖田契人孔成吉孔成荣孔成宏系牛岩村住今因手置己业坐落土名石穴塘四方田一丘该秧三崩〔棚〕粮三合正兄弟商议愿将此田出卖托请中人任志光上门问到任志正家承买凭中三面言定田价钱壹拾仟文正即日立契交足系成宏亲接回家应用自卖之后任从钱主耕种管业内外不得异言今人难信立卖田契一纸付与买主收执为凭

中人任志光

代笔孔成荣

光绪十九年癸巳岁三月初六日立卖田契人

成吉成宏成荣

光绪二十年十月有春兄弟卖田契

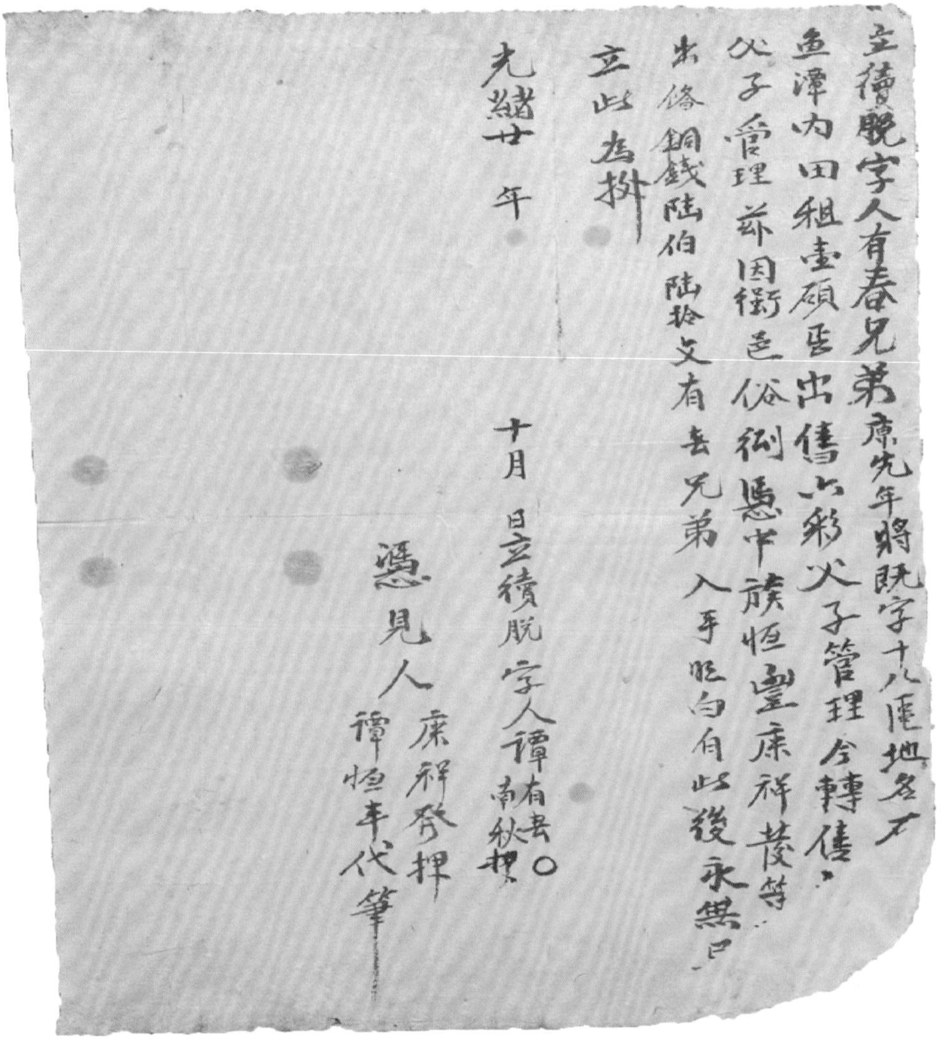

立续脱字人有春兄弟原先年将既字十八区地名▨鱼潭内田租壹硕正出售六彩父子管理今转售▨父子管理兹因街邑俗例凭中族恒丰庥祥管等▨山备铜钱陆伯（佰）陆拾文有无兄弟入手明白自此后永无□□立此为据

光绪廿年十月日立续脱字人谭有长

【押】南秋【押】

凭见人庥祥发押谭恒丰代先

光绪二十年十一月二十日唐有忠卖田契

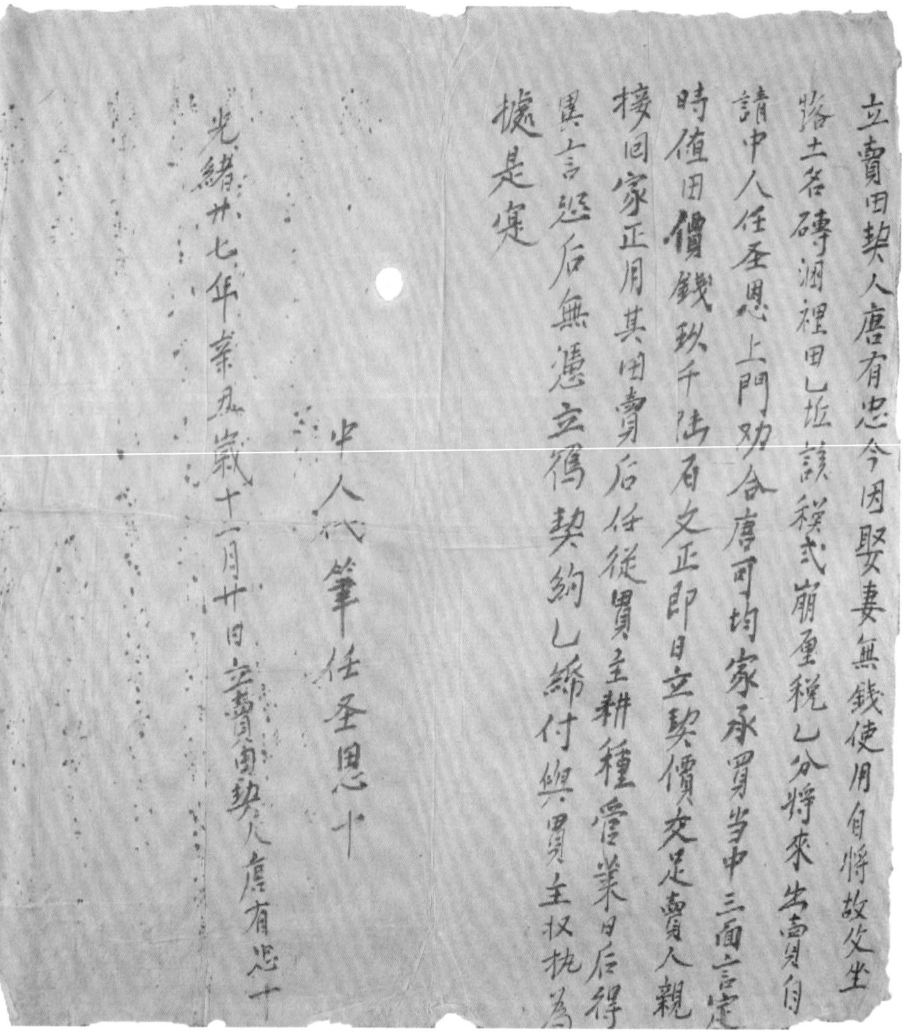

立卖田契人唐有忠今因娶妻无钱使用自将故父坐落土名砖涵里田一丘该秧贰崩厘税一分将来出卖自请中人任圣恩上门劝合唐可均家承买当中三面言定时值田价钱玖千陆百文正即日立契价交足卖人亲接回家正用其田卖后任从买主耕种管业日后得异言恐后无凭立写契约一纸付与买主收执为据是实

中人代笔任圣恩【押】

光绪廿七年辛丑岁十一月廿日立卖田契人唐有忠【押】

光绪二十年十二月奉志恩卖田契

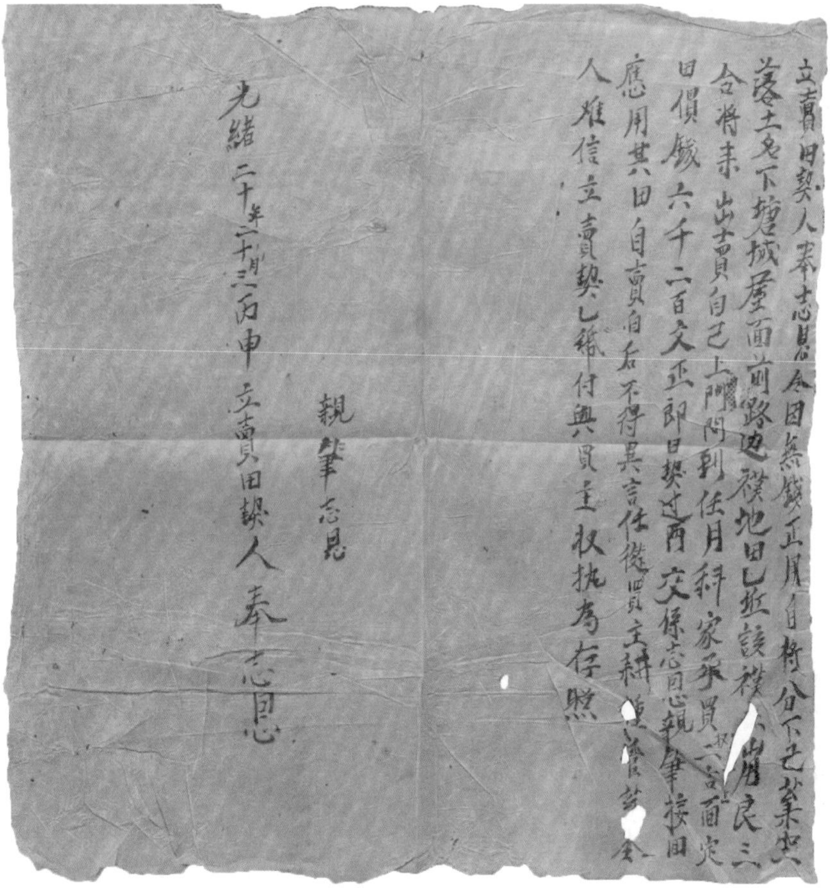

立卖田契人奉志恩今因无钱正用自将分下己业
坐落土名下塘城屋面前路边秧地田一丘该秧
□崩（棚）良（粮）三合将来出卖自己上门问
到任月科家承买收二面言定田价钱六千二百文
正即日契过两交系志恩亲笔接回应用其田自卖
自（之）后不得异言任从买主耕种管业今人难
信立卖契一纸付与买主收执为存照
亲笔志恩
光绪二十年十二月三丙申立卖田契人奉志恩

光绪二十一年三月十九日唐化恩补田契

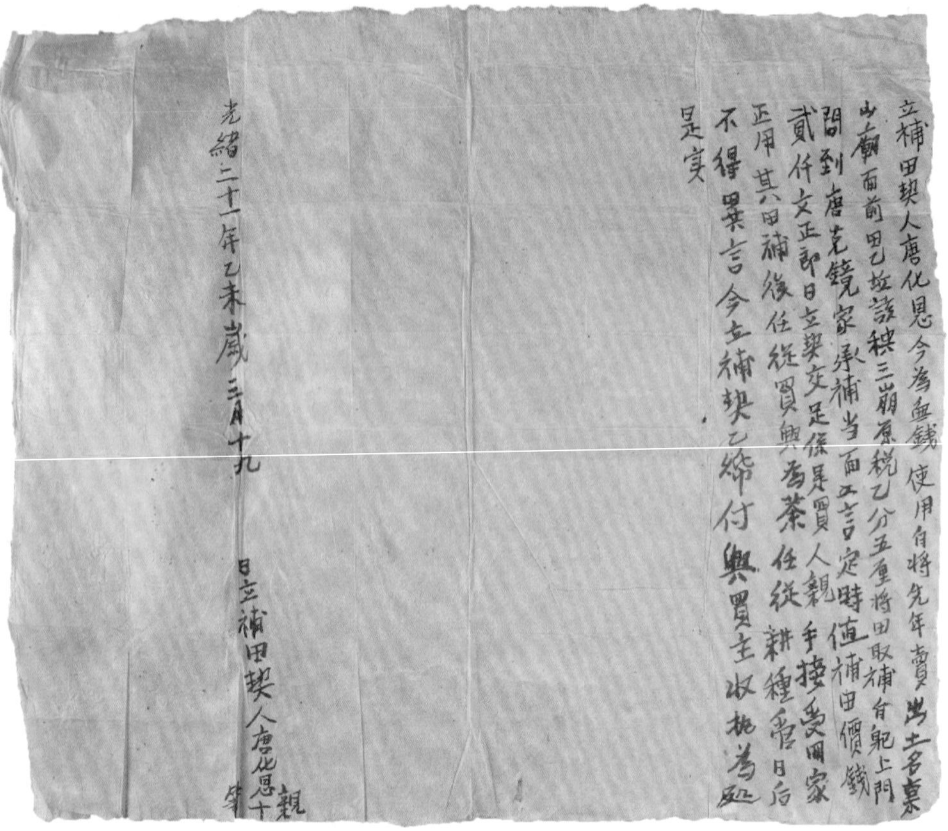

立补田契人唐化恩今为无钱使用自将先年卖出土名果山庙面前田一丘该秧三崩〔棚〕原税一分五厘将田取补自己上门问到唐克镜家承补当面言定时值补田价钱贰仟文正即日立契交足系是买人亲手接受回家正用其田补后任从买兴（主）为业任从耕种管日后不得异言今立补契一纸付与买主收执为据是实

光绪二十一年乙未岁三月十九日立补田契人唐化恩亲笔【押】

光绪二十一年五月二十五日任天彭卖田契

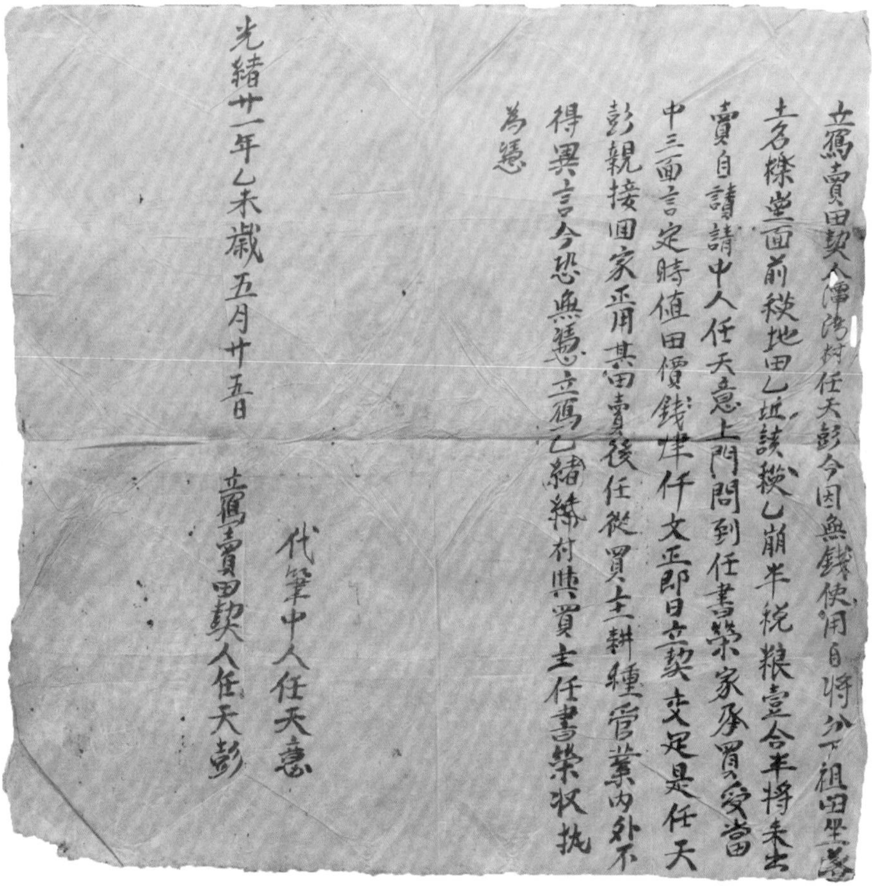

立写卖田契人潭湾村任天彭今因无钱使用自将分下祖田坐落土名栎坣面前秧地田一丘该秧一崩半税粮壹合半将来出卖自请[请]中人任天意上门问到任书荣家承买受当中三面言定时值田价钱肆仟文正即日立契交足是任天彭亲接回家正用其田卖后任从买主耕种管业内外不得异言今恐无凭立写一纸付与买主任书荣收执为凭

代笔中人任天意

光绪廿一年乙未岁五月廿五日立写卖田契人任天彭

光绪二十一年十二月二十日单天青出卖茶蔸地土契

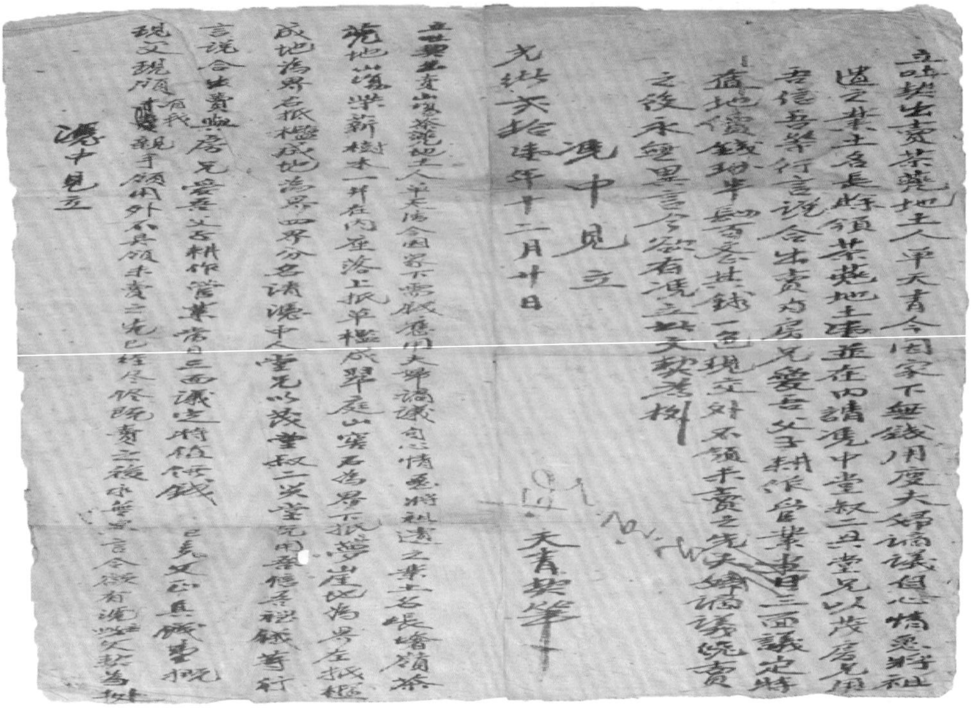

立吐（杜）契出卖茶蔸地土人单天青今因家下无钱用度夫妇谪（商）议自心情愿将祖遗之业土名长赊领茶蔸地土一并在内请凭中堂叔二兴堂兄以茂房兄用吾信吾等行言说合出卖与房兄爱吾父子耕作管业当日三面议定时值地价钱玖半肆百文正其钱一色现交外不领未卖之先夫妇谪（商）议□卖之后永无异言今欲有凭立此文契为据

凭中见立

光绪贰拾壹年十二月廿日天青契笔

立吐（杜）契卖山场茶蔸地土人单天清今因家下需钱应用夫妇谪（商）议自心情愿将祖遗之业土名长奢岭茶蔸地山场柴薪树木一并在内座落上抵单槛成翠庭山窖石为界下抵梦崖地为界左抵槛成地为界右抵槛成地为界四界分名（明）请凭中人堂兄以茂堂叔二兴堂元用吾信吾当钱等行言说合出卖与房兄爱吾父子耕作管业当日三面议定特值价钱　已多文正具钱一概现交现领有我亲手领用外不具领未卖之先已经尽尽既卖之后永远无异言今欲有凭立此文契为据

凭中见立

光绪二十一年十二月二十九日奉肇发卖田契

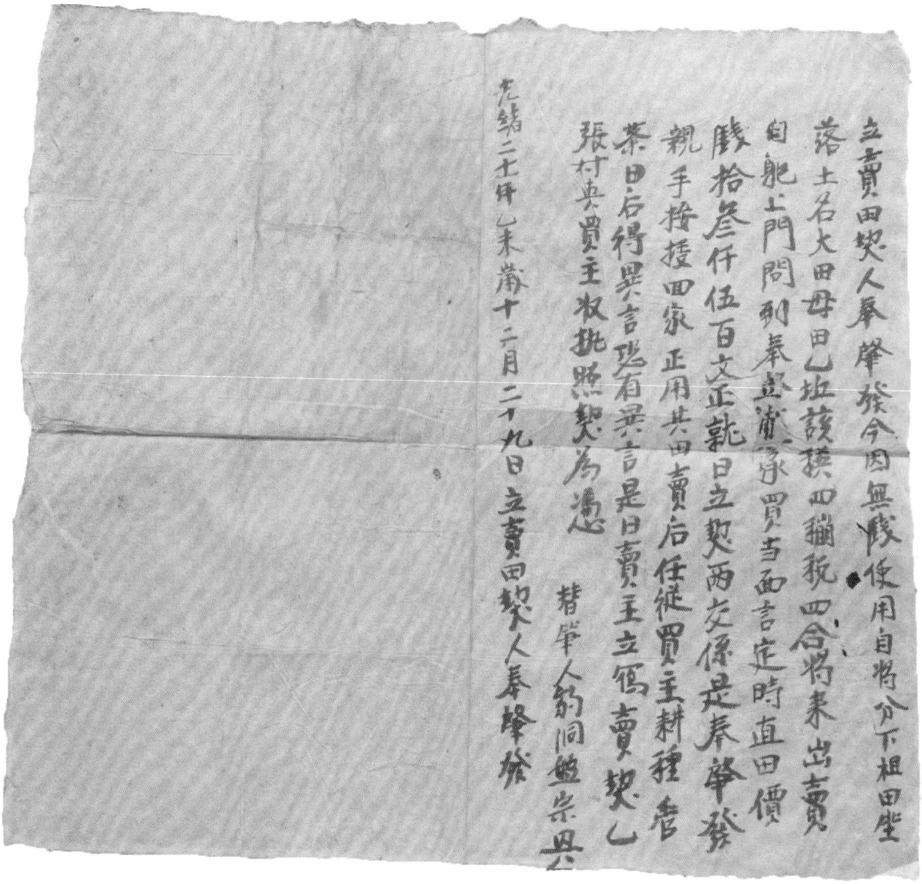

立卖田契人奉肇发今因无钱使用自将分下祖田坐落土名大田母田一丘该秧四棚税四合将来出卖自己上门问到奉立甫（补）承买当面言定时直田价钱拾叁仟伍百文正就日立契两交系是奉肇发亲手接授（受）回家正用其田卖后任从买主耕种管业日后得异言恐有异言是日卖主立写卖契一张付与买主收执照契为凭

替笔人豹洞盘宗兴

光绪二十一年乙未岁十二月二十九日立卖田契人奉肇发

光绪二十二年三月初四日陈秀坤卖田契

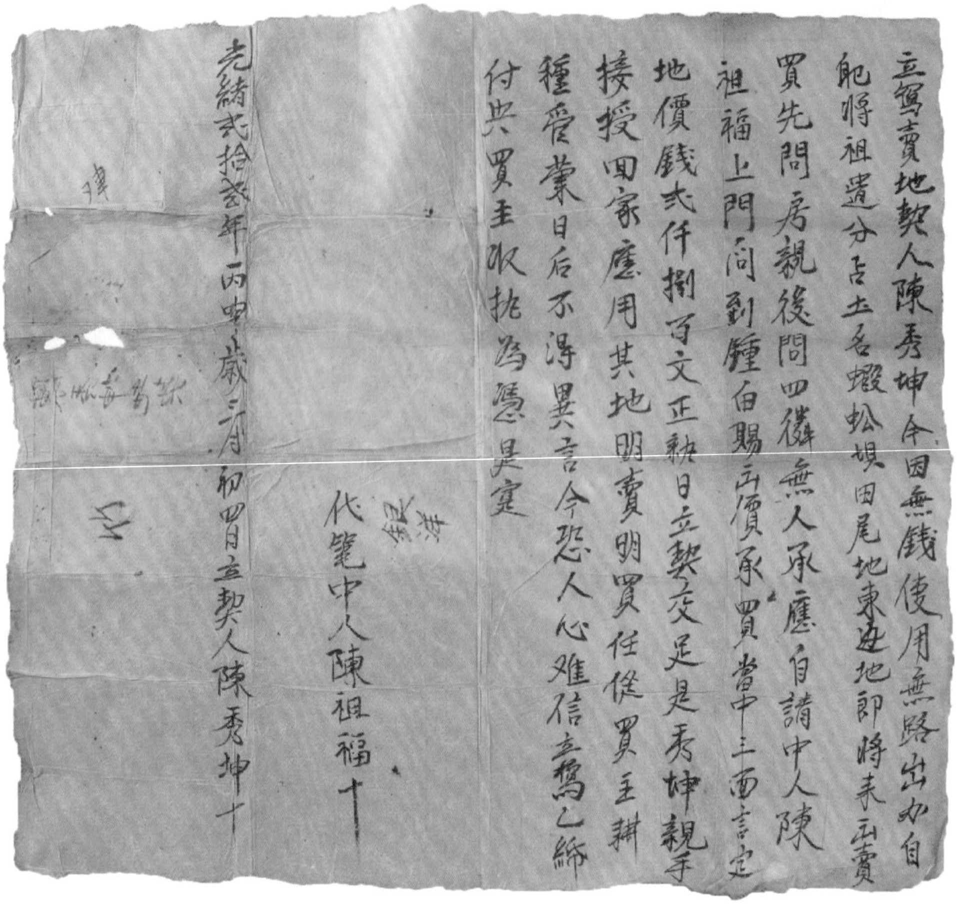

立写卖地契人陈秀坤今因无钱使用无路出办自己将
祖遗分占土名虾蚣坝（埧）田尾地东边地即将来出
卖买先问房亲后问四僯（邻）无人承应自请中人陈
祖福上门问到钟由赐出价承买当中三面言定地价钱
贰仟捌百文正孰（就）日立契交足是秀坤亲手接授
（受）回家应用其地明卖明买任从买主耕种管业日
后不得异言今恐人心难信立写一纸付与买主收执为
凭是实
银洋
代笔中人陈祖福【押】
光绪贰拾贰年丙申岁三月初四日立契人陈秀坤【押】

光绪二十二年四月初十日余都柳相文柳盛传收地税清单

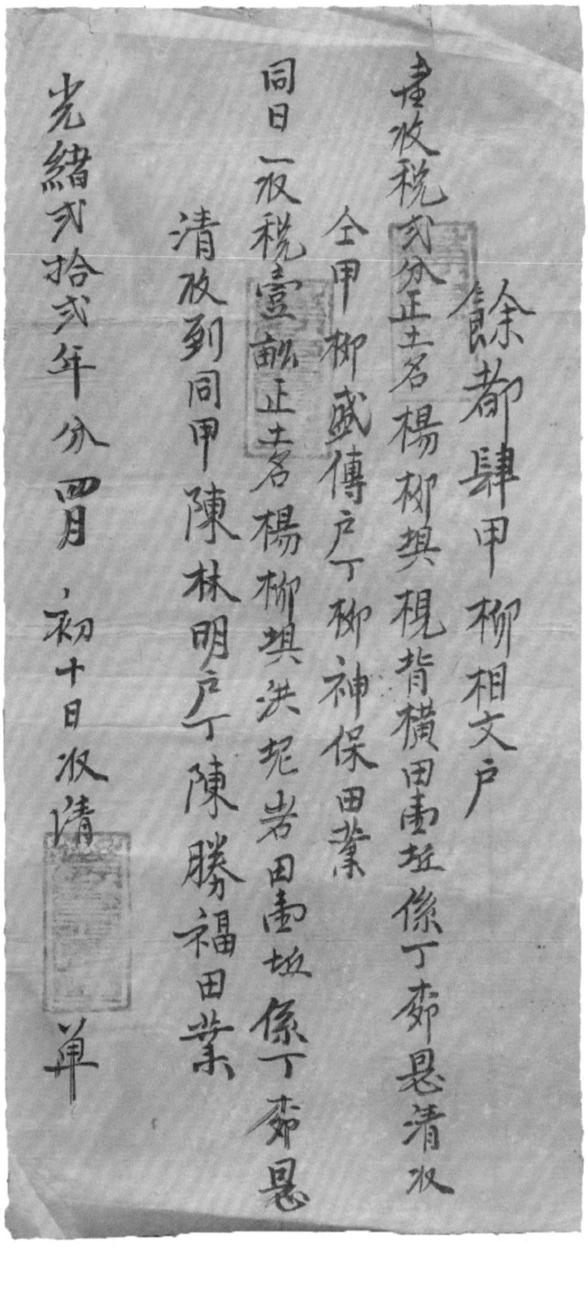

余都肆甲柳相文户
壹收税贰分正土名杨柳埧〔埧〕枧背横田壹丘系丁柳恩清收
仝甲柳盛传户丁柳神保田业
同日一收税壹亩正土名杨柳埧〔埧〕洪坭岩田壹丘系丁柳恩清收到同甲陈林明户丁陈胜福田业
光绪贰拾贰年分四月初十日收【印】清单

光绪二十二年八月二十三日唐克峻卖田契

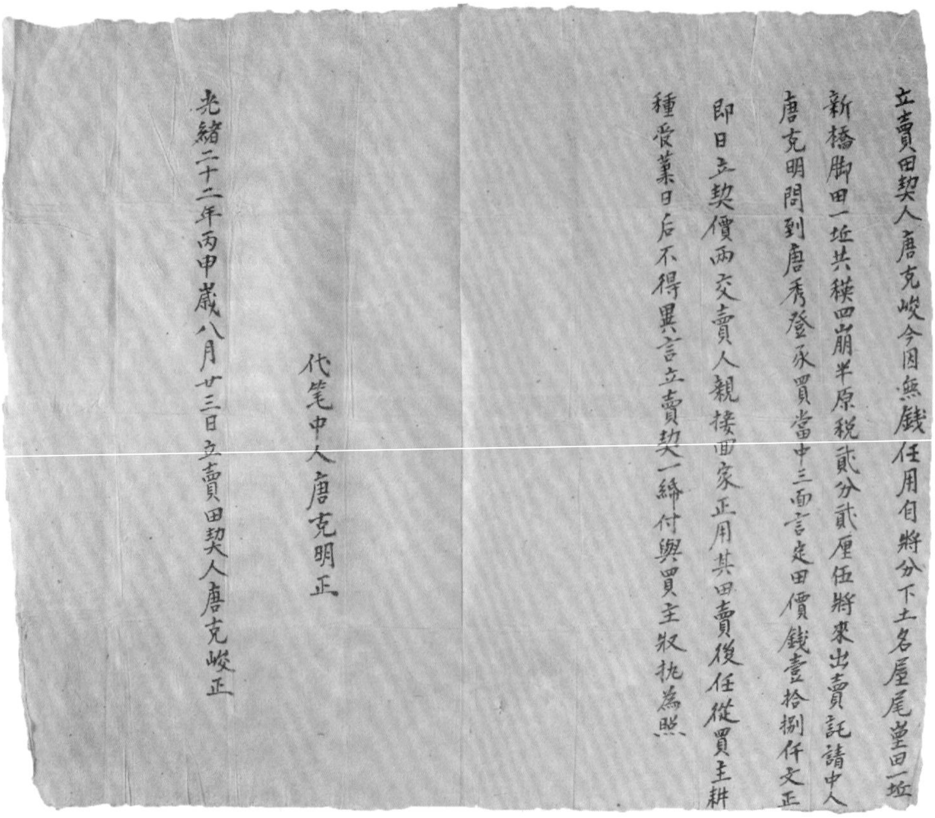

立卖田契人唐克峻今因无钱任用自将分下土名屋尾堂〔岗〕田一丘新桥脚田一丘共秧四崩〔棚〕半原税贰分贰厘伍将来出卖托请中人唐克明问到唐秀登承买当中三面言定田价钱壹拾捌仟文正即日立契价两交卖人亲接回家正用其田卖后任从买主耕种管业日后不得异言立卖契一纸付与买主收执为照

代笔中人唐克明【押】

光绪二十二年丙申岁八月廿三日立卖田契人唐克峻【押】

光绪二十二年十二月二十五日任书发卖田契

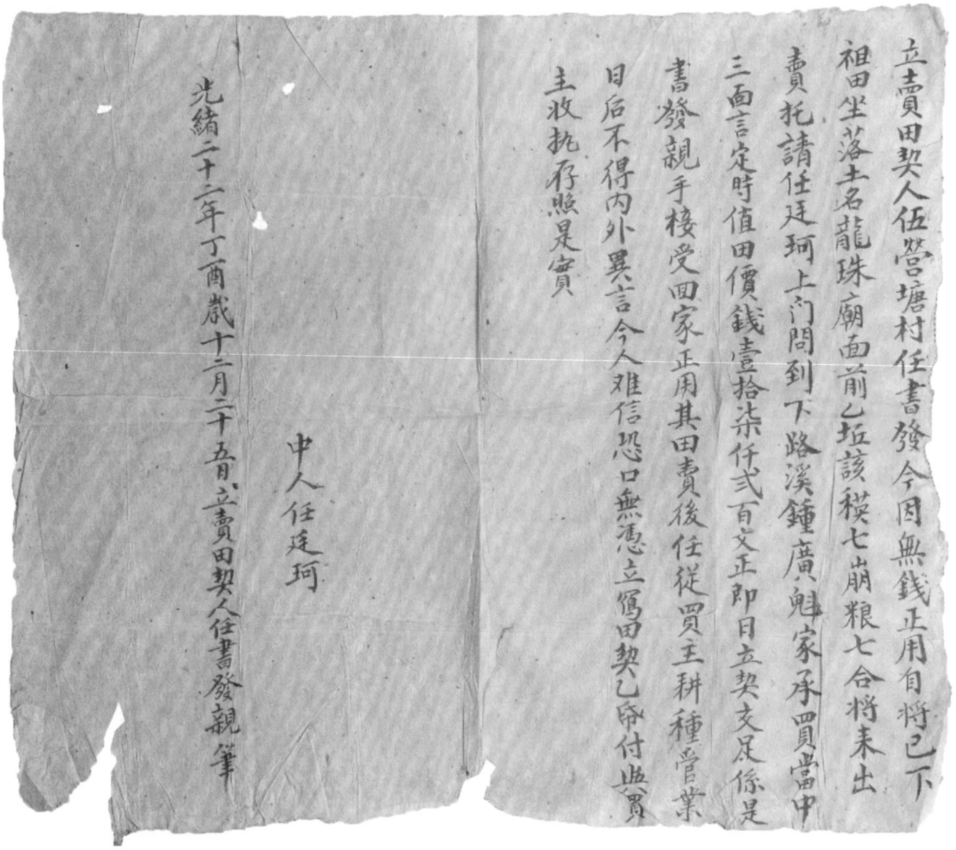

立卖田契人伍营塘村任书发今因无钱正用自将己下祖田坐落土名龙珠庙面前一丘该秧七崩粮七合将来出卖托请任廷珂上门问到下路溪钟广魁家承买当中三面言定时值田价钱壹拾柒仟贰百文正即日立契交足系是书发亲手楼（接）受回家正用其田卖后任从买主耕种管业日后不得内外异言今人难信恐口无凭立写田契一纸付与买主收执存照是实

中人任廷珂

光绪二十二年丁酉岁十二月二十五日立卖田契人任书发亲笔

光绪二十二年十二月二十七日胡南父子卖山场地契

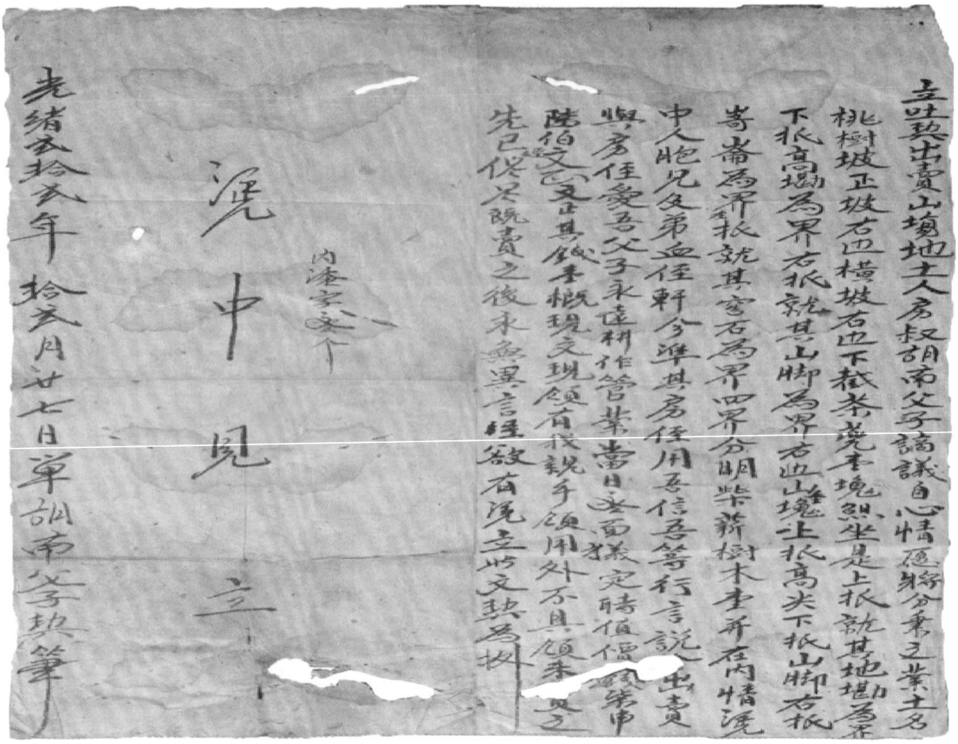

立吐（杜）契出卖山场地土人房叔胡南父子謪（商）议自心情愿将分秉之业土名桃树坡正坡右边横坡右边下截茶蔸壹块照坐是上抵就其地塝为界下抵高塝为界右抵就其山脚为界右边山壹块上抵高尖下抵山脚右抵嵛仑为界左抵就其窖石为界四界分明柴薪树木一并在内情凭中人胞兄及弟血侄轩今准其房侄用吾信吾等行言说□出卖与房侄爱吾父子永远耕作管业当日叁面议定时值价（钱）柒串陆伯（佰）文正文正其钱一概现交现领有我亲手领用外不具领未□之先已经伬是既卖之后永无异言经欲有凭立此文契为据

内添字叁个

凭中见立

光绪贰拾贰年拾贰月廿七日举胡南父子契笔

光绪二十二年十二月二十八日任书道卖田契

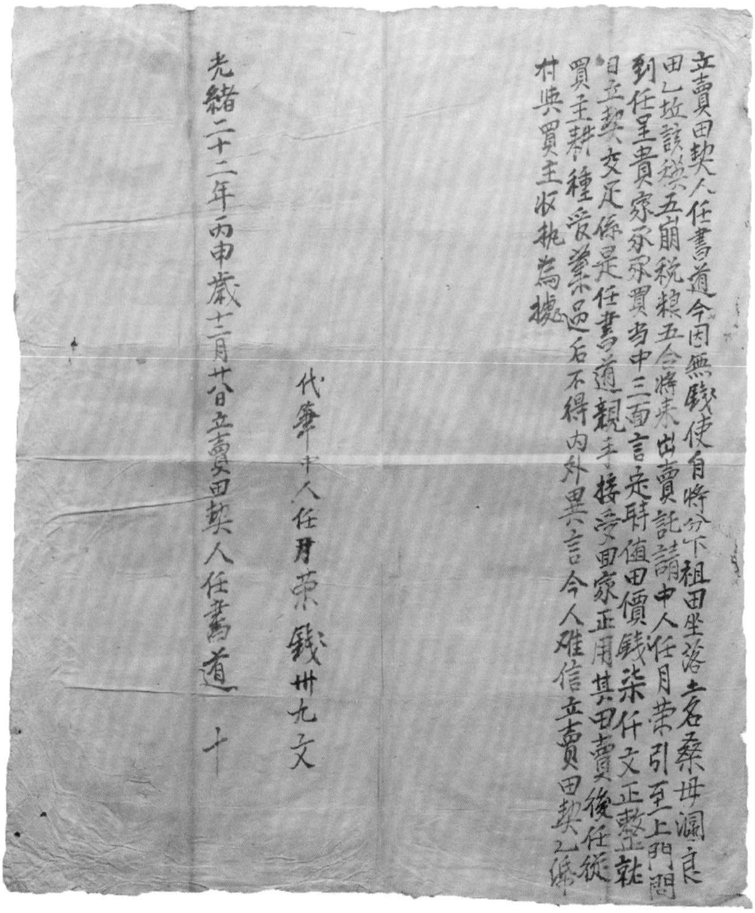

立卖田契人任书道今因无钱使自将分下祖田坐落土名桑母澖良田一丘该秧五崩税粮五合将来出卖托请中人任月荣引至上门问到任呈贵家承［承］买当中三面言定时值田价钱柒仟文正整就日立契交足系是任书道亲手接受回家正用其田卖后任从买主耕种管业过后不得内外异言今人难信立卖田契一纸付与买主收执为据

代笔中人任月荣钱卅九文

光绪二十二年丙申岁十二月廿八日立卖田契人任书道【押】

光绪二十三年一月二十九日陈长恩断补田契

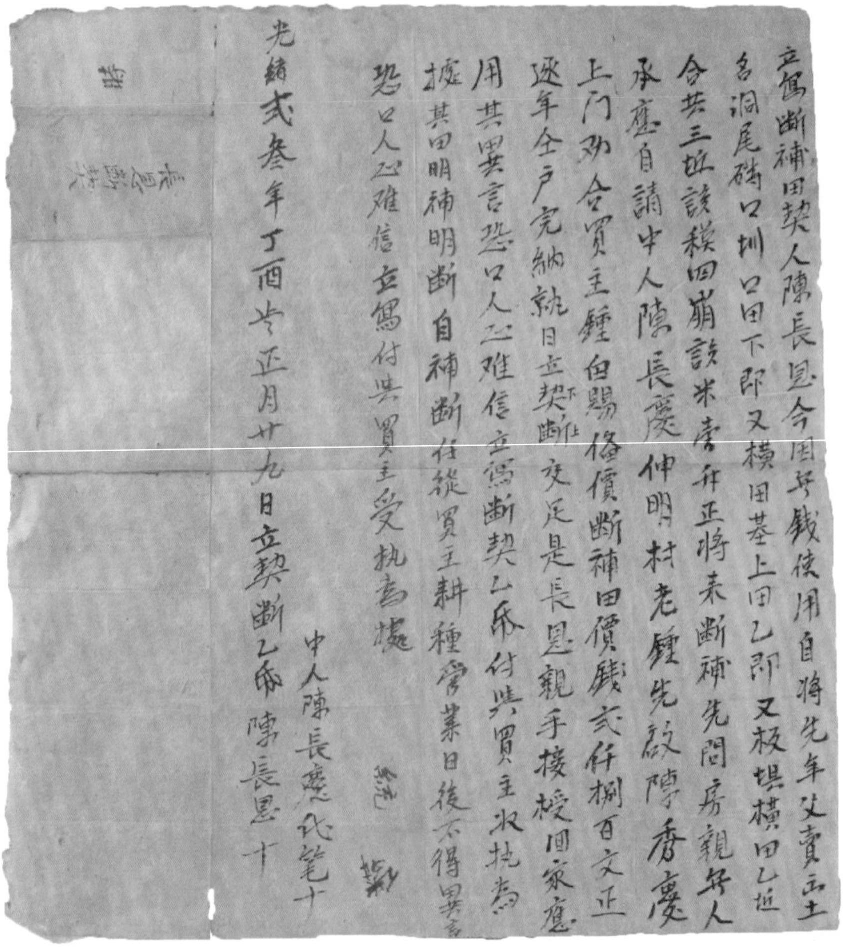

立写断补田契人陈长恩今因无钱使用自将先年父卖出土名洞尾磅口圳口田下即（节）又横田基上田一即又板坝（垻）横田一丘合共三丘该秧四崩该米壹升正将来断补先问房亲无人承应自请中人陈长庆伸明村老钟先啟陈秀庆上门劝合买主钟由赐备价断补田价钱贰仟捌百文正逐年仝户完纳就（就）日立断契交足是长恩亲手接授（受）回家应用其异言恐口人心难信立写断契一纸付与买主收执为据其田明补明断自补断任从买主耕种管业日后不得异言恐口人心难信立写付与买主受执为据

中人陈长庆代笔【押】

光绪贰叁年丁酉岁正月廿九日立契断一纸陈长恩【押】

光绪二十三年一月二十九日陈长恩卖田契

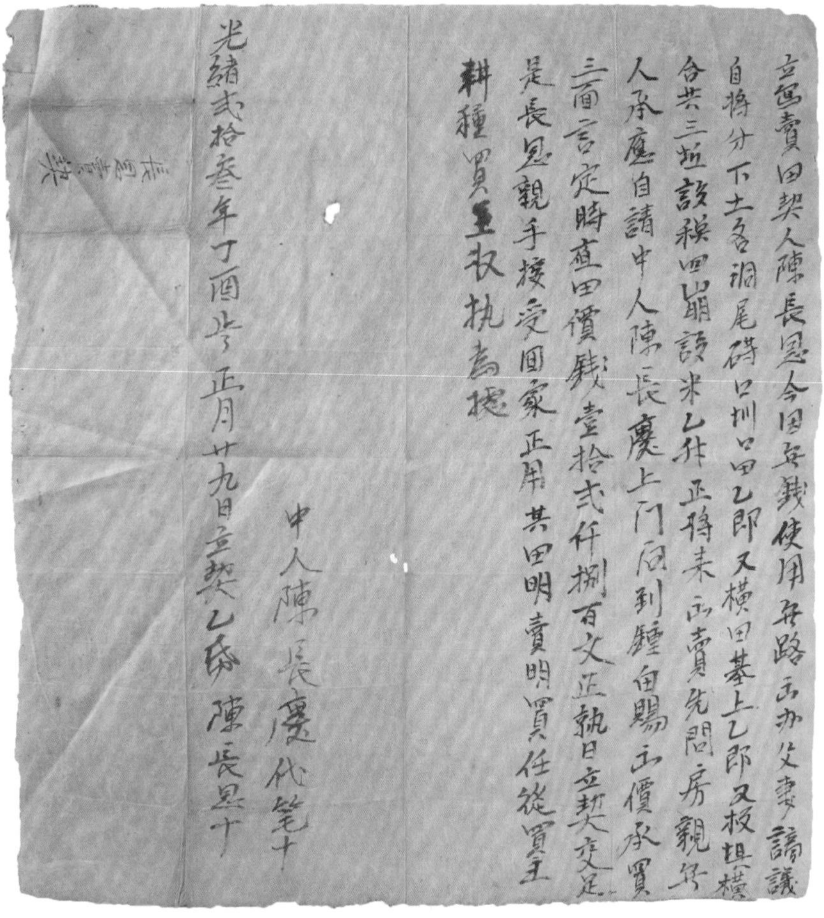

立写卖田契人陈长恩今因无钱使用无路出办父妻謪（商）议自将分下土名洞尾礴口圳口田一即（节）又横田基上一即（节）又板埧（埧）横合共三丘该秧四崩该米一升正将来出卖先问房亲无人承应自请中人陈长庆上门问到钟由赐出价承买三面言定时值田价钱壹拾贰仟捌百文正孰（就）日立契交足是长恩亲手接受回家正用其田明卖明买任从买主耕种买主收执为据

中人陈长庆代笔【押】

光绪贰拾叁年丁酉岁正月廿九日立契一纸陈长恩【押】

长恩卖契

光绪二十三年三月十三日刘文耀卖田契

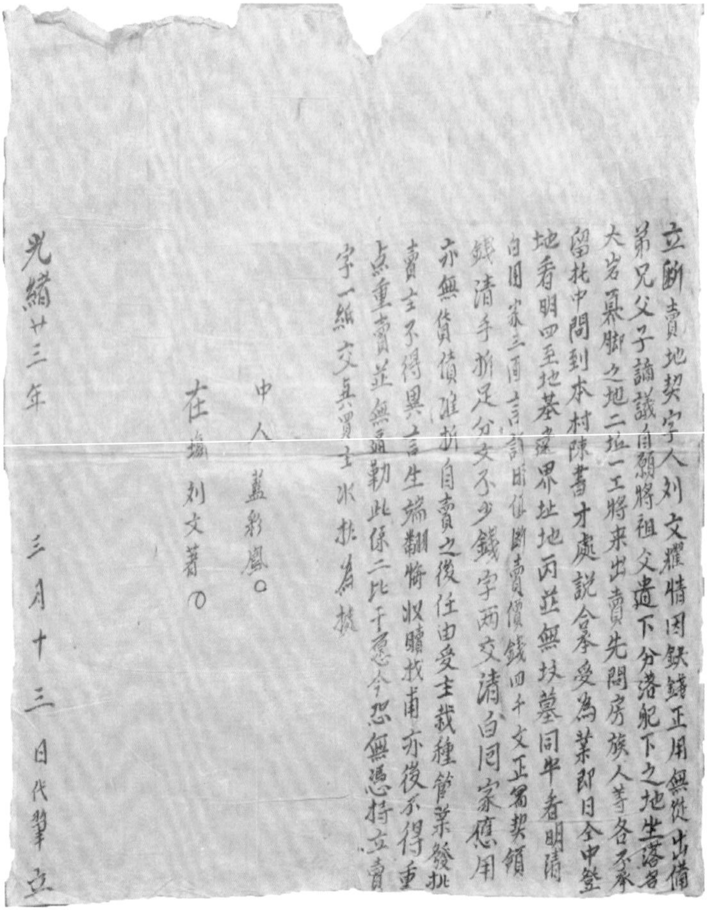

立断卖地契字人刘文耀情因缺钱正用无从出备弟兄父子謪（商）议自愿将祖父遗下分落己下之地坐落名大岩㬰脚之地二丘一工〔弓〕将来出卖先问房族人等各不承留托中问到本村陈书才处说合承受为业即日仝中登地看明四至地基远界址地丙并无坟墓同半看明清白回家三面言订（定）时值断卖价钱四千文正写契领钱清手折足分文不少钱字两交清白回家应用亦无货债准折自卖之后任由受主栽种管业发批卖主不得异言生端翻悔收赎找甫（补）亦后不得重点（典）重卖并无逼勒此系二比干（甘）愿今恐无凭持立卖字一纸交与买主收执为据

中人蓝彩凤【押】

在场刘文著【押】

光绪廿三年三月十三日代笔立

光绪二十三年七月二十九日唐克峻卖田契

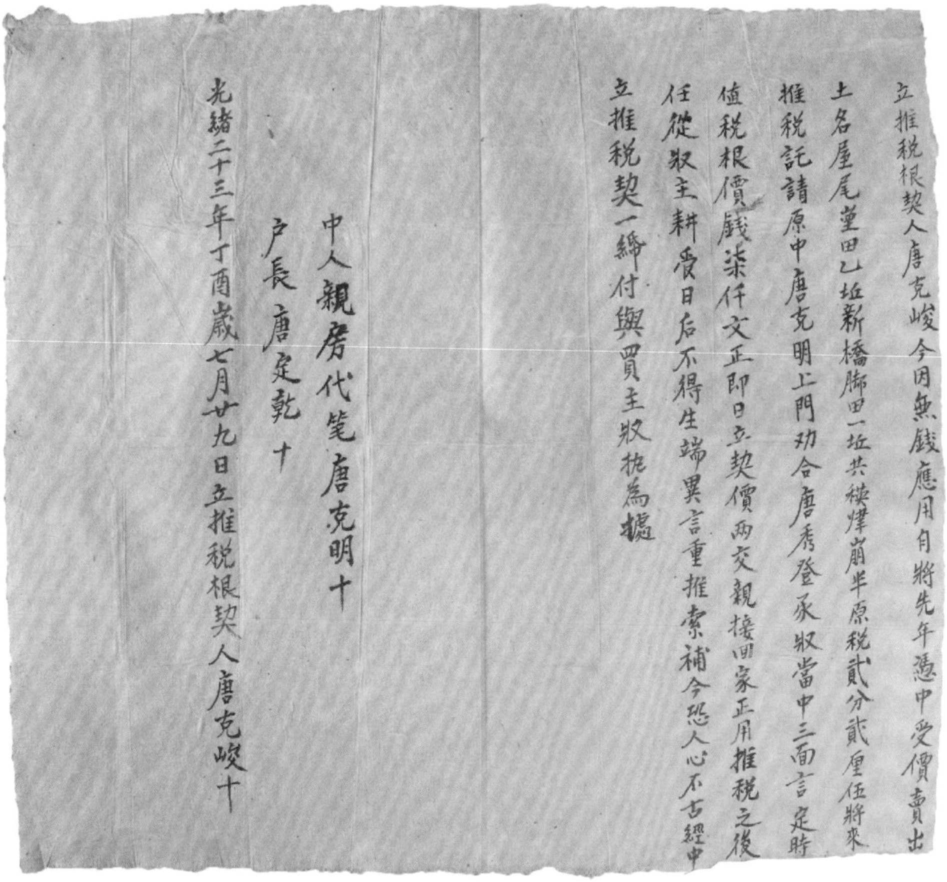

立推税根契人唐克峻今因无钱应用自将先年凭中受价卖出土名屋尾堂〔岗〕田一丘新桥脚田·丘共秧肆崩〔棚〕半原税贰分贰厘伍将来推税托请原中唐克明上门劝合唐秀登承收当中三面言定时值税根价钱柒仟文正即日立契价两交亲接回家正用推税之后任从收主耕管日后不得生端异言重推索补今恐人心不古经中立推税契一纸付与买主收执为据

中人亲房代笔唐克明【押】

户长唐定乾【押】

光绪二十三年丁酉岁七月廿九日立推税根契人唐克峻【押】

光绪二十三年十二月初三日任书发卖田契

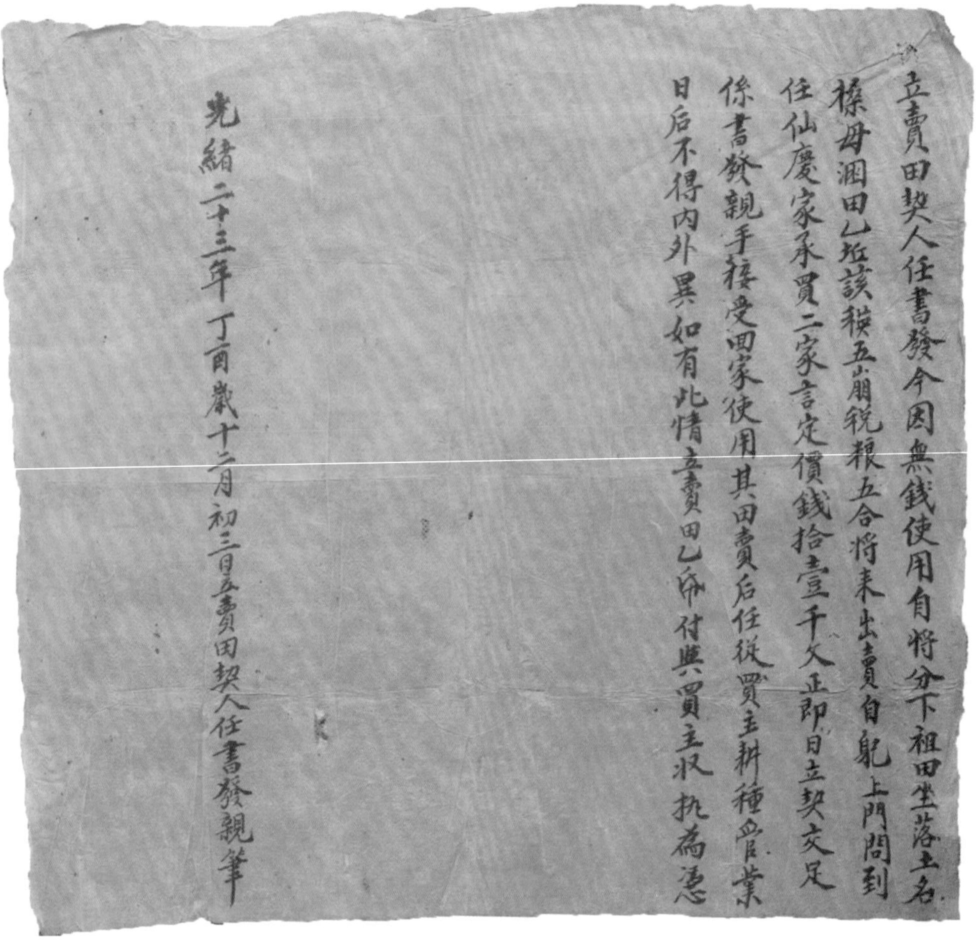
立賣田契人任書發今因無錢使用自將分下祖田坐落土名
榛母涸田乙坵該秧五崩稅粮五合將来出賣自躬上門問到
任仙慶家承買二家言定價錢拾壹千文正即日立契交足
係書發親手接受回家使用其田賣后任從買主耕種管業
日后不得内外異如有此情立賣田乙帋付與買主收執為憑
光緒二十三年丁酉歲十二月初三日立賣田契人任書發親筆

立卖田契人任书发今因无钱使用自将分下祖田坐落土名榛母涸田一丘该秧五崩税粮五合将来出卖自己上门问到任仙庆家承买二家言定价钱拾壹千文正即日立契交足系书发亲手接受回家使用其田卖后任从买主耕种管业日后不得内外异如有此情立卖田一纸付与买主收执为凭

光绪二十三年丁酉岁十二月初三日立卖田契人任书发亲笔

光绪二十三年十二月二十八日唐定乾卖田契

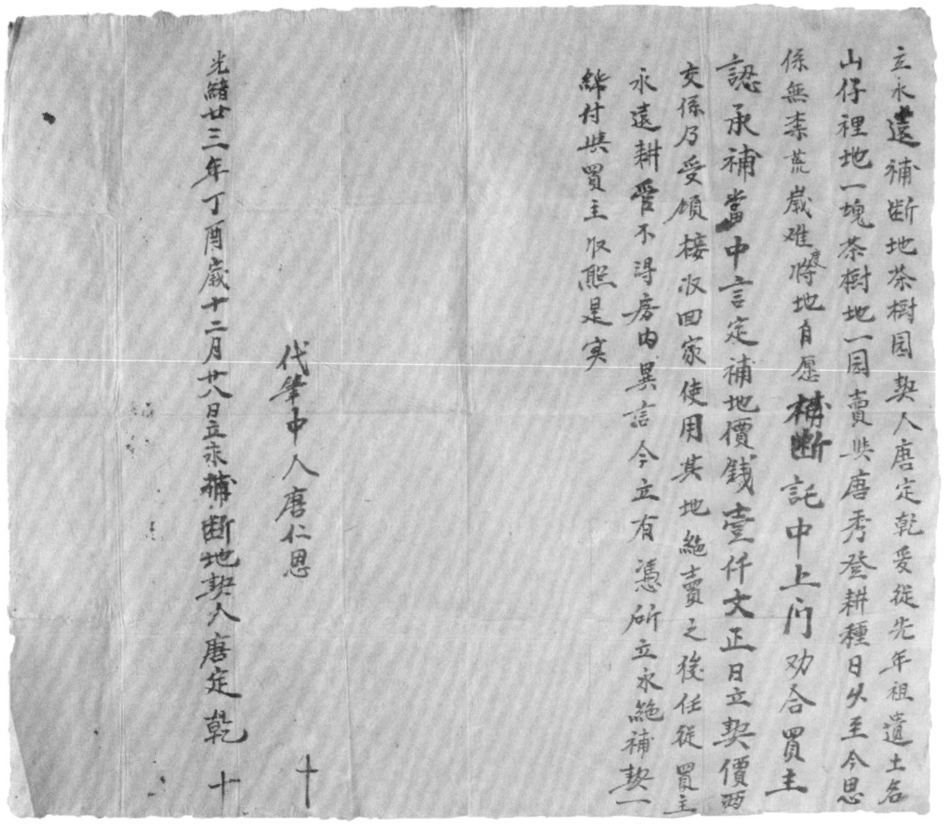

立永远补断地茶树园契人唐定乾爰从先年祖遗土名山仔里地一块茶树地一园卖与唐秀登耕种日久至今思系无奈荒岁难度将地自愿补断托中上门劝合买主认承补当中言定补地价钱壹仟文正日立契价两交系乃受领稜（接）收回家使用其地绝卖之后任从买主永远耕管不得房内异言今立有凭所立永绝补契一纸付与买主收照是实

代笔中人唐仁恩【押】

光绪廿三年丁酉岁十二月廿八日立永补断地契人唐定乾【押】

光绪二十四年二月二十日唐克峻卖田契

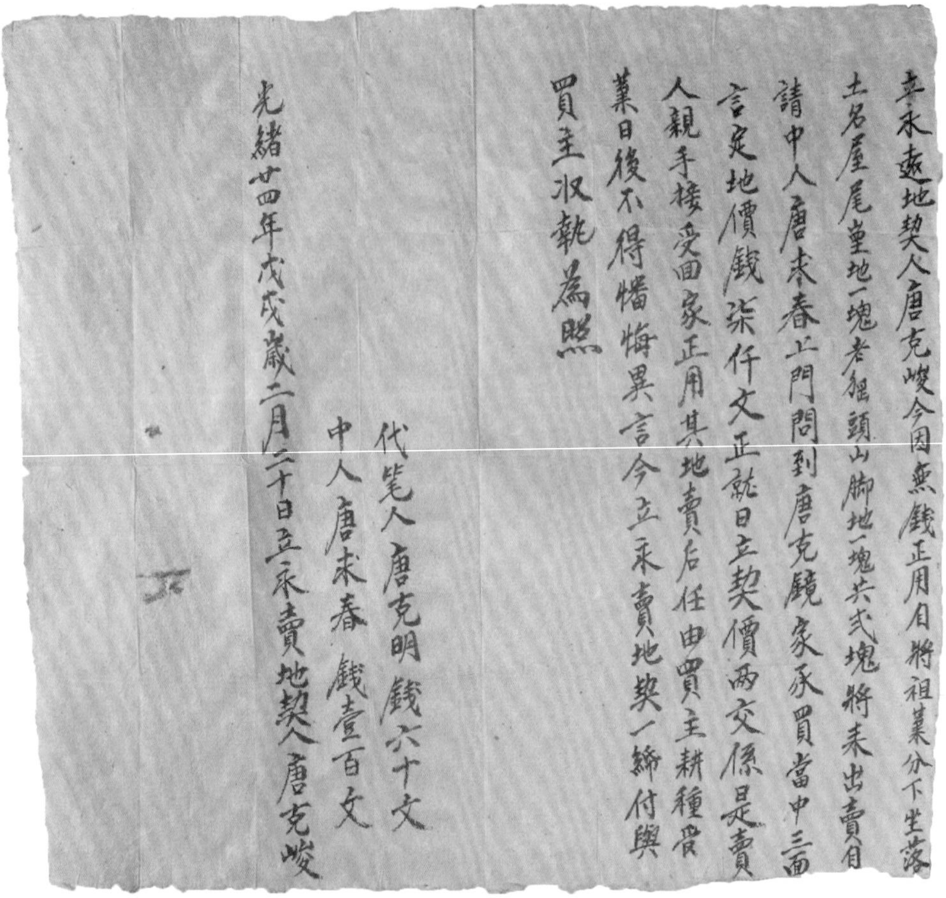

立永远地契人唐克峻今因无钱正用自将祖业分下坐落土名屋尾堂〔岗〕地一块老瑶头山脚地一块共贰块将来出卖自请中人唐求春上门问到唐克镜家承买当中三面言定地价钱柒仟文正就日立契价两交系是卖人亲手接受回家正用其地卖后任由买主耕种管业日后不得憣悔异言今立永卖地契一纸付与买主收执为照

代笔人唐克明钱六十文

中人唐求春钱壹百文

光绪廿四年戊戌岁二月二十日立永卖地契人唐克峻

光绪二十四年三月初七日邓荣远收扁银契

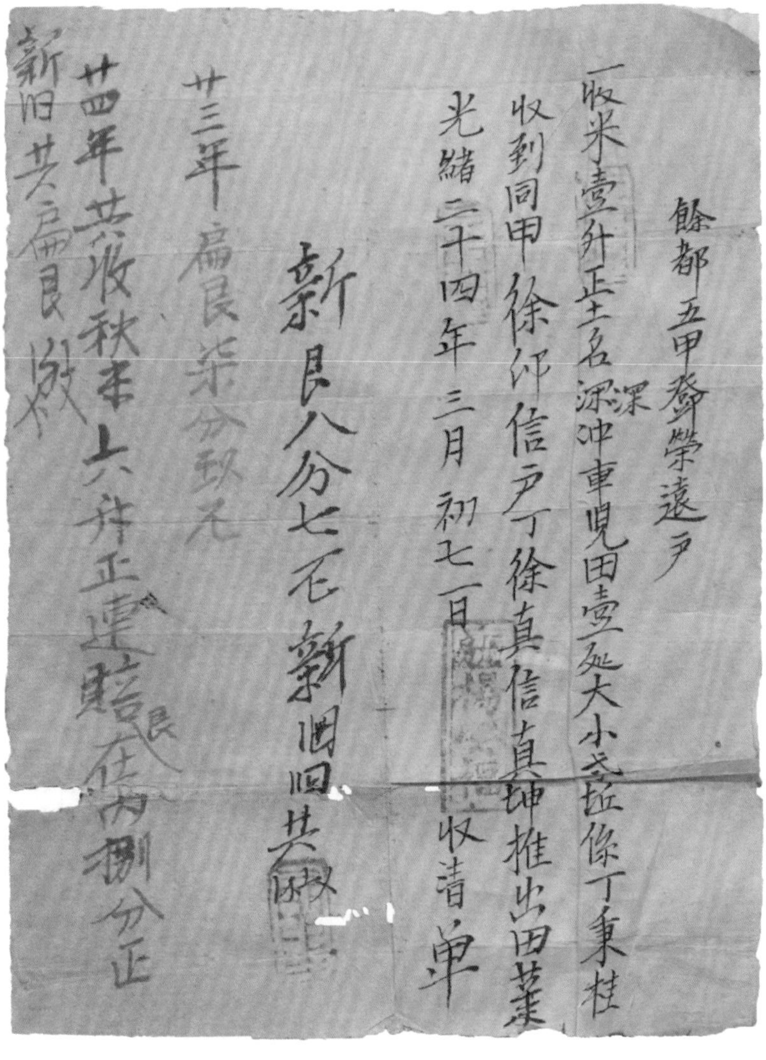

余都五甲邓荣远户
收米壹升正土名深冲车见田壹处大小贰
丘系丁秉桂收到同甲徐印信户丁徐真信
真坤推出田业
光绪二十四年三月初七日【印】收清单
新银八分七厘新旧共收一钱六四
廿三年扁银柒分玖钱
廿四年共收秧米六升正连赔银在内捌
分正
新旧共扁银收钱一钱五九

光绪二十四年五月二十四日任书发断卖田契

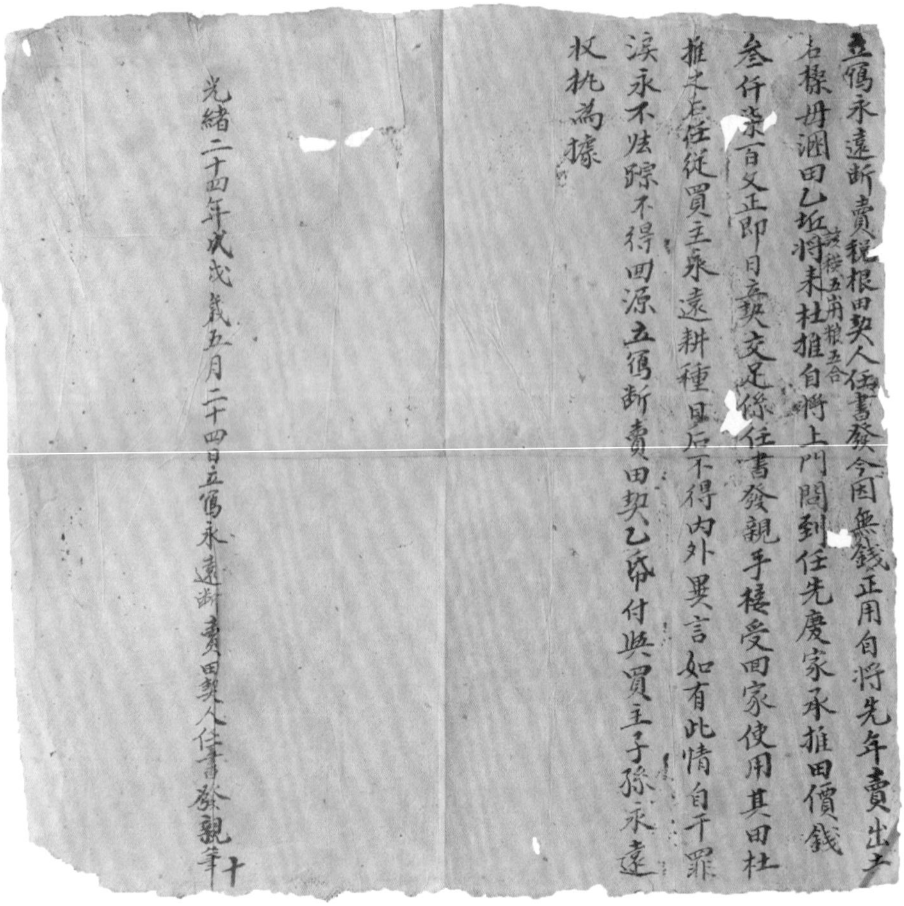

立写永远断卖税根田契人任书发今因无钱正用自将先年卖出土名榛母洇田一丘该秧五甪〔棚〕粮五合将来杜推自将上门问到任先庆家承推田价钱叁仟柒百文正即日立契交足系任书发亲手棱（接）受回家使用其田杜推之后任从买主永远耕种日后不得内外异言如有此情自干罪泪永不归踪（宗）不得回源立写断卖田契一纸付与买主子孙永远收执为据

光绪二十四年戊戌岁五月二十四日立写永远断卖田契人任书发亲笔【押】

光绪二十四年七月二十八日陈秀坤补断地契

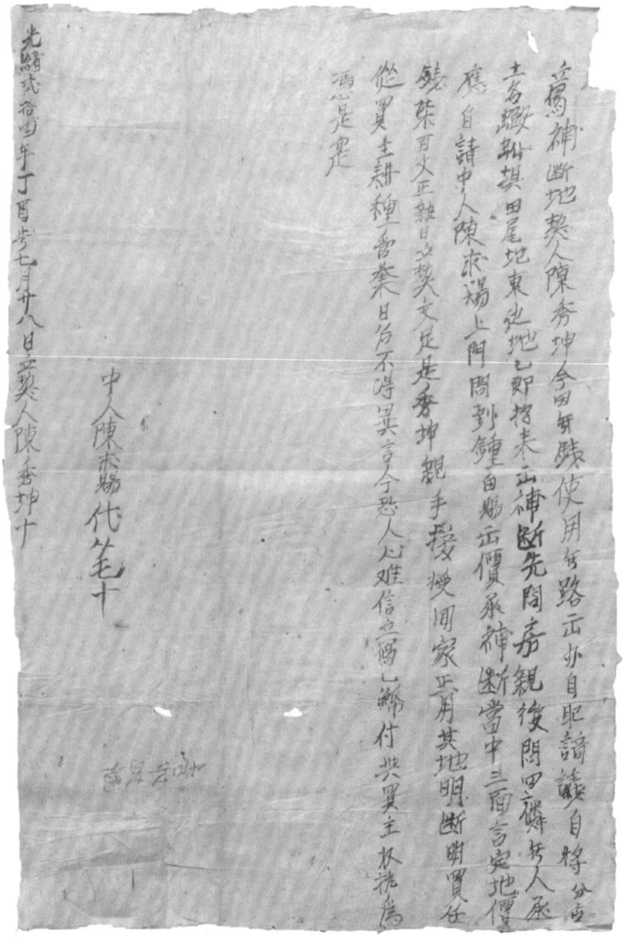

立写补断地契人陈秀坤今因无钱使用无路出办自己讁（商）议自将分占土名虾蚣塡（填）田尾地东边地一即（节）将来出补断先问房亲后问四僯（邻）无人承应自请中人陈求赐上门问到钟由赐出价承补断当中三面言定地价钱柒百文正孰（就）日立契交足是秀坤亲手接授（受）回家正用其地明断明买任从买主耕种管业日后不得异言今恐人心难信立写一纸付与买主收执为凭是实

中人陈求赐代笔【押】

光绪贰拾四年丁酉岁七月廿八日立契人陈秀坤【押】

光绪二十四年十一月初六日李贺春李年春卖田契

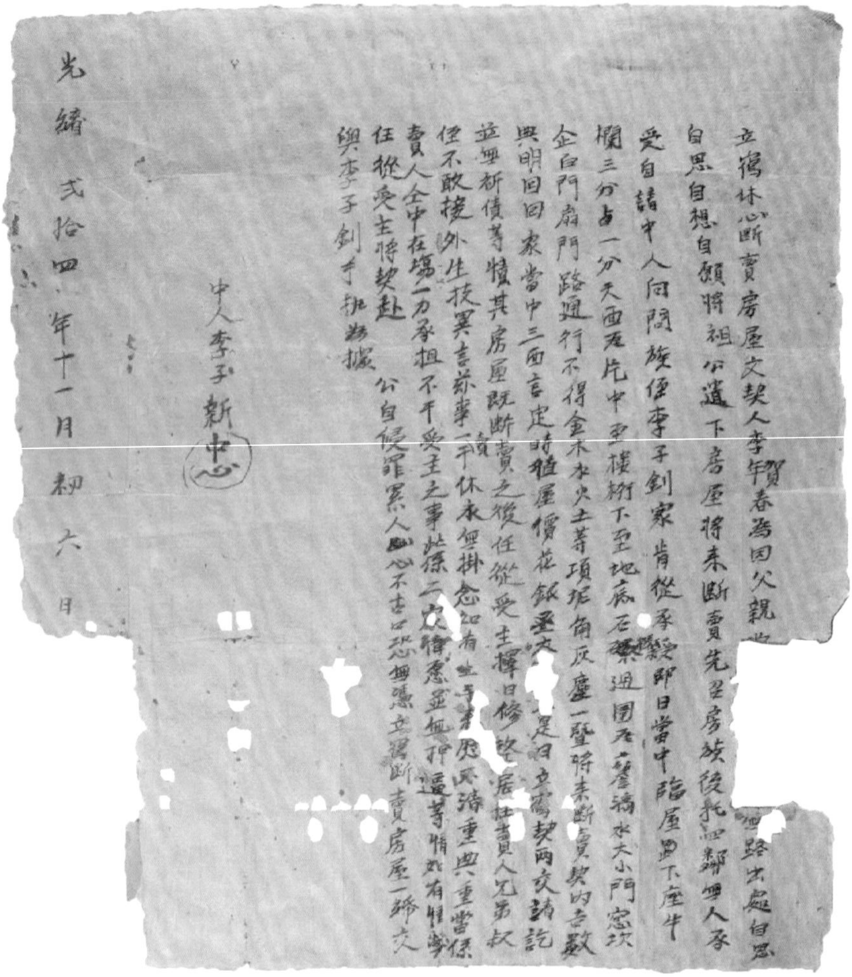

立写休心断卖房屋文契人李贺春李年春为
因父亲☒无路出处自思［自思］自想自愿将
祖公遗下房屋将来断卖先召房族后托四邻
无人承受自请中人向问族侄李子钊家肯从
承受即日当中临屋下座牛栏三分占一分天
面瓦片中至楼桁下至地底石⍰⍰周围瓦檐
滴（滴）水大小门窗坎企白门扇门路通行不
得金木水火土等项坭角灰尘一暨将来断卖
契内吉数典明回（白）回家当中三面言定
时值屋价花银叁大□□是日立写契两交清
讫并无祈债等情其房屋既断卖之后任从受
主择日修整居住卖人兄弟叔侄不敢接（节）
外生枝异言兹事一卖千休永无挂念如有上
手来历不清重典重当系卖人仝中在场一力
承担不干受主之事此系二家情愿并无押逼
等情如有情⍰任从受主将契赴　　公自侵
罪累人心不古口恐无凭立写断卖房屋一纸
交与李子钊手执为据
中人李子新【押】
光绪贰拾四年十一月初六日

光绪二十四年十二月十九日奉绍发推田契

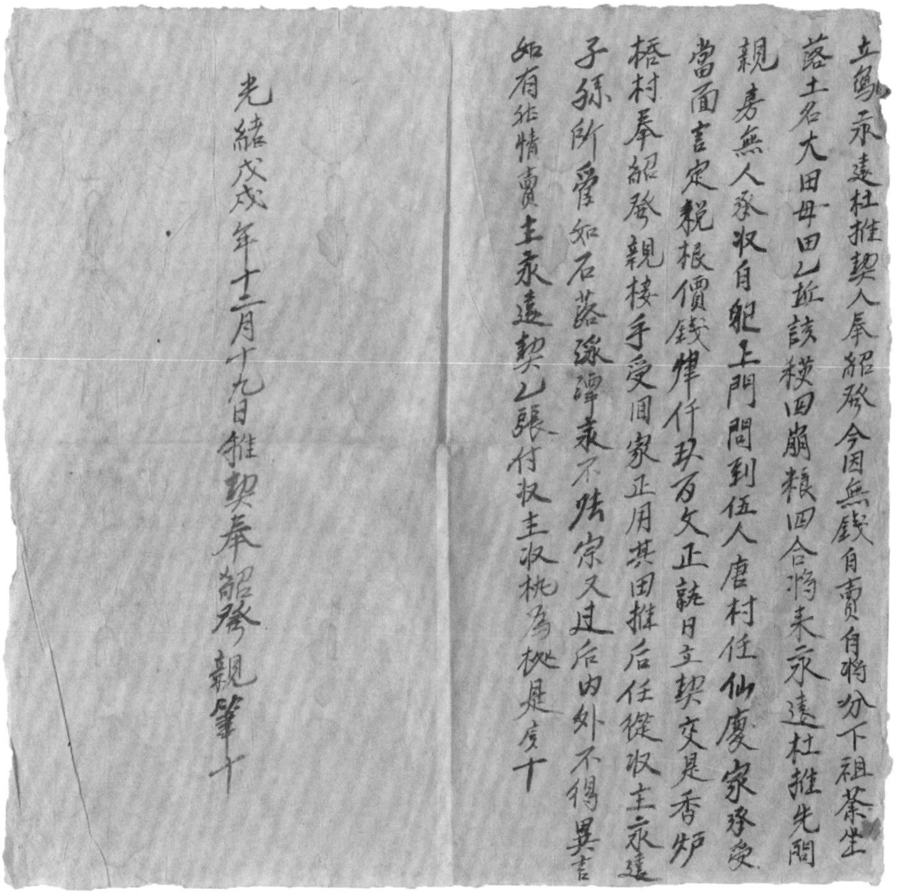

立写永远杜推契人奉绍发今因无钱自卖自将分下祖业坐落土名大田母田一丘该秧四崩粮四合将来永远杜推先问亲房无人承收自己上门问到伍人唐村仜仙庆家承受当面言定税根价钱肆仟玖百文正就日立契交是（足）香炉桥村奉绍发亲楼（接）手受回家正用其田推后任从收主永远子孙所管如石落深潭永不归宗又过后内外不得异言如有此情卖主永远契一张付收主收执为据是实【押】

光绪戊戍（戌）年十二月十九日推契奉绍发亲笔【押】

光绪二十四年十二月十九日奉绍发卖田契

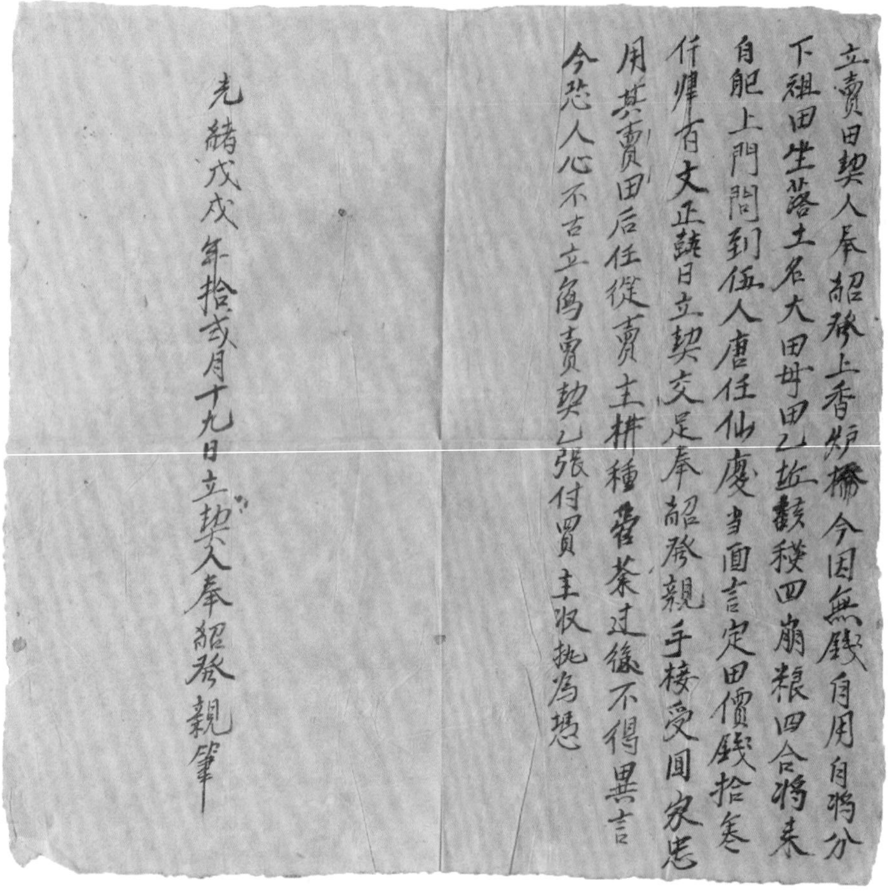

立卖田契人奉绍发上香炉桥今因无钱自用自将分下祖田坐落土名大田母田一丘该秧四崩（棚）粮四合将来自己上门问到伍人唐任仙庆当面言定田价钱拾叁仟肆百文正孰（就）日立契交足奉绍发亲手梭（接）受回家应用其田卖后任从卖（买）主耕种管业过后不得异言今恐人心不古立写卖契一张付买主收执为凭

光绪戊戌年拾贰月十九日立契人奉绍发亲笔

光绪二十四年十二月二十三日奉应财推田契

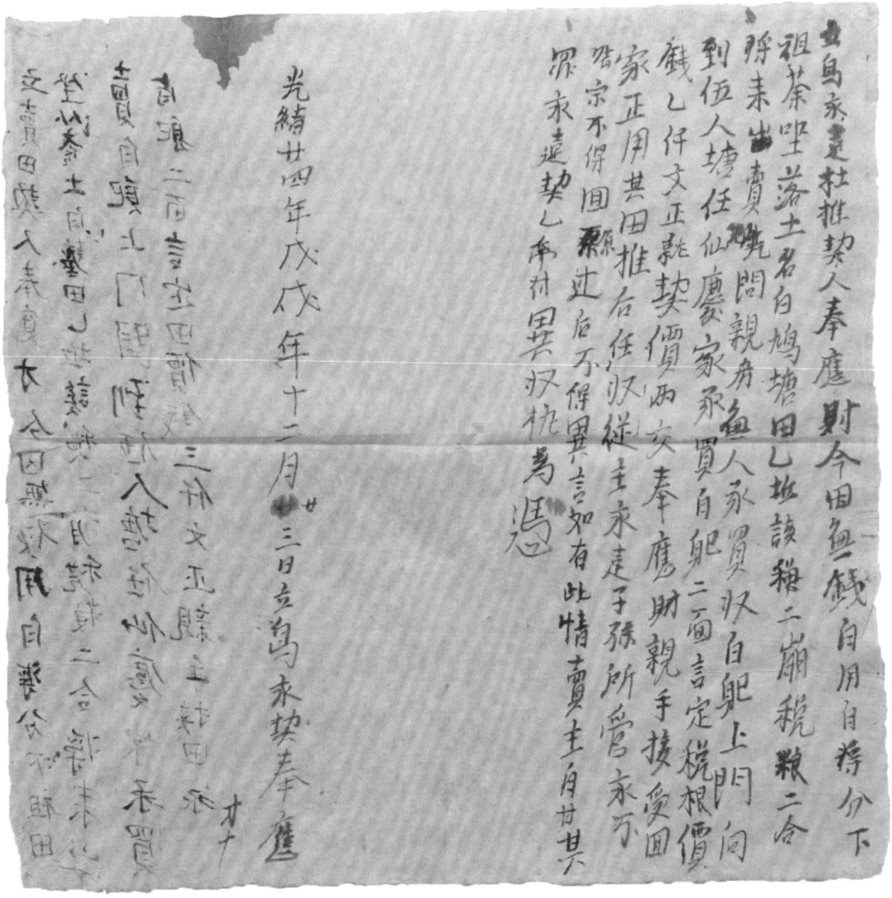

立写永远杜推契人奉应财今因无钱自用自将分下
祖业坐落土名白鸠塘田一丘该秧二崩（棚）税粮
二合将来出卖先问亲房无人承买收白（自）己上
门向到伍人塘任仙庆家承买自己二面言定税根价
钱一仟文正就契价两交奉应财亲手接受回家正用
其田推后任从收主永远子孙所管永不归宗不得回
原过后不得异言如有此情卖主自甘其罪永远契一
纸付异收执为凭
光绪廿四年戊戌（戌）年十二月廿三日立写永契
奉应才【押】

光绪二十四年十二月二十四日奉应财卖田契

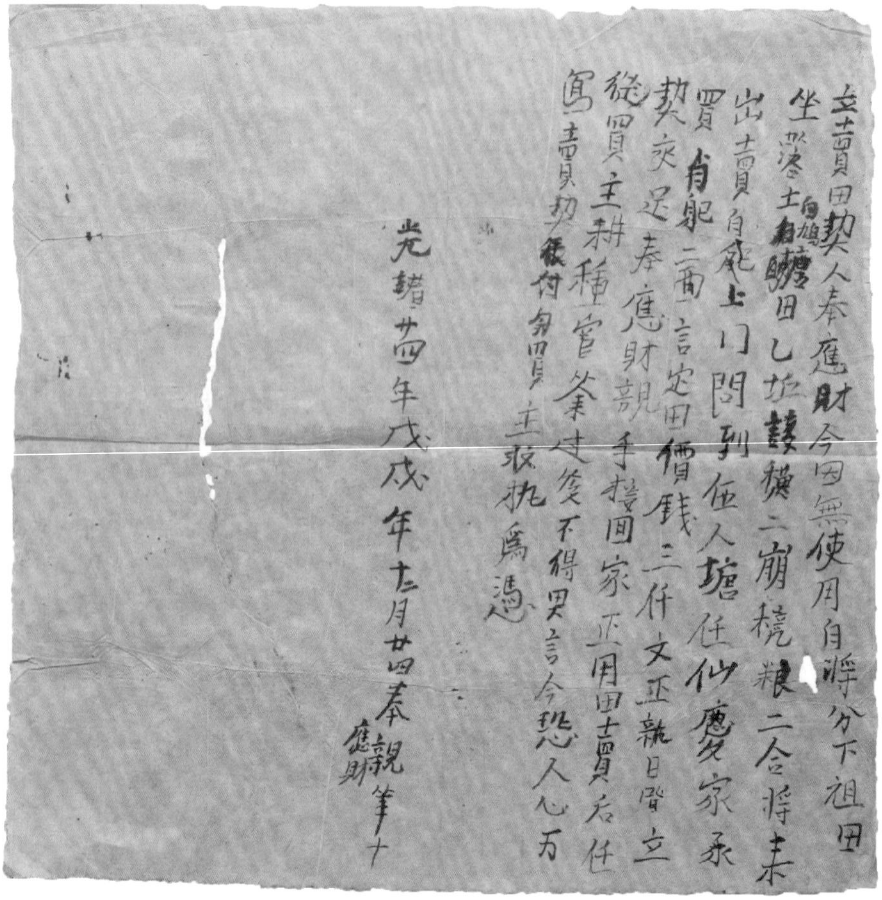

立卖田契人奉应财今因无使用自将分下祖田坐落土白鸠塘田一丘该秧二崩（棚）税粮二合将来出卖自上门问到伍人塘任仙庆家承买自己二面言定田价钱三仟文正執（就）日⃞立契交足奉应财亲手接回家正用田卖后任从买主耕种管业过后不得异言今恐人心⃞写卖契⃞付与买主收执为凭

光绪廿四年戊戌（戌）年十二月廿四奉应财亲笔

【押】

光绪二十四年十二月二十八日任仙洪卖田契

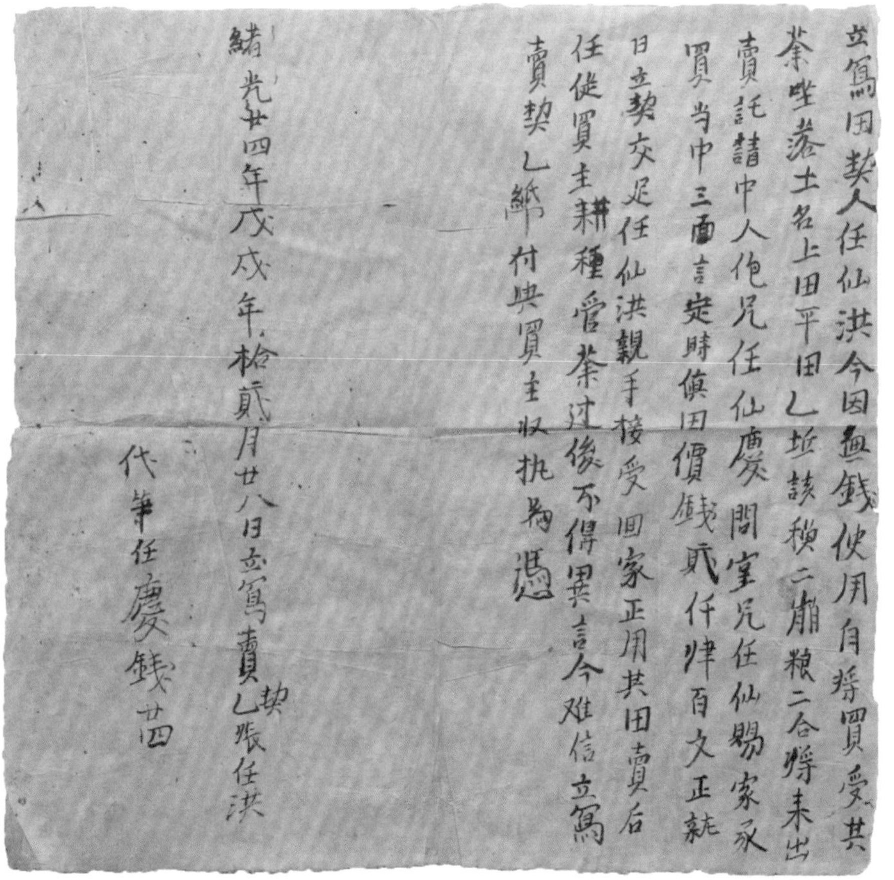

立写田契人任仙洪今因无钱使用自将买受其业坐落土名上田平田一丘该秧二崩粮二合将来出卖托请中人伅（胞）兄任仙庆问堂兄任仙赐家承买当中三面言定时偵（值）田价钱贰仟肆百文正就日立契交足任仙洪亲手接受回家正用其田卖后任从买主耕种管业过后不得异言今〈人〉难信立写卖契一纸付与买主收执为凭

光绪廿四年戊戌（戌）年枱（拾）贰月廿八日立写

卖契一张任洪

代笔任庆钱廿四

光绪二十五年二月初三日钟义取等推税契（一）

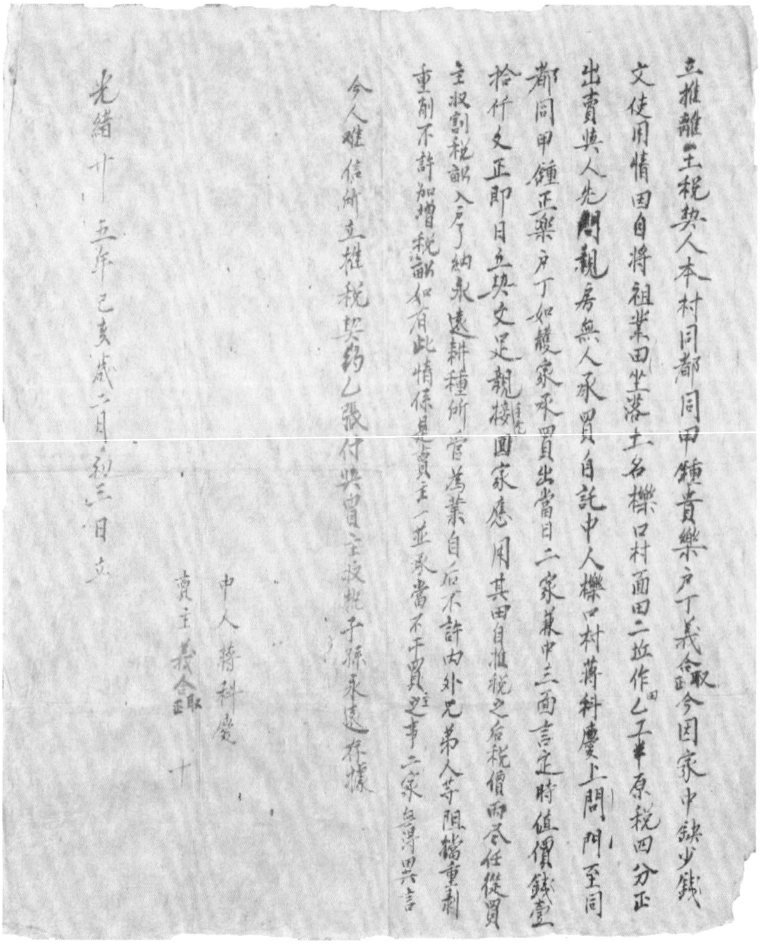

立推离土税契人本村同都同甲钟贵乐户丁义合义取义正今因家中缺少钱文使用情因自将祖业田坐落土名栎口村面田二丘作田一工〔弓〕半原税四分正出卖与人先问亲房无人承买自托中人栎口村蒋科庆上门问至同都同甲钟正乐户丁如获家承买出当日二家兼中三面言定时值价钱壹拾仟文正即日立契交足亲手乞接回家应用其田自推税之后税价两尽任从买主收割税亩入户了纳永远耕种所管为业自后不许内外兄弟人等阻挡重剥重削不许加增税亩如有此情系是卖主一并承当不干买主之事二家无得异言今人难信所立推税契约一张付与买主收执子孙永远存据

中人蒋科庆

卖主义合义取义正【押】

光绪廿五年己亥岁二月初三日立

光绪二十五年二月初三日钟义取等推税契（二）

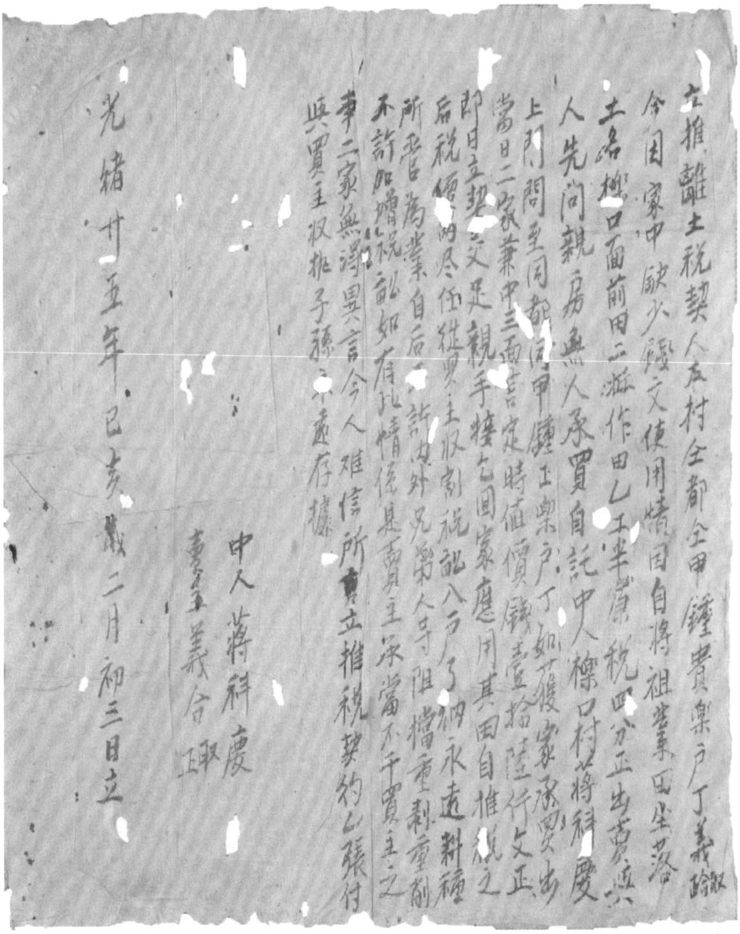

立推离土税契人本村仝都仝甲钟贵乐户丁义取义合义正今因家中缺少钱文使用情因自将祖业田坐落土名栎口面前田二丘作田一工（弓）半原税四分正出卖与人先问亲房无人承买自托中人栎口村蒋科庆上门问至同都同甲钟正乐户丁如获家承买出当日二家兼中三面言定时值价钱壹拾陆仟文正即日立契交足亲手接乞回家应用其田自推税之后税价两尽任从买主收割税亩入户了纳永远耕种所管为业自后不许内外兄弟人等阻挡重剥重削不许加增税亩如有此情系是卖主承当不干买主之事二家无得异言今人难信所立推税契约一张付与买主收执子孙永远存据

中人蒋科庆

卖主义合义取义正

光绪廿五年巳（已）亥岁二月初三日立

光绪二十五年二月初三日钟义取等推税契（三）

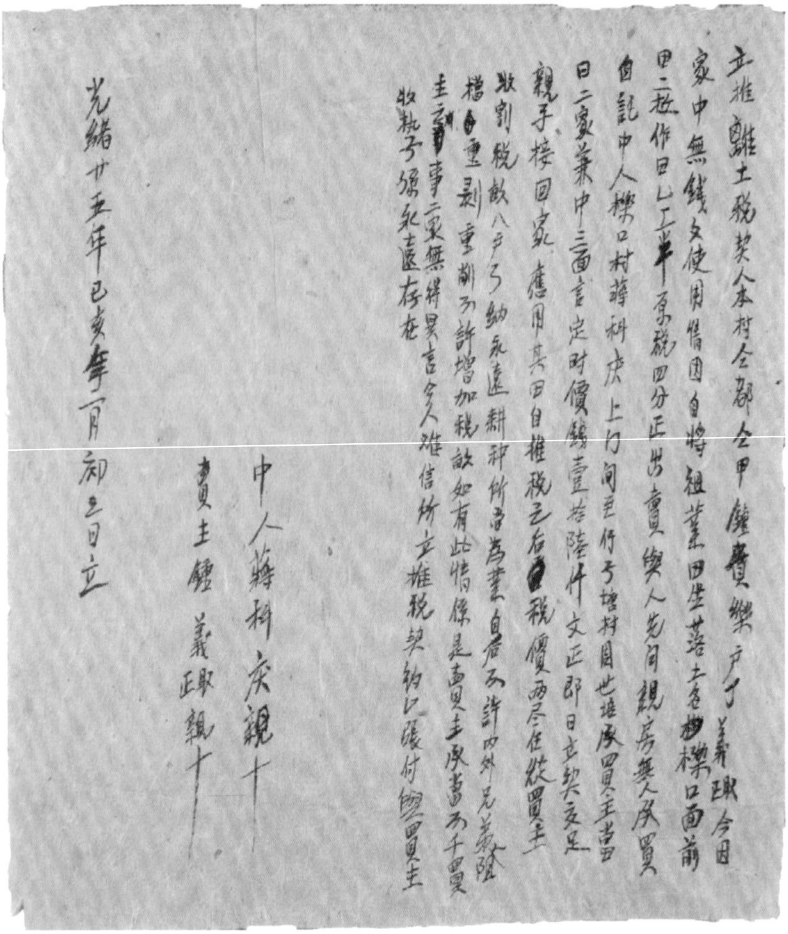

立推离土税契人本村仝都仝甲钟贵乐户丁义取义正今因家中无钱文使用情因自将祖业田坐落土名栎口面前田二丘作田一工（弓）半原税四分正出卖与人先问亲房无人承买自托中人栎口村蒋科庆上门问至仔子塘村周世培承买主当日二家兼中三面言定时价钱壹拾陆仟文正即日立契交足亲手接回家应用其田自推税之后税价两尽任从买主收割税亩入户了纳永远耕种所管为业自后不许内外兄弟人阻檔（挡）重剥重削不许增加税亩如有此情系是卖主承当不千（干）买主之事二家无得异言今人难信所立推税契约一张付与买主收执子孙永远存在

中人蒋科庆亲【押】

卖主钟义取钟义正亲【押】

光绪廿五年已（己）亥年二月初三日立

光绪二十五年二月十九日白世仁卖田契

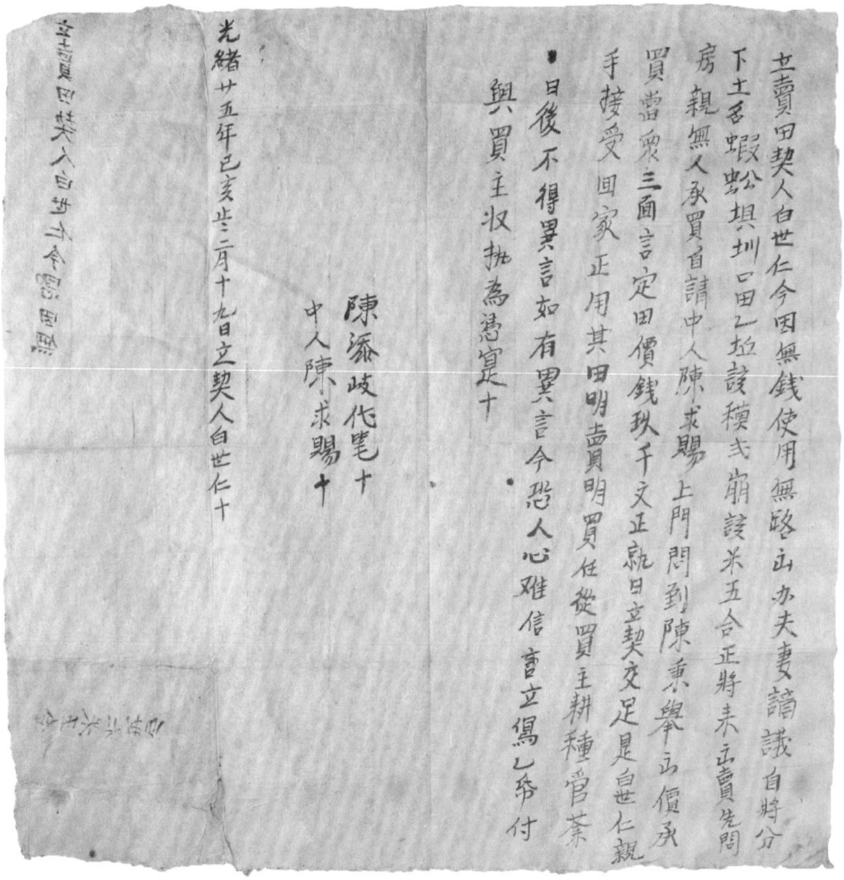

立賣田契人白世仁今因無錢使用無路出办夫妻謪議自將分下土名蝦蚣壆圳口田乙坵該穓弍崩該米五合正將來出賣先問房親無人承買自請中人陳求賜上門問到陳秉舉出價承買當衆三面言定田價錢玖千文正孰日立契交足是白世仁親手接受回家正用其田明賣明買任從買主耕種管業日後不得異言如有異言今恐人心难信立寫乙紙付與買主收執為憑實十

陳添岐代笔十

中人陳求賜十

光緒廿五年己亥歲二月十九日立契人白世仁十

立卖田契人白世仁今因无钱使用无路出办夫妻謪（商）议自将分下土名虾蚣埧（垻）圳口田一丘该秧贰崩（硼）该米五合正将来出卖先问房亲无人承买自请中人陈求赐上门问到陈秉举出价承买当众三面言定田价钱玖千文正孰（就）日立契交足是白世仁亲手接受回家正用其田明卖明买任从买主耕种管业日后不得异言如有异言今恐人心难信立写一纸付与买主收执为凭实【押】

陈添岐代笔【押】

中人陈求赐【押】

光绪廿五年已（己）亥岁二月十九日立契人白世仁【押】

光绪二十五年二月二十五日吴寿周卖地契

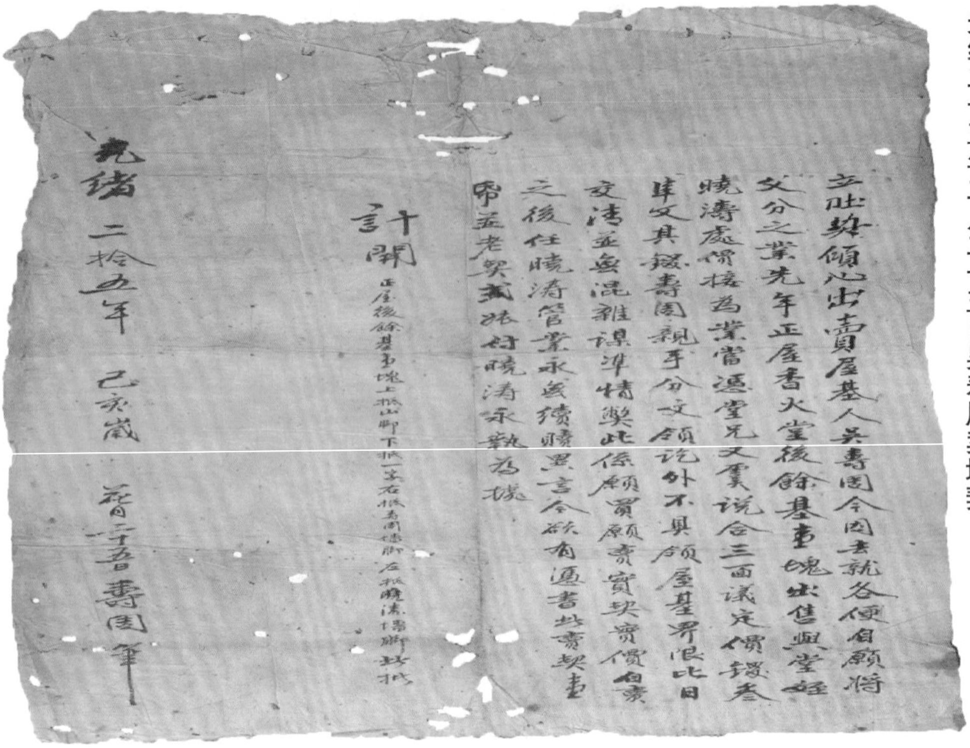

立吐（杜）契倾心出卖屋基人吴寿周今因去就各便自愿将父分之业先年正屋香火堂后余基壹块出售与堂侄晓涛处价接为业当凭堂兄又虞说合三面议定价钱叁串文其银寿周亲手分文领讫外不具领屋基界限比日文清并无混杂谋准情弊此系愿买愿卖实契实价自卖之后任晓涛管业永无续赎异言今欲有凭书此卖契壹纸并老契贰张付晓涛永执为据

计开正屋后余基壹块上抵山脚下抵一字右抵寿周墙脚左抵晓涛墙脚此批

光绪二拾五年己亥岁花月二十五日寿周笔

光绪二十五年三月二十五日唐有忠卖田契

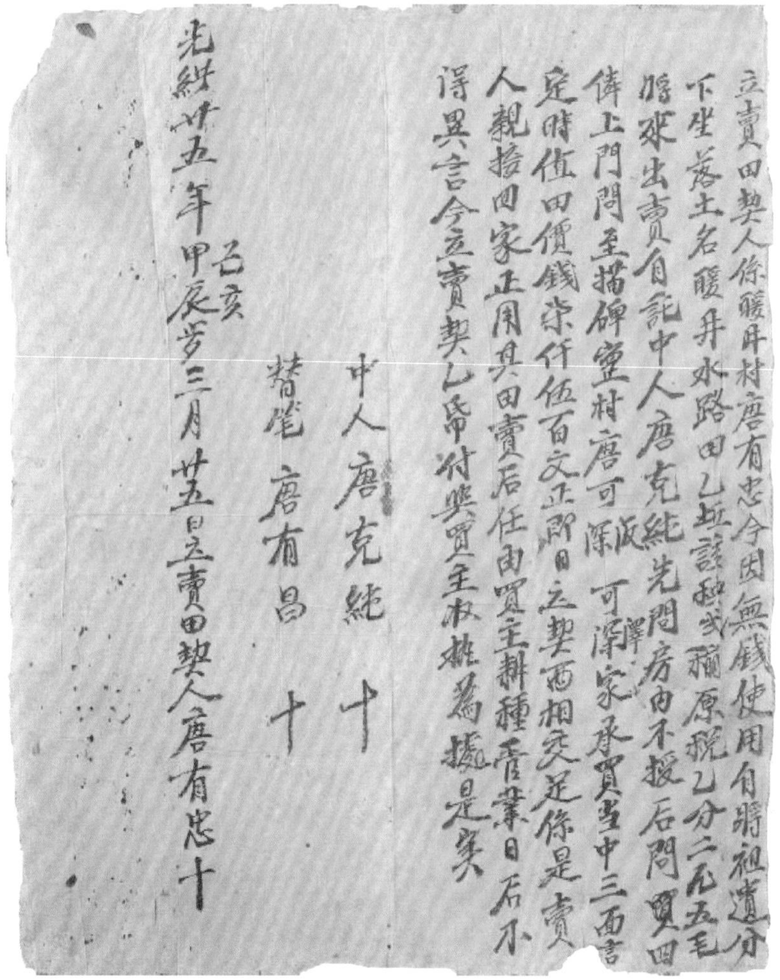

立卖田契人系暖井村唐有忠今因无钱使用自将祖遗分下坐落土名暖井水路田一丘该秧贰稝原税一分二钱五毛将来出卖自托中人唐克纯先问房内不授后问四隣（邻）上门问至描碑崀村唐可泬可深可泽可深家承买当中三面言定时值田价钱柒仟伍百文正即日立契两相交足系是卖人亲接回家正用其田卖后任由买主耕种管业日后不得异言今立卖契一纸付与买主收执为据是实

中人唐克纯【押】

替笔唐有昌【押】

光绪廿五年［甲辰］己亥岁三月廿五日立卖田契人唐有忠【押】

光绪二十五年五月十四日任书发卖田契

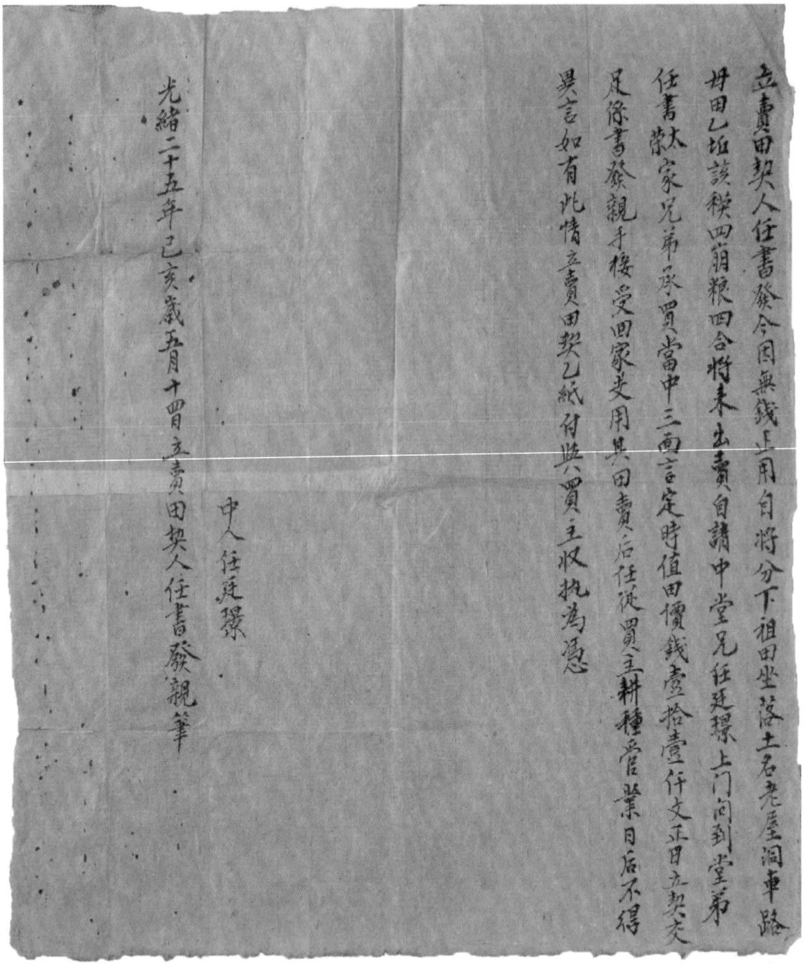

立卖田契人任书发今因无钱正用自将分下祖田坐落土名老屋洞车路母田一丘该秧四崩〔棚〕粮四合将来出卖自请中堂兄任廷璟上门问到堂弟任书太任书荣家兄弟承买当中三面言定时值田价钱壹拾壹仟文正日立契交足系书发亲手接受回家支用其田卖后任从买主耕种管业日后不得异言如有此情立卖田契一纸付与买主收执为凭

中人任廷璟

光绪二十五年己亥岁五月十四日立卖田契人任书发亲笔

光绪二十五年十二月二十九日唐有昌等卖田契

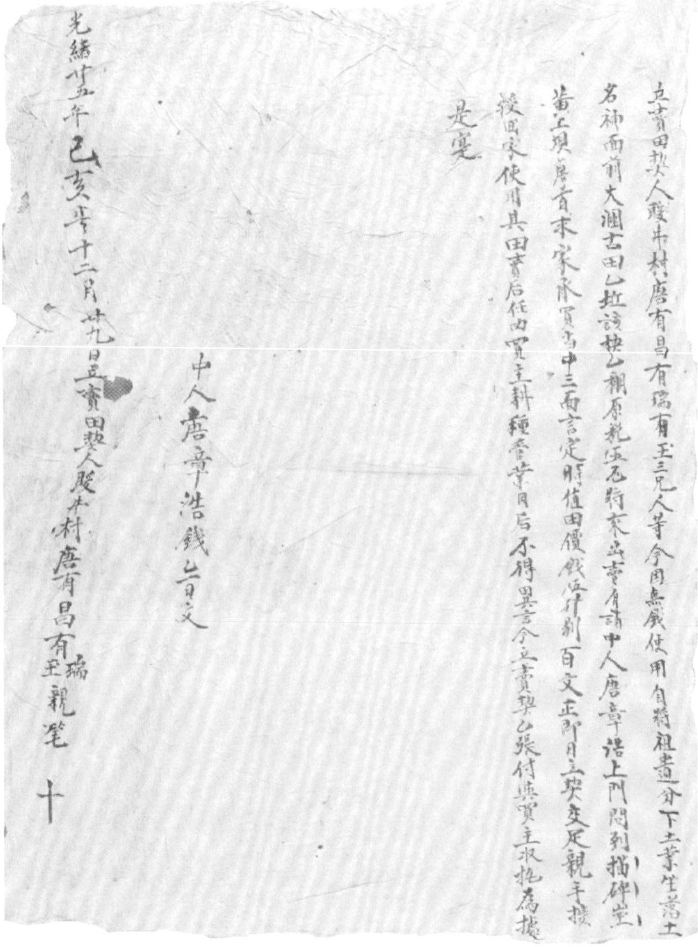

立卖田契人暖井村唐有昌有瑞有玉三兄人等今因无钱使用自将祖遗分下土业坐落土名神面前大涸古田一丘该秧一棚原税五厘将来出卖自请中人唐章浩上门问到描碑塱黄土坝唐首求家承买当中三面言定时值田价钱伍仟别（捌）百文正即日立契交足亲手接授（受）回家使用其田卖后任由买主耕种管业日后不得异言今立卖契一张付与买主收执为据是实

中人唐章浩钱一百文

光绪廿五年己亥岁十二月廿九日立卖田契人

暖井村唐有昌有瑞有玉亲笔【押】

光绪二十五年十二月章旺卖山场契

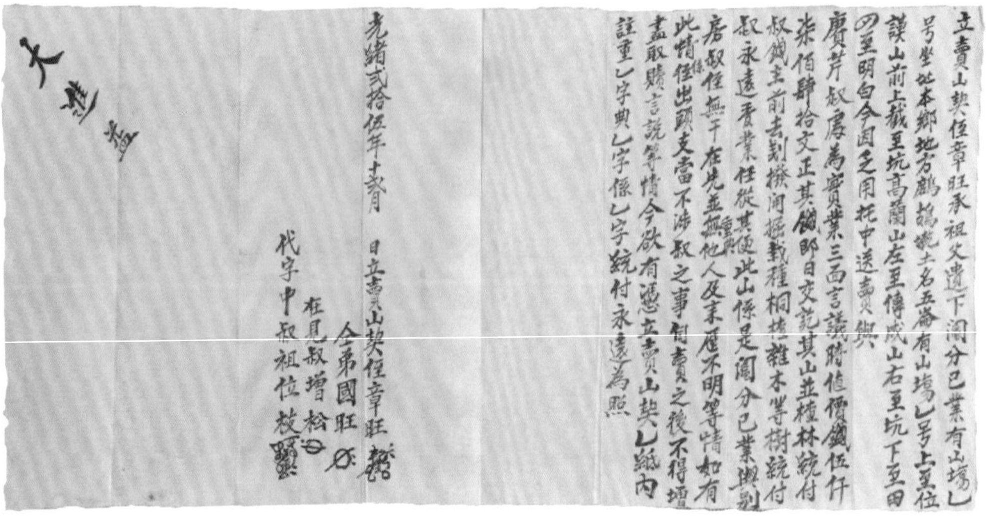

立卖山契侄章旺承祖父遗下阄分已（己）业有山场一号坐址本乡地方鹧鸪墘土名五仑有山场一号上至位谟山前上截至坑高兰山左至传成山右至坑下至田四至明白今因乏用托中送卖与赓芹叔处为实业三面言议时值价钱伍仟柒佰肆拾文正其钱即日交讫其山并楂林统付叔钱主前去划拨开掘栽种桐楂杂木等树统付叔永远管业任从其便此山系是阄分已（己）业与别房叔侄无干在先并无重典他人及来历不明等情如有此情系侄出头支当不涉叔之事自卖之后不得增尽取赎言说等情今欲有凭立卖山契一纸内注重一字典一字系一字统付永远为照

光绪贰拾伍年十贰月日立卖山契侄章旺【押】

仝弟国旺【押】

在见叔增松【押】

代字中叔祖位枝【押】

大进益

光绪二十六年二月初八日奉求恩卖田契

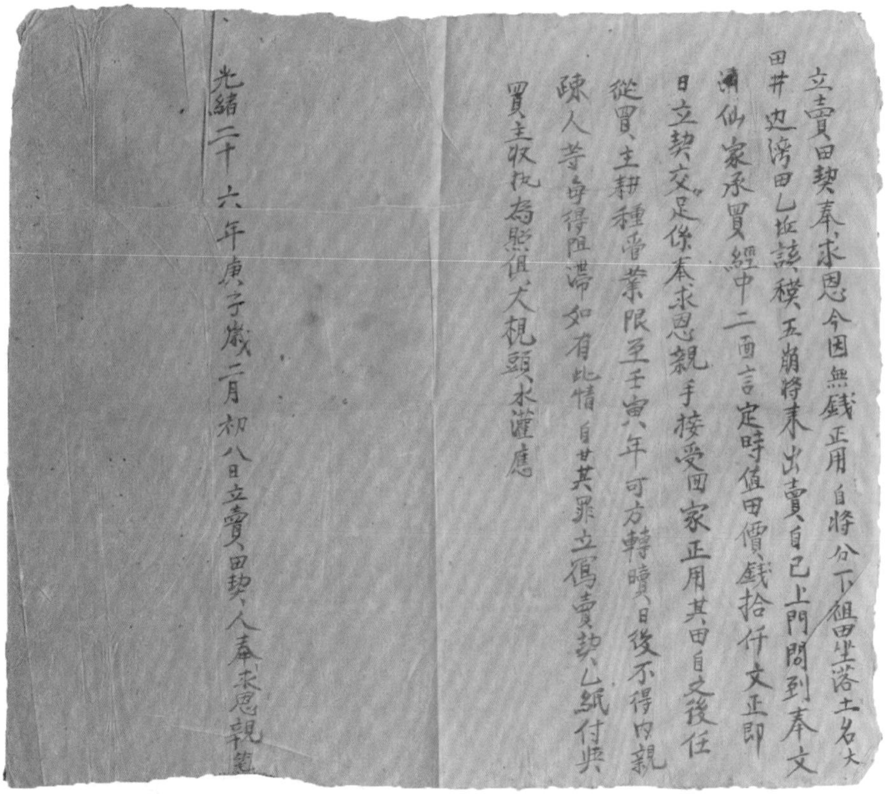
立賣田契奉求恩今因無錢正用自將分下祖田坐落土名大田井边湾田乙坵該穢五崩將来出賣自己上門問到奉文涌仙家承買經中二面言定時值田價錢拾仟文正即日立契交足係奉求恩親手接受回家正用其田自文後任從買主耕種管業限至壬寅年可方轉贖日後不得内親疎人等毋得阻滞如有此情自甘其罪立寫賣契乙紙付與買主收執為照但大梘頭水灌應

光緒二十六年庚子歲二月初八日立賣田契人奉求恩親筆

立卖田契奉求恩今因无钱正用自将分下祖田坐落土名大田井边湾田一丘该秧五崩将来出卖自己上门问到奉文仙家承买经中二面言定时值田价钱拾仟文正即日立契交足系奉求恩亲手接受回家正用其田自〈卖〉之后任从买主耕种管业限至壬寅年可方转赎（赎）日后不得内亲疏人等毋得阻滞如有此情自甘其罪立写卖契一纸付与买主收执为照俱大枧头水灌应

光绪二十六年庚子岁二月初八日立卖田契人奉求恩亲笔

光绪二十六年十一月十六日钱芈春推税补价契

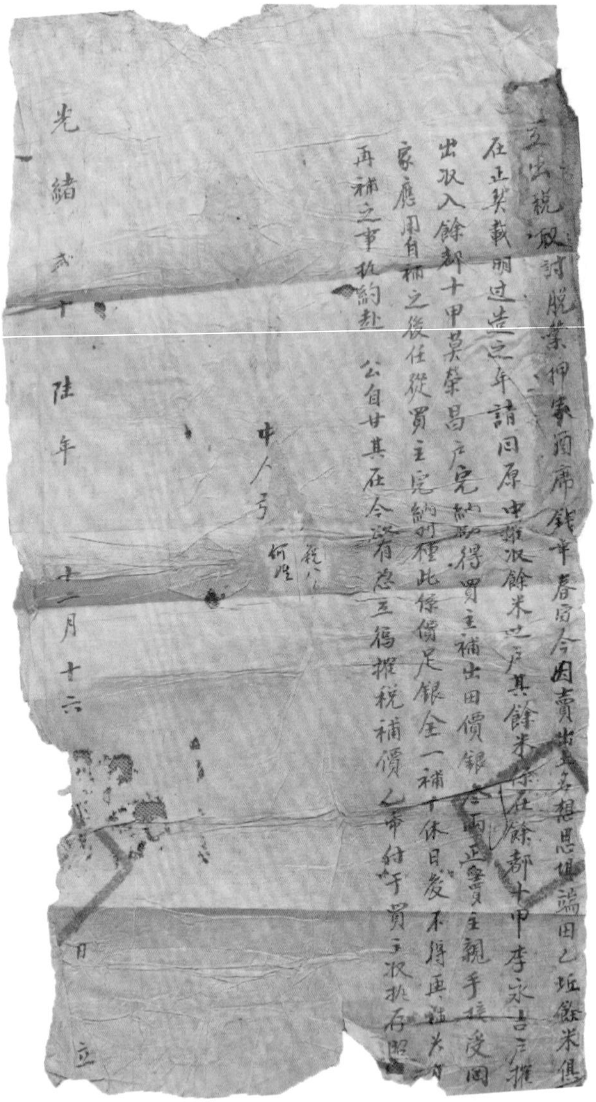

立出税取讨脱业押家酒席钱芈春⍰今因卖出土名想思垻端田一丘余米俱在正契载明过造之年请回原中推收余米过
户其余米系在余都十甲李永吉户推出收入余都十甲莫荣昌户完纳劝得买主补出田价银叁两正卖主亲手接受回家应
用自补之后任从买主完纳耕种此系价足银全一补十休日后不得再补为有再补之事执约赴　公自甘其在今欲有凭立
写推税补价一纸付于买主收执存照
〼税八□
中人□何姓
光绪贰十陆年十一月十六日立

光绪二十六年十二月初六日唐化源卖田契

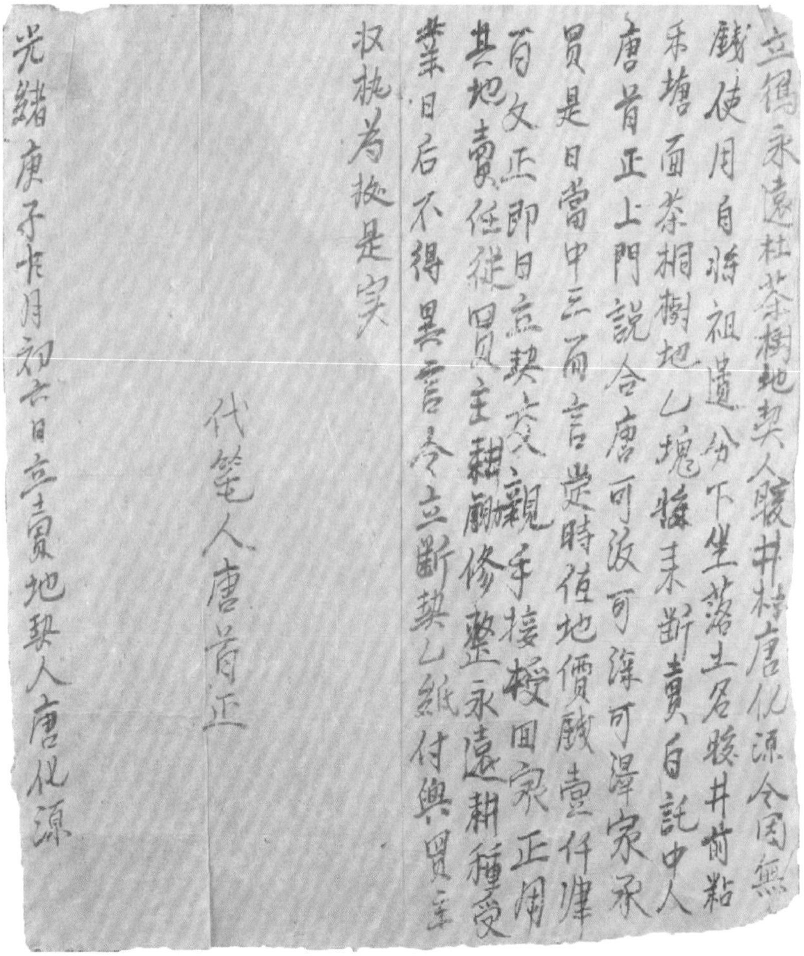

立写永远杜茶树地契人暖井村唐化源今因无钱使用自将祖遗分下坐落土名暖井前粘禾塘面茶桐树地一块将来断卖自托中人唐首正上门说合唐可汳可深可泽家承买是日当中三面言定时值地价钱壹仟肆百文正即日立契交亲手接授（受）回家正用其地卖〈后〉任从买主耕锄修整永远耕种受业日后不得异言今立断契一纸付与买主收执为据是实

代笔人唐首正

光绪庚子十二月初六日立卖地契人唐化源

光绪二十六年十二月二十二日任书发卖田契

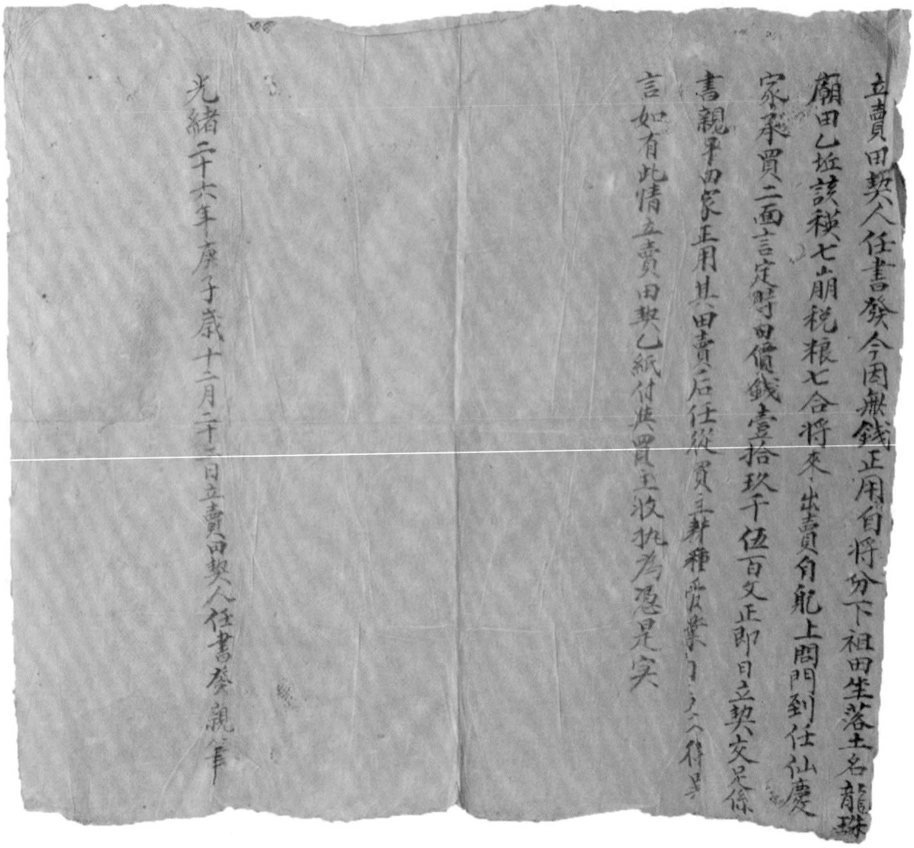

立卖田契人任书发今因无钱正用自将分下祖田坐落土名龙珠庙田一丘该秧七崩税粮七合将来出卖自己上问门到任仙庆家承买二面言定时田价钱壹拾玖千伍百文正即日立契交足系书亲手回家正用其田卖后任从买主耕种管业〈内外不〉得异言如有此情立卖田契一纸付与买主收执为凭是实

光绪二十六年庚子岁十二月二十二日立卖田契人任书发亲笔

光绪二十六年十二月二十三日唐有昌等卖推拨税根田契

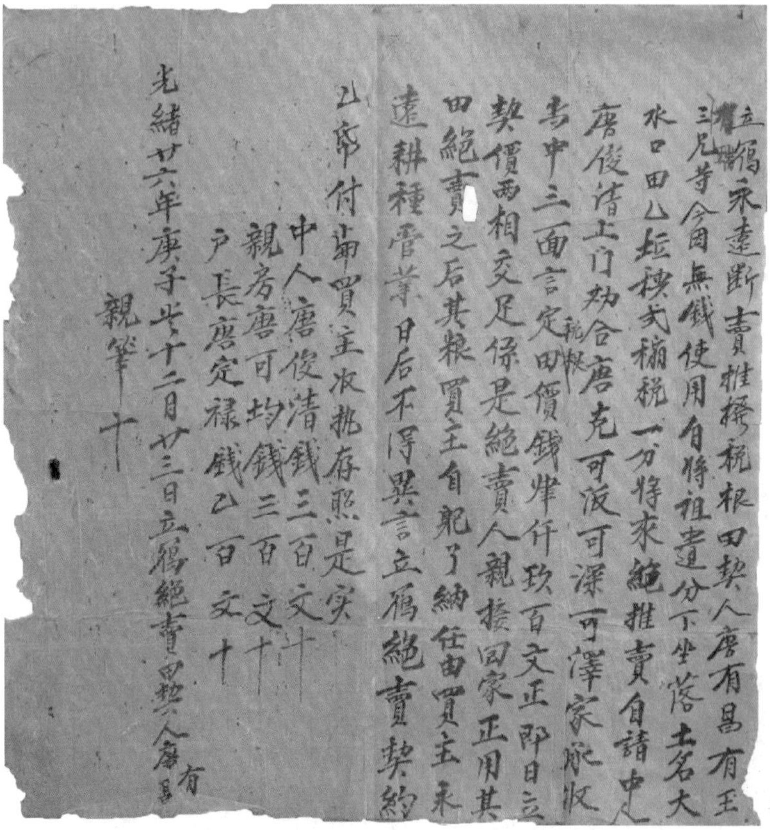

立写永远断卖推拨税根田契人唐有昌有玉有瑞三兄等今因无钱使用自将祖遗分下坐落土名大水口田一丘秧二糊〔糊〕税一分将来绝推卖自请中人唐俊清上门劝合唐克可汲可深可泽家承收当中三面言定税根田价钱肆仟玖百文正即日立契价两相交足系是绝卖人亲接回家正用其田绝卖之后其粮买主自己了纳任由买主永远耕种管业日后不得异言立写绝卖契约一纸付与买主收执存照是实

中人唐俊清钱三百文【押】

亲房唐可均钱三百文【押】

户长唐定禄钱一百文【押】

光绪廿六年庚子岁十二月廿三日立写绝卖田契人唐有昌亲笔【押】

光绪二十六年十二月二十三日唐有昌等卖田契

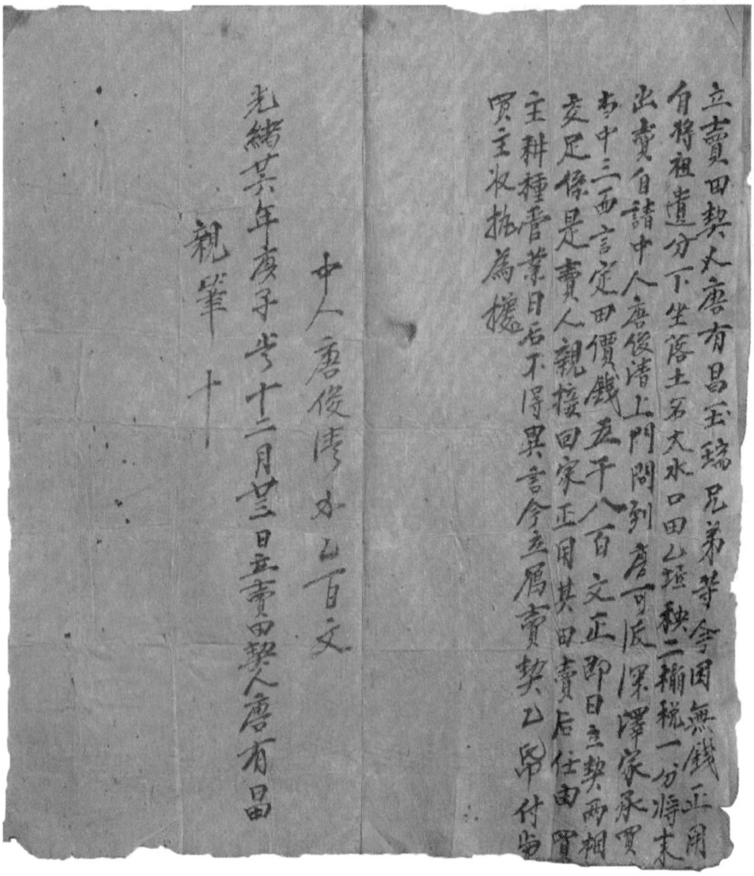

立卖田契人唐有昌玉瑞兄弟等今因无钱正用自将祖遗分下坐落土名大水口田一丘秧二棚〔棚〕税一分将来出卖自请中人唐俊清上门问到唐可汳深泽家承买当中三面言定田价钱五千八百文正即日立契两相交足系是卖人亲接回家正用其田卖后任由买主耕种管业日后不得异言今立写卖契一纸付与买主收执为据

中人唐俊清钱一百文

光绪廿六年庚子岁十二月廿三日立卖田契人唐有昌亲笔【押】

光绪二十六年十二月二十四日唐有忠卖田契

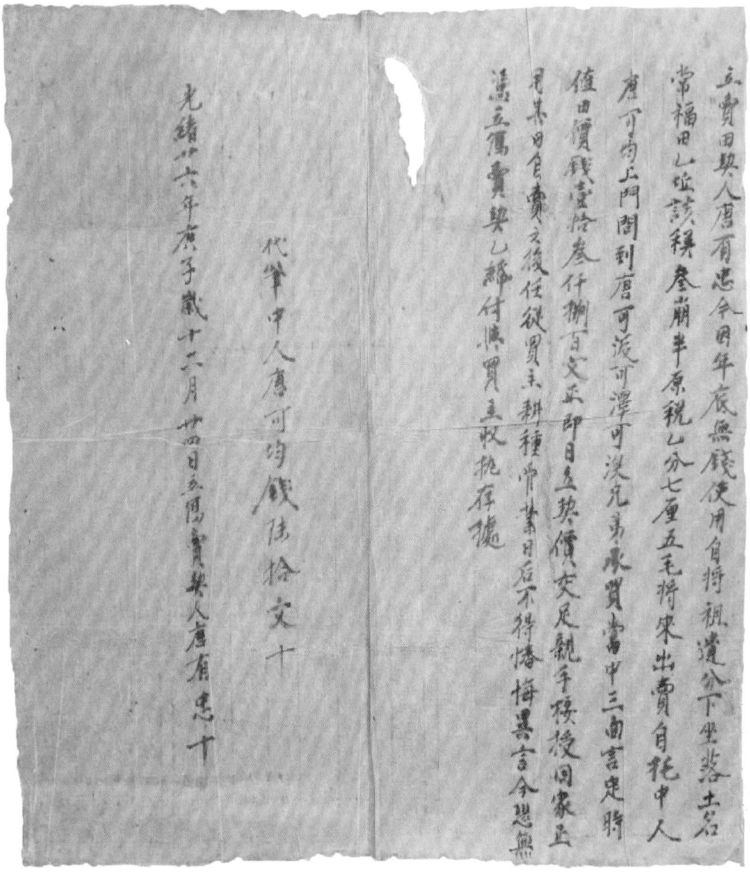

立卖田契人唐有忠今因年底无钱使用自将祖遗分下坐落土名常福田一丘该秧叁崩半原税一分七厘五毛将来出卖自托中人唐可均上门问到唐可泒可泽可深兄弟承买当中三面言定时值田价钱壹拾叁仟捌百文正即日立契价交足亲手接授（受）回家正用其田自卖之后任从买主耕种管业日后不得憣悔异言今恐无凭立写卖契一纸付与买主收执存据

代笔中人唐可均钱陆拾文【押】

光绪廿六年庚子岁十二月廿四日立写卖契人唐有忠【押】

光绪二十六年十二月二十九日奉宪富奉宪华卖田契

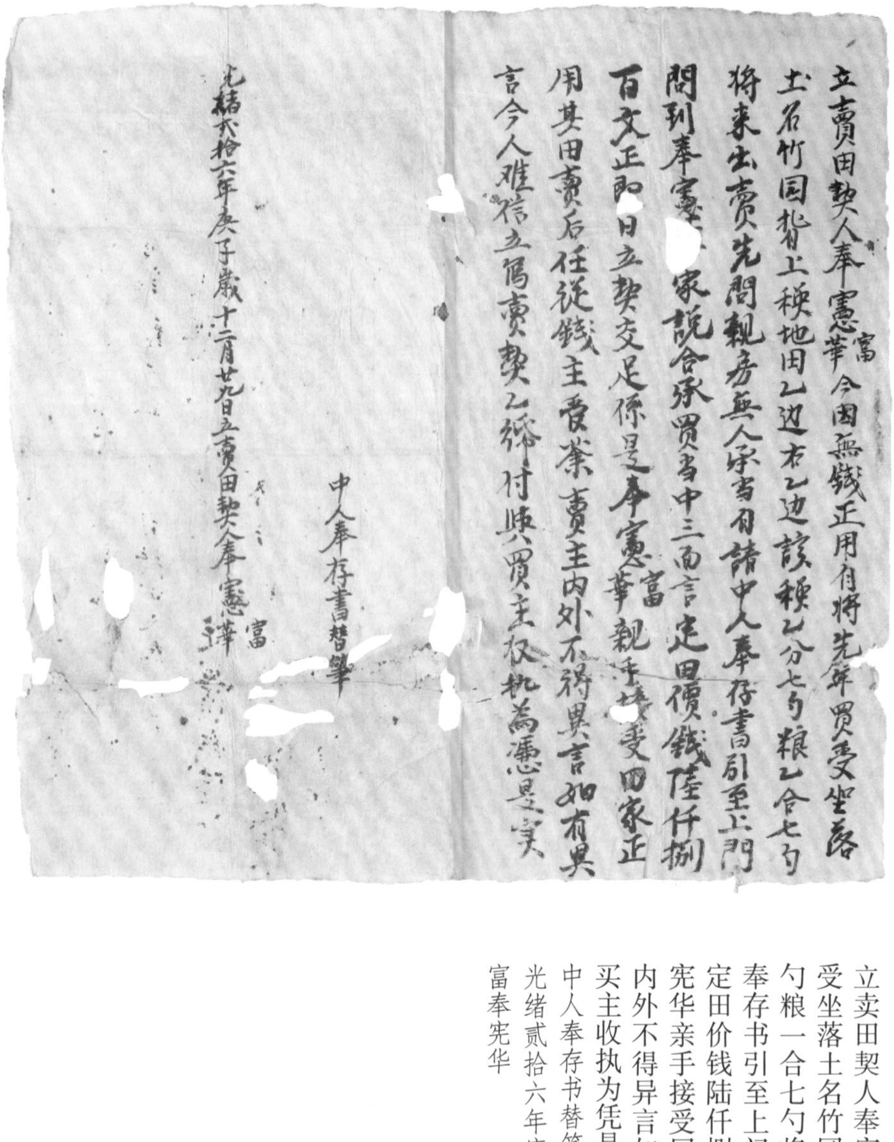

立卖田契人奉宪富奉宪华今因无钱正用自将先年买受坐落土名竹园背上秧地田一边右一边该秧一分七勺粮一合七勺将来出卖先问亲房无人承当自请中人奉存书引至上门问到奉宪□家说合承买当中三面言定田价钱陆仟捌百文正即日立契交足系是奉宪富奉宪华亲手接受回家正用其田卖后任从钱主管业卖主内外不得异言如有异言今人难信立写卖契一纸付与买主收执为凭是实

中人奉存书替笔

光绪贰拾六年庚子岁十二月廿九日立卖田契人奉宪富奉宪华

光绪二十七年十二月二十九日白世仁补田契

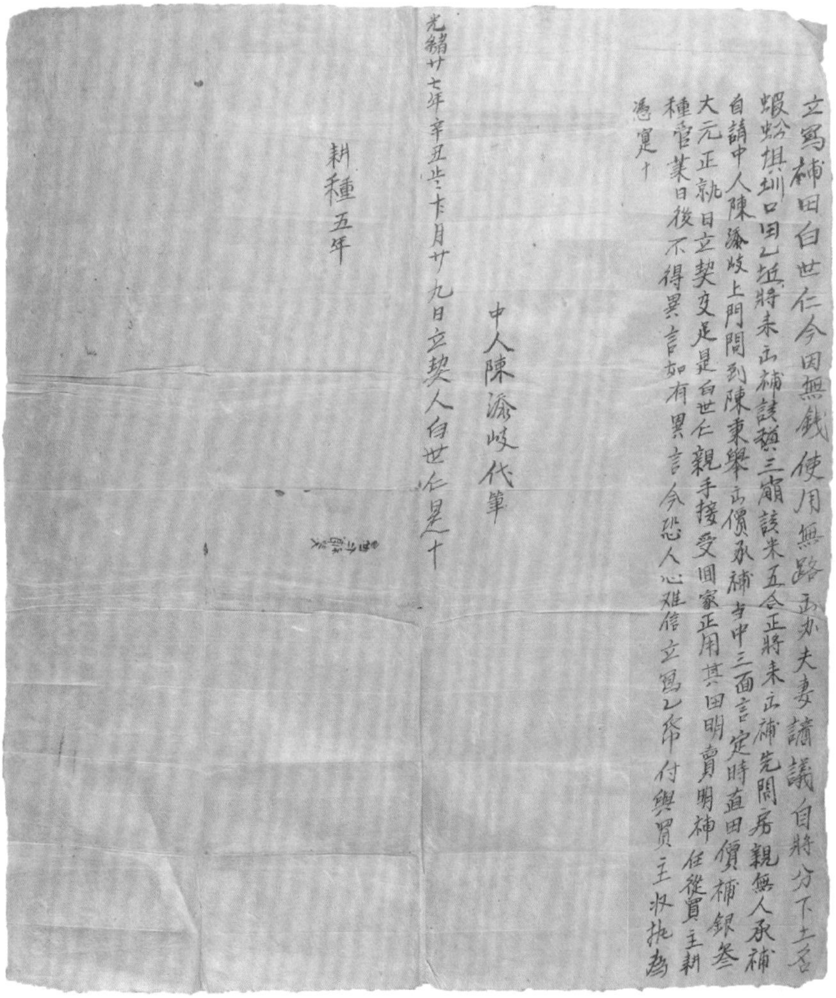

立写补田白世仁今因无钱使用无路出办夫妻謪（商）议自将分下土名虾蚣埧（垻）圳口田一丘将来出补该秧三崩该米五合正将来出补先问房亲无人承补自请中人陈添岐上门问到陈秉举出价承补当中三面言定时直田价补银叁大元正孰（就）日立契交足是白世仁亲手接受回家正用其田明卖明补任从买主耕种管业日后不得异言如有异言今恐人心难信立写一纸付与买主收执为凭实【押】

中人陈添岐代笔

光绪廿七年辛丑岁十二月廿九日立契人白世仁是【押】

耕种五年

光绪二十七年十一月初三日任书发补田契

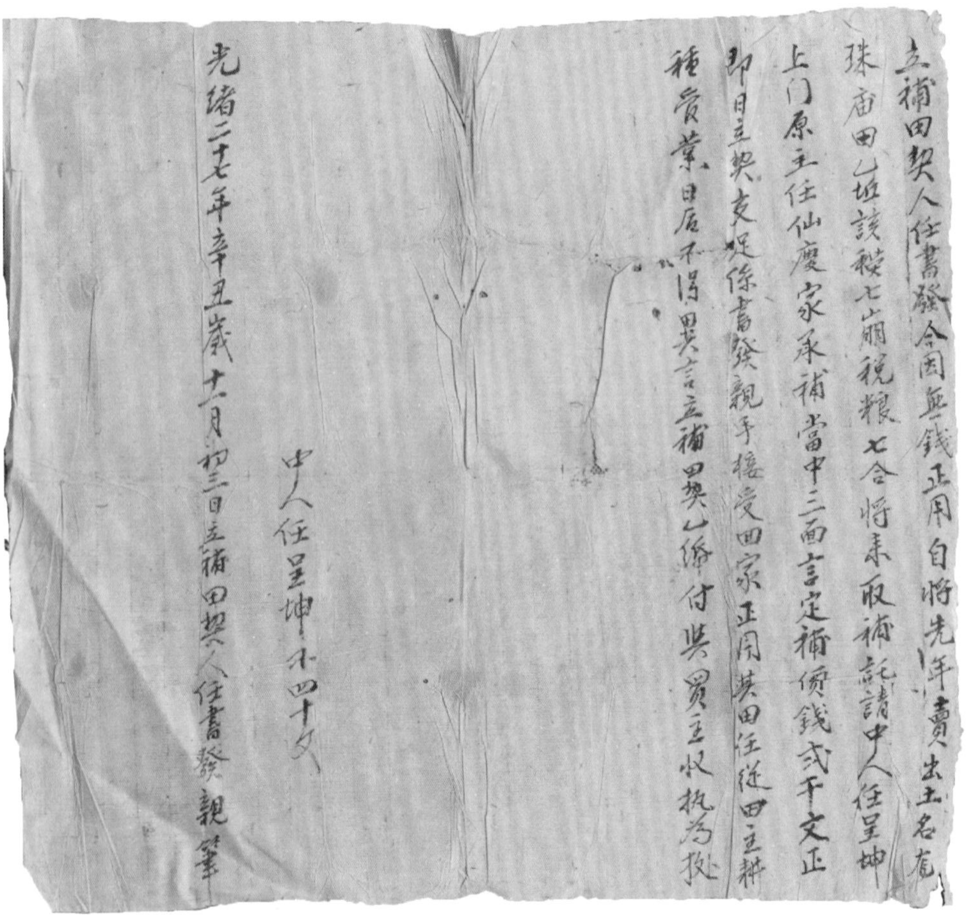

立补田契人任书发今因无钱正用自将先年卖出土名龙珠庙田一丘该秧七崩税粮七合将来取补托请中人任呈坤上门原主任仙庆家承补当中三面言定补价钱贰千文正即日立契交足系书发亲手接受回家正用其田任从田主耕种管业日后不得异言立补田契一纸付与买主收执为据

中人任呈坤钱四十文

光绪二十七年辛丑岁十一月初三日立补田契人任书发亲笔

光绪二十七年十二月二十二日任仙洪杜卖园契

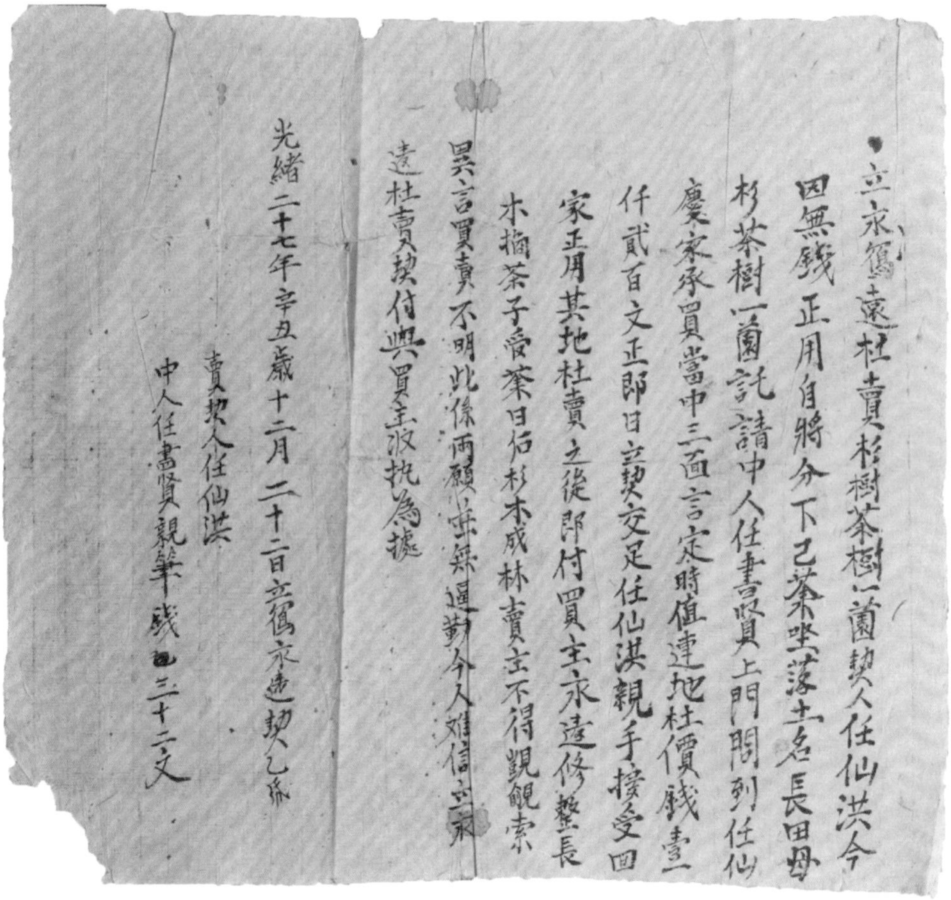

立写永远杜卖杉树茶树一园契人任仙洪今因无钱正用自将分下己业坐落土名长田母杉茶树一园托请中人任书贤上门问到任仙庆家承买当中三面言定时值连地杜价钱壹仟贰百文正即日立契交足任仙洪亲手接受回家正用其地杜卖之后即付买主永远修整长木摘茶子管业日后杉木成林卖主不得觊觎索异言买卖不明此系两愿并无逼勤（勒）今人难信立永远杜卖契付与买主收执为据

光绪二十七年辛丑岁十二月二十二日立写永远契一纸

卖契人任仙洪

中人任书贤亲笔钱三十二文

光绪二十七年十二月二十六日奉梓凡杜推断卖契

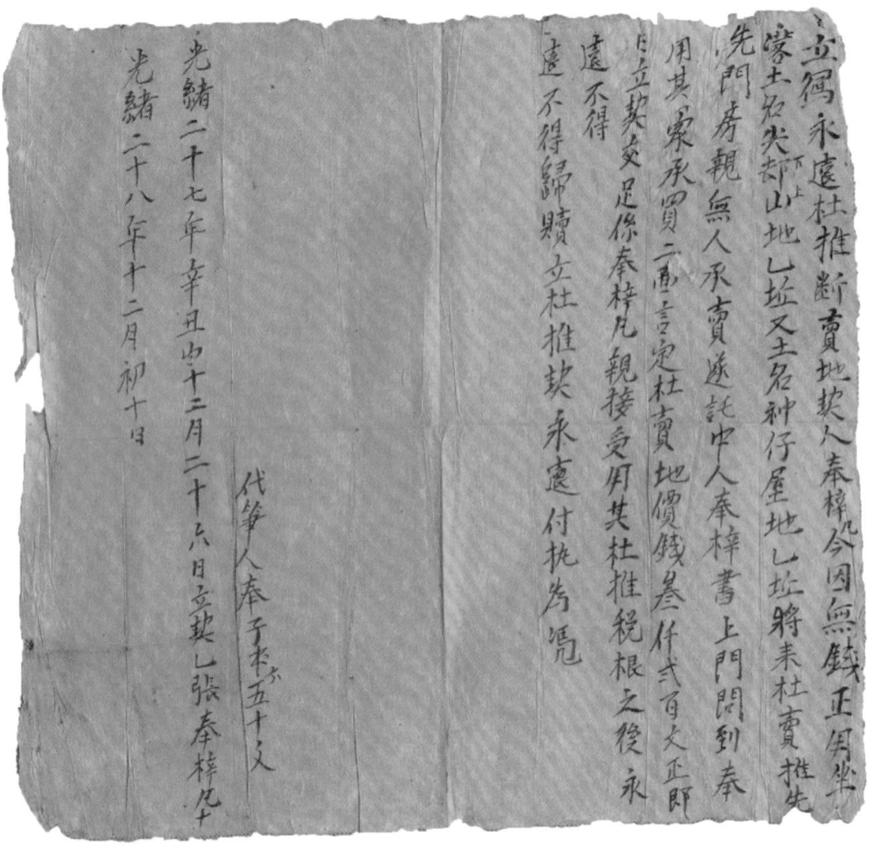

立写永远杜推断卖地契人奉梓凡今因无钱正用坐落土
名尖山却地一丘又土名神仔屋地一丘将来杜卖推先先
门房亲无人承卖遂托中人奉梓书上门问到奉用其家承
买二面言定杜卖地价钱叁仟贰百文正即日立契交足系
奉梓凡亲接受用其杜推税根之后永远不得［远不得］
归赎立杜推契永远付执为凭
代笔人奉子求钱五十文
光绪二十七年辛丑岁十二月二十六日立契一张奉梓
凡【押】
光绪二十八年十二月初十日

光绪二十八年二月十二日唐可深兄弟等分家合同

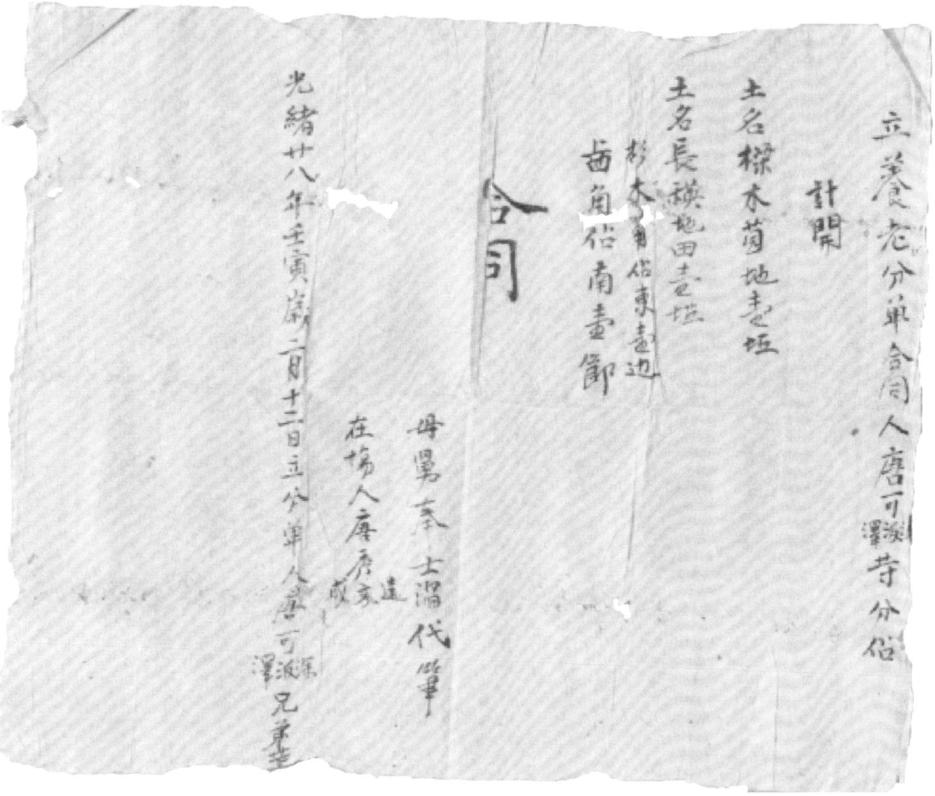

立养老分单合同人唐可深唐可汳唐可泽等分占

计开

土名櫟木园地壹丘

土名长秧地田壹丘

杉木角占东壹边

□角占南壹节

〈合同〉

母舅奉士渭代笔

在场人唐秀远唐秀文唐秀成

光绪廿八年壬寅岁二月十二日立分单人唐可深唐可汳唐可泽

兄弟等

光绪二十八年四月十三日断卖屋地契

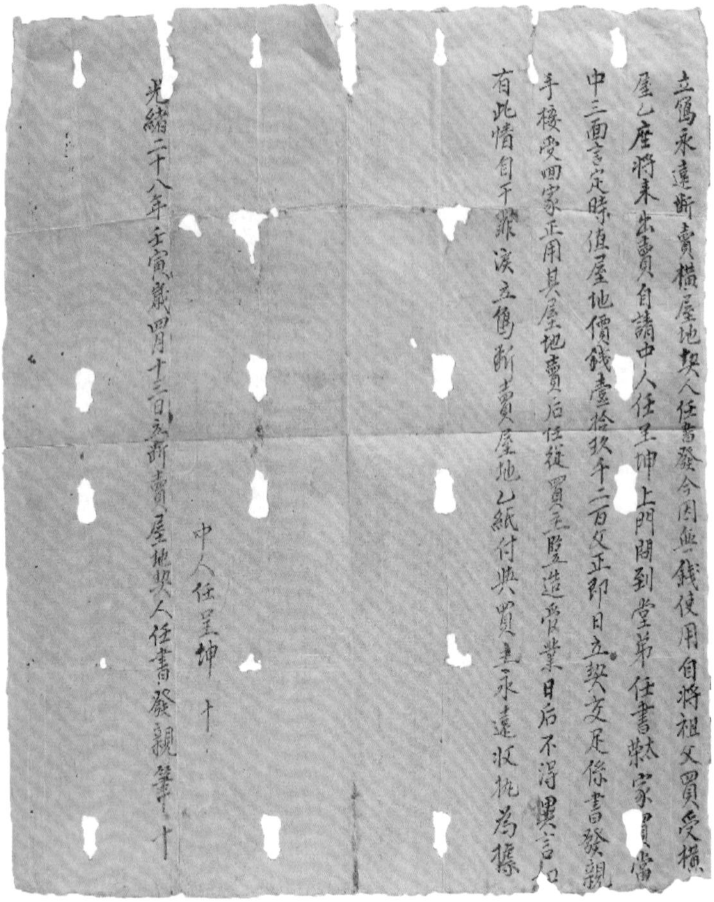

立写永远断卖横屋地契人任书发今因无钱使用自将祖父买受横屋一座将来出卖自请中人任呈坤上门问到堂弟任书太任书荣家买当中三面言定时值屋地价钱壹拾玖千二百文正即日立契交足系书发亲手接受回家正用其屋地卖后任从买主监造管业日后不得异言如有此情自干（甘）罪汨立写断卖屋地一纸付与买主永远收执为据

中人任呈坤【押】

光绪二十八年壬寅岁四月十三日立断卖屋地契人任书发亲笔【押】

光绪二十八年七月二十二日任志正仝二子分关合同

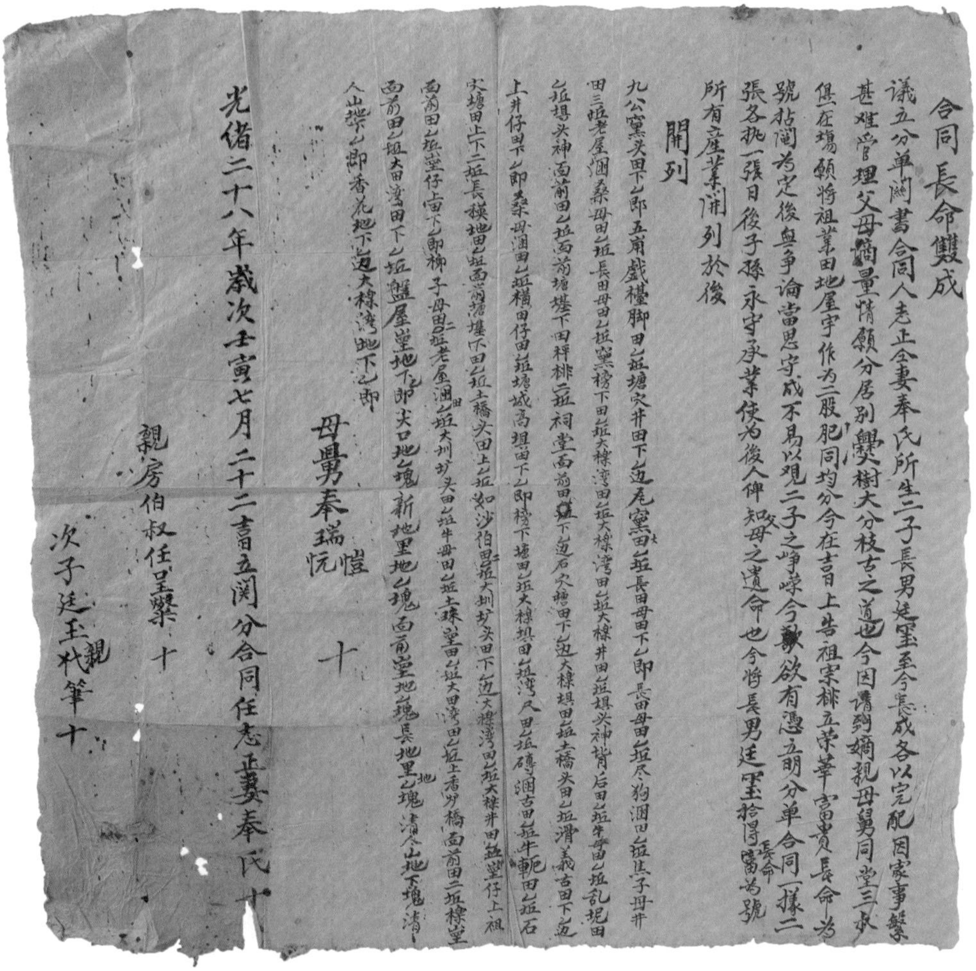
合同長命雙成

議立分单阄書合同人志正仝妻奉氏所生二子長男廷玺至今長成各以完配因家事繁甚难管理父母商量情願分居別爨樹大分枝古之道也今因請到嫡親母舅同堂三叔俱在場願將祖業田地屋宇作為二股肥瘠均分今在堂上告祖宗排立榮華富貴長命為號拈阄為定後無争論當思守成不易以覌二子之峥嵘今欲有憑立開分单合同一樣二張各執一張日後子孫永守承業使為後人俾知父母之遺命也今將長男廷玺拈得長命為號所有産業開列於後

開列

九公窯头田下乙即五甫戲檯脚田乙坵塘穴井田下乙坵尾窯田一坵長田母田下乙即長田母田乙坵尽狗涸田乙坵其子母井田三坵老屋涸桑母田乙坵長田母田乙坵窯榜下田乙坵大樑湾田乙坵大樑井田乙坵堪头神背后田乙坵牛母田乙坵乱坭田乙坵堪头神面前田乙坵面前塘堪下田秤排二坵祠堂面前田一坵下乙坵石穴塘田下乙坵大樑垻田乙坵土橋头田乙坵滑義古田下乙坵上井仔畀下乙即桑母涸田乙坵横田仔田一坵塘城高垻田下乙即榜下塘田乙坵大樑垻田乙坵湾尺田乙坵磚涸古田一坵牛軛田乙坵石穴塘田上下二坵長模地田乙坵面前塘堪下田乙坵土橋头田上乙坵如沙伯田二坵大圳圹头田下乙坵大樑湾田乙坵大樑井田一坵堂仔上祖面前田乙坵堂仔亩下乙即柳子母田二坵老屋涸田乙坵大圳圹头田乙坵牛母田乙坵土珠堂田乙坵大田湾田乙坵上香炉橋面前田二坵樑堂面前田乙坵大田湾田下乙坵盤屋堂地下乙即尖口地乙塊新地里地乙塊面前堂地乙塊長地里地乙塊清冬山地下塊清乙人山嶚乙即香花地下乙坵大樑湾地下乙即

母舅奉瑞愷悦 十

光緒二十八年歲次壬寅七月二十二書立阄分合同任志正妻奉氏 十

親房伯叔任呈槃 十

次子廷玉親代筆 十

合同长命双成

议立分单关书合同人志正仝妻奉氏所生二子长男廷玺至今长成各以完配因家事繁甚难管理父母謪（商）量情愿分居别爨树大分枝古之道也今因请到嫡亲母舅同堂三叔俱在场愿将祖业田地屋宇作为二股同肥均分今在吉日上告祖宗榷立荣华富贵长命为号拈阄为定后无争论当思守成不易以观二子之峥嵘今欲有凭立明分单合同一样二张各执一张日后子孙永守承业使为后人俾知父母之遗命也今将长男廷玺拾得长命为号所有产业开列于后

开列

九公窯头田下一即五崩戏檯脚田一丘塘穴井田下一边瓦窯大田一丘长田母田下一即长田母田一丘尽狗涵田一丘焦子母井田三丘老屋涵桑母田一丘长田母田一丘窯榜下田一丘大栎湾田一丘大口湾田一丘大栎井田一丘坝〔埧〕头神背后田一丘牛母田一丘乱坭田一丘坝〔埧〕头神面前田一丘面前塘基下田枰椑二丘祠堂面前田下一边石穴塘田下一边大栎坝〔埧〕田一丘土桥头田一丘滑义古田下一边上井仔田下一即桑母涵田一丘横田仔田一丘塘城高坝〔埧〕田下一即榜下塘田一丘大栎坝〔埧〕田一丘湾尺田一丘砖涵古田一丘牛轭田一丘石穴塘田上下二丘长秧地田一丘面前塘基下田一丘土桥头田上一丘如沙伯田二丘大圳圹头田下一边大栎湾田一丘大栎井田一丘岗仔上祖面前田一丘岗仔上田下一即柳子母田二丘老屋涵田一丘大圳圹头田一丘牛母田一丘土珠岗田一丘大田湾田一丘上香炉桥面前田二丘栎堂〔岗〕面前田一丘大田湾田下一丘盘屋岗地下一即尖口地一块新地里地一块面前堂〔岗〕地一块长地里地一块清人山地下块清人山地下一即香花地下一边大栎湾地下一即

母舅奉瑞愷奉瑞忼【押】

光绪二十八年岁次壬寅七月二十二吉日立关分合同任志正妻奉氏【押】

亲房伯叔任呈粲【押】

次子廷玉亲代笔【押】

光绪二十九年五月初七日白世仁卖田契

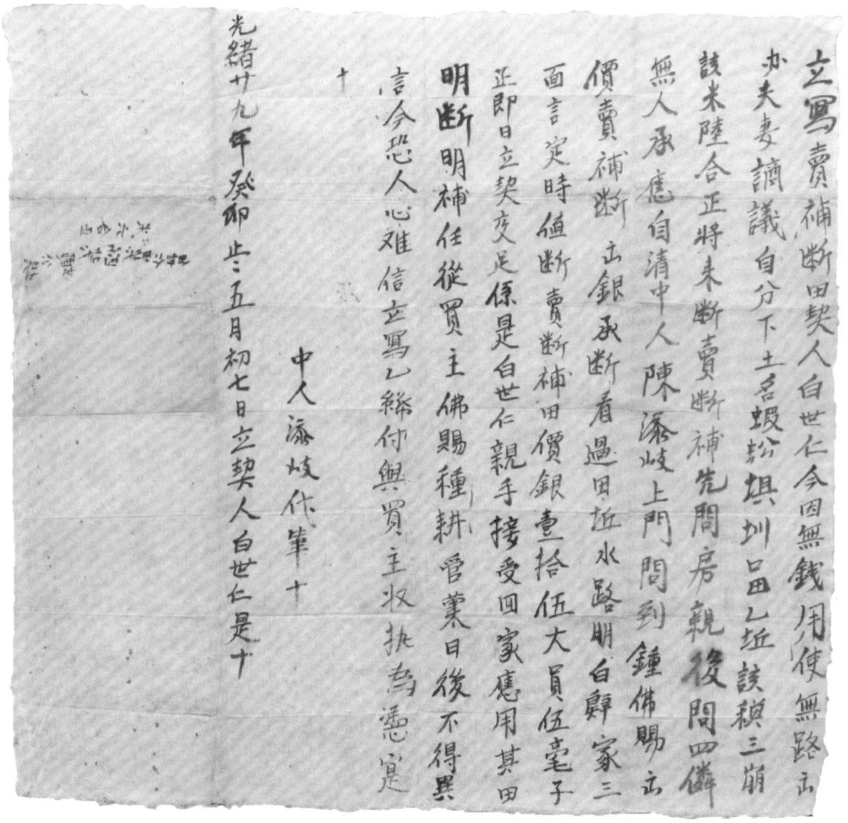

立写卖补断田契人白世仁今因无钱用使无路出办夫妻謪（商）议自分下土名虾蚣埧（埧）圳口田一丘该秧三崩该米陆合正将来断卖断补先问房亲后问四僯（邻）无人承应自请中人陈添岐上门问到钟佛赐出价卖补断出银承断看过田坵水路明白归家三面言定时值断卖断补田价银壹拾伍大员伍毫子正即日立契交足系是白世仁亲手接受回家应用其田明断明补任从买主佛赐耕种管业日后不得异言今恐人心难信立写一纸付与买主收执为凭实【押】

中人添岐代笔【押】

光绪廿九年癸卯岁五月初七日立契人白世仁是【押】

光绪二十九年五月二十日奉求富兄弟断卖田契

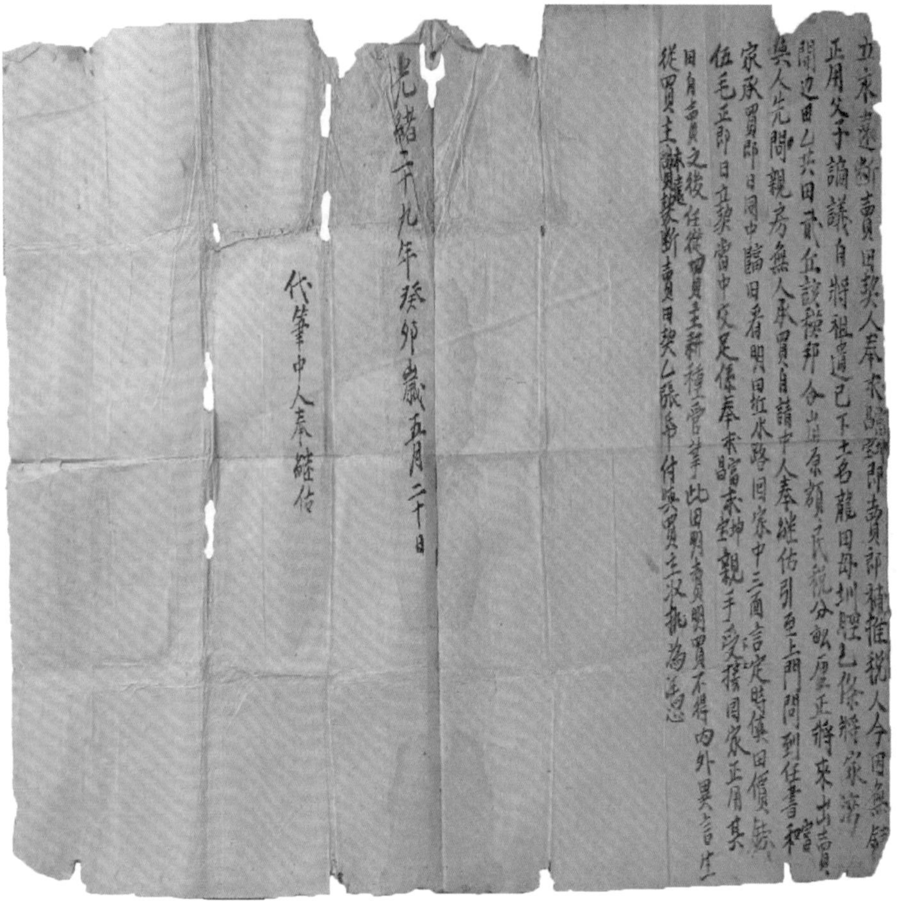

立永远断卖田契人奉求富奉求昌奉求坤奉求宝即卖郎（即）补推税人今因无钱正用父子謪（商）议自将祖遗已（己）下土名龙田母圳胫一条将家湾开边田一共田贰丘该秧邦合棚原额民税分亩厘正将来出卖与人先问亲房无人承买自请中人奉继佑引至上门问到任书富任书和家承买即日同中临田看明田坵水路回家中三面言定时慎（值）田价钱伍毛正即日立契当中交足系奉求富奉求昌奉求坤奉求宝亲手接受回家正用其田自卖之后任从买主耕种管业此田明卖明买不得内外异言生从买主永远断卖田契一张纸付与买主收执为凭

光绪二十九年癸卯岁五月二十日

代笔中人奉继佑

光绪二十九年九月二十八日任福恩等卖田契

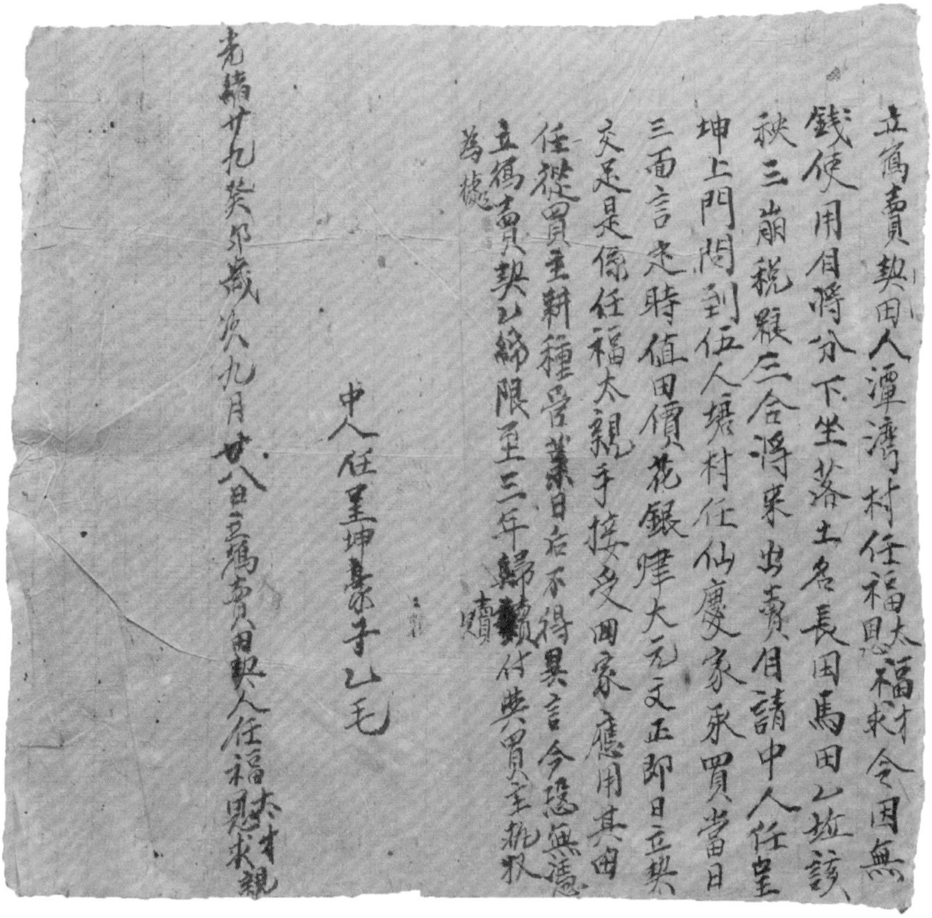

立写卖田契人潭湾村任福太任福恩任福才任福求令（今）因无钱使用自将分下坐落土名长田马田一丘该秧三崩税粮三合将来出卖自请中人任呈坤上门问到伍人塘村任仙庆家承买当日三面言定时值田价化银肆大元文正即日立契交足是系任福太亲手接受回家应用其田任从买主耕种管业日后不得异言今恐九凭立写卖契一纸限至三年归赎付与买主执收为据

中人任呈坤豪子一毛

光绪廿九癸卯岁次九月廿八日立写卖田契人任福太任福恩任福才任福求亲

光绪二十九年十二月二十二日任祖求杜推税根田契

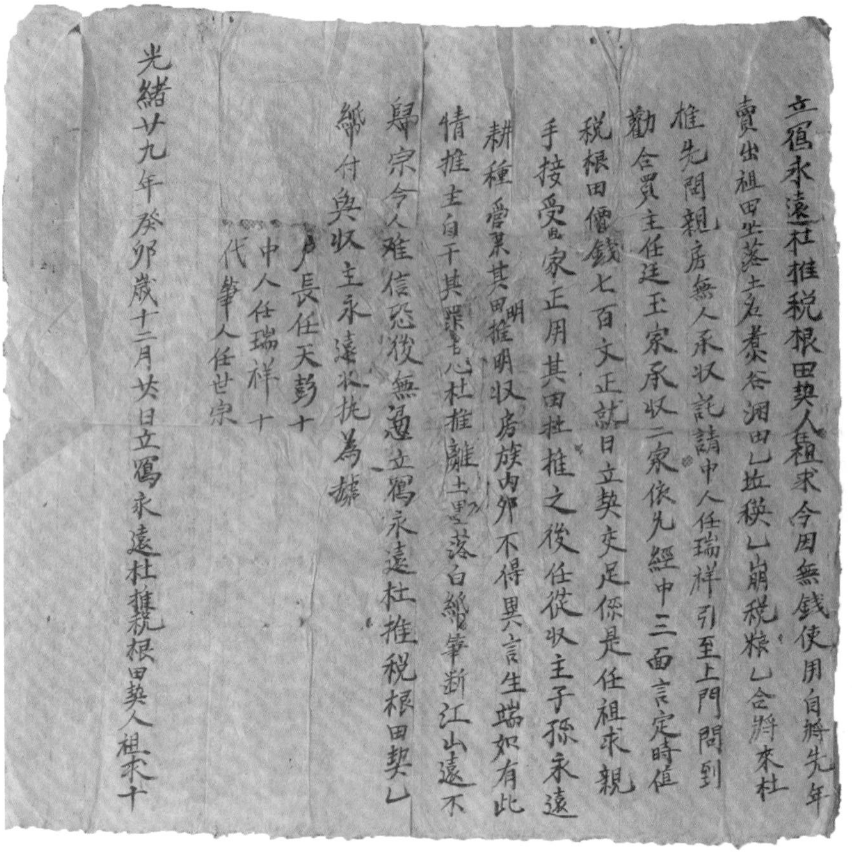

立写永远杜推税根田契人任祖求今因无钱使用自将先年卖出祖田坐落土名赍谷洇田一丘秧一崩税粮一合将来杜推先问亲房无人承收托请中人任瑞祥引至上门问到劝合买主任廷玉家承收二家依允经中三面言定时值税根田价钱七百文正就日立契交足系是任祖求亲手接受回家正用其田杜推之后任从收主子孙永远耕种管业其田明推明收房族内外不得异言生端如有此情推主自干其罪甘心杜推离土墨落白纸笔断江山远不归宗今人难信恐后无凭立写永远杜推税根田契一纸付与收主永远收执为据

户长任天彭【押】

中人任瑞祥【押】

代笔任世宗

光绪廿九年癸卯岁十二月廿二日立写永远杜推税根田契人祖求【押】

光绪二十九年十二月二十三日任书发断卖杜推税根田契

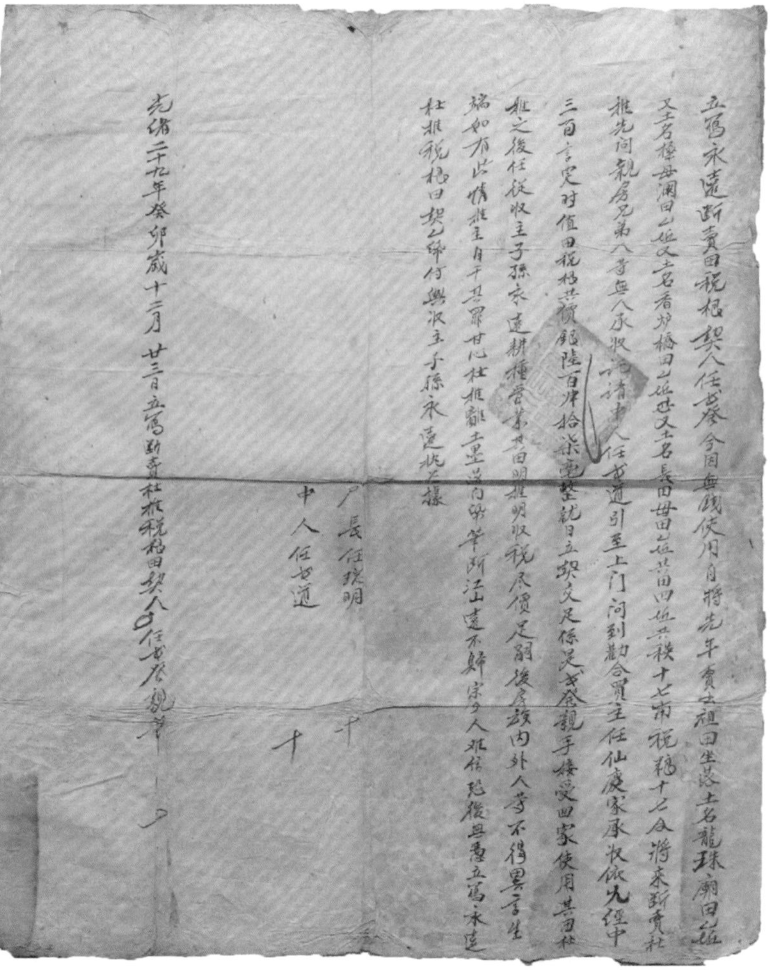

立写永远断卖田税根契人任书发今因无钱使用自将先年卖出祖田坐落土名龙珠庙田一丘又土名榛母洞田一丘又土名香炉桥田一丘又土名长田母田一丘共田四丘共秧十七肻（棚）税粮十七合将来断卖杜推先问亲房兄弟人等无人承收托请中人任书道引至上门问到劝合买主任仙庆家承收依允经中三面言定时值田税根共价银陆百肆拾柒毫整就日立契交足系是书发亲手接受回家使用其田杜推之后任从收主子孙永远耕种管业其田明推明收税尽价足嗣后房族内外人等不得异言生端如有此情推主自干（甘）其罪甘心杜推离土墨落白纸笔断江山远不归宗今人难信恐后无凭立写永远杜推税根田契一纸付与收主子孙永远执为据

户长任瑞明【押】

中人任书道【押】

光绪二十九年癸卯岁十二月廿三日立写断卖杜推税根田契人任书发亲笔【押】

光绪三十年二月二十日任书发杜推税根断卖田契

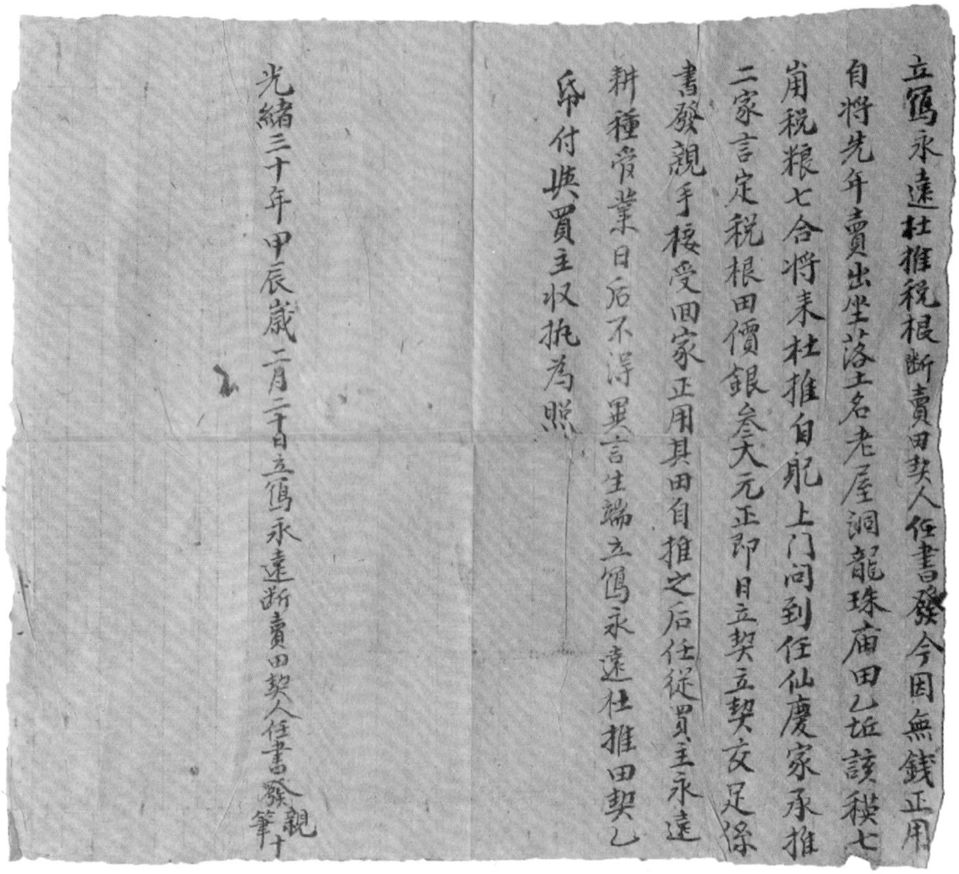

立写永远杜推税根断卖田契人任书发今因无钱正用自将先年卖出坐落土名老屋洞龙珠庙田一丘该秧七崩〔棚〕税粮七合将来杜推自己上门问到任仙庆家承推二家言定税根田价银叁大元正即日立契〔立契〕交足系书发亲手接受回家正用其田自推之后任从买主永远耕种管业日后不得异言生端立写永远杜推田契一纸付与买主收执为照

光绪三十年甲辰岁二月二十日立写永远断卖田契人任书发亲笔【押】

光绪三十年七月初二日唐克用卖田契

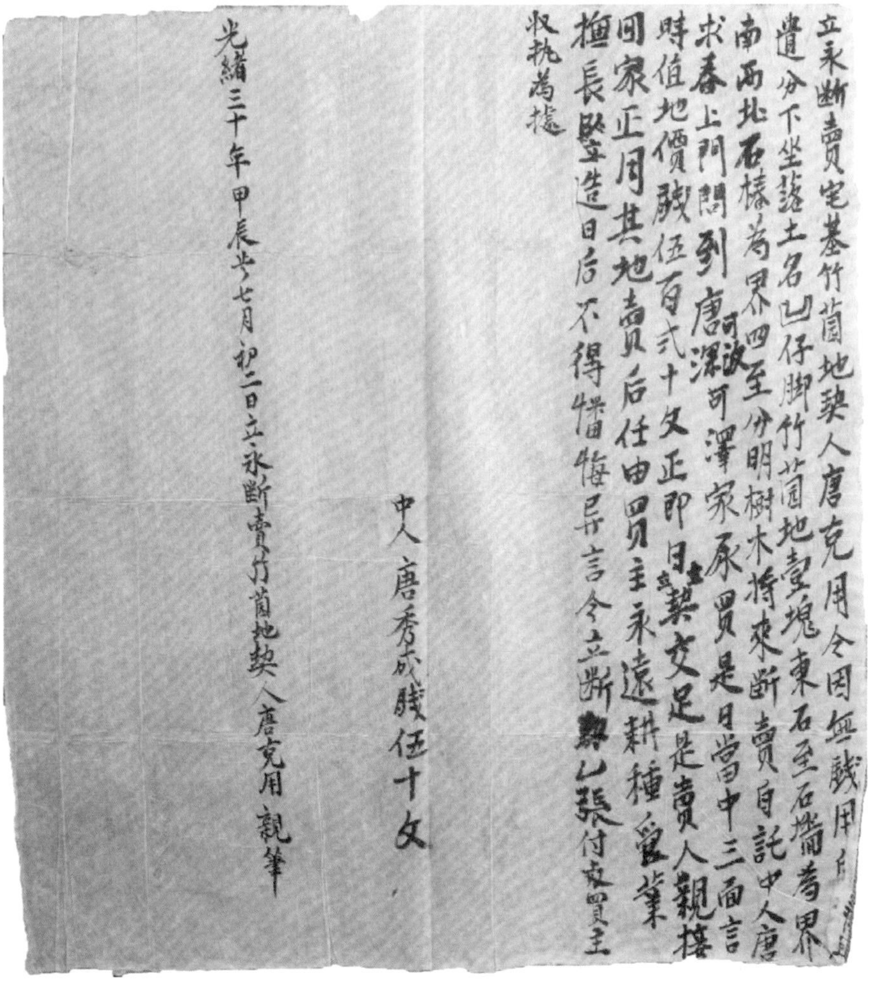

立永断卖宅基竹园地契人唐克用令（今）因无钱用（自将祖）遗分下坐落土名凹仔脚竹园地壹块东石至石墙为界南西北石椿（桩）为界四至分明树木将来断卖自托中人唐求春上门问到唐可汳唐可深唐可泽家承买是日当中三面言（定）时值地价钱伍百贰十文正即日立契交足是卖人亲接回家正用其地卖后任由买主永远耕种管业抚长监造日后不得憣悔异言今立断契一张付与买主收执为据

中人唐秀成钱伍十文

光绪三十年甲辰岁七月初二日立永断卖竹园地契人唐克用亲笔

光绪三十年十月初三日唐有忠补田契

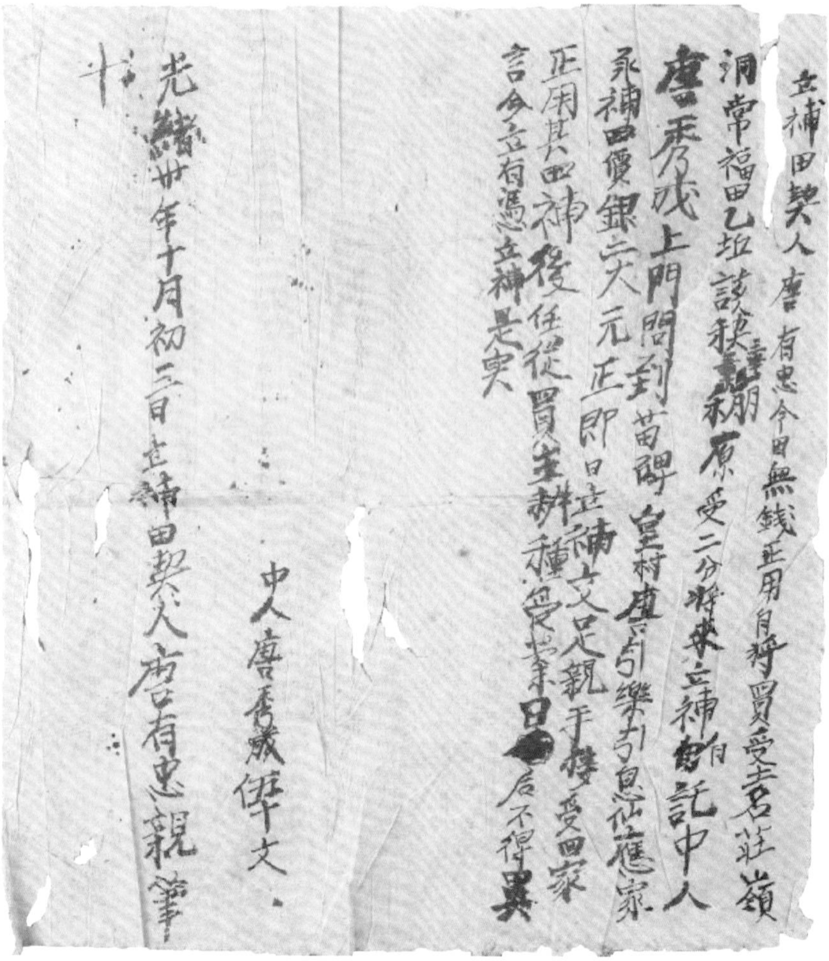

立补田契人唐有忠今因无钱正用自将买受土名庄岭洞常福田一丘该秧三糊（棚）原受二分将来立补自托中人唐秀成上门问到苗碑凷村唐引乐引息仙应家承补田价银二大元正即日立补交足亲手棪（接）受回家正用其田补后任从买主耕种管业日后不得异言今立有凭立补是实

中人唐秀成伍十文

光绪卅年十月初三日立补田契人唐有忠亲笔【押】

光绪三十年十一月二十二日奉志清等卖田契

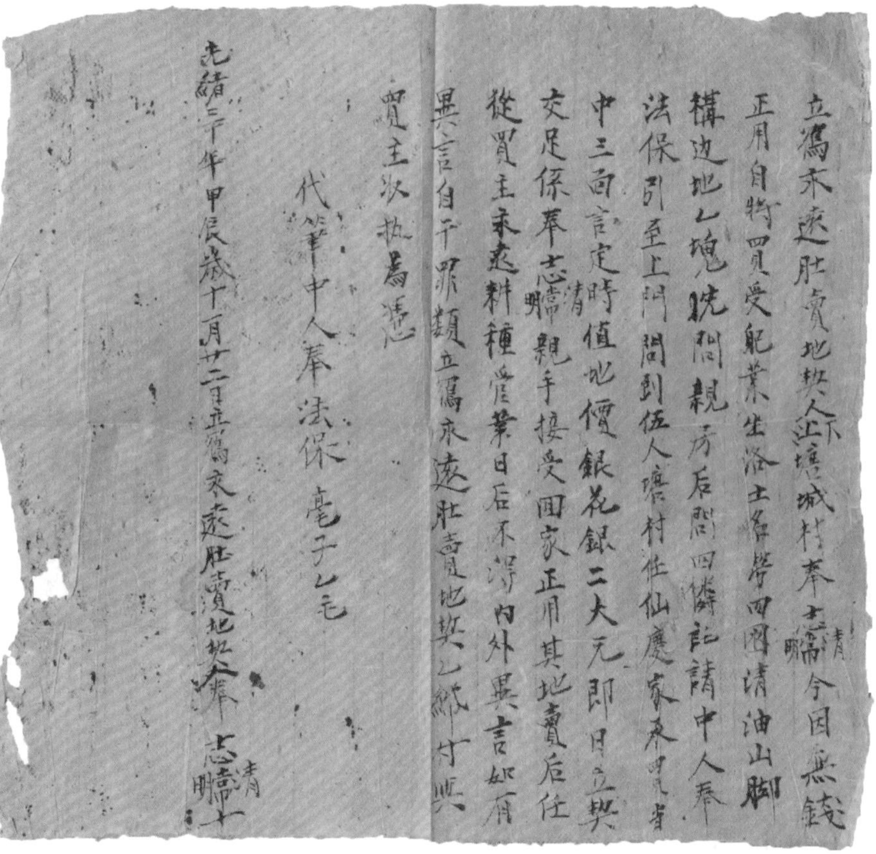

立写永远肚（杜）卖地契人上下塘城村奉志清奉志常奉志明今因无钱正用自将买受已业坐洛（落）土名管四困清油山脚构边地一块先 问亲房后问四僯（邻）托请中人奉法保引至上门问到伍人塘村任仙庆家承买当中三面言定时值地价银花银二大元即日立契交足系奉志清奉志常奉志明亲手接受回家正用其地卖后任从买主永远耕种管业日后不得内外异言如有异言自干（甘）罪类（泪）立写永远肚（杜）卖地契一纸付与买主收执为凭

代笔中人奉法保毫子一毛

光绪三十年甲辰岁十一月廿二日立写永远肚（杜）卖地契人奉志清奉志常奉志明【押】

光绪三十年十二月十四日单尧阶卖山场茶桡地契

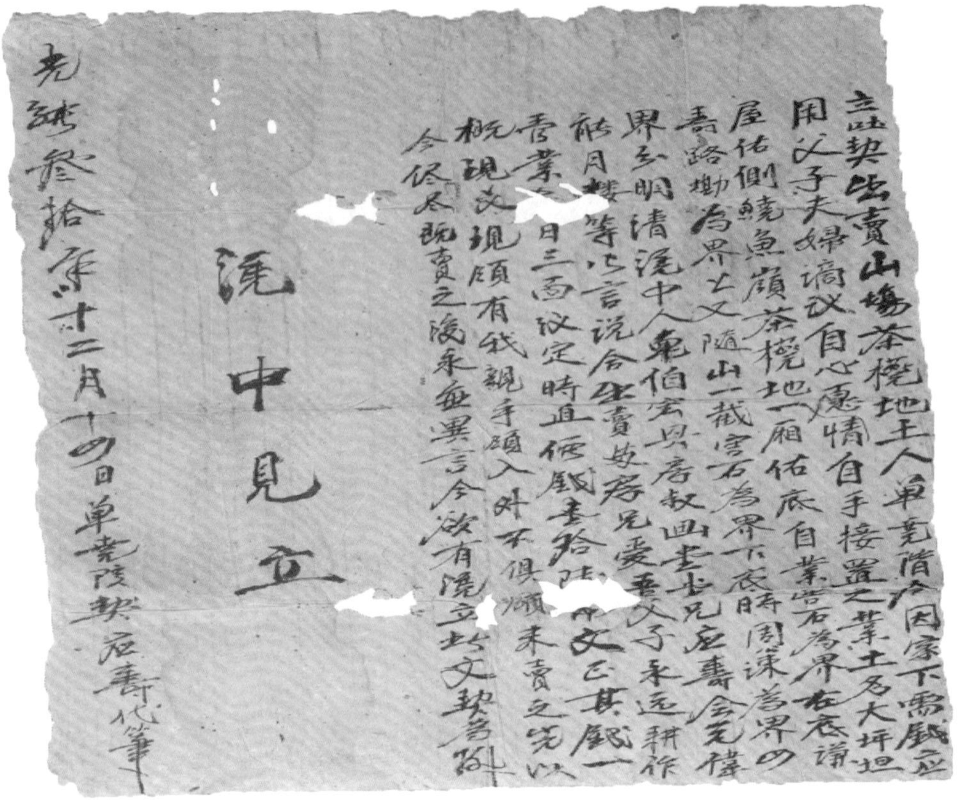

立吐契出卖山场茶桡地土人单尧阶今因家下需钱应用父子夫妇谪（商）议自心情愿自手接置之业土名大坪坦屋佑（右）侧鐃鱼岭茶桡地一厢佑（右）底自业窖石为界左底谦寿路勘为界□又随山一截窖石为界下底时周谏石为界四界分明请凭中人车伯宏兴房叔阵堂堂兄应寿会元伟能月楼等以言说合出卖与房兄受吾父子永远耕作管业□日三面议定时直价钱壹拾陆□文正其钱一概现文现领有我亲手领入外不俱领未卖之先以今尽尽既卖之后永无异言今欲有凭立此文契为据

凭中见立

光绪叁拾年十二月十四日单尧阶契应寿代笔

光绪三十年十二月二十二日任仙正等卖田契

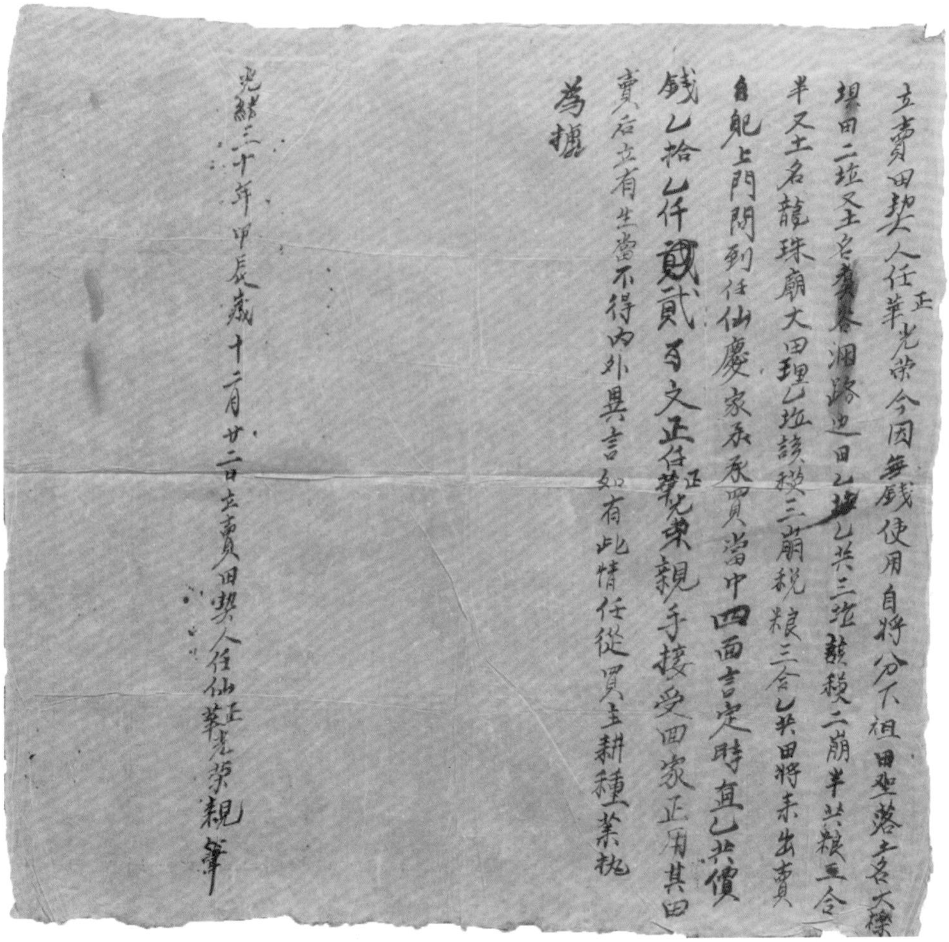

立卖田契人任〈仙〉正任〈仙〉华任光荣今因无钱使用自将分下祖田坐落土名大栎垻田二丘又土名者尖賁〔贲〕谷涸路边田一丘一共三丘该秧二崩半共粮三合半又土名龙珠庙大田理一丘该秧三崩税粮三合一共田将来出卖自己上门问到任仙庆家承〔承〕买当中四面言定时直一共价钱一拾一仟贰百文正任〈仙〉正任〈仙〉华任光荣亲手接受回家正用其田卖后立有生当不得内外异言如有此情任从买主耕种业执为据

光绪三十年甲辰岁十二月廿二日立卖田契人任仙正任仙华任光荣亲笔

光绪三十一年一月十四日任福恩等推拨税根契

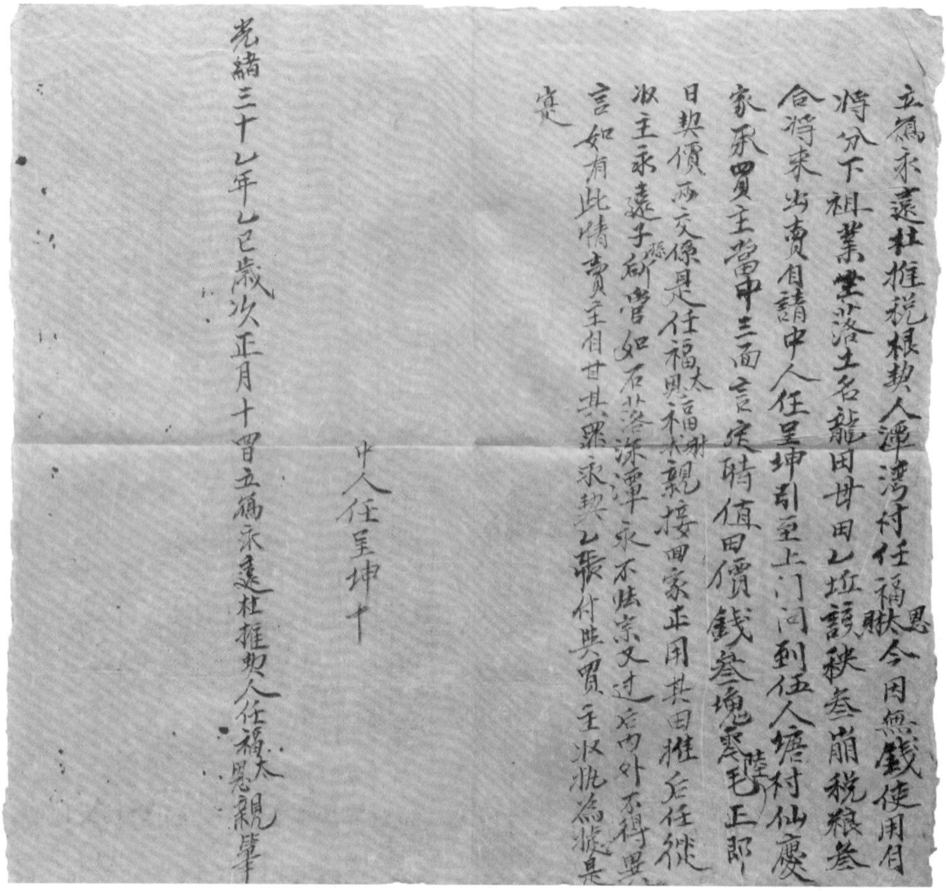

立写永远杜推税根契人潭湾村任福恩任福太任福财今
因无钱使用自将分下祖业坐落土名龙田母田一丘该秧
叁崩税粮叁合将来出卖自请中人任呈坤引至上门问到
伍人塘村仙庆家承买主当中三面言定时值田价钱叁块
零陆毛正即日契价两交系是任福太任福恩任福财任福
求亲接回家正用其田推后任从收主永远子孙所管如石
落深潭永不归宗又过后内外不得异言如有此情卖主自
甘其罪永契一张付与买主收执为据是实

中人任呈坤【押】

光绪三十一年乙巳岁次正月十四日立写永远杜推契人
任福太任福恩亲笔

光绪三十一年十二月初十日任世祥盛洪补田契

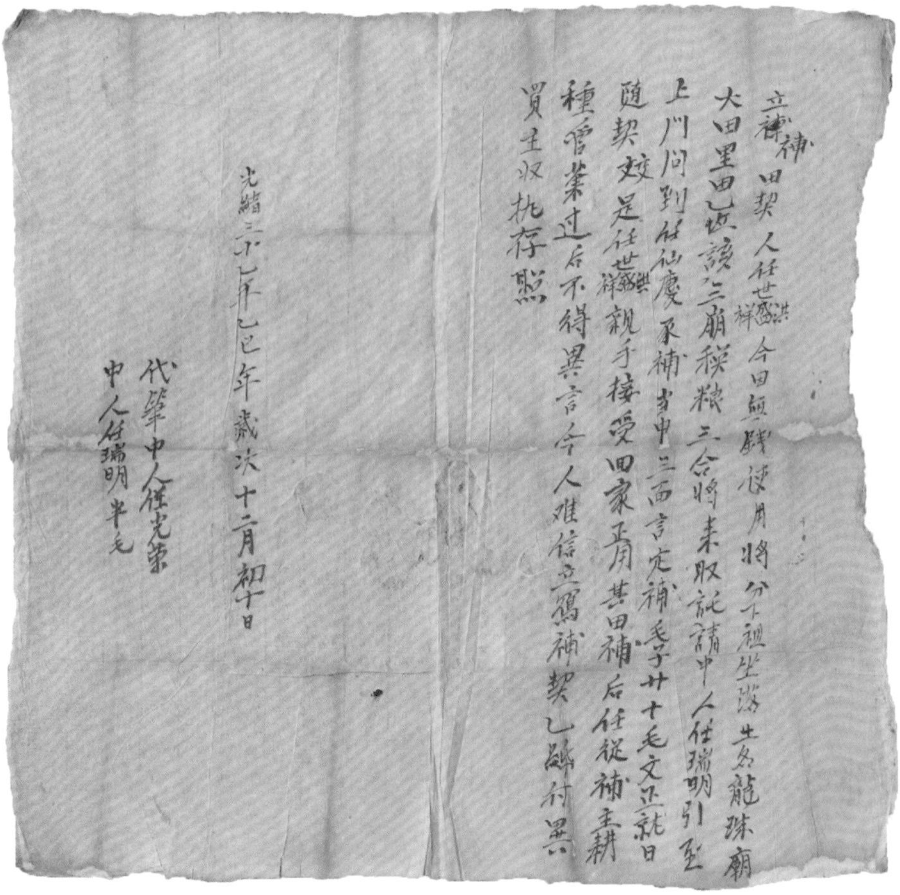

立补田契人任世洪任世盛任世祥今因无钱使用将分下祖坐落土名龙珠庙大田里田一丘该〈秧〉二崩〔棚〕秧（税）粮三合将来取托请中人任瑞明引至上门问到任仙庆承补当中三面言定补毛子廿十毛文正就日随契交足任世洪任世盛任世祥亲手接受回家正用其田补后任从补主耕种管业过后不得异言今人难信立写补契一纸付异（与）买主收执存照

光绪三十一年乙巳年岁次十二月初十日

代笔中人任光荣

中人任瑞明半毛

光绪三十一年十二月十三日孔成天兄弟卖田契

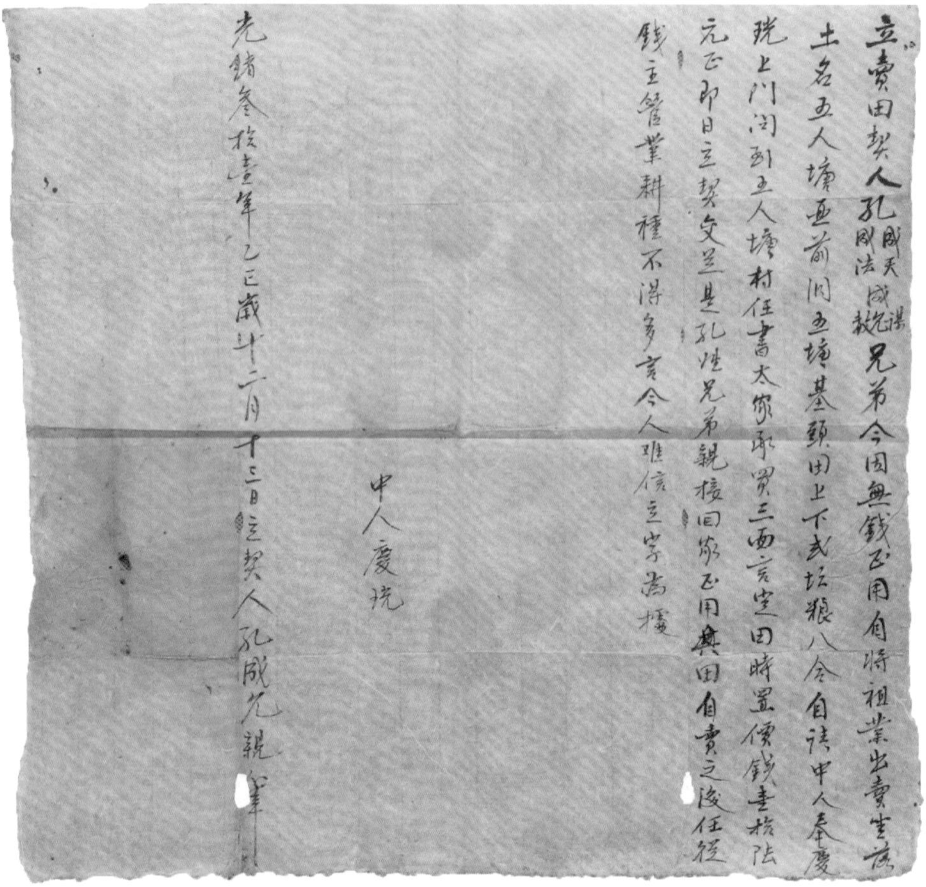

立卖田契人孔成天孔成法孔成谋孔成允孔成敖兄弟今因无钱正用自将祖业出卖坐落土名五人塘面前洞五塘基头田上下贰丘粮八合自请中人奉庆珧上门问到五人塘村任书太家承买三面言定田时置（值）价钱壹拾陆元正即日立契交足是孔姓兄弟亲接回家正用其田自卖之后任从钱主管业耕种不得多言今人难信立字为据

中人庆珧

光绪叁拾壹年乙已（巳）岁十二月十三日立契人

孔成允亲笔

光绪三十一年十二月二十三日任福财兄弟断卖田契

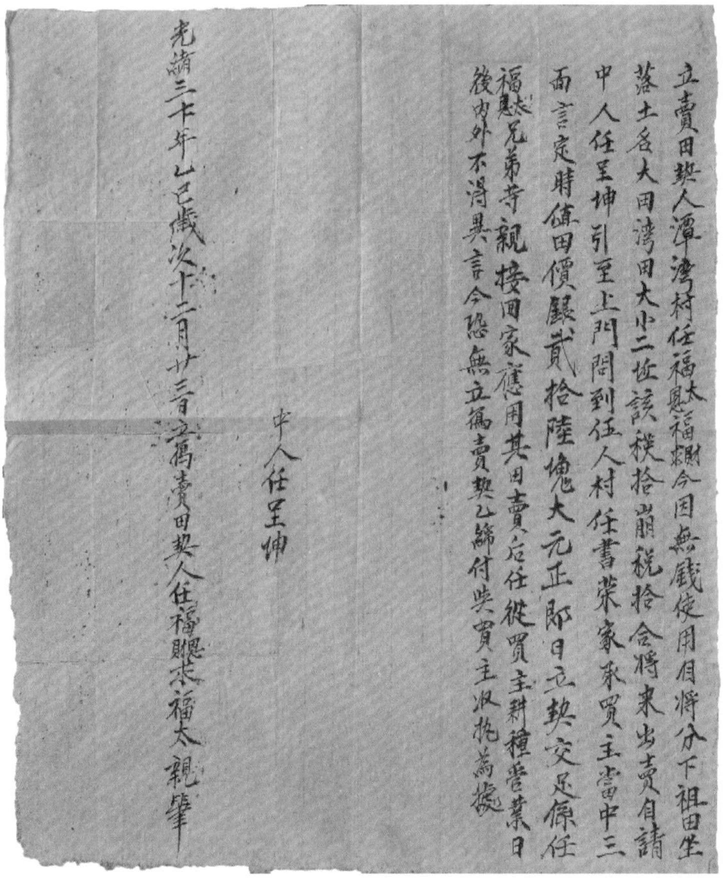

立卖田契人潭湾村任福太任福恩任福财任福求今因无钱使用自将分下祖田坐落土名大田湾田大小二丘该秧拾崩税拾合将来出卖自请中人任呈坤引至上门问到仕人村任书荣家承买主当中三面言定时值田价银贰拾陆块大元正即日立契交足系任福太任福恩兄弟等亲接回家应用其田卖后任从买主耕种管业日后内外不得异言今恐无立写卖契一纸付与买主收执为据

中人任呈坤

光绪三十一年乙已（巳）岁次十二月廿三日立写卖田契人任福恩任福财任福求任福太亲笔

光绪三十一年十二月二十八日彩焕堂卖山地契

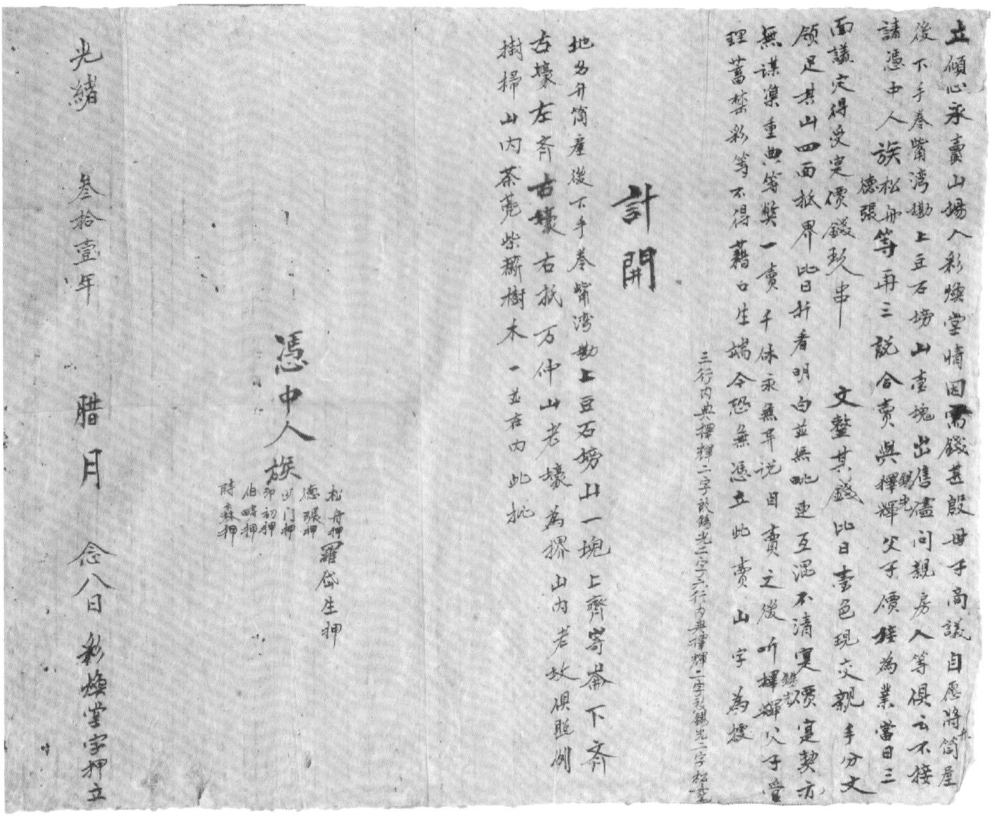

立倾心永卖山场人彩焕堂情因需钱甚殷母子商议自愿将升筒屋后下手卷嶅湾墈上豆石塝山壹块出售尽问亲房人等俱云不接请凭中人族松舟德张等再三说合卖与锡光释辉父子价接为业当日三面议定得受实价钱玖串　文整其钱比日壹色现交亲手分文领足其山四面抵界比日扦看明白并无毗连互混不清实价实契亦无谋准重典等弊一卖千休永无异说自卖之后听锡光释辉父子管理蓄禁彩等不得藉口生端今恐无凭立此卖山字为据

三行内典择辉二字改锡光二字六行内典择辉二字改锡光二字松笔

计开

地名升筒屋后下手卷嶅湾勘上豆石塝山一块上齐峇仑下齐古壕左齐古壕右抵万仲山老壕为界山内老坟俱照例树扫山内茶蔸柴薪树木一并在内此批

凭中人族松舟押罗岱生押德张押少门押印初押伯畴押时森押

光绪叁拾壹年腊月念（廿）八日　采焕堂字押立

光绪三十一年十二月任世盛任世洪补田契

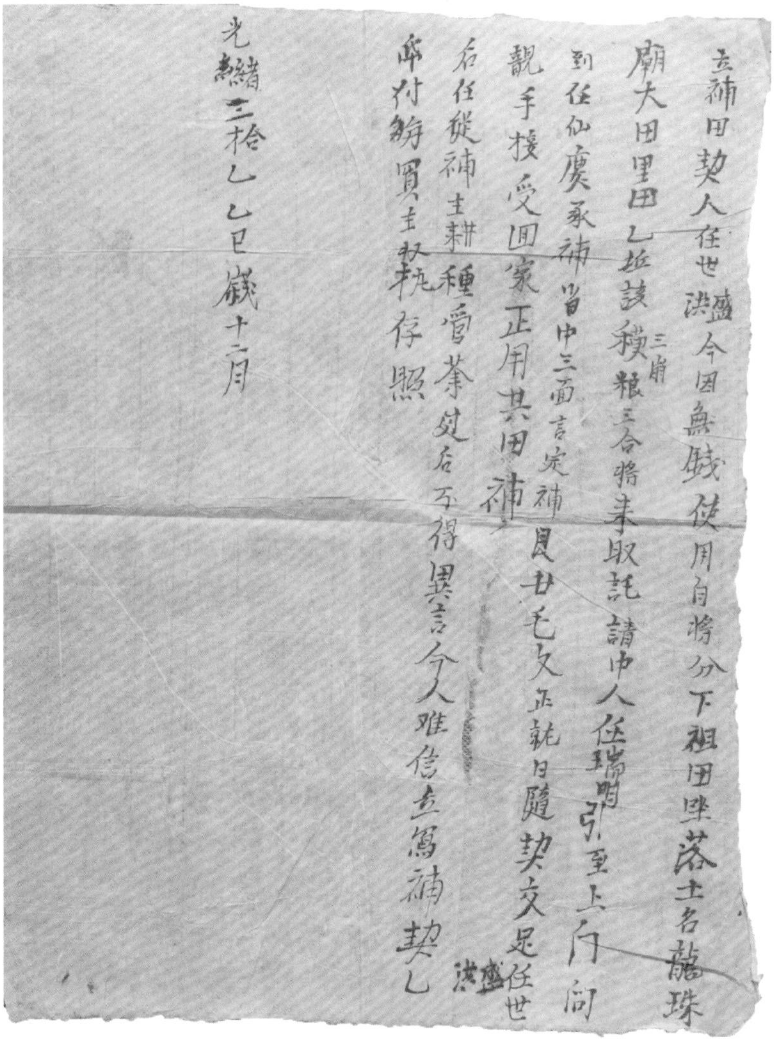

立补田契人任世盛任世洪今因无钱使用自将分下祖田坐落土名龙珠庙大田里田一丘该秧三崩（棚）粮三合将来取托请中人任瑞明引至上门问到任仙庆承补当中三面言定补银廿毛文正就日随契交足任世盛任世洪亲手接受回家正用其田补后任从补主耕种管业过后不得异言今人难信立写补契一纸付与买主收执存照

光绪三拾一乙巳岁十二月

光绪三十二年一月十八日唐克纯等分关合同

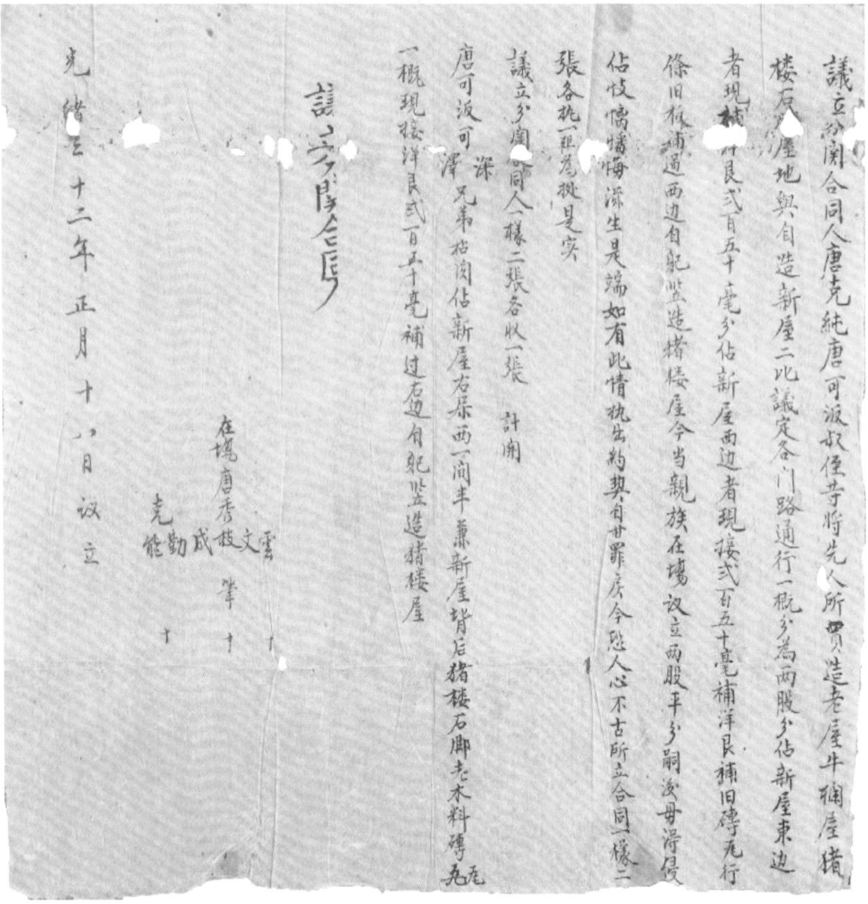

议立分关合同人唐克纯唐可汳叔侄等将先人所买
造老屋牛栏屋猪楼石□屋地与自造新屋二比议定
各门路通行一概分为两股分占新屋东边者现补□
银贰百五十毫分占新屋西边者现接贰百五十毫补
洋银补旧砖瓦行条旧板补过西边自己监造猪楼屋
今当亲族在场议立两股平分嗣后毋得侵占忮[忄离]憣
悔滋生是端如有此情执出约契自甘罪戾今恐人心
不古所立合同一样二张各执一张为据是实
议立分关合同人一样二张各收一张 计开
唐可汳可深可泽兄弟拈阄占新屋右屎西一间半兼
新屋背后猪楼石脚老木料砖瓦一概现接洋银贰
百五十毫补过右边自己监造猪楼屋
〈议立分关合同□〉
在场唐秀云【押】唐秀文唐秀枝【押】唐秀成唐
克勤唐克能【押】笔
光绪三十二年正月十八日议立

光绪三十二年三月初六日任书彩推税根田契

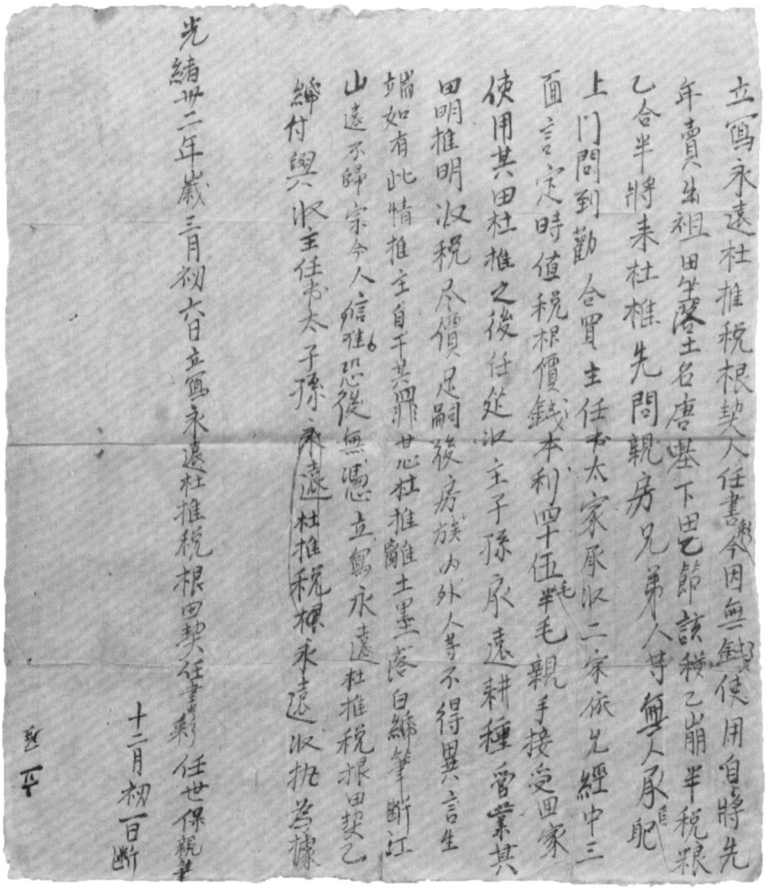

立写永远杜推税根契人任书彩今因无钱使用自将先年卖出祖田坐落土名唐基下田一节该秧一崩（棚）半税粮一合半将来杜椎（推）先问亲房兄弟人等无人承自己上门问到劝合买主任书太家承收二家依允经中三面言定时值税根价钱本利四十伍毛半毛亲手接受回家使用其田杜推之后任从收主子孙永远耕种管业其田明推明收税尽价足嗣后房族内外人等不得异言生端如有此情推主自干（甘）其罪甘心杜推离土墨落白纸笔断江山远不归宗今人难信恐后无凭立写永远杜推税根田契一纸付与收主任书太子孙永远收执为据

光绪卅二年岁三月初六日立写永远杜推税根田契任书彩任世保亲笔

十二月初一日断

光绪三十二年三月二十八日任世盛任世洪杜推税根田契

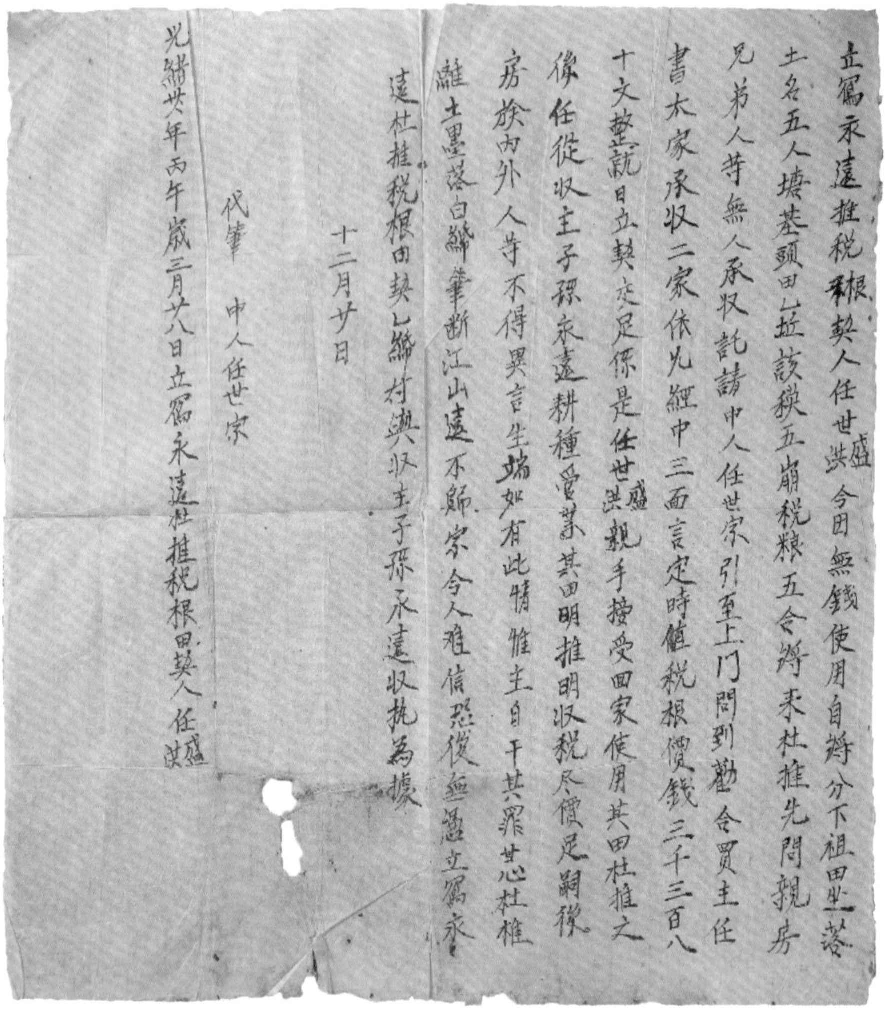

立寫永遠推税根契人任世盛/洪今因無錢使用自將分下祖田坐落
土名五人塘基頭田一坵該税五崩税粮五合將來杜推先問親房
兄弟人等無人承收託請中人任世宗引至上门問到勸合買主任
書太家承收二家依允經中三面言定時值税根價錢三千三百八
十文整就日立契交足係是任世盛/洪親手接受回家使用其田杜推之
後任從收主子孫永遠耕種管業其田明推明收税足價足嗣後
房族內外人等不得異言生端如有此情惟主自干其罪甘心杜推
離土墨落白紙筆斷江山遠不歸宗今人难信恐後無憑立寫永
遠杜推税根田契一紙付與收主子孫永遠收執為據

十二月廿日

代筆　中人任世宗

光緒卅二年丙午歲三月廿八日立寫永遠杜推税根田契人任世盛/洪

立写永远推税根契人任世盛任世洪今因无钱使用自将分下祖田坐落土名五人塘基头田一丘该秧五崩税粮五合将来杜推先问亲房兄弟人等无人承收托请中人任世宗引至上门问到劝合买主任书太家承收二家依允经中三面言定时值税根价钱三千三百八十文整就日立契交足系是任世盛任世洪亲手接受回家使用其田杜推之后任从收主子孙永远耕种管业其田明推明收税尽价足嗣后房族内外人等不得异言生端如有此情惟（推）主自干（甘）其罪甘心杜榷（推）离土墨落白纸笔断江山远不归宗今人难信恐后无凭立写永远杜推税根田契一纸付与收主子孙永远收执为据

十二月廿日

代笔中人任世宗

光绪卅二年丙午岁三月廿八日立写永远杜推税根田契人任〈世〉盛任〈世〉洪

光绪三十二年六月初九日任世祥等杜推税根田契

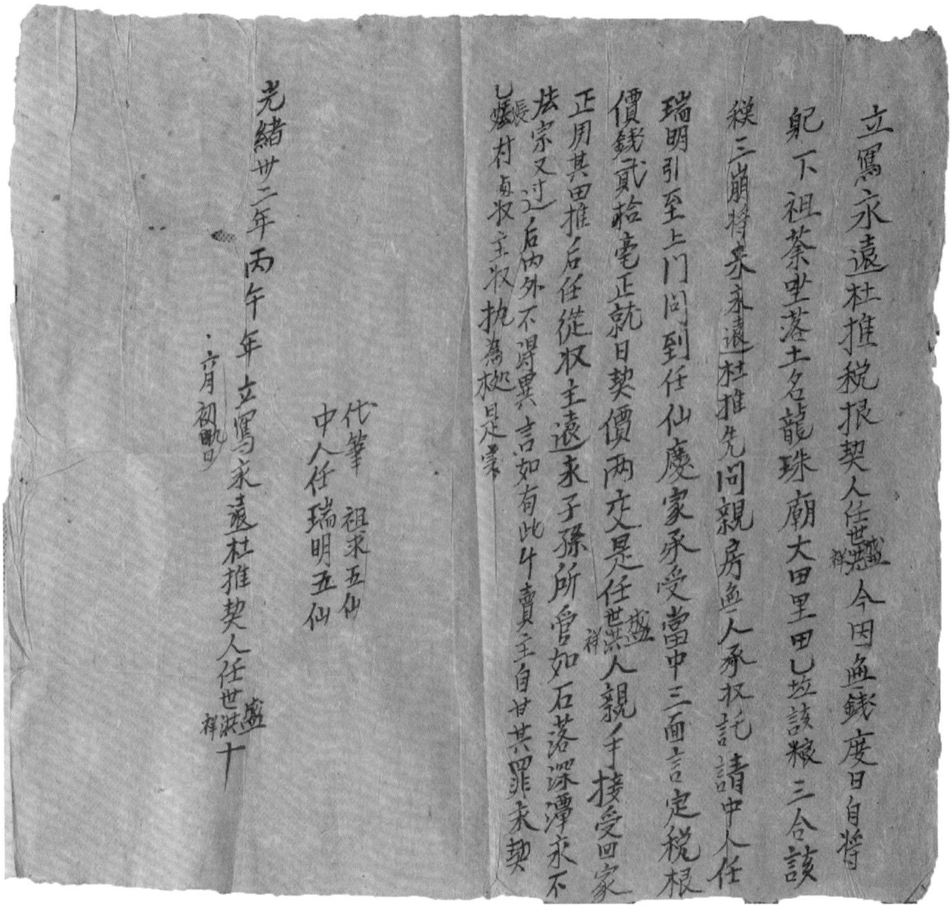

立写永远杜推税根契人任世盛任世洪任世祥今因无钱度日自将己下祖业坐落土名龙珠庙大田里田一丘该粮三合该秧三崩将来永远杜推先问亲房无人承收托请中人任瑞明引至上门问到任仙庆家承受当中三面言定税根价钱贰拾毫正就日契价两交是任世盛任世洪任世祥人亲手接受回家正用其田推后任从收主远永子孙所管如石落深潭永不归宗又过后内外不得异言如有此情卖主自甘其罪永契一张付与收主收执为据是实

代笔祖求五仙

中人任瑞明五仙

光绪卅二年丙午年六月初九日立写永远杜推契人任世盛任世洪任世祥【押】

光绪三十二年十月二十七日唐有忠推拨税根田契

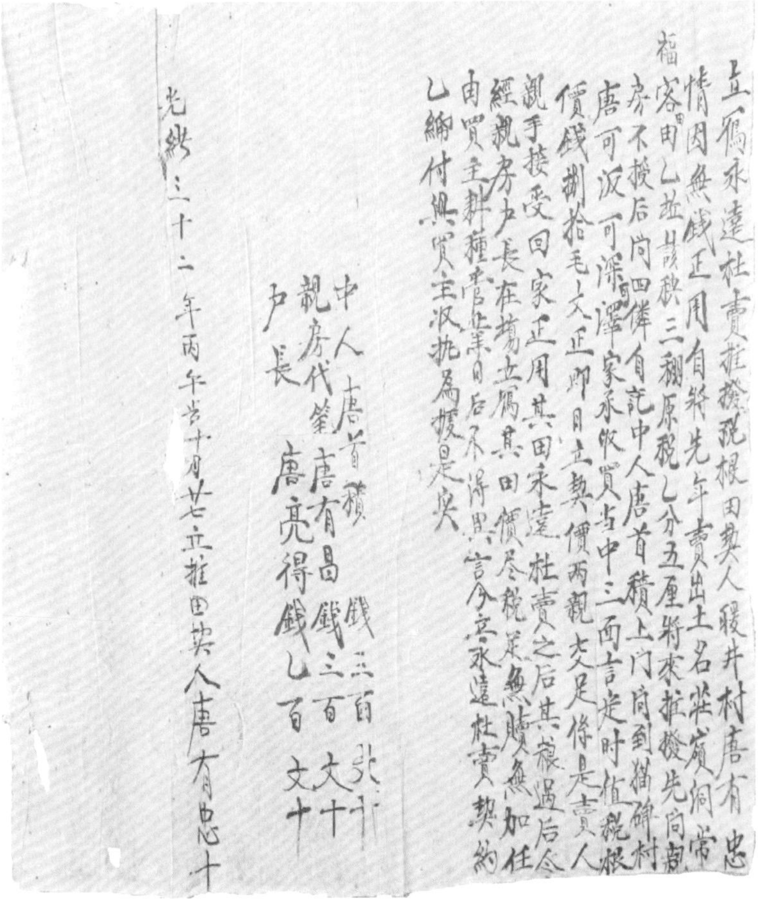

立写永远杜卖推拨税根田契人暖井村唐有忠情因无钱正用自将先年卖出土名庄岭洞常福客田一丘该秧三棚原税一分五厘将来推拨先问亲房不授（受）后问四僯（邻）自托中人唐首积上门问到猫碑村唐可汲可深可泽家承收买当中三面言定时值税根价钱捌拾毛文正即日立契价两亲交足系是卖人亲手接受回家正用其田永远杜卖之后其粮过后今经亲房户长在场立写其田价尽税足无赎无加任由买主耕种管业日后不得异言今立永远杜卖契约一纸付与买主收执为据是实

中人唐首积钱三百文【押】

亲房代笔唐有昌钱三百文【押】

户长唐亮得钱一百文【押】

光绪三十二年丙午岁十月廿七立推田契人唐有忠【押】

光绪三十二年十二月三十日任世宪阴阳断卖木园契

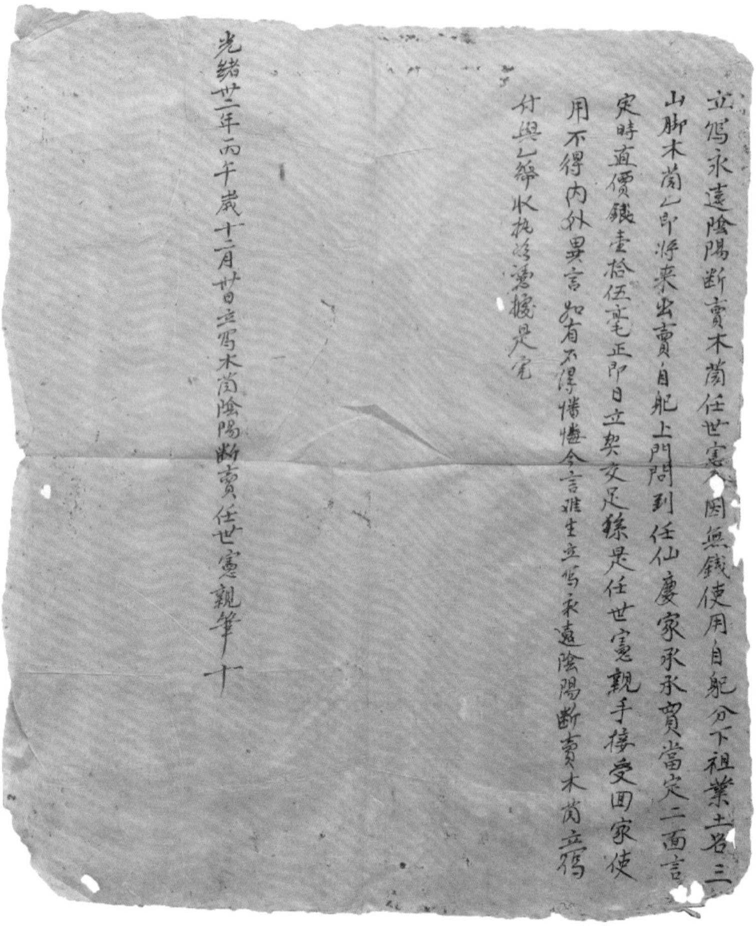

立写永远阴阳断卖木园任世宪〈今〉因无钱使用自己分下祖业土名三山脚木园一即〔节〕将来出卖自己上门问到任仙庆家承承买当定二面言定时直价银壹拾伍毫正即日立契交足系是任世宪亲手接受回家使用不得内外异言如有不得憣悔今言难生立写永远阴阳断卖木园立写付与一纸收执为凭据是实

光绪卅二年丙午岁十二月卅日立写木园阴阳断卖任世宪亲笔【押】

光绪三十三年三月十二日余都肆甲柳相文收税收单

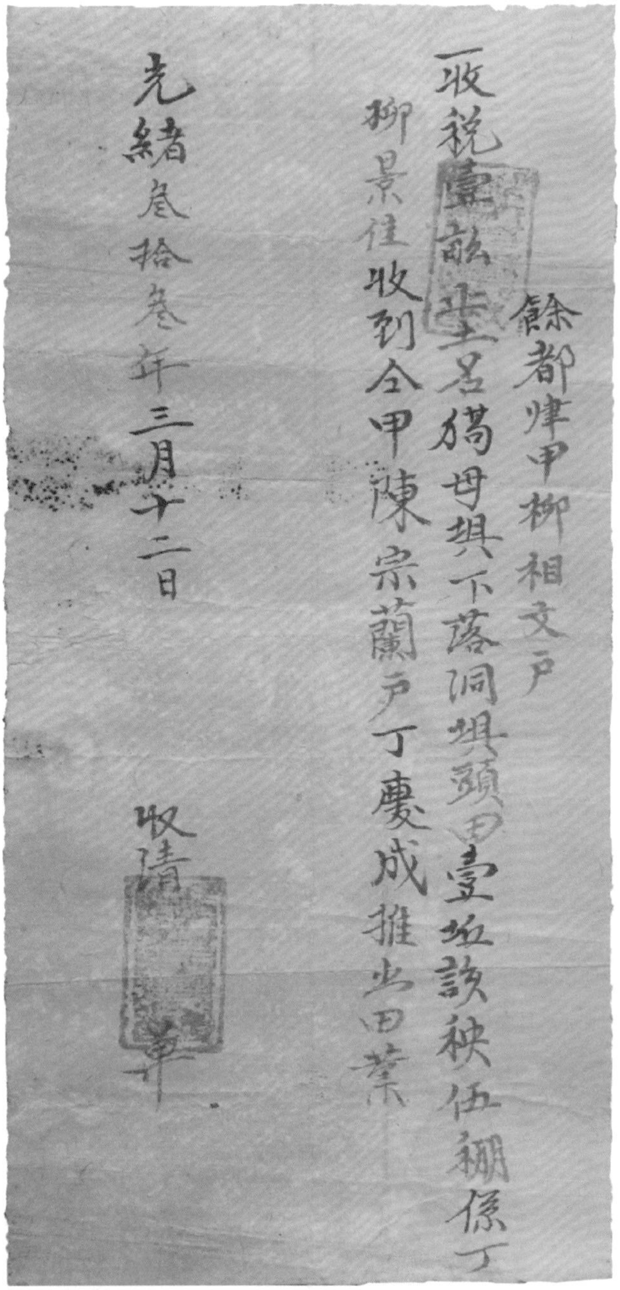

余都肆甲柳相文户
收税壹亩正土名猗母垻〔埧〕下落洞垻〔埧〕头田壹丘该秧伍棚系丁柳景佳收到仝甲陈宗兰户丁庆成推出田业
光绪叁拾叁年三月十二日收清【印】单

光绪三十三年四月初二日任祖求杜推税根契

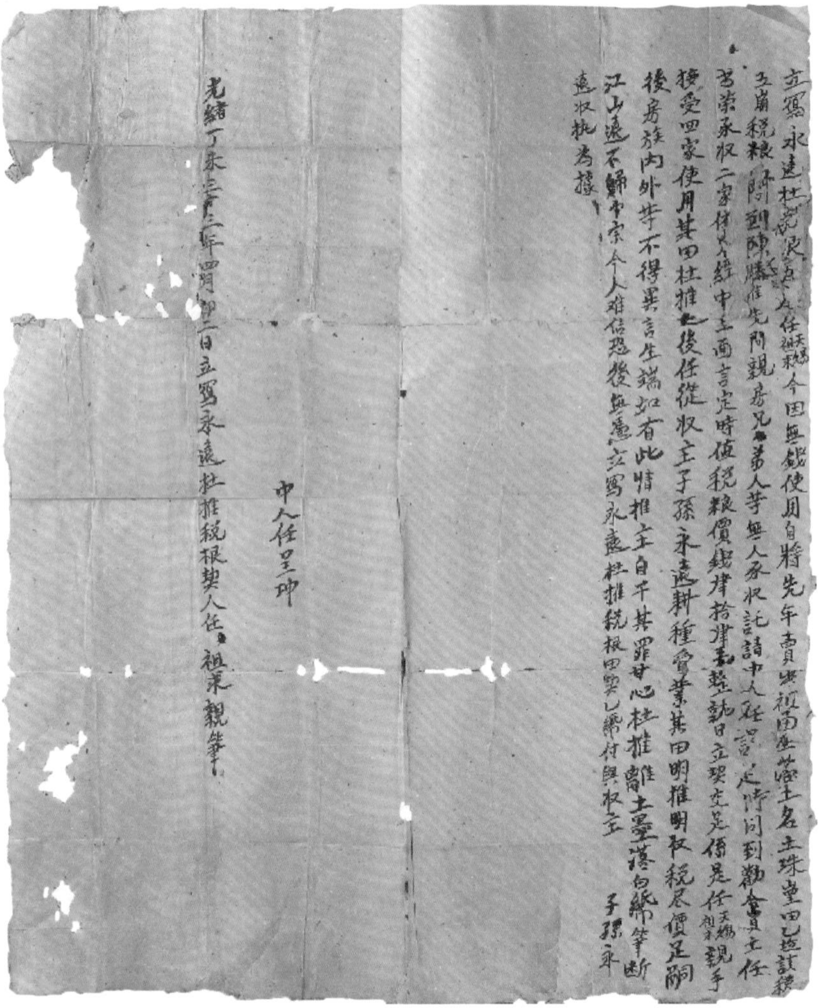

立写永远杜〈推税根契人〉任天赐任祖求
今因无钱使用自将先年卖出祖田坐落土名
土珠堂［岗］田一丘该秧五崩［棚］税粮
□□□□推先问亲房兄弟人等无人承收托请
中人任□□□□问到劝合买主任书荣承收二
家依允经中三面言定时值税粮价钱肆拾肆毛
整就日立契交足系是任天赐任祖求亲手接受
回家使用其田杜推之后任从收主子孙永远耕
种管业其田明推明收税尽价足嗣后房族内外
等不得异言生端如有此情推主自干（甘）其
罪甘心杜推离土墨落白纸笔断江山远不归宗
今人难信恐后无凭立写永远杜推税根田契一
纸付与收主　子孙永远收执为据
中人任呈坤
光绪丁未三十三年四月初二日立写永远杜推
税根契人任祖求亲笔

光绪三十三年八月十四日任彩求杜推税根契

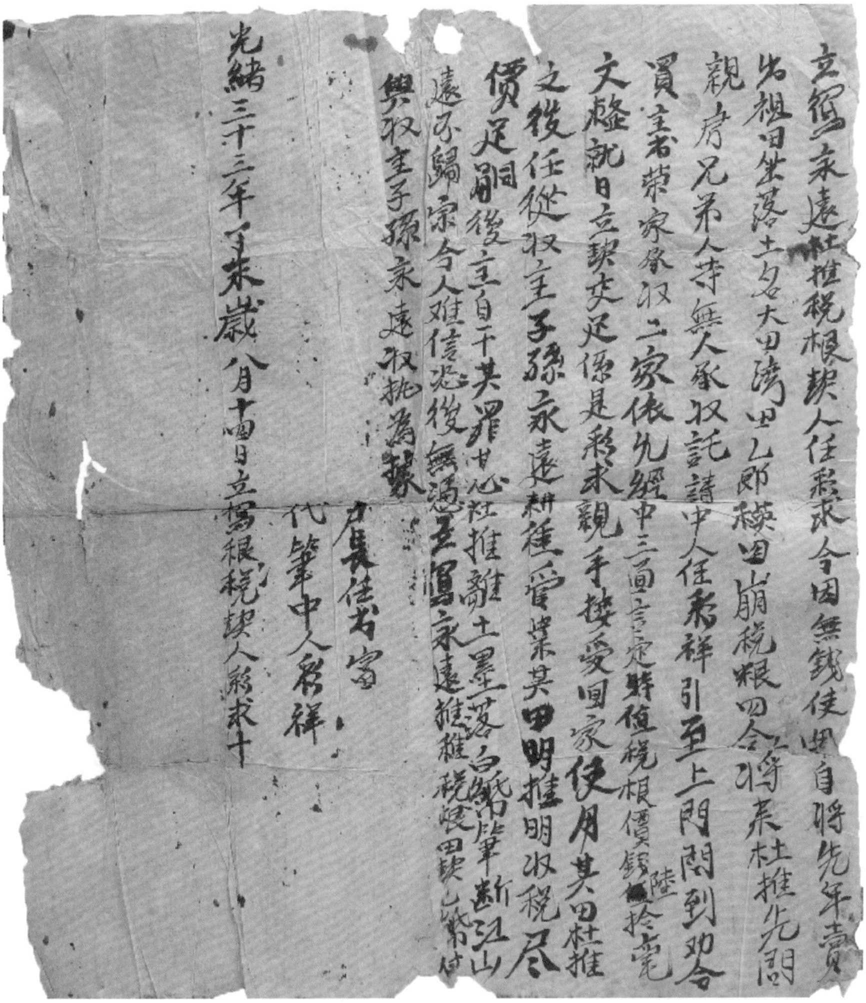

立写永远杜推税根契人任彩求今因无钱使用自将先年卖出祖田坐落土名大田湾田一即〔节〕秧四崩税粮四合将来杜推先问亲房兄弟人等无人承收托请中人任彩祥引至上门问到劝合买主书荣家承收二家依允经中三面言定时值税根价钱陆拾毫文整就日立契交足系是彩求亲手接受回家使用其田杜推之后任从收主子孙永远耕种管业其田明推明收税尽价足嗣后主自干〔甘〕其罪甘心杜推离土墨落白纸笔断江山远不归宗今人难信恐后无凭立写永远推稚税根田契一纸付与收主子孙永远收执为据

户长任书富

代笔中人彩祥

光绪三十三年丁末〔未〕岁八月十四日立

写根税契人彩求【押】

光绪三十三年十二月初七日王发盛卖田契

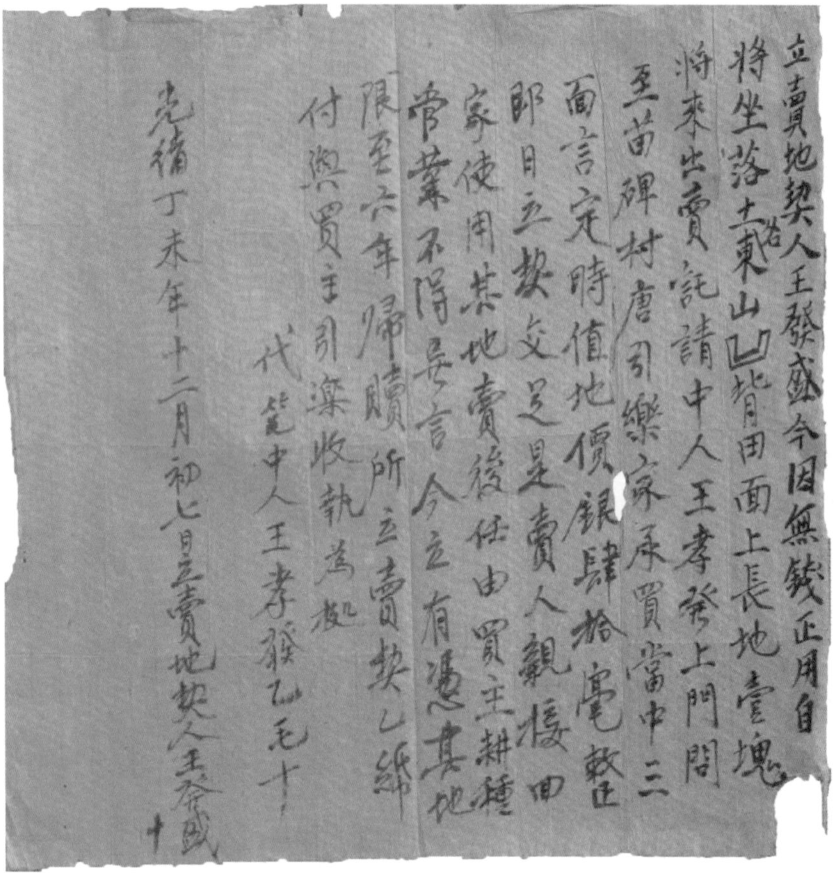
立賣地契人王發盛今因無錢正用自
將坐落土名東山凹背田面上長地壹塊
將來出賣託請中人王孝發上門問
至苗碑村唐引樂家承買當中三
面言定時值地價銀肆拾毫整
即日立契交足是賣人親接回
家使用其地賣後任由買主耕種
管業不得異言今立有憑其地
限至六年歸贖所立賣契一紙
付與買主引樂收執為據
代筆中人王孝發一毛 十
光緒丁未年十二月初七日立賣地契人王發盛 十

立卖地契人王发盛今因无钱正用自将坐落土名东山凹背田面上长地壹块将来出卖托请中人王孝发上门问至苗碑村唐引乐家承买当中三面言定时值地价银肆拾毫整即日立契交足是卖人亲接回家使用其地卖后任由买主耕种管业不得异言今立有凭其地限至六年归赎所立卖契一纸付与买主引乐收执为据

代笔中人王孝发一毛【押】

光绪丁未年十二月初七日立卖地契人王发盛【押】

光绪三十三年十二月二十五日奉志恩补田契

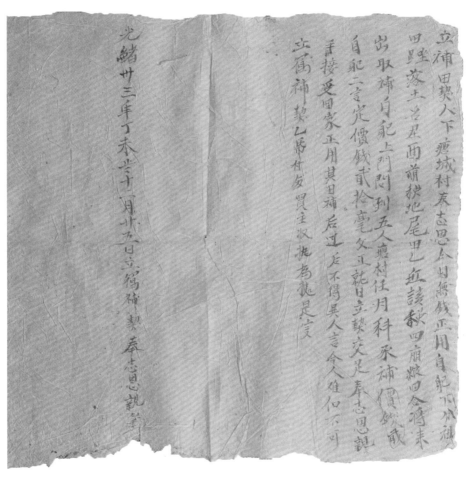

立补田契人下塘城村奉志恩今因无钱正用自己下分祖田坐落土名屋面前秧地尾田一丘该秧四崩〔棚〕粮四合将来出取补自己上门问到五人塘村任月科承补自己二言定价钱贰拾毫文正就日立契交足奉志恩亲手接受回家正用其田补后过后不得异人言今人难信不可立写补契一纸付与买主收执为据是实

光绪卅三年丁未岁十二月廿五日立写补契奉志恩亲笔

光绪三十三年十二月二十七日王朝宏卖地契

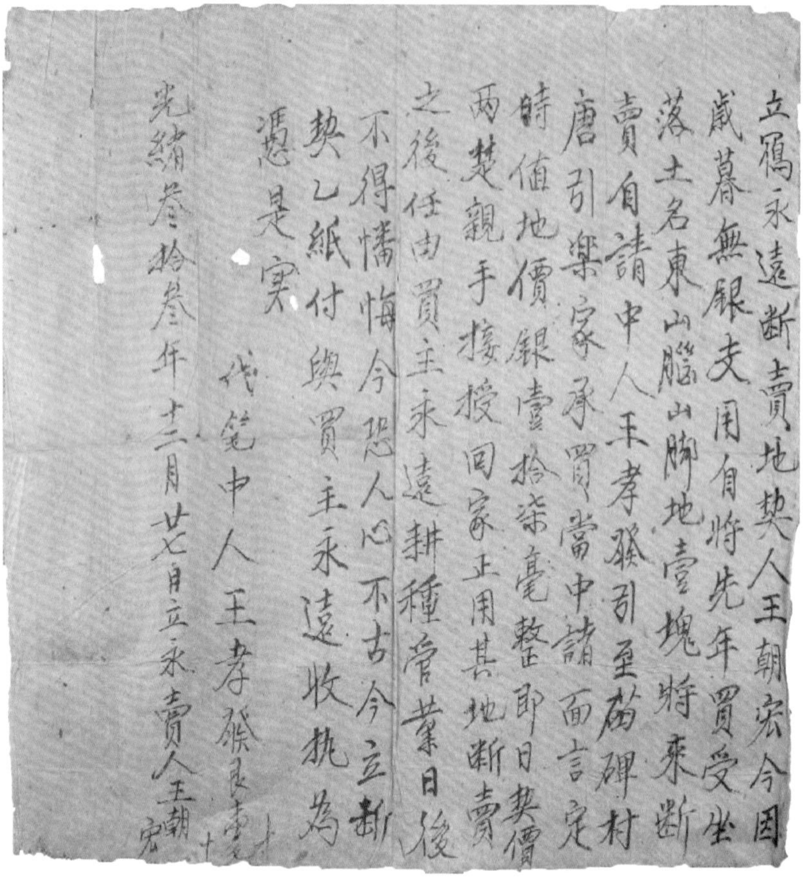

立写永远断卖地契人王朝宏今因岁暮无银支用自将先年买受坐落土名东山脑山脚地壹块将来断卖自请中人王孝发引至苗碑村唐引乐家承买当中诸面言定时值地价银壹拾柒毫整即日契价两楚亲手接授（受）回家正用其地断卖之后任由买主永远耕种管业日后不得憣悔今恐人心不古今立断契一纸付与买主永远收执为凭是实

代笔中人王孝发银壹毛【押】

光绪叁拾叁年十二月廿七日立永卖人王朝宏【押】

光绪三十四年一月初五日奉克盛等当房屋契

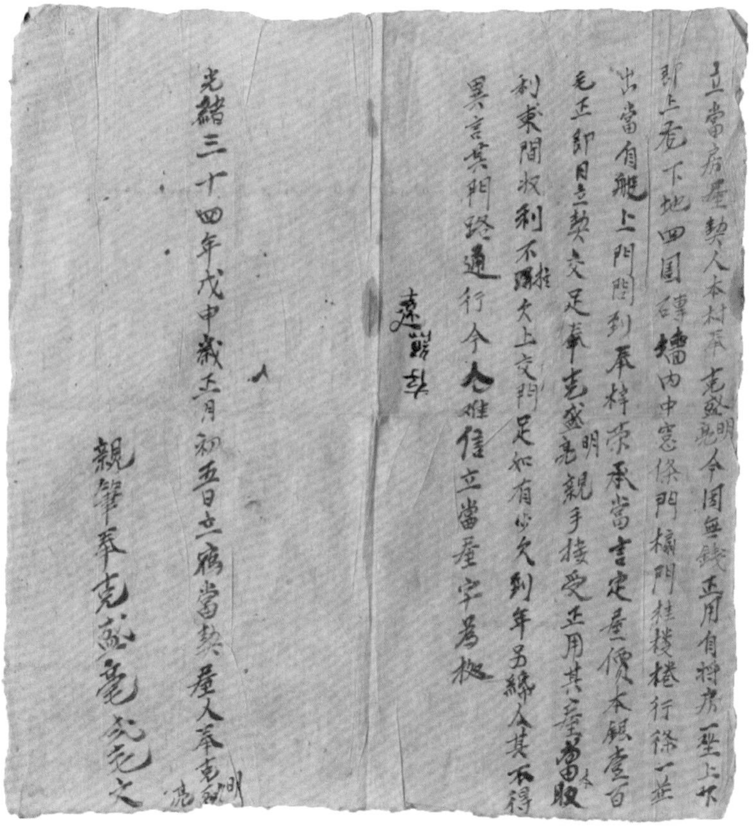

立当房屋契人本村奉克盛奉克明奉克亮今因无钱正用自将房一坐上下即上瓦下地四围砖墙内中窗条门扇门桂楼楼行条一并出当自己上门问到奉梓荣承当言定屋价本银壹百毛正即日立契交足奉克盛奉克明奉克亮亲手接受正用其屋当本收利东间收利不拉欠上门交足如有少欠到年另纸人其不得异言其门路通行今人难信立当屋字为据

远照存

光绪三十四年戊申岁正月初五日立写当契屋人奉克明奉克盛奉克亮

亲笔奉克盛毫贰毛文

光绪三十四年二月二十六日钟如获卖田契

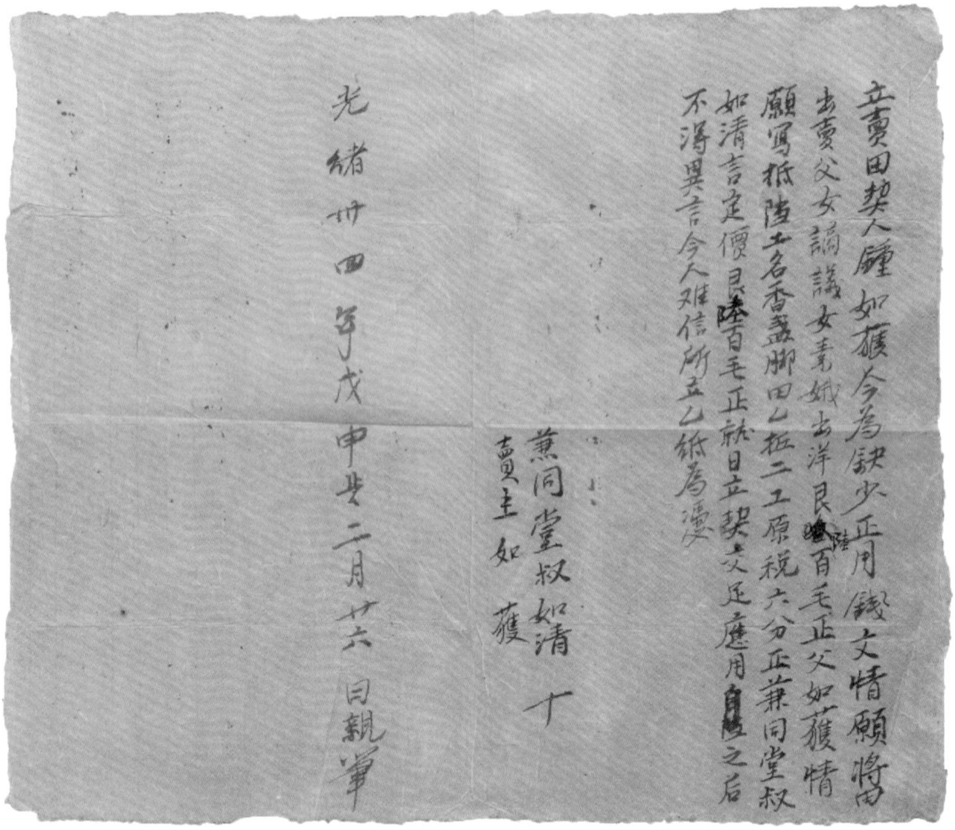

立卖田契人钟如获今为缺少正用钱文情愿将田出卖父女謪（商）议女素娥出洋银陆百毛正父如获情愿写抵凼（当）土名香盏脚田一丘二工（弓）原税六分正兼同堂叔如清言定价银陆百毛正就日立契交足应用之后不得异言今人难信所立一纸为凭

兼同堂叔如清【押】

卖主如获

光绪卅四年戊申岁二月廿六日亲笔

光绪三十四年四月二十一日收清白相禧单

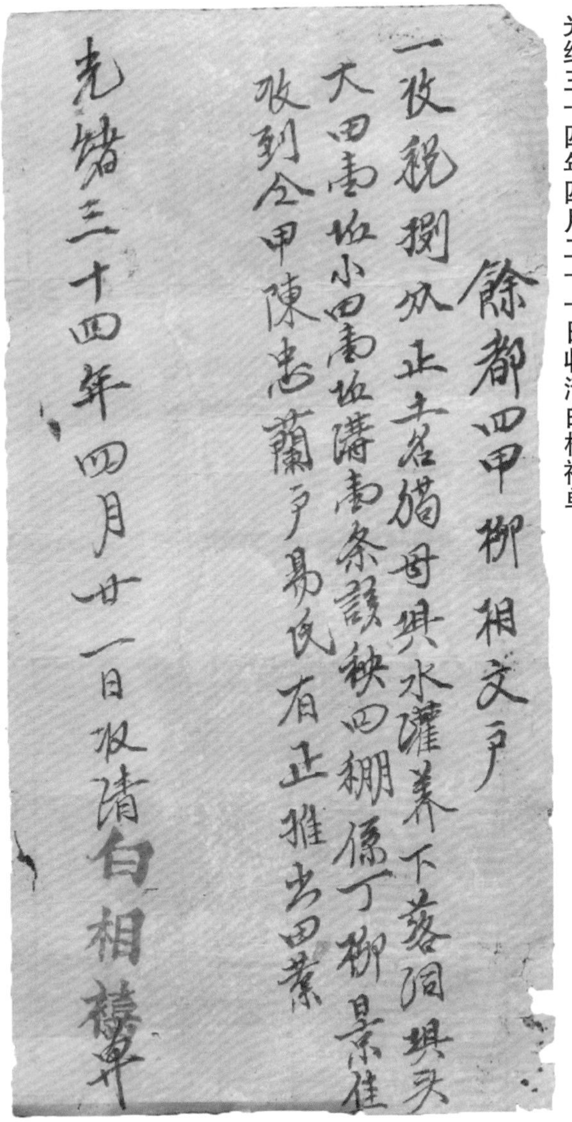

余都四甲柳相文户
收税捌分正土名猶母垻〔埧〕水灌养下落洞垻〔埧〕头大田壹丘小田壹丘沟壹条该秧四棚系丁柳景佳收到仝甲陈
忠兰户易氏有正推出田业
光绪三十四年四月廿一日收清白相禧单

光绪三十四年五月二十日钟如获当地契约

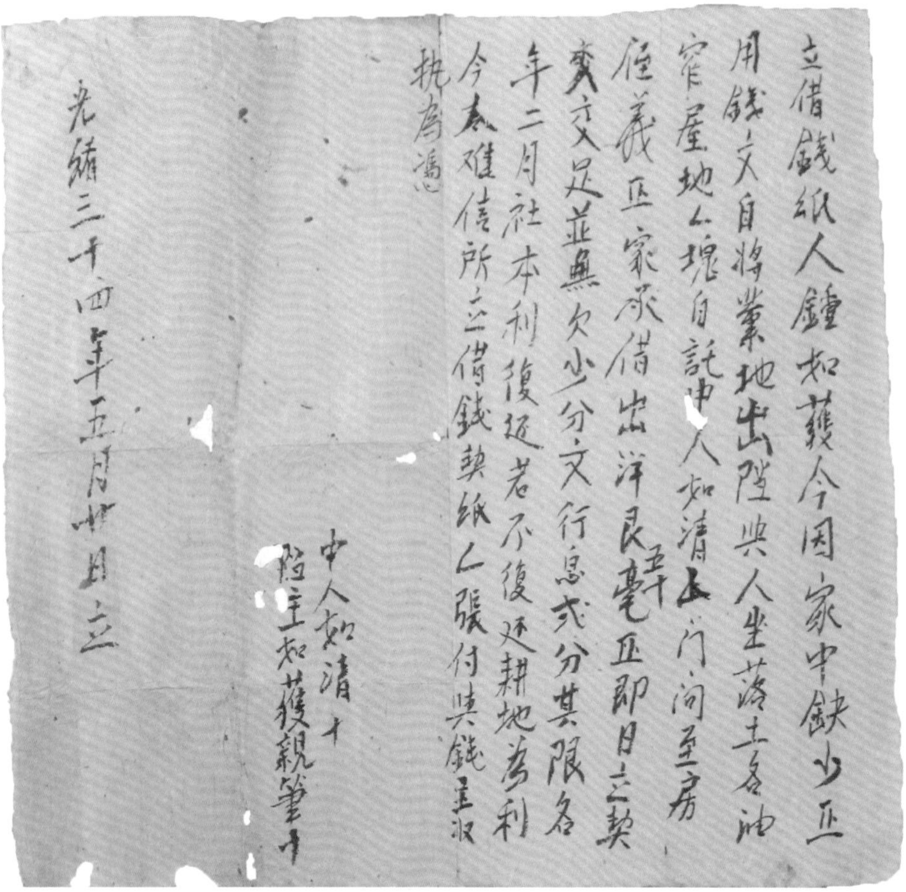

立借钱纸人钟如获今因家中缺少正用钱文自将业地出𬮿（当）与人坐落土名油窄屋地一块自托中人如清上门问至房侄义正家承借出洋银五十毫正即日立契交足并无欠少分文行息贰分其限各年二月社本利复还若不复还耕地为利今人难信所立借钱契纸一张付与钱主收执为凭

中人如清【押】

𬮿（当）主如获亲笔【押】

光绪三十四年五月廿日立

光绪三十四年九月初十日任彩永任彩祥断卖木园地契

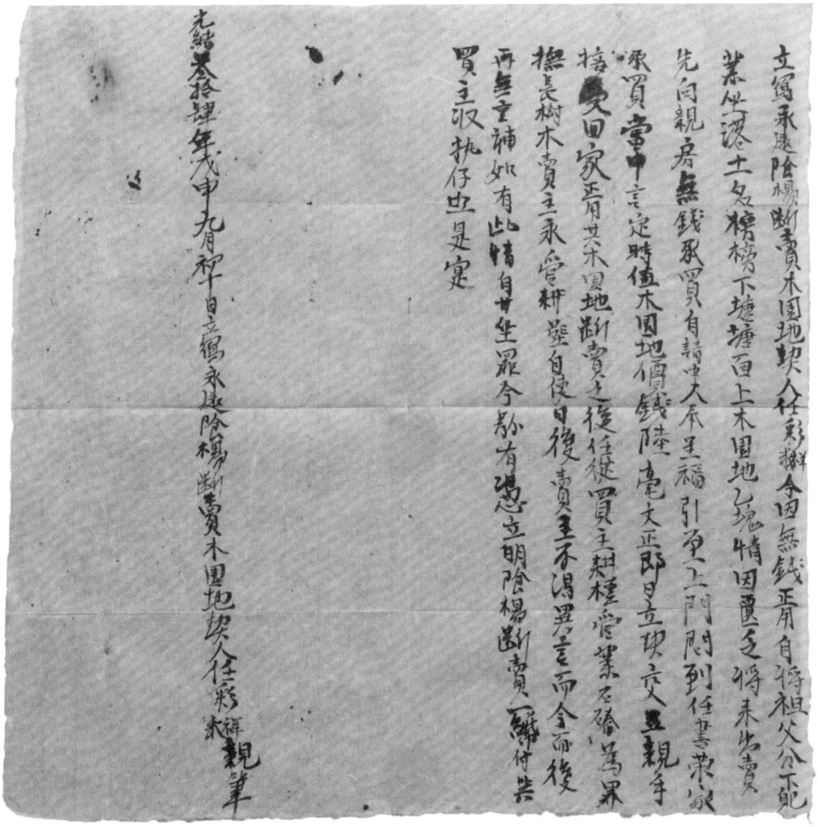

立写永远阴杨（阳）断卖木园地契人任彩祥任彩永今因无钱正用自将祖父分下已业坐落土名榜榜下塘塘百上木园地一块情因匮乏将来出卖先向（问）亲房无钱承买自请中人奉呈福引至上门问到任书荣家承买当中言定时值木园地价钱陆毫文正即日立契交足亲手接受回家正用其木园地断卖之后任从买主耕种管业石碡（桩）为界抚长树木卖主永管耕葬白使日后卖主不得异言而今而后再无重补如有此情白甘坐罪今欲有凭立明阴杨（阳）断卖一纸付与买土收执仔（存）照是实

光绪叁拾肆年戊申九月初十日立写永远阴杨（阳）断卖木园地契人任彩祥任彩永亲笔

光绪三十四年十二月二十二日奉志恩补田契

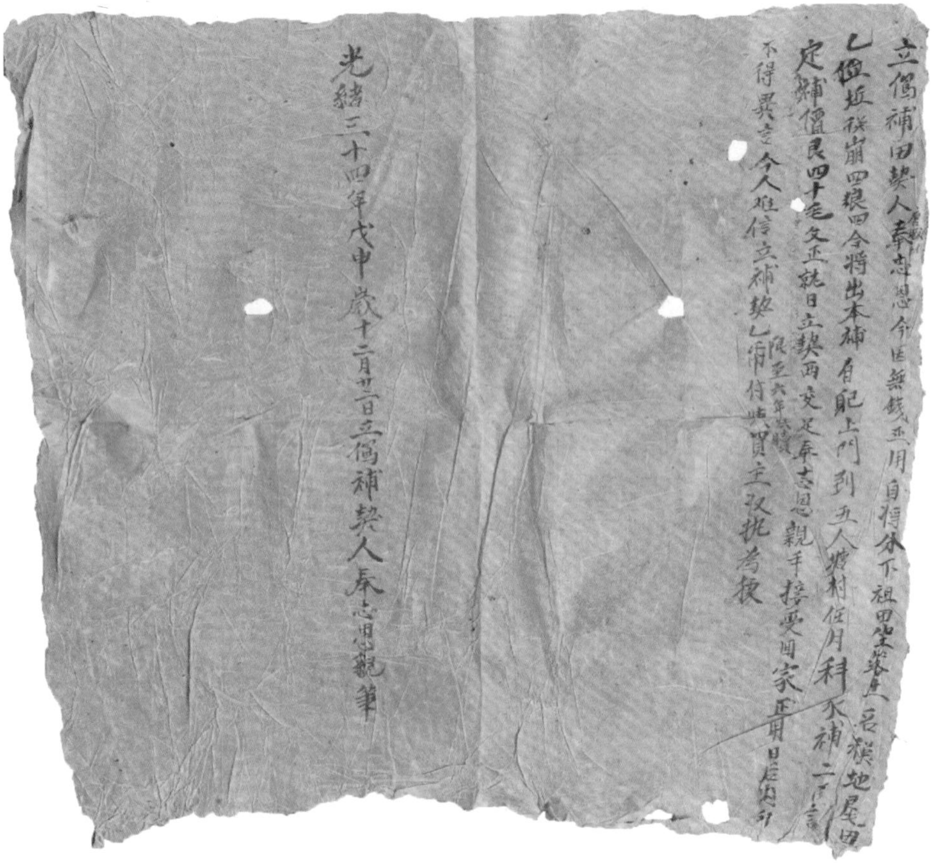

立写补田契人唐⍰⍰奉志恩今因无钱正用自将分下祖田坐落土名秧地尾田一丘秧崩〔棚〕四粮四合将出本补自己上门到五人塘村任月科承补二〈面〉言定补价银四十毛文正就日立契两交足奉志恩亲手接受回家正用日后内外不得异言今人难信立补契一纸限至六年归赎付与买主收执为据

光绪三十四年戊申岁十二月廿二日立写补契人奉志恩亲笔

光绪三十四年十二月二十八日唐克知卖田契

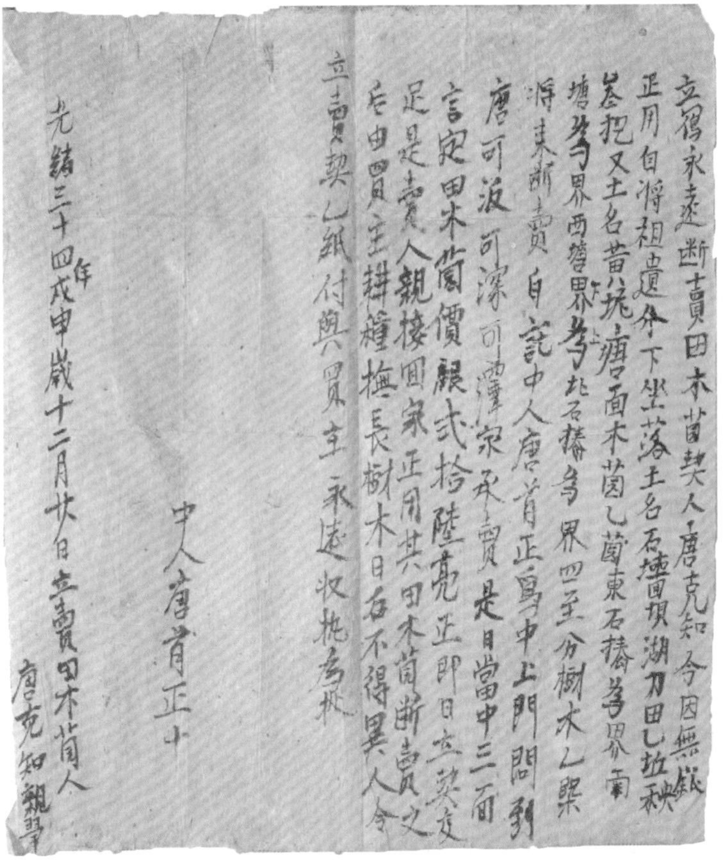

立写永远断卖田木园契人唐克知今因无钱正用自将祖遗分下坐落土名石墙坝湖刀田一丘秧叁把又土名黄坭塘面木园一园东石桩为界南塘为界西塘为界北石椿为界四至分树木一概将来断卖自托中人唐首正为中上门问到唐可汳可深可泽家承卖是日当中三面言定田木园价银贰拾陆亮（毫）正即日立契交足是卖人亲接回家正用其田木园断卖之后由买主耕种抚长树木日后不得异人令（今）立卖契一纸付与买主永远收执为据

中人唐首正【押】

光绪三十四年戌（戊）申岁十二月廿八日立卖田木园人

唐克知亲笔

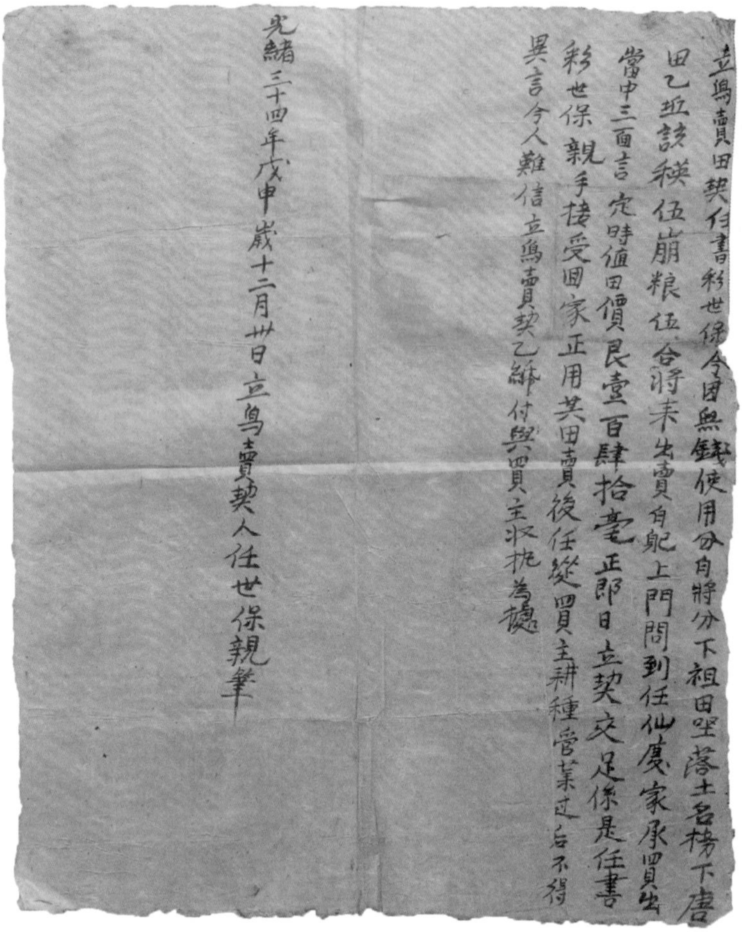

光绪三十四年十二月三十日任书彩世保卖田契

立写卖田契任书彩世保今因无钱使用分自将分下祖田坐落土名榜下唐田一丘该秧伍崩〔棚〕粮伍合将来出卖自己上门问到任仙庆家承买出当中三面言定时值田价银壹百肆拾毫正即日立契交足系是任书彩世保亲手接受回家正用其田卖后任从买主耕种管业过后不得异言今人难信立写卖契一纸付与买主收执为据

光绪三十四年戊申岁十二月卅日立写卖契人任世保亲笔

宣统元年二月二十六日周求德等卖塘契

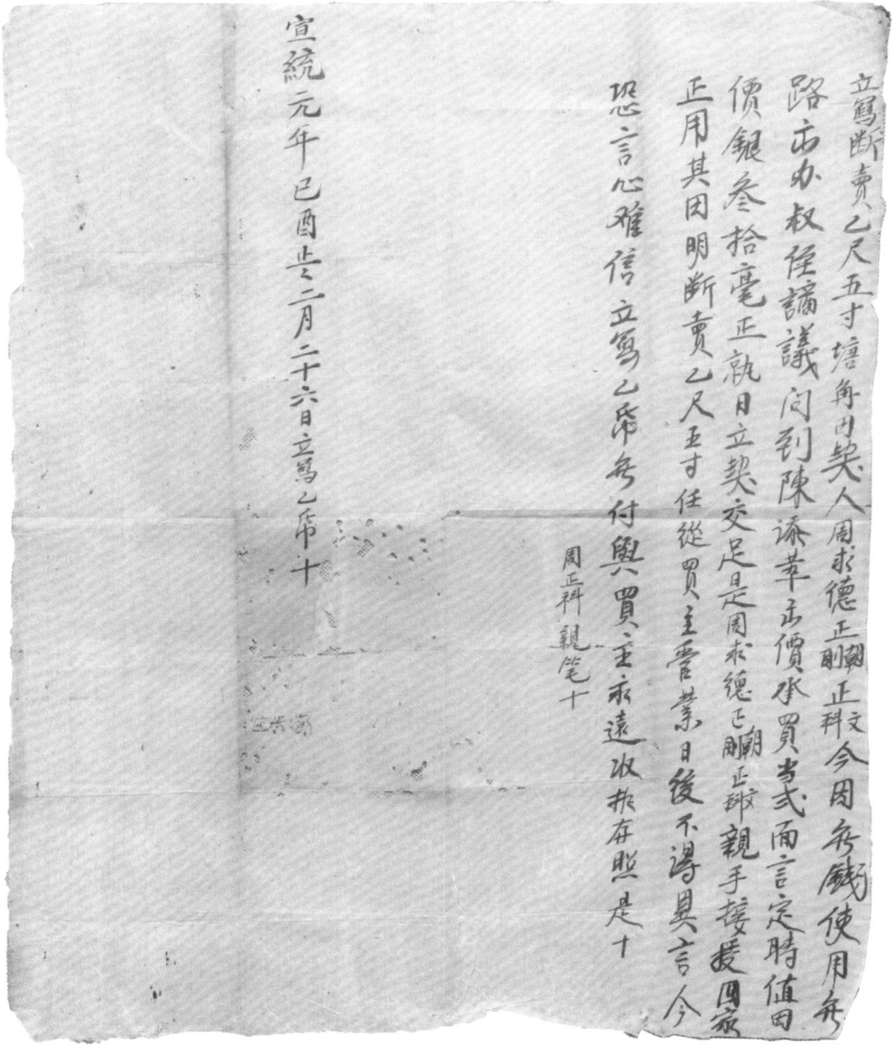

立写断卖一尺五寸塘角田契人周求德周正朝周正刚周正文周正科今因无钱使用无路出办叔侄謪（商）议问到陈添华出价承买当贰面言定时值田价银叁拾毫正孰（就）日立契交足是周求德周正朝周正刚周正文周正科亲手接授（受）回家正用其田明断卖一尺五寸任从买主管业日后不得异言今恐言心难信立写一纸［无］付与买主永远收执存照是【押】

周正科亲笔【押】

宣统元年已（己）酉岁二月二十六日立写一纸【押】

宣统元年十一月十二日唐有忠卖田契

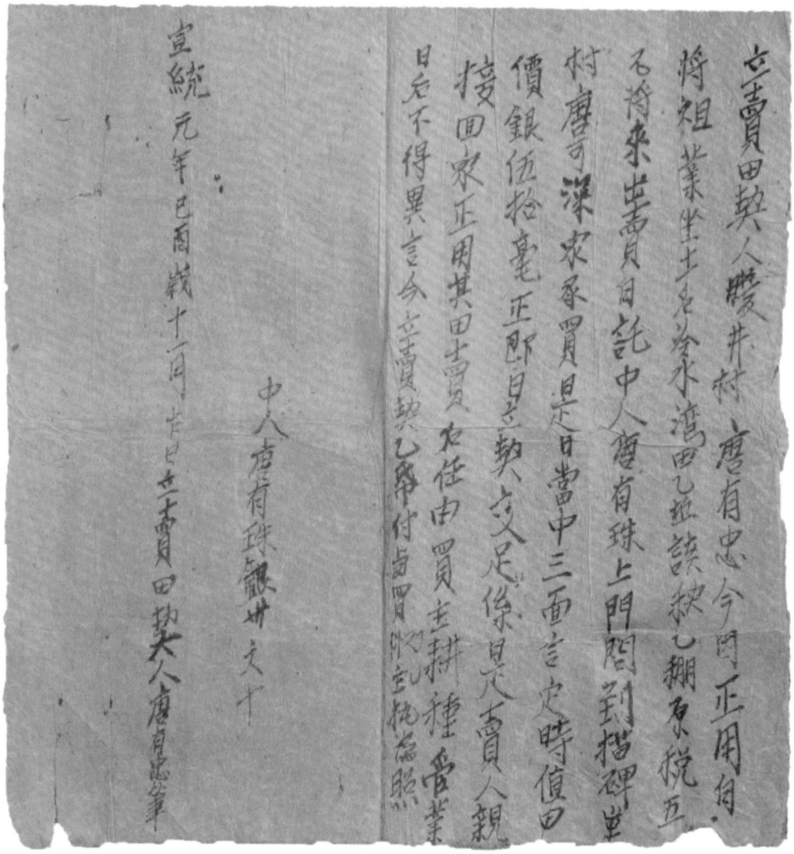

立卖田契人暖井村唐有忠今因正用自将祖业坐土名冷水湾田一丘该秧一棚原税五厘将来出卖自托中人唐有珠上门问到描碑崀（岗）村唐可深家承买是日当中三面言定时值田价银伍拾毫正即日立契交足系是卖人亲接回家正用其田卖后任由买主耕种管业日后不得异言今立卖契一纸付与买主收执为照

中人唐有珠银卅文【押】

宣统元年已（己）酉岁十一月十二日立卖田契人唐有忠笔

宣统元年十二月二十九日奉志正卖田契

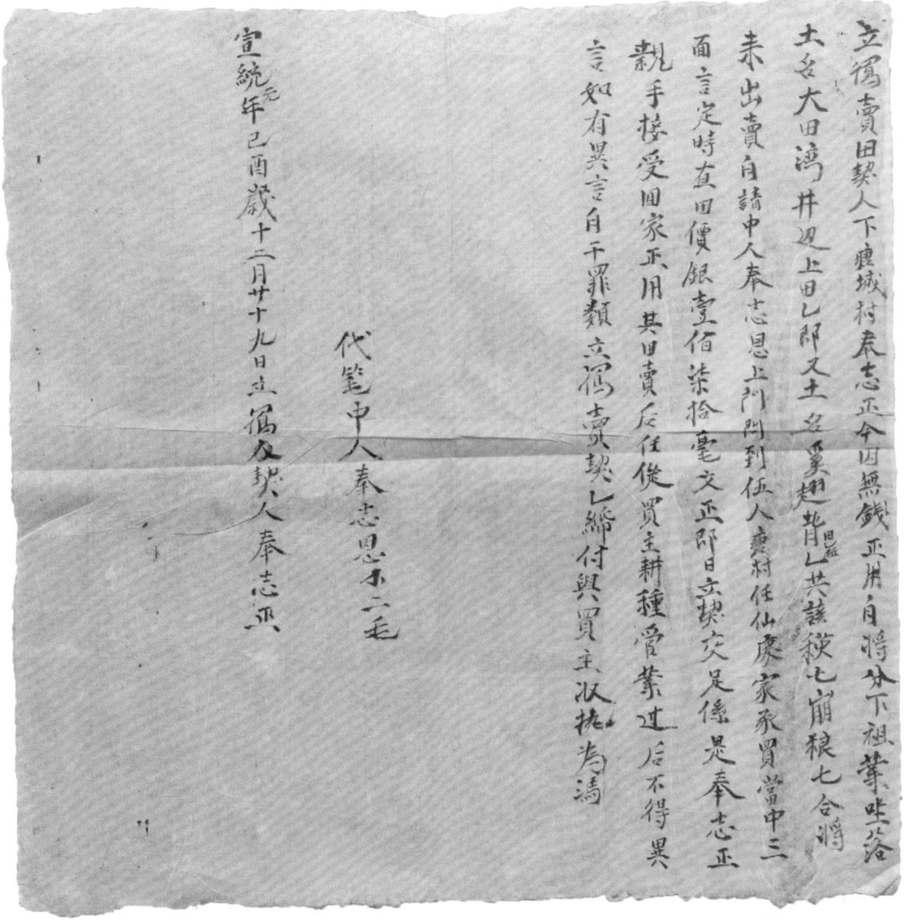

立写卖田契人下塘城村奉志正今因无钱正用自将分下祖业坐落土名大田湾井边上田一即（节）又土名奚翅背田一丘一共该秧七崩粮七合将来出卖自请中人奉志恩上门问到伍人塘村任仙庆家承买当中三面言定时直田价银壹佰柒拾毫文正即日立契交足系是奉志正亲手接受回家正用其田卖后任从买主耕种管业过后不得异言如有异言自干（甘）罪类（泪）立写卖契一纸付与买主收执为凭

代笔中人奉志恩钱二毛

宣统元年己酉岁十二月廿十九日立写契人奉志正

宣统元年陈翁瑞卖田契

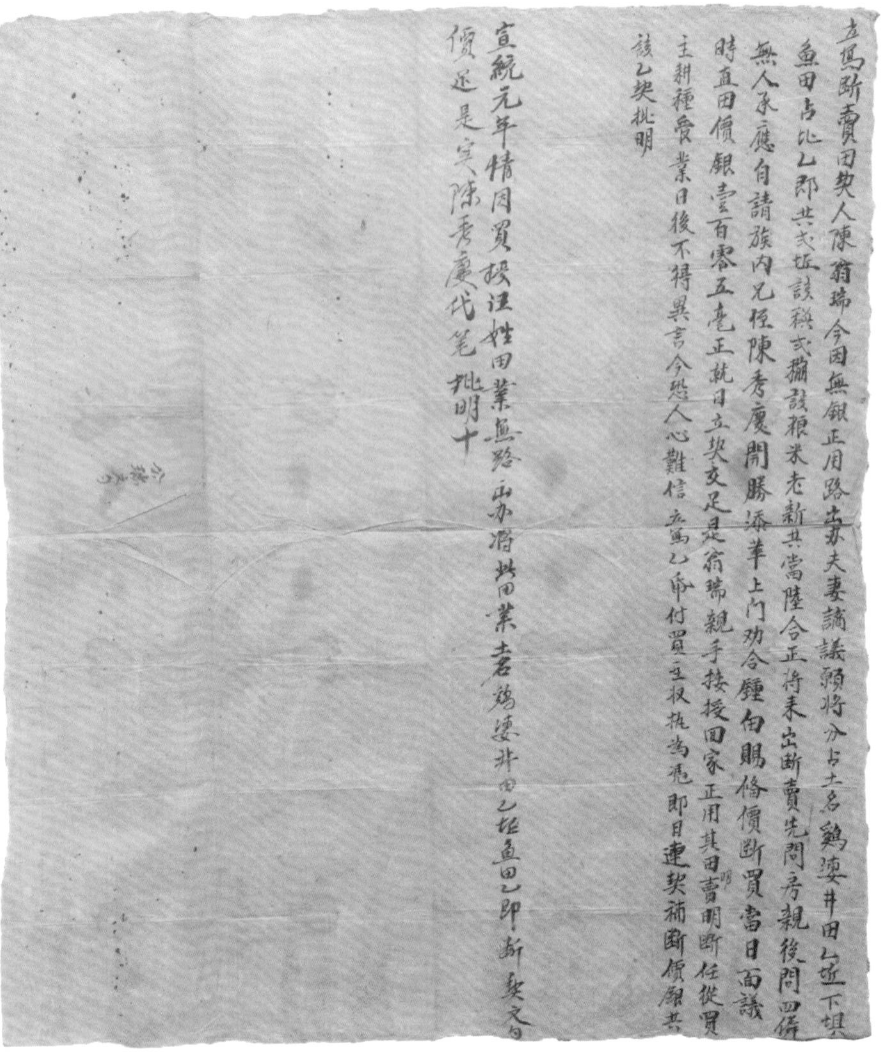

立写断卖田契人陈翁瑞今因无银正用〈无〉路出办夫妻謪（商）议愿将分占土名鸡溇井田一丘下坝鱼田占比［北］一即［节］共贰丘该秧贰糊该粮米老新共当陆合正将来出断卖先问房亲后问四僯（邻）无人承应自请族内兄侄陈秀庆开胜添华上门劝合钟由赐备价断买当日面议时直田价银壹百零五毫正就日立契交足是翁瑞亲手接授（受）回家正用其田明卖明断任从买主耕种管业日后不得异言今恐人心难信立写一纸付买主收执为凭即日连契补断价银共该一契批明

宣统元年情因买授（受）汪姓田业无路出办将此田业土名鸡溇井田一丘鱼田一即［节］断契文田价足是实陈秀庆代笔

批明【押】

宣统二年二月初十日任天保任天求卖地契

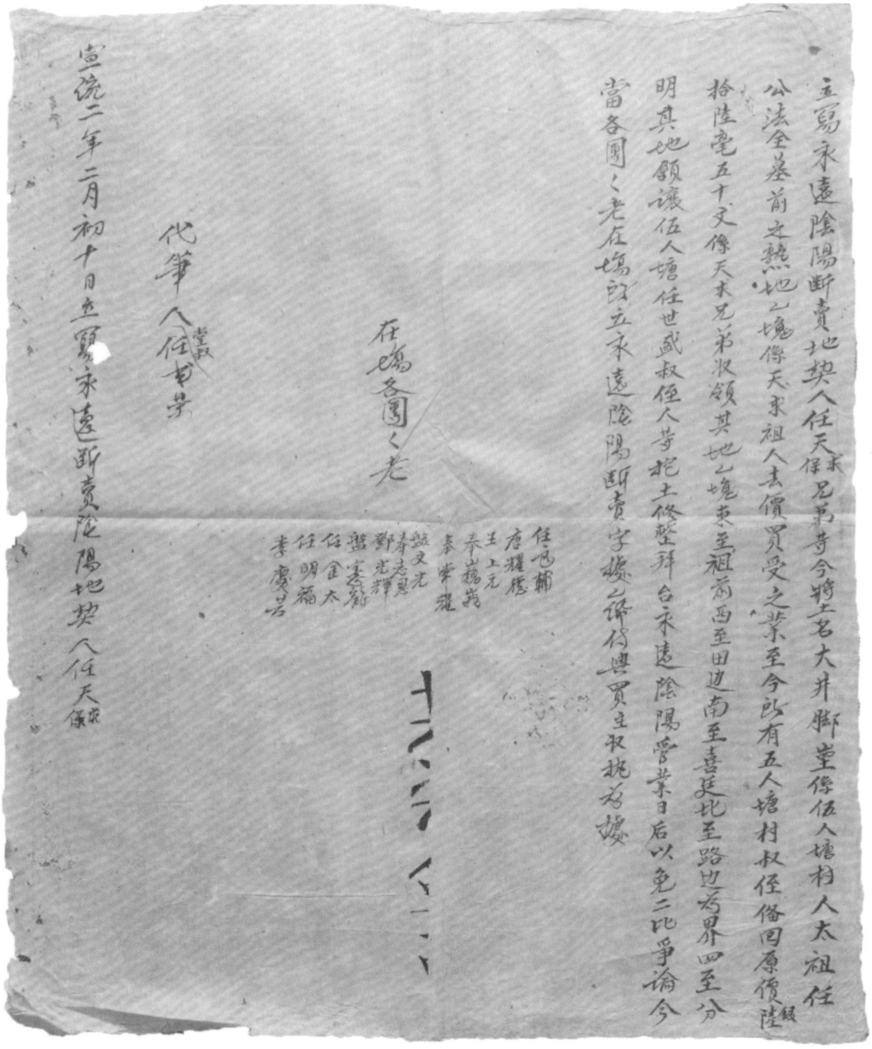

立写永远阴阳断卖地契人任天求任天保兄弟等今将土名大井脚堂〔岗〕系伍人塘村人太祖任公法全墓前之熟地一块系天求祖人去价买受之业至今所有五人塘村叔侄备回原价银陆拾陆毫五十文系天求兄弟收领其地一块东至祖前西至田边南至喜廷北至路边为界四至分明其地愿让伍人塘任世盛叔侄人等挖土修整拜台永远阴阳管业日后以免二比争论今当各团团老在场所立永远阴阳断卖字据一纸付与买主收执为据

在场各团团老任良辅唐耀德王上元奉巍峩奉常耀盘文光奉志恩邓光辉盘宪龙任金太任明福李庆芳

〼

代笔人堂叔任书荣

宣统二年二月初十日立写永远断卖阴阳地契人任天求任天保

宣统二年二月二十日任书发卖田契

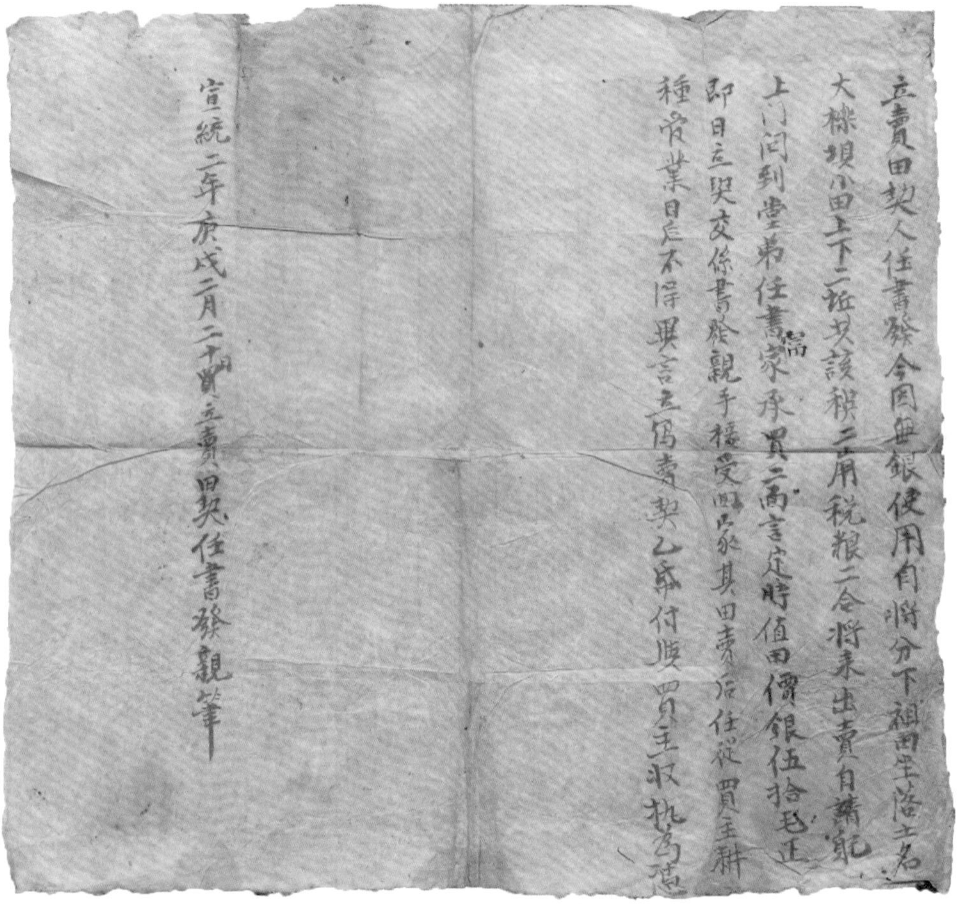

立卖田契人任书发今因无银使用自将分下祖田坐落土名大栎坝小田上下二丘共该秧二肩〔棚〕税粮二合将来出卖自〔请〕己上门问到堂弟任书富家承买二面言定时值田价银伍拾毛正即日立契交系书发亲手接受回家其田卖后任从买主耕种管业日后不得异言立写卖契一纸付与买主收执为凭

宣统二年庚戍（戌）二月二十日〔买〕立卖田契

任书发亲笔

宣统二年四月初三日谭一亮等卖杉木连地契

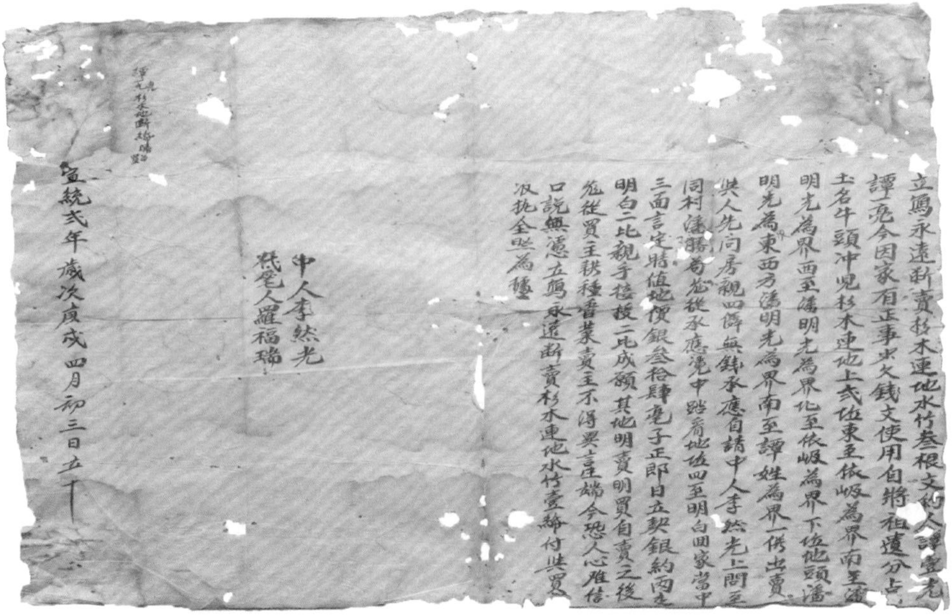

立写永远断卖杉木连地水竹叁根文约人谭壹光谭一亮今因家有正事少欠钱文使用自将祖遗分占土名牛头冲见杉木连地上贰丘东至依岋为界南至潘明光为界西至潘明光为界北至依岋为界下坵地头潘明光为界东西方潘明光为界南至谭姓为界一并出卖与人先问房亲四僯（邻）无钱承应自请中人李然光上问至同村潘胜为先从承应凭中踏看地坵四至明白回家当中三面言定时值地价银叁拾肆毫子正即日立契银约两交明白二比亲手接授（受）二比成愿其地明卖明买自卖之后先从买主耕种管业卖主不得异言生端今恐人心难信口说无凭立写永远断卖杉木连地水竹壹纸付与买〈主〉收执全照为据

中人李然光

代笔人罗福瑞

谭一亮谭一光杉木地断纸胜☐买

宣统贰年岁次庚戍（戌）四月初三日立【押】

宣统二年四月初九日白添胜卖地契

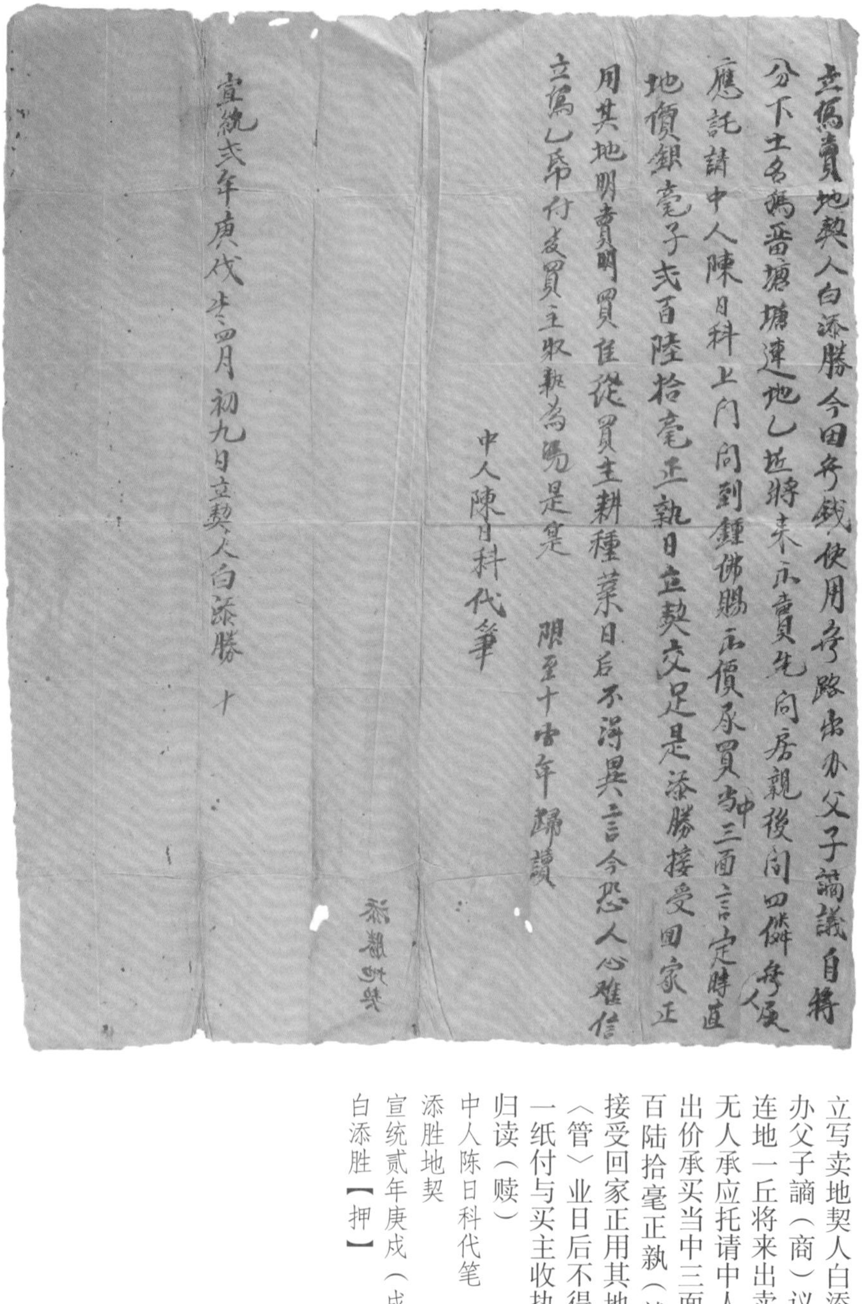

立写卖地契人白添胜今因无钱使用无路出
办父子謪（商）议自将分下土名犸留塘塘
连地一丘将来出卖先问房亲后问四僯（邻）
无人承应托请中人陈日科上门问到钟佛赐
出价承买当中三面言定时直地价银毫子贰
百陆拾毫正孰（就）日立契交足是添胜
接受回家正用其地明卖明买任从买主耕种
〈管〉业日后不得异言今恐人心难信立写
一纸付与买主收执为凭是实　限至十壹年
归读（赎）
中人陈日科代笔
添胜地契
宣统贰年庚戍（戌）岁四月初九日立契人
白添胜【押】

宣统二年八月十九日奉文仙卖田契

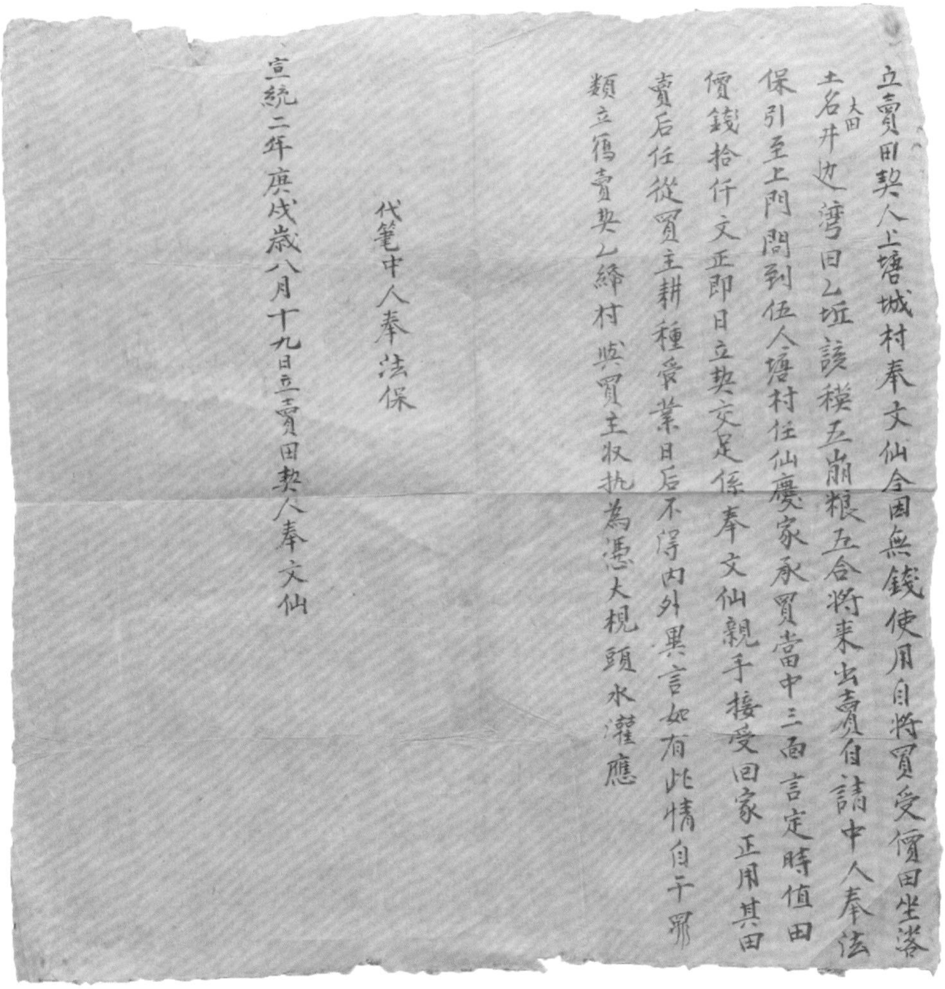
立賣田契人上塘城村奉文仙今因無錢使用自將買受價田坐落
土名大田井边湾田乙坵該稅五崩粮五合將來出賣自請中人奉法
保引至上門問到伍人塘村任仙慶家承買當中三面言定時值田
價錢拾仟文正即日立契交足係奉文仙親手接受回家正用其田
賣后任從買主耕種管業日后不得内外異言如有此情自干罪
類立寫賣契乙紙付與買主收執為憑大梘頭水灌應
代筆中人奉法保
宣統二年庚戌歲八月十九日立賣田契人奉文仙

立卖田契人上塘城村奉文仙今因无钱使用自将买受价田坐落土名大田井边湾田一丘该秧五崩（硼）粮五合将来出卖自请中人奉法保引至上门问到伍人塘村任仙庆家承买当中三面言定时值田价钱拾仟文正即日立契交足系奉文仙亲手接受回家正用其田卖后任从买主耕种管业日后不得内外异言如有此情自干（甘）罪类（泪）立写卖契一纸付与买主收执为凭大枧头水灌应

代笔中人奉法保

宣统二年庚戌岁八月十九日立卖田契人奉文仙

宣统二年九月十三日单炳卿等卖山场地契

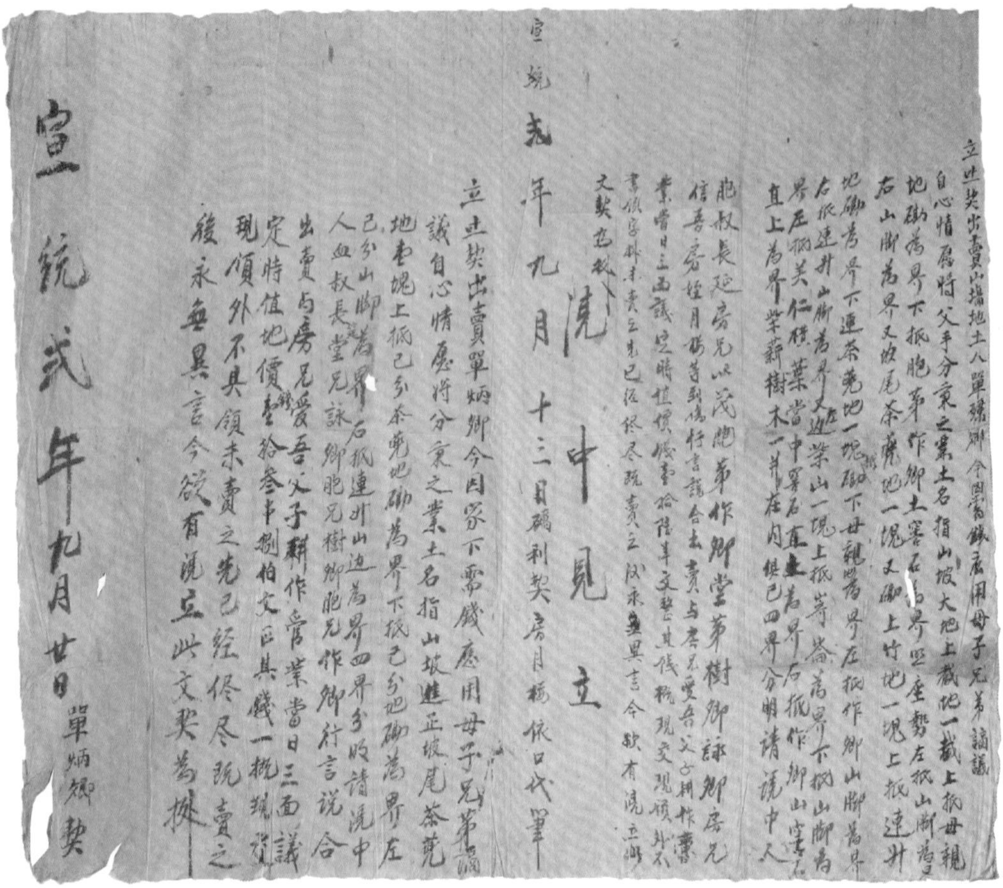
立此契出賣山塲地土人單𤇆卿今因需錢應用母子兄弟謪議
自心情愿將父手分家之業土名指山坡大地上截地一截上抵母親
地腳為界下抵胞弟作卿土窖石為界坐座勢左抵山腳為界
右山腳為界又坳尾茶蔸地一塊又腳上竹地一塊上抵連井
地腳為界下連茶蔸地一塊腳下母親地為界左抵作卿山腳為界
右抵連井山腳為界又連左茶山一塊上抵岩崙為界下抵山腳為
界左抵關仁積葉當中窖石直上為界右抵作卿山窖石
直上為界柴薪樹木一并在內俱已四界分明請憑中人
胞叔長廷房兄以茂胞弟作卿堂弟樹卿詠卿房兄
信吾房侄月鍚等到場將言議合出賣與房兄愛吾父子耕作管
業當日三面議定時值價錢壹拾陸千文整其錢概現交現領外不
書領字所未賣之先已經…既賣之後永無異言今欲有憑立此
文契為據
憑中見立
宣統元年九月十三日礪利契房月楊依口代筆

立此契出賣單炳卿今因家下需錢應用母子兄弟謪
議自心情愿將分家之業土名指山坡進正坡尾茶蔸
地壹塊上抵己分茶蔸地腳為界下抵己分地腳為界左
己分山腳為界右抵連井山邊為界四界分明請憑中
人血叔長廷堂兄詠卿胞兄樹卿胞兄作卿行言說合
出賣與房兄愛吾父子耕作管業當日三面議
定時值地價錢壹拾叁串捌伯文正其錢一概現交
現領外不具領未賣之先已經…既賣之
後永無異言今欲有憑立此文契為據
宣統弍年九月廿日 單炳卿 契

立吐（杜）契出卖山场地土人单砏卿今因需钱应用母子兄弟譪（商）议自心情愿将父手分秉之业土名指山坡大地上截地一截上抵母亲地墈为界下抵胞弟作卿土窖石为界照座势左抵山脚为界右（抵）山脚为界又坡尾茶蔸地一块又磡上竹地一块上抵连升地磡为界下连茶蔸地一块抵磡下母亲地为界左抵作卿山脚为界右抵连升山脚为界又左边茶山一块上抵嵜仑为界下抵山脚为界左抵美仁横叶当中窖石直上为界右抵作卿山窖石直上为界柴薪树木一并在内俱已四界分明请凭中人胞叔长延房兄以茂胞弟作卿堂弟树卿咏卿房兄信吾房姪月楼等到场行言说合出卖与房兄受吾父子耕作管业当日三面议定时值价钱壹拾陆串文整其钱概现交现领外不书领字据未卖之先已经尽尽既卖之后永无异言今欲有凭立此文契为据

凭中见立

宣统贰年九月十三日砏利契房月楼依口代笔

立吐（杜）契出卖单炳卿今因家下需钱应用母子兄弟譪（商）议自心情愿将分秉之业土名指山坡进正坡尾茶蔸地壹块上抵己分茶蔸地磡为界下抵己分地磡为界左己分山脚为界右抵连升山边为界四界分明请凭中人血叔长筳堂兄咏卿胞兄树卿胞兄作卿行言说合出卖与房兄爱吾父子耕作管业当日三面议定时值地价钱壹拾叁串捌伯（佰）文正其钱一概现交现领外不具领未卖之先已经尽尽既卖之后永无异言今欲有凭立此文契为据

宣统贰年九月廿日单炳卿契

宣统二年十月二十日唐有忠杜卖推拨税根田契

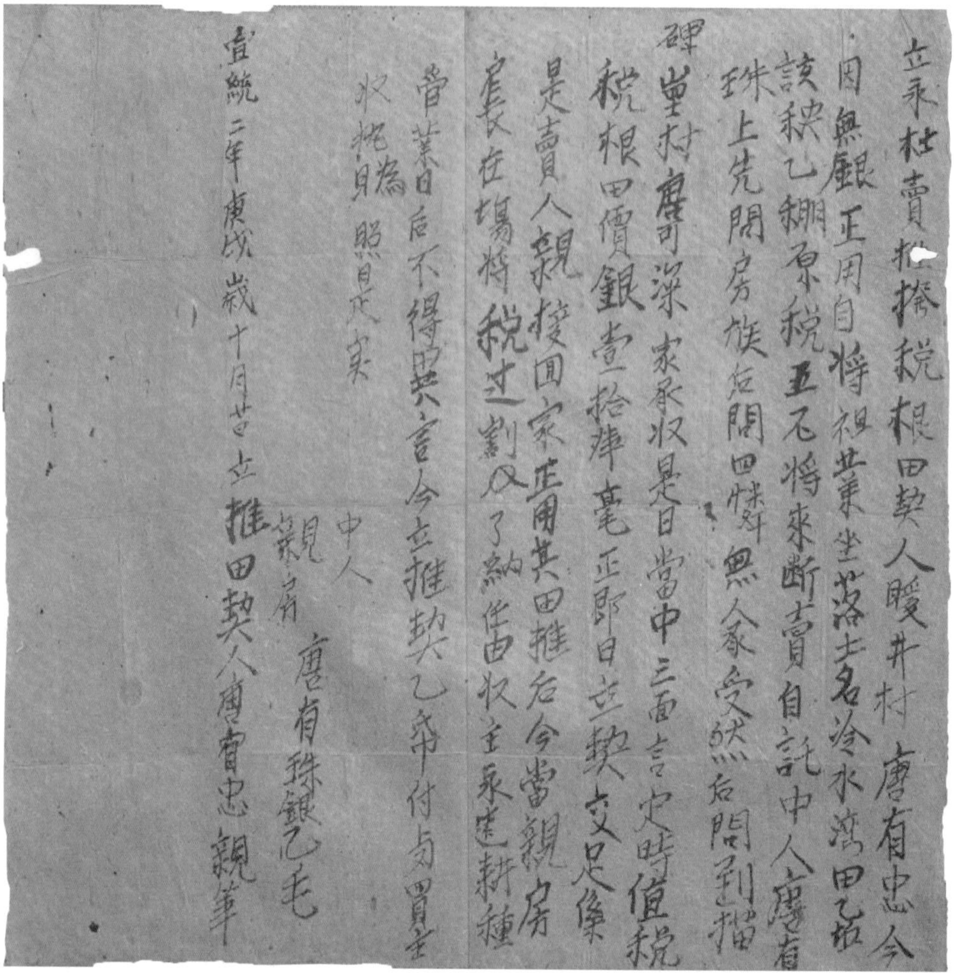

立永杜卖〈推〉拨税根田契人暖井村唐有忠今因无银正用自将祖业坐落土名冷水湾田一丘该秧一硼原税五厘将来断卖自托中人唐有珠上先问房族后问四怜（邻）无人承受然后问到描碑堂［岗］村唐可深家承收是日当中三面言定时值税［税］根田价银壹拾肆毫正即日立契交足系是卖人亲接回家正用其田推后今当亲房户长在场将税过割了纳任由收主永远耕种管业日后不得异言今立推契一纸付与买主收执为照是实

中人亲房唐有珠银一毛

宣统二年庚戌岁十月廿日立推田契人唐有忠亲笔

宣统二年十二月十六日吴保寿等卖地契

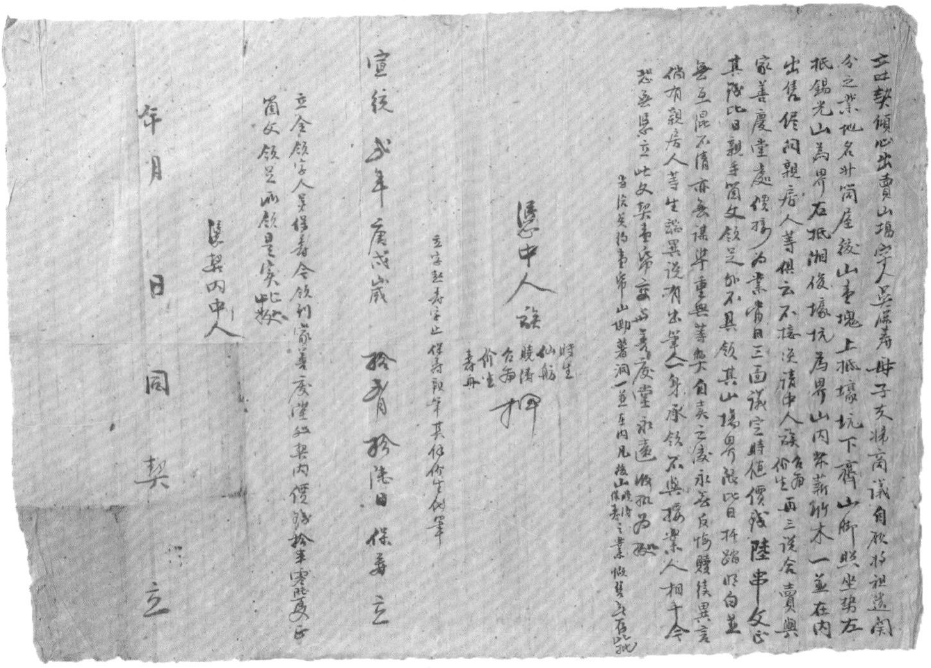

立吐（杜）契倾心出卖山场字人吴保寿母子夫妇商议自愿将祖遗关分之业地名州筒屋后山壹块上抵壕坑下齐山脚照坐势左抵锡光山为界右抵湘后壕坑为界山内柴薪竹木一并在内出售尽问亲房人等俱云不接凂请中人族台有价生再三说合卖与家善庆堂处价接为业当日三面议定时值价钱陆串文正其钱比日亲手个文领足外不具领其山场界限比日扦踏明白并无互混不清亦无谋准重典等契自卖之后永无反悔赎续异言倘有亲房人等生端异说有出笔人一身承领不与接业人相干今恐无凭立此文契壹纸交与善庆堂永远收执为据

当给兑约壹纸山墈薯洞一并在内凡后山晓涛保寿之业概售兀存此批

凭中人族时生仙舫晓涛台庆价生寿舟【押】

立字起寿字止保寿亲笔其得价生代笔

宣统贰年庚戌岁拾贰月拾陆日保寿立

立全领字人吴保寿今领到家善庆堂处契内价钱拾串零陆百文正个文领足所领是实此据

凭契内中人

年月日同契立

宣统二年十二月十九日黎先光卖地契

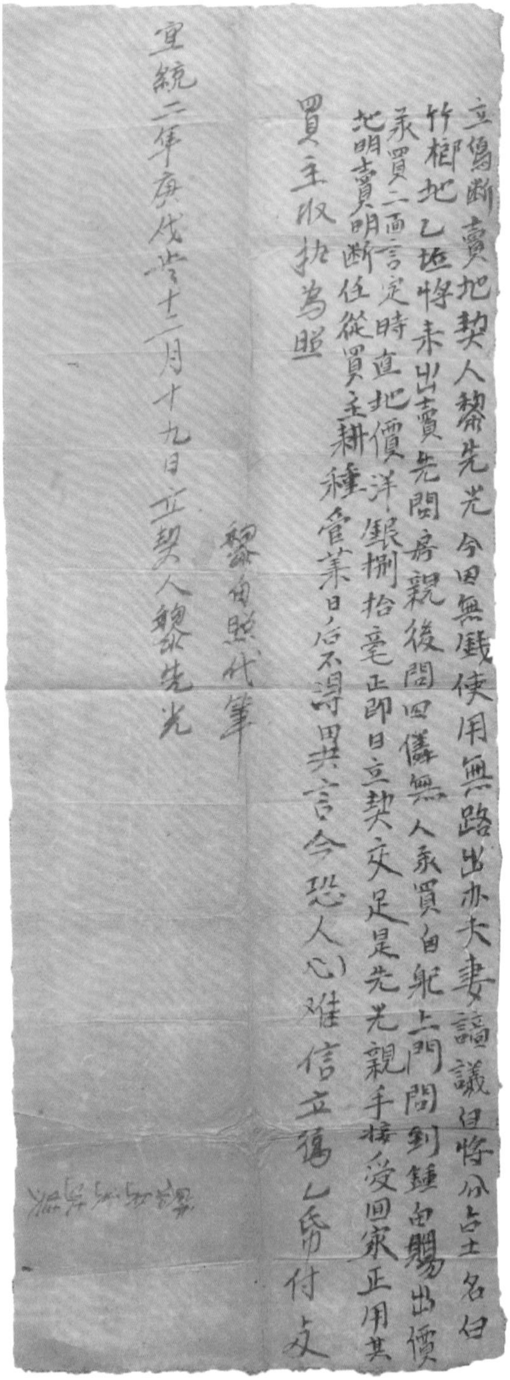

立写断卖地契人黎先光今因无钱使用无路出办夫妻謪（商）议自将分占土名白竹榔地一丘将来出卖先问房亲后问四僯（邻）无人承买自己上门问到钟由赐出价承买二面言定时直地价洋银捌拾毫正即日立契交足是先光亲手接受回家正用其地明卖明断任从买主耕种管业日后不得异言今恐人心难信立写一纸付与买主收执为照

黎由聪代笔

宣统二年庚戍（戌）岁十二月十九日立契人黎先光

宣统三年正月初八日单尧阶卖山场地契

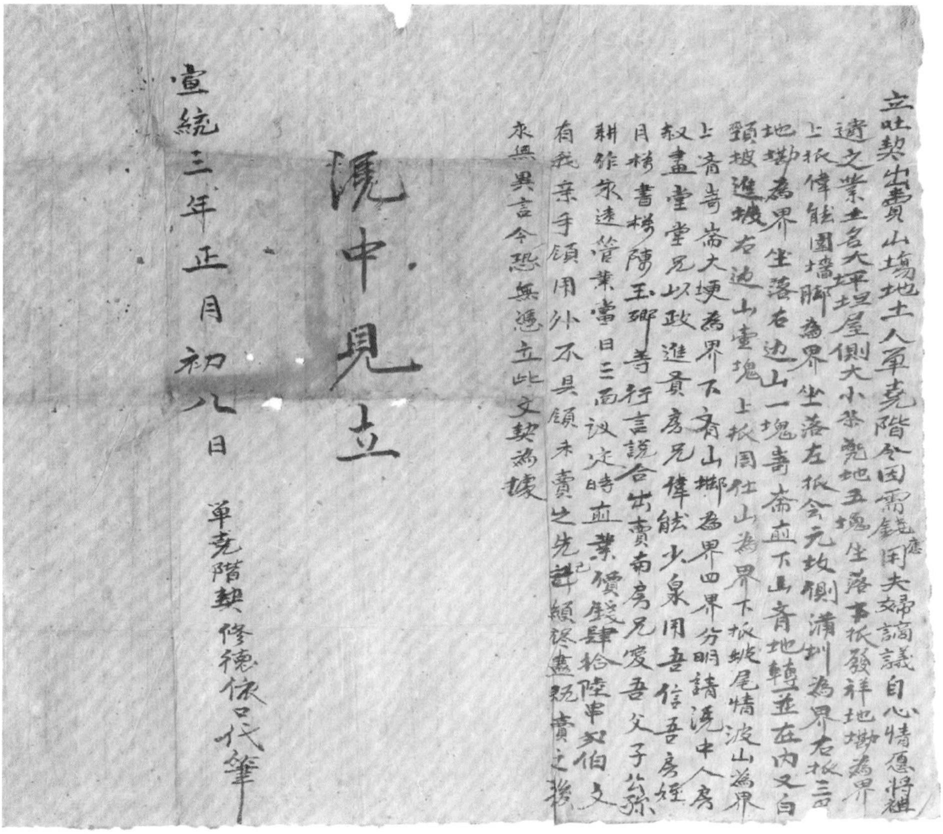

立吐（杜）契出卖山场地土人单尧阶今因需钱应用夫妇謪（商）议自心情愿将祖遗之业土名大坪坦屋侧大小茶蔸地五块坐落下抵发祥地塝为界上抵伟能围墙脚为界坐落左抵会元坟侧沟圳为界右抵三（眉）地塝为界坐落右边山一块嵜仑直下山齐地转一并在内又白颈坡进坡右边山壹块上抵周仕山为界下抵坡尾情波山为界上齐嵜仑大埂为界下齐山脚为界四界分明请凭中人房叔尽堂堂兄以政进貟房兄伟能少泉用吾信吾房姪月楼书楼陈玉卿等行言说合出卖与房兄庆吾父子公孙耕作永远管业当日三面议定时直业价钱肆拾陆串贰伯（佰）文有我亲手领用外不具领未卖之先己（已）领尽尽既卖之后永无异言今恐无凭立此文契为据

凭中见立

宣统三年正月初八日单尧阶契修德依口代笔

宣统三年二月初七日任书彩永远断卖田契

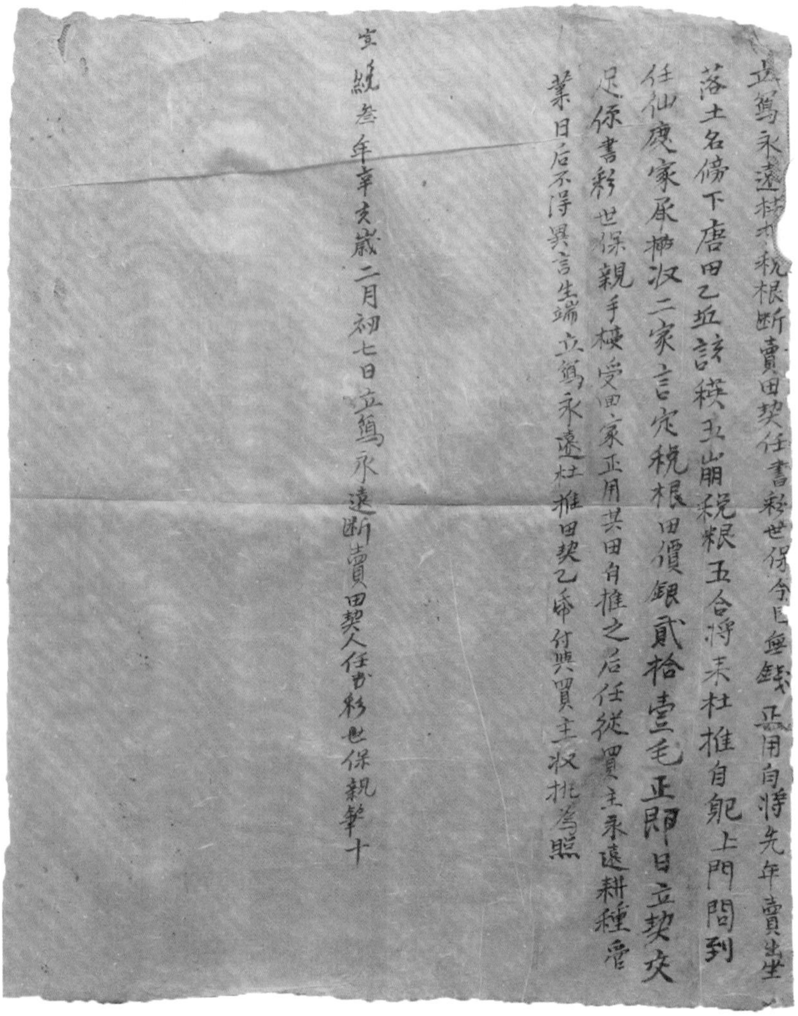

立写永远杜〈推〉税根断卖田契任书彩世保今因无钱正用自将先年卖出坐落土名傍下唐田一丘该秧五崩〔棚〕税粮五合将来杜推自己上门问到任仙庆家承收二家言定税根田价银贰拾壹毛正即日立契交足系书彩世保亲手梭（接）受回家正用其田自推之后任从买主永远耕种管业日后不得异言生端立写永远杜推田契一纸付与买主收执为照

宣统叁年辛亥岁二月初七日立写永远断卖田契人任书彩世保亲笔【押】

宣统三年二月二十二日钟氏卖田契

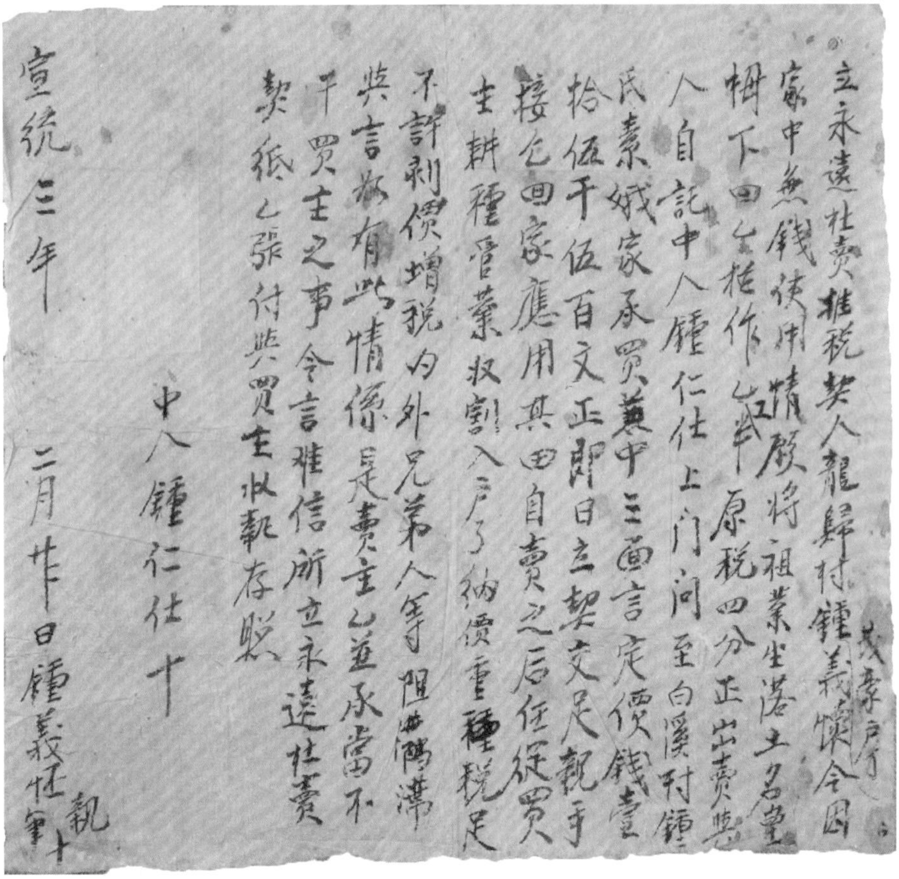

立永远杜卖推税契人龙归村钟茂豪户丁义怀今因家中无钱使用情愿将祖业坐落土名岦（岗）拇下田一丘作乙工（弓）半原税四分正出卖与人自托中人钟仁仕上门问至白溪村钟氏素娥家承买兼中三面言定价钱壹拾伍千伍百文正即日立契交足亲手接乞回家应用其田自卖之后任从买主耕种管业收割入户了纳价重税足不许剥价增税内外兄弟人等阻凼（挡）滞与言如有此情系是卖主一并承当不干买主之事今言难信所立永远杜卖契纸一张付与买主收执存照

中人钟仁仕【押】

宣统三年二月廿二日钟义怀亲笔【押】

宣统三年二月二十三日李际时杜卖推税契（一）

立社卖推税契纸人龙郎村本都本甲李彩明户丁李际时
家中无钱使用自将祖業田坐落土名崀母不下田一丘
乙工半原税戈分正出卖与人无人承买自己上门门至
北溪村钟氏素娥家买二家言定价卖拾柒文正即
日立契定足亲手接乞回家应用其田自卖之后任从
买主耕种所管为業毋得異言如有異言卖主一
並承当不干买主之争今人难信所立以纸为凭

宜统三年辛亥岁二月廿三日

李际时观笔十

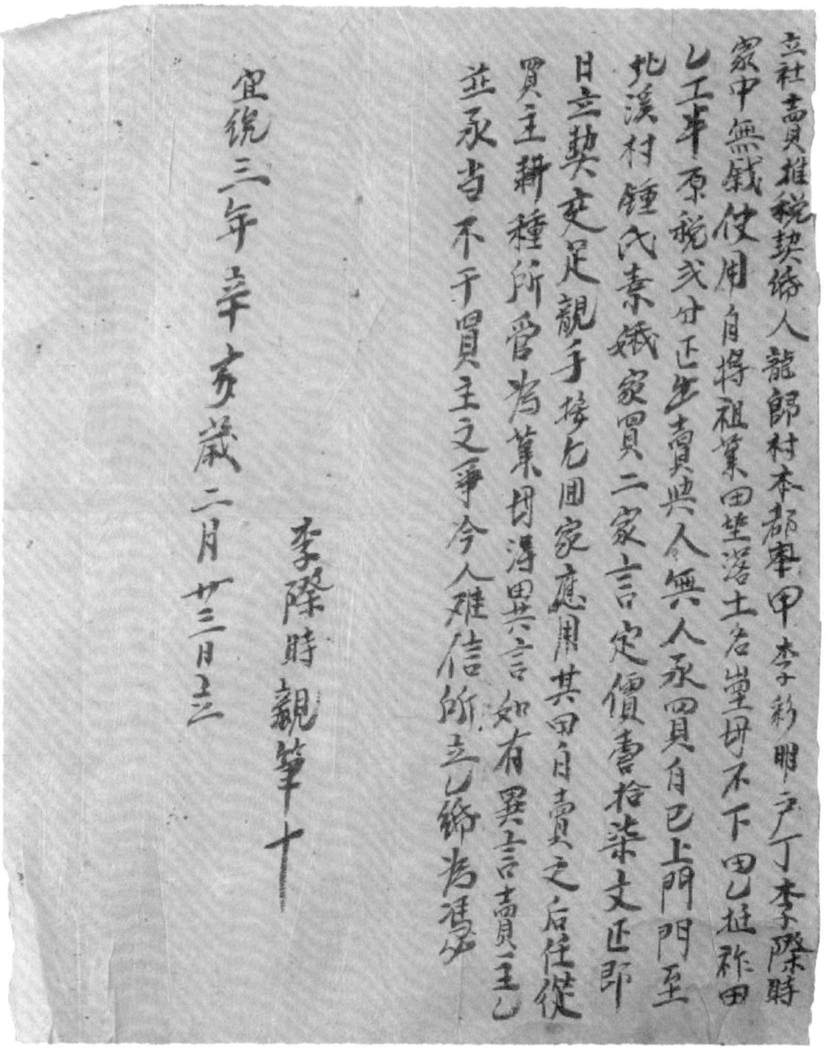

立杜卖推税契纸人龙归村本都本甲李
彩明户丁李际时家中无钱使用自将祖
业田坐落土名崀（岗）母不下田一丘
祚田一工〔弓〕半原税贰分正出卖与
人无人承买自已（己）上门门（问）
至北溪村钟氏素娥家买二家言定价壹
拾柒文正即日立契交足亲手接乞回家
应用其田自卖之后任从买主耕种所管
为业母（毋）得异言如有异言卖主一
并承当不干买主之事今人难信所立一
纸为凭
李际时亲笔【押】
宣统三年辛亥岁二月廿三日立

宣统三年二月二十三日李际时杜卖推税契（二）

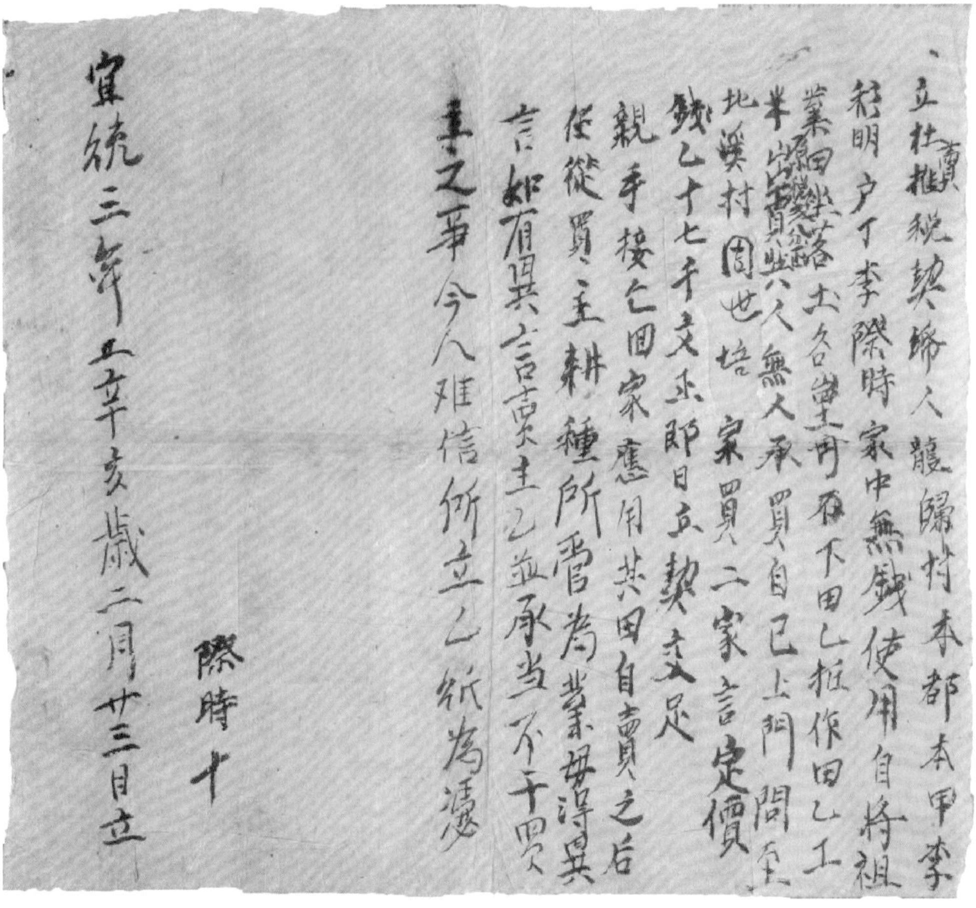

立杜卖推税契纸人龙归村本都本甲李彩明户丁李际时家中无钱使用自将祖业田坐落土名堂〔岗〕母下田一丘作田乙工〔弓〕半原税贰分正出卖与人无人承买自己上门问至北溪村周世培家买二家言定价钱一十七千文正即日立契交足亲手接乞回家应用其田自卖之后任从买主耕种所管为业毋得异言如有异言卖主一并承当不干买主之事今人难信所立一纸为凭

际时【押】

宣统三年辛亥岁二月廿三日立

宣统三年八月二十一日王发盛卖地契

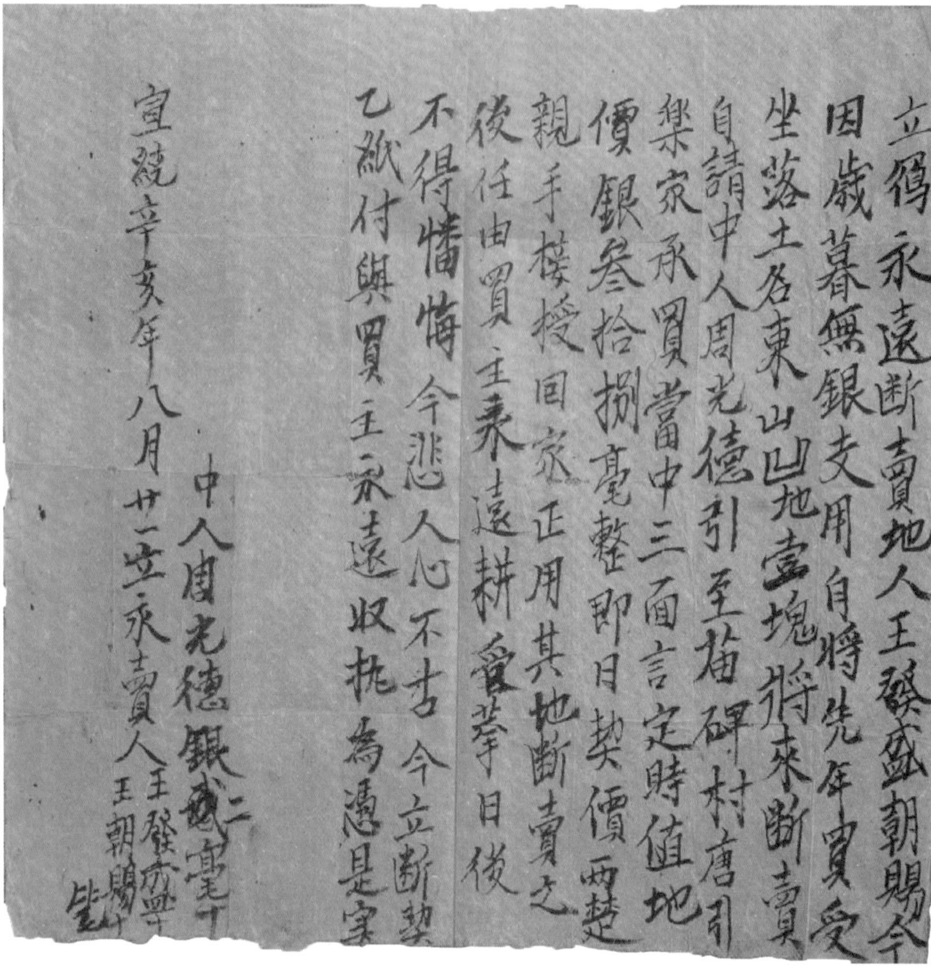

立写永远断卖地人王发盛朝赐今因岁暮无银
支用自将先年买受坐落土名东山凹地壹块将
来断卖自请中人周光德引至苗碑村唐引乐家
承买当中三面言定时值地价银叁拾捌毫整即
日契价两楚亲手梭（接）授（受）回家正用
其地断卖之后任由买主永远耕〈种〉管业日
后不得憣悔今悲人心不古今立断契一纸付与
买主永远收执为凭是实

中人周光德银二毫【押】

宣统辛亥年八月廿一立永卖人王发盛【押】

王朝赐【押】笔

宣统三年十月初三日奉志正补田契

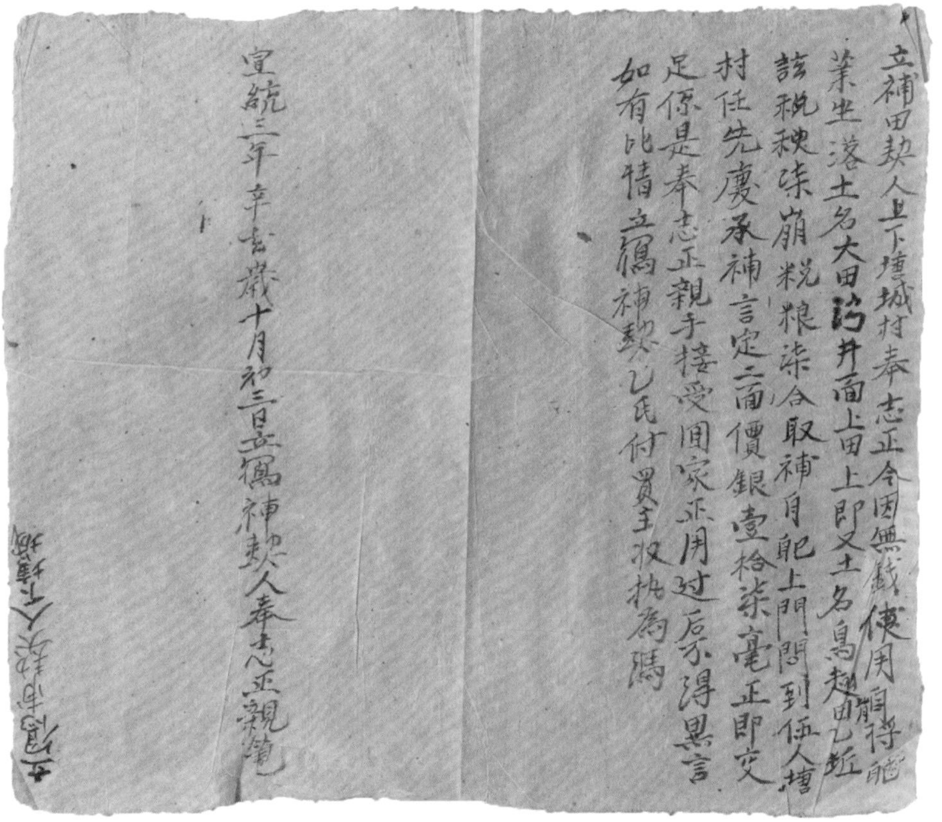

立补田契人下塘城村奉志正今因无钱使用自将己业坐落土名大田湾井面上田上即（节）又土名鸟趐背田一丘该秧柒崩（棚）税粮柒合取补自己上门问到伍人塘村任仙庆承补言定二面价银壹枱（拾）柒毫正即交足系是奉志正亲手接受回家正用过后不得异言如有比（此）情立写补契一氐（纸）付与买主收执为凭

宣统三年辛亥岁十月初三日立写补契人奉志正亲笔

立写甫（补）契人下塘城

宣统三年任祖求杜推税根契

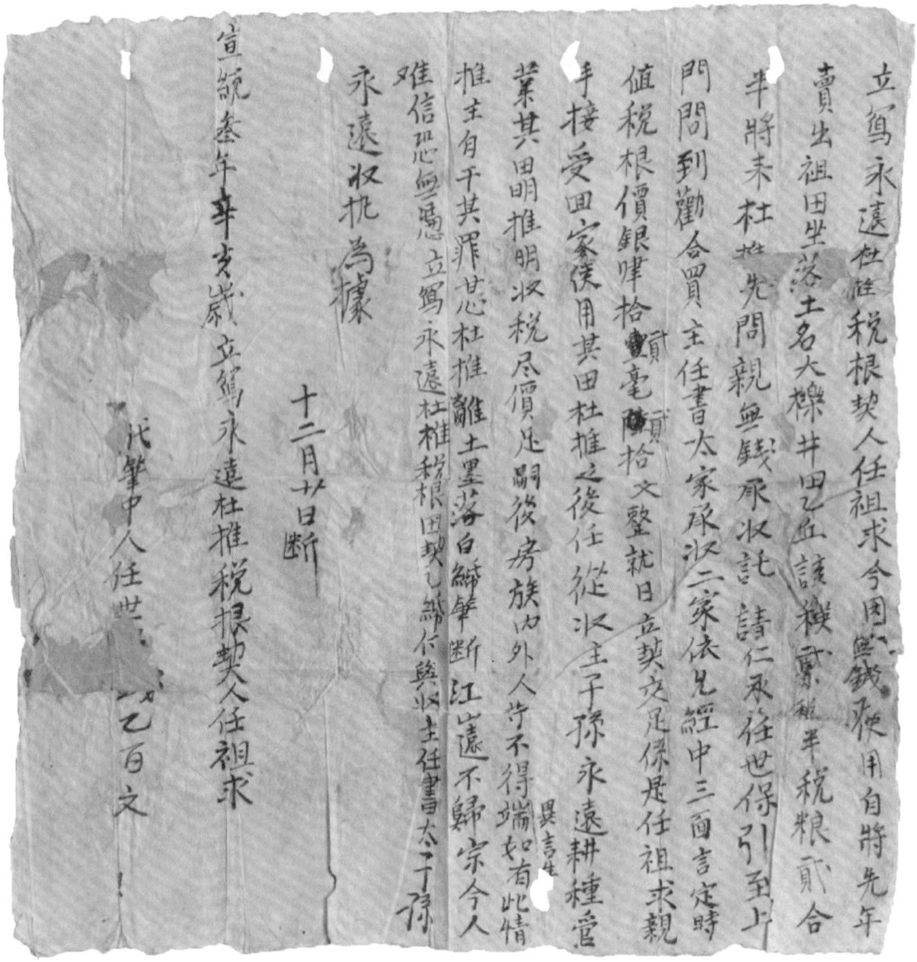

立写永远杜推税根契人任祖求今因无钱使用自将先年卖出祖田坐落土名大栎井田一丘该秧贰秠半税粮贰合半将来杜推先问亲无钱承收托请仁承任世保引至上门问到劝合买主任书太家承收二家依允经中三面言定时值税根价银肆拾贰毫贰拾文整就日立契交足系是任祖求亲手接受回家使用其田杜推之后任从收主子孙永远耕种管业其田明推明收税尽价足嗣后房族内外人等不得异言生端如有此情推主自干（甘）其罪甘心杜推离土墨落白纸笔断江山远不归宗今人难信恐无凭立写永远杜椎（推）税根田契一纸付与收主任书太子孙永远收执为据

十二月廿日断

宣统叁年辛亥岁立写永远杜推税根契人任祖求

代笔中人任世□□一百文

民国元年三月二十八日钟唐氏聪秀卖地契

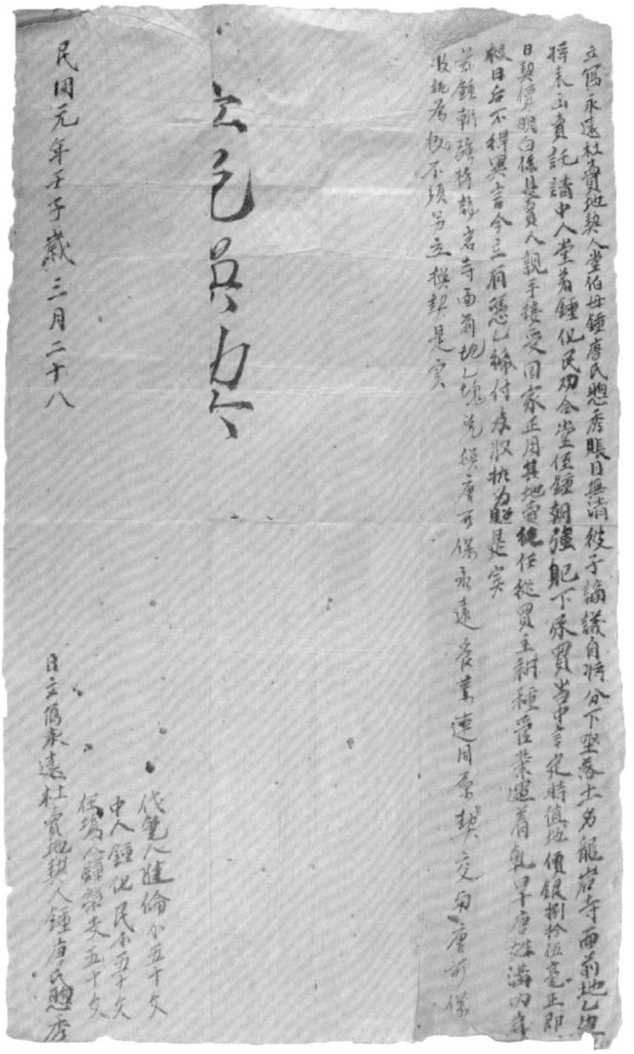

立写永远杜卖地契人堂伯母钟唐氏聪秀账目无清彼子谪（商）议自将分下坐落土名瓦岩寺面前地一边将来出卖托请中人堂弟钟化民劝合堂侄钟朝强己下承买当中言定时值地价银捌拾伍毫正即日契价明白系是卖人亲手接受回家正用其地卖后任从买主耕种管业遇着干旱唐姓沟内戽救日后不得异言今立有凭一纸付与收执为照是实

兹钟朝强将瓦岩寺面前地一块兑换唐可保永远管业连同原契交与唐可保收执为据不须另立换契是实

□□□□

代笔人进伦钱五十文

中人钟化民钱五十文

在场人钟荣支五十文

民国元年壬子岁三月二十八日立写永远杜卖地契人钟唐氏聪秀

民国元年十二月十六日钟坤德卖园地契

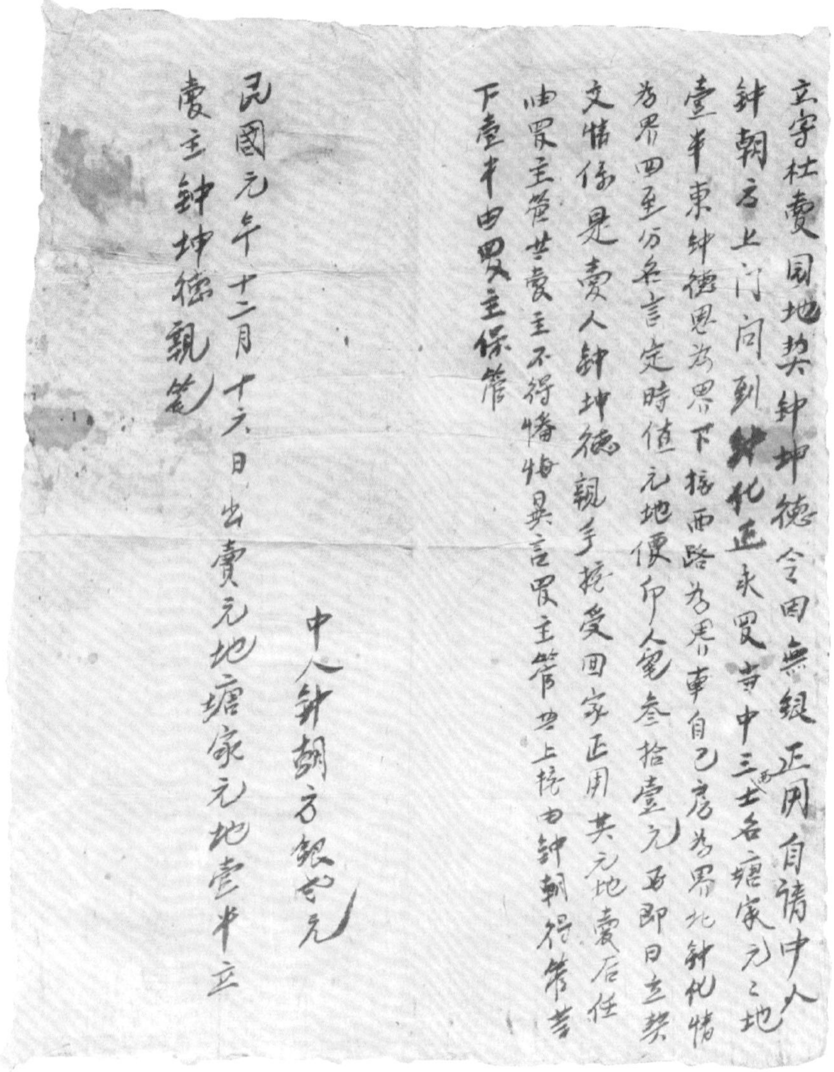

立字杜卖园地契钟坤德令（今）因无银正用自请中人钟朝方上门问到钟化正永买当中三面土名塘家元元地壹半东钟德恩为界下接西路为界南自己房为界北钟化情为界四至分名（明）言定时值元地价币八毫叁拾壹元正即日立契交情系是卖人钟坤德亲手接受回家正用其元地卖后任油买主管业卖主不得憣悔异言买主管业上接由钟朝得管业下壹半由买主保管

中人钟朝方银贰元

民国元年十二月十六日出卖元地塘家元地壹半立

卖主钟坤德亲笔

民国元年十二月二十日单会元卖地契

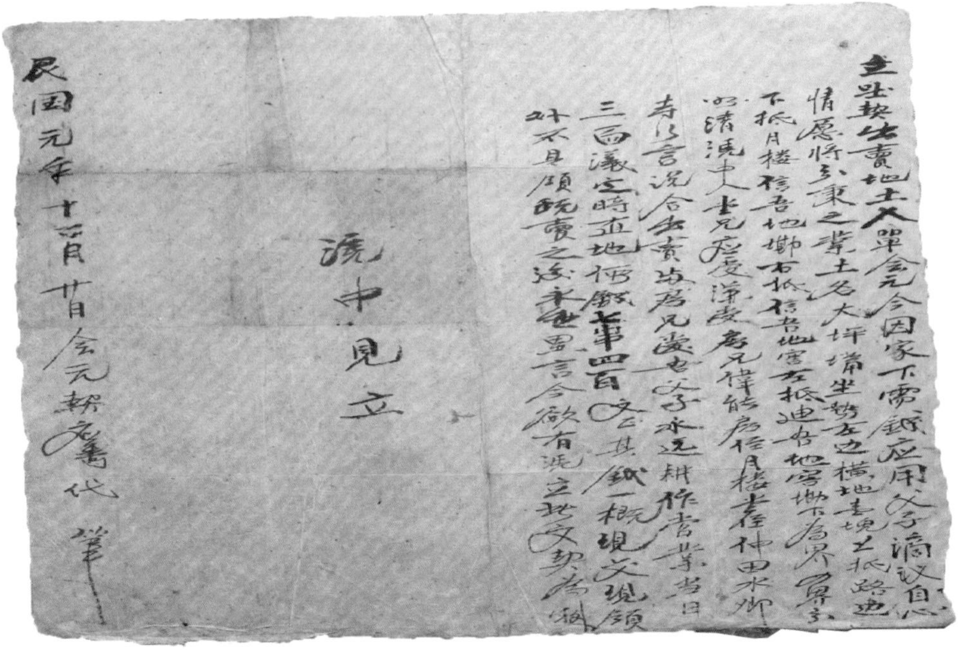

立吐契出卖地土人单会元今因家下需钱应用父子谪（商）议自心情愿将分秉之业土名大坪垱坐势左边横地壹块上抵路边下抵月楼信吾地塂右抵信吾地窖左抵迪吾地窖塂下为界四界分明请凭中人堂兄应受谦受房兄伟能房侄月楼堂侄仲田水卿寿乃言说合出卖与房兄爱吾父子永远耕作管业当日三面议定时直地价钱七串四百文正其钱一概现交现领外不具领既卖之后永无异言今欲有凭立此文契为据

凭中见立

民国元年十二月廿日会元契应寿代笔

民国元年十二月二十三日陈月照当卖地契

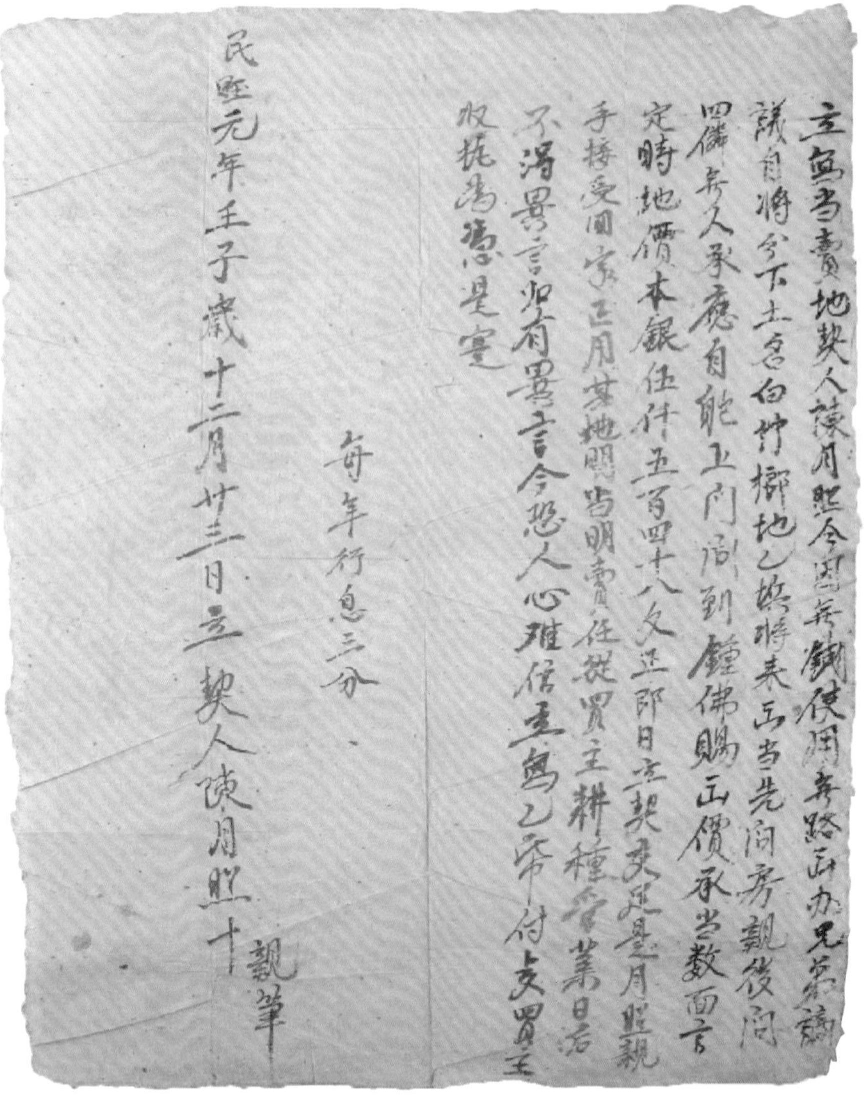

立写当卖地契人陈月照今因无钱使用无路出办兄弟谪（商）议自将分下土名白竹榔地一丘将来出当先问房亲后问四僯（邻）无人承应自己上门问到钟佛赐出价承当数面言定时地价本银伍仟五百四十八文正即日立契交足是月照亲手接受回家正用其地明当明卖任从买主耕种管业日后不得异言如有异言今恐人心难信立写一纸付与买主收执为凭是实

每年行息三分

民国元年壬子岁十二月廿三日立契人陈月照【押】亲笔

民国二年正月十四日钟如伦卖田契

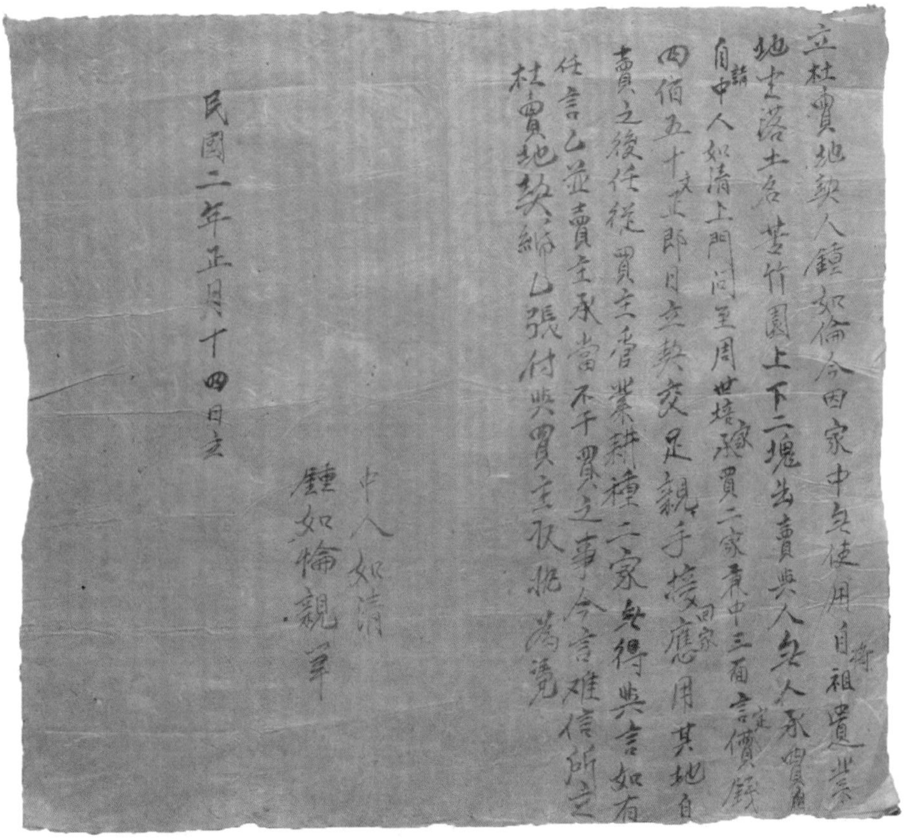

立杜卖地契人钟如伦今因家中无使用自将祖遗业
地坐落土名苦竹园上下二块出卖与人无人承买自
请中人如清上门问至周世培家承买二家兼中三面
言定价钱四佰五十文正即日立契交足亲手接回家
应用其地自卖之后任从买主管业耕种二家无得与
言如有任言一并卖主承当不干买主之事今言难信
所立杜卖地契纸一张付与买主收执为凭
中人如清
钟如愉〔伦〕亲笔
民国二年正月十四日立

民国二年一月十六日钟朝方卖园地契

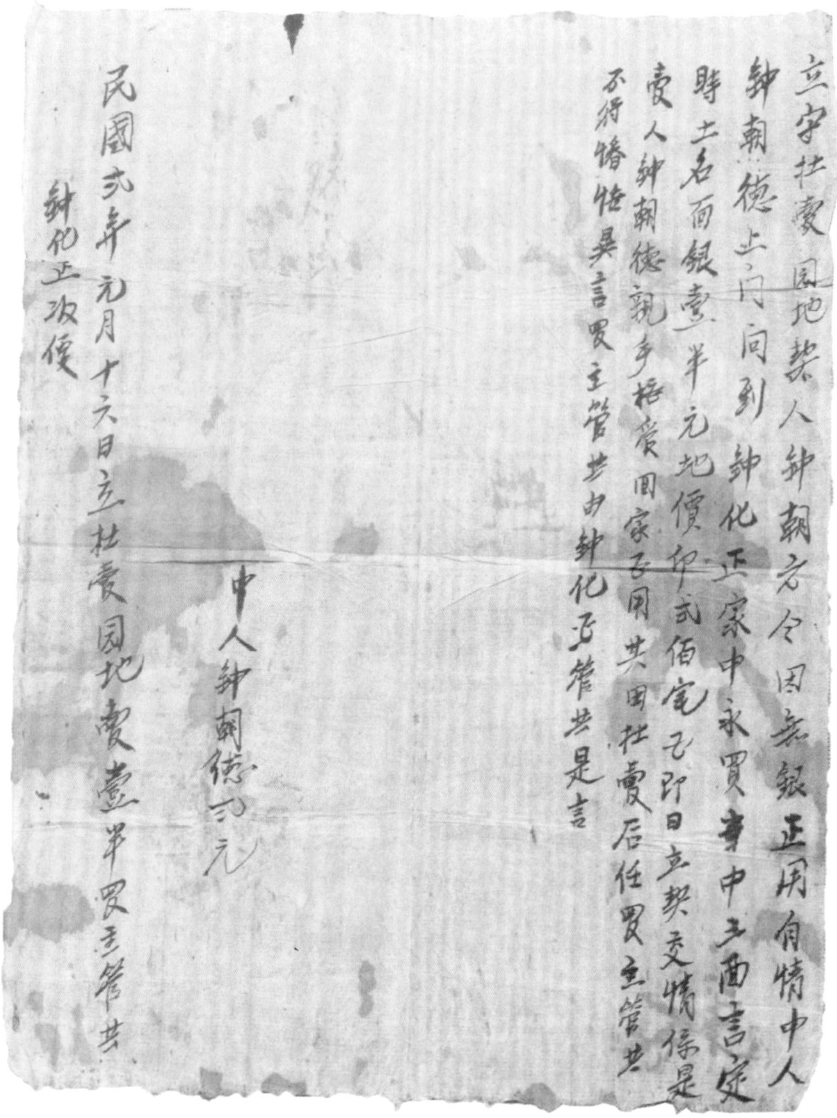

立字杜卖园地契人钟朝方今因无银正用自情（请）中人钟朝德上门问到钟化正家中永买当中三面言定时土名面银壹半元地价币贰佰毫正即日立契交情系是卖人钟朝德亲手接受回家正用其田杜卖后任买主管业不得憣悔异言买主管业由钟化正管业是言

中人钟朝德贰元

民国贰年元月十六日立杜卖园地卖壹半买主管□

钟化正收价

民国二年二月十二日唐钟氏桂苟卖田契

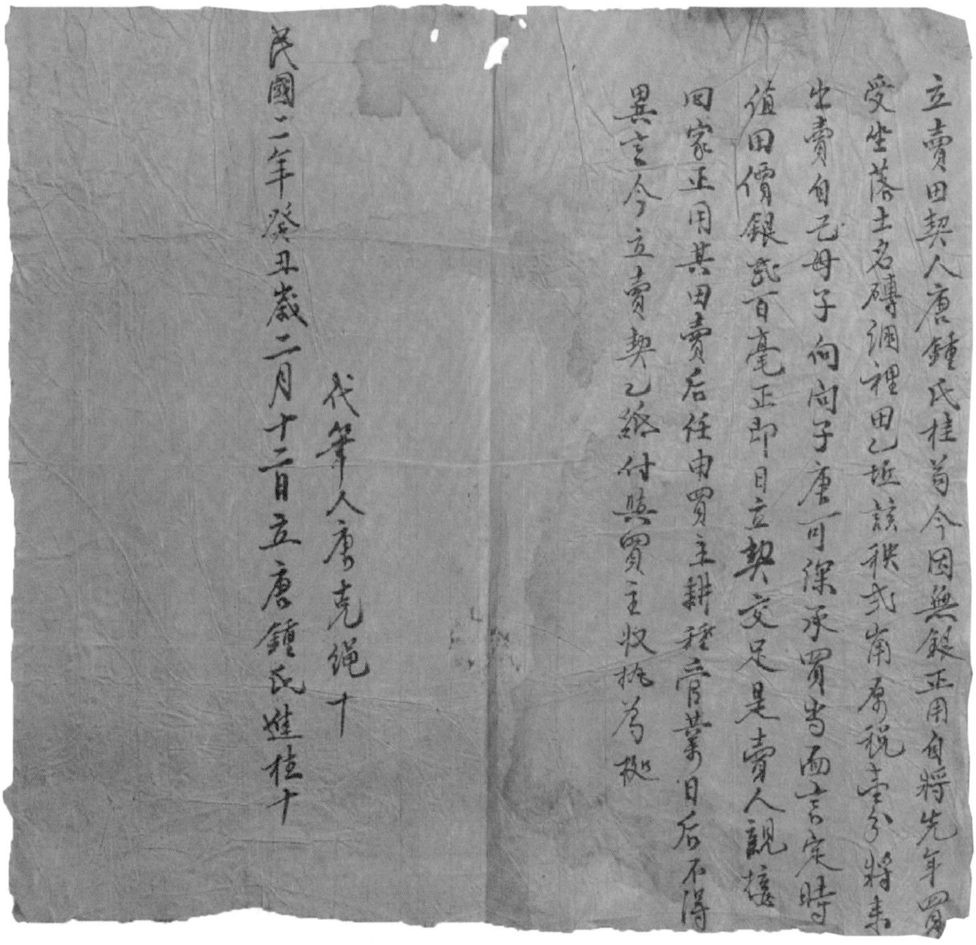

立卖田契人唐钟氏桂苟今因无银正用自将先年买受坐落土名砖洇里田一丘该秧二肻〔棚〕原税壹分将来出卖自己母子向问子唐可深承买当面言定时值田价银贰百毫正即日立契交足是卖人亲接回家正用其田卖后任由买主耕种管业日后不得异言今立卖契一纸付与买主收执为据

代笔人唐克绳【押】

民国二年癸丑岁二月十二日立唐钟氏进桂【押】

民国二年三月初三日唐克礼卖田契

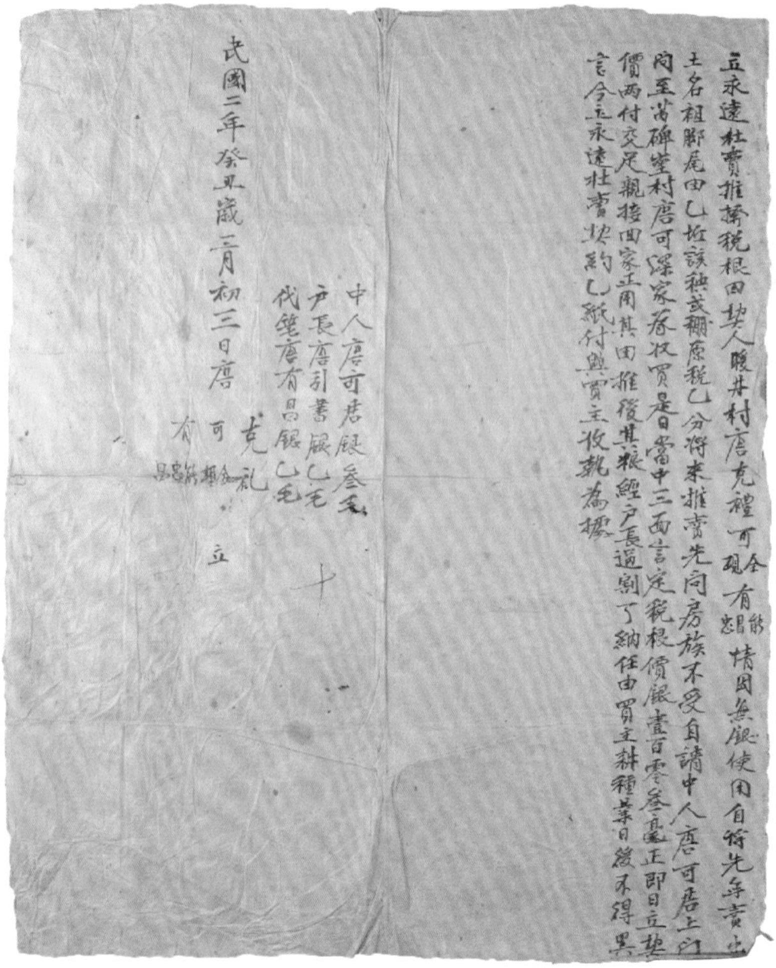

立永远杜卖推拨税根田契人暖井村唐克礼唐可全唐可现唐有能唐有昌唐有忠情因无银使用自将先年卖出土名祖脚尾田一丘该秧贰硼原税一分将来推卖先问房族不受自请中人唐可君上门问至苗碑堂〔岗〕村唐可深家承收买是日当中三面言定税根价银壹百零叁毫正即日立契价两付交足亲接回家正用其田推后其粮经户长过割了纳任由买主耕种〈管〉业日后不得异言今立永远杜卖契约一纸付与买主收执为据

中人唐可居银叁毛

户长唐引书银一毛【押】

代笔唐有昌银一毛

民国二年癸丑岁三月初三日唐克礼唐可全唐可现唐有能唐有忠唐有昌立

民国二年三月初三日唐克礼兄弟等卖田契

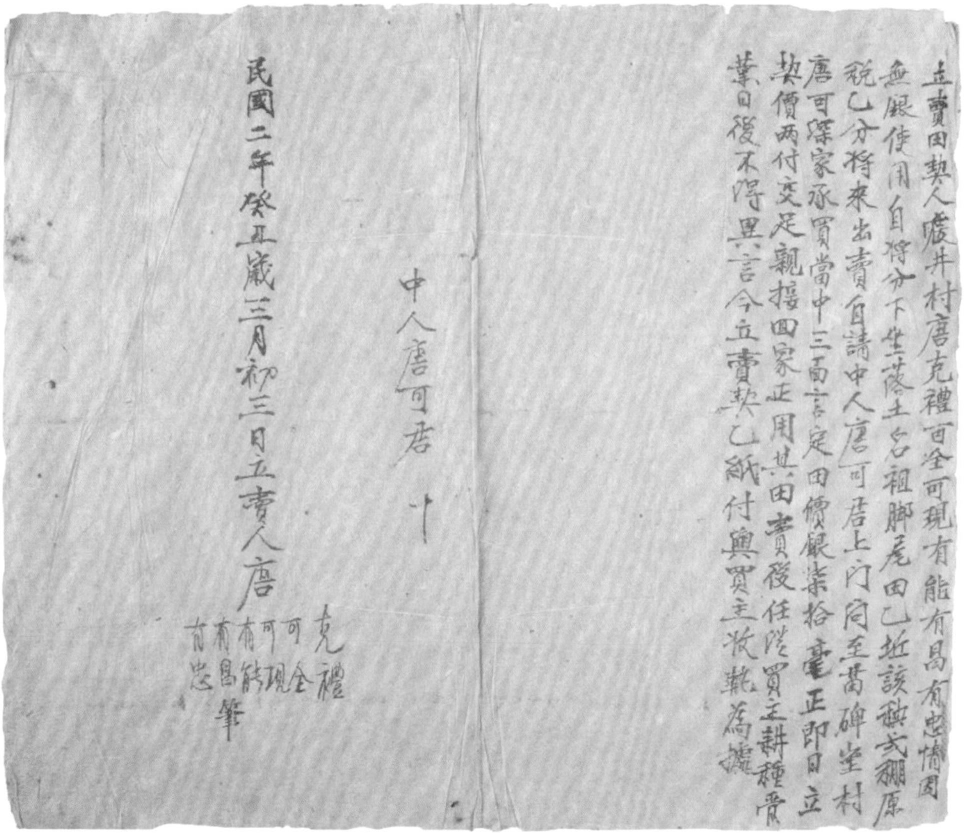

立卖田契人暖井村唐克礼可全可现有能有昌有忠情因
无银使用自将分下坐落土名祖脚尾田一丘该秧贰棚原
税一分将来出卖自请中人唐可君上门问至苗碑堂〔岗〕
村唐可深家承买当中三面言定田价银柒拾毫正即日立
契价两付交足亲接回家正用其田卖后任从买主耕种管
业日后不得异言今立卖契一纸付与买主收执为据
中人唐可君【押】
民国二年癸丑岁三月初三日立卖人唐克礼唐可全唐可
现唐有能唐有昌唐有忠笔

民国二年三月二十四日唐钟氏进桂推拨税根田契

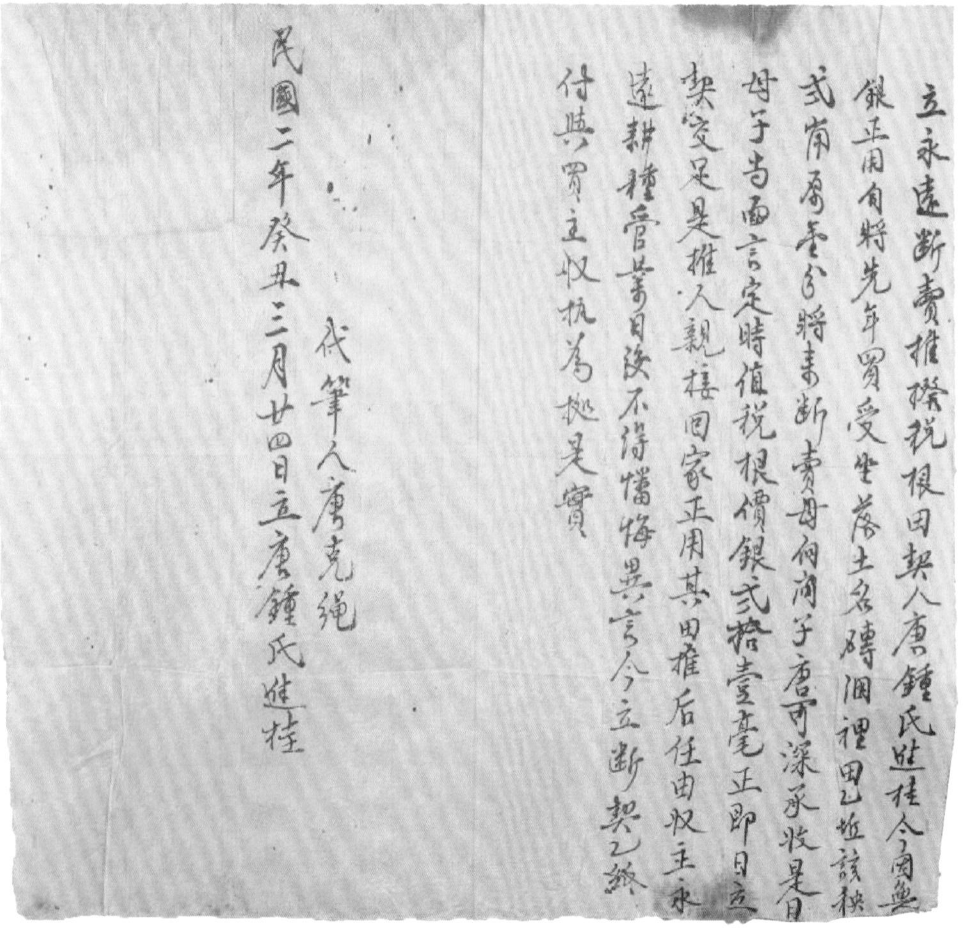

立永远断卖推拨税根田契人唐钟氏进桂今因
无银正用自将先年买受坐落土名砖涵里一丘该
秧贰甪〔硼〕原壹分将来断卖母向问子唐可深
承收是日母子当面言定时值税根价银贰拾壹
毫正即日立契交足是推人亲接回家正用其田
推后任由收主永远耕种管业日后不得憣悔异
言今立断契一纸付与买主收执为据是实
代笔人唐克绳
民国二年癸丑三月廿四日立唐钟氏进桂

民国二年六月十九日奉成富奉成贵当田契

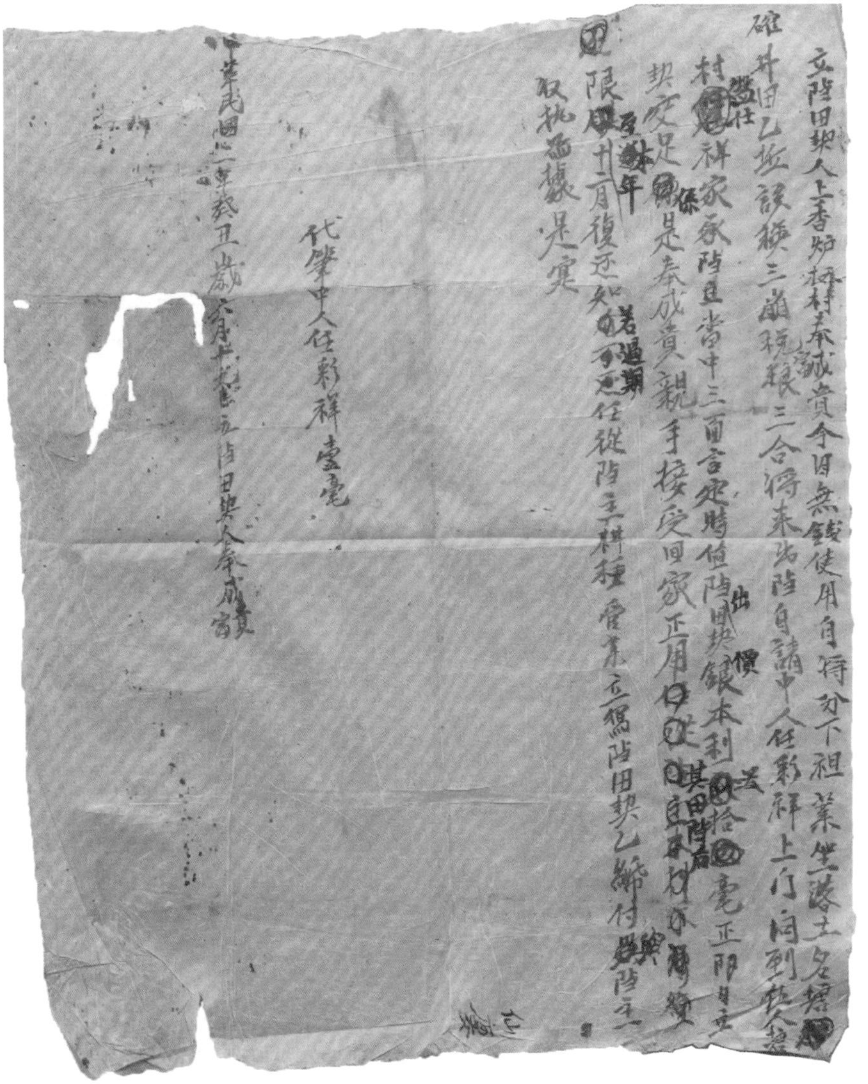

立㽯（当）田契人上香炉桥村奉成贵奉富（成）贵（富）今因无钱使用自将分下祖业坐落土名塘碓井田一丘该秧三甫〔棚〕税粮三合将来出㽯（当）自请中人任彩祥上门问到伍人塘村盘仕祥家承㽯（当）当中三面言定时值㽯（当）出田契价银本利□拾毫正即日立契交足系是奉成贵亲手接受回家正用其田㽯（当）后限至本年十二月复还如若过期任从㽯（当）主耕种管业立写㽯（当）田契一纸付与㽯（当）主收执为据是实

代笔中人任彩祥壹毫

中华民国二年癸丑岁六月十九日立㽯（当）田契人奉成贵奉成富

民国二年十一月初一日单美仁卖水田契

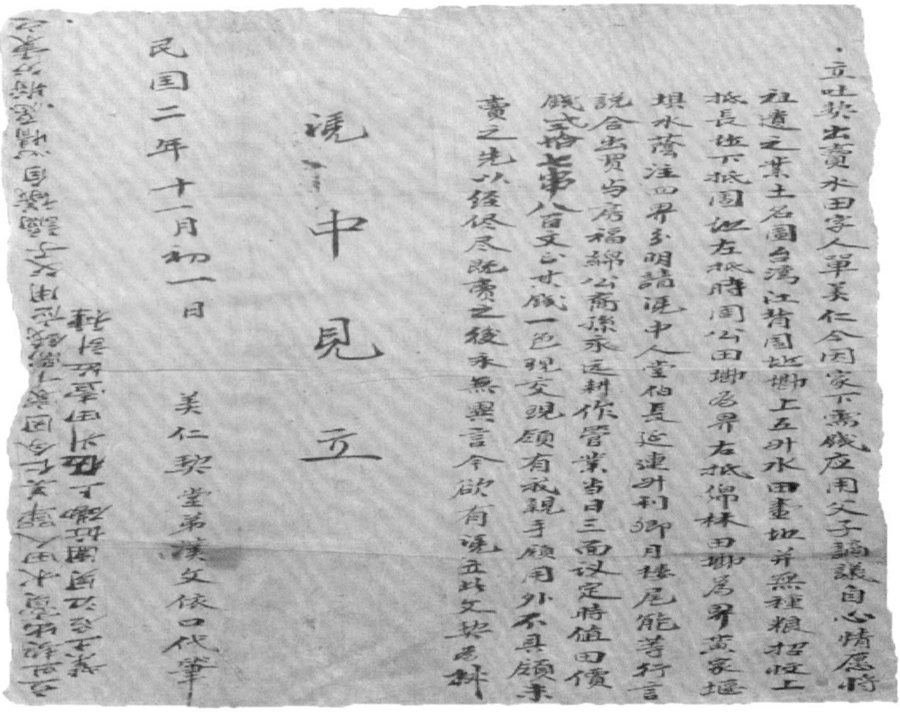

立吐契出卖水田字人单美仁今因家下需钱应用父子譪（商）议自心情愿将祖遗之业土名围台湾江背围坵塝上五升水田壹丘并无种粮招收上抵长坵下抵围坵左抵时周公田塝为界右抵绵林田塝为界黄家堰垻［垻］水荫注四界分明请凭中人堂伯长延连升利卿月楼尾能等行言说合出卖与房福绵公裔孙永远耕作管业当日三面议定时值田价钱贰拾七串八百文正其钱一色现交现领有我亲手领用外不具领未卖之先以经尽尽既卖之后永无异言今欲有凭立此文契为据

凭中见立

民国二年十一月初一日美仁契堂弟汉文依口代笔

民国二年十一月十三日周正文断卖田契

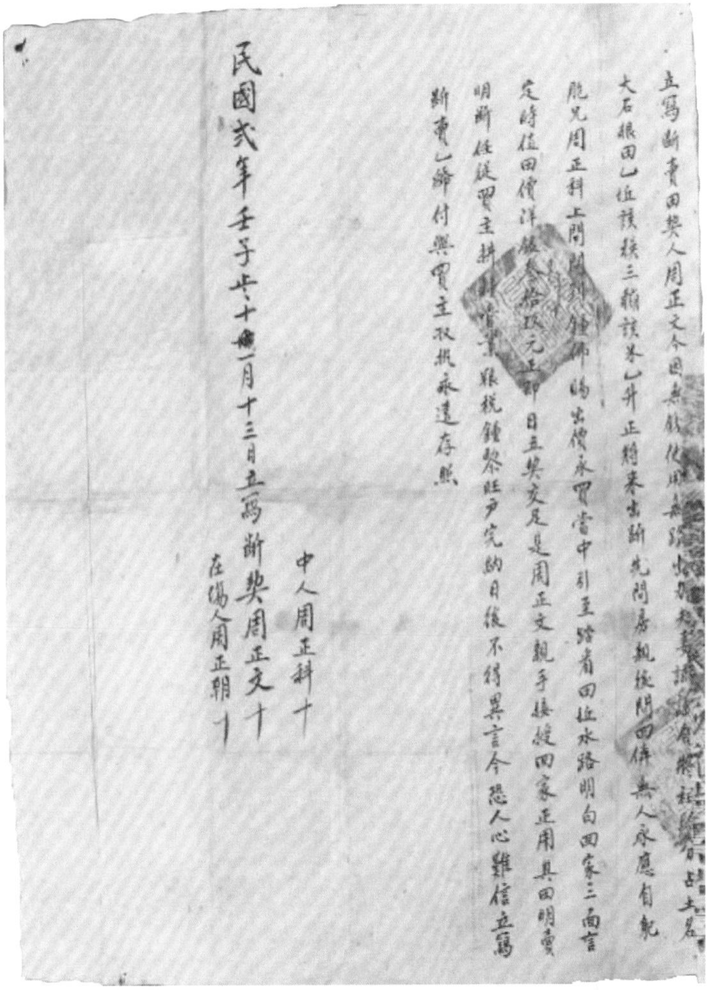

立写断卖田契人周正文今因无钱使用无路出办夫妻譪（商）议自将祖给分占土名大石根田一丘该秧三稝该米一升正将来出断先问房亲后问四僯（邻）无人承应自己胞兄周正科上门问到钟佛赐出价承买当中引至踏看田丘水路明白回家三面言定时值田价洋银叁拾玖元正即日立契交足是周正文亲手接授（受）回家正用其田明卖明断任从买主耕种管业粮税钟黎旺户完纳日后不得异言今恐人心难信立写断卖一纸付与买主收执永远存照

中人周正科【押】

民国贰年壬子岁十一月十三日立写断契周正文【押】

在场人周正朝【押】

民国二年十一月十六日奉文福补田契

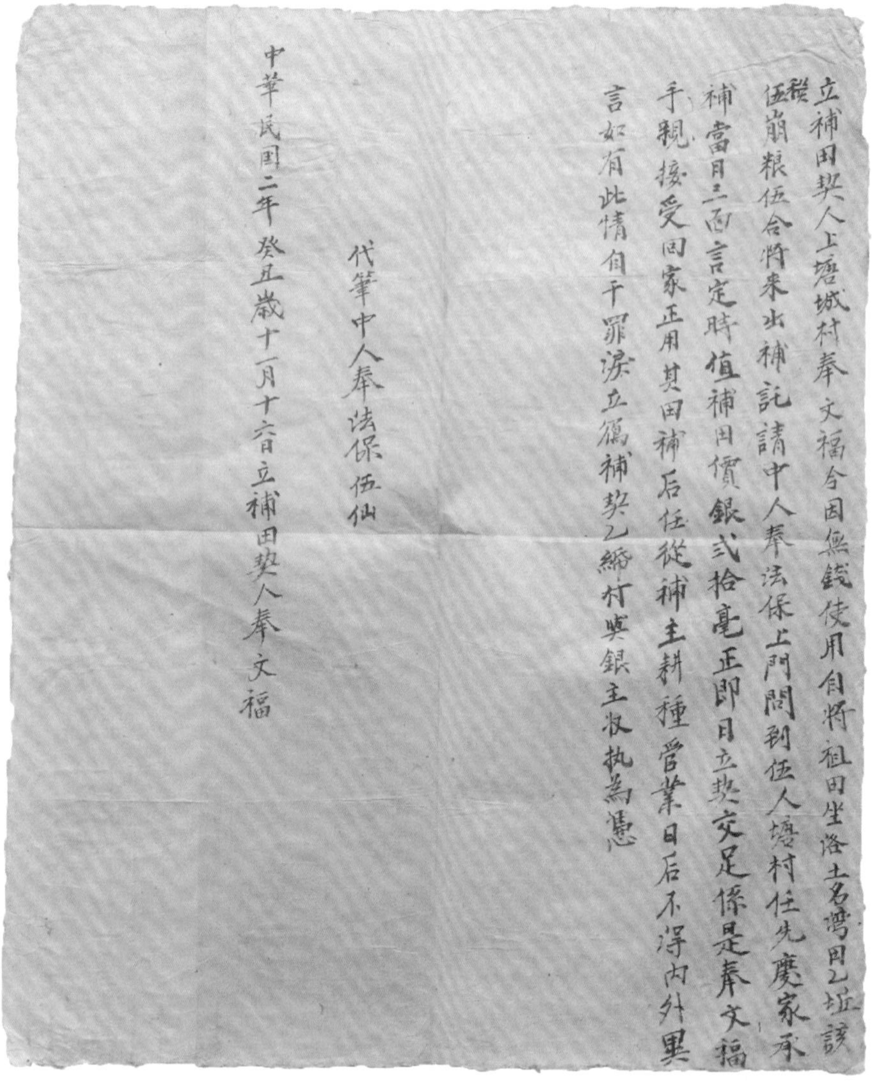

立补田契人上塘城村奉文福今因无钱使用自将祖田坐洛（落）土名湾田一丘该秧伍崩〔棚〕粮伍合将来出补托请中人奉法保上门问到伍人塘村任先庆家承补当日三面言定时值补田价银贰拾毫正即日立契交足系是奉文福亲手接受回家正用其田补后任从补主耕种管业日后不得内外异言如有此情自干（甘）罪汨立写补契一纸付与银主收执为凭

代笔中人奉法保伍仙

中华民国二年癸丑岁十一月十六日立补田契人奉文福

民国二年十二月二十日唐求保卖田契

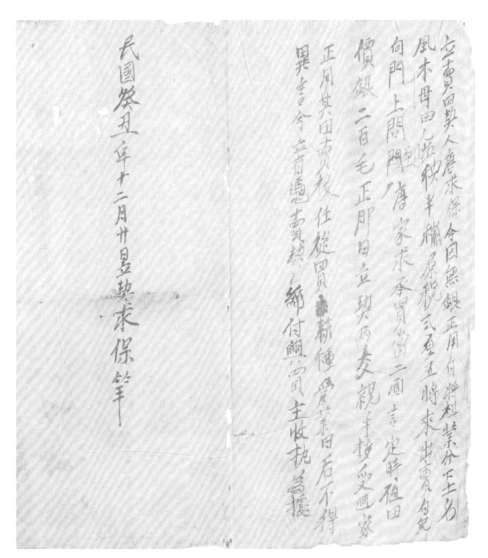

立卖田契人唐求保今因无银正用自将祖业分下土名风木母田一丘秧半𥞊〔棚〕原税贰厘五将来出卖自己向门上问到唐家求承买当二面言定时值田价银二百毛正即日立契两交亲手接受回家正用其田卖后任从买主耕种管业日后不得异言今立有凭卖契一纸付与买主收执为据

民国癸丑年十二月廿日立契求保笔

民国二年十二月二十六日钟振得卖地契

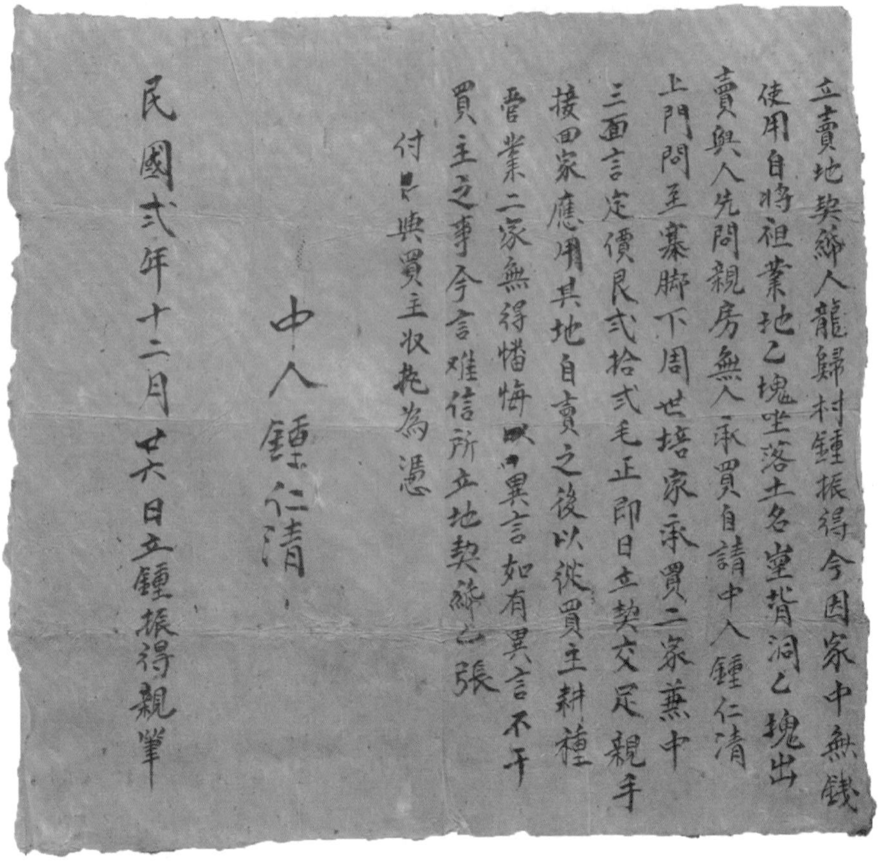

立卖地契纸人龙归村钟振得今因家中无钱使用自将祖业地一块坐落土名崀〔岗〕背洞一块出卖与人先问亲房无人承买自请中人钟仁清上门问至寨脚下周世培家承买二家兼中三面言定价银贰拾贰毛正即日立契交足亲手接回家应用其地自卖之后以从买主耕种管业二家无得憣悔异言如有异言不干买主之事今言难信所立地契纸一张

付与买主收执为凭

中人钟仁清

民国贰年十二月廿六日立钟振得亲笔

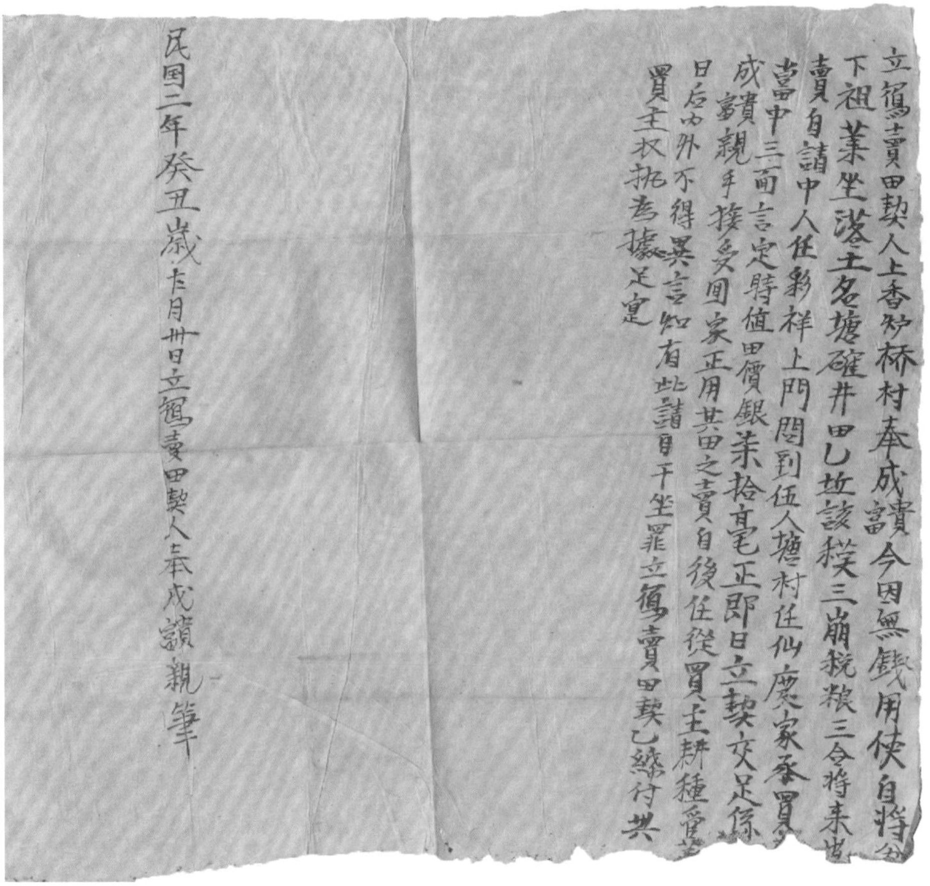

民国二年十二月三十日奉成贵奉成富卖田契

立写卖田契人上香炉桥村奉成贵奉成富今因无钱用使自将分下祖业坐落土名塘碓井田一丘该秧三崩〔棚〕税粮三合将来出卖自请中人任彩祥上门问到伍人塘村任仙庆家承买当中三面言定时值田价银柒拾毫正即日立契交足系成贵成富亲手接受回家正用其田之卖自后任从买主耕种管（业）日后内外不得异言如有此请（情）自干（甘）坐罪立写卖田契一纸付与买主收执为据足（是）实

民国二年癸丑岁十二月卅日立写卖田契人奉成贵奉成富亲笔

民国三年三月十四日孙虞义卖园地契

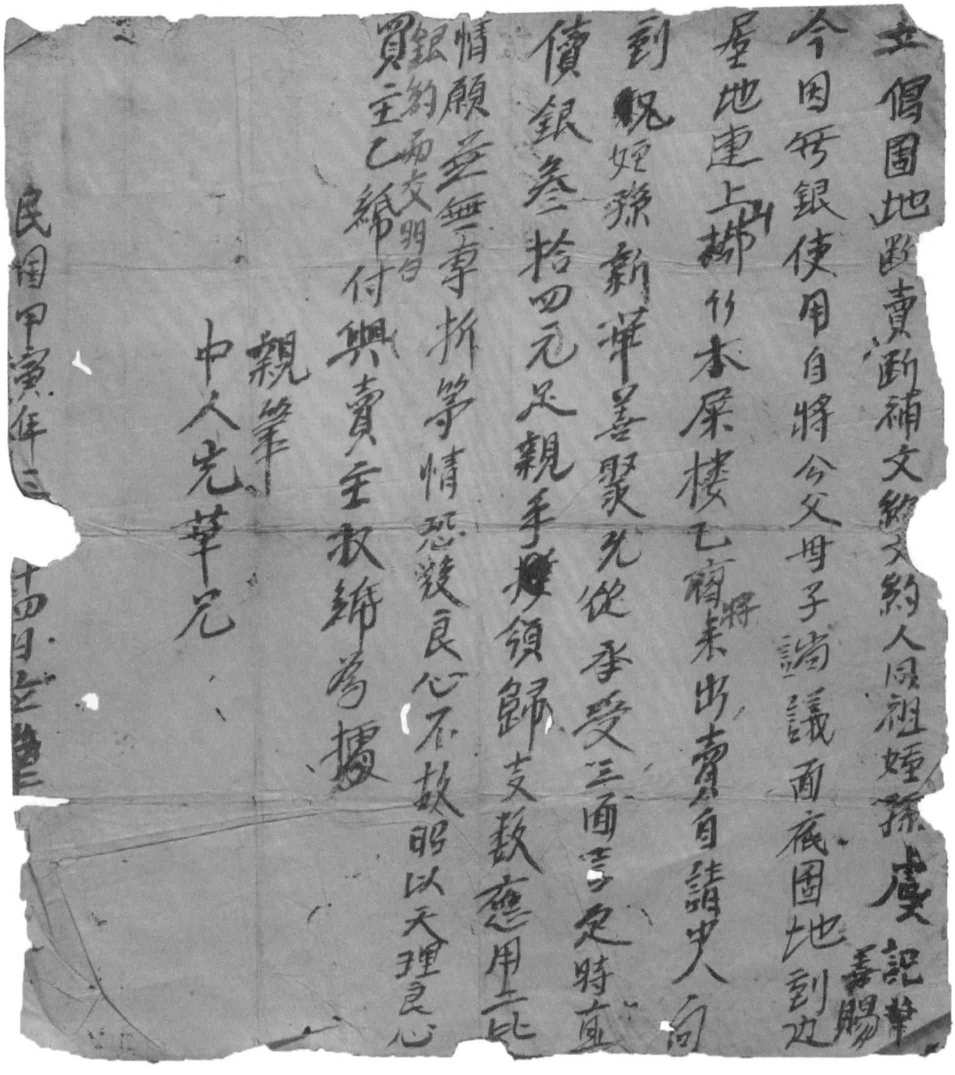

立写园地断卖断补文约文约人同祖侄孙虞记华虞义赐今因无银使用自将公父母子谪（商）议面底固地到边屋地连上山脚竹木屎楼一齐将来出卖自请中人向到兄侄孙新华善聚允从承受三面言定时直价银叁拾四元足亲手领归支数应用二比情愿并无专折等情恐后良心不故昭以天理良心银约两交明白买主一纸付与卖主收纸为据

亲笔

中人光华兄

民国甲寅年三〈月〉十四日立笔

民国三年四月二十八日钟如获卖熟地契

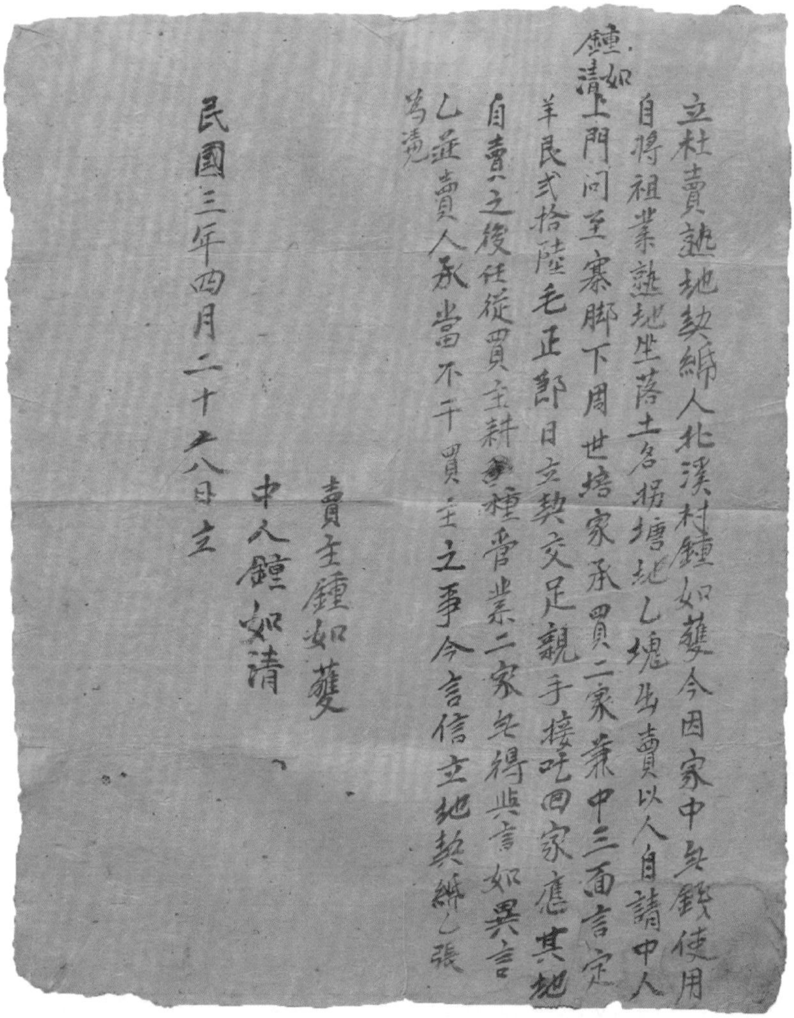

立杜卖熟地契纸人北溪村钟如获今因家中无钱使用自将祖业熟地坐落土名拐塘地一块出卖以人自请中人钟如清上门问至寨脚下周世培家承买二家兼中三面言定洋银贰拾陆毛正即日立契交足亲手接吪回家应用其地自卖之后任从买主耕种管业二家无得与言如异言一并卖人承当不干买主之事今言信立地契纸一张为凭

卖主钟如获

中人钟如清

民国三年四月二十八日立

民国三年十二月十八日奉光求补田契

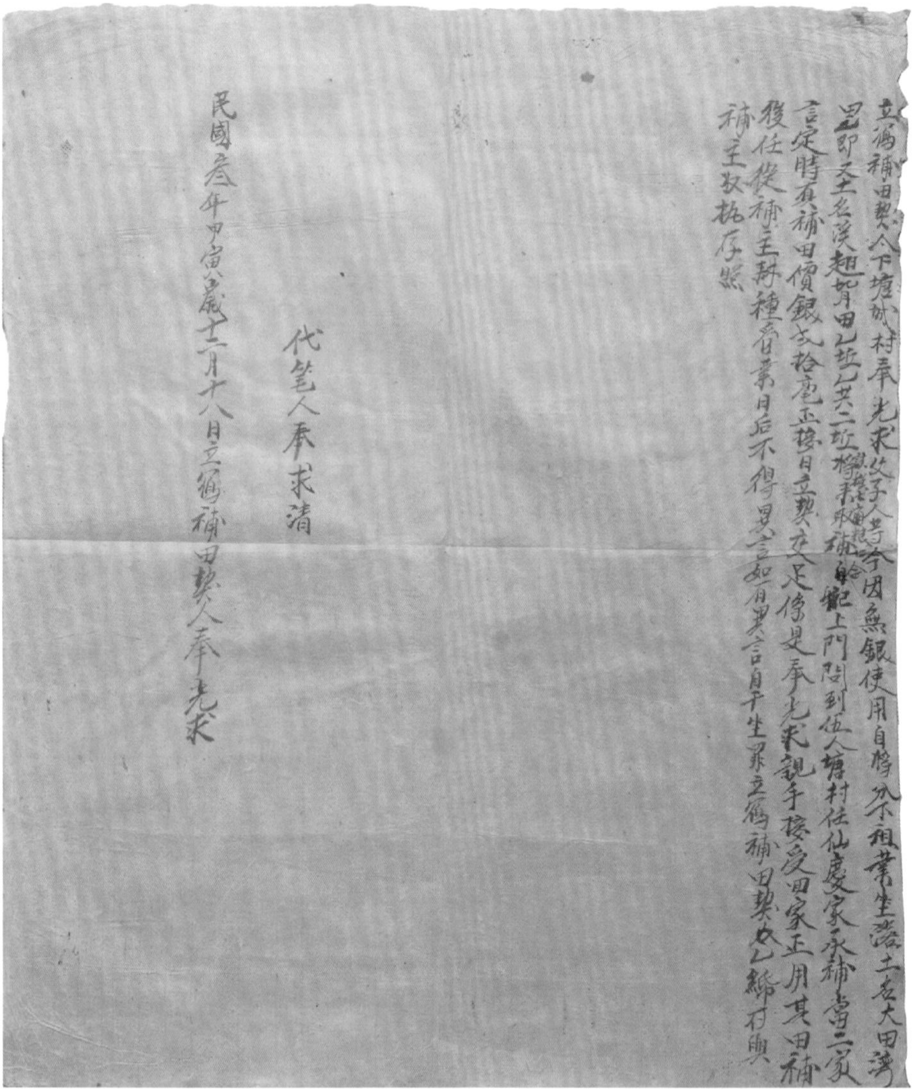

立写补田契人下塘城村奉光求父子人等今因无钱使用自将分下祖业坐落土名大田湾田一即又土名溪趐背田一丘一共二丘该秧七崩（棚）粮七合将来取补自己上门问到伍人塘村任仙庆家承补当二家言定时真（直）补田价银贰拾毫正接日立契交足系是奉光求亲手接受回家正用其田补后任从补主耕种管业日后不得异言如有异言自干（甘）坐罪立写补田契一纸付与补主收执存照

代笔人奉求清

民国叁年甲寅岁十二月十八日立写

补田契人奉光求

民国四年三月二十七日任世福补田契

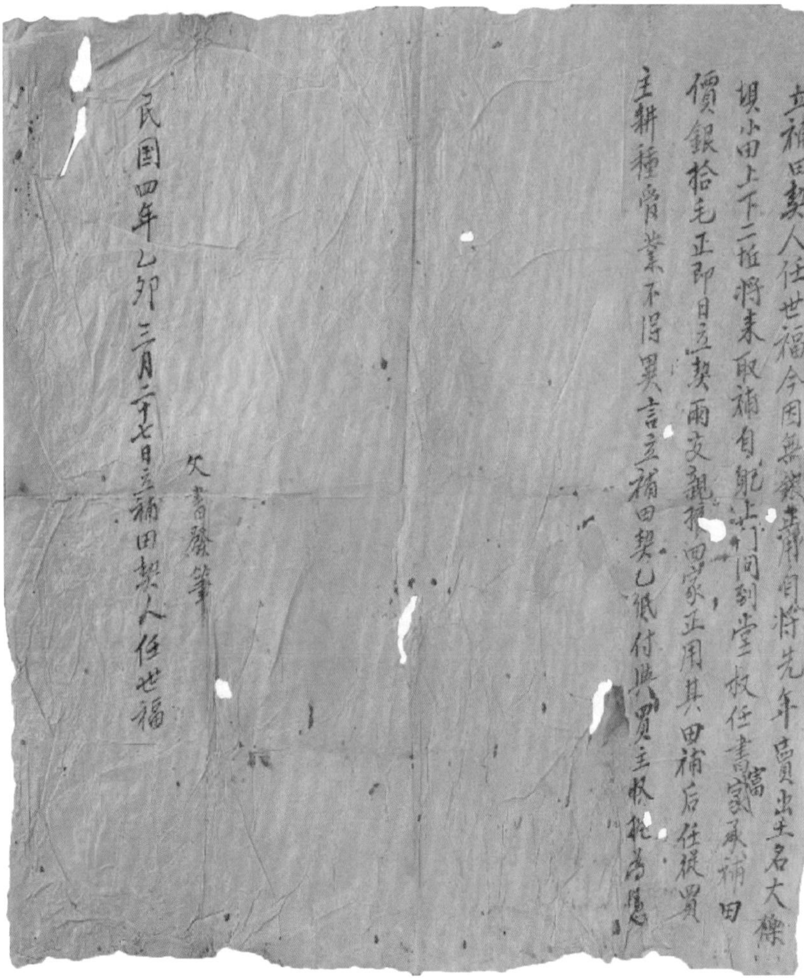

立补田契人任世福今因无银正用自将先年卖出土名大栎坝（埧）小田上下二丘将来取补自己上门问到堂叔任书富家承补田价银拾毛正即日立契两交亲接回家正用其田补后任从买主耕种管业不得异言立补田契一纸付与买主收执为凭

父书发笔

民国四年乙卯三月二十七日立补田契人任世福

民国四年六月二十日唐可云卖田契

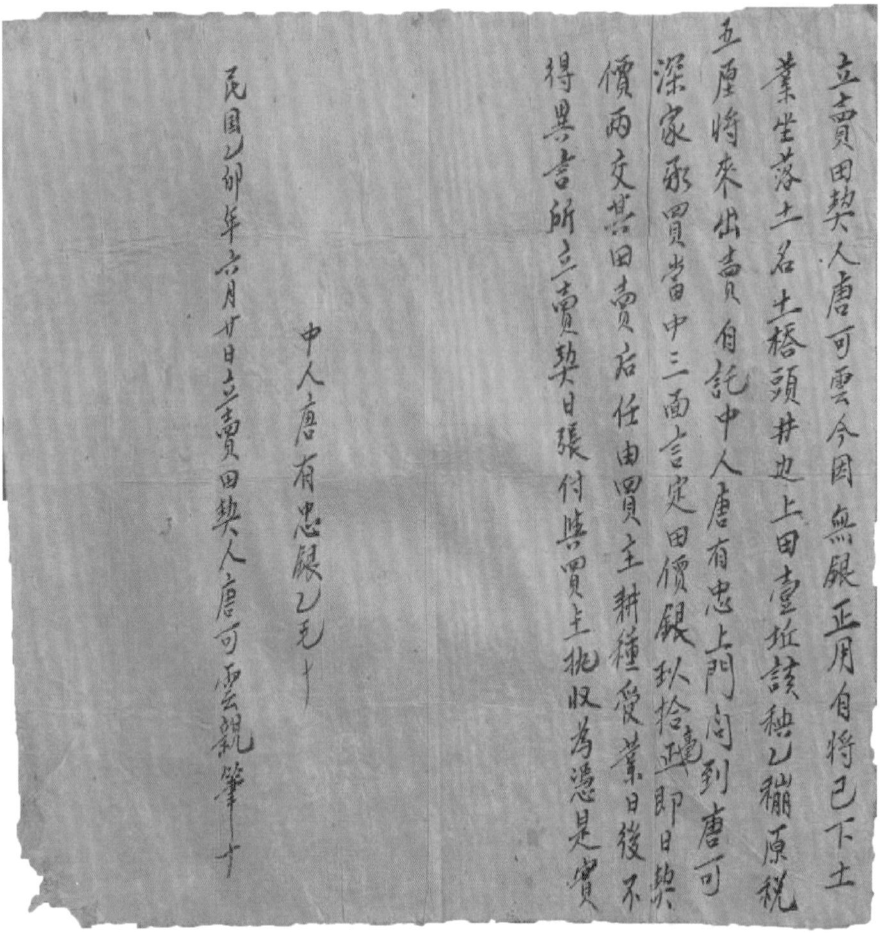
立賣田契人唐可雲今因無銀正用自將己下土業坐落土名土橋頭井邊上田壹坵該秧乙𥻆原稅五厘將來出賣自託中人唐有忠上門問到唐可深家承買當中三面言定田價銀玖拾毫正即日契價兩交其田賣后任由買主耕種管業日後不得異言所立賣契日張付與買主執收為憑是實

中人唐有忠銀乙毛十

民国乙卯年六月廿日立賣田契人唐可雲親筆十

立卖田契人唐可云今因无银正用自将己下土业坐落土名土桥头井边上田壹丘该秧一𥻆〔棚〕原税五厘将来出卖自托中人唐有忠上门问到唐可深家承买当中三面言定田价银玖拾毫正即日契价两交其田卖后任由买主耕种管业日后不得异言所立卖契日张付与买主执收为凭是实

中人唐有忠银一毛【押】

民国乙卯年六月廿日立卖田契人唐可云亲笔【押】

民国四年六月二十二日陈由发卖地契

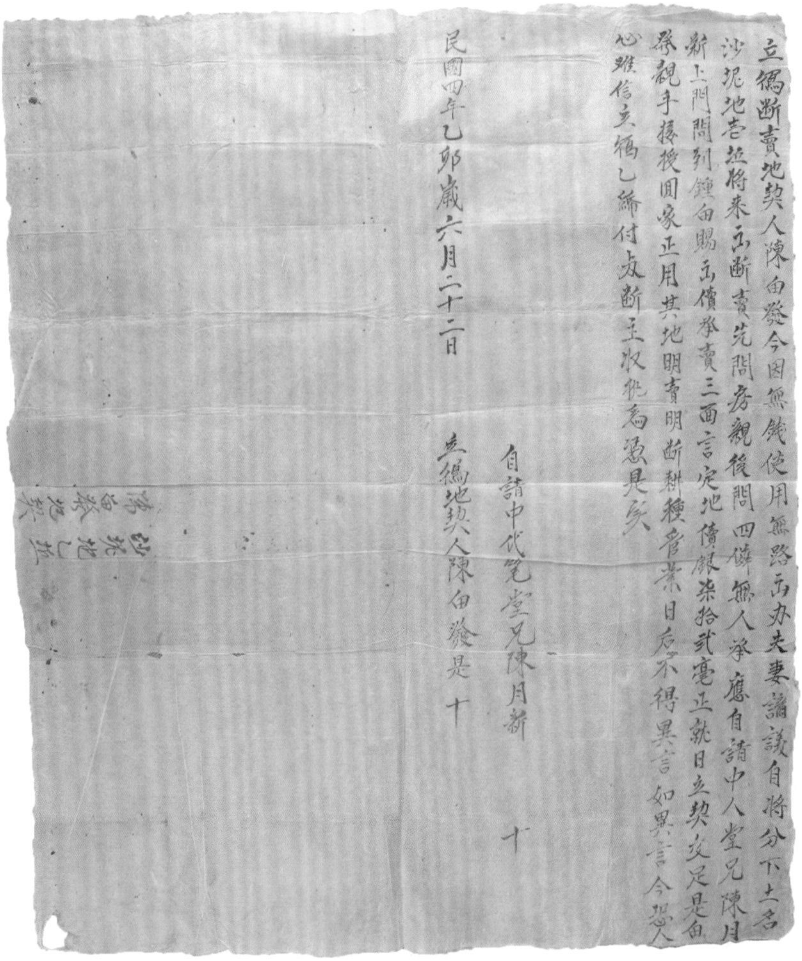

立写断卖地契人陈由发今因无钱使用无路出办夫妻謪（商）议自将分下土名沙坭地壹丘将来出断卖先问房亲后问四傰（邻）无人承应自请中人堂兄陈月新上门问到钟由赐出价承卖三面言定地价银柒拾贰毫正就日立契交足是由发亲手接授（受）回家正用其地明卖明断耕种管业日后不得异言如异言今恐人心难信立写一纸付与断主收执为凭是实

自请中代笔堂兄陈月新【押】

民国四年乙卯岁六月二十二日立写地契人陈由发是【押】

沙坭地一丘

陈由发地契

民国四年七月二十五日奉继赐卖田契

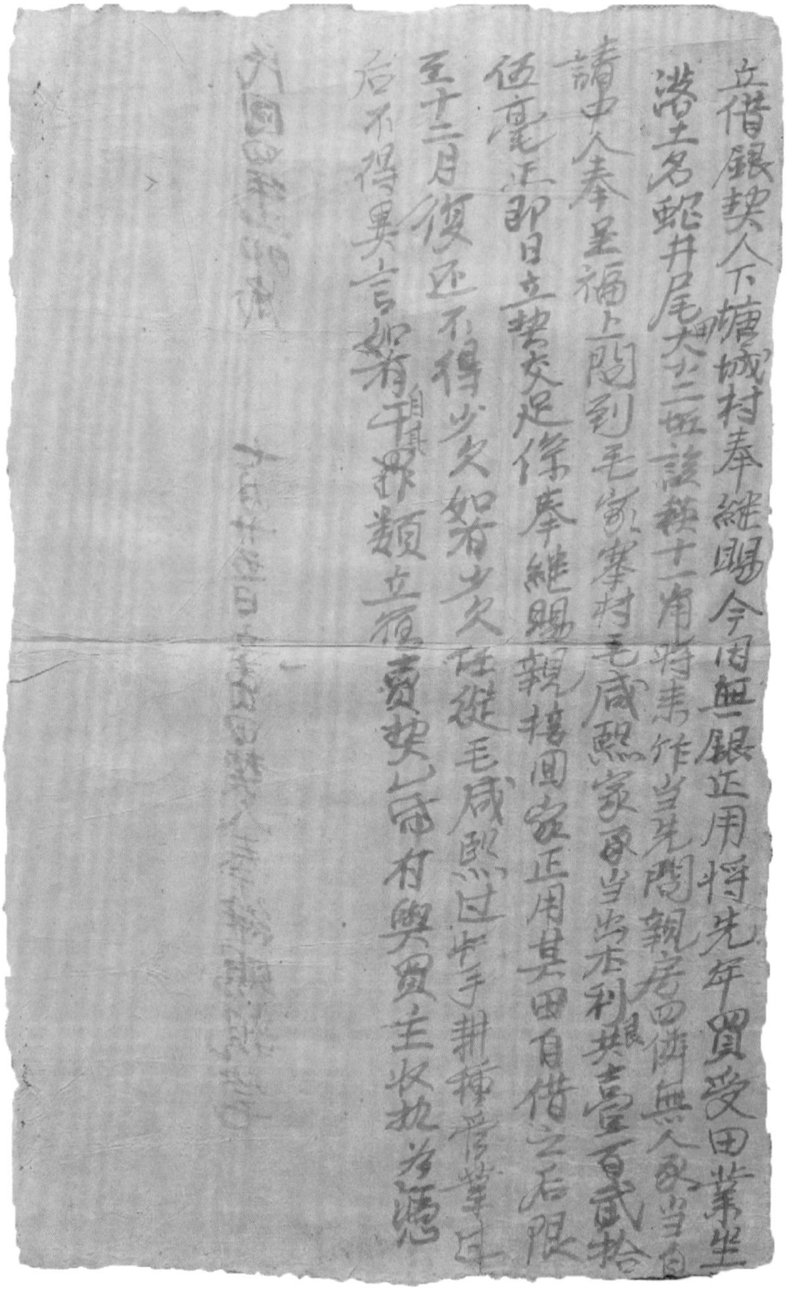
立借银契人下塘城村奉継賜今因無银正用将先年買受田業坐
落土名蛇井尾大小二坵該種十二角将来作当先問親房[illegible]無人承当自
請中人奉呈福上門到毛家寨村毛咸熙家承当出本利銀共壹百貳拾
伍毫正即日立契交足係奉継賜親接回家正用其田自借之后限
至十二月復还不得少欠如有少欠任從毛咸熙过手耕種管業日
后不得異言如有[illegible]類立複賣契山帝村與買主收执为憑
民国四年[illegible]月廿五日立賣田契人奉[illegible]

立借银契人下塘城村奉继赐今因无银正用将先年买受田业坐落土名蛇井尾田大小二丘该秧十一肖〔栩〕将来作当先问亲房四僯（邻）无人承当自请中人奉呈福上问到毛家寨村毛咸熙家承当出本利银共壹百贰拾伍毫正即日立契交足系奉继赐亲接回家正用其田自借之后限至十二月复还不得少欠如有少欠任从毛咸熙过半手耕种管业过后不得异言如有自干（甘）其罪类〔泪〕立写卖契一纸付与买主收执为凭

民国四年乙卯岁七月廿五日立卖田契人奉继赐亲笔

民国四年十月初八日唐可云卖田契

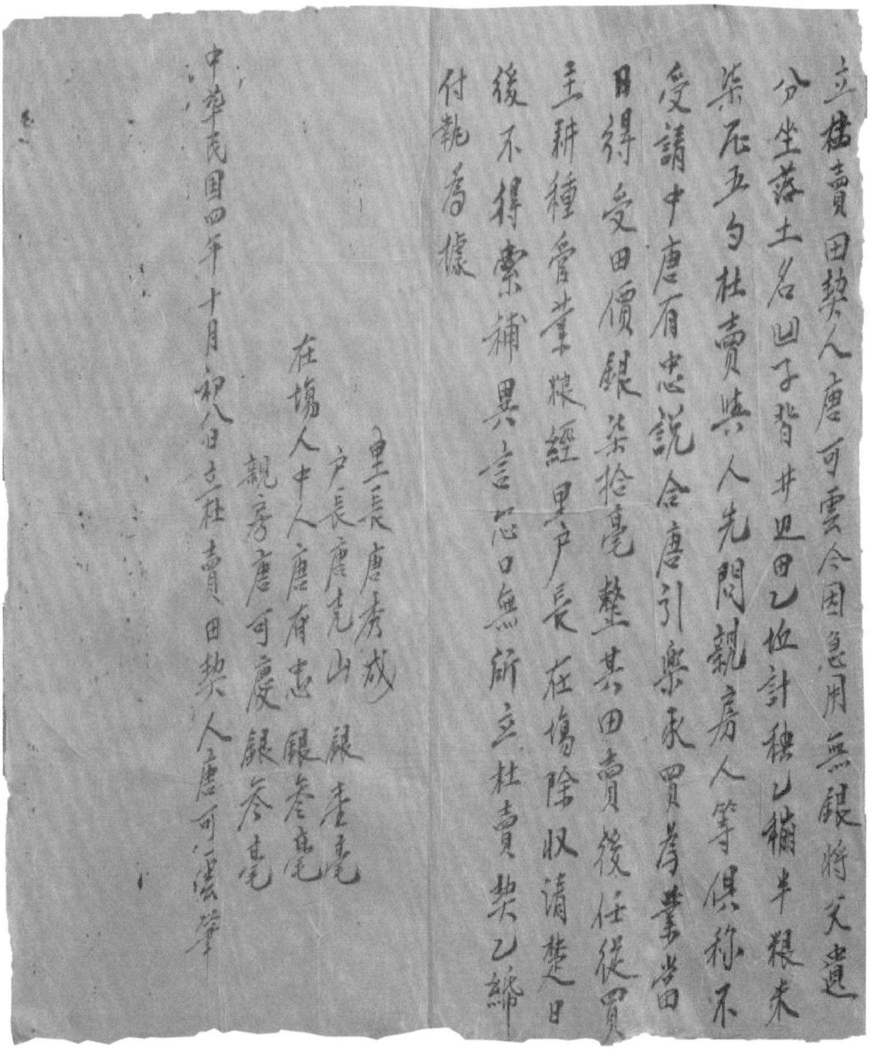

立杜卖田契人唐可云今因急用无银将父遗分坐落土名凹子背井边田一丘计秧一糊半粮米柒钱五勺杜卖与人先问亲房人等俱称不受请中唐有忠说合唐引乐承买为业当日得受田价银柒拾毫整其田卖后任从买主耕种管业粮经里户长在场除收清楚日后不得索补异言恐口无所立杜卖契一纸付执为据

在场人里长唐秀成户长唐克山银壹毫

中人唐有忠银叁毫亲房唐可庆银叁毫

中华民国四年十月初八日立杜卖田契人唐可云笔

民国四年十一月十七日奉继赐卖田契

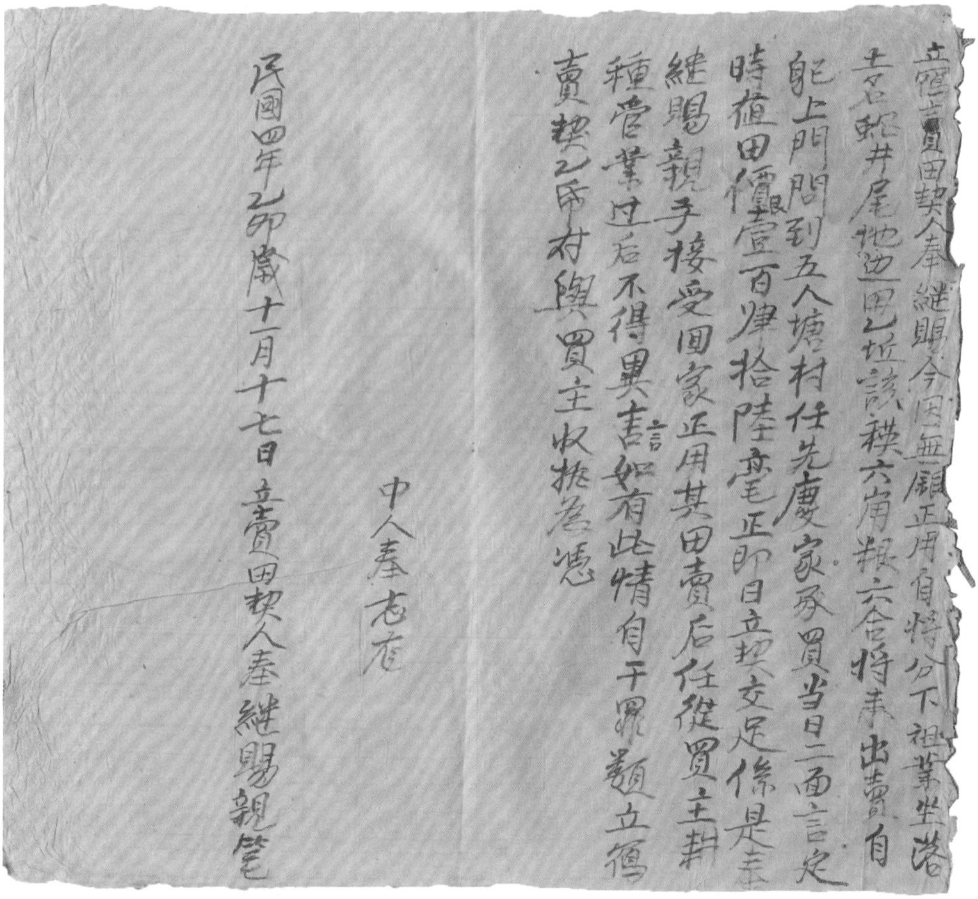

立写卖田契人奉继赐今因无银正用自将分下祖业坐落土名蛇井尾地边田一丘该秧六肖（棚）粮六合将来出卖自己上门问到五人塘村任先庆家承买当日二面言定时值田价银壹百肆拾陆毫正即日立契交足系是奉继赐亲手接受回家正用其田卖后任从买主耕种管业过后不得异言如有此情自干（甘）罪类（泪）立写卖契一纸付与买主收执为凭

中人奉志龙

民国四年乙卯岁十一月十七日立卖田契人奉继赐亲笔

民国四年十一月二十一日李翠荣婚领契据

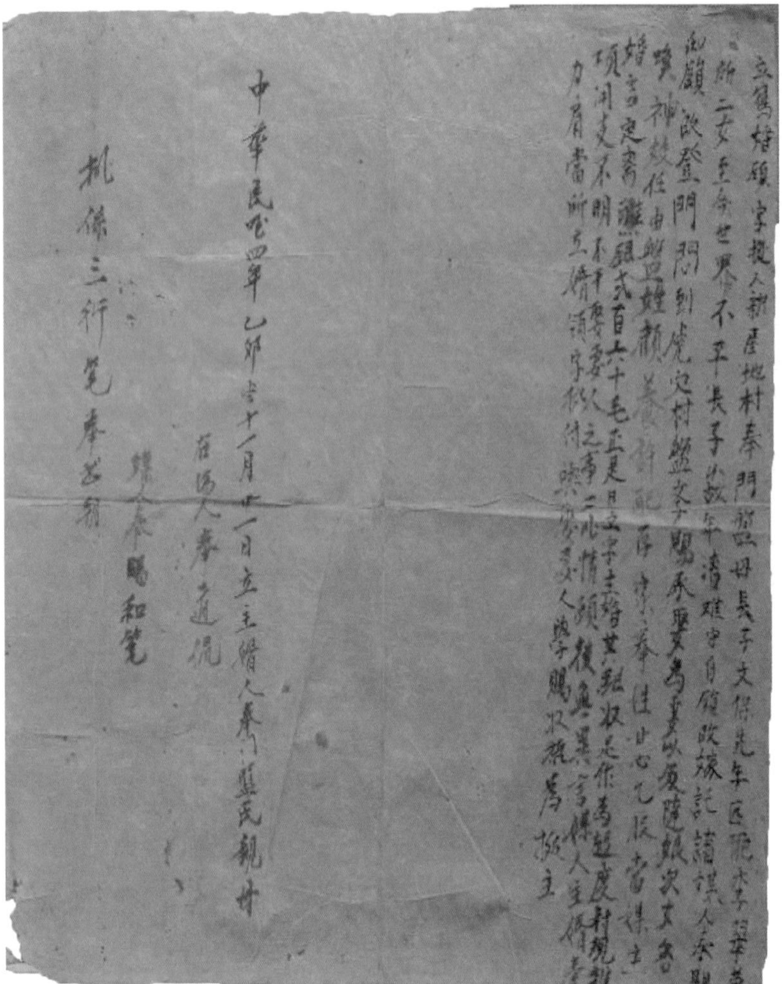

立写婚愿字据人新屋地村奉门盘母长子文
保先年匹配李翠荣所二女至今世界不平长
子以故年清难守自愿改嫁托请媒人奉赐和
愿即登门问到虎穴村盘孝赐承娶为妻以
与随娘次女各唤神姣任由盘姓顾养许配
存家奉姓甘心允服当媒主婚言定斋醮银贰
百六十毛正是日立字主婚其银收足作为超
度村规杂项开支不明不干娶妻人之事二比
情愿后无异言媒人主婚壹力肩当所立婚领
字据付与娶妻人学赐收执为据主
中华民国四年乙卯岁十一月廿一日立主婚
人奉门盘氏亲母
在场人奉道侃
媒人奉赐和笔
据系三行笔奉书朝

民国四年十一月二十四日单星楼卖山地契

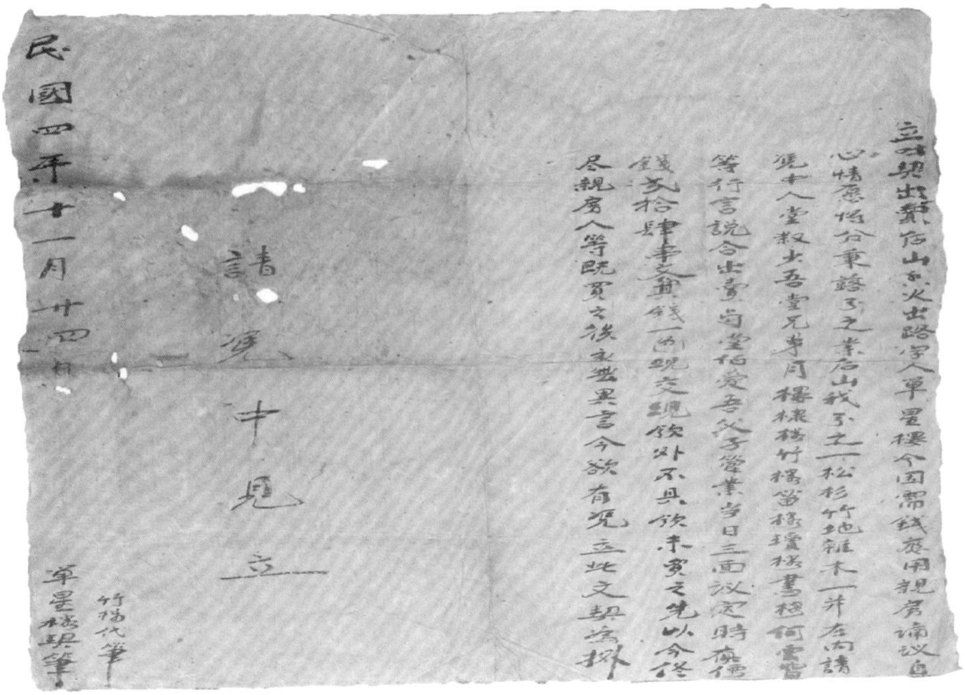

立吐契出卖后山香火出路字人单星楼今因需钱应用亲房谪（商）议自心情愿将分秉路分之业后山我分之一松杉竹地杂木一并在内请凭中人堂叔少吾堂兄弟月楼棣楼竹楼当楼琼楼书楼何云皆等行言说合出卖与堂佰（伯）爱吾父子管业当日三面议定时值价钱贰拾肆串文正其钱一色现交现领外不具领未买之先以今尽尽亲房人等既买之后永无异言今欲有凭立此文契为据

请凭中见立

民国四年十一月廿四日单星楼契笔竹楼代笔

民国四年十二月十七日聂正明卖地契

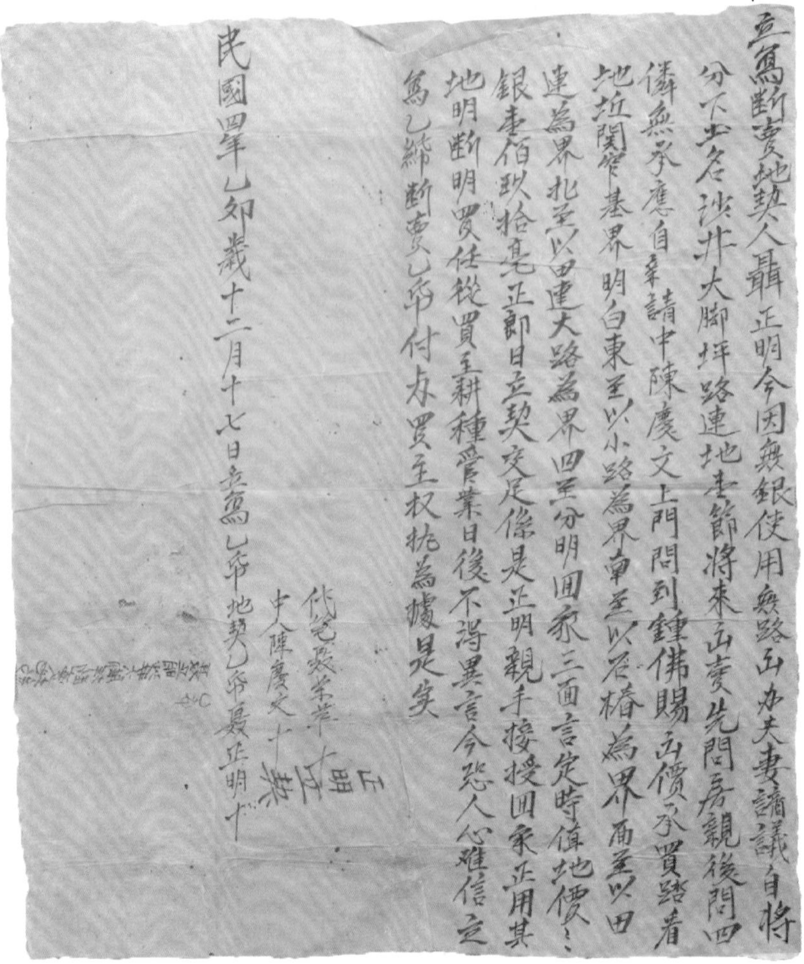

立写断卖地契人聂正明今因无银使用无路出办夫妻謪（商）议自将分下土名沙井大脚坪路连地壹节将来出卖先问房亲后问四僯（邻）无承应自亲请中陈庆文上门问到钟佛赐出价承买踏看地丘关窄基界明白东至以小路为界南至以石椿为界西至以田连为界北至以田连大路为界四至分明回家三面言定时值地价价银壹佰玖拾毫正即日立契交足系是正明亲手接授（受）回家正用其地明断明买任从买主耕种管业日后不得异言今恐人心难信立写一纸断卖一纸付与买主收执为据是实

代笔聂荣华【押】

中人陈庆文【押】

民国四年乙卯岁十二月十七日立写一纸地契一纸聂正明【押】

正明立契

民国四年十二月二十六日奉志恩推拔税根契

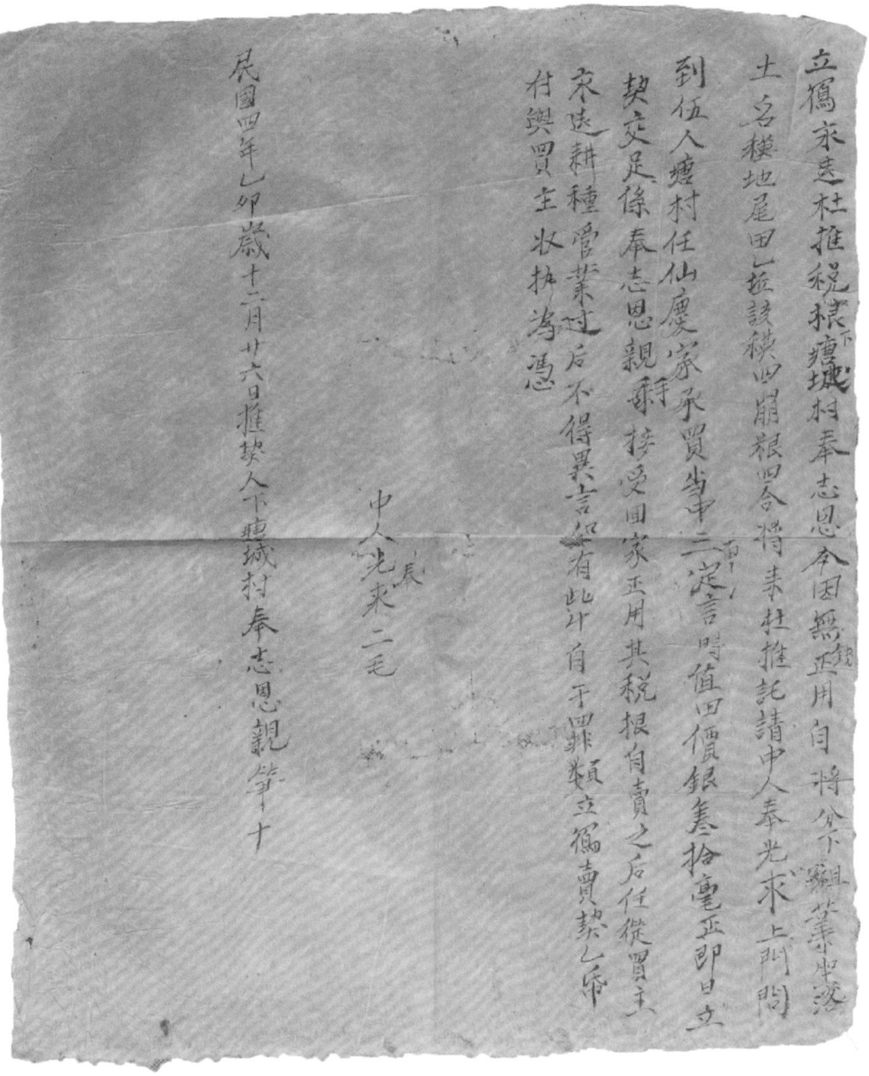

立写永远杜推税根下塘城村奉志恩今因无钱正用自将分下祖业坐落土名秧地尾田一丘该秧四崩〔棚〕粮四合将来杜推托请中人奉光求上门问到伍人塘村任仙庆家承买当中三面言定时值田价银叁拾毫正即日立契交足系奉志恩亲手接受回家正用其税根自卖之后任从买主永远耕种管业过后不得异言如有此情自干罪类〔泪〕立写卖契一纸付与买主收执为凭

中人奉光求二毛

民国四年乙卯岁十二月廿六日推契人

下塘村奉志恩亲笔【押】

民国四年十二月二十八日钟如获卖田契

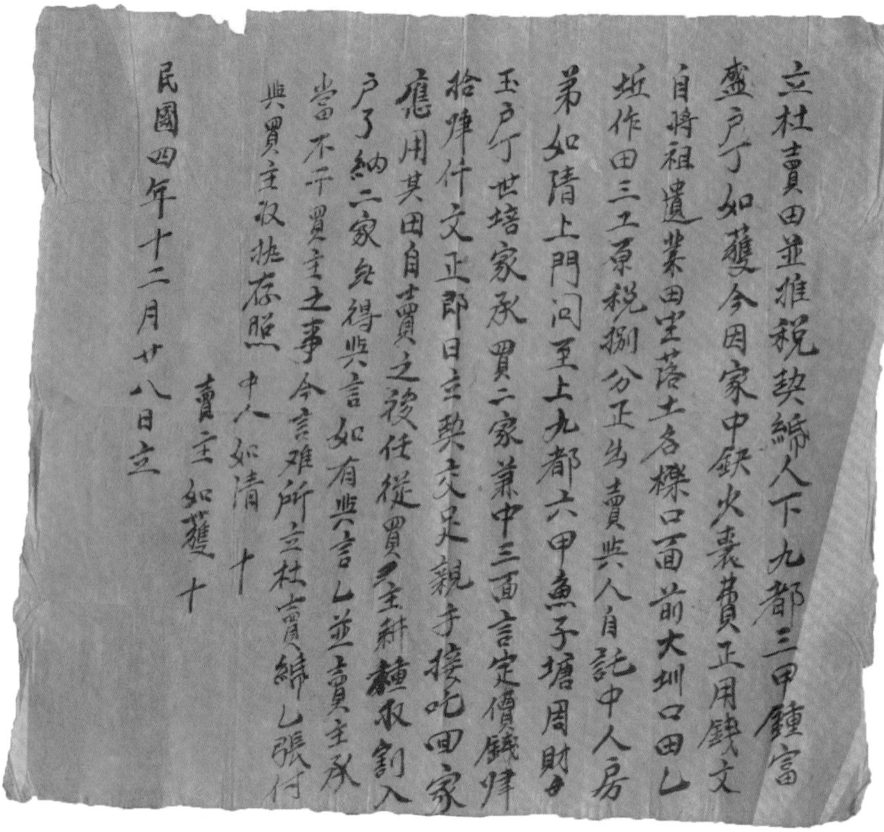

立杜卖田并推税契纸人下九都三甲钟富
盛户丁如获今因家中缺少丧费正用钱文
自将祖遗业田坐落土名栎口面前大圳口田乙
址作田三工原税捌分正为卖与人自托中人房
弟如隋上门问至上九都六甲鱼子塘周财乙
玉户丁世培家承买二家兼中三面言定价钱肆
拾肆什文正即日立契交足亲手接吃回家
应用其田自卖之后任从买主耕种取割入
户了纳二家免得异言如有异言乙卖主承
当不干买主之事今言难所立杜卖纸乙张付
与买主收执存照

中人如清 十

卖主如获 十

民国四年十二月廿八日立

立杜卖田并推税契纸人下九都三甲钟富盛户丁如
获今因家中缺少丧费正用钱文自将祖遗业田坐落
土名栎口面前大圳口田一丘作田三工〔弓〕原税
捌分正出卖与人自托中人房第如清上门问至上九
都六甲鱼子塘周财玉户丁世培家承买二家兼中三
面言定价钱肆拾肆什文正即日立契交足亲手接吃
（讫）回家应用其田自卖之后任从买主耕种收割
入户了纳二家无得与（异）言如有与（异）言一
并卖主承当不干买主之事今言难所立杜卖纸一张
付与买主收执存照

中人如清【押】

卖主如获【押】

民国四年十二月廿八日立

民国五年一月二十七日奉继赐杜推税根契

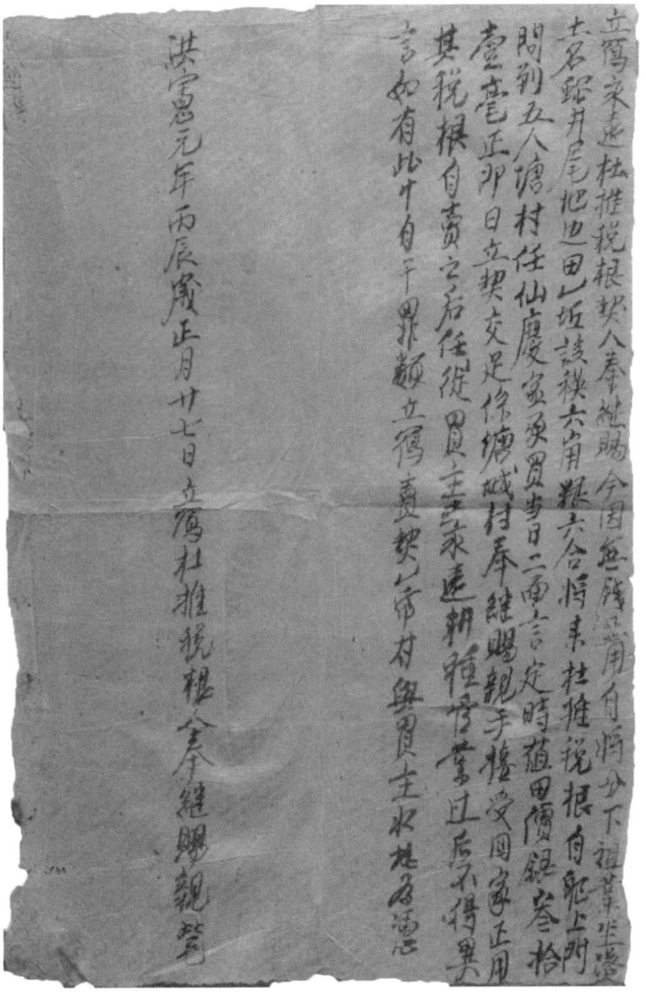

立写永远杜推税根契人奉继赐今因无钱正用自将分下祖业坐落土名蛇井尾地边田一丘该秧六甪（棚）粮六合将来杜推税根自己上门问到五人塘村任仙庆家承买当日二面言定时值田价银叁拾壹毫正即日立契交足系塘城村奉继赐亲手接受回家正用其税根自卖之后任从买主□永远耕种管业过后不得异言如有此情自干（甘）罪类（泪）

立写卖契一纸付与买主收执为凭

洪宪元年丙辰岁正月廿七日立写杜推税根契人奉继赐亲笔

民国五年二月十六日立领涂瓦合同

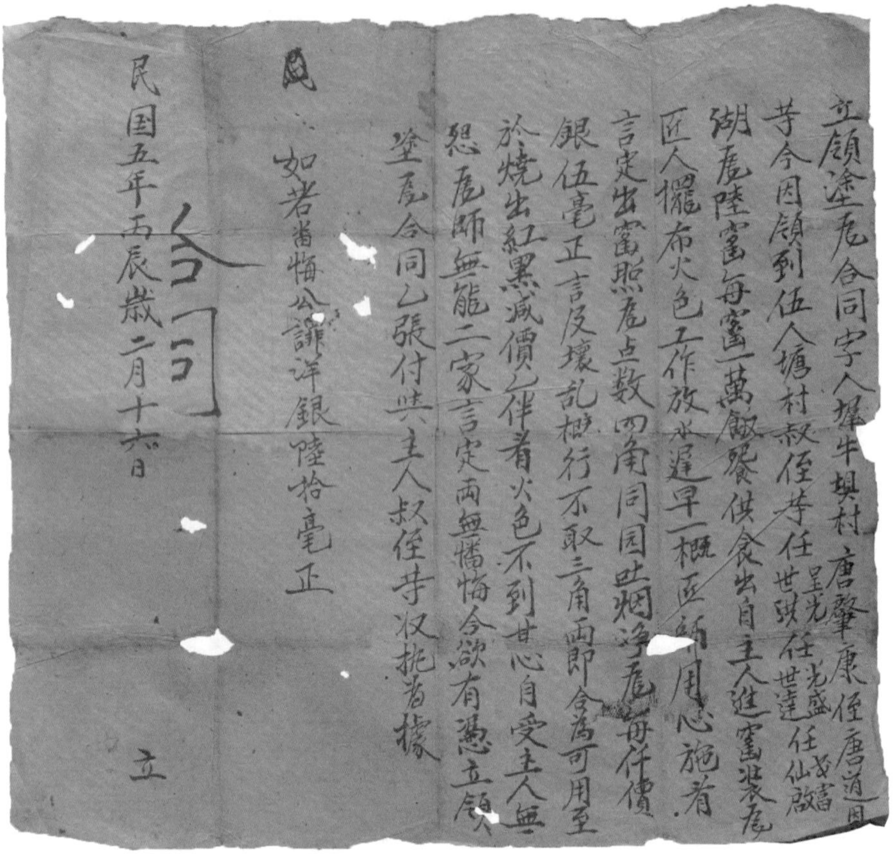

立领涂瓦合同字人犀牛埧〔埧〕村唐肇康侄唐道因等今因领到伍人塘村叔侄等任呈光任世洪任光盛任世达任书富任仙敞湖瓦陆窑每窑一万饭餐供食出自主人进窑装瓦匠人摆布火色工作放水迟早一概匠纸用心施者言定出窑照瓦点数四角同园吐烟净瓦每仟价银伍毫正言及坏乱概行不取三角两即合为可用至于烧出红黑减价一伴着火色不到甘心自受主人无怨瓦师无能二家言定两无憣悔今欲有凭立领涂瓦合同一张付与主人叔侄等收执为据

如若番〔憣〕悔公诉详银录拾毫正

〈合同〉

民国五年丙辰岁二月十六日立

民国五年三月十日唐引福卖田契

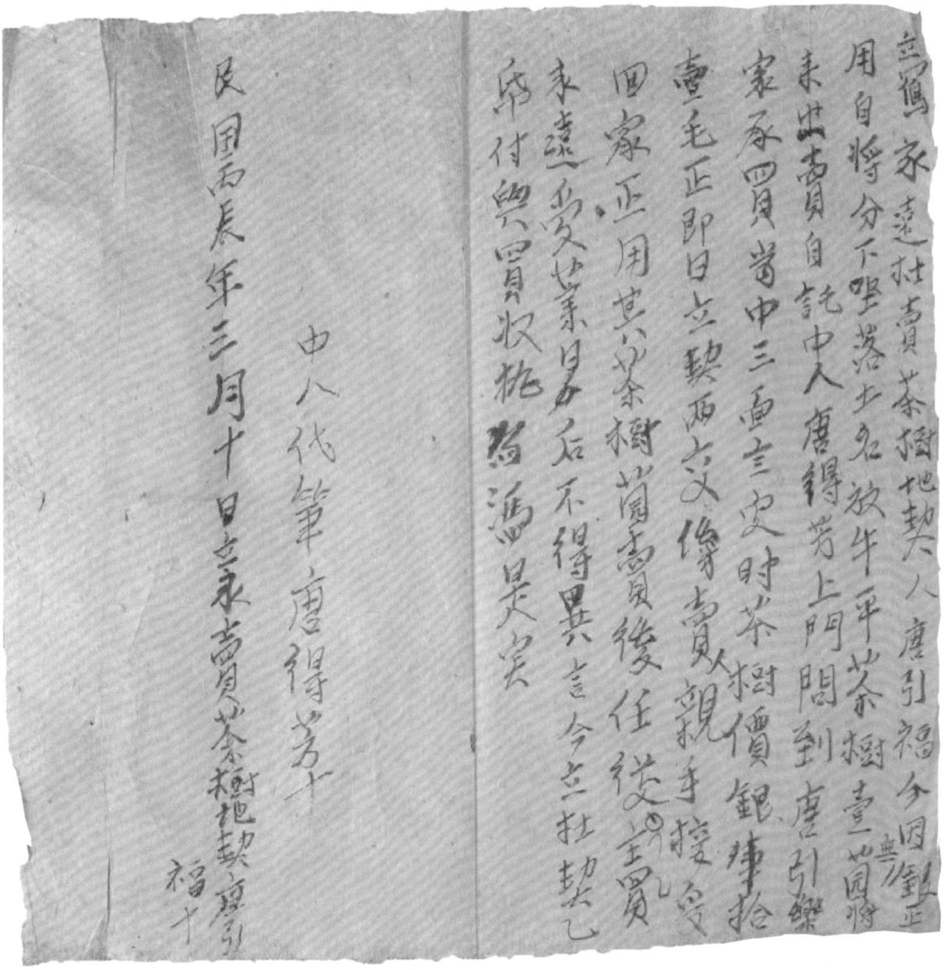

立写永远杜卖茶树地契人唐引福今因无银正用自将分下坐落土名放牛平茶树壹园将来出卖自托中人唐得芳上门问到唐引乐家承买当中三面亖〔言〕定时茶树价银肆拾壹毛正即日立契两交系卖人亲手接受回家正用其茶树园卖后任从买主永远管业日后不得异言今立杜契一纸付与买〈主〉收执为凭是实

中人代笔唐得芳【押】

民国丙辰年三月十日立永卖茶树地契

唐引福【押】

民国五年四月十六日唐可云卖田契（一）

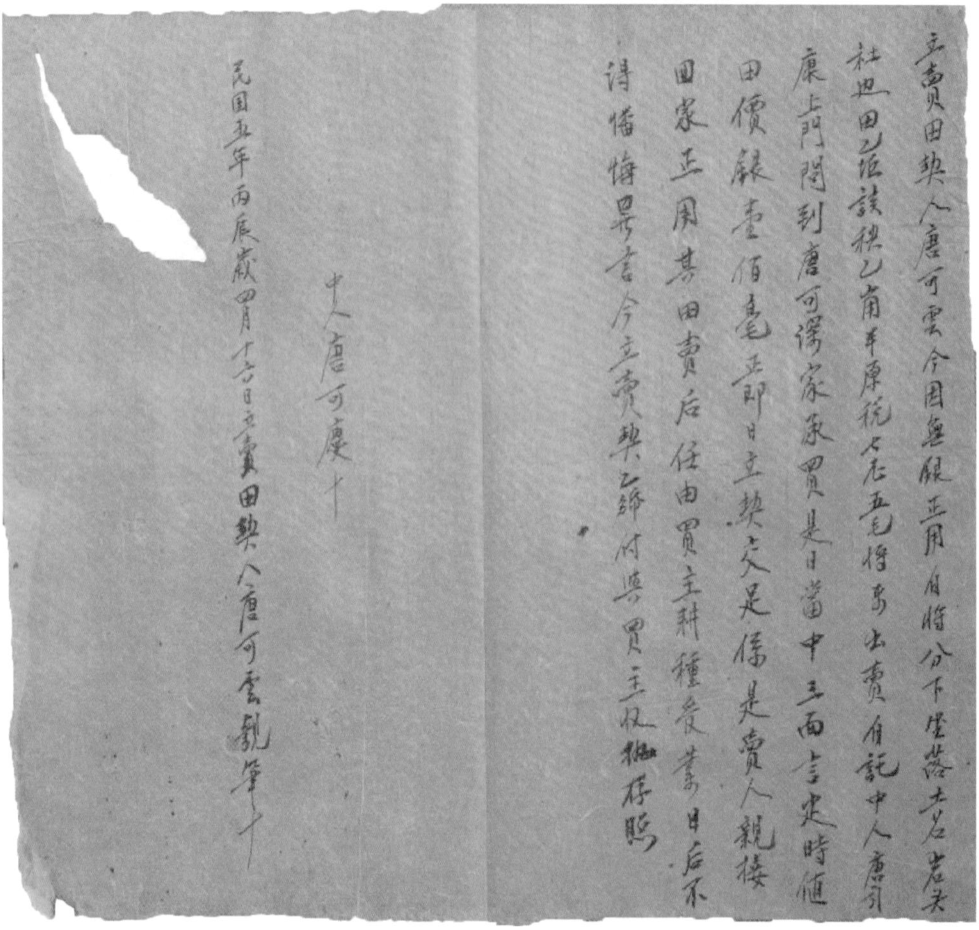

立卖田契人唐可云今因无银正用自将分下坐落土名岩头社边田一丘该秧一甫〔棚〕半原税七厘五毛将来出卖自托中人唐引康上门问到唐可深家承买是日当中三面言定时值田价银壹佰毫正即日立契交足系是卖人亲接回家正用其田卖后任由买主耕种管业日后不得憣悔异言今立卖契一纸付与买主收执存照

中人唐可庆【押】

民国五年丙辰岁四月十六日立卖田契人唐可云亲笔【押】

民国五年四月十六日唐可云卖田契（二）

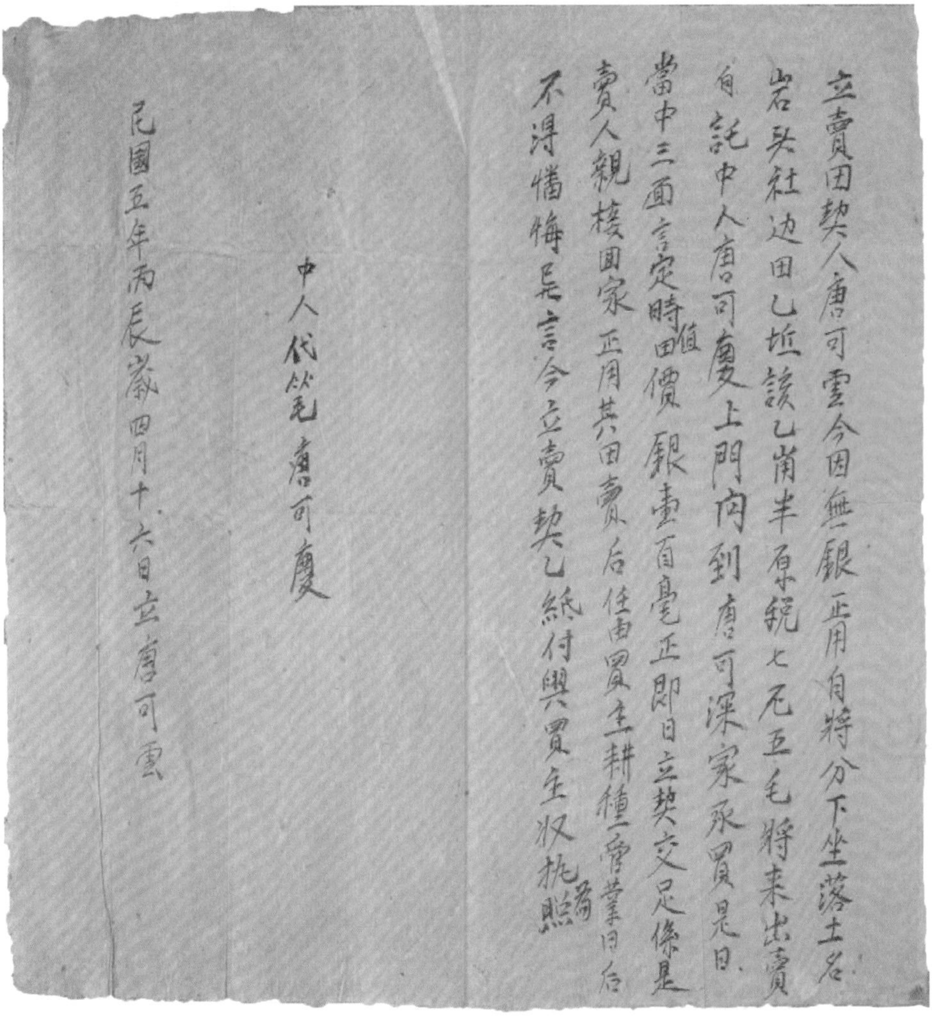

立卖田契人唐可云今因无银正用自将分下坐落土名岩头社边田一丘该一肯（棚）半原税七厘五毛将来出卖自托中人唐可庆上门向到唐可深家承买是日当中三面言定时值田价银壹百毫正即日立契交足系是卖人亲桜（接）回家正用其田卖后任由买主耕种管业日后不得憣悔异言今立卖契一纸付与买主收执为照

中人代笔唐可庆

民国五年丙辰岁四月十六日立唐可云

民国五年四月二十日唐可云卖田契

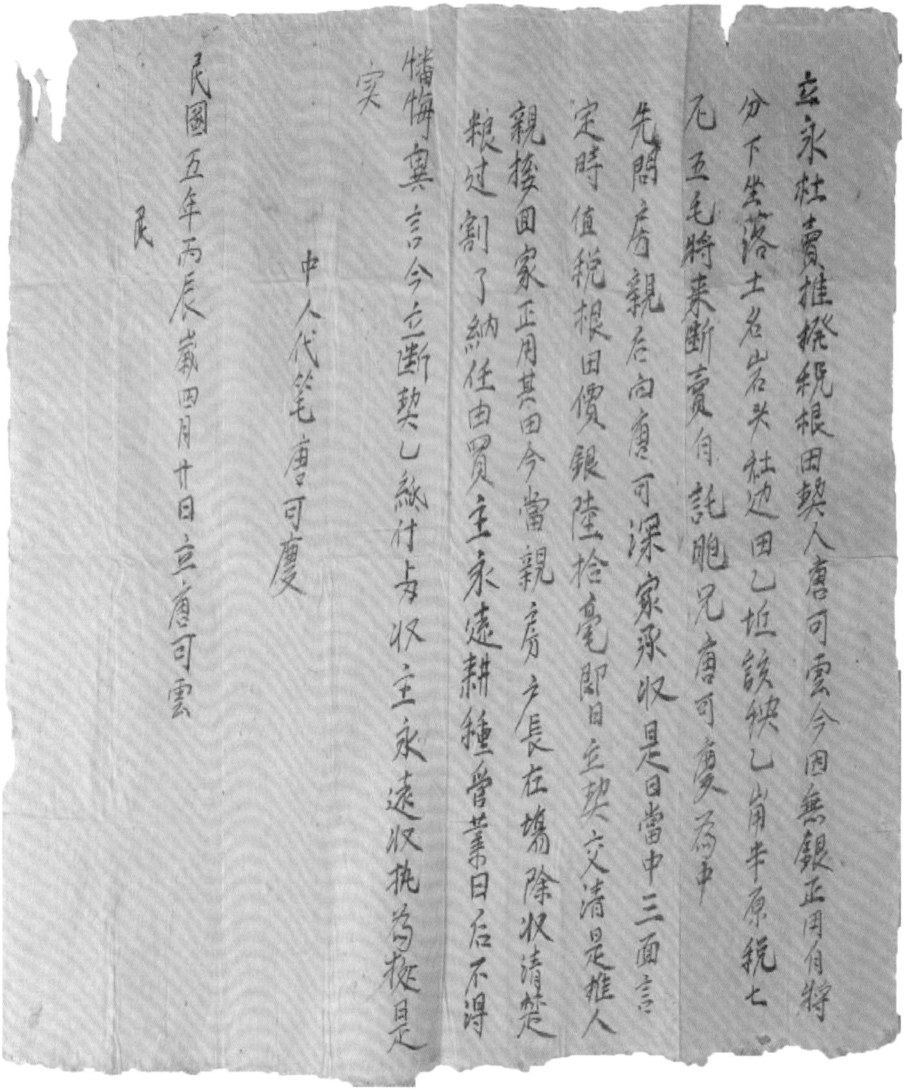

立永杜卖推拨税根田契人唐可云今因无银正用自将分下坐落土名岩头社边田一丘该秧一肻〔棚〕半原税七厘五毛将来断卖自托胞兄唐可庆为中先问房亲后向唐可深家承收是日当中三面言定时值税根田价银陆拾毫即日立契交清是推人亲接回家正用其田今当亲房户长在场除收清楚粮过割了纳任由买主永远耕种管业日后不得憣悔异言今立断契一纸付与收主永远收执为据是实

中人代笔唐可庆

民国五年丙辰岁四月廿日立唐可云

民国五年四月二十二日唐可云卖推拨税根田契

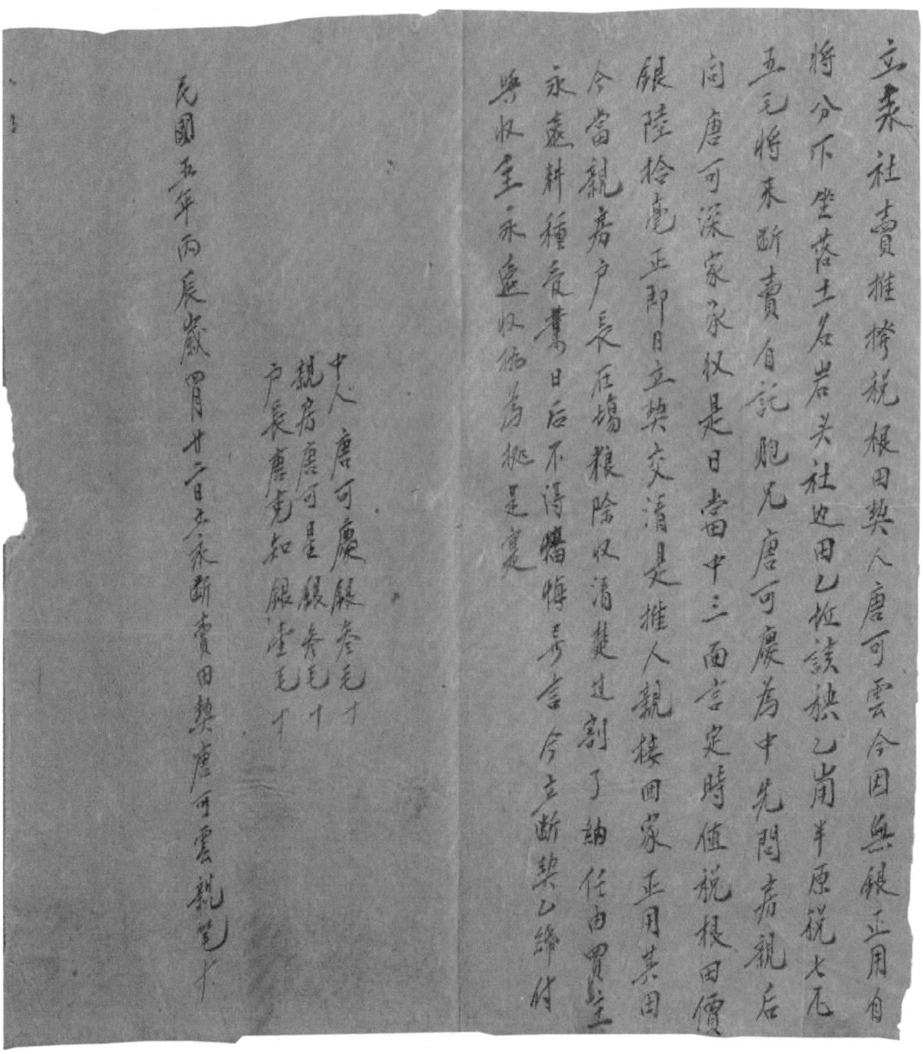

立永社（杜）卖推拨税根田契人唐可云今因无银正用自将分下坐落土名岩头社边田一丘该秧一甪半原税七厘五毛将来断卖自托胞兄唐可庆为中先问房亲后问唐可深家承收是日当中三面言定时值税根田价银陆拾毫正即日立契交清是推人亲接回家正用其田今当亲房户长在场粮除收清楚过割了纳任由买主永远耕种管业日后不得憣悔异言今立断契一纸付与收主永远收执为据是实

中人唐可庆银叁毛【押】

亲房唐可星银叁毛【押】

户长唐克知银壹毛【押】

民国五年丙辰岁四月廿二日立永断卖田契唐可云亲笔【押】

民国五年四月二十三日奉继赐卖田契

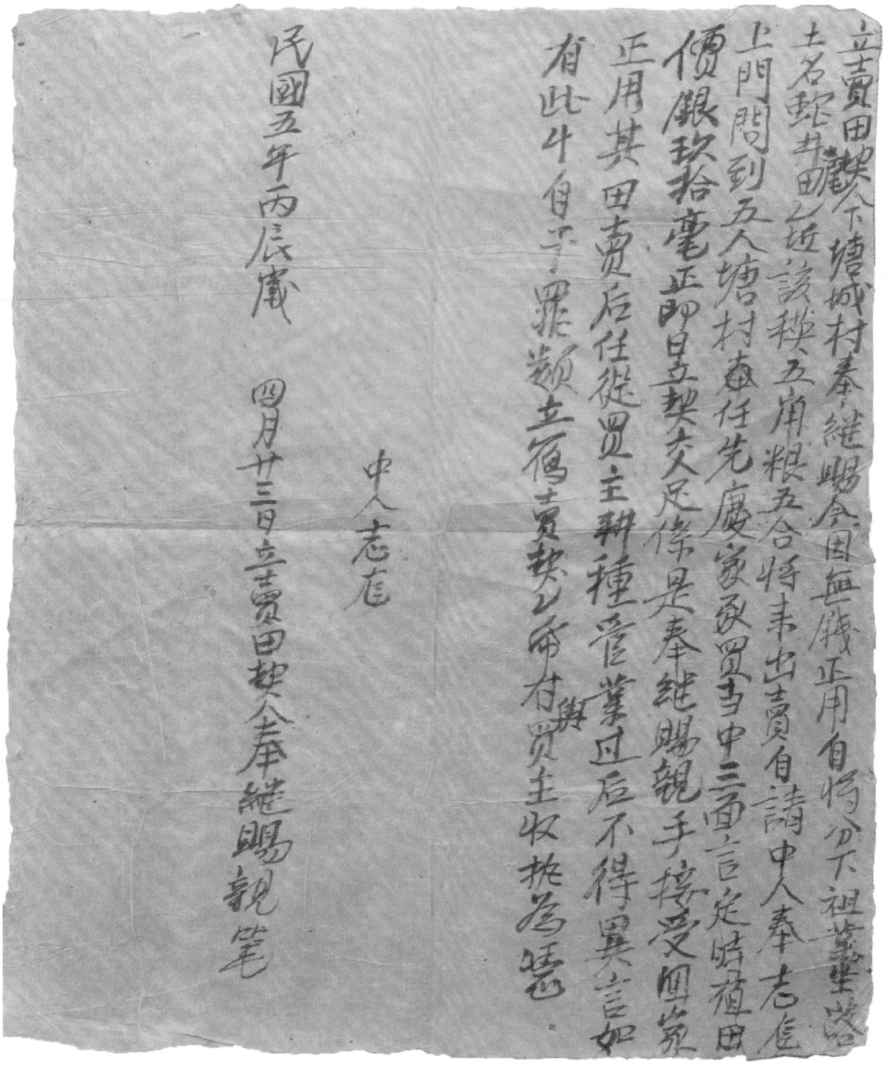

立卖田契人下塘城村奉继赐今因无钱正用自将分下祖业坐落土名蛇井尾田一丘该秧五甪（硼）粮五合将来出卖自请中人奉志龙上门问到五人塘村任先庆家承买当中三面言定时值田价银玖拾毫正即日立契交足系是奉继赐亲手接受回家正用其田卖后任从买主耕种管业过后不得异言如有此情自干（甘）罪类（泪）立写卖契一纸付与买主收执为凭

中人志龙

民国五年丙辰岁四月廿三日立卖田契人奉继赐亲笔

民国五年十一月二十日钟毓贤卖田契

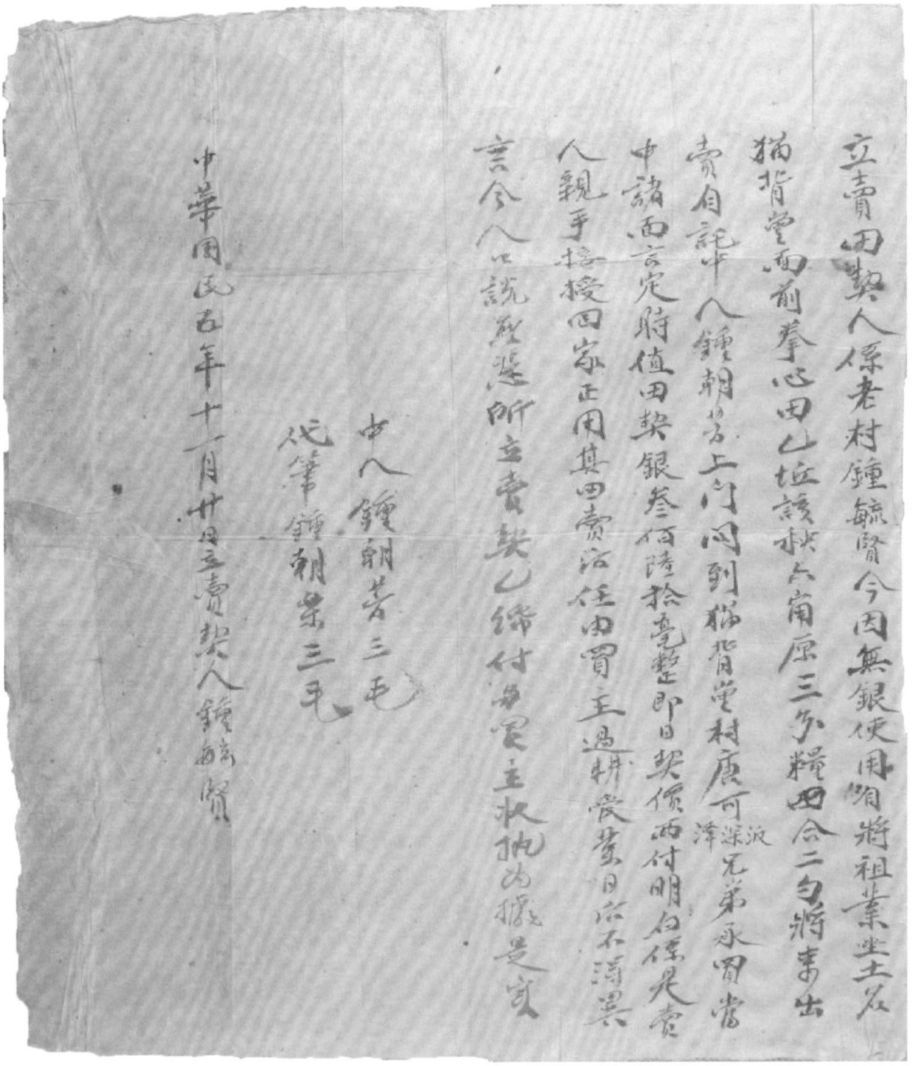

立卖田契人系老村钟毓贤今因无银使用自将祖业坐〈落〉土名猫背崀〔岗〕面前拳心田一丘该秧六肯〔棚〕原三分粮田合二勺将来出卖自托中人钟朝芳上门问到猫背崀〔岗〕村唐可汳唐可深唐可泽兄弟承买当中诸面言定时值田契银叁佰陆拾毫整即日契价两付明白系是卖人亲手接授〔受〕回家正用其田卖后任由买主过耕管业日后不得异言今人口说无凭所立卖契一纸付与买主收执为据是实

中人钟朝芳三毛

代笔钟朝乐三毛

中华民国五年十一月廿日立卖契人钟毓贤

民国五年十二月初二日钟毓贤杜卖推拨税根契

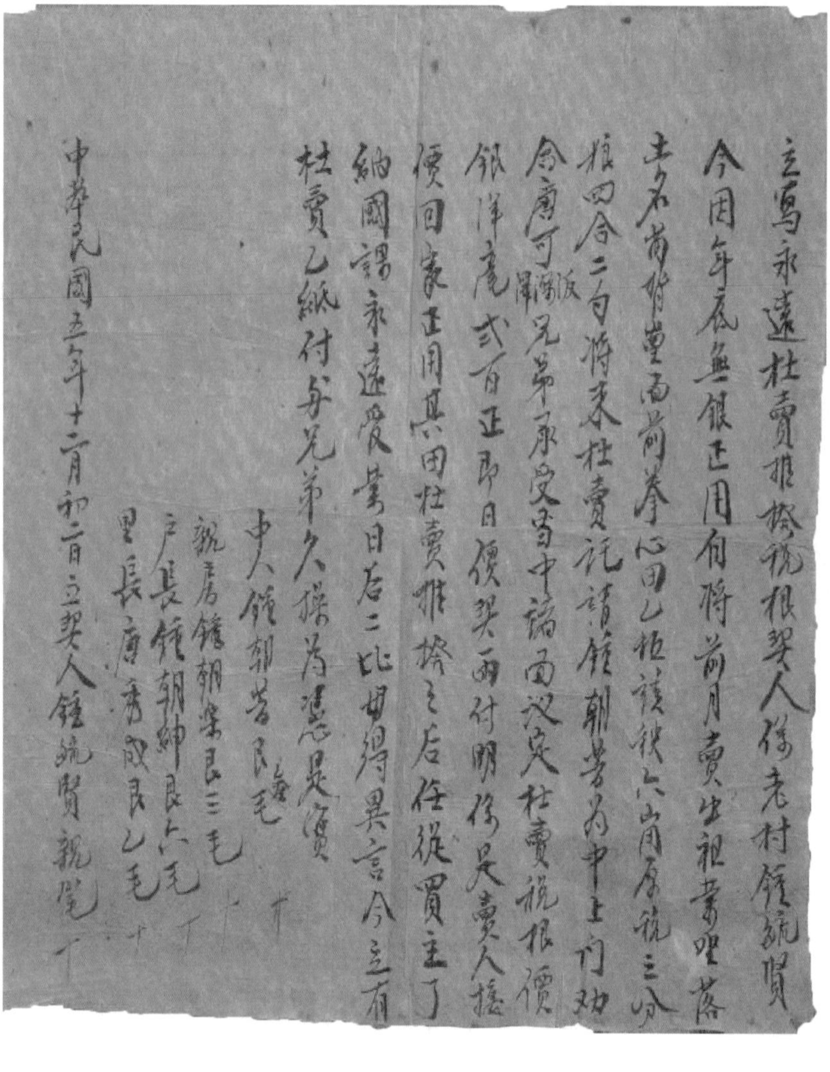

立写永远杜卖推拨税根契人系老村钟毓贤今因年底无银正用自将前月卖出祖业坐落土名苗背峚〔岗〕面前拳心田一丘该秧六崩〔棚〕原税三分粮四合二勺将来杜卖托请钟朝芳为中上门劝合唐可汳唐可深唐可泽兄弟承受当中诸面议定杜卖税根价银洋毫贰百正即日价契两付明系是卖人接价回家正用其田杜卖推拨之后任从买主了纳国课永远管业日后二比毋得异言今立有杜卖一纸付与兄弟久操为凭是实

中人钟朝芳银叁毛【押】

亲房钟朝乐银三毛【押】

户长钟朝绅银六毛【押】

里长唐秀成银一毛【押】

中华民国五年十二月初二日立契人

钟毓贤亲笔【押】

民国五年十二月十六日奉文福杜推税根契

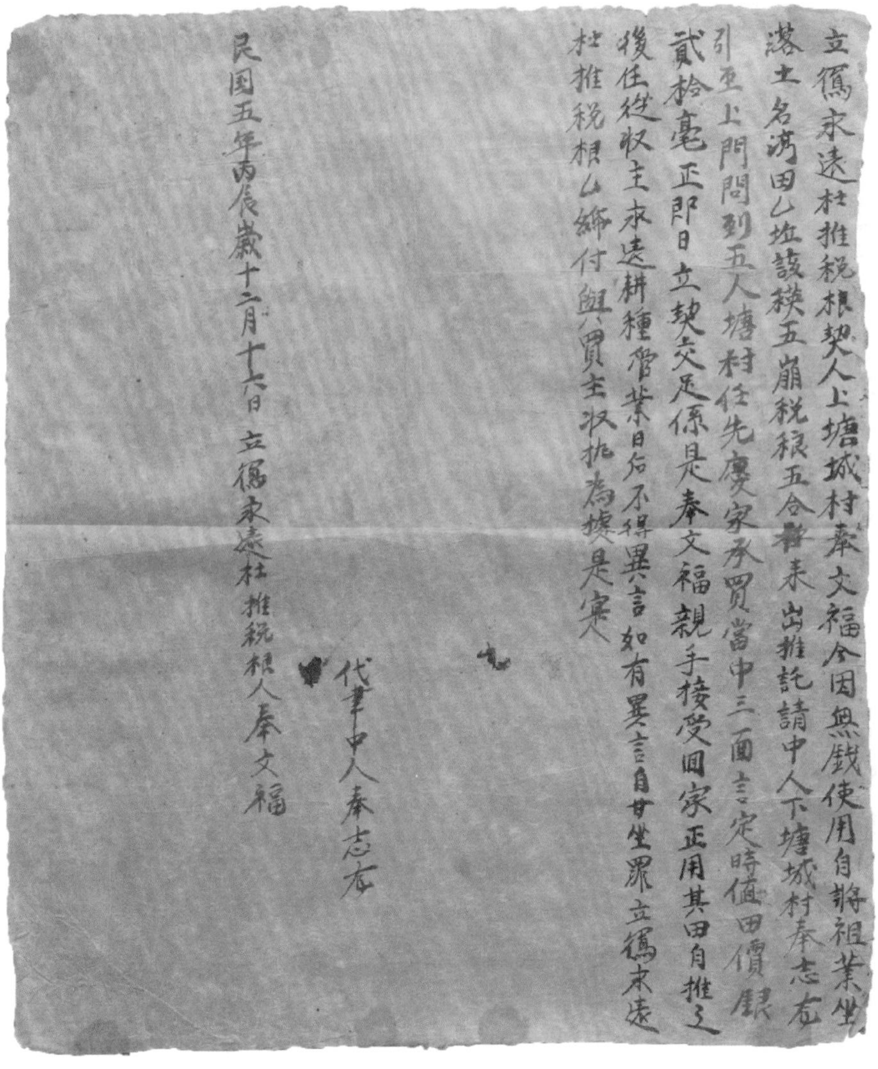

立写永远杜推税根契人上塘城村奉文福今因无钱使用自将祖业坐落土名湾田一丘该秧五崩（棚）税粮五合将来出推托请中人下塘城村奉志龙引至上门问到五人塘村任先庆家承买当中三面言定时值田价银贰拾毫正即日立契交足系是奉文福亲手接受回家正用其田自推之后任从收主永远耕种管业日后不得异言如有异言自甘坐罪立写永远杜推税根一纸付与买主收执为据是实

代笔中人奉志龙

民国五年丙辰岁十二月十六日立写

永远杜推税根人奉文福

民国五年十二月二十五日唐氏兄弟分关合同

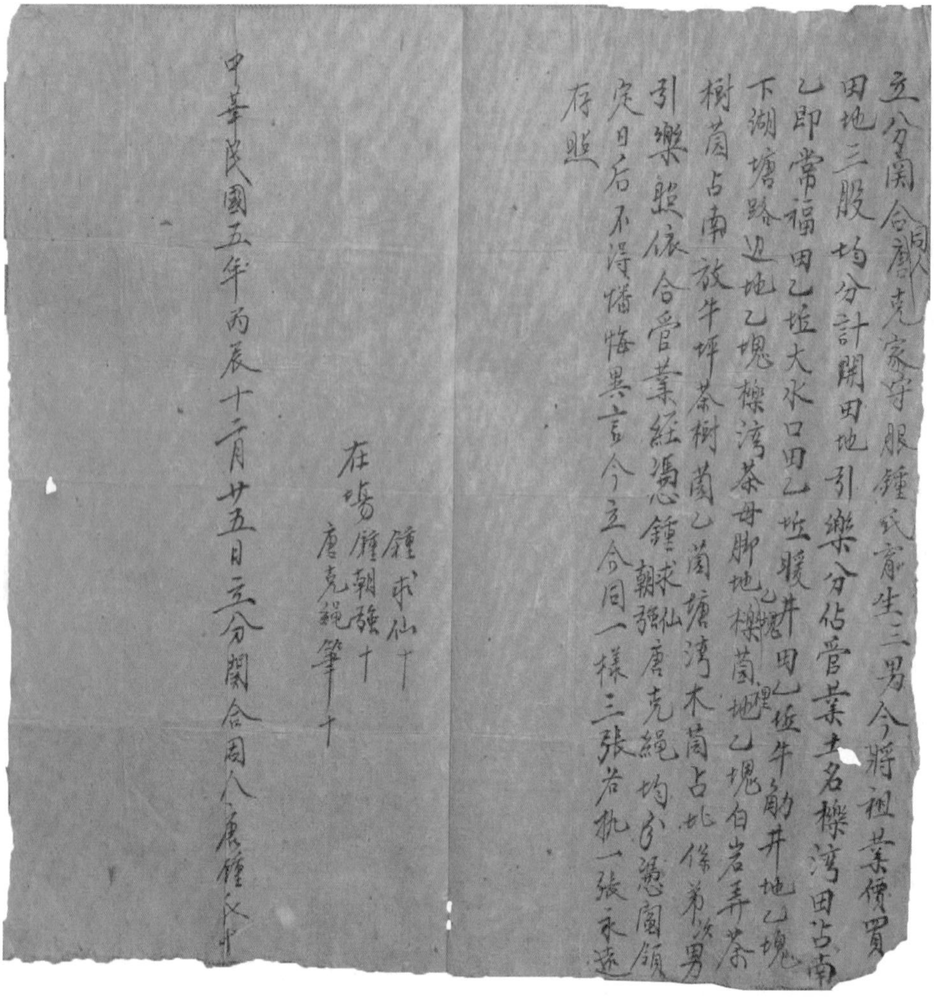

立分关合同人唐克家守服钟氏育生三男今将
祖业价买田地三股均分计开田地引乐分占管
业土名栎湾田占南一即〔节〕常福田一丘大
水口田一丘暖井田一丘牛觔井地一块下湖塘
路边地一块栎湾茶母脚地一块栎园里地一块
白岩弄茶树园占南放牛坪茶树园一园塘湾木
园占北系弟次男引乐照依合管业经凭钟求仙
钟朝强唐克绳均分凭阄领定日后不得憣悔异
言今立合同一样三张各执一张永远存照
在场钟求仙【押】钟朝强【押】唐克绳笔【押】
中华民国五年丙辰十二月廿五日立分关合同
人唐钟氏【押】
□□

民国五年十二月二十九日唐老章卖地契

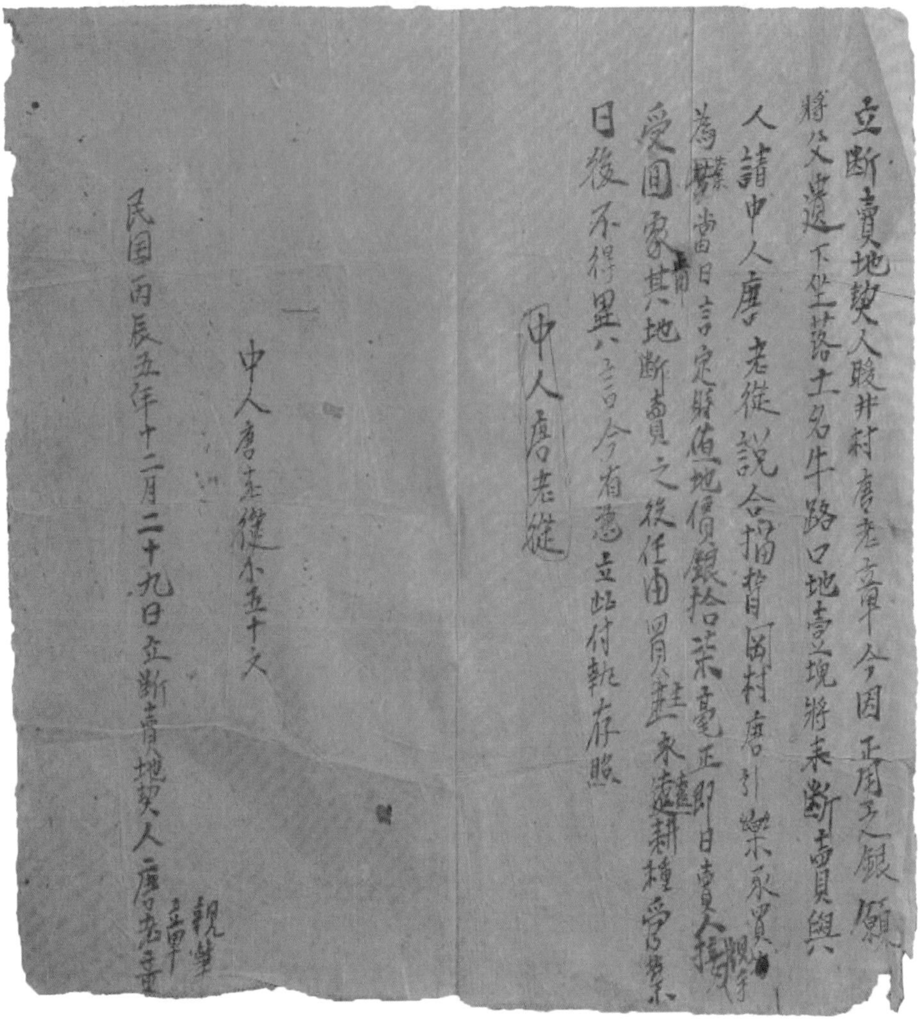

立断卖地契人暖井村唐老章今因正用乏银愿将父遗下坐落土名牛路口地壹块将来断卖与人请中人唐老从说合揣背岡村唐引乐承买为业当日言定时值地价银拾柒毫正即日卖人亲手接受回家正用其地断卖之后任由买主永远耕种管业日后不得异言今有凭立此付执存照

中人唐老从钱五十文

民国丙辰五年十二月二十九日立断卖地契人唐老章［章］亲笔

民国五年八日唐可全卖地契

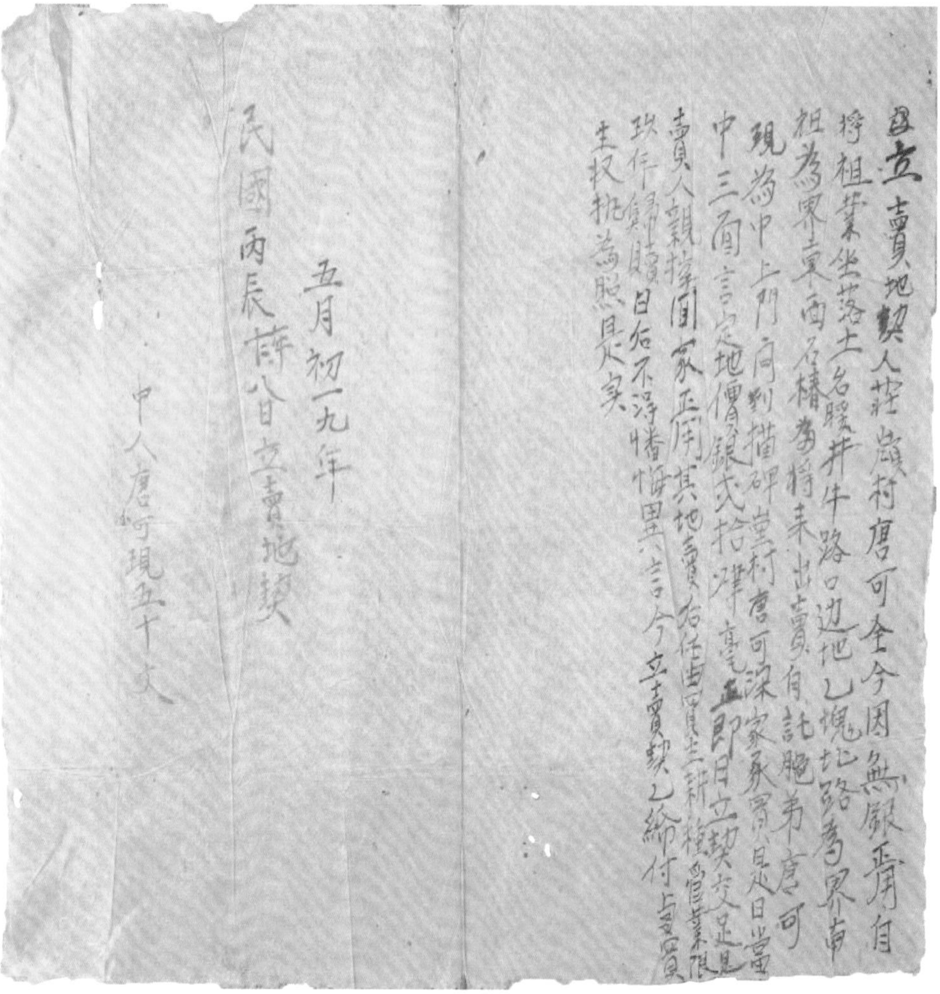

立卖地契人庄岭村唐可全今因无银正用自将祖业坐落土名暖井牛路口边地一块北路为界南祖为界东西石椿〔桩〕为〈界〉将来出卖自托胞弟唐可现为中上门问到描碑堂〔岗〕村唐可深家承买是日当中三面言定地价银贰拾肆毫正即日立契交足是卖人亲接回家正用其地卖后任由买主耕种管业限玖年归赎日后不得憣悔异言今立卖契一纸付与买主收执为照是实

五月初一九年

民国丙辰十二年（月）八日立卖地契

中人唐可现五十文

民国六年一月二十九日陈月照卖田契

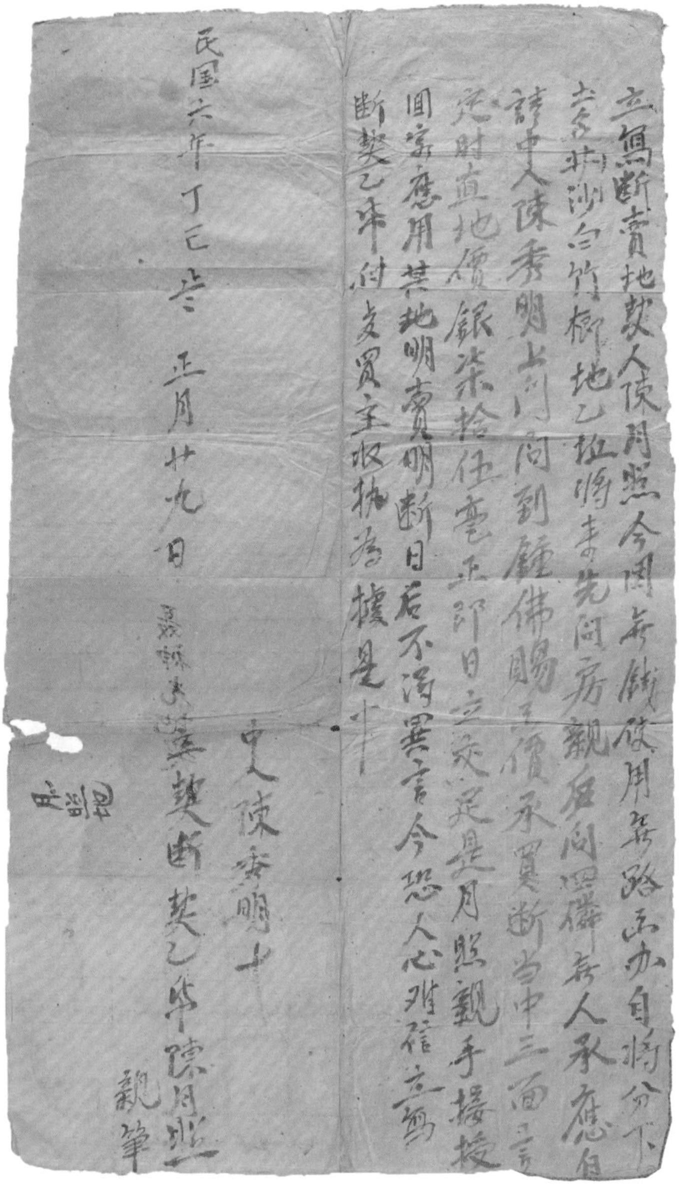

立写断卖地契人陈月照今因无钱使用无路出办自将分下土名沙井白竹梛地一丘将来先问房亲后问四僯（邻）无人承应白（自）请中人陈秀明上门问到钟佛赐出价承买断当中三面言定时直地价银柒拾五毫正即日立交足是月照亲手接授（受）回家应用其地明卖明断日后不得异言今恐人心难信立写断契一纸付与买主收执为据是【押】

中人陈秀明【押】

民国六年丁己（巳）岁正月廿九日　立契断契一纸陈月照亲笔

月照地

民国六年闰二月二十九日陈月怀卖田契

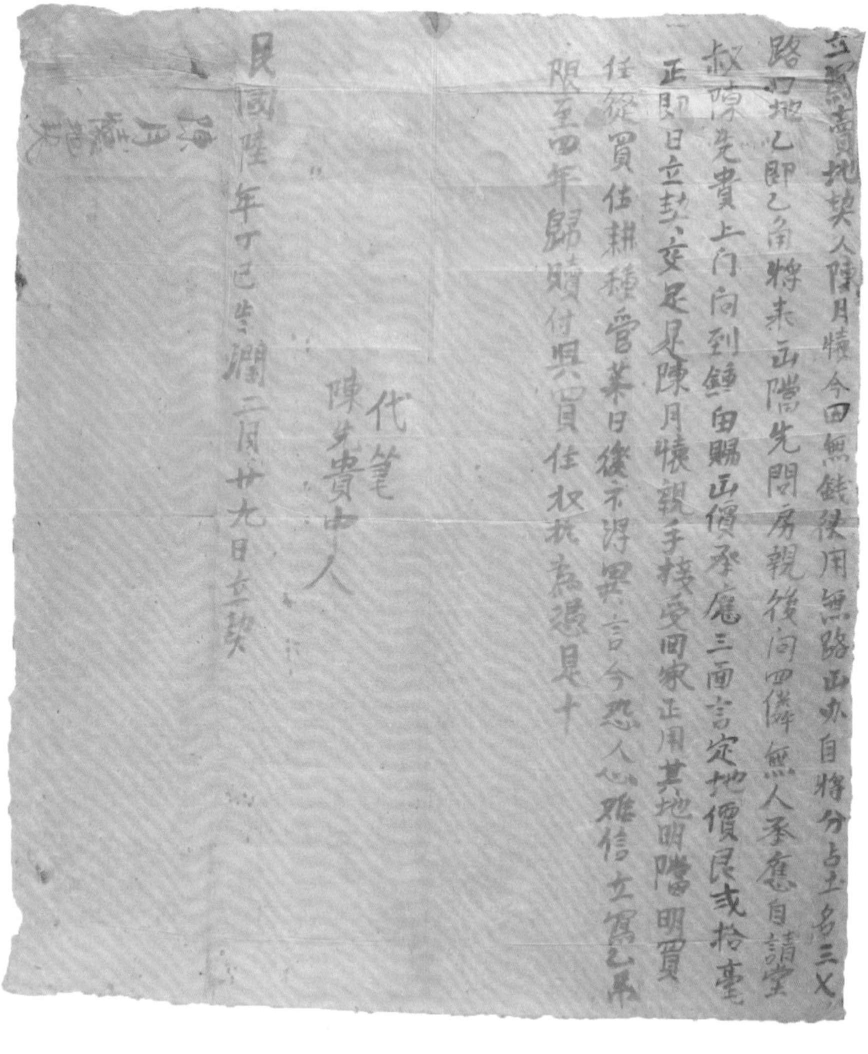

立写卖地契人陈月怀今因无钱使用无路出办自将分占土名三义路口地一即一角将来出垱（当）先问房亲后问四僯（邻）无人承应自请堂叔陈先贵上门问到钟由赐出价承应三面言定地价银贰拾毫正即日立契交足是陈月怀亲手接受回家正用其地明垱（当）明买任从买住（主）耕种管业日后不得异言今恐人心难信立写一纸限至四年归赎付与买住（主）收执为凭是【押】

代笔

陈先贵中人

民国陆年丁已（巳）岁润（闰）二月廿九日立契

陈月怀地契

民国六年三月十五日陈先授当卖园地契

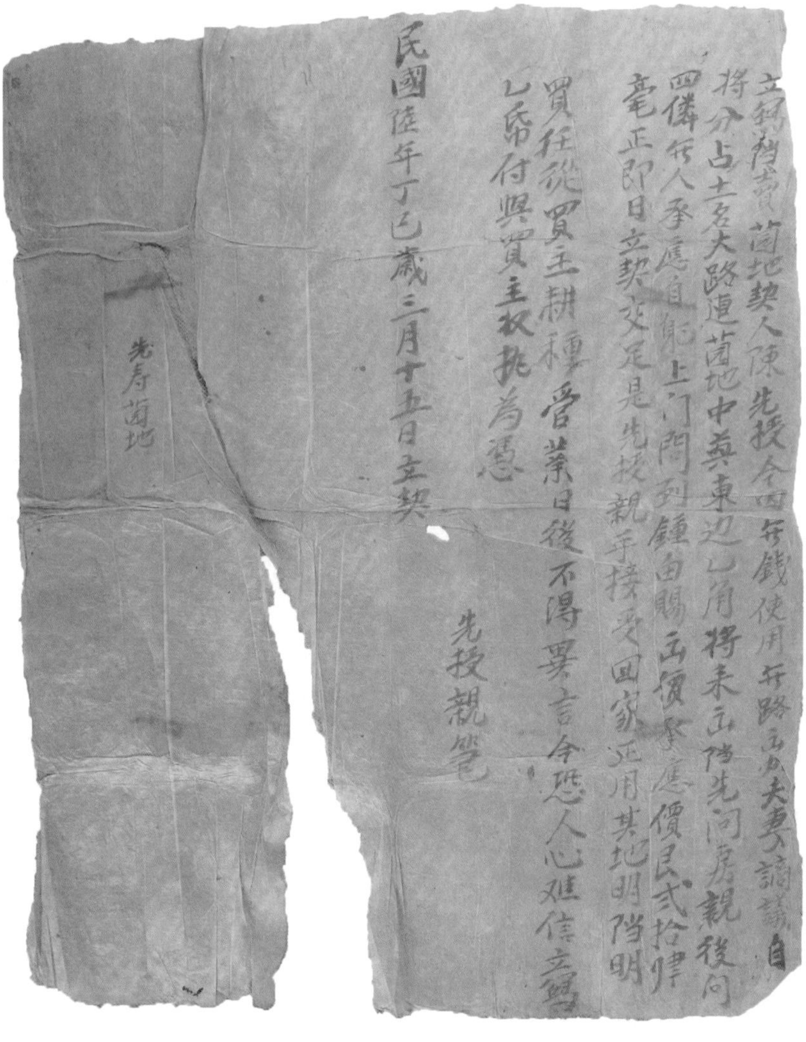

立写凼（当）卖园地契人陈先授今因无钱使用无路出办夫妻谪（商）议自将分占土名大路连园地中央东边一角将来出凼（当）先问房亲后问四僯（邻）无人承应自己上门问到钟由赐出价承应价银贰拾肆毫正即日立契交足是先授亲手接受回家正用其地明凼（当）明买任从买主耕种管业日后不得异言今恐人心难信立写一纸付与买主收执为凭

先授亲笔

民国陆年丁已（巳）岁三月十五日立契

先寿园地

民国六年三月二十日唐定禄卖地契

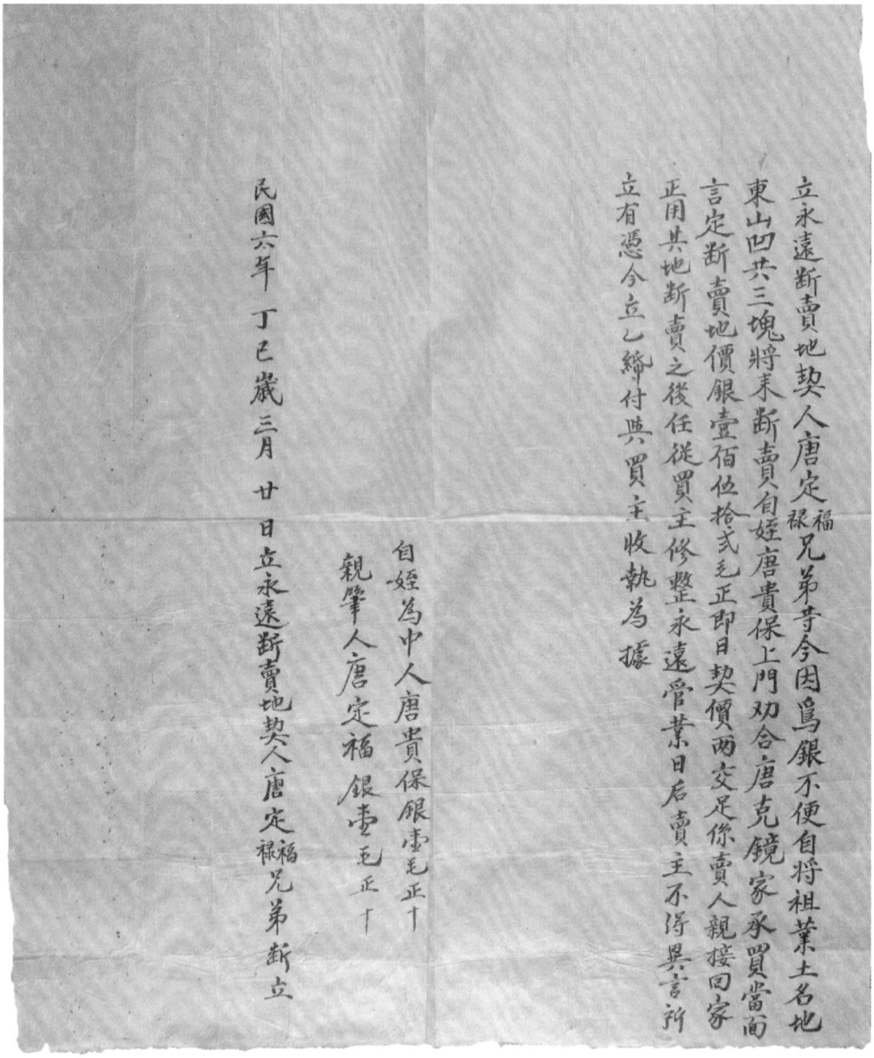

立永远断卖地契人唐定福唐定禄兄弟等今因写银不便自将祖业土名地东山凹共三块将来断卖自姪唐贵保上门劝合唐克镜家承买当面言定断卖地价银壹佰伍拾贰毛正即日契价两交足系卖人亲接回家正用其地断卖之后任从买主修整永远管业日后卖主不得异言所立有凭今立一纸付与买主收执为据

自姪为中人唐贵保银壹毛正【押】

亲笔人唐定福银壹毛正【押】

民国六年丁己（巳）岁三月廿日立永远断卖地契人唐定福唐定禄兄弟断立

民国六年十二月十一日卖地契

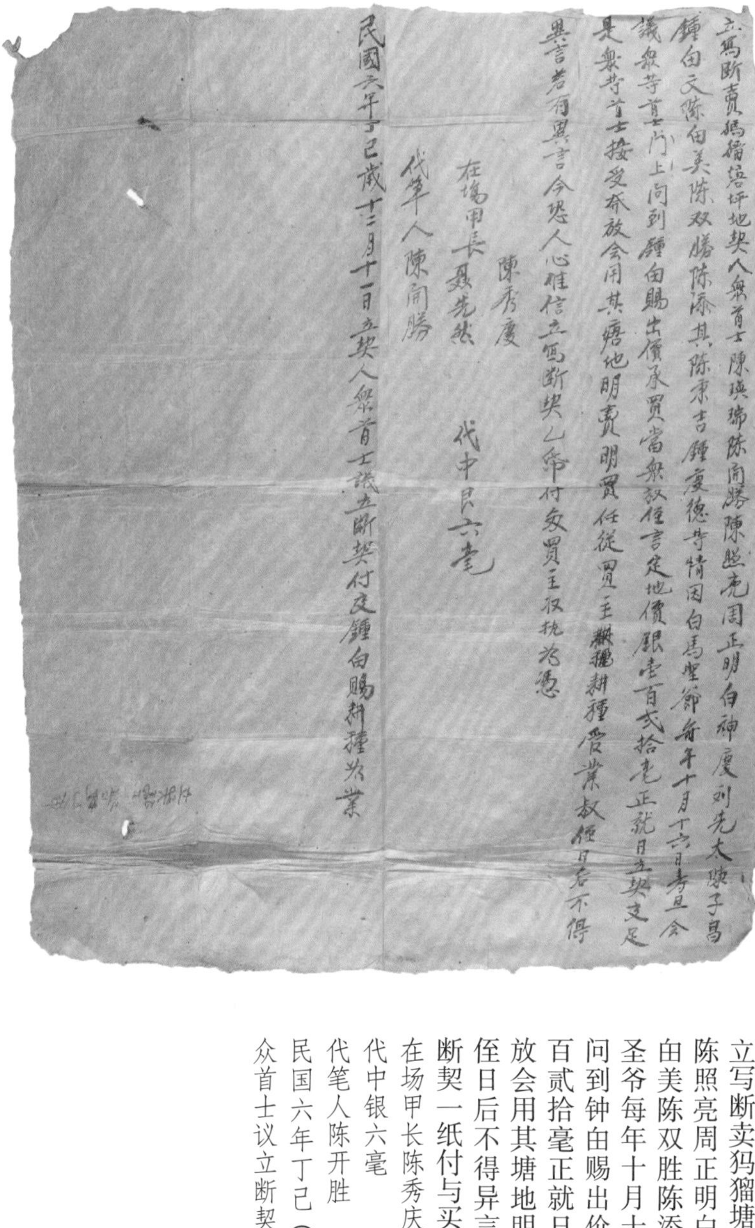

立写断卖犸猫塘坪地契人众首士陈瑛瑞陈开胜陈照亮周正明白神庆刘先太陈子昌钟由文陈由美陈双胜陈添其陈秉吉钟庆德等情因白马圣爷每年十月十六日寿旦会议众等首士上门问到钟由赐出价承买当众叔侄言定地价银壹百贰拾毫正就日立契交足是众等首士接受发放会用其塘地明卖明买任从买主耕种管业叔侄日后不得异言若有异言今恐人心难信立写断契一纸付与买主收执为凭

在场甲长陈秀庆聂先然

代中银六毫

代笔人陈开胜

民国六年丁己（巳）岁十二月十一日立契人

众首士议立断契付交钟由赐耕种为业

民国七年一月十三日钟义顺卖地契

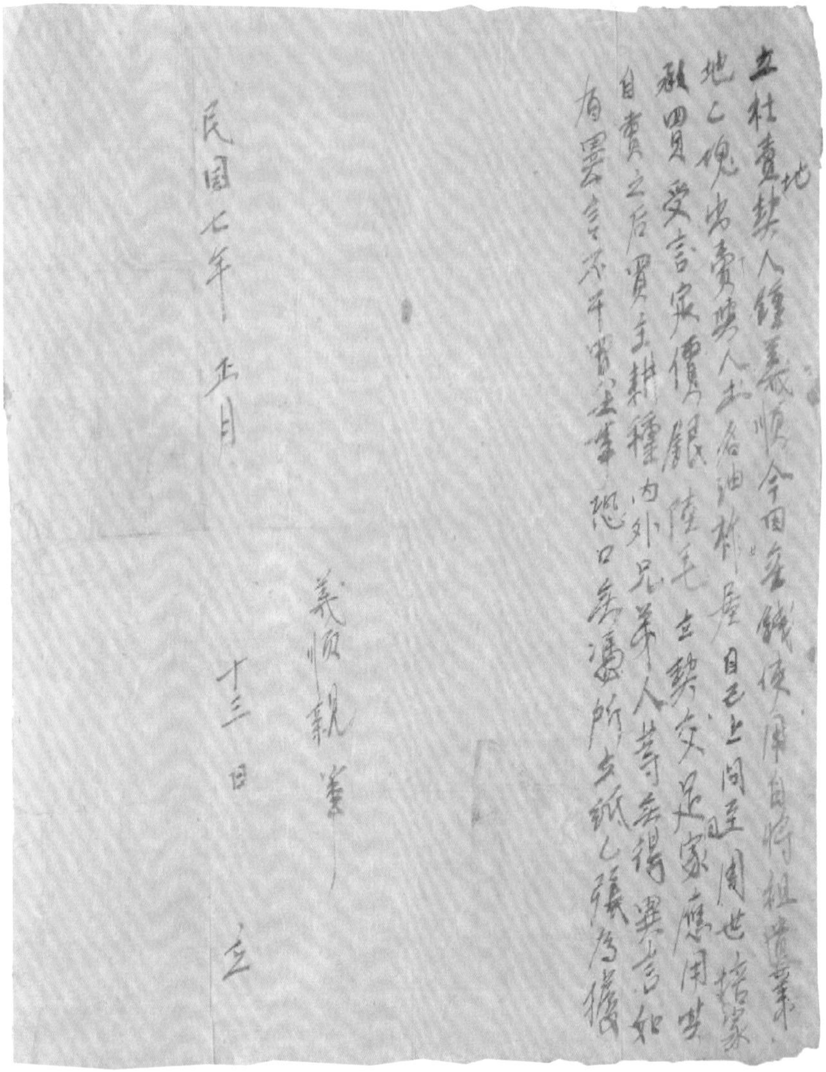

立杜卖地契人钟义顺今因无钱使用
自将祖遗业地一块出卖与人土名油
祚屋自己上问至周世培家承买受言
定价银陆毛立契交足回家应用其自
卖之后买主耕种内外兄弟人等无得
异言如有异言不干买主事恐口无凭
所立纸一张为据
义顺亲笔
民国七年正月十三日立

民国七年一月二十八日唐秀枝卖地契

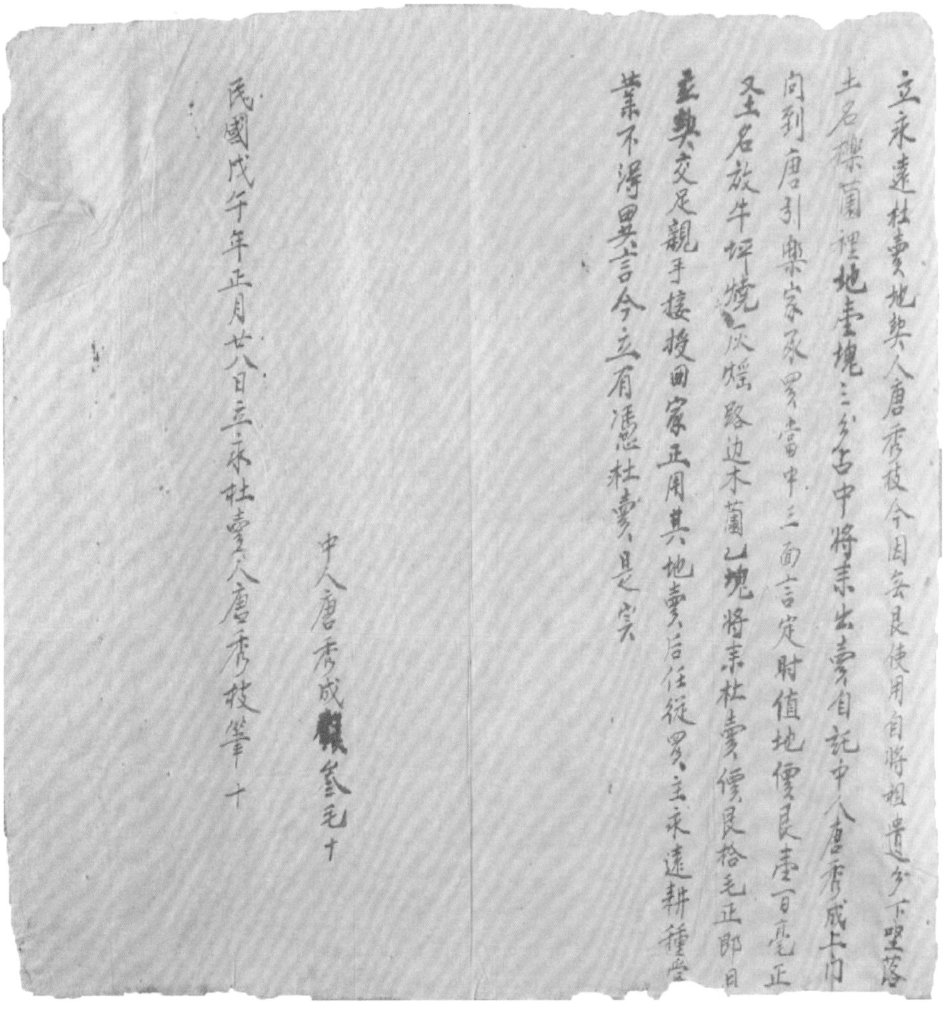

立永远杜卖地契人唐秀枝今因无银使用自将祖遗分下坐落土名栎园里地壹块三分占中将来出卖自托中人唐秀成上门问到唐引乐家承买当中三面言定时值地价银壹百毫正又土名放牛坪烧灰熎路边木园一块将来杜卖价银拾毛正即日立契交足亲手接授（受）回家正用其地卖后任从买主永远耕种〈管〉业不得异言今立有凭杜卖是实

中人唐秀成银叁毛【押】

民国戊午年正月廿八日立永杜卖人唐秀枝笔【押】

民国七年五月二十三日奉继赐杜推税根契

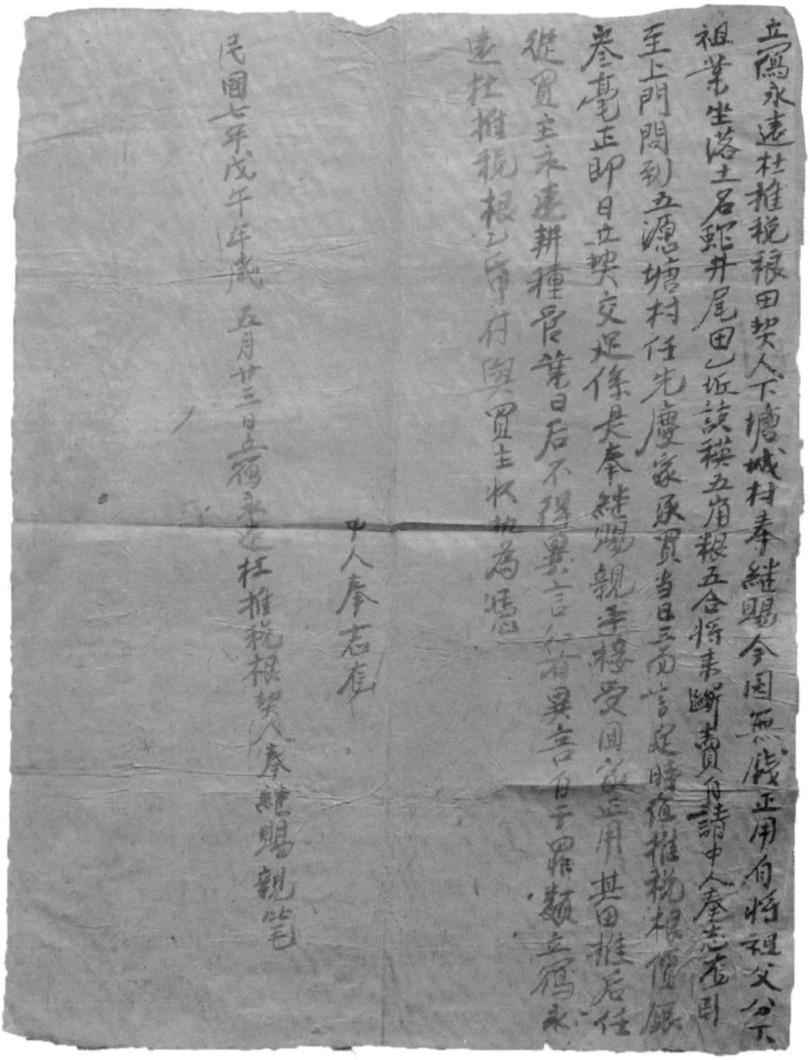

立写永远杜推税粮田契人下塘城村奉继赐今因无钱正用自将祖父分下祖业坐落土名蛇井尾田一丘该秧五甾（棚）粮五合将来断卖自请中人奉志龙引至上门问到五源塘村任先庆家承买当日三面言定时值推税根价银叁毫正即日立契交足系是奉继赐亲手接受回家正用其田推后任从买主永远耕种管业日后不得异言如有异言自干（甘）罪类（泪）立写永远杜推税根一纸付与买主收执为凭

中人奉志龙

民国七年戊午年岁五月廿三日立写永远杜推税根契人奉继赐亲笔

民国七年十二月初六日杨蓝田卖水田契

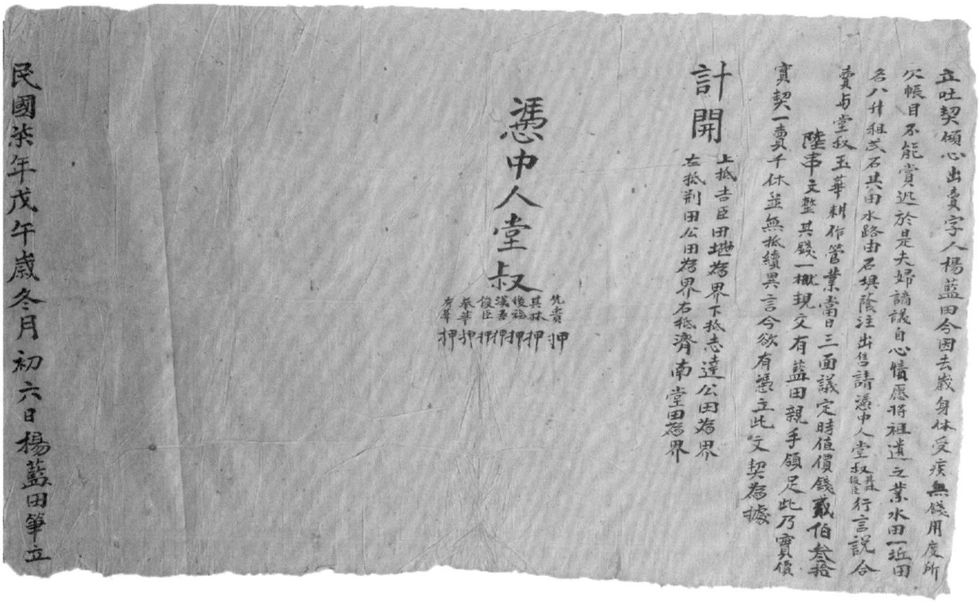
立吐契傾心出賣字人楊藍田今因去歲身体受疾無錢用度所
欠帳目不能賞迅於是夫婦譎議自心情愿将祖遺之業水田一丘田
各八升租贰石其田水路由石垻蔭注出售請憑中人堂叔其林俊臣行言説合
賣与堂叔玉華耕作管業當日三面議定時值價錢贰伯叁拾
陸串文整其錢一概現交有藍田親手領足此乃實價
實契一賣千休並無抵續異言今欲有憑立此文契為據
計開
上抵吉臣田墈為界下抵志達公田為界
左抵荊田公田為界右抵濟南堂田為界
憑中人堂叔 先貴押 其林押 後福押 漢吾押 俊臣押 奉華押
民國柒年戊午歲冬月初六日楊藍田筆立

立吐契倾心出卖字人杨蓝田今因去岁身体受疾无钱用度所欠帐目不能赏迅于是夫妇譎（商）议自心情愿将祖遗之业水田一丘田各八升租贰石其田水路由石垻（坝）荫注出售请凭中人堂叔其林俊臣行言说合卖与堂叔玉华耕作管业当日三面议定时值价钱贰佰叁拾陆串文整其钱一概现交有蓝田亲手领足此乃实价实契一卖千休并无抵续异言今欲有凭立此文契为据

计开上抵吉臣田墈为界下抵志达公田为界左抵荆田公田为界右抵济南堂田为界

凭中人堂叔先贵押其林押后福押汉吾押俊臣押奉华押　有华押

民国柒年戊午年岁冬月初六日杨蓝田笔立

民国七年十二月二十日如获立补地契

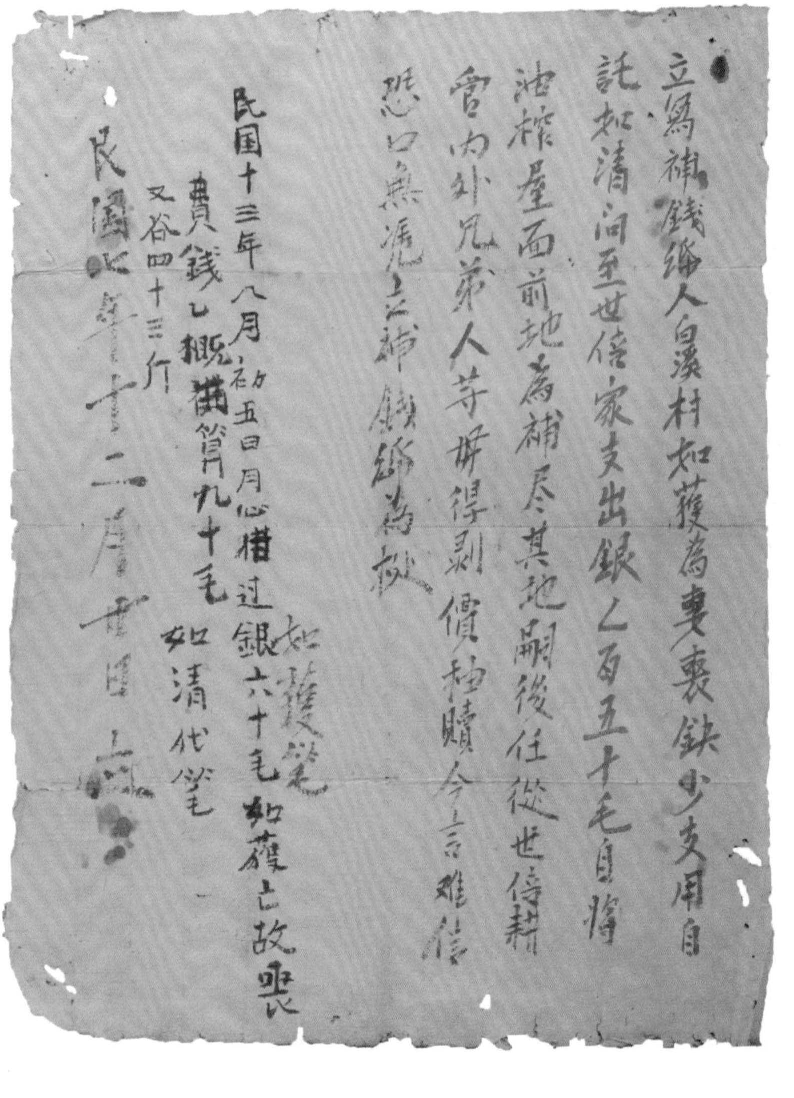

立写补钱纸人白溪村如获为妻丧缺少支用自托如清问至世倍家支出银一百五十毛自将油榨屋面前地为补尽其地嗣后任从世倍耕管内外兄弟人等毋得剥价抽赎今言难信恐口无凭立补钱纸为据

如获笔

民国十三年八月初五日月心借过银六十毛如获亡故丧费钱一概共算九十毛如清代笔

又谷四十三斤

民国七年十二月廿日立

民国七年十二月二十三日陈先寿断补地契

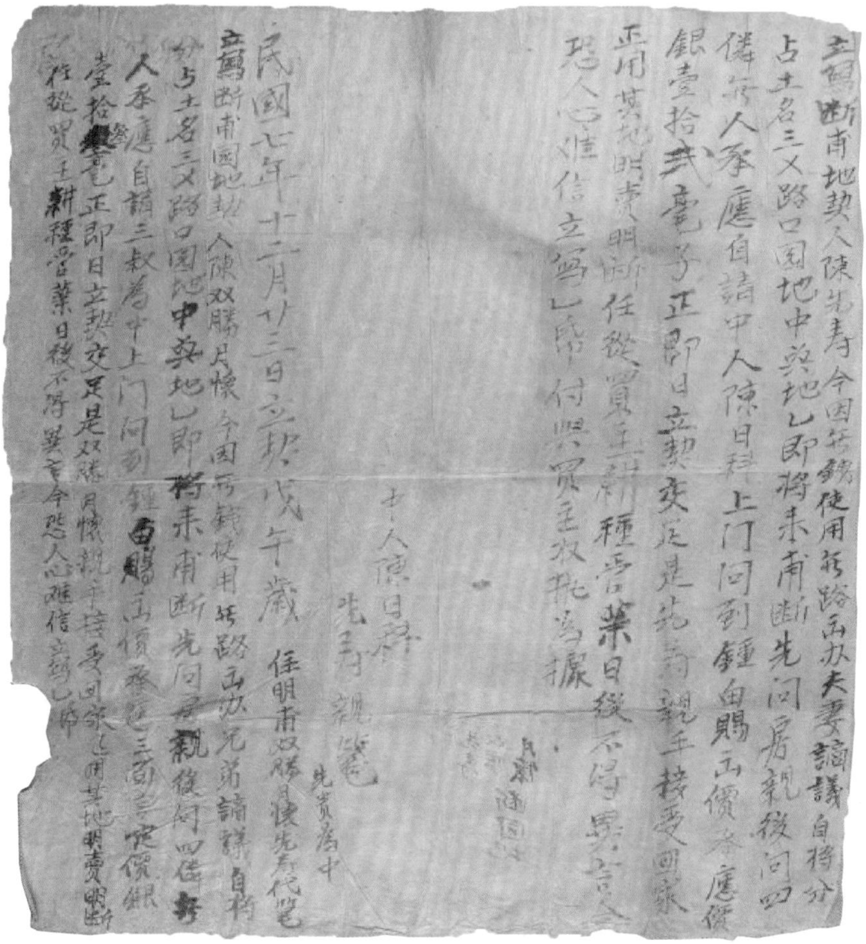

立写断甫（补）地契人陈先寿今因无钱使用无路出办夫妻谪（商）议自将分占土名三乂路口园地中央地一即将来甫断先问房亲后问四僯（邻）无人承应自请中人陈日科上门问到钟由赐出价承应价银壹拾贰毫子正即日立契交足是先寿亲手接受回家正用其地明卖明断任从买主耕种管业日后不得异言今恐人心难信立写一纸付与买主收执为据

中人陈日科

先寿亲笔

先贵为中

民国七年十二月廿三日立契戊午岁　住明甫双胜月怀先寿代笔

立写断甫（补）园地契人陈双胜月怀今因无钱使用无路出办兄弟谪（商）议自将分占土名三乂路口园地中央地一即将来甫断先问房亲后问四僯（邻）无人承应自请三叔为中上门问到钟由赐出价承应三面言定价银壹拾叁毫正即日立契交足是双胜月怀亲手接受回家正用其地明卖明断任从买主耕种管业日后不得异言今恐人心难信立写一纸

民国七年十二月二十八日钟义全卖田契

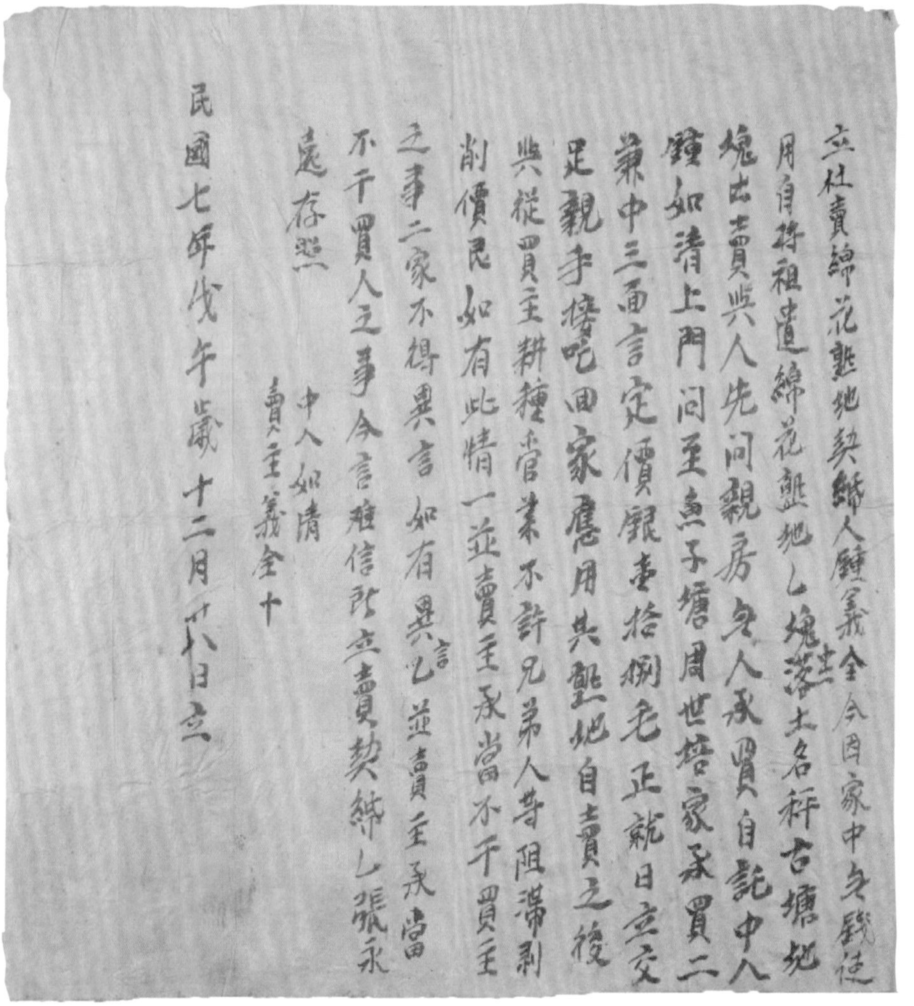

立杜卖绵花熟地契纸人钟义全今因家中无钱使用自将祖遗绵花熟地一块坐落土名秤古塘地块出卖与人先问亲房无人承买自托中人钟如清上门问至鱼子塘周世培家承买二兼中三面言定价银壹拾捌毛正就日立交足亲手接乞回家应用其熟地自卖之后与从买主耕种管业不许兄弟人等阻滞剥削价银如有此情一并卖主承当不干买主之事二家不得异言如有异言一并卖主承当不干买人之事今言难信所立卖契纸一张永远存照

中人如清

卖主义全【押】

民国七年戊午岁十二月廿八日立

民国七年十二月二十九日奉宪业卖宅基地契

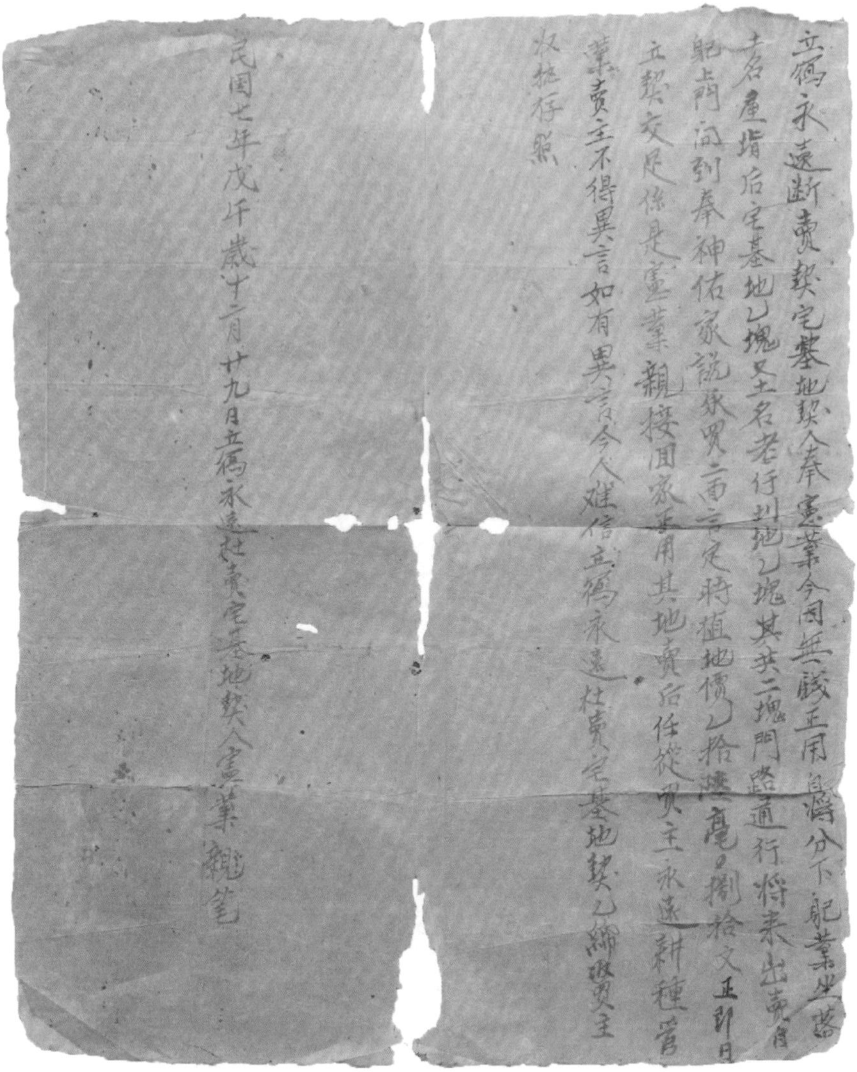

立写永远断卖契宅基地契人奉宪业今因无钱正用自将分下己业坐落土名屋背后宅基地一块又土名老仔圳地一块共二块门路通行将来出卖自己上门问到奉神佑家说承买二面言定时值地价一拾陆毫〇捌拾文正即日立契交足系是宪业亲接回家正用其地卖后任从买主永远耕种管业卖主不得异言如有异言今人难信立写永远杜卖宅基地契一纸买主收执存照

民国七年戊午岁十二月廿九日立写永远杜卖宅基地契人宪业亲笔

民国八年四月二十日钟荣财卖田契

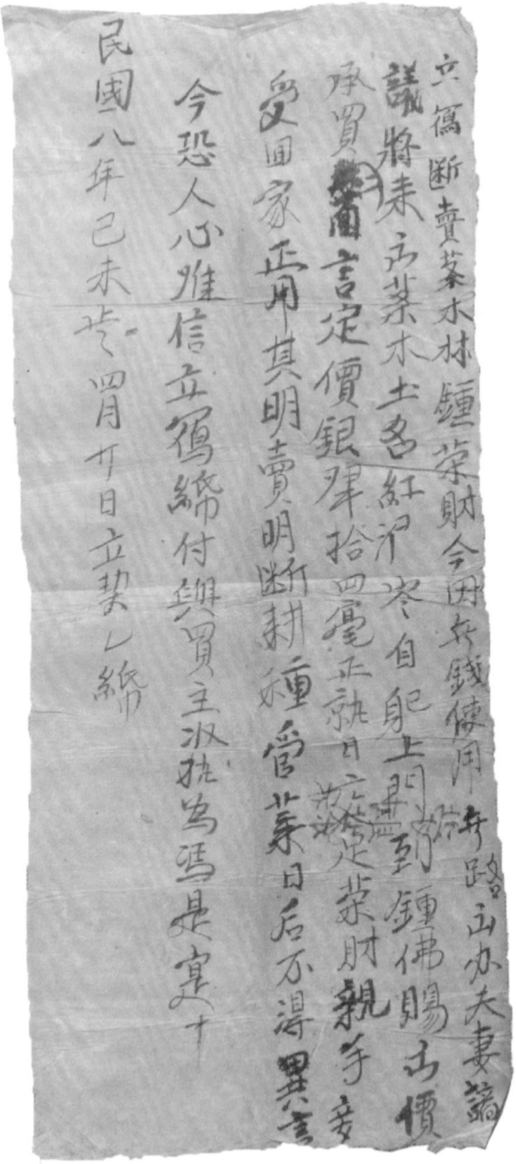

立写断卖蓧木林钟荣财今因无钱使用无路出办夫妻谪（商）议将来出蓧木土名红泥岑自己上门到钟佛赐出价承买二面言定价银肆拾四毫正就（就）日交足荣财亲手妾（接）受回家正用其明卖明断耕种管业日后不得异言今恐人心难信立写纸付与买主收执为凭是实【押】

民国八年己未岁四月廿日立契一纸

民国八年九月二十日钟瑞杏卖熟地契

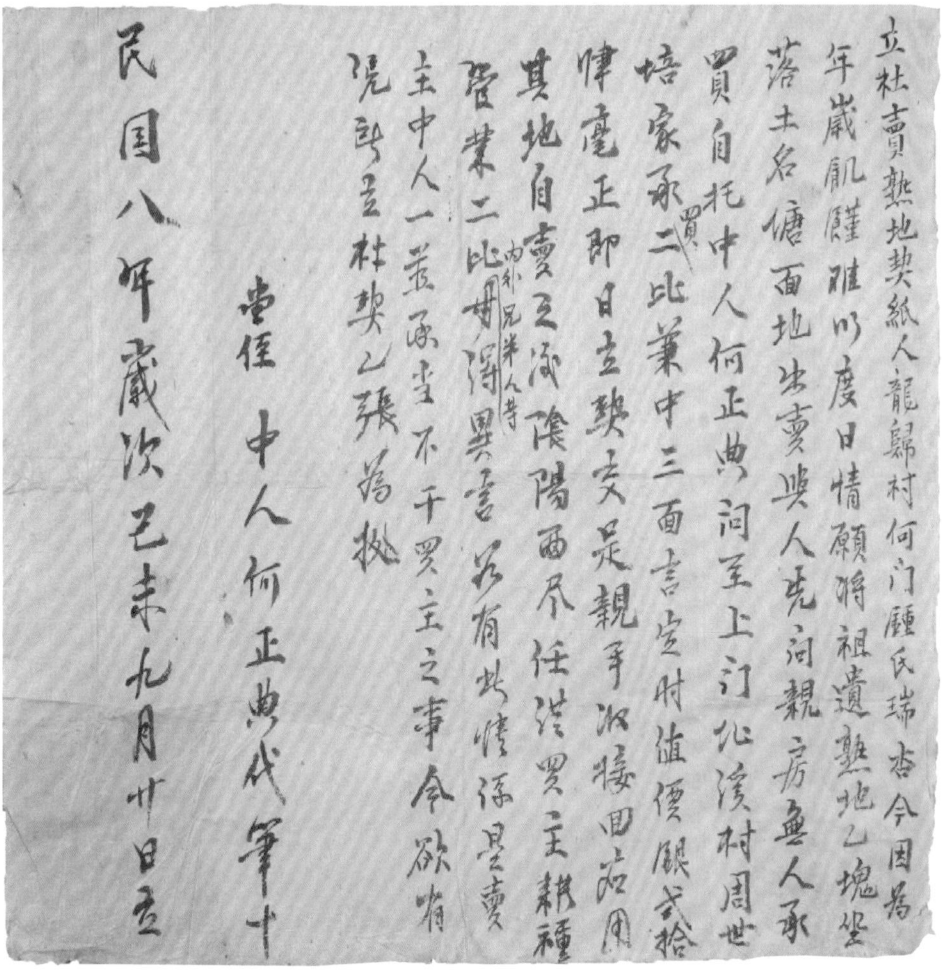

立杜卖熟地契纸人龙归村何门钟氏瑞杏今因为年岁饥馑难以度日情愿将祖遗熟地一块坐落土名塘面地出卖与人先问亲房无人承买自托中人何正典问至上门北溪村周世培家承买二比兼中三面言定时值价银贰拾肆毫正即日立契交足亲手收接回应用其地自卖之后阴阳两尽任从买主耕种管业二比内外兄弟人等毋得异言若有此情系是卖主中人一并承当不干买主之事今欲有凭所立杜契一张为据

堂侄中人何正典代笔【押】

民国八年岁次己未九月廿日立

民国八年十月十二日钟富祥卖瓦屋土基契

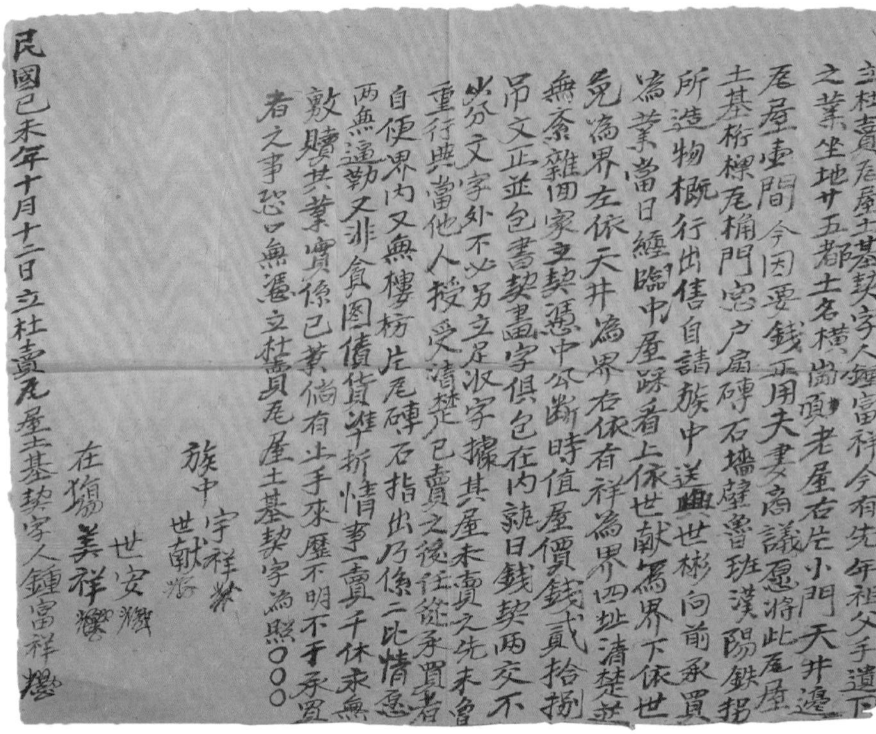

立杜卖瓦屋土基契字人钟富祥今有先年祖父手遗下之业坐地廿五都土名横岗顶老屋右片小门天井边瓦屋壹间今因要钱正用夫妻商议愿将此瓦屋土基桁梁瓦桷门窗户扇砖石墙壁鲁班汉阳铁拐所造物概行出售自请族中送与世彬向前承买为业当日经中临屋踩看上依世献写界下依世免为界左依天井为界右依有祥为界四址清楚并无紊杂回家立契凭中公断时值屋价钱贰拾捌吊文正并包书契画字俱包在内就日钱契两交不少分文字外不必另立足收字据其屋未卖之先未曾重行典当他人授受清楚已卖之后任从承买者自便界内又无楼枋片瓦砖石指出乃系二比情愿两无逼勒又非贪图债货准折情事一卖千休永无敷赎其业实系已业倘有上手来历不明不干承买者之事恐口无凭立杜卖瓦屋土基契字为照

族中宇祥【押】世献【押】

在场世安【押】美祥【押】

民国巳（己）未年十月十二日立杜卖瓦屋土基契字人钟富祥【押】

民国八年十二月二十二日唐引康卖屋契

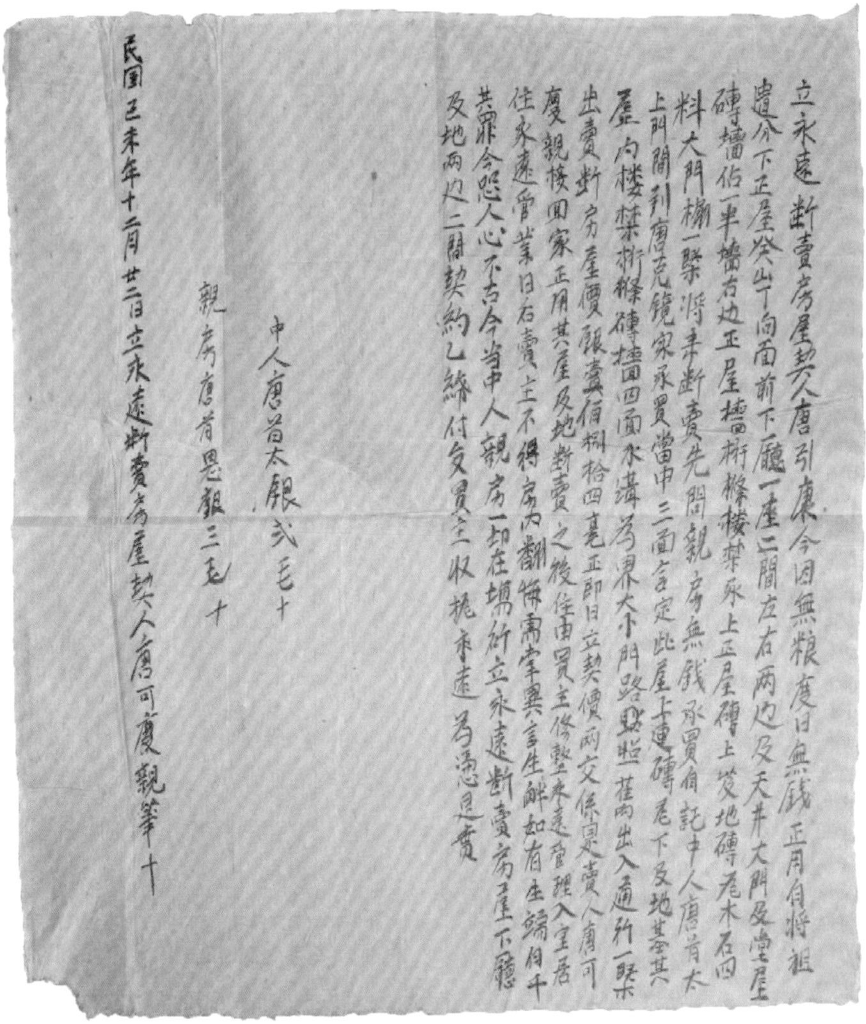
立永远断卖房屋契人唐引康，今因無粮度日，無錢正用，自將祖
遺分下正屋癸山丁向面前下廳一座二間，左右兩边及天井、大門及堂屋
磚墻佔一半，墻右边正屋墻桁桷樓棐承上，正屋磚上茭地磚瓦木石四
料、大門欄一槩，將来斷賣。先問親房，無錢承買，自託中人唐肖太
上門問到唐克鏡家承買。當中三面言定，此屋上連磚瓦，下及地基，其
屋內樓棐桁桷磚墻四面水溝為界，大小門路照舊出入通行，一槩
出賣。斷房屋價銀壹佰捌拾四毫正，即日立契價兩交，係是賣人唐可
慶親接回家正用。其屋及地斷賣之後，任由買主修整，永遠管理入室居
住，永遠管業。日后賣主不得房內翻悔需索異言生端，如有生端，自干
其罪。今恐人心不古，今當中人親房一切在場，所立永遠斷賣房屋下廳
及地兩边二間契約乙紙，付交買主收執，永遠為憑是實。

中人唐肖太銀弍毛十

親房唐肖恩銀三毛十

民国己未年十二月廿二日立永遠斷賣房屋契人唐可慶親筆十

立永远断卖房屋契人唐引康今因无粮度日无钱正用自将祖遗分下正屋癸山丁向面前下厅一座二间左右两边及天井大门及堂屋砖墙占一半墙右边正屋墙桁橼楼禁承上正屋砖上岌地砖瓦木石四料大门扇一概将来断卖先问亲房无钱承买自托中人唐首太上门问到唐克镜家承买当中三面言定此屋上连砖瓦下及地基其屋内楼禁桁橼砖墙四面水沟为界大小门路照旧出入通行一概出卖断房屋价银壹佰捌拾四毫正即日立契价两交系是卖人唐可庆亲接回家正用其屋及地断卖之后任由买主修整永远管理入室居住永远管业日后卖主不得房内翻悔需掌异言生衅如有生端自干（甘）其罪今恐人心不古今当中人亲房一切在场所立永远断卖房屋下厅及地两边二间契约一纸付与买主收执永远为凭是实

中人唐首太银贰毛【押】

亲房唐首恩银三毛【押】

民国己未年十二月廿二日立永远断卖房屋契人唐可庆亲笔【押】

民国八年十二月二十四日钟仁存卖屋契

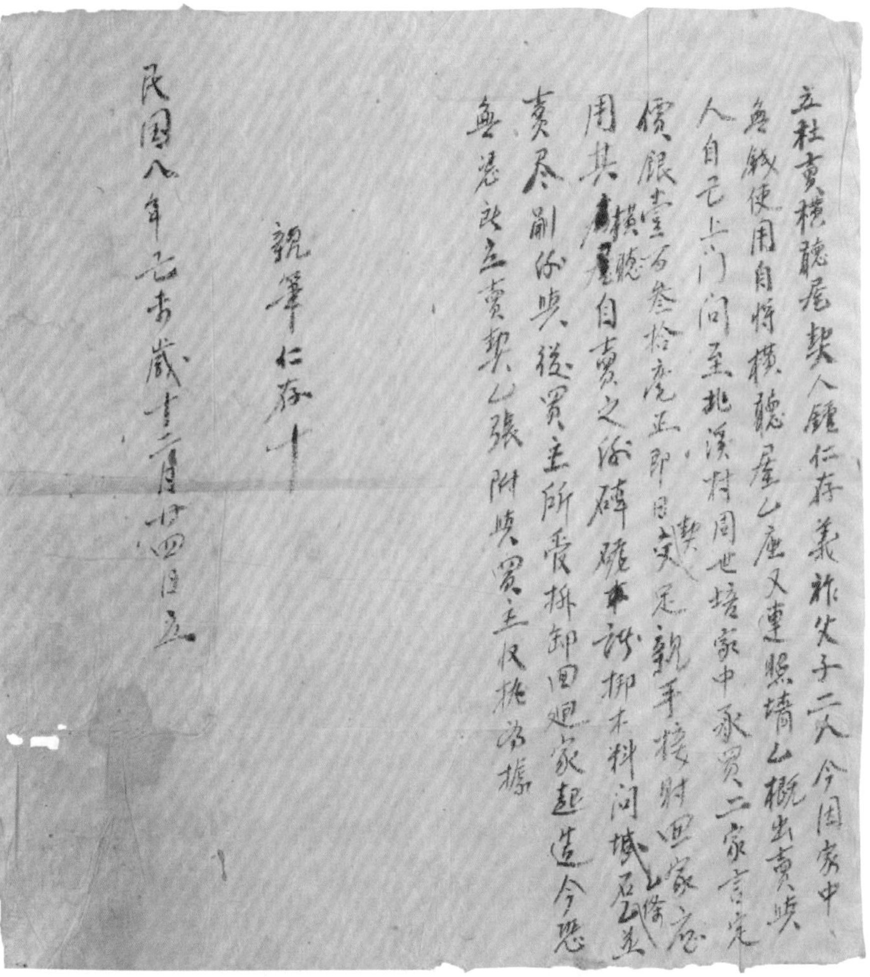

立杜卖横听屋契人钟仁存义祚父子二人
今因家中无钱使用自将横听屋一座又连
照墙一概出卖与人自己上门问至北溪村
周世培家中承买二家言定价银壹百叁拾
毫正即日契交足亲手接财回家应用其横
听自卖之后砖瓦□榔木料问坎石一条一
并卖尽嗣后与从买主所管拆卸回回家起
造今恐无凭所立卖契一张附与买主收执
为据

亲笔仁存【押】

民国八年己未岁十二月廿四日立

民国八年十二月二十七日奉志政断卖税根田契

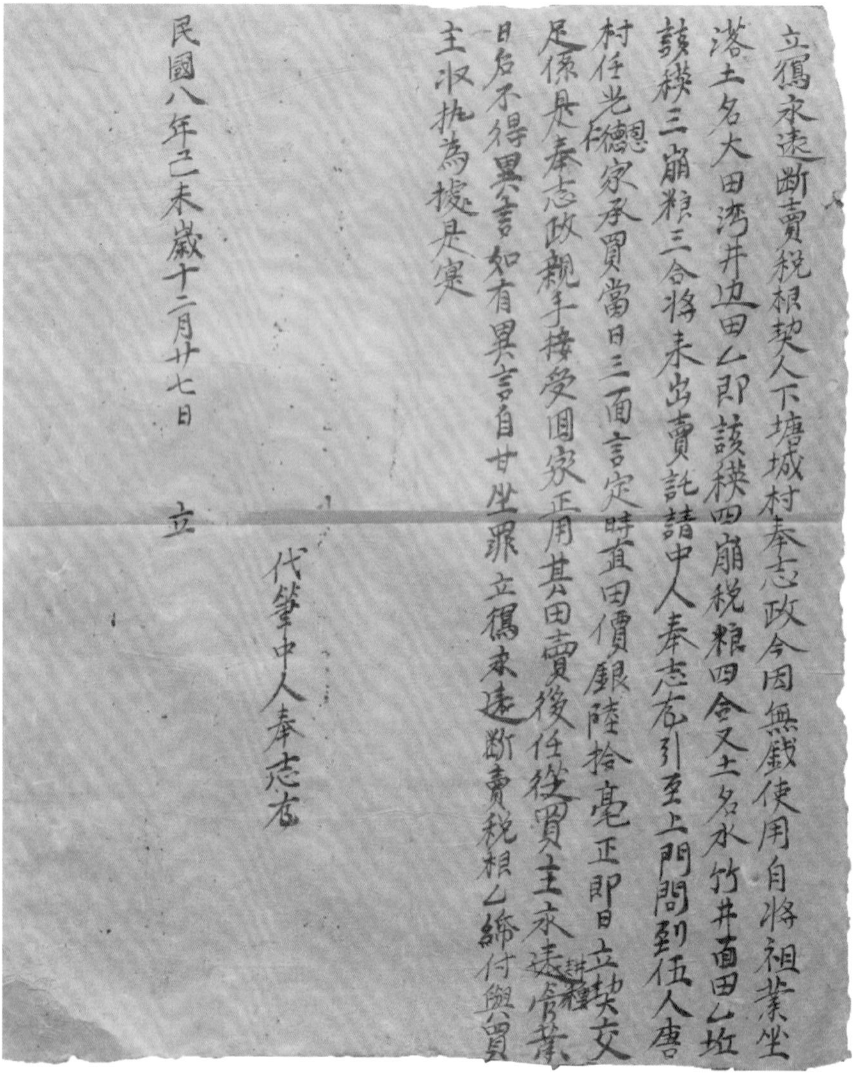

立写永远断卖税根契人下塘城村奉志政今因无钱使用自将祖业坐落土名大田湾井边田一即（节）该秧四崩税粮四合又土名水竹井面田一丘该秧三崩粮三合将来出卖托请中人奉志龙引至上门问到伍人唐村任光恩任光德任光仁家承买当日三面言定时直田价银陆拾毫正即日立契交足系是奉志政亲手接受回家正用其田卖后任从买主永远耕种管业日后不得异言如有异言自甘坐罪立写永远断卖税根一纸付与买主收执为据是实

代笔中人奉志龙

民国八年己未岁十二月二十七日立

民国九年十二月二十七日唐首士卖田契

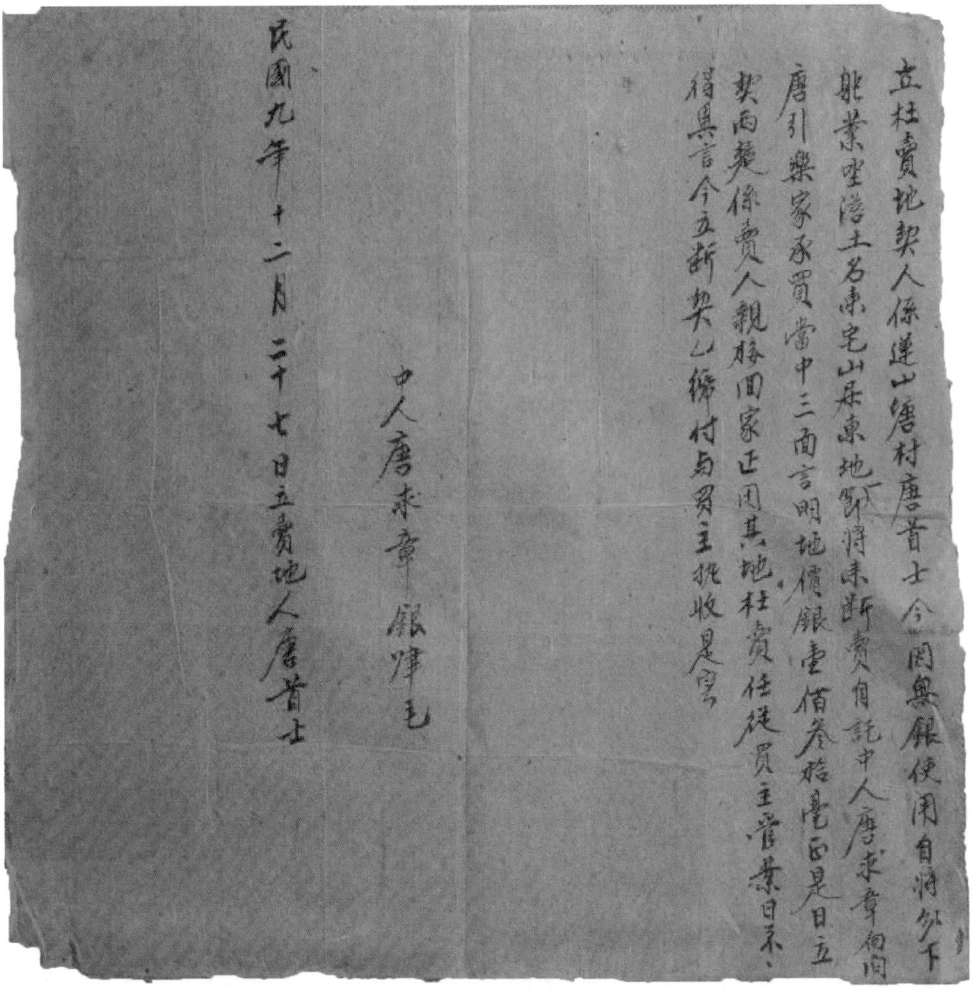

立杜卖地契人系连山塘村唐首士今因无银
使用自将分下己业坐落土名东宅山屎东地
一节将来断卖自托中人唐求章向问唐引乐
家承买当中三面言明地价银壹佰叁拾毫正
是日立契两楚系卖人亲接回家正用其地杜
卖任从买主管业〈他〉日不得异言今立断
契一纸付与买主执收是实

中人唐求章银肆毛

民国九年十二月二十七日立卖地人唐首士

民国十年一月十八日钟荣求卖田契

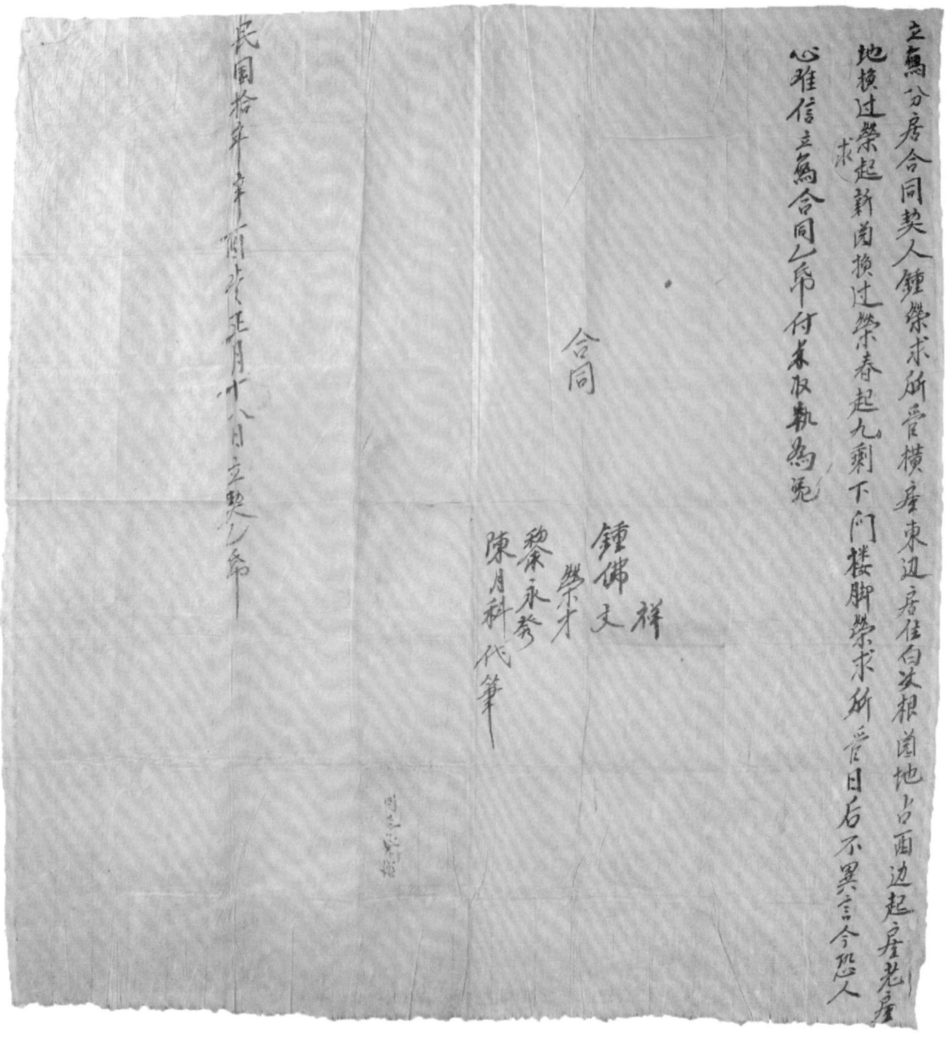

立写分房合同契人钟荣求所管横屋东边房住白次根园地占两边起屋老屋地换过荣求起新园换过荣春起九剩下门楼脚荣求所管日后不异言今恐人心难信立写合同一纸付与收执为凭

合同

钟佛祥钟佛文钟荣才黎永发陈月科代笔

民国拾年辛酉岁正月十八日立契一纸

民国十年二月初五日林瑞献卖田契

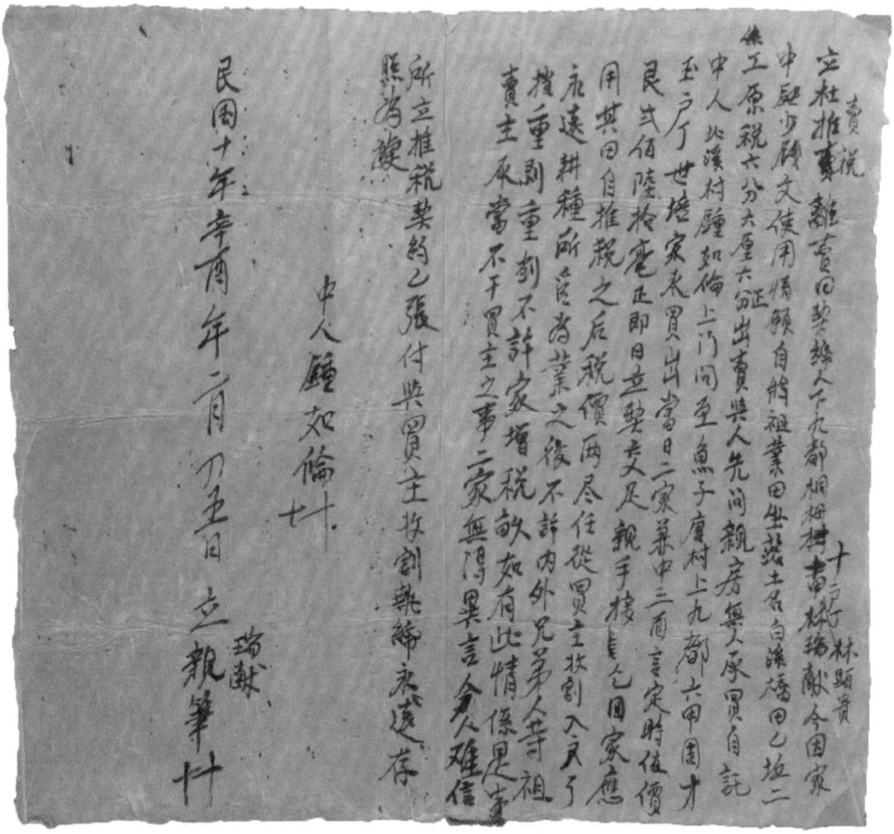

立杜推卖税离卖田契纸人下九都桐栂村十甲户丁林颢贵林瑞献今因家中缺少钱文使用情愿自将祖业田坐落土名白溪桥田一丘二〔弓〕工原税六分六厘六分正出卖与人先问亲房无人承买自托中人北溪村钟如伦上门问至鱼子唐村上九都六甲周才玉户丁世培家承买出当日二家兼中三面言定时值价银贰佰陆拾毫正即日立契交足亲手接乞回家应用其田自推税之后税价两尽任从买主收割入户了〈纳〉永远耕种所管为业之后不许内外兄弟人等祖挡（阻）重剥重削不许家增税亩如有此情系是卖〔卖〕主承当不干买主之事二家无得异言今人难信所立推税契约一张付与买主收割执纸永远存照为据

中人钟如伦【押】

民国十年辛酉年二月初五日立瑞献亲笔【押】

民国十年三月初二日钟由赐等卖田契

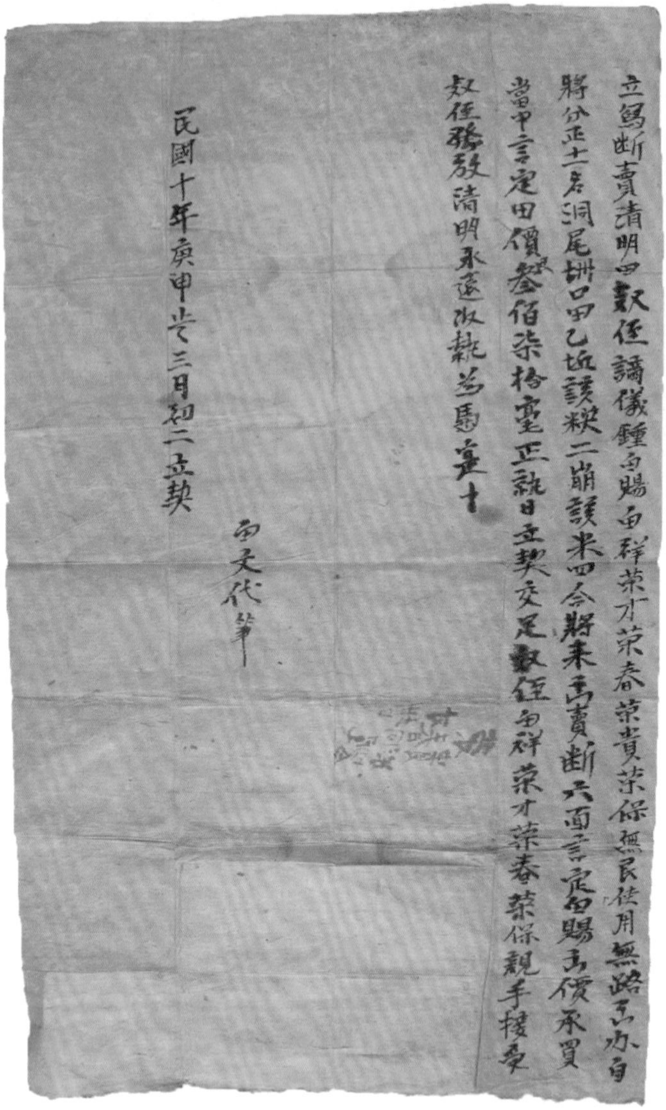

立写断卖清明田叔侄讁（商）议钟由赐由祥荣才荣春荣贵荣保无银使用无路出办自将分正土名洞尾圳口田一丘该秧二崩（棚）该米四合将来出卖断六面言定由赐出价承买当中言定田价银叁佰柒拾毫正孰（就）日立契交足叔侄由祥荣才荣春荣保亲手接受叔侄发放清明永远收执为凭实【押】

由文代笔

民国十年庚申岁三月初二立契

民国十年八月二十六日唐克峻推拨税根田契

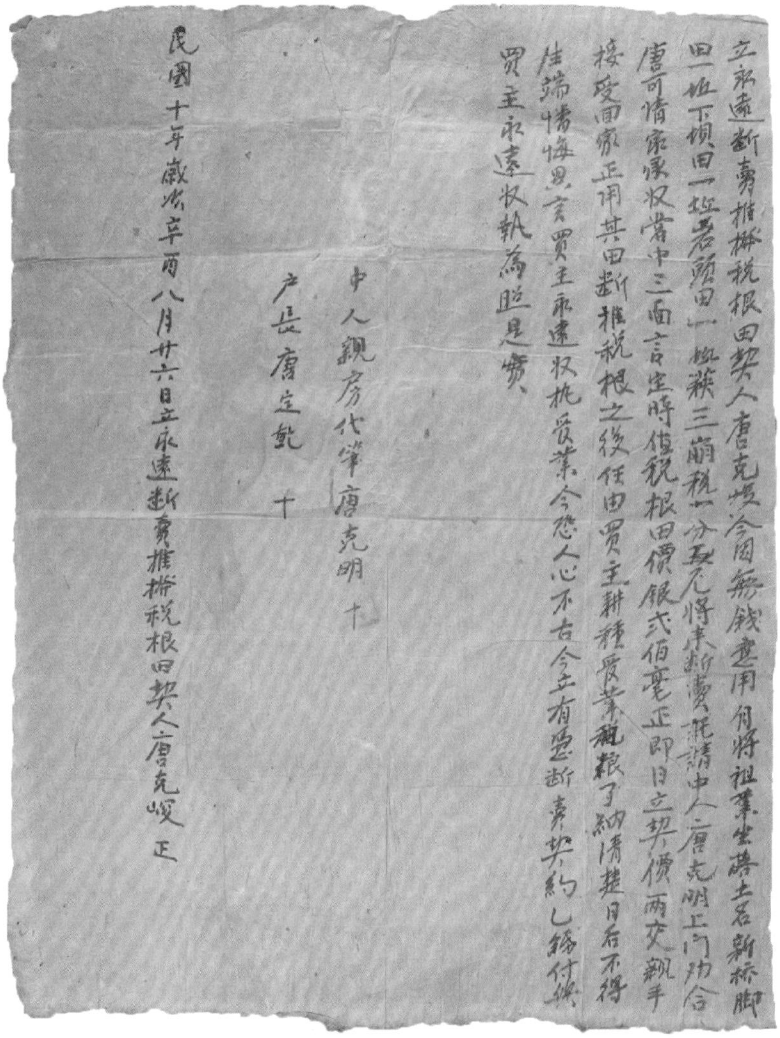

立永远断卖推拨税根田契人唐克峻今因无钱应用自将祖业坐落土名新桥脚田一丘下坝田一丘岩头田一丘秧三崩〔棚〕税一分五钱将来断卖托请中人唐克明上门劝合唐可情家承收当中三面言定时值税根田价银贰佰毫正即日立契价两交亲手接受回家正用其田断推税根之后任由买主耕种管业税粮了纳清楚日后不得生端憣悔异言买主永远收执管业今恐人心不古今立有凭断卖契约一纸付与买主永远收执为照是实

中人亲房代笔唐克明【押】

户长唐定乾

民国十年岁次辛酉八月廿六日立永远断推拨税根田契人唐克峻【押】

民国十一年七月二十九日钟仁旺卖木园地契

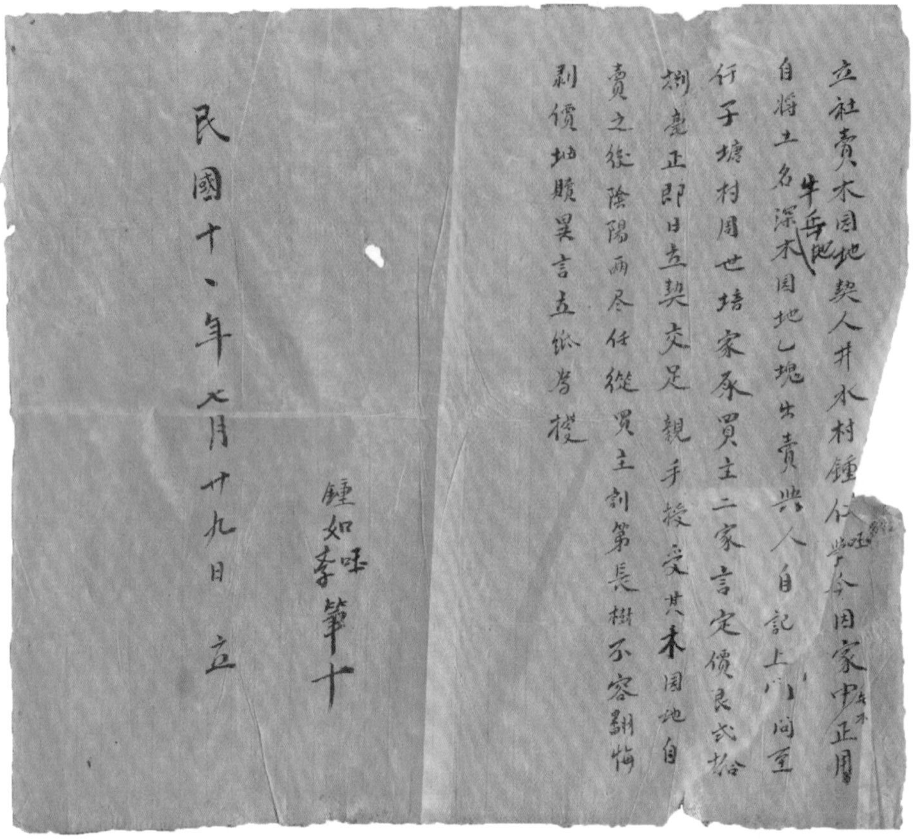

立杜卖木园地契人井水村钟仁旺□今因家中无钱
正用自将土名牛岳地深木园地一块出卖与人自记
（己）上门问至仔子塘村周世培家承买主二家言
定价银贰拾捌毫正即日立契交足亲手授受其木园
地自卖之后阴阳两尽任从买主割第长树不容翻悔
剥价抽赎异言立纸为据
钟如旺钟如孝笔【押】
民国十一年七月廿九日立

民国十一年十月十八日单燮灵等卖地契

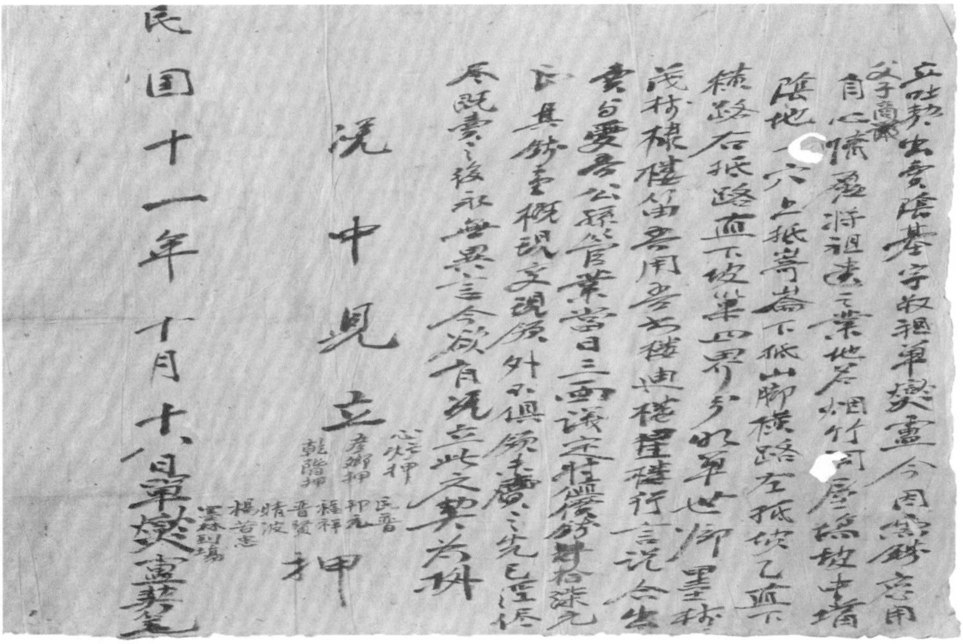

立吐契出卖阴基字叔祖单燮灵今因需钱应用父子商议
自心情愿将祖遗之业地名烟竹□屋场坡中垱阴地□穴
上抵寄仑下抵山脚横路左抵坡乙直下积路右抵路直下
坡巢四界分明单世卿墨桥茂椅棣楼留吾用吾出楼迪楼
星楼行言说合出卖与爱吾公孙管业当日三面议定时值
价钱肆拾柒元正其钱一概现交现领外不俱领未卖之先
已经尽尽既卖之后永无异言今欲有凭立此文契为据
凭中见立心炉押彦卿押乾阶押民普邦元福祥晋贤晴波
杨若忠押墨林到场
民国十一年十月十八日单燮灵契笔

民国十一年十二月二十八日任书贤卖田契

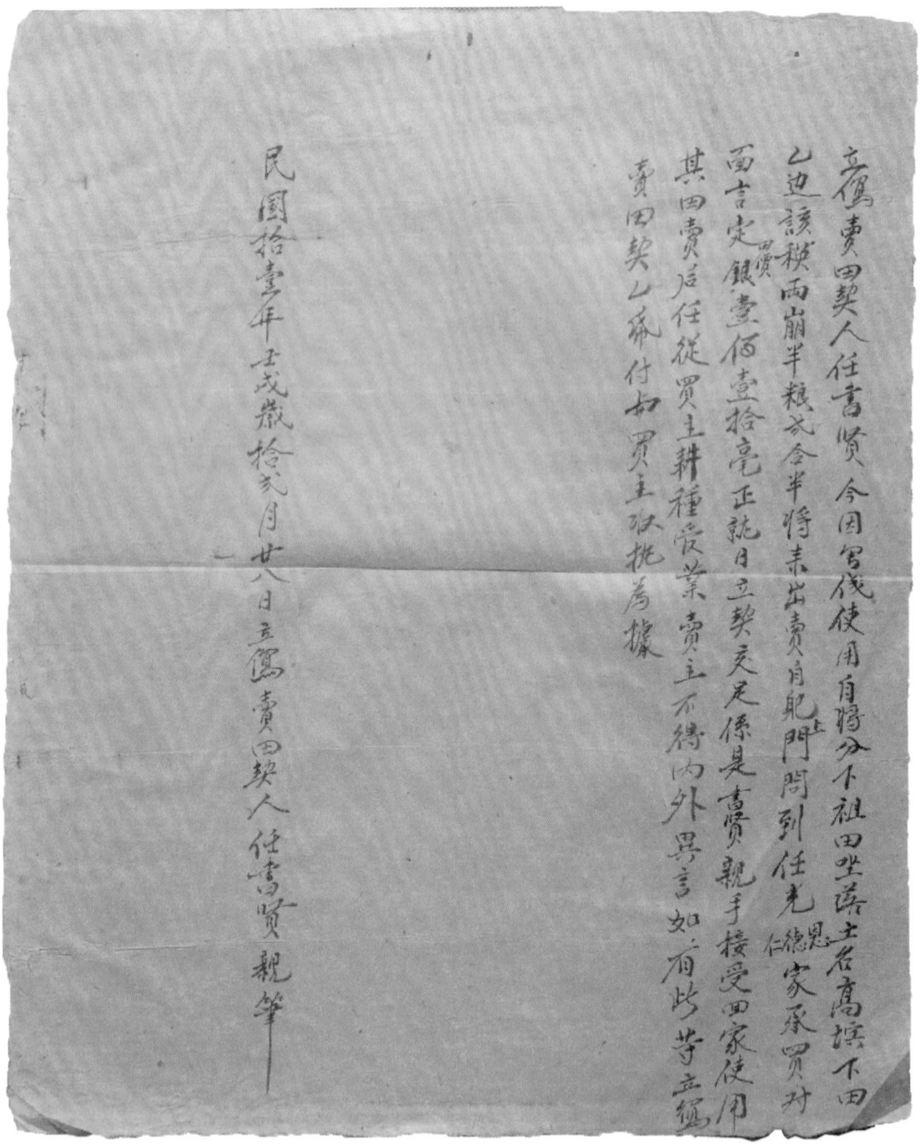

立写卖田契人任书贤今因无钱使用自将分下祖田坐落土名高[土宾]下田一边该秧两崩（棚）半粮贰合半将来出卖自己上门问到任光恩任光德任光仁家承买对面言定田价银壹佰壹拾毫正就日立契交足系是书贤亲手接受回家使用其田卖后任从买主耕种管业卖主不得内外异言如有此等立写卖田契一纸付与买主收执为据

民国拾壹年壬戌岁拾贰月廿八日

立写卖田契人任书贤亲笔

民国十二年一月二十四日唐克高卖田契

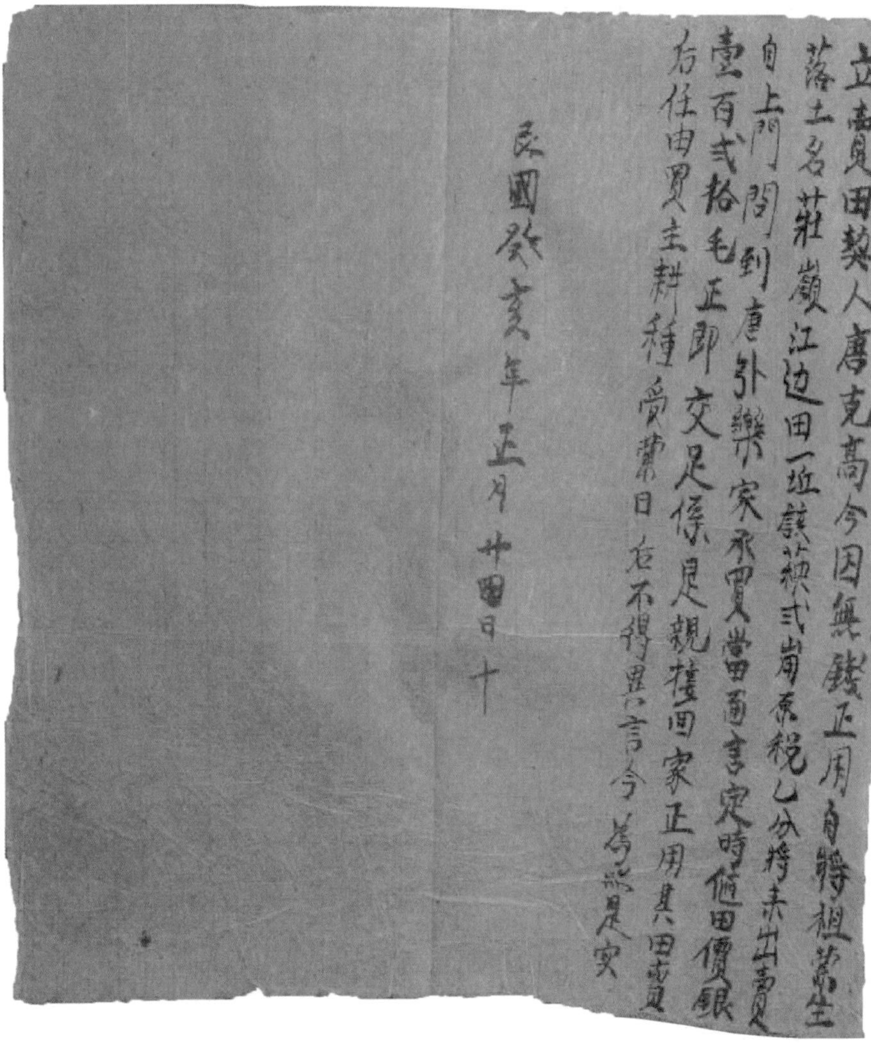

立卖田契人唐克高今因无钱正用自将祖业坐落土名庄岭江边田一丘该秧贰崩〔棚〕原税一分将来出卖自上门问到唐引乐家承买当面言定时值田价银壹百贰拾毛正即交足系是亲接回家正用其田卖后任由买主耕种管业日后不得异言今为照是实

民国癸亥年正月廿四日【押】

民国十二年六月初二日朝吉朝亮卖田契

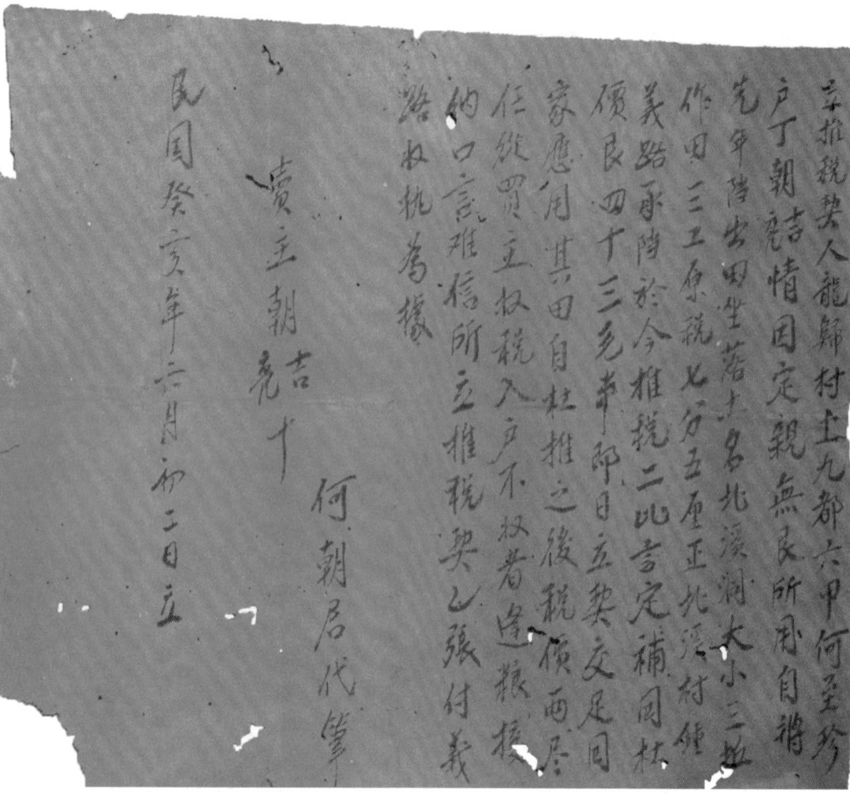

立推税契人龙归村上九都六甲何至珍户丁朝吉丁朝亮情因定亲无银所用自将先年跲（当）出田坐落土名北溪洞大小三丘作田三工（弓）原税七分五厘正北溪村钟义路承跲（当）于今推税二比言定补回杜价银四十三毛半即日立契交足回家应用其田自杜推之后税价两尽任从买主收税入户不收者逢粮接纳口言难信所立推税契一张付义路收执为据

何朝启代笔

卖主朝亮朝吉【押】

民国癸亥年六月初二日立

民国十二年八月十九日耕耘等人看山契

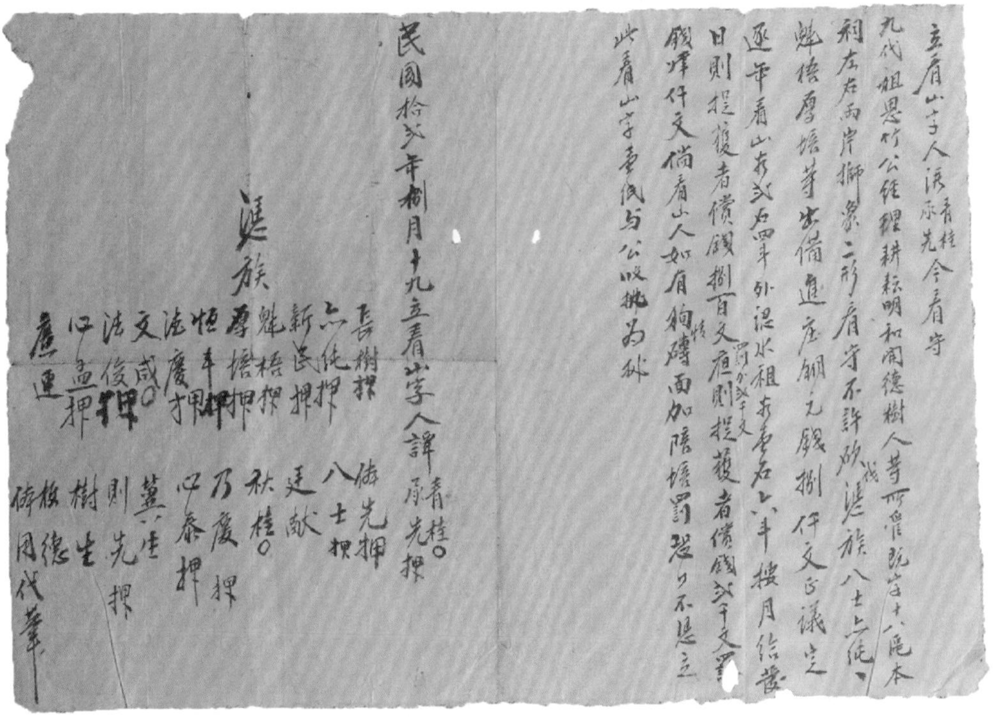

立看山字人谭青桂谭承先今看守九代祖恩竹公经理耕耘明和开德树人等所管既字十八区本祠左右两片狮象二形看守不许砍伐凭族八十上纯魁梧厚培等出备进庄铜元钱捌仟文正议定逐年看山谷贰石四斗外认水租谷壹石六斗按月给发日则提获者偿钱捌百文罚钱贰千文夜则提获者偿钱贰千文罚钱肆仟文倘看山人如有狗情砖面加陪培罚恐口不凭立此看山字壹纸与公收执为据

民国拾贰年捌月十九立看山字人谭青桂【押】谭承先【押】

凭族长树【押】上纯【押】新民【押】魁梧【押】厚培【押】恒丰【押】德庆【押】文咸【押】法俊【押】必孟【押】广连估先【押】八士【押】廷献秋桂【押】乃庆【押】必泰【押】冀生则先【押】树生枚德体用代笔

民国十二年十二月二十一日陈其林典卖田契

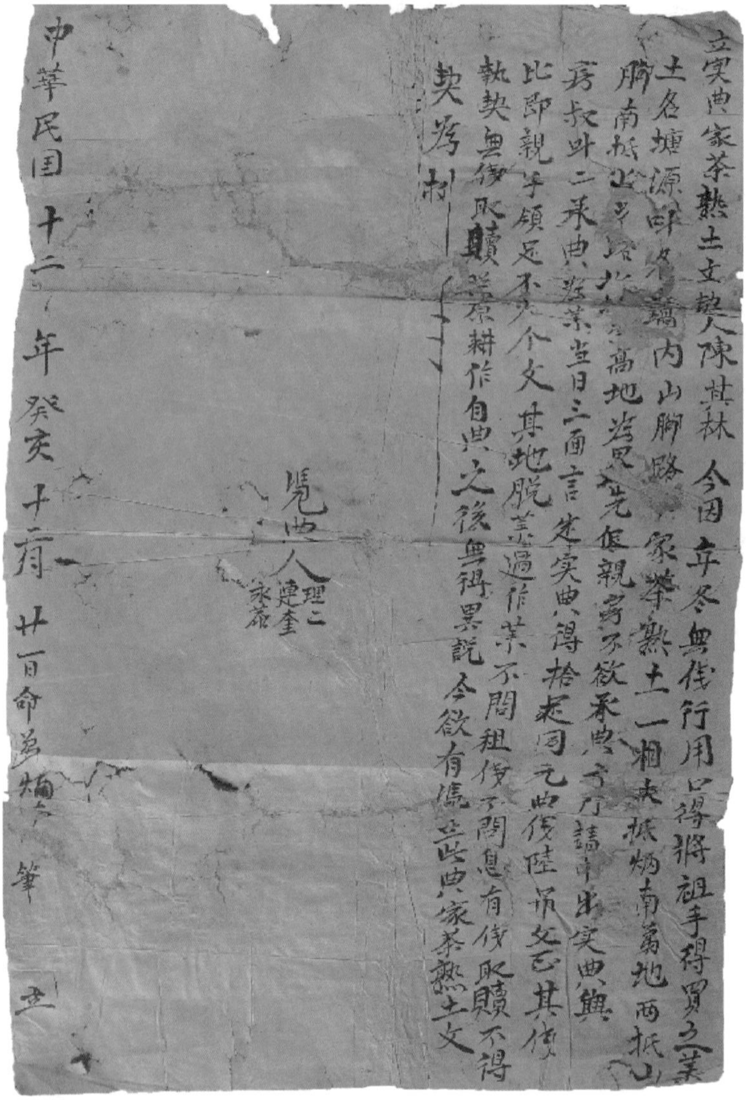

立实典家茶熟土文契人陈其林今因年冬无钱行用只得将祖手得买之业土名塘源㘰名□内山脚路□家茶熟土一相东抵炳南弟地西抵山脚南抵山□□北□□高地为界先尽亲房不欲承典方行请中出实典与房叔叶二承典为业当日三面言定实典得拾足同元典钱陆吊文正其价比即亲手领足不少个文其地脱业过作业不问租钱不问息有钱取赎不得执契无钱取赎照原耕作自典之后无得异说今欲有凭立此典家茶熟土文契为据

凭典人理二连奎永恭

中华民国十二年癸亥十二月廿一日命弟炳□笔立

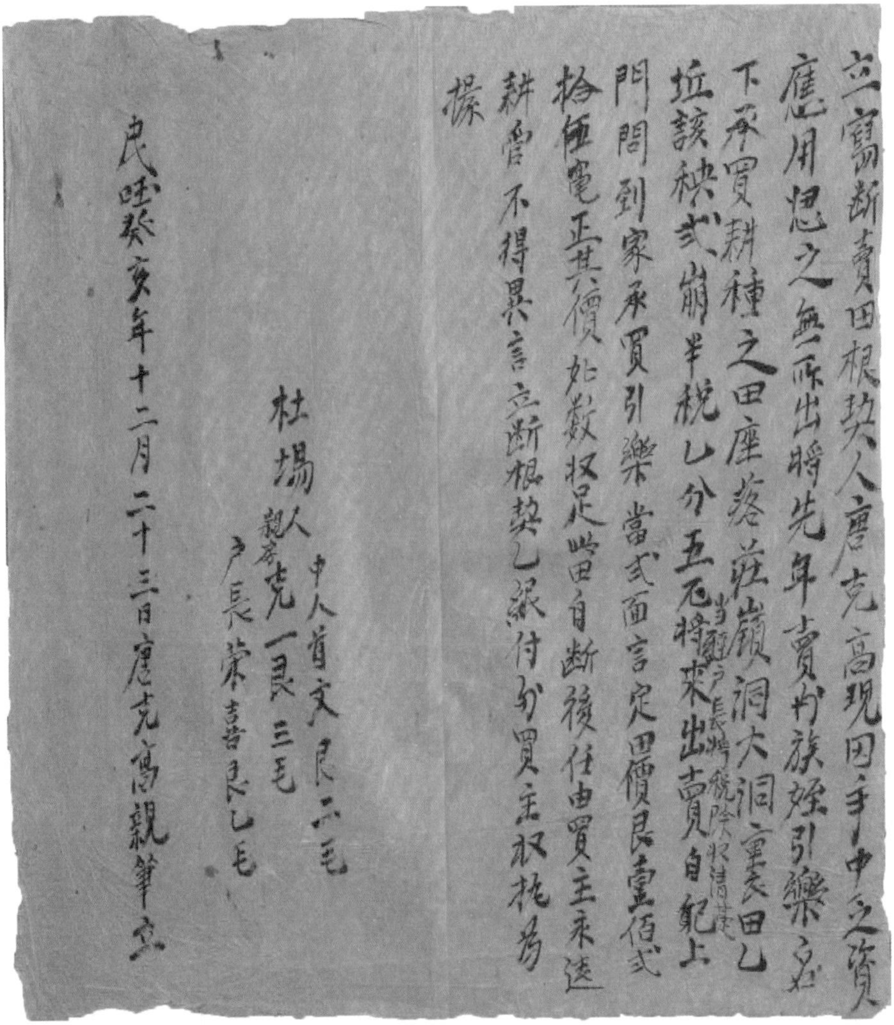

民国十二年十二月二十三日唐克高卖田契

立写断卖田根契人唐克高现因手中乏资应用思之无所出将先年卖与族侄引乐名下承买耕种之田座落庄岭洞大洞里田一丘该秧贰崩〔棚〕半税一分五钱当经户长将税除收清楚将来出卖自己上门问到家承买引乐当贰面言定田价银壹佰贰拾伍毫正其价灿数收足此田自断后任由买主永远耕管不得异言立断根契一纸付与买主收执为据

杜场人中人首文银二毛

亲房克一银三毛

户长荣喜银一毛

民国癸亥年十二月二十三日唐克高亲笔立

民国十三年二月十六日陈天茂卖田契

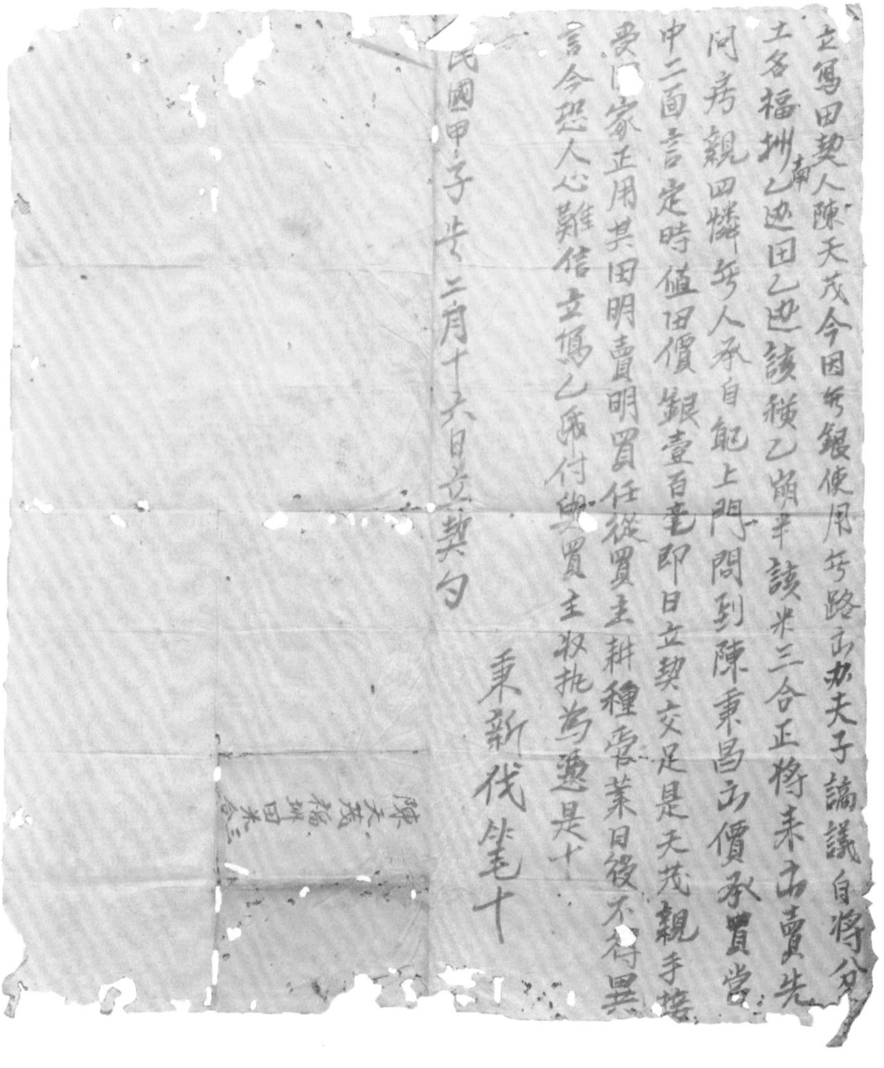

立写田契人陈天茂今因无银使用无路出办夫子謪（商）议自将分〈下〉土名福圳南一边田一边该秧一崩〔棚〕半该米三合正将来出卖先问房亲四憐（邻）无人承自己上门问到陈秉昌出价承买当中二面言定时值田价银壹百毫即日立契交足是天茂亲手接受〈回〉家正用其田明卖明买任从买主耕种管业日后不得异言今恐人心难信立写一纸付与买主收执为凭是【押】

秉新伐（代）笔【押】

民国甲子岁二月十六日立契勺（约）

陈天茂福圳田米三合

民国十三年二月二十五日唐求保卖田契

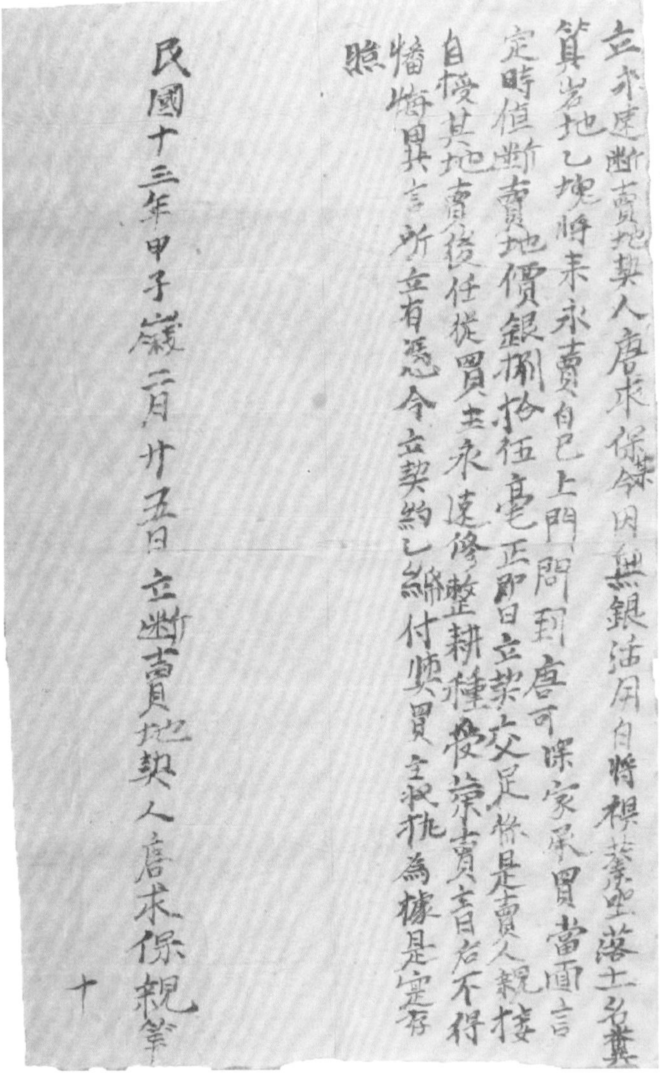

立永远断卖地契人唐求保某今因无银活用自将祺（祖）业坐落土名龚箕岩地一块将来永卖自巳（己）上门问到唐可深家承买当面言定时值断卖地价银捌拾伍毫正即日立契交足系是卖人亲接自授（受）其地卖后任从买主永远修整耕种管业卖主日后不得憣悔异言所立有凭今立契约一纸付⍰买主收执为据是实存照

民国十三年甲子岁二月廿五日立断卖地契人唐求保亲笔【押】

民国十三年五月二十日唐求保帮粮契

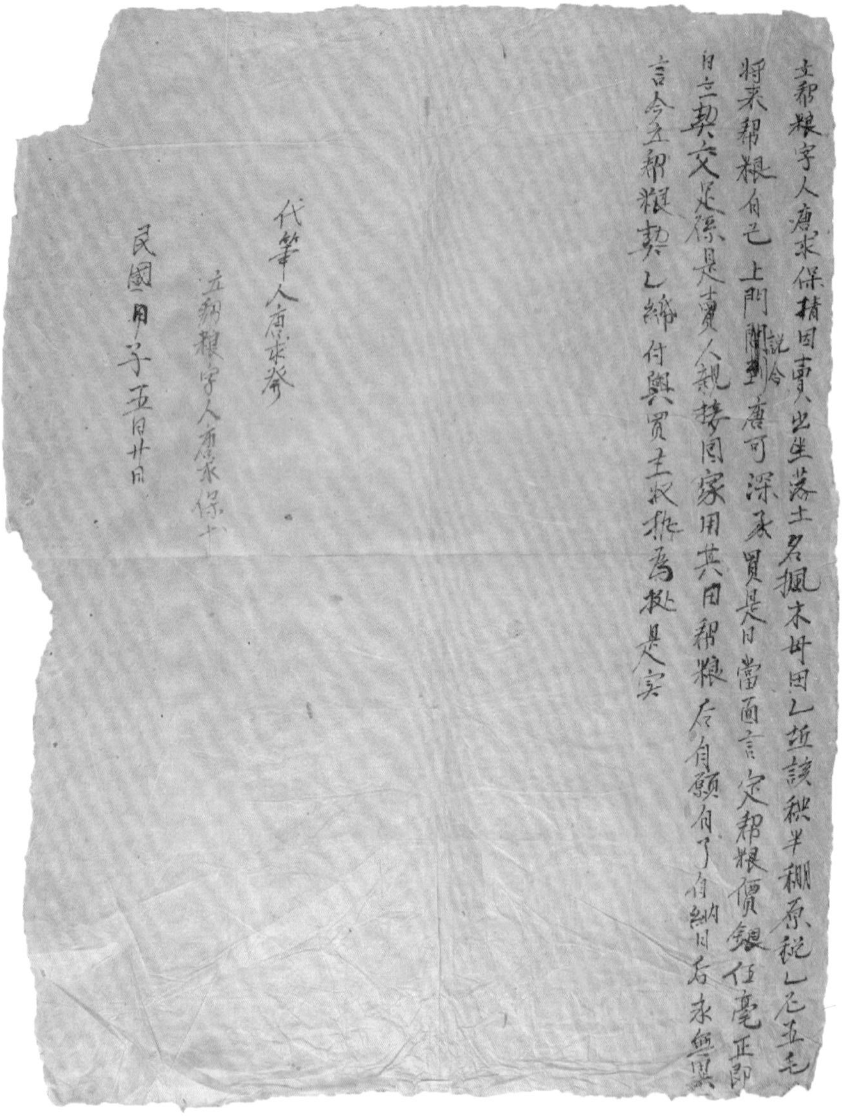

立帮粮字人唐求保情因卖出坐落土名枫木母田一丘该秧半棚原税一厘五毛将来帮粮自己上门说合唐可深承买是日当面言定帮粮价银伍毫正即日立契交足系是卖人亲接回家用其田帮粮后自愿自了自纳日后永无异言今立帮粮契一纸付与买主收执为据是实

代笔人唐求发

立帮粮字人唐求保【押】

民国甲子五月廿日

民国十三年五月二十日唐求保卖田契

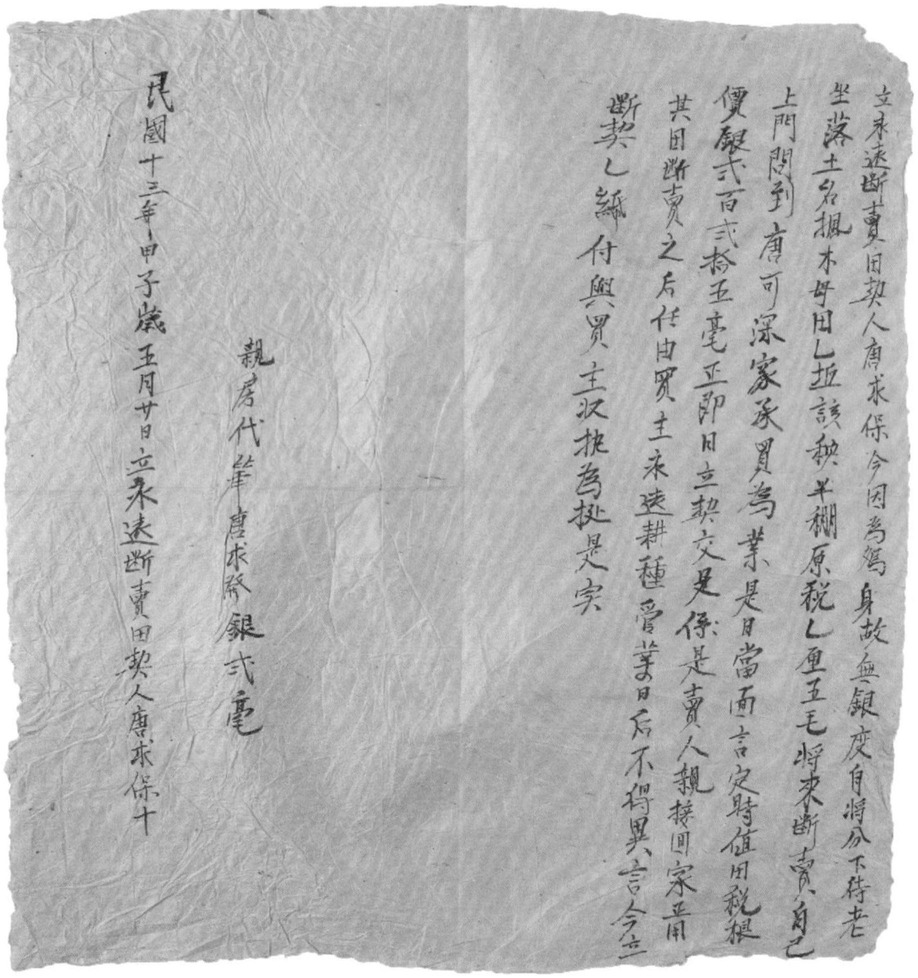

立永远断卖田契人唐求保今因为妈身故无银度自将分下待老坐落土名枫木母田一丘该秧半棚原税一厘五毛将来断卖自己上门问到唐可深家承买为业是日当面言定时值田税根价银贰百贰拾五毫正即日立契交足系是卖人亲接回家正用其田断卖之后任由买主永远耕种管业日后不得异言今立断契一纸付与买主收执为据是实

亲房代笔唐求发银贰毫

民国十三年甲子岁五月廿日立永远断卖田契人唐求保【押】

民国十三年十一月初三日单连昇卖山地契

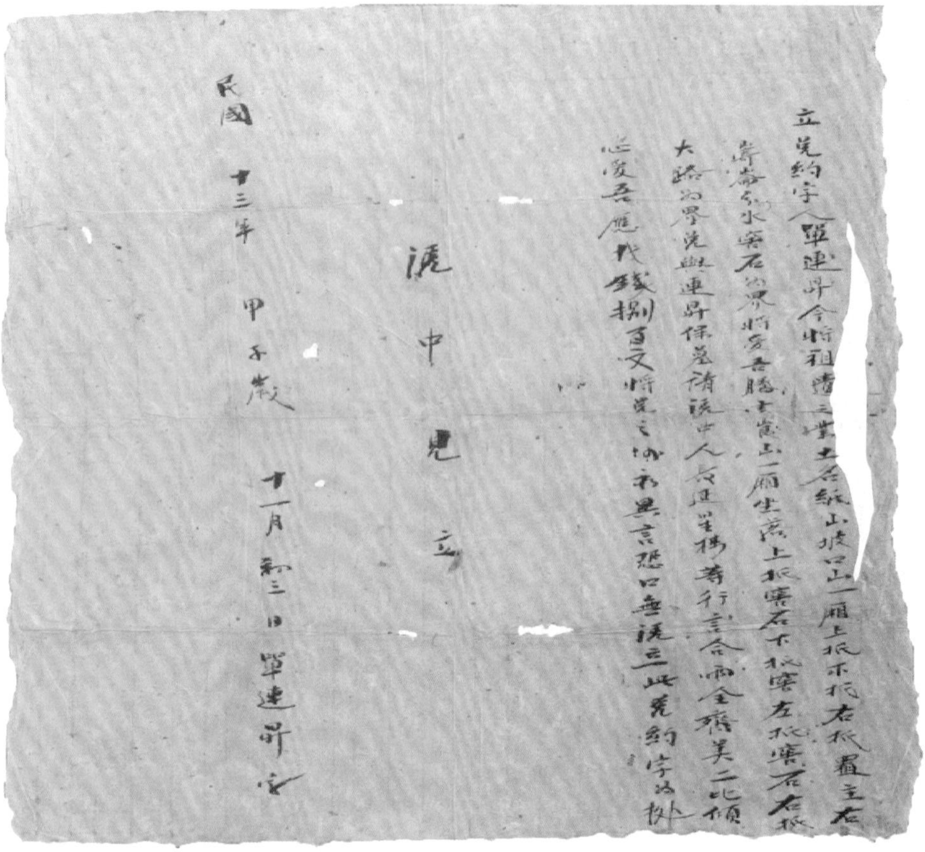

立兑约字人单连昇今将祖遗之业土名纸山坡口山一厢上抵下抵右抵置主右嵛仑分川水窖石为界将爱吾腾壹崀山一厢坐落上抵窖石下抵窖左抵窖石右抵大路为界兑与连昇保墓请凭中人长延星楼等行言合两全齐美二比倾心爱吾应找钱捌百文将兑之价永异言恐口无凭立此凭约字为据

凭中见立

民国十三年甲子岁十一月初三日单连昇字

民国十三年十二月十二日唐求发卖田契

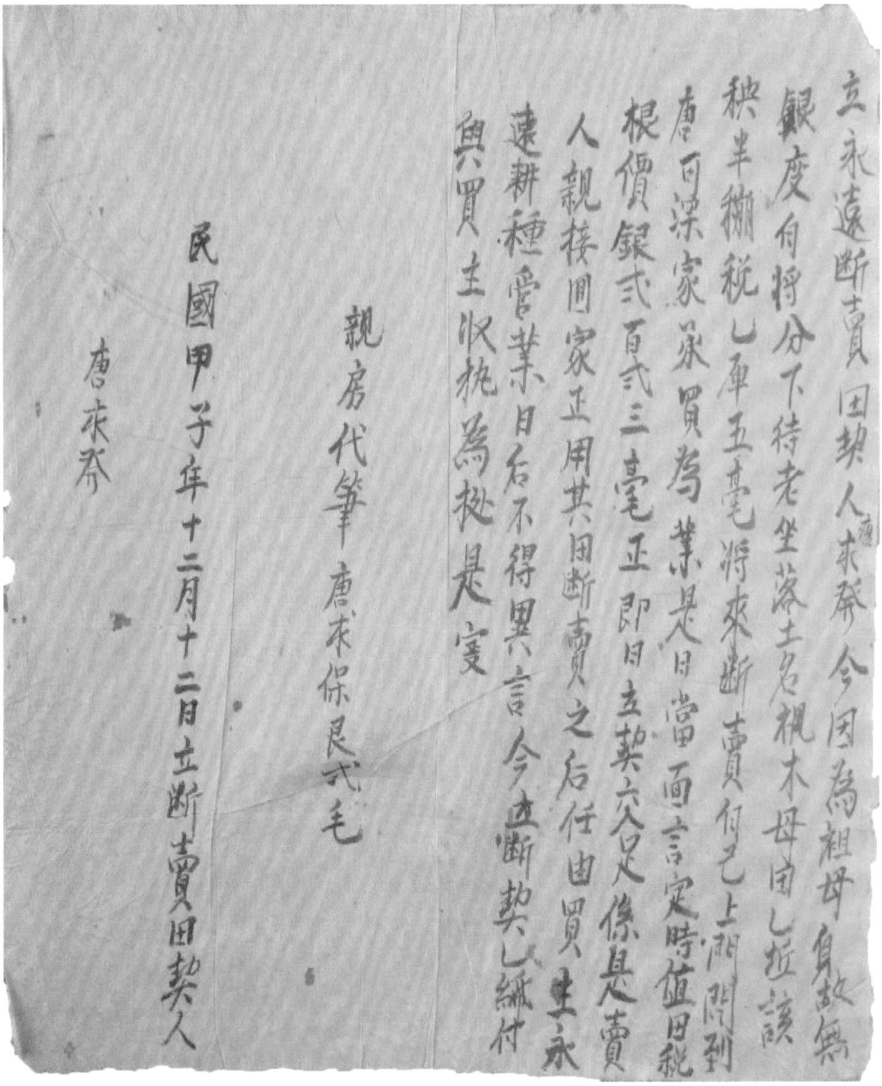

立永远断卖田契人唐求发今因为祖母身故无银度〈日〉自将分下待老坐落土名枫木母田一丘该秧半糊〔棚〕税一厘五毫将来断卖自己上门问到唐可深家承买为业是日当面言定时值田税根价银贰百贰三毫正即日立契交足系是卖人亲接回家正用其田断卖之后任由买主永远耕种管业日后不得异言今立断契一纸付与买主收执为据是实

亲房代笔唐求保银贰毛

民国甲子年十二月十二日立断卖田契人唐求发

民国十三年十二月十二日唐求发帮粮契

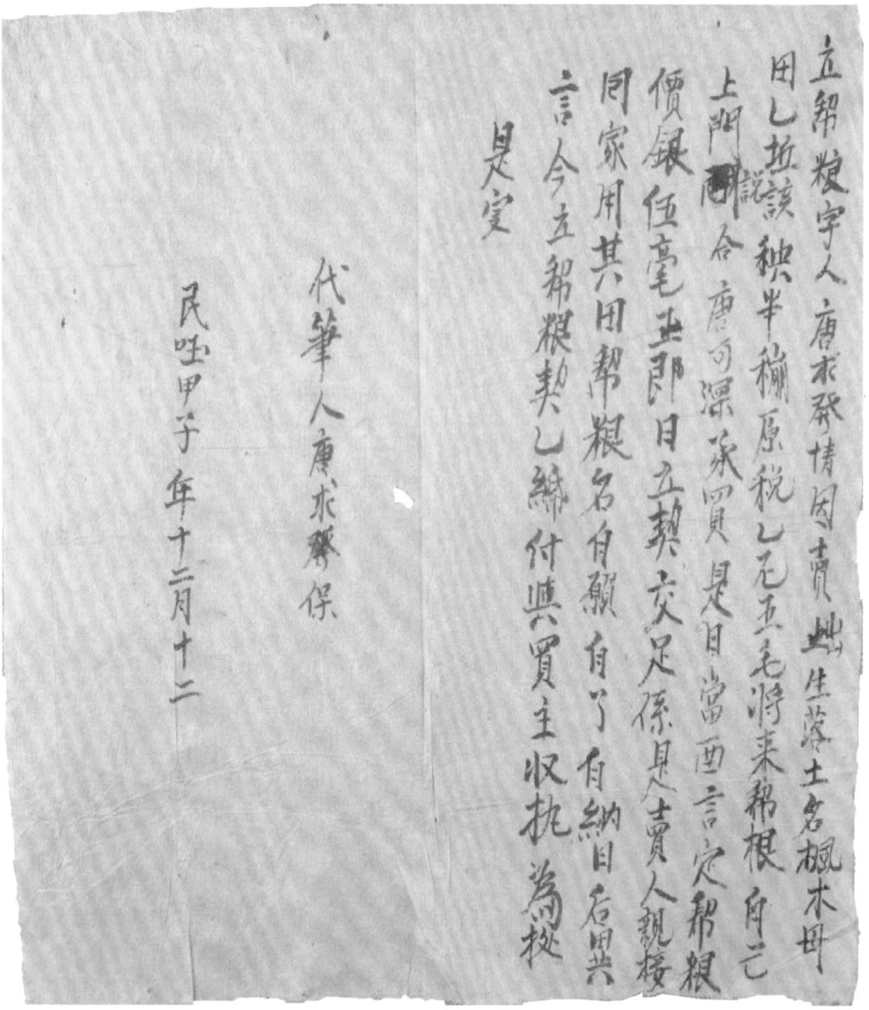

立帮粮字人唐求发情因卖出生（坐）落土名枫木母田一丘该秧半糊〔棚〕原税一厘五毛将来帮根自己上门说合唐可深承买是日当面言定帮粮价银伍毫正即日立契交足系是卖人亲接回家用其田帮粮名自愿自了自纳日后〈不得〉异言今立帮粮契一纸付与买主收执为据是实

代笔人唐求保

民国甲子年十二月十二

民国十三年十二月二十九日奉神恩卖田契

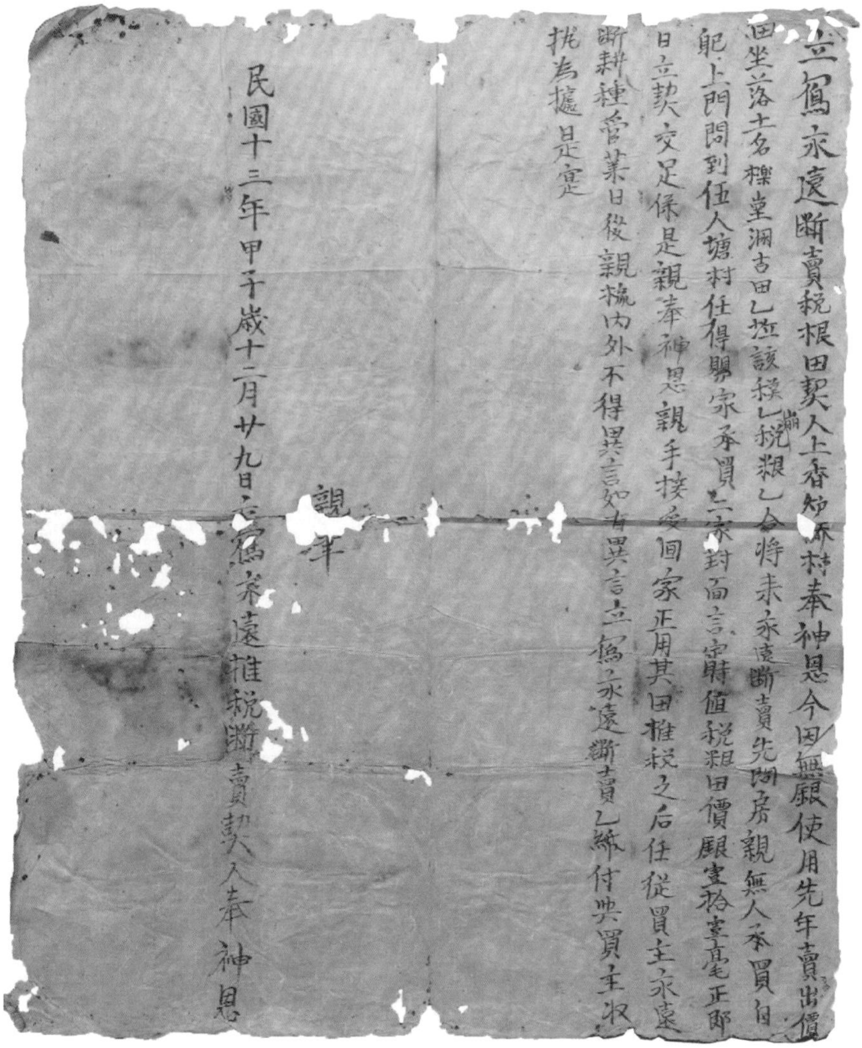

立写永远断卖税根田契人上香炉桥村
奉神恩今因无银使用先年卖出价田坐
落土名栎岗洇吉田一丘该秧一崩（硼）
税粮一合将来永远断卖先问房亲无人
承买自己上门问到伍人塘村任得赐家
承买二家对面言定时值税粮田价银壹
拾壹毫正即日立契交足系是亲奉神恩
亲手接受回家正用其田推税之后任从
买主永远断耕种管业日后亲梳（疏）
内外不得异言如有异言立写永远断卖
一纸付与买主收执为据是实

亲笔

民国十三年甲子岁十二月廿九日立写
永远推税断卖契人奉神恩

民国十四年闰四月十六日任呈坤永远杜卖园地契

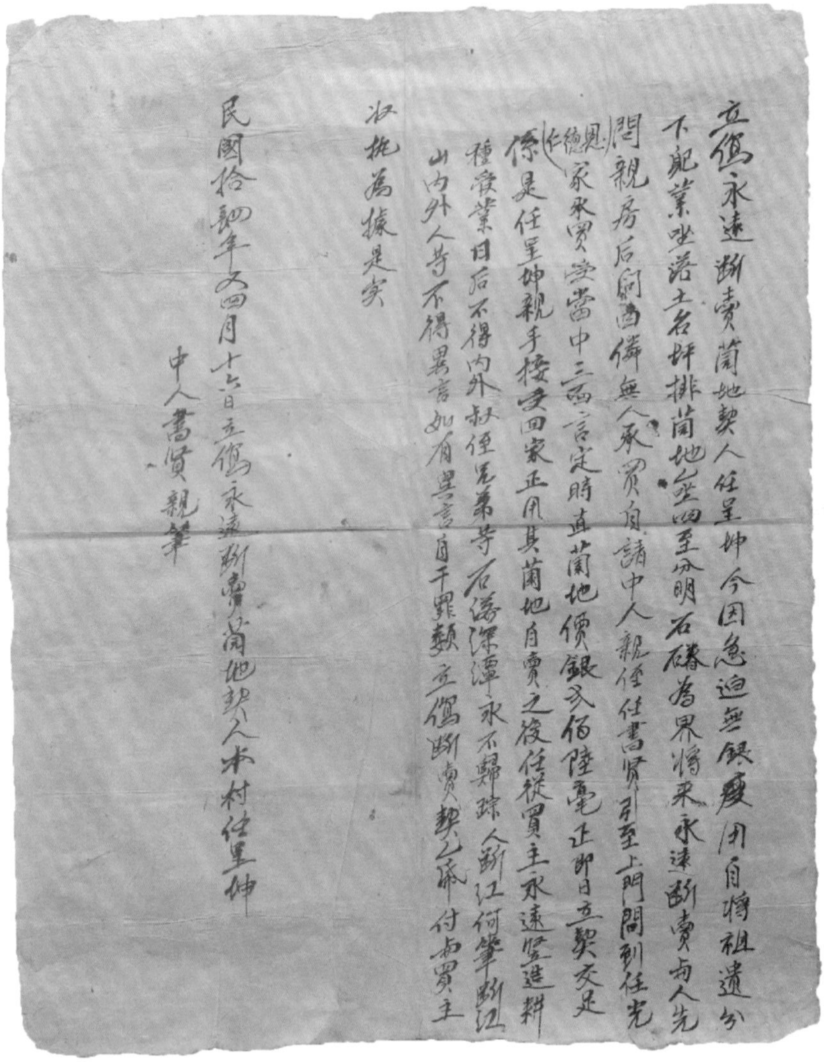

立写永远断卖园地契人任呈坤今因急迫无银用自将祖遗分下已业坐落土名坪排园地一坐四至分明石磉〔桩〕为界将来永远断卖与人先问亲房后问四僯（邻）无人承买自请中人亲侄任书贤引至上门问到任光恩任光德任光仁家承买受当中三面言定时直园地价银贰佰陆毫正即日立契交足系是任呈坤亲手接受回家正用其园地自卖之后任从买主永远竖造耕种管业日后不得内外叔侄兄弟等石落深潭永不归踪（宗）人断江河笔断江山内外人等不得异言如有异言自干（甘）罪类〔泪〕立写断卖契一纸付与买主收执为据是实

民国拾肆年又四月十六日立写永远断卖园地契人本村任呈坤

中人书贤亲笔

民国十四年十月二十八日钟神恩钟朝彦帮粮契

立帮粮字契人老村钟朝彦钟神恩今因凑粮不便自将祖遗坐落土名大埧（埧）上田一丘该秧壹硼原税五厘情愿永远帮粮自请中人钟朝魁上门说合唐引乐承应出银是日当中诸面言定时值帮粮价银壹拾毫正即日立帮粮契价两交清白系是帮粮人亲手接回家正用恐口无凭所立一纸付与引乐收执为据是实

中人钟朝魁银一毛

民国十四年十月廿八日立帮粮契人钟神恩亲笔【押】

民国十四年十月二十八日钟神恩等卖田契

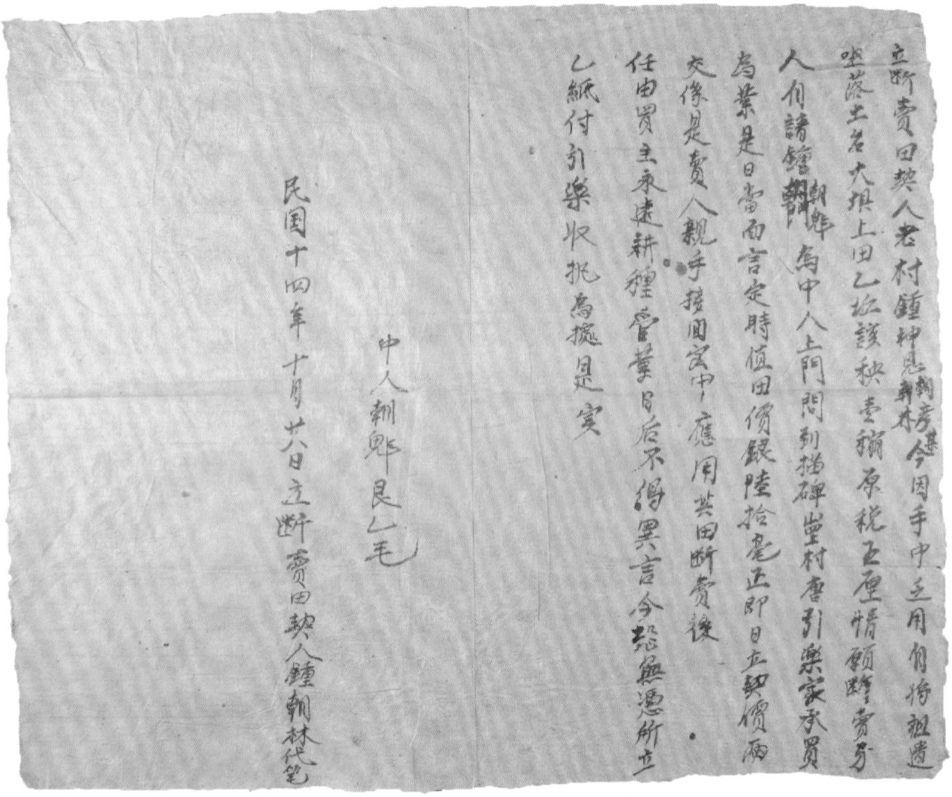

立断卖田契人老村钟神恩钟朝彦钟朝林某今因手中乏用自将祖遗坐落土名大坝上田一丘该秧壹糊〔棚〕原税五厘情愿断卖与人自请钟朝魁钟朝门为中人上门问到描碑岦〔岗〕村唐引乐家承买为业是日当面言定时值田价银陆拾毫正即日立契价两交系是卖人亲手接回家中应用其田断卖后任由买主永远耕种管业日后不得异言今恐无凭所立一纸付引乐收执为据是实

中人朝魁银一毛

民国十四年十月廿八日立断卖田契人钟朝林代笔

民国十四年十二月十一日唐圣喜卖田契

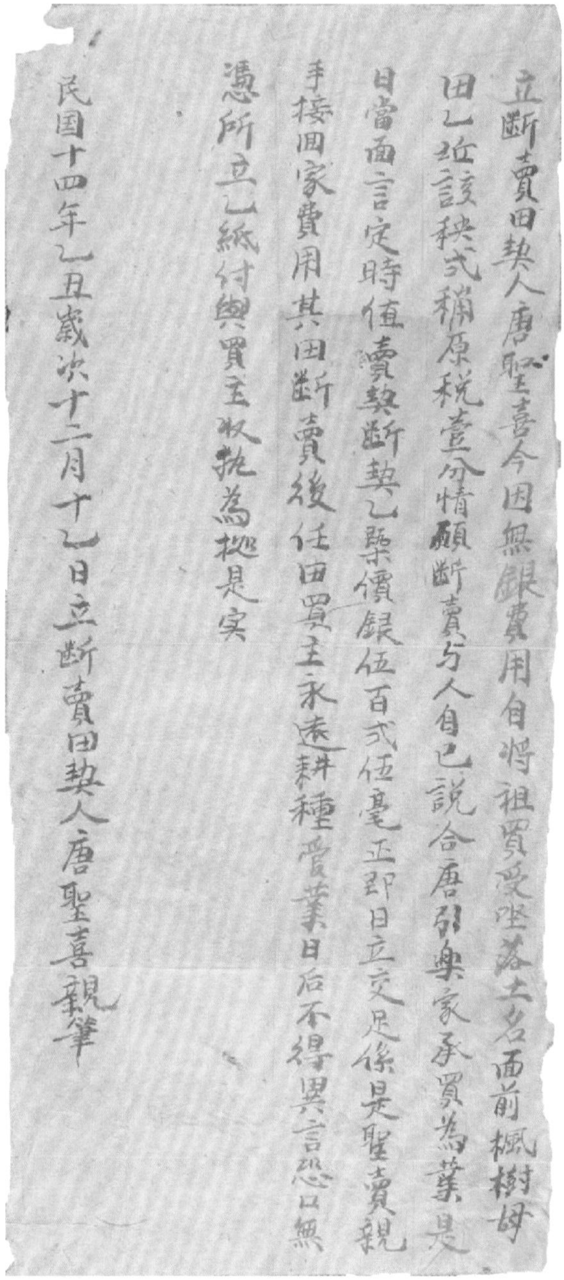

立断卖田契人唐圣喜今因无银费用自将祖买受坐落土名面前枫树母田一丘该秧贰稍〔棚〕原税壹分情愿断卖与人自已（己）说合唐引乐家承买为业是日当面言定时值卖契断契一概价银伍百贰伍毫正即日立交足系是圣卖亲手接回家费用其田断卖后任由买主永远耕种管业日后不得异言恐口无凭所立一纸付与买主收执为据是实

民国十四年乙丑岁次十二月十一日立断卖田契人唐圣喜亲笔

民国十五年二月十八日卢朝章卖田契

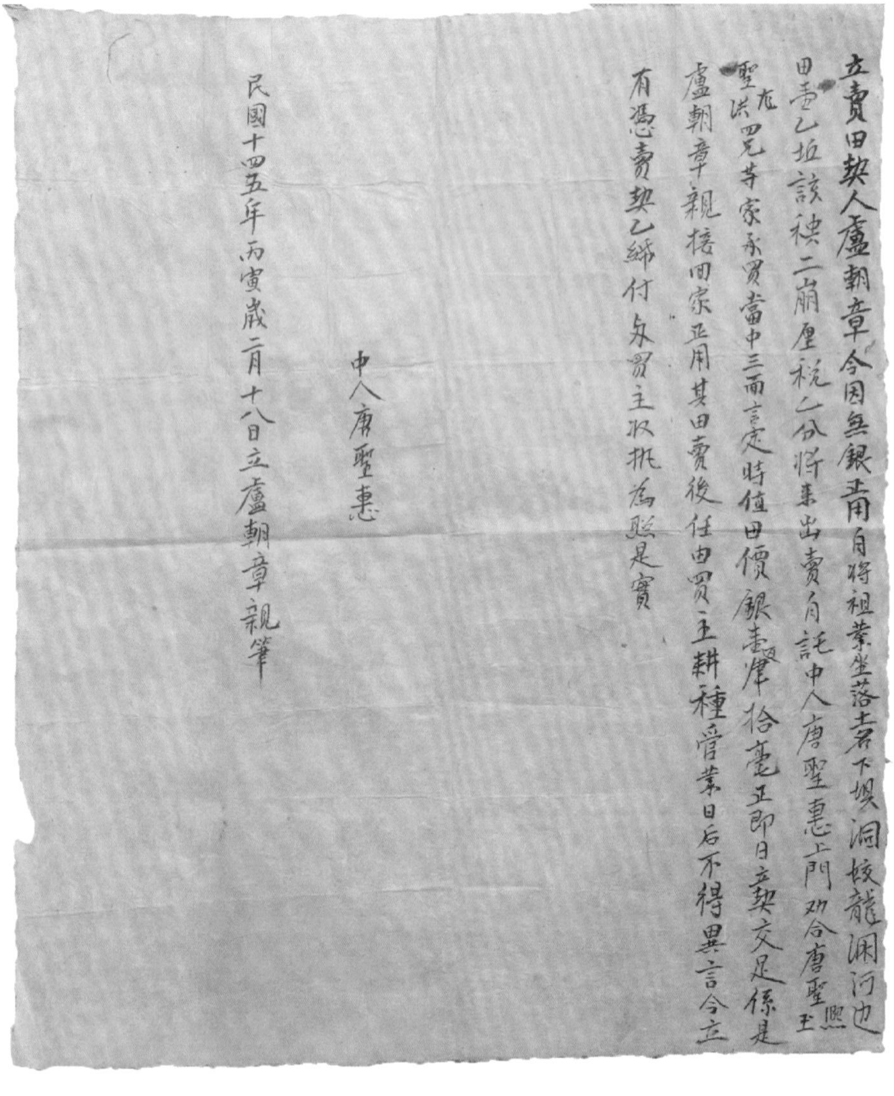

立卖田契人卢朝章今因无银正用自将祖业坐落土名下坝〔坝〕洞姣龙涵河边田壹一丘该秧二崩〔棚〕厘税一分将来出卖自托中人唐圣惠上门劝合唐圣熙唐圣玉唐圣龙唐圣洪四兄等家承买当中三面言定时值田价银壹百肆拾毫正即日立契交足系是卢朝章亲接回家正用其田卖后任由买主耕种管业日后不得异言今立有凭卖契一纸付与买主收执为照是实

中人唐圣惠

民国十〔四〕五年丙寅岁二月十八日立卢朝章亲笔

民国十五年二月二十九日任书贤断推税根田契

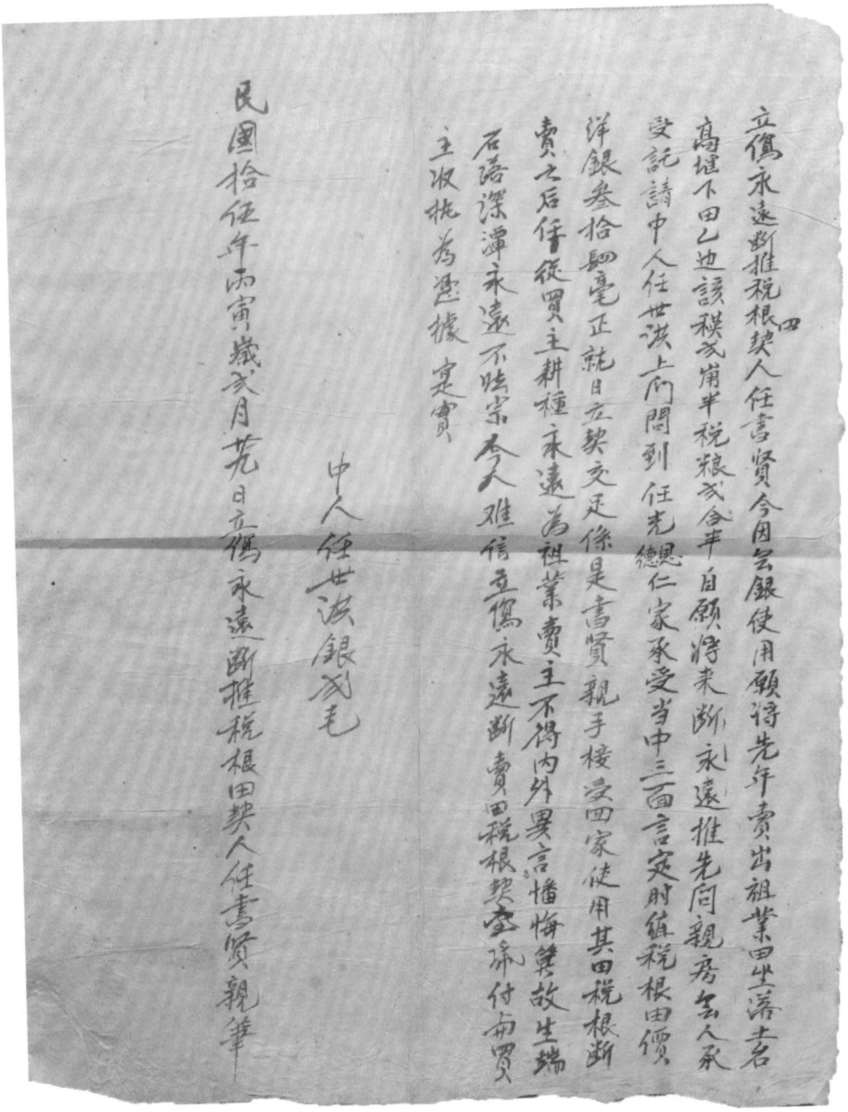

立写永远断推税根田契人任书贤今因无银使用愿将先年卖出祖业田坐落土名高塅下田一边该秧贰甪〔棚〕半税粮贰合半自愿将来永远断推先问亲房无人承受托请中人任世洪上门问到任光恩任光德任光仁家承受当中三面言定时值税根田价洋银叁拾肆毫正就日立契交足系是书贤亲手接受回家使用其田税根断卖之后任从买主耕种永远为祖业卖主不得内外异言播悔算故生端石落深潭永远不归宗今人难信立写永远断卖田税根契壹纸付与买主收执为凭据实〔是〕实

中人任世洪银贰毛

民国拾伍年丙寅岁贰月廿九日立写

永远断推税根田契人任书贤亲笔

民国十五年十二月二十四日唐引啟卖田契

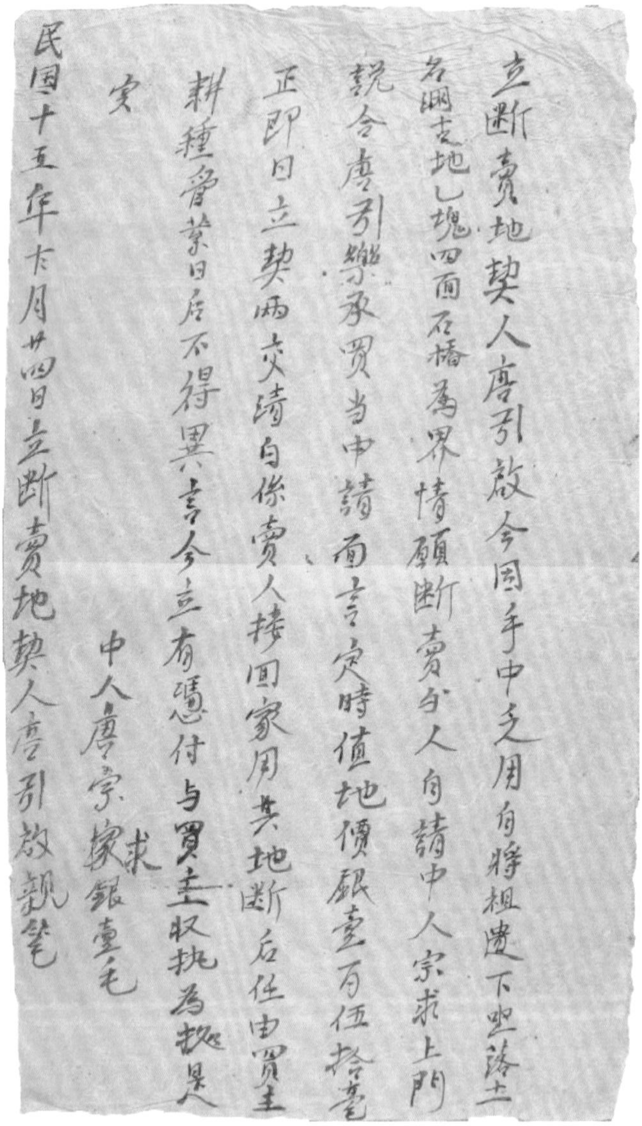

立断卖地契人唐引啟今因手中乏用自将祖遗下坐落土名涸古地一块四面石桩为界情愿断卖与人自请中人宗求上门说合唐引乐承买当中请面言定时值地价银壹百伍拾毫正即日立契两交清白系卖人接回家用其地断后任由买主耕种管业日后不得异言今立有凭付与买主收执为据是实

中人唐宗求银壹毛

民国十五年十二月廿四日立断卖地契人唐引啟亲笔

民国十六年四月初四日唐克朝卖松木茶桐契

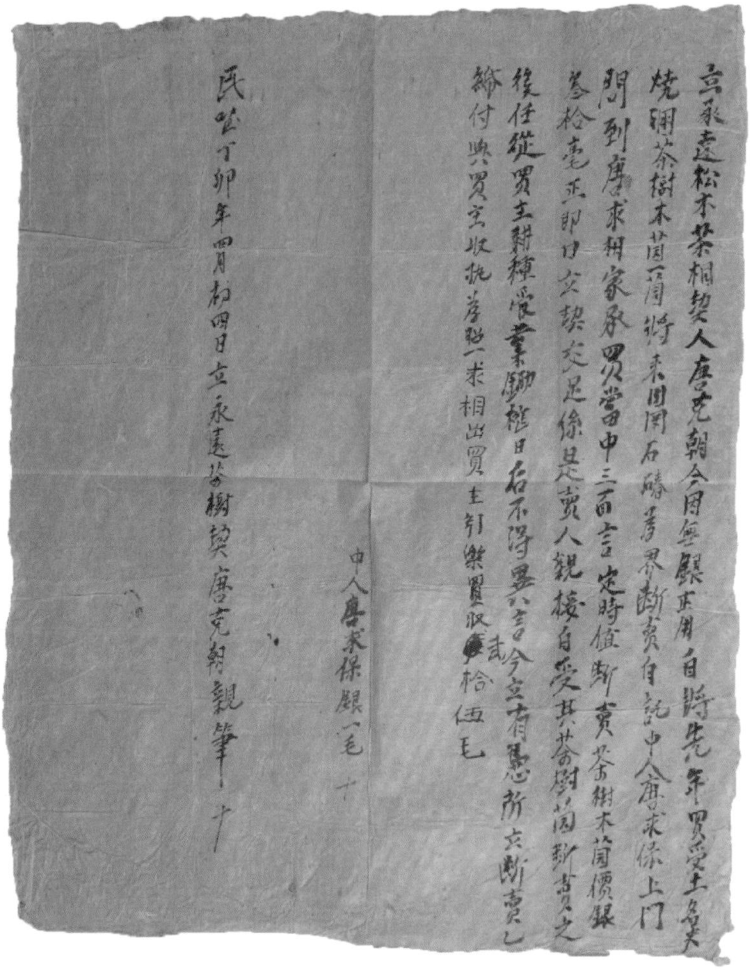

立永远松木茶桐契人唐克朝今因无银正用自将先年买受土名央烧涵茶树木园一园将来同冈石䂳〔桩〕为界断卖自托中人唐求保上门问到唐求相家承买当中三面言定时值断卖茶树木园价银叁拾（拾）毫正即日立契交足系是卖人亲接自受其茶树园断卖之后任从买主耕种管业锄挖日后不得异言今立有凭所立断卖一纸付与买主收执为照求相出买主引乐买收贰拾（拾）伍毛

中人唐求保银一毛【押】

民国丁卯年四月初四日立永远茶树契唐克朝亲笔【押】

民国十六年四月十七日钟由文等断卖田契

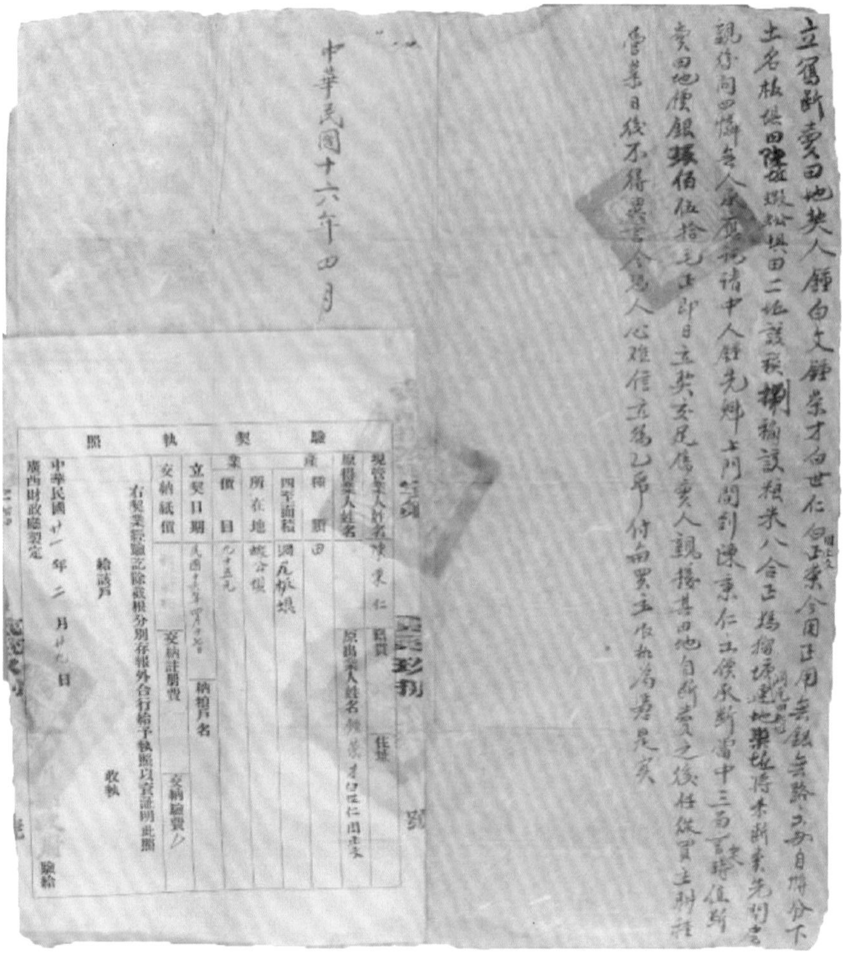

立写断卖田地契人钟由文钟荣才白世仁白正荣周正文今因正用无银无路出办自将分下土名板埧田陆丘虾蚣埧（埧）田二丘该秧捌硼该粮米八合正犸貓塘洞尾田六丘连地柒丘将来断卖先问房亲后问四憐（邻）无人承应托请中人钟先魁上门问到陈秉仁出价承断当中三面言定时值断卖田地价银玖佰伍拾毛正即日立契交足系卖人亲接其田地自断卖之后任从买主耕种管业日后不得异言今恐人心难信立写一纸付与买主收执为凭是实

中华民国十六年四月

民国十六年十二月二十一日唐求保卖房屋地契

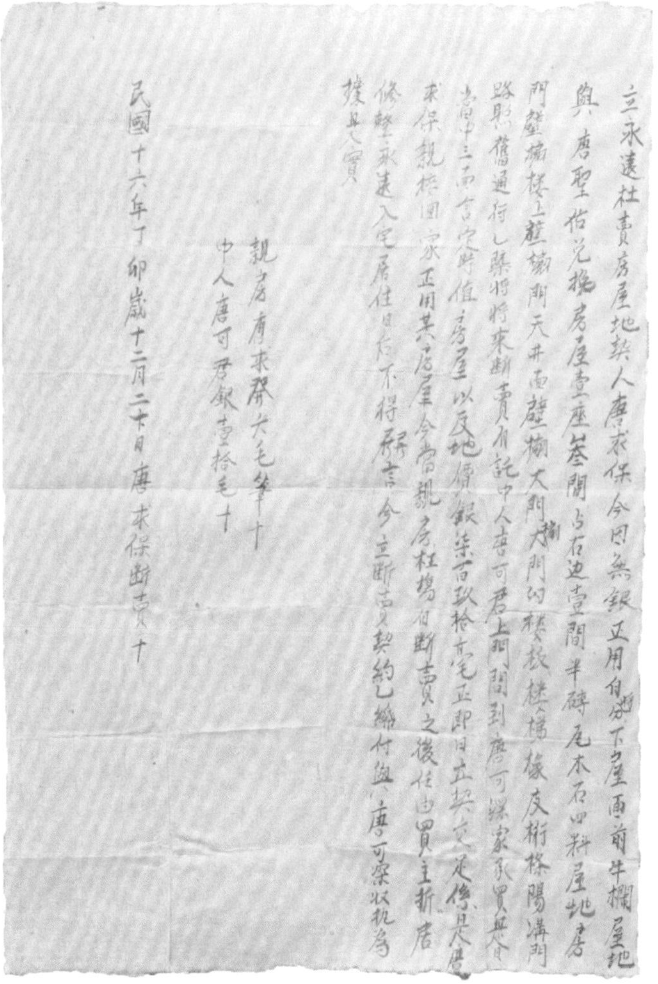

立永远杜卖房屋地契人唐求保今因无银正用自将分下屋面前牛栏屋地与唐圣佑兑换房屋壹座叁间占右边壹间半砖瓦木石四料屋地房门壁扇楼上壁扇门天井面壁扇大门扇大门内楼板楼梯椽皮桁桷阳沟门路照旧通行一概将「将」来断卖自托中人唐可君上门问到唐可深家承买是日当中三面言定时值房屋以及地价银柒百玖拾毫正即日立契交足系是唐求保亲接回家正用其房屋今当亲房柱场自断卖之后任由买主折居修整永远入宅居住日后不得异言今立断卖契约一纸付与唐可深收执为据是实

亲房唐求发六毛笔【押】

中人唐可君银壹拾毛【押】

民国十六年丁卯岁十二月二十一日唐求保断卖【押】

民国十六年十二月二十三日南安学校卖水田契

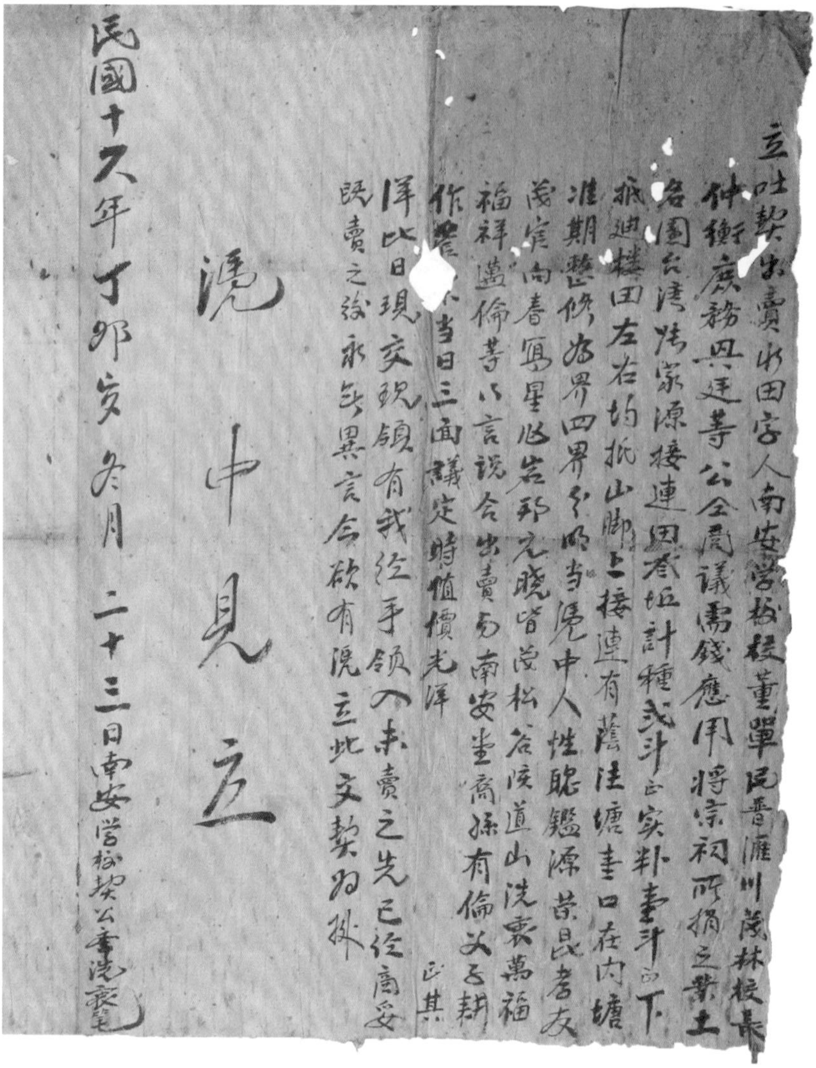

立吐（杜）契出卖水田字人南安学校校董单民普汇川茂林校长仲衡庶务兴廷等公仝商议需钱应用将宗祠所捐之业土名园台湾张家源接连田叁丘计种贰斗正实粮壹斗正下抵迪楼田左右均抵山脚上接连有荫洼塘圭口在内塘准期整修为界四界分明当凭中人性聪鑑源荣昆孝友茂官向春雁星风岩邦元晓皆茂松谷溪道山洗衷万福福祥迈伦等以言说合出卖与南安堂裔孙有伦父子耕作管（业）当日三面议时值价光洋　　正其洋比日现交现领有我经手领入未卖之先已经商妥既卖之后永无异言今欲有凭立此文契为据

凭中见立

民国十六年丁卯岁冬月二十三日南安学校契公章洗衷笔

民国十六年十二月二十三日虞善成断卖断补园田契

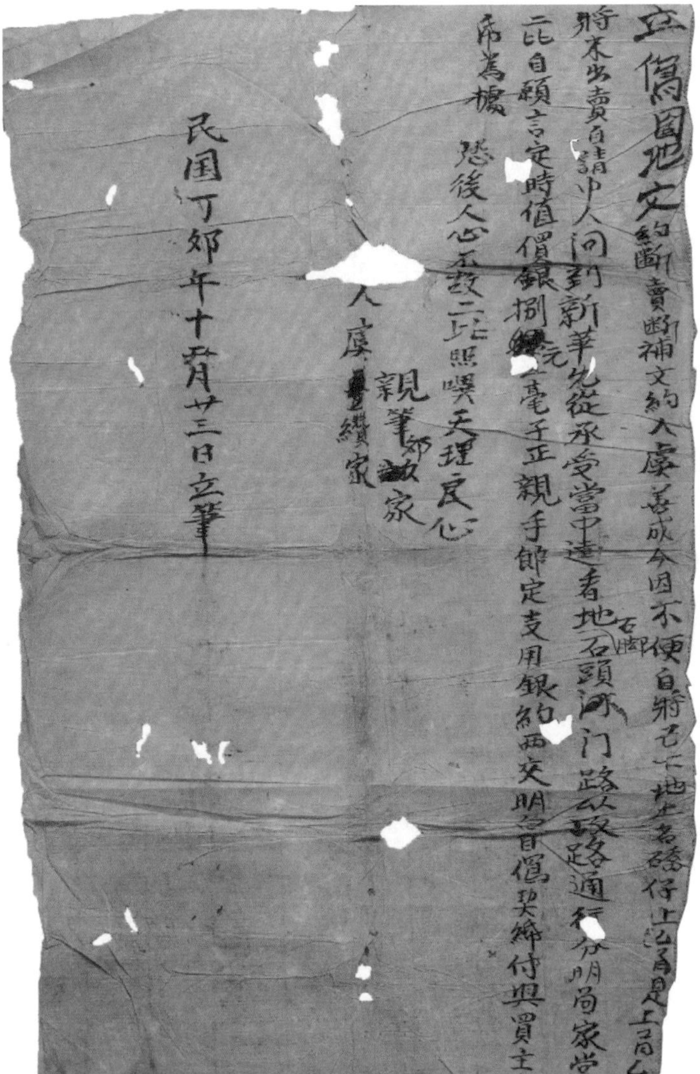

立写园地文约断卖断补文约人虞善成今因不便自将己下地土名硚仔上乙甬是上甬乙拆将来出卖自请中人问到新华允从承受当中远看地石脚石头河门路以故路通行分明留家当中二比自愿言定时值价银捌元毫子正亲手即定支用银约两交明白自写契纸付与买主收纸为据

恐后人心不故二比照叹天理良心

亲笔邓家□人虞缵家

民国丁卯年十二月廿三日立笔

民国十六年十二月二十七日胡国典卖田契

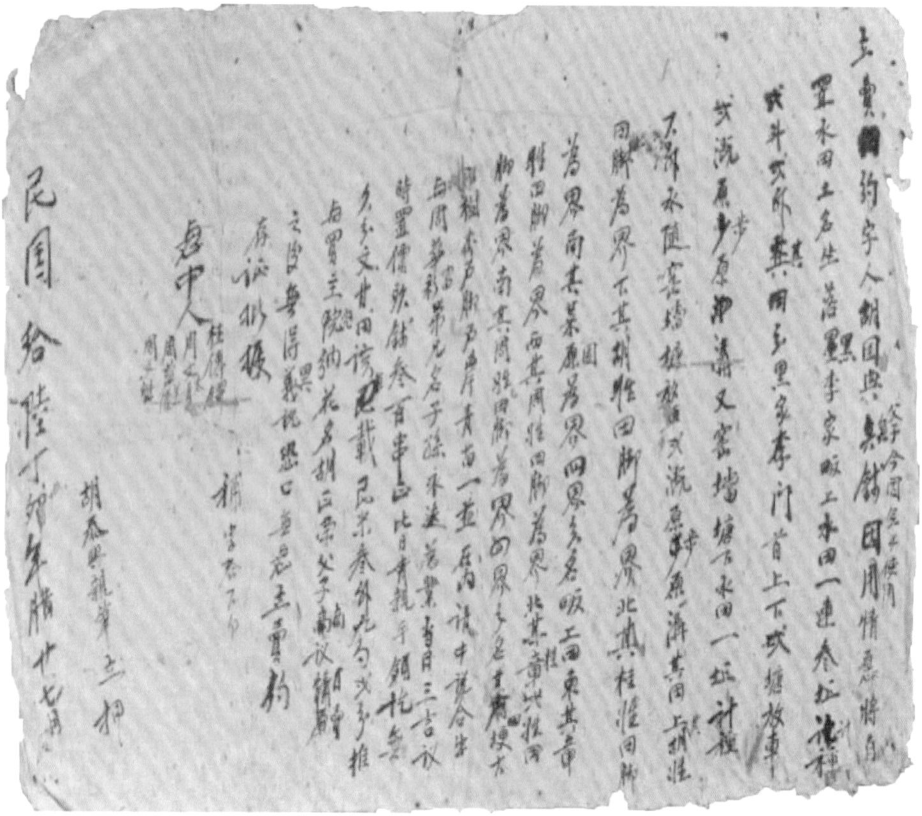

立卖约字人胡国典父子今因无钱使用无钞因用情愿
将自置水田土名坐落黑李家畈上水田一连叁丘计种
贰斗贰升其田分黑家李门首上下贰塘放车贰溉原步
原沟又窖垱塘下水田一丘计种九升水随窖垱塘放车
贰溉原步原沟其田上其胡姓田脚为界下其胡姓田脚
为界北其桂姓田脚为界南其菜园为界四界分名（明）
畈上田东其章姓田脚为界西其周姓四脚为界北其章
桂贰姓田脚为界南其周姓田脚为界四界交名其田埂
大口树木石脚石岸青苗一并在内请中说合出与周华
富周华彩弟兄名子孙永远为业当日三言议时置价钱
钞叁百串正比日青亲手领讫无欠分文其田该载银米
叁升九勺二分推与买主完纳花名胡正荣父子商议自
卖之后无得异说恐口无凭立卖约存证批据
凭中人桂传铎周文太周文青周华美周华隆周文魁
补字十九个
胡泰兴亲笔立押
民国拾陆丁卯年腊廿七日

民国十八年十月十八日唐圣喜卖田契

立卖地契人唐圣喜今因无银正用自祖业坐落土名下鱼塘路边地叁块将来出卖自己上门问到唐引乐家承买当面言定时值地价银肆佰毫正即日立契价两交亲手接授（受）回家正其地卖后任由买主耕种管业日后不得异言今立契一纸付与买主收执为据是实

限买主耕种柒年归赎

民国十八年己巳（巳）岁十月十八日立

卖地契人唐圣喜亲笔

民国十八年十月二十七日刘芝兰等卖屋宇等项契

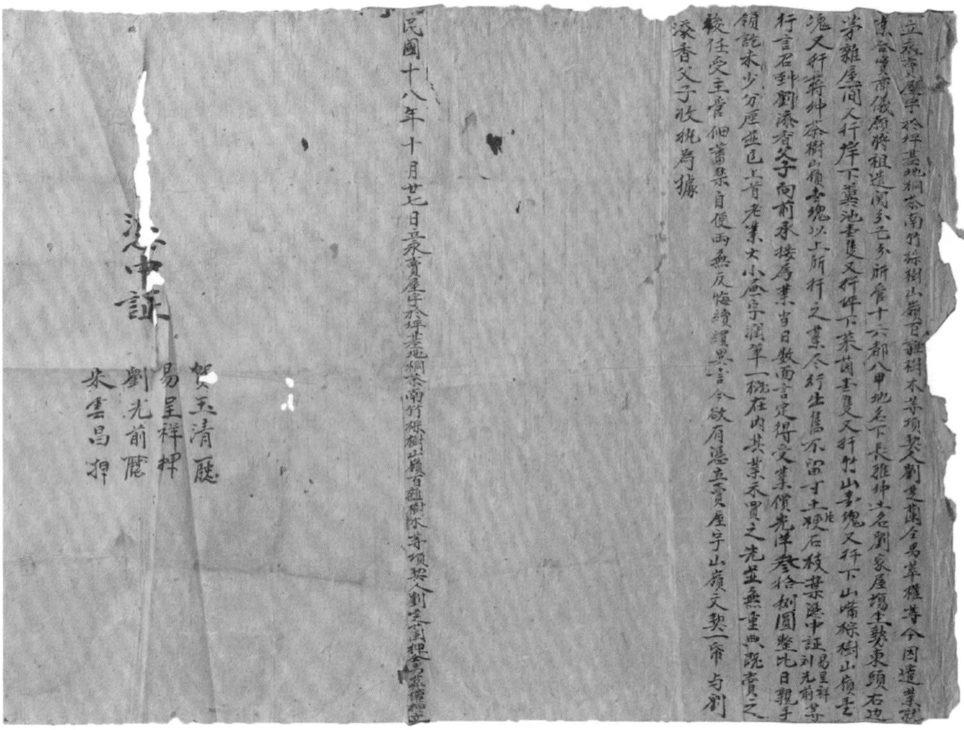

立永卖屋尾宇于坪基地桐茶南竹棕树山岭百杂树木等项契人刘芝兰仝男萃权等今因遗业就业合实商仪（议）愿将祖遗关分己分所管十六都八甲地名下长雅坤土名刘家屋场坐势东头右边茅杂屋一间又扦岸下粪池壹只又扦坪下菜园壹只又扦竹山壹块又扦下山嘴棕树山岭壹块又扦蒋坤茶树山岭壹块以上所扦之业尽行出售不留寸土片更（梗）石枝叶凭中证易呈祥刘光前等行言召到至刘添香父子向前承接为业当日数面言定得受业价先洋叁拾捌园整比日亲手领讫未少分厘并包上首老业大小画字润笔一概在内其业未买之先并无重典既卖之后任受主管佃蓄禁自便两无反悔续赎异言今欲有凭立卖屋宇山岭文契一纸与刘添香父子收执为据

民国十八年十月廿七日立永卖屋宇于坪基地桐茶南竹棕树山岭百杂树木等项契人刘芝兰【押】仝男萃权【押】立

凭中证贺玉清【押】易呈祥押刘光前【押】宋云昌押

民国十八年十一月初十日刘芝兰等卖田契

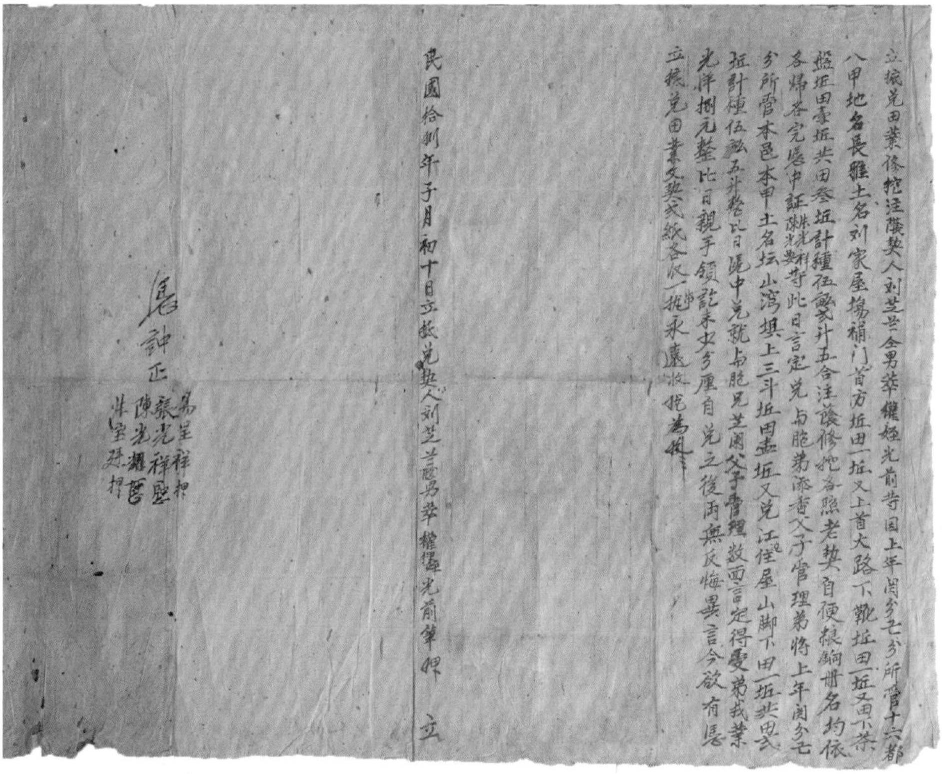

立抵兑田业修挖注荫契人刘芝兰仝男萃权侄光前等因上年关分己分所管十六都八甲地名长雅土名刘家屋场补门首方坵田壹丘又上首大路下靴坵田一丘又田下茶盘坵田壹丘共田叁丘计种伍亩贰升五合注荫修挖各照老契自便粮饷册名均依各归各完凭中证朱光祥陈光要等此日言定兑与胞弟添香父子管理弟将上年关分己分所管本邑本甲土名坛山湾埧（埧）上三斗坵田壹丘又兑江边住屋山脚下田一丘共田贰丘计种伍亩五升整比日凭中兑就与胞兄芝阑父子管理数面言定得受弟找业光洋捌元整比日亲手领讫未少分厘自兑之后两无反悔异言今欲有凭立抵兑田业文契贰纸各收一纸执永远收执为据

民国拾捌年子月初十日立抵兑契人刘芝兰胞男萃权【押】侄光前笔【押】立

凭中正易呈祥押张光祥【押】陈光耀【押】张宝廷【押】

民国十九年二月十九日任光恩等卖田契

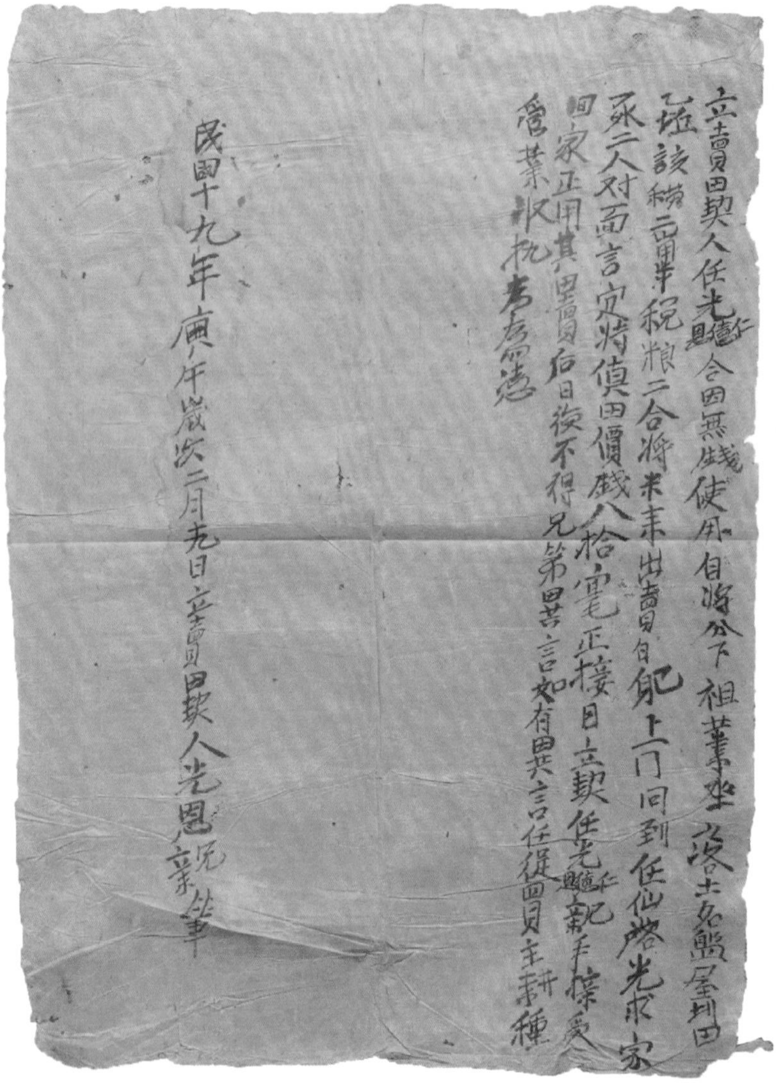

立卖田契人任光仁任光德任光恩合（今）因无钱使用自将分下祖业坐落土名盘屋圳田一丘该秧二肯〔棚〕半税粮二合将来出卖白（自）己上门问到任仙敁光求家承二人对面言定时值（值）田价钱八拾毫正接日立契任光仁任光德任光恩亲手接受回家正用其田卖后日后不得兄第（弟）异言如有异言任从买主耕种管业收执为凭

民国十九年庚午岁次二月十九日立卖田契人光恩兄亲笔

民国十九年二月二十三日黄进发卖田契

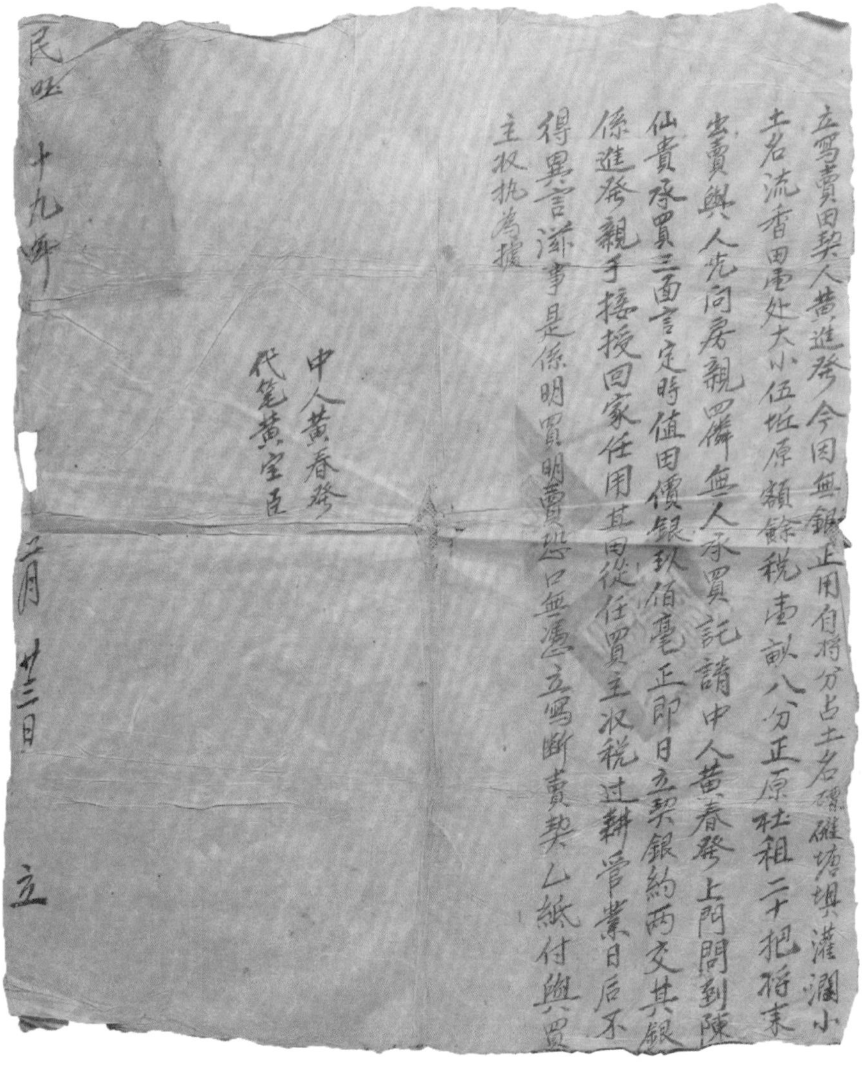

立写卖田契人黄进发今因无银正用自
将分占土名磄碓塘埧（埧）灌润小土
名流香田壹处大小伍丘原额余税壹亩
八分正原杜租二十把将来出卖与人先
问房亲四僯（邻）无人承买托请中人
黄春发上门问到陈仙贵承买三面言定
时值田价银玖佰毫正即日立契银约两
交其银系进发亲手接授（受）回家任
用其田任从买主收税过耕管业日后不
得异言滋事是系明买明卖恐口无凭立
写断卖契一纸付与买主收执为据

中人黄春发

代笔黄宝臣

民国十九年二月廿三日立

民国十九年二月二十五日唐圣喜卖地契

立写永远断卖地契人唐圣喜今因无银正用自将祖业坐落土名岩头地壹块又土名草园里壹块将来断卖自请中人唐求保上门问到唐引乐家承买当中三面言定时直地价银贰佰零捌毫正即日立契价两交亲接回家正用其地卖后任由买主耕种管业日后不得异言今立卖契一纸付与买主收执为据是实

限至辛未年十二月廿四日归赎过其不得归赎任由买主耕种管业中人唐求保银贰毛

民国庚午岁十二月廿五日立卖地契人唐圣喜亲笔

民国十九年十二月十四日何即用当田契

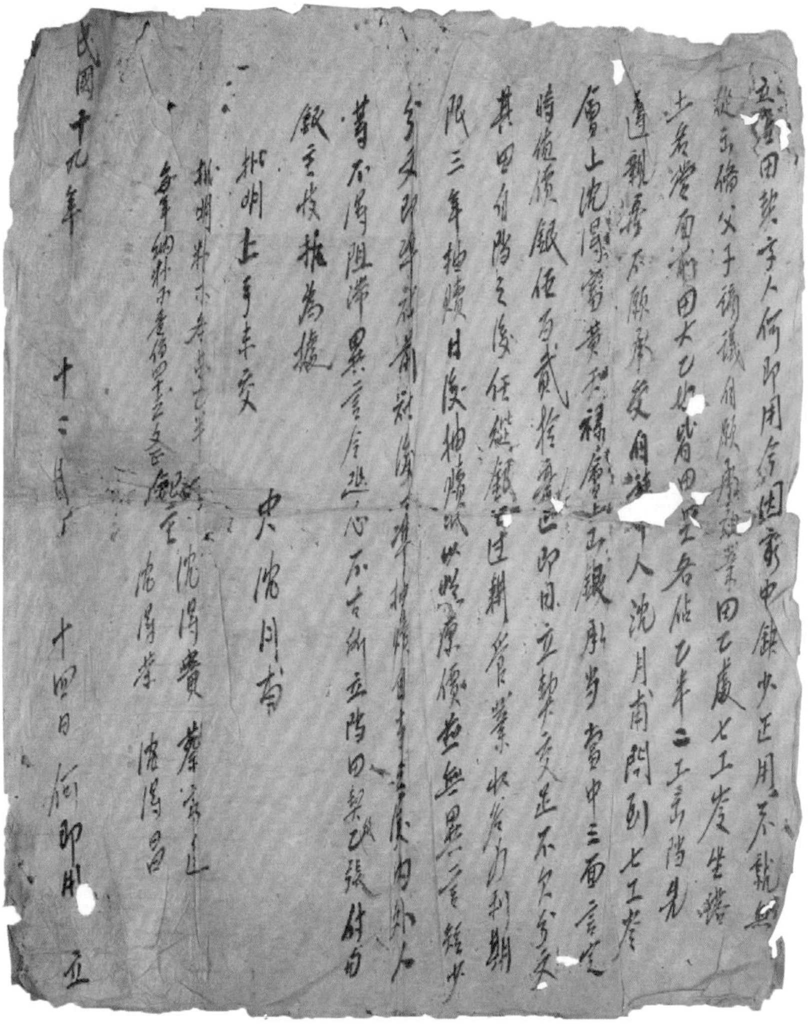

立当田契字人何即用今因家中缺少正
用不就无从出备父子谪（商）议自
愿承祖业田一处七工〔弓〕岑坐落土
名营面前田大一丘皆田四工〔弓〕各
占一半二工〔弓〕出⿰阝当（当）先遵亲
房不愿承受自请中人沈月甫问到七工
〔弓〕岑会上沈得富黄天禄会上出银
承当当中三面言定时值价银伍百贰拾
毫正即日立契交足不欠分文其田自⿰阝当
（当）之后任从银〈主〉过耕管业收
谷为利期限三年抽赎日后抽赎纸以照
原价并无异言短少分文即准社前社后
〈不〉准抽赎自当之后内外人等不得
阻滞异言今恐〈人〉心不古所立⿰阝当（当）
田契纸一张付与银主收执为据
批明上手未交
批明粮钱各占一半每年纳粮钱壹佰
四十五文正
中人沈月甫
银主沈得贵沈得荣蔡家□沈得昌
民国十九年十二月十四日何即用立

民国十九年十二月二十五日曾永怀山地契

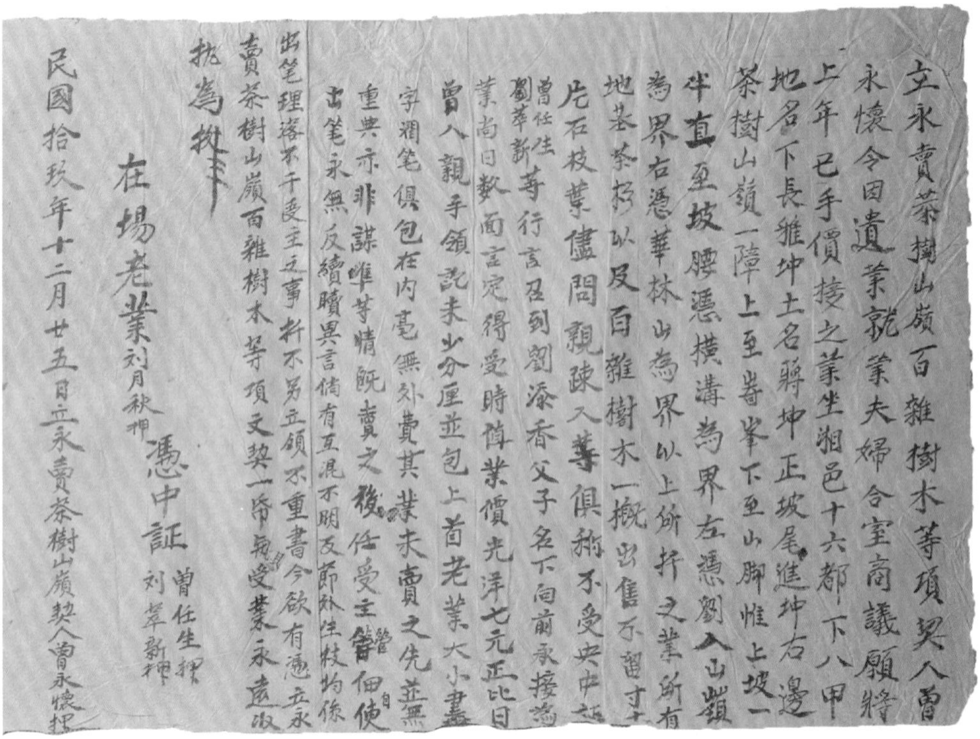

立永卖茶树山岭百杂树木等项契人曾永怀令（今）因遗业就业夫妇合室商议愿将上年已（己）手价接之业坐湘邑十六都下八甲地名下长雅坤土名蒋坤正坡尾进坤右边茶树山岭一障上至嵜峰下至山脚惟上坡一半直至坡腰凭横沟为界左凭刘入山岭为界右凭华林山为界以上所扦之业所有地基茶杉以及百杂树木一概出售不留寸（土）片石枝叶尽问亲疏人等俱称不受央中□曾任生刘萃新等行言召到刘添香父子名下向前承接为业尚（当）日数面言定得受时值业价光洋七元正比日曾人亲手领讫未少分厘并包上首老业大小书字润笔俱包在内毫无外费其业未卖之先并无重典亦非谋准等情既卖之后任受主管佃自使出笔永无反续赎异言倘有互混不明反节外生枝均系出笔理落不干受主之事扦不另立领不重书今欲有凭立永卖茶树山岭百杂树木等项文契一纸与其受业永远收执为据

在场老业刘月秋押　凭中证曾任生【押】刘萃新【押】

民国拾玖年十二月廿五日立永卖茶树山岭契人曾永怀【押】

民国二十年正月十八日刘添香等卖田契

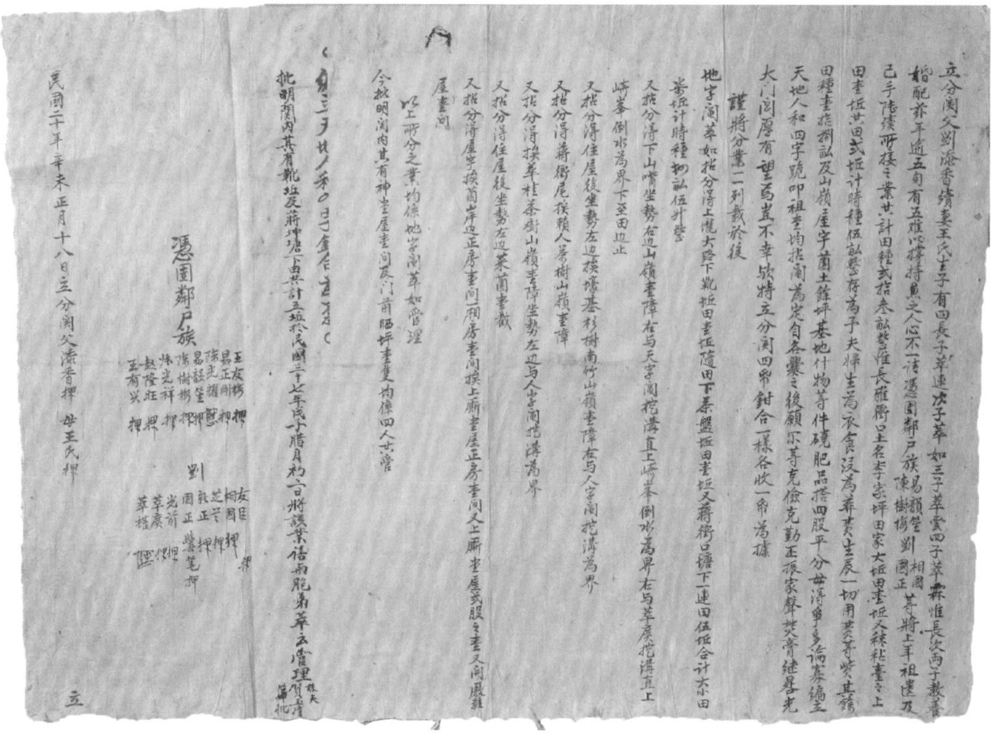
立分関文劉添香續妻王氏生子有四長子華連次子華如三子華雲四子華森惟長次兩子教養
婚配亦年逾五旬有五旗心持持患之人心不一請憑團鄰戶族易額璧 陳樹楊 劉相國 國正 等將上手祖遺及
己手陸續所積之業共計田種弍拾叁畝整惟長雁衡口土名李家坪田家大坵田壹坵又秧耙壹〻上
田壹坵共田弍坵計時種伍畝整存為予夫婦生為衣食沒為葬費生辰一切用費等費其餘
田種壹拾捌畝及山嶺屋宇菌土餘坪基地什物等件硗肥品搭四股平分毋得爭多論寡鎬立
天地人和四字號卬祖堂均拈鬮為定自各鬮之後願爾等克儉克勤正振家聲丕肯繼昌光
大門閭厚有望焉豈不幸歟特立分関四帋鈐合一樣各收一帋為據
謹將分業一一列載於後
地字鬮華如拈分得上隴大路下坵田壹坵隨田下禾盤坵田壹坵又蔣衙口塘下一連田伍坵合計大小田
叁坵計時種捌畝伍升整
又拈分得下山嘴坐勢右边山嶺壹障右与天字鬮挖溝直上峙峯倒水為界右与華廣挖溝直上
峙峯倒水為界下至田边止
又拈分得住屋後坐勢左边旗墟基杉樹南竹山嶺壹障右与人字鬮挖溝為界
又拈分得蔣衙尾旗頭人等樹山嶺壹障
又拈分得揆華桂茶樹山嶺壹障坐勢左边与人字鬮挖溝為界
又拈分得住屋後坐勢左边菜菌壹截
又拈分得屋宇揆菌岸边正房壹間一廂房壹間揆上廝堂屋正房壹間又上廝堂屋弍股之壹又閒廠雜
屋壹間
以上所分之業均係地字鬮華如管理
今批明閬內其有神堂屋壹間及门前晒坪壹突均係四人共管
[illegible]
批明閬內其有靴坵及蔣坤塘下由共計五坵於民國三十七年戊子臘月初六日將該業諸兩胞弟華立管理 林夫 賀青 華批
憑團鄰戶族
王友楊押 昌正剛押 陳光耀押 昌毅璧押 陳樹楊押 林光祥押 趙隆莊押 王有興押
劉 友臣押 相國押 芝芳押 執正押 國正 紫筆押 光前押 華廣押 華楷
民國二十年辛未正月十八日立分関文添香押 母王氏押
立

立分关父刘添香续妻王氏生子有四长子萃连次子萃如三子萃云四子萃霖惟长次两子教养婚配兹年逾五旬有五难以撑持兼之人心不一请凭图邻户族易韵笙陈树梅刘相国刘国正等将上年祖遗及己手陆续所接之业共计田种贰拾叁亩整惟长雅冲口土名李家坪田家大坵田壹丘又秫秥壹壹上田壹丘共田贰丘计时种伍亩整存为予夫妇生为衣食没为葬费生辰一切用费等赀其余田种壹拾捌亩及山岭屋宇园土余坪基地什物等件硗肥品搭四股平分母得争多论寡编立天地人和四字跪叩祖堂均拈阄为定自各爨之后愿尔等克俭克勤丕振家声焚膏继晷光大门闾厚有望焉岂不幸欤特立分关四纸钳合一样各收一纸为据

谨将分业二列载于后

地字阄萃如拈分得上垅大路下靴坵田壹丘随田下茶盘坵田壹丘又蒋冲口塘下一连田伍丘合计大小田柒坵计时种肆亩伍升整

又拈分得下山嘴坐势右边山岭壹障右与天字阄挖沟直上崎峰倒水为界右与萃广挖沟直上崎峰倒水为界下至田边止

又拈分得住屋后坐势左边挨壕基杉树南竹山岭壹障右与人字阄挖沟为界

又拈分得蒋冲尾挨赖人茶树山岭壹障

又拈分得挨萃桂茶树山岭壹障坐势左边与人字阄挖沟为界

又拈分得住屋后坐势左边菜园壹截

又拈分得屋宇挨园岸边正房壹间厢房壹间挨上厮堂屋正房壹间又上厮堂屋贰股之壹又开厰杂层壹间

以上所分之业均系地字阄萃如管理

今批明关内其有神堂屋壹间及门前晒坪壹只均系四人共管

⧄

批明关内其有靴坵及蒋冲塘下田共计五丘于民国三十七年戊子腊月初二日日将该业借与胞弟萃云管理 妹夫贺玉清笔批

凭国邻户族王友梅押易正刚押陈光耀押易韵笙押陈树梅押张光祥押赵隆旺押王有兴押刘友臣押刘相国押刘芝兰押刘新正押刘国正【押】笔押刘光前押刘萃广押刘萃权【押】

民国二十年辛未正月十八日立分关父添香押母王氏押立

民国二十年四月十六日唐圣喜卖地契

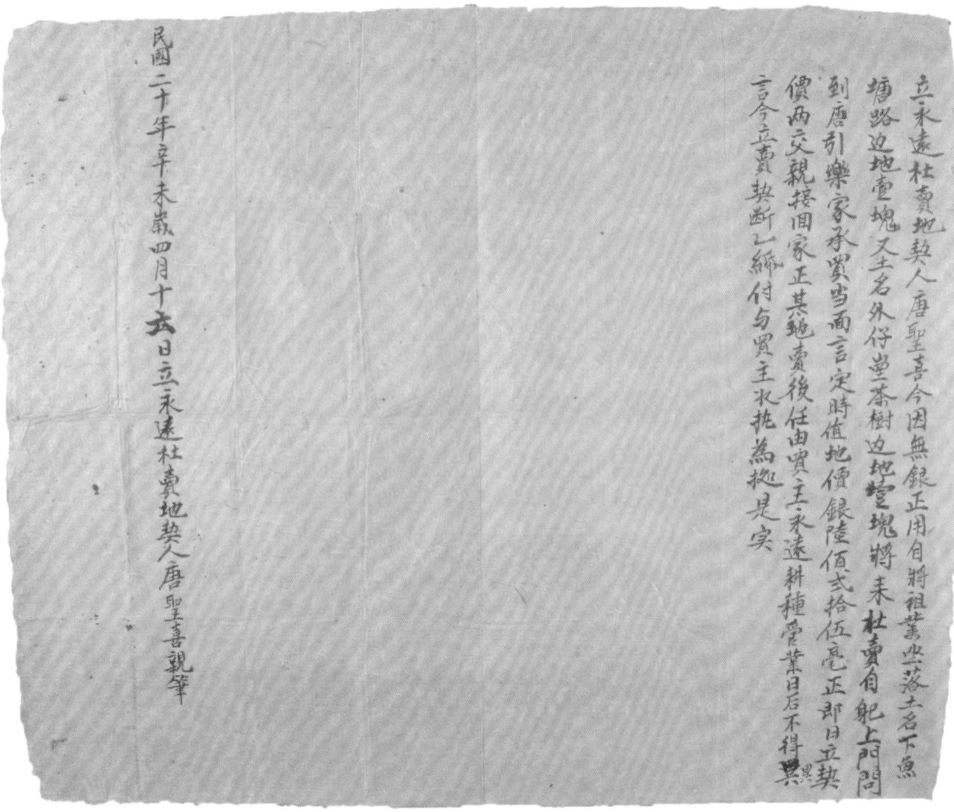
立永遠杜賣地契人唐聖喜今因無銀正用自將祖業坐落土名下魚塘路边地壹塊又土名外仔𡶶茶樹边地壹塊將来杜賣自己上門問到唐引樂家承買當面言定時值地價銀陸佰弍拾伍毫正即日立契價兩交親接回家正其地賣後任由買主永遠耕種管業日后不得異言今立賣契断一紙付与買主收执為據是实
民國二十年辛未歲四月十六日立永遠杜賣地契人唐聖喜親筆

立永远杜卖地契人唐圣喜今因无银正用自将祖业坐落土名下鱼塘路边地壹块又土名外仔崽（岗）茶树边地壹块将来杜卖自己上门问到唐引乐家承买当面言定时值地价银陆佰贰拾伍毫正即日立契价两交亲接回家正（用）其地卖后任由买主永远耕种管业日后不得异言今立卖契断一纸付与买主收执为据是实
民国二十年辛未岁四月十六日立永远杜卖地契人唐圣喜亲笔

民国二十年八月十六日唐圣喜卖田契

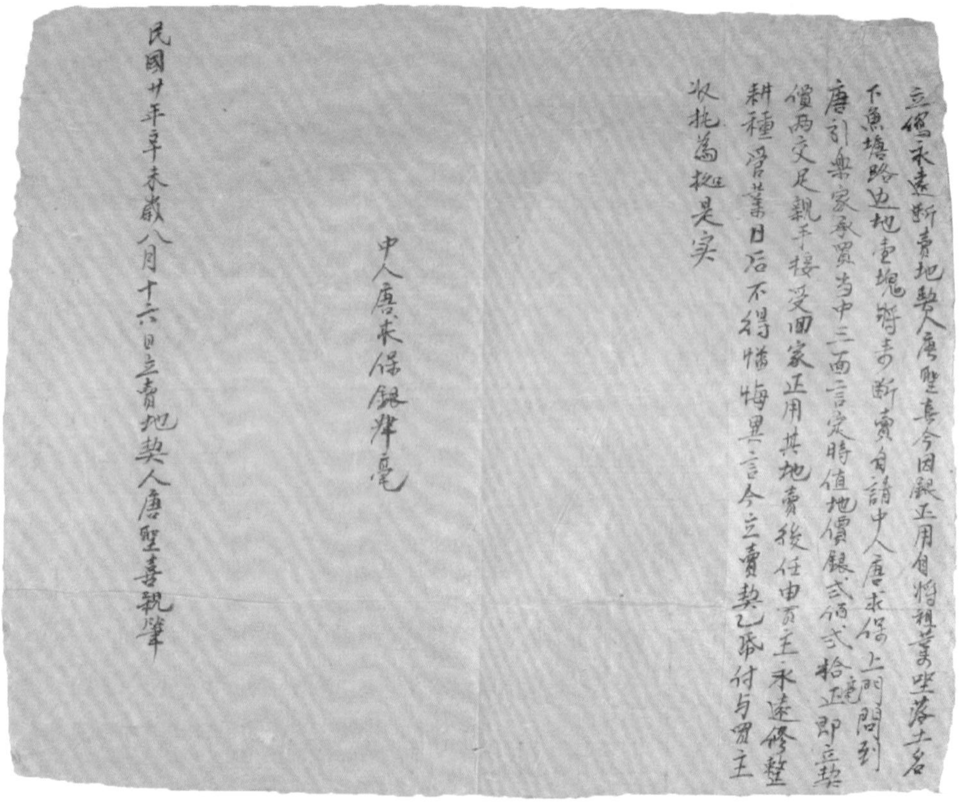

立写永远断卖地契人唐圣喜今因〈无〉银正用自将祖业坐落土名下鱼塘路边地壹块将来断卖自请中人唐求保上门问到唐引乐家承买当中三面言定时值地价银贰佰贰拾毫正即立契价两交足亲手接受回家正用其地卖后任由买主永远修整耕种管业日后不得憣悔异言今立卖契一纸付与买主收执为据是实

中人唐求保银肆毫

民国廿年辛未岁八月十六日立卖地契人唐圣喜亲笔

民国二十年十月二十五日任氏恩翠卖田契

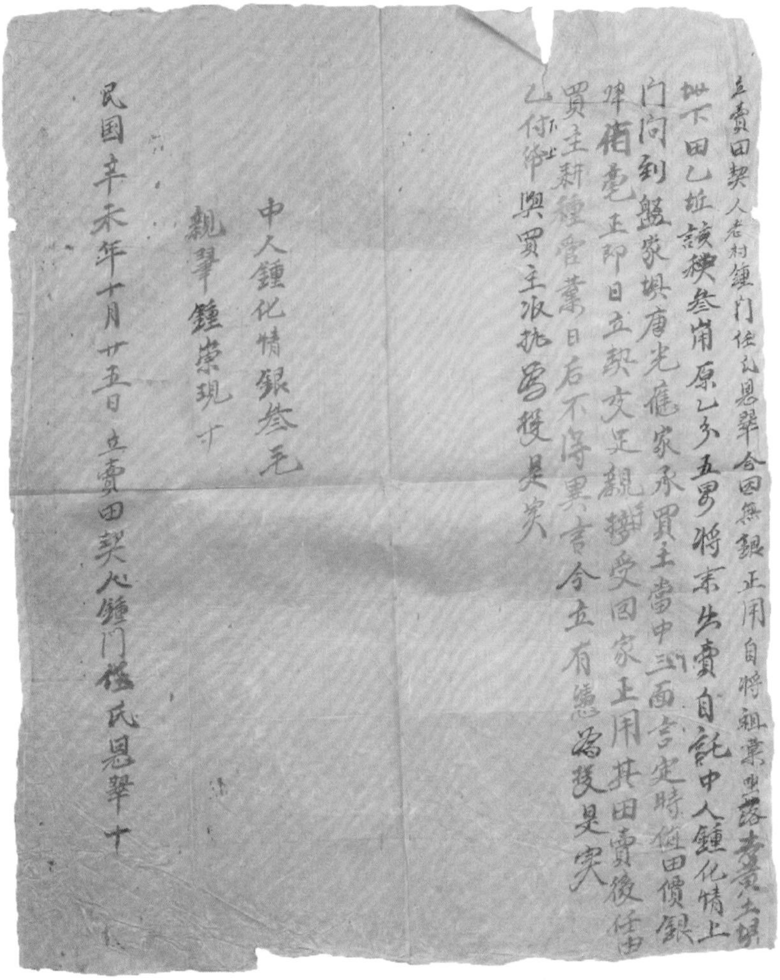

立卖田契人老村钟门任氏恩翠今因无银正用自将祖业坐落?黄土埧〔埧〕圳下田一丘该秧叁甪〔棚〕原一分五厘将来出卖自托中人钟化情上门问到盘家埧〔埧〕唐光应家承买主当三面言定时值田价银肆佰毫正即日立契交足亲手接受回家正用其田卖后任由买主耕种管业日后不得异言今立有凭为据是实

一纸付与买主收执为据是实

中人钟化情银叁毛

亲笔钟崇现【押】

民国辛未年十月廿五日立卖田契人钟门任氏恩翠【押】

民国二十年十一月二十八日吴竹松卖地契

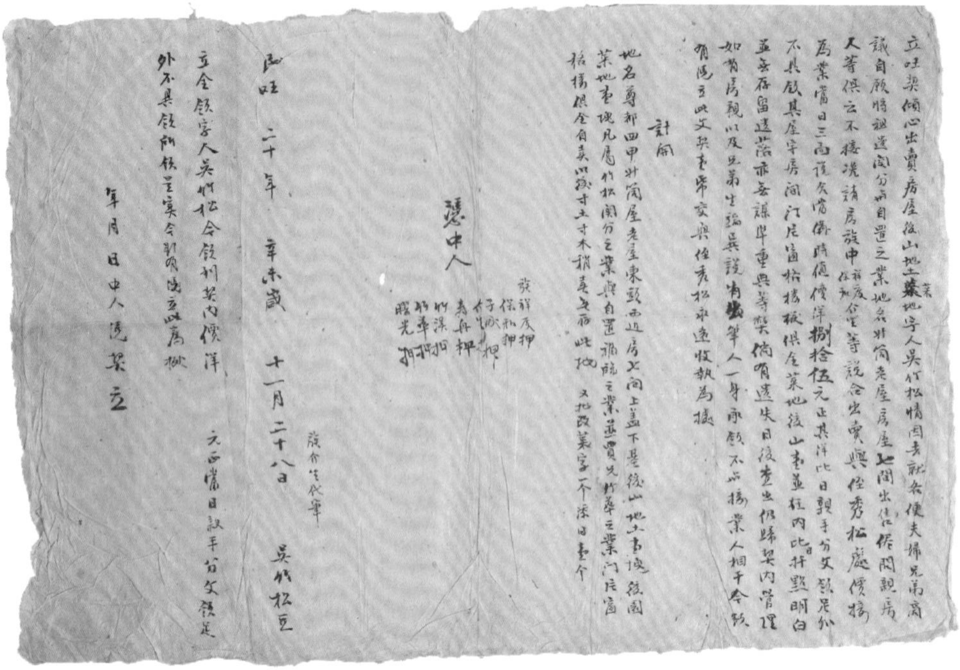

立吐（杜）契倾心出卖房屋后山地土菜地字人吴竹松情因去就各便夫妇兄弟商议自愿将祖遗关分与自置之业地名州筒老屋房屋七间出售尽问亲房人等俱云不接凂请房族中祥度保和介生等说合出卖与侄秀松处价接为业当日三面说合当备时值价洋捌拾伍元正其洋比日亲手分文领足后不具领其屋宇房间门片窗格楼栿俱全菜地后山一并在内比日扦点明白并无存留遗落亦无谋准重典等契倘有遗失日后查出仍归契内管理如有房亲以及兄弟生端异说有出笔人一身承领不与接业人相干今欲有凭立此文契壹纸交与侄秀松永远收执为据

计开

地名尊都四甲州筒屋老屋东头西边房七间上盖下基后山地土壹块后园菜地壹块凡属竹松关分之业与自置福临之业并买兄竹莘之业门片窗格楼俱全自卖以后寸土寸木稍喜无存此据　又批改菜字一个添日壹个

凭中人族祥庆【押】保和【押】子成【押】介生【押】寿兴【押】
竹汉【押】竹莘【押】曙光【押】

族介生代笔

民国二十年辛未岁十一月二十八日吴竹松立

立全领字人吴竹松今领到契内价洋　　元正当日亲手分文领足
外不俱领所领是实今到有凭立此为据
年月日中人凭契立

民国二十年十二月十八日任书康任书伦卖宅间地契

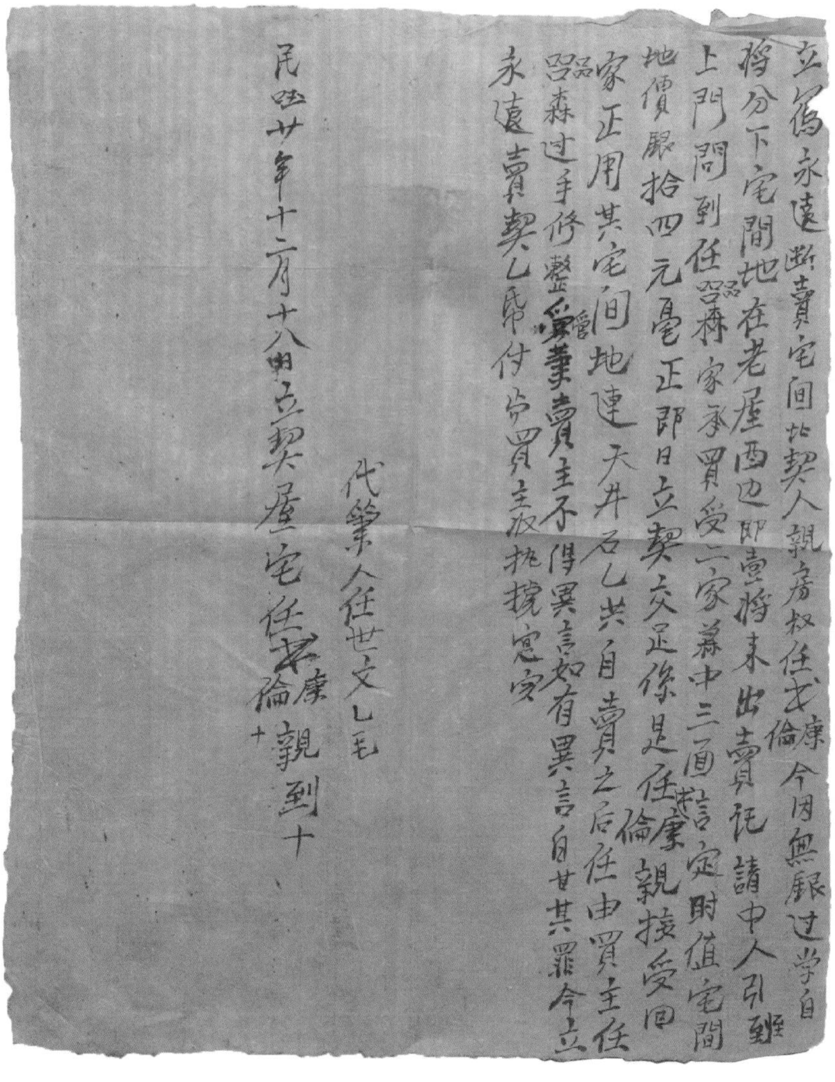

立写永远断卖宅间地契人亲房叔任书康任书伦今因无银过学自将分下宅间地在老屋西边即壹将来出卖托请中人引到至上门问到任品森家承买受二家当中三面言定时值宅间地价银拾四元毫正即日立契交足系是任书康任书伦亲接受回家正用其宅间地连天井石一共自卖之后任由买主任品森过手修整管业卖主不得异言如有异言自甘其罪今立永远卖契一纸付与买主收执据是实

代笔人任世文一毛

民国廿年十二月十八日立契屋宅任书康任书伦【押】亲到【押】

民国二十年十二月二十五日唐道顺妻圣珍对换田契

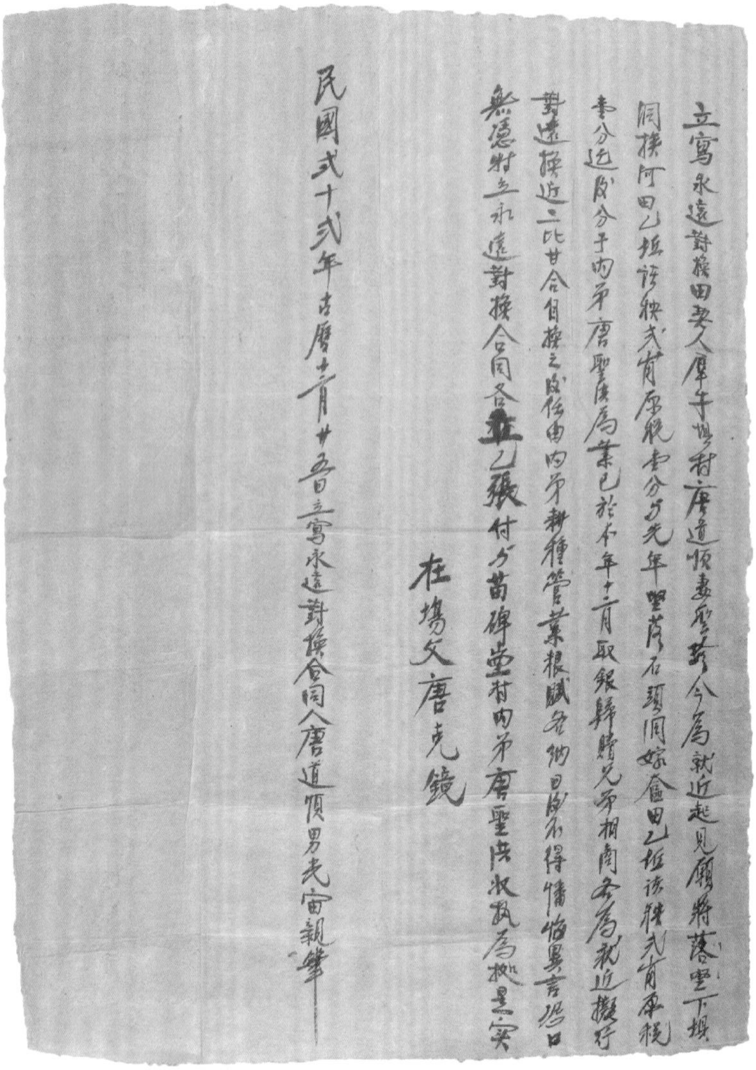

立写永远对换田契人犀牛坝村唐道顺
妻圣珍今为就近起见愿将坐落下埧洞
换河田一丘该秧贰亩原税壹分与先年
坐落石头洞嫁奁田一丘该秧贰崩〔硼〕
原税壹分迄后分于内弟唐圣洪为业已
于本年十二月取银归赎兄弟相商各为
就近拟行对远换近二比甘合自换之后
任由内弟耕种管业粮赋各纳田日后不
得憣悔异言恐口无凭特立永远对换合
同各立一张付与苗碑塂〔岗〕村内弟
唐圣洪收执为据是实
在场父唐克镜
民国贰十贰年古历十二月廿五日立写
永远对换合同人唐道顺男光宙亲笔

民国二十年十二月二十七日唐圣喜卖田契

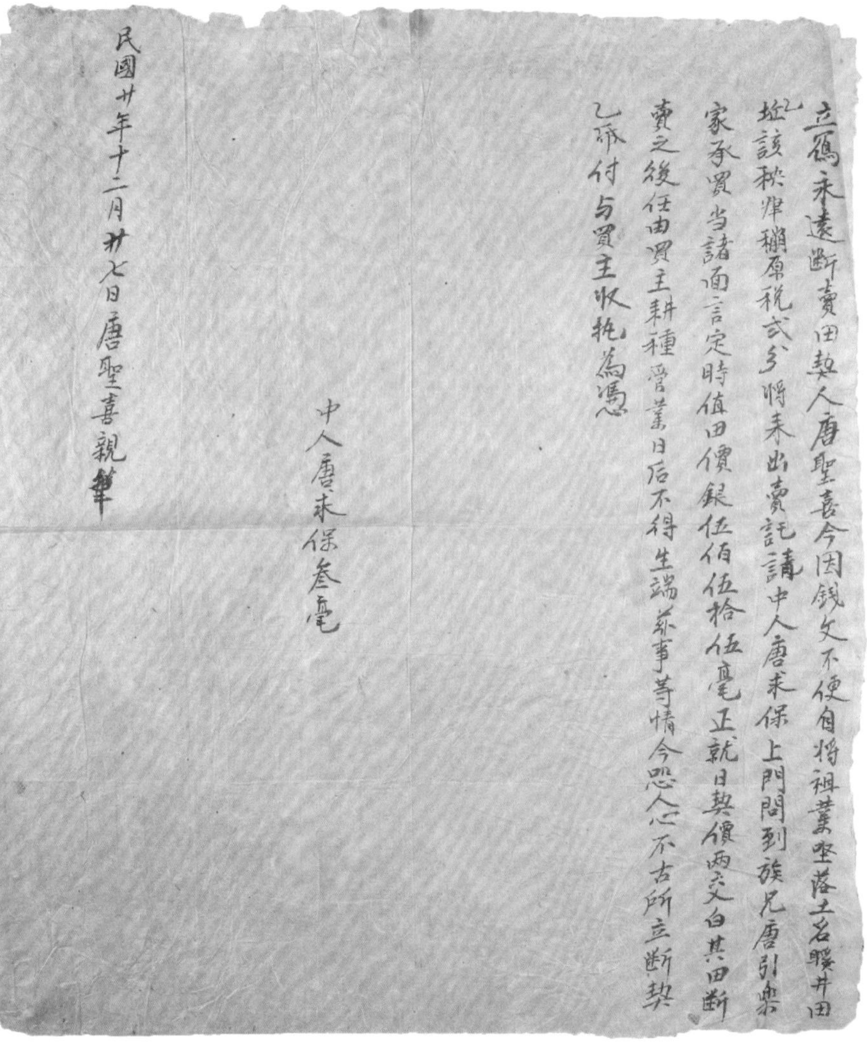

立写永远断卖田契人唐圣喜今因钱文不便自将祖业坐落土名睽井田一丘该秧肆硼原税贰分将来出卖托请中人唐求保上门问到族兄唐引乐家承买当诸面言定时值田价银伍佰伍拾伍毫正就日契价两交白（自）其田断卖之后任由买主耕种管业日后不得生端滋事等情今恐人心不古所立断契一纸付与买主收执为凭

中人唐求保叁毫

民国廿年十二月廿七日唐圣喜亲笔

民国二十二年二月初一日月心卖园地契

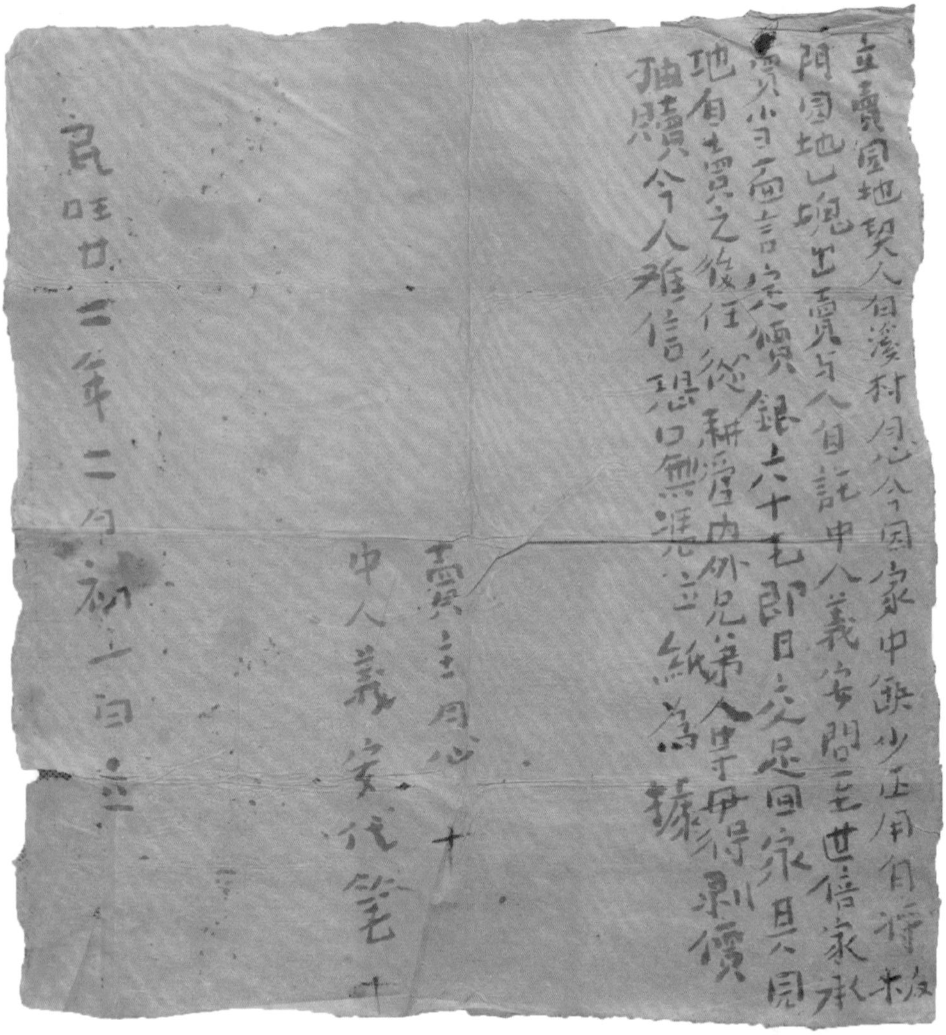

立卖园地契人白溪村月心今因家中缺少正用自将板门园地一块出卖与人自托中人义安问至世倍家承买当面言定价银六十毛即日交足回家其园地自卖之后任从耕管内外兄弟人等毋得剥价抽赎今人难信恐口无凭立纸为据

卖主月心【押】

中人义安代笔【押】

民国廿二年二月初一日立

民国二十二年十一月初十日陈神喜卖田契

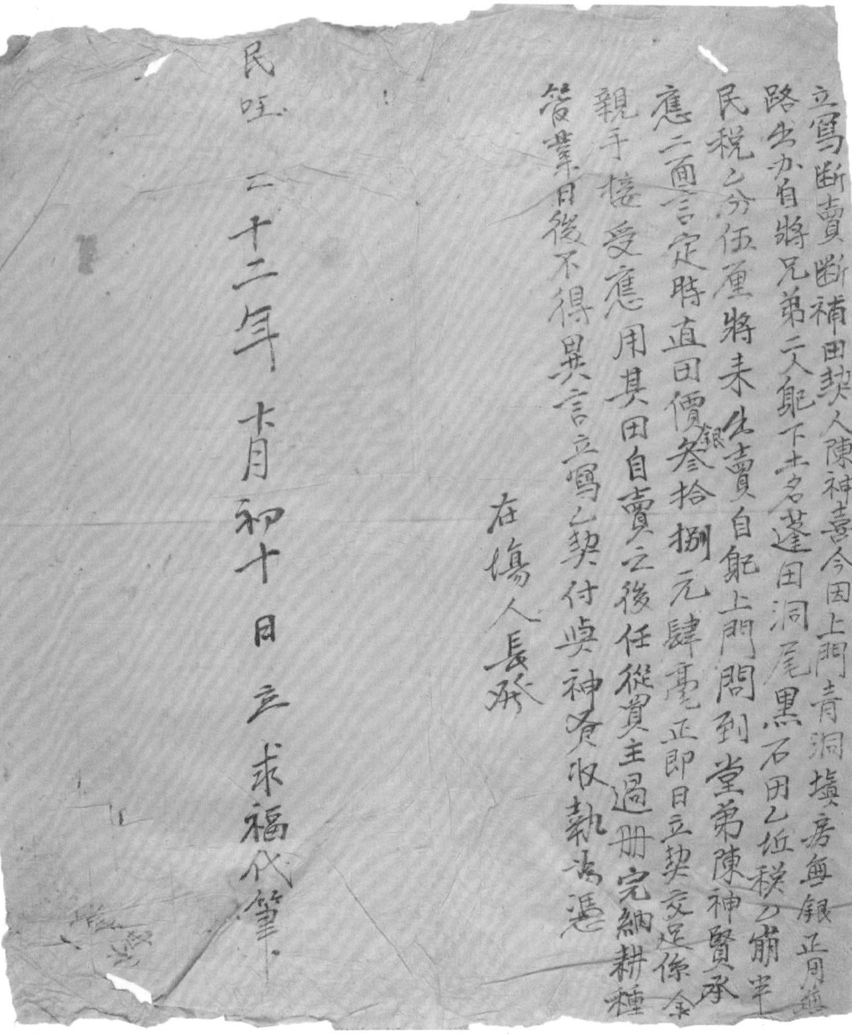

立写断卖断补田契人陈神喜今因上门青洞填房无银正用无路出办自将兄弟二人己下土名蓬田洞尾黑石田一丘秧一崩（棚）半民税一分伍厘将来出卖自己上门问到堂弟陈神贤承应二面言定时直田价银叁拾捌元肆毫正即日立契交足系余亲手接受应用其田自卖之后任从买主过册完纳耕种管业日后不得异言立写　契付与神贠（贤）收执为凭

在场人长发

民国二十二年十一月初十日立求福代笔

民国二十二年十二月十二日江余堂卖棉地契

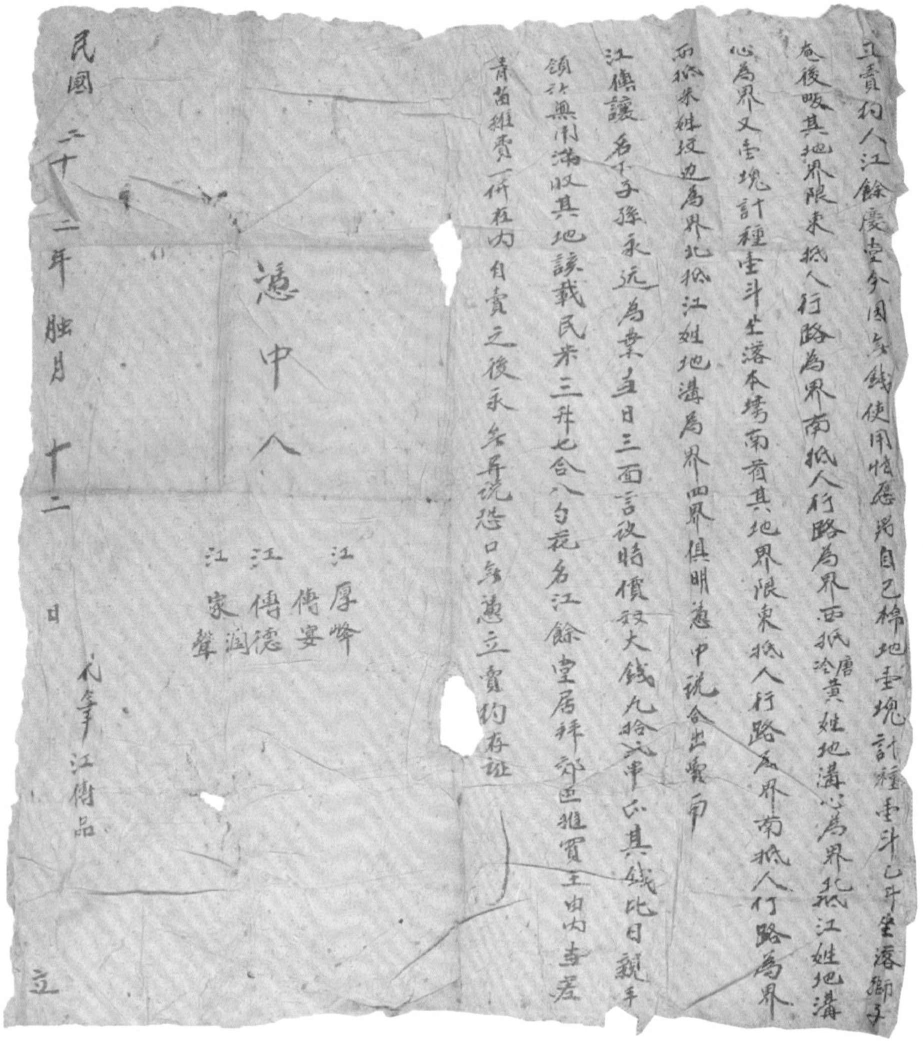

立卖约人江余庆堂今因无钱使用情愿将自己棉地壹块计种壹斗一升坐落狮子奄后畈其地界限东抵人行路为界南抵人行路为界西抵唐冷黄姓地沟心为界北抵江姓地沟心为界又壹块计种壹斗坐落本塆南首其地界限东抵人行路为界南抵人行路为界西抵朱姓坟边为界北抵江姓地沟为界四界俱明凭中说合出卖与江传让名下子孙永远为业当日三面言议时价［贯］大钱九拾贰串正其钱比日亲手领□无用满收其地该载民米三升七合八勺花名江余堂居拜郊区推买主由内当差青苗杂费一并在内自卖之后永无异说恐口无凭立卖约存证

凭中人江厚峰江传宴江传德江家润江家声

代笔江传品

民国二十二年朏（腊）月十二日立

民国二十二年十二月二十九日收黄福应烟户及牲牛金凭证

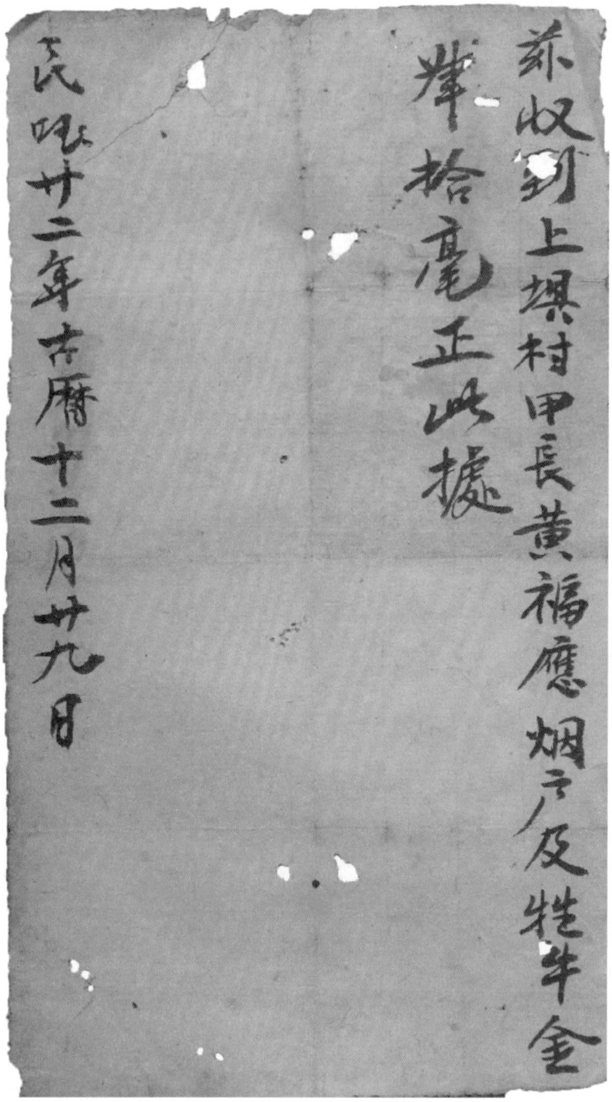
茲收到上垻村甲長黃福應烟户及牲牛金肆拾毫正此據
民國廿二年古曆十二月廿九日

兹收到上垻村甲长黄福应烟户及牲牛金肆拾毫正此据
民国廿二年古历十二月廿九日

民国二十三年二月二十日陈啟彪卖田契

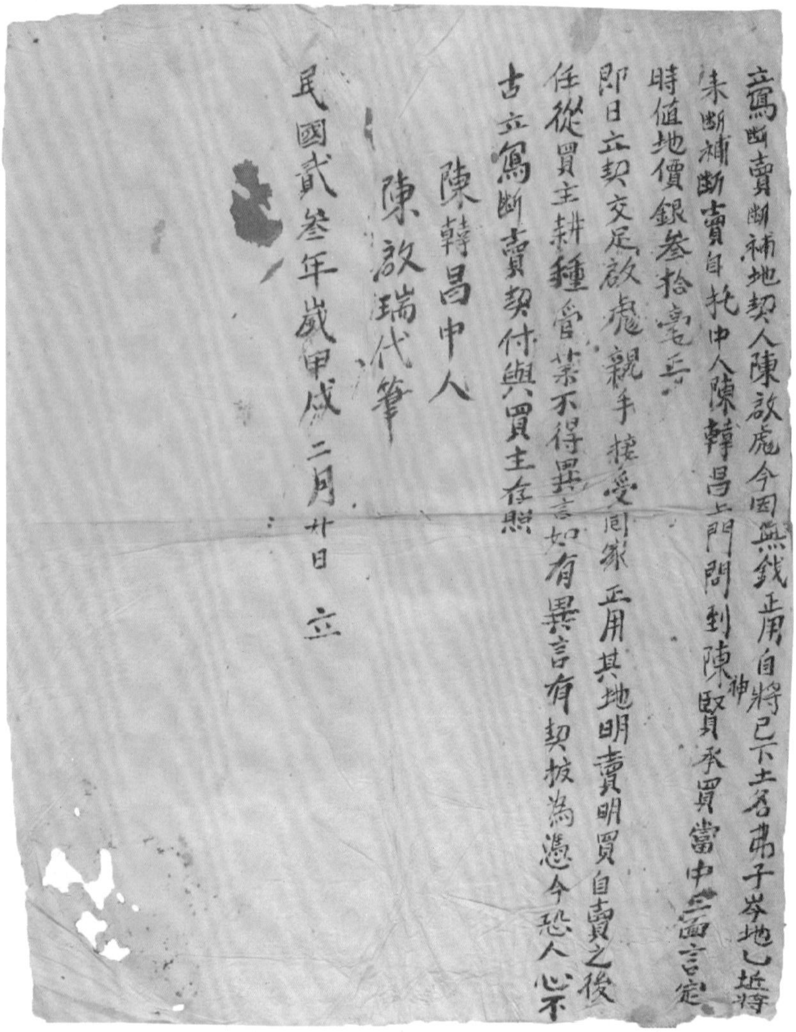

立写断卖断补地契人陈啟彪今因无钱正
用自将己下土名弗子岑地一丘将来断补
断卖自托中人陈韩昌上门问到陈神贤承
买当中三面言定时值地价银叁拾毫正即
日立契交足啟彪亲手接受回家正用其地
明卖明买自卖之后任从买主耕种管业不
得异言如有异言有契据为凭今恐人心不
古立写断卖契付与买主存照

陈韩昌中人

陈啟瑞代笔

民国贰叁年岁甲戍（戌）二月廿日立

民国二十三年三月初四日唐引先兄弟等分家契

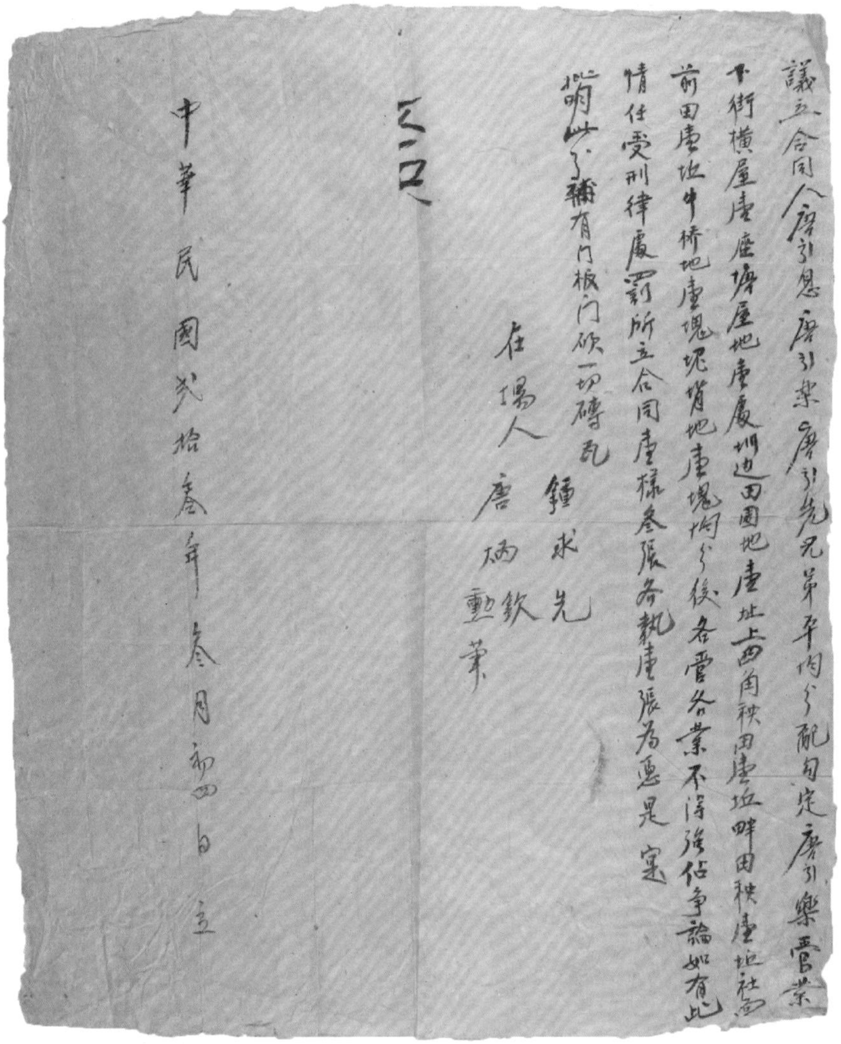

议立合同人唐引息唐引业唐引先兄弟平均分配勾定唐引乐管业下街横屋壹座塘屋地壹处圳边田园地壹址上四角秧田壹丘畔田秧壹丘社面前田壹丘牛桥地壹块坭背地壹块均分后各管各业不得强占争论如有此情任受刑律处罚所立合同壹样叁张各执壹张为凭是实

批明此分补有门板门砍一切砖瓦

在场人钟求先唐炳钦唐炳勳笔

□□

中华民国贰拾叁年叁月初四日立

民国二十四年三月三十日唐圣恩卖田契

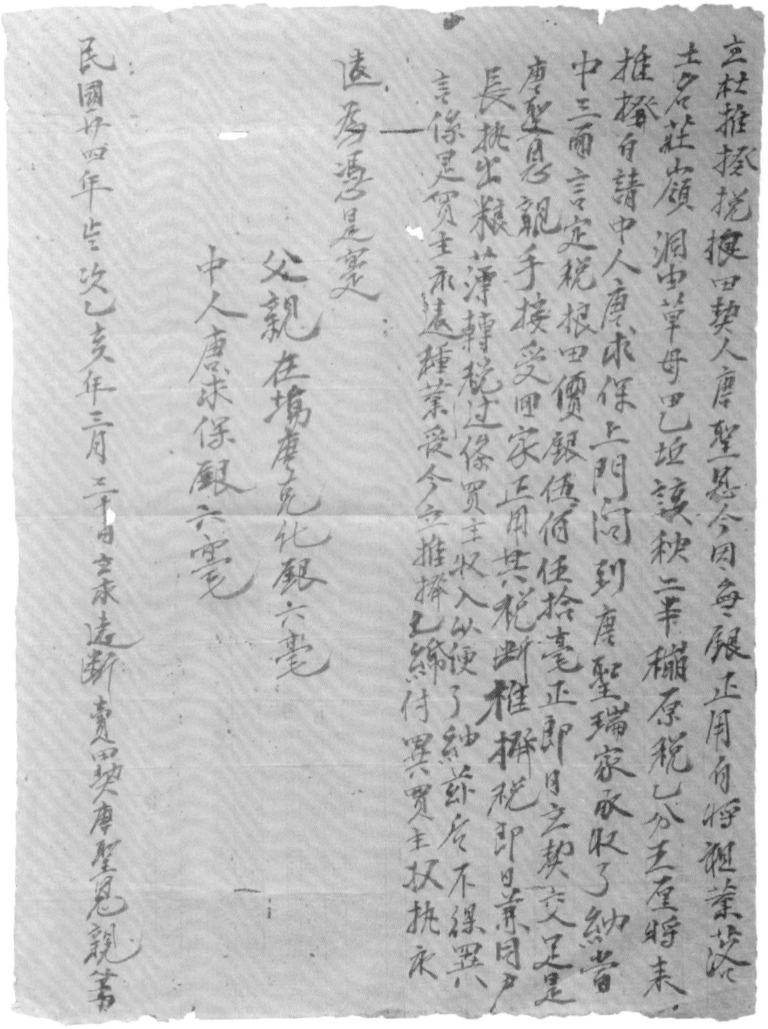

立杜推拨挸（税）根田契人唐圣恩今因无银正用自将祖业落土名庄岭洞田草母田一丘该秧二半糊（棚）原税一分五厘将来推拨自请中人唐求保上门问到唐圣瑞家承收了纳当中三面言定税根田价银伍佰伍拾毫正即日立契交足是唐圣恩亲手接受回家正用其税断推拨税即日兼同户长执出粮薄转税过条买主收入以便了纳兹后不得异言系是买主永远种业管今立推拨一纸付异买主收执永远为凭是实

父亲在场唐克化银六毫

中人唐求保银六毫

民国廿四年岁次乙亥年三月三十日立永远断卖田契唐圣恩亲笔

民国二十四年七月三十日任仙庆任仙啟分家契

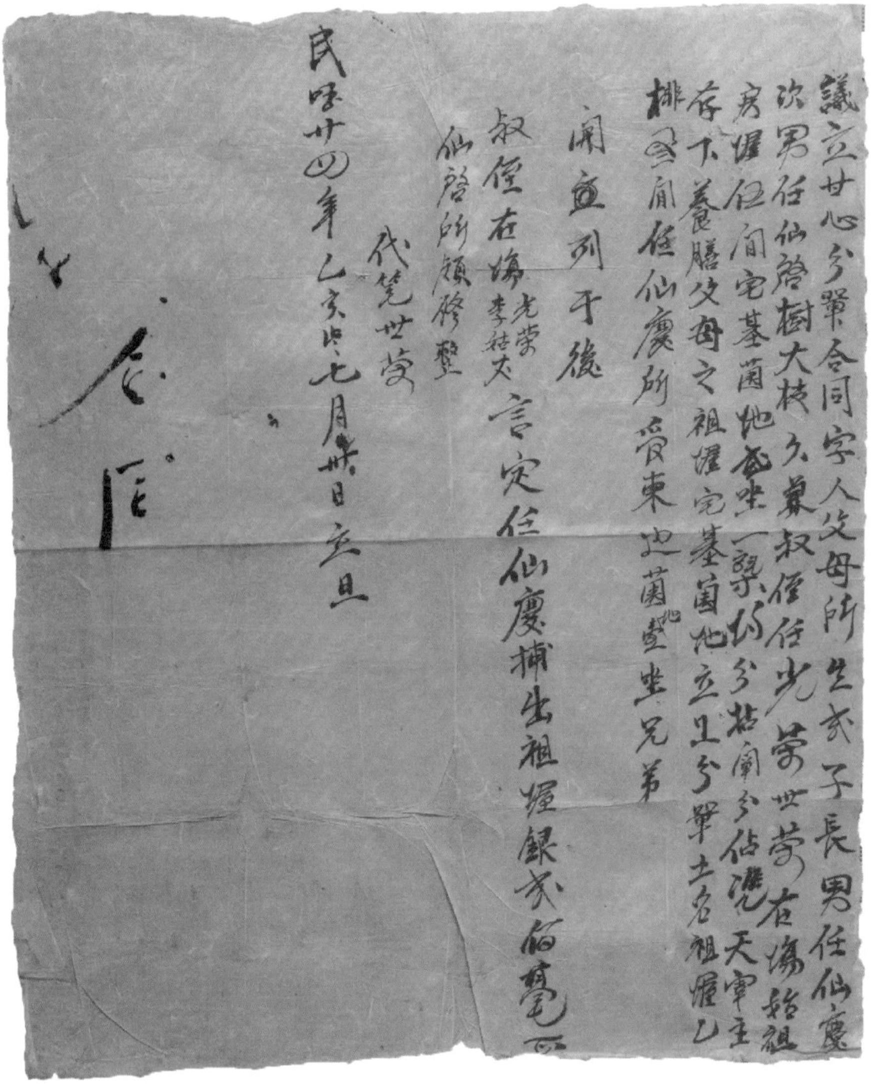

议立甘心分单合同字人父母所生贰子长男任仙庆次男任仙啟树大枝分兼叔侄任光荣世荣在场始祖房屋伍间宅基园地贰坐一概均分拈阄分占凭天宰主存下养膳父母之祖屋宅基园地立户分单土名祖屋一排贰间任仙庆所管东边园地壹坐兄弟
开列于后
叔侄在场光荣李姑丈言定任仙庆捕（补）出祖屋银贰佰毫正
仙啟所领修整
代笔世荣
民国廿四年乙亥岁七月卅日立旦
〈合同〉

民国二十四年八月十三日钟荣兴借贷契

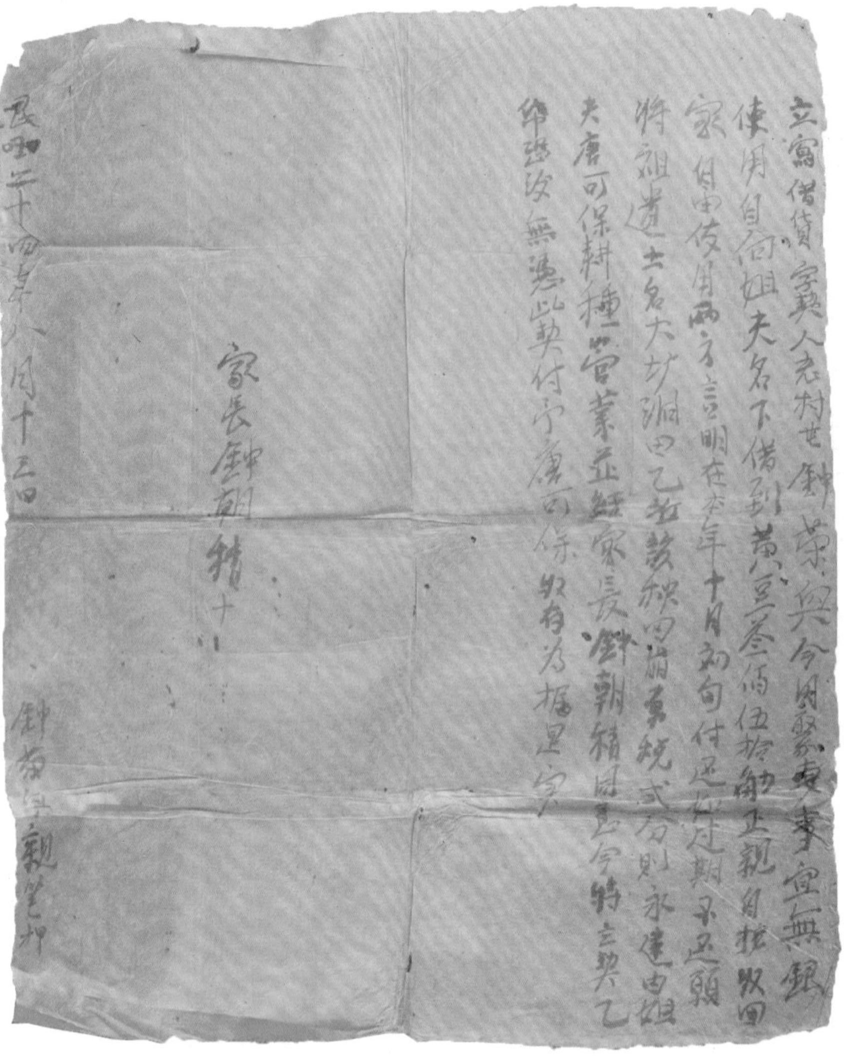

立写借贷字契人老村屯钟荣兴今因聚妻事宜无银使用自向姐夫名下借到黄豆叁佰伍十斤正亲自接收回家自由使用两方言明在本年十月初旬付还如过期不还愿将祖遗土名大圹洞田一丘该秧田崩〔棚〕原税贰分则永远由姐夫唐可保耕种管业并经家长钟朝积同意今特立契一纸恐后无凭此契付予唐可保收存为据是实

家长钟朝积【押】

民国二十四年八月十三日钟荣兴亲笔押

民国二十四年八月十三日钟荣兴借贷契

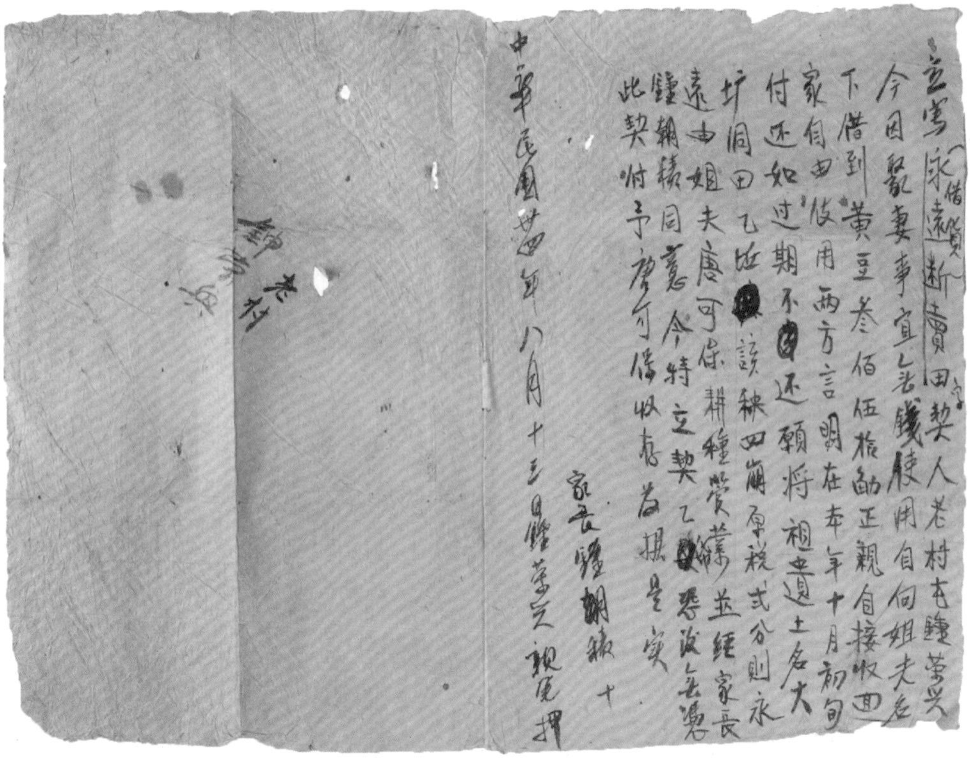

立写借贷字契人老村屯钟荣兴今因聚（娶）妻事宜无钱使用自向姐夫名下借到黄豆叁佰伍拾斤正亲自接收回家自由使用两方言明在本年十月初旬付还如过期不还愿将祖遗土名大圹洞田一丘该秧四崩（棚）原税贰分则永远由姐夫唐可保耕种管业并经家长钟朝积同意今特立契一纸恐后无凭此契付予唐可保收存为据是实

家长钟朝积【押】

中华民国卅四年八月十三日钟荣兴亲笔押

老村钟荣兴

民国二十五年四月二十四日何君然卖田契

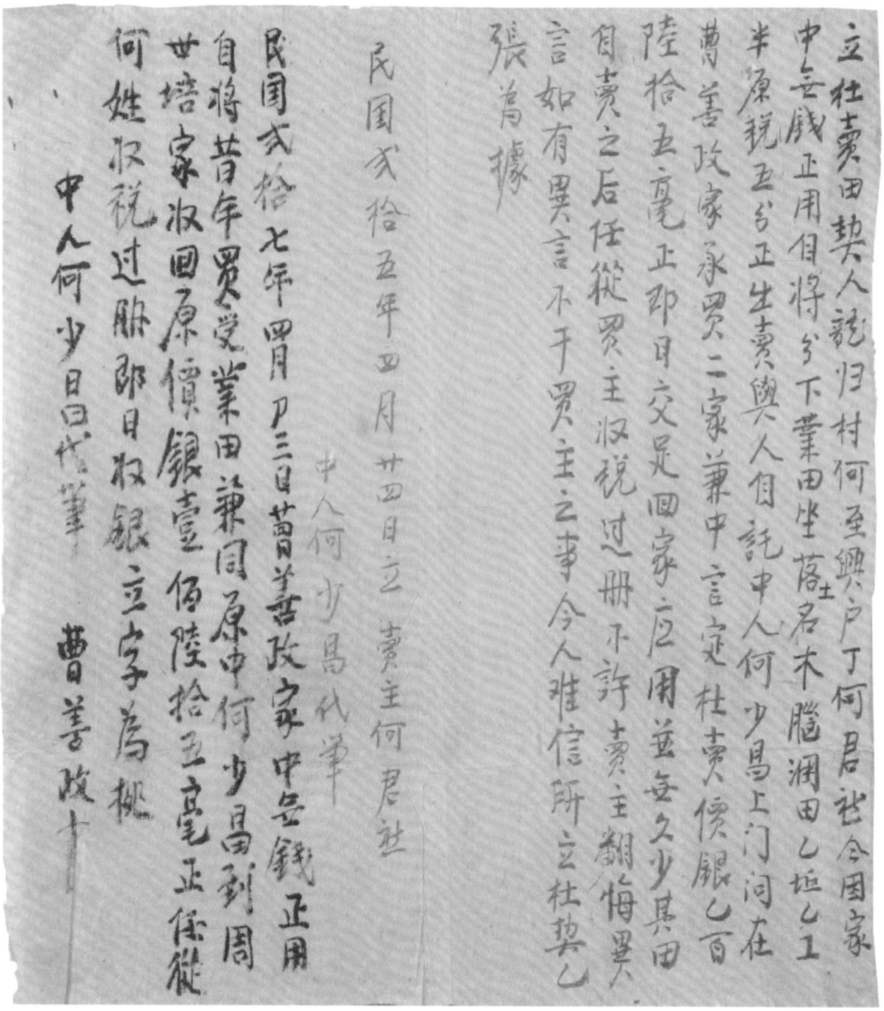

立杜卖田契人龙归村何至兴户丁何君然今因家中无钱正用自将分下业田坐落土名木脑涸田一丘一工〔弓〕半原税五分正出卖与人自托中人何少昌上门问在曹善政家承买二家兼中言定杜卖价银一百陆拾五毫正即日交足回家应用并无欠少其田自卖之后任从买主收税过册不许卖主翻悔异言如有异言不干买主之事今人难信所立杜契一张为据

民国贰拾五年四月廿四日立卖主何君然

中人何少昌代笔

民国贰拾七年四月初三日曹善政家中无钱正用自将昔年买受业田兼同原中何少昌到周世培家收回原价银壹佰陆拾五毫正任从何姓收税过册即日收银立字为据

中人何少昌代笔曹善政【押】

民国二十五年十二月二十四日唐克斌卖田契

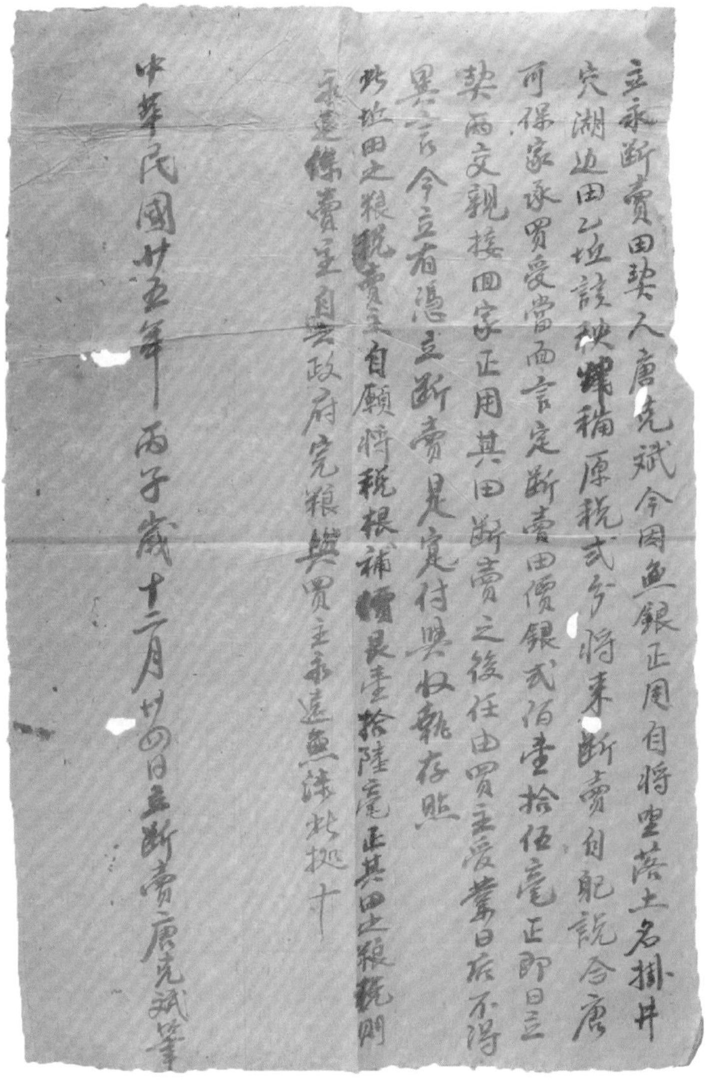

立永断卖田契人唐克斌今因无银正用自将坐落土名挂井穴湖边田一丘该秧肆稱〔棚〕原税贰分将来断卖自己说合唐可保家承买受当面言定断卖田价银贰佰壹拾五毫正即日立契两交亲接回家正用其田断卖之后任由买主管业日后不得异言今立有凭立断卖是实付与收执存照

此坵田之粮税卖主自愿将税根补价银壹拾陆毫正其田之粮税则永远系卖主自去政府完粮与买主永远无涉此据

【押】

中华民国廿五年丙子岁十二月廿四日

立断卖唐克斌笔

民国二十六年二月初五日唐先才卖地契

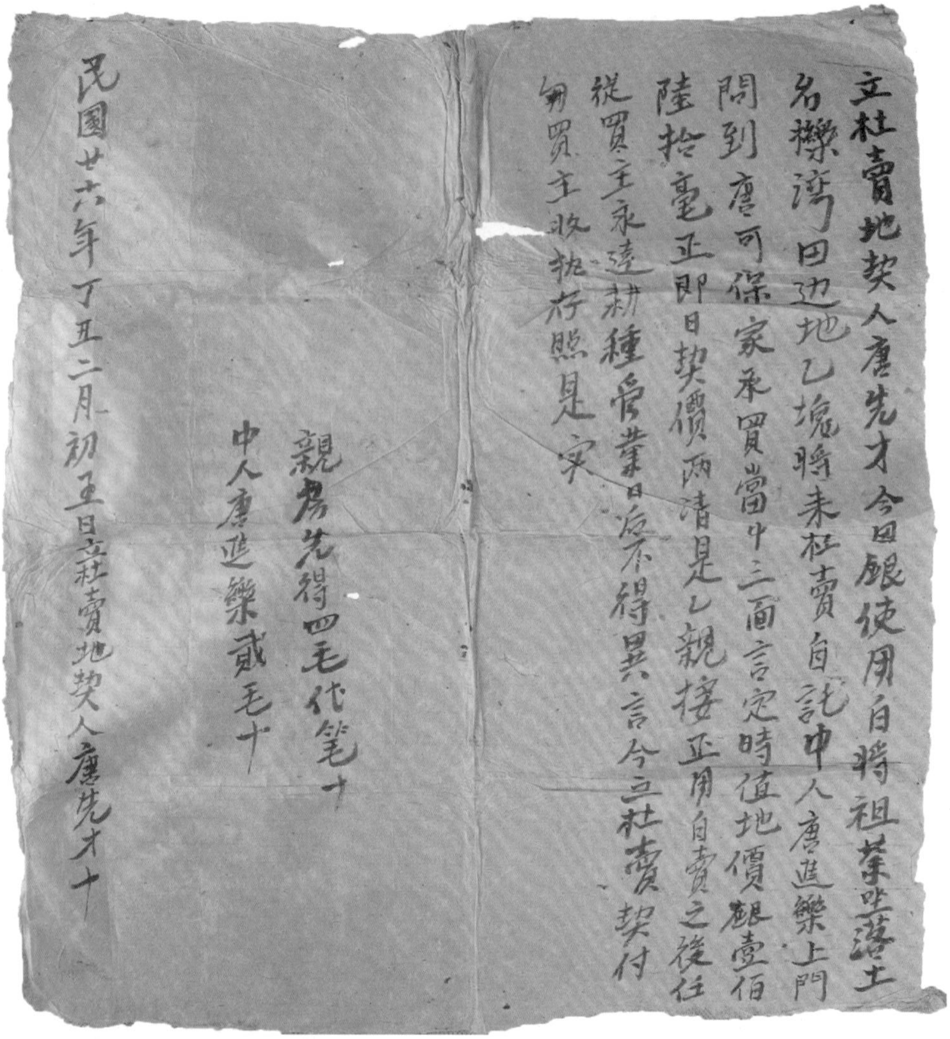
立杜賣地契人唐先才今因銀使用自將祖業坐落土
名櫟湾田边地乙塊將來杜賣自託中人唐進樂上門
問到唐可保家承買當中三面言定時值地價銀壹佰
陸拾毫正即日契價兩清是乙親接正用自賣之後任
從買主永遠耕種管業日後不得異言今立杜賣契付
與買主收執存照是实
親房先得四毛代筆十
中人唐進樂貳毛十
民国廿六年丁丑二月初五日立杜賣地契人唐先才十

立杜卖地契人唐先才今因银使用自将祖业坐落土名栎湾田边地一块将来杜卖自托中人唐进乐上门问到唐可保家承买当中三面言定时值地价银壹佰陆拾毫正即日契价两清是一亲接正用自卖之后任从买主永远耕种管业日后不得异言今立杜卖契付与买主收执存照是实

亲房先得四毛代笔【押】

中人唐进乐贰毛【押】

民国廿六年丁丑二月初五日立杜卖地契人唐先才【押】

民国二十七年九月初四日唐引啟卖地契

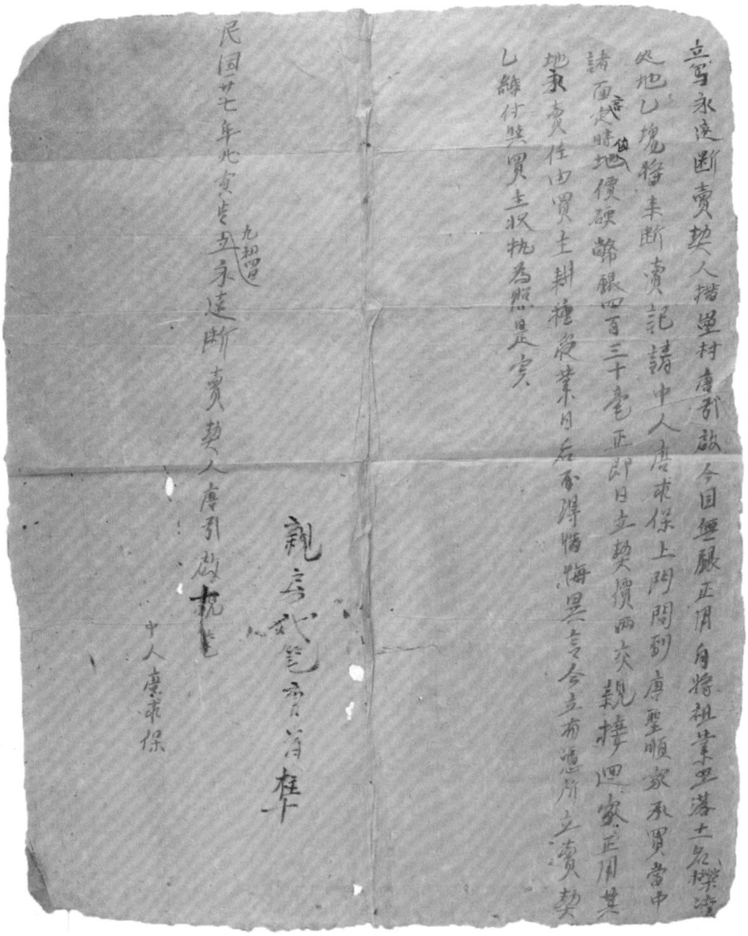

立写永远断卖契人描堂〔岗〕村唐引啟今因无银正用自将祖业坐落土名栎湾处地一块将来断卖托请中人唐求保上门问到唐圣顺家承买当中诸面言定时值地价硬币银四百二十毫正即日立契价两交亲接回家正用其地永卖任由买主耕种管业日后不得憣悔异言今立有凭所立卖契一纸付与买主收执为照是实

亲房代笔唐首柱【押】

民国廿七年戊寅岁九〈月〉初四日立永远断卖契人唐引啟亲笔【押】

中人唐求保

民国二十七年十一月十一日任世荣卖宅基地契

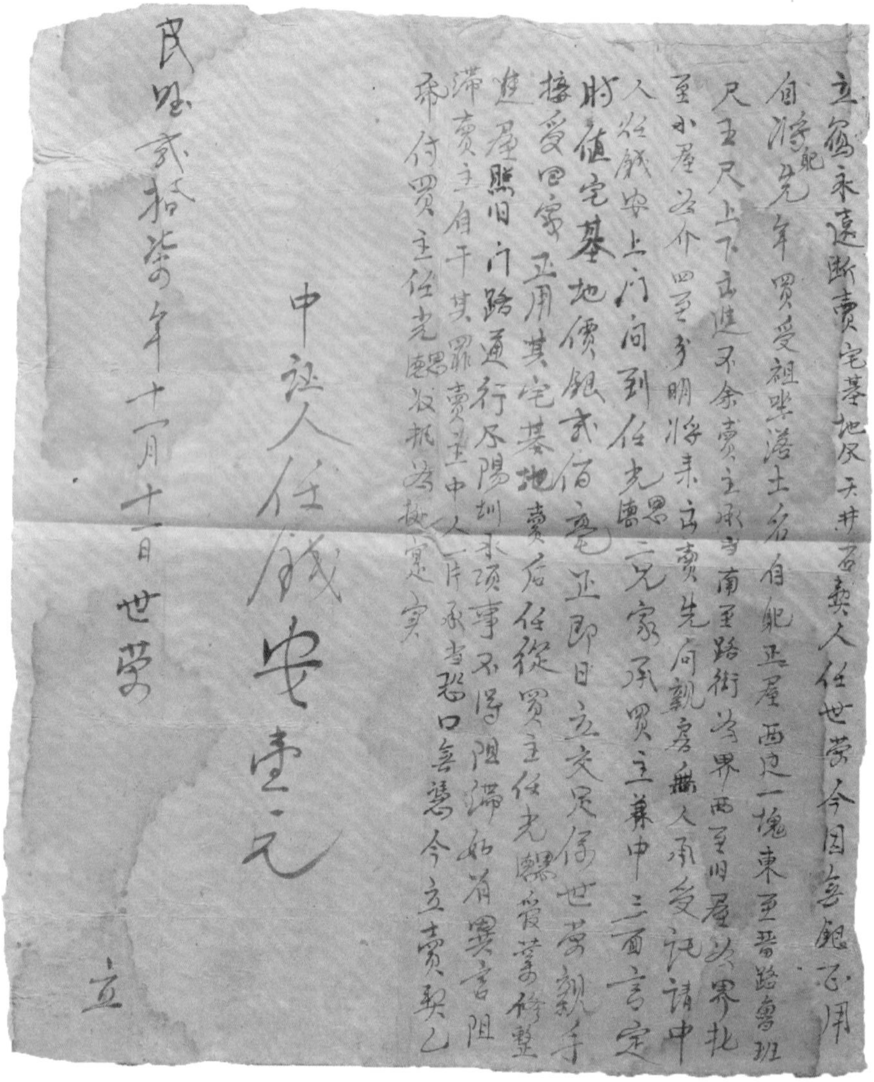

立写永远断卖宅基地及天井石契人任世荣今因无银正用自将己先年买受祖坐落土名自己正屋西边一块东至留路鲁班尺五尺上下出进不余卖主承当南至路街为界西至旧屋为界北至小屋为介（界）四至分明将来出卖先问亲房无人承受托请中人任钱安上门问到任光恩任光德二兄家承买主兼中三面言定时值宅基地价银贰佰毫正即日立交足系世荣亲手接受回家正用其宅基地卖后任从买主任光恩任光德管业修整进屋照旧门路通行及阳圳水项事不得阻滞如有异言阻滞卖主自干（甘）其罪卖主中人一片承当恐口无凭今立卖契一纸付买主任光恩任光德收执为据实〔是〕实

中证人任钱安壹元

民国贰拾柒年十一月十一日世荣立

民国二十八年正月二十一日唐神进卖地契

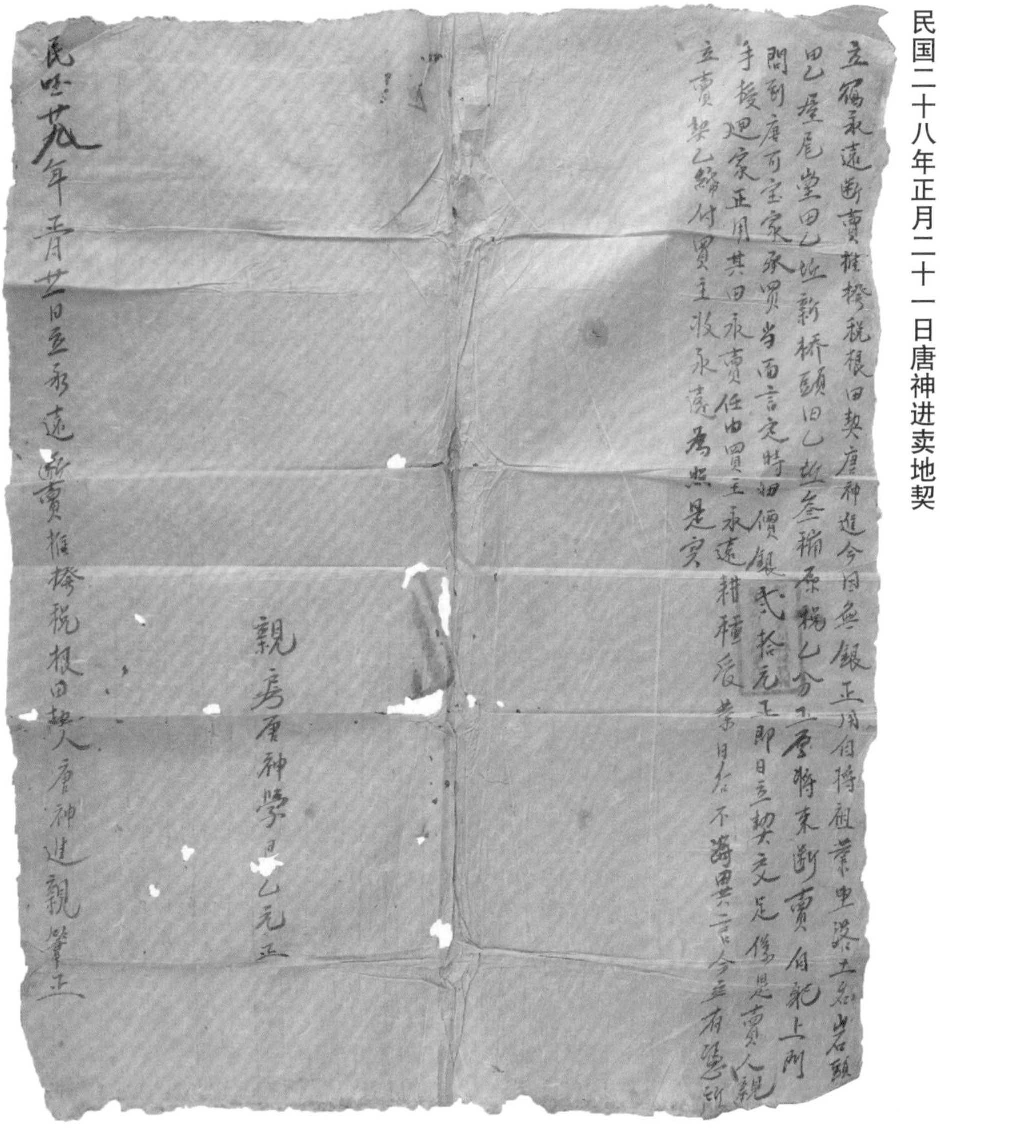

立写永远断卖推拨税根田契唐神进今因无银正用自将祖业坐落土名岩头田一屋尾堂（岗）田一丘新桥头田一丘叁硼（棚）原税一分五厘将来断卖自己上门问到唐可宝家承买当面言定时田价银贰拾元正即日立契交足系是卖人亲手授回家正用其田永卖任由买主永远耕种管业日后不得异言今立有凭所立卖契一纸付买主收永远为照是实

亲房唐神学银一元正

民国廿八年正月廿一日立永远断卖推拨税根田契人唐神进亲笔正

民国二十八年二月二十二日唐可舍卖田契

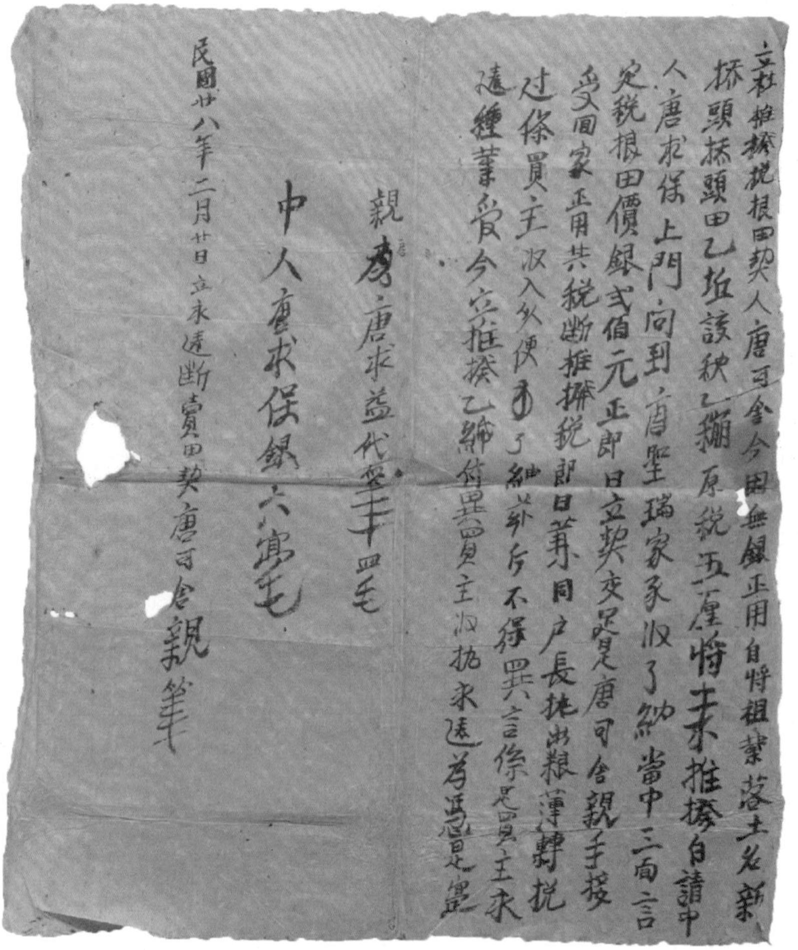

立杜推拨捝（税）根田契人唐可舍今因无银
正用自将祖业落土名新挢头挢头田一丘该秧
一糊〔硼〕原税五厘将来推拨自请中人唐求
保上门问到唐圣瑞家承收了纳当中三面言定
税根田价银贰佰元正即日立契交足是唐可舍
亲手接受回家正用其税断推拨税即日兼同户
长执出粮薄转捝过条买主收入以便了纳兹后
不得异言系是买主永远种业管今立推拨一纸
付异（与）买主收执永远为凭是实
亲房唐求益代笔四毛
中人唐求保银六毫
民国廿八年二月廿日立永远断卖田契唐可舍
亲笔

民国二十八年一月二十九日唐可舍卖地契

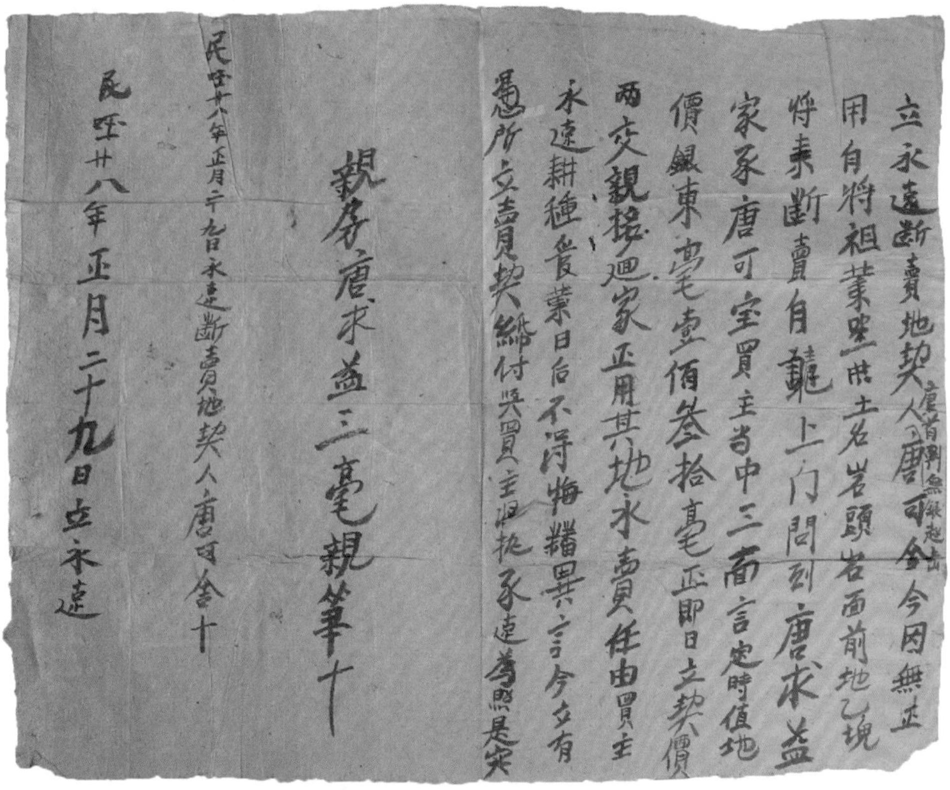

立永远断卖地契唐首朝无银超上山唐可舍今因无正用白将祖业坐中土名岩头岩面前地一块将来断卖自己上门问到唐求益家承唐可宝买主当中三面言定时值地价银东毫壹佰叁拾毫正即日立契价两交亲接回家正用其地永卖任由买主永远耕种管业日后不得悔播异言今立有凭所立卖契纸付与买主收执永远为照是实

亲房唐求益三毫亲笔【押】

民国廿八年正月二十九日永远断卖地契人唐可舍【押】

民国廿八年正月二十九日立永远

民国二十九年一月二十一日唐神进推拨税根田契

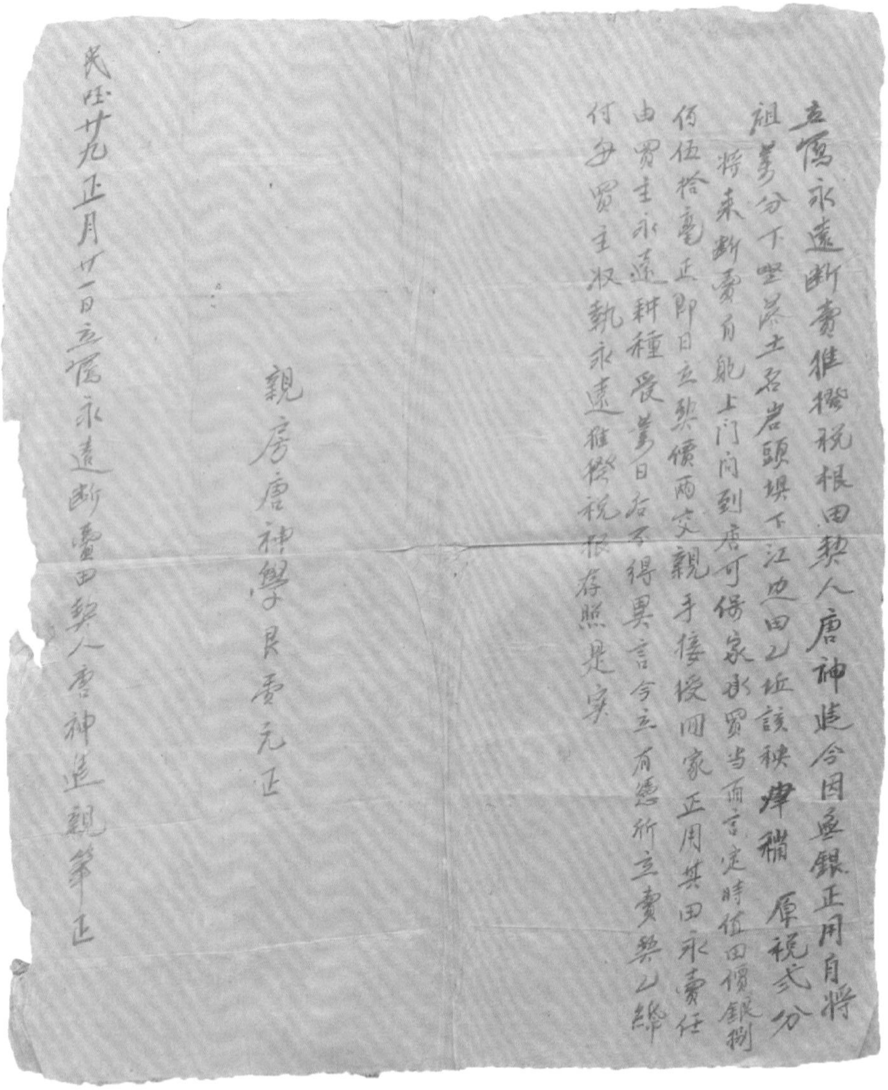

立写永远断卖推拨税根田契人唐神进今因无银正用自将祖业分下坐落土名岩头埧下江边田一丘该秧肆糊〔糊〕原税贰分将来断卖自己上门问到唐可保家承买当面言定时值田价银捌佰伍拾毫正即日立契价两交亲手接授回家正用其田永卖任由买主永远耕种管业日后不得异言今立有凭所立卖契一纸付与买主收执永远推拨税根存照是实

亲房唐神学银壹元正

民国廿九正月廿一日立写永远断卖田契人唐神进亲笔正

民国三十年一月十三日唐圣志卖田契

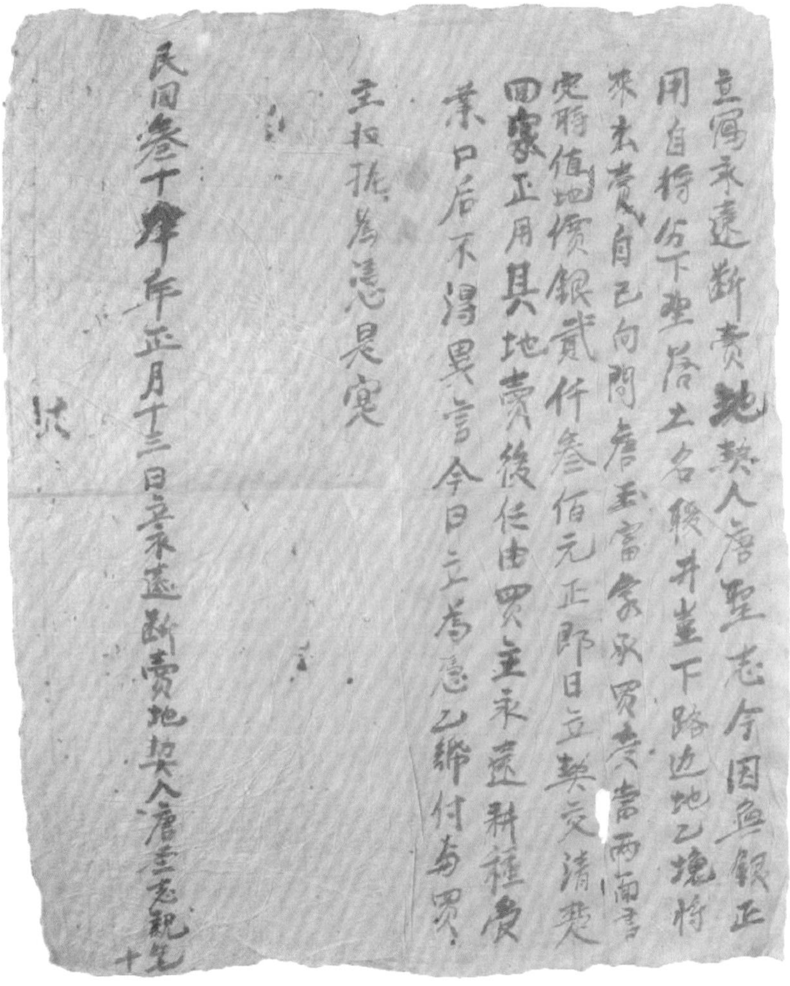

立写永远断卖地契人唐圣志今因无银正用自将分下坐落土名暖井堂（岗）下路边地一块将来出卖自己向问唐玉富家承买受当两面言定时值地价银贰仟叁佰元正即日立契交清楚回家正用其地卖后任由买主永远耕种管业日后不得异言今日立为凭一纸付与买主收执为凭是实

民国叁十肆年正月十三日立永远断卖地契人唐圣志亲笔【押】

民国三十年三月十三日钟荣友分关合同

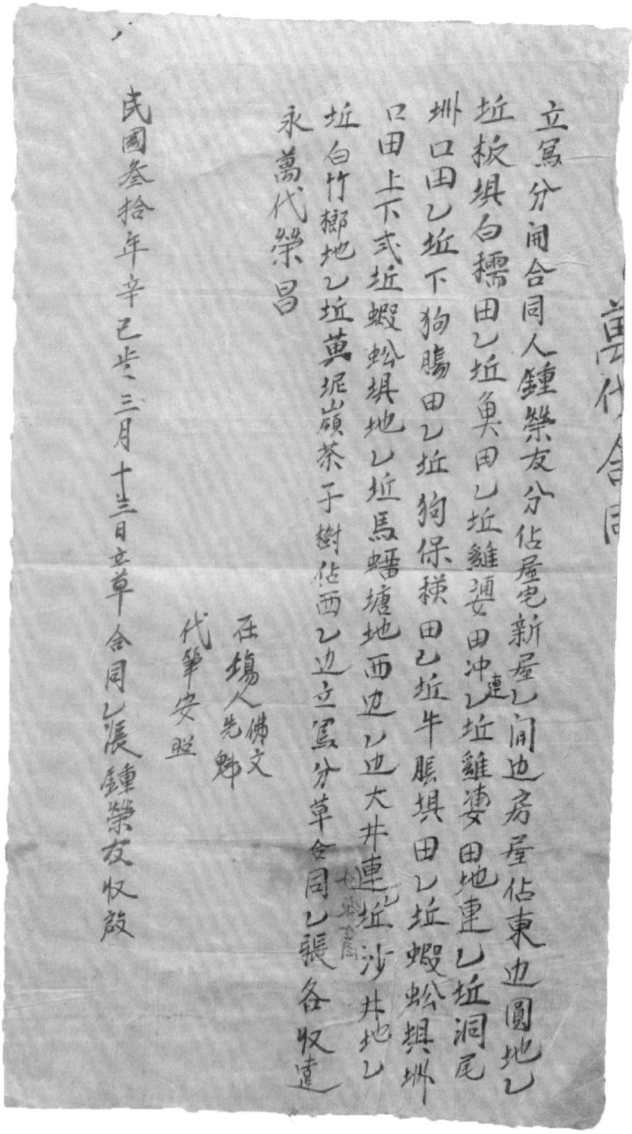

〈万代合同〉

立写分开合同人钟荣友分占屋宅新屋一间边房屋占东边圆地一丘板塓〔塓〕白穤田一丘鱼田一丘鸡溇田冲连一丘鸡溇田地连一丘洞尾圳口田一丘下狗肠田一丘狗保秧田一丘牛胀坝田一丘虾蚣坝圳口田上下贰丘虾蚣坝地一丘马蟠塘地西边一边大井连一丘沙井地一丘白竹梛地一丘黄坭岭茶子树占西一边立写分草合同一张各收远永万代荣昌

在场人佛文先魁

代笔安照

民国叁拾年辛己（巳）年岁三月十三日立草合同一张钟荣友收启

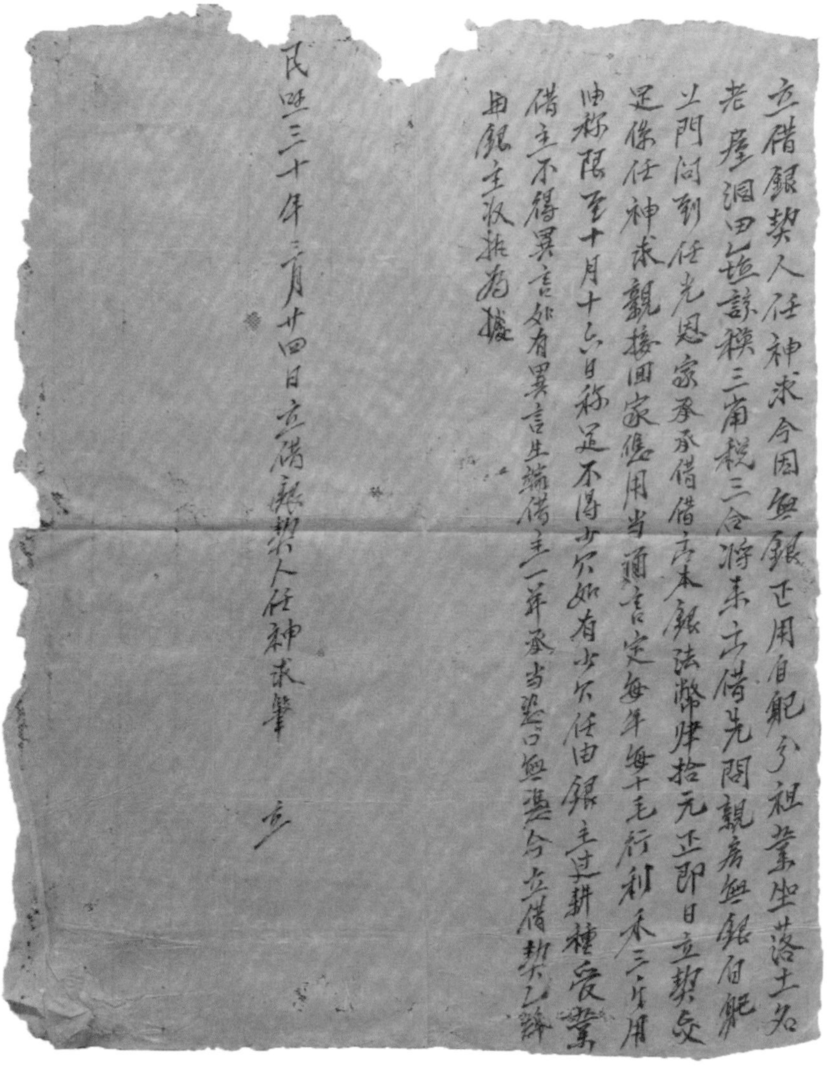

民国三十年三月二十四日任神求借银契

立借银契人任神求今因无银正用自己分祖业坐落土名老屋洞田一丘该秧三崩〔棚〕税三合将来出借先问亲房无银自己上门问到任光恩家承承借借出本银法币肆拾元正即日立契交足系任神求亲接回家应用当面言定每年每十毛行利禾三斤用油称限至十月十六日称足不得少欠如有少欠任由银主过耕种管业借主不得异言如有异言生端借主一并承当恐口无凭今立借契一纸与银主收执为据

民国三十年三月廿四日立借银契人任神求笔立

民国三十年十二月十八日吴秀柏卖房屋地契

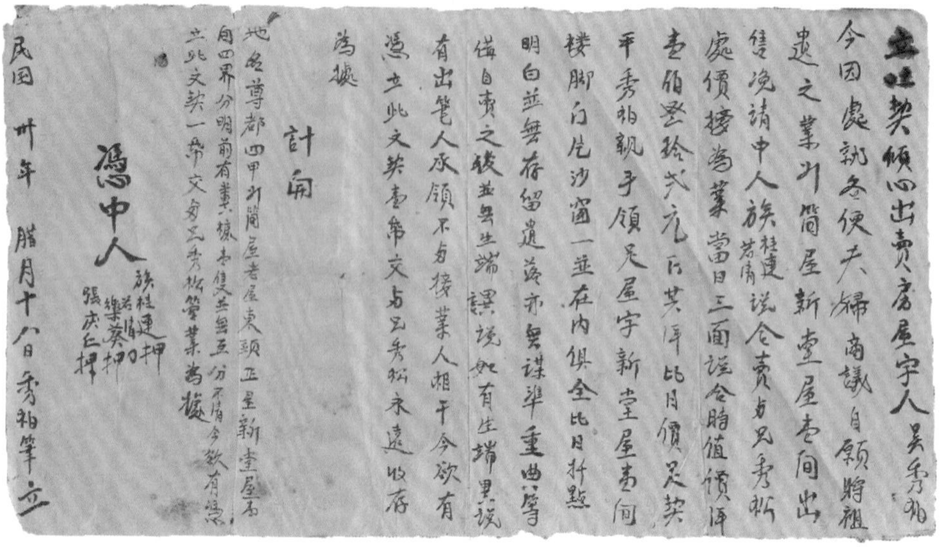

立吐（杜）契倾心出卖房屋宇人吴秀柏今因处就各便夫妇商议自愿将祖遗之业竹筒屋新堂屋壹间出售浼请中人族桂连若清说合卖与兄秀松处价接为业当日三面说合时值价洋壹伯（佰）叁拾贰元正其洋比日价足契平秀柏亲手领足屋宇新堂屋壹间楼脚门片沙窗一并在内俱全比日扦点明白并无存留遗落亦无谋准重典等备自卖之后并无生端异说如有生端异说有出笔人承领不与接业人相干今欲有凭立此文契壹纸交与兄秀松永远收存为据

计开

地名尊都四甲竹筒屋老屋东头正屋新堂屋壹间四界分明前有粪榱壹只并无互分不清今欲有凭立此文契一纸交与兄秀松管业为据

凭中人族桂连【押】若清【押】御葵【押】张庆仁【押】

民国卅年腊月十八日秀柏笔立

民国三十年十二月二十日任光德当田契

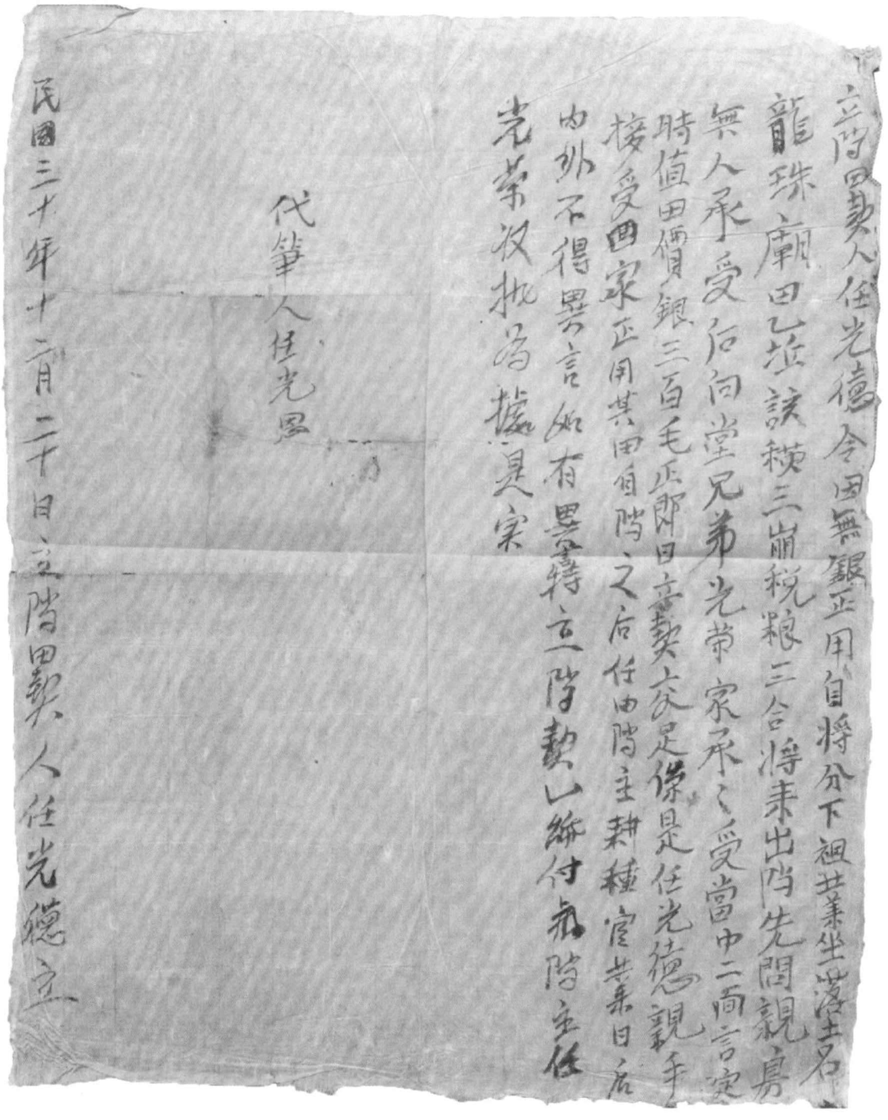

立凼（当）田契人任光德今因无银正用自将分下祖业坐落土名龙珠庙田一丘该秧三崩〔棚〕税粮三合将来出凼（当）先问亲房无人承受后向堂兄弟光荣家承承受当中二面言定时值田价银三百毛正即日立契交足系是任光德亲手接受回家正用其田自凼（当）之后任由凼（当）主耕种官（管）业日后内外不得异言如有异言特立凼（当）契一纸付与凼（当）主任光荣收执为据是实

代笔人任光恩

民国三十年十二月二十日立凼（当）田契人任光德立

民国三十年十二月二十六日麦应芳夫妻卖屋地契

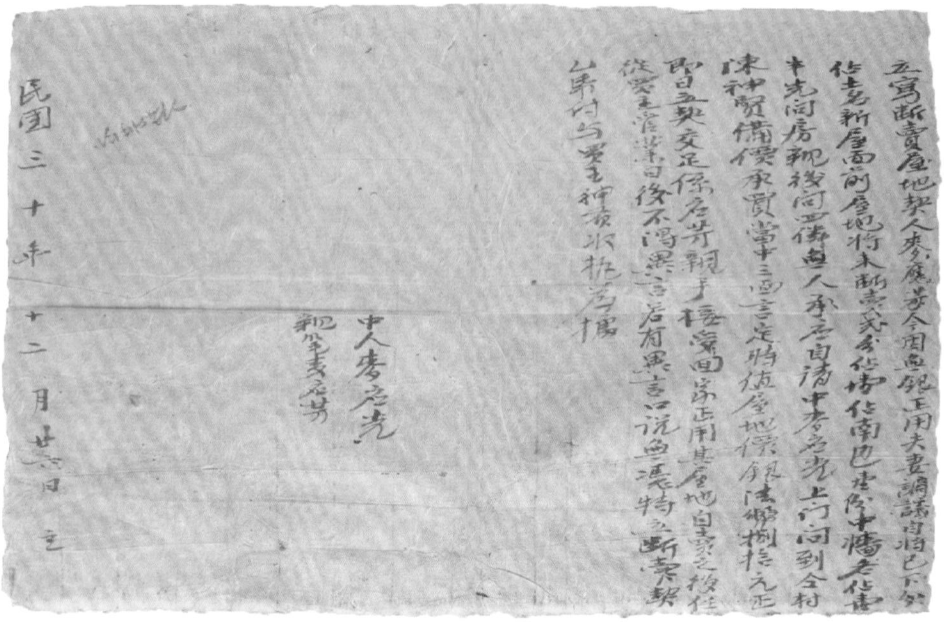

立写断卖屋地契人麦应芳今因无银正用夫妻謪（商）议自将己下分占土名新屋面前屋地将来断卖贰分占壹占南边壹份中墙各占壹半先问房亲后问四僯（邻）无人承应自请中麦应光上门问到仝村陈神贤备价承买当中三面言定时值屋地价银法币捌拾元正即日立契交足系应芳亲手接受回家正用其屋地自卖之后任从买主管业日后不得异言若有异言口说无凭特立断卖契一纸付与买主神贠（贤）收执为据

中人麦应光

亲笔麦应芳

民国三十年十二月廿六日立

民国三十一年一月十九日陈文富卖田契

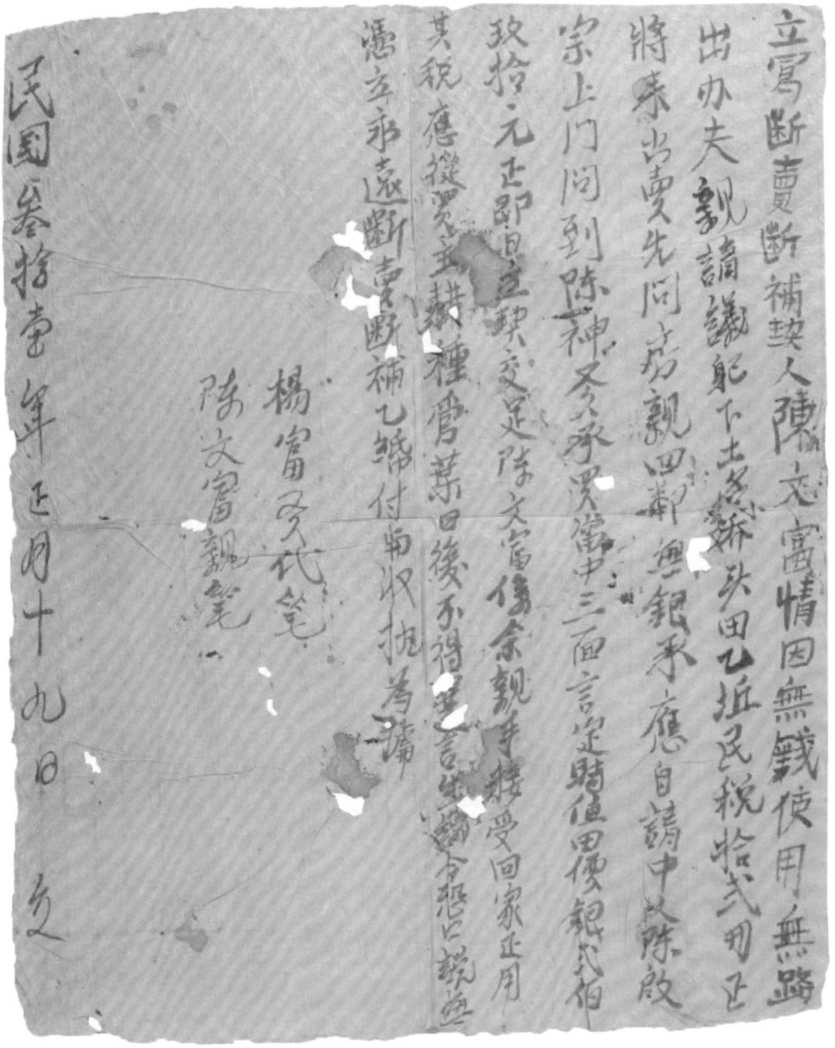

立写断卖断补契人陈文富情因无钱使用无路出办夫亲谪（商）议己下十名小娇头田一丘民税拾贰两正将来出卖先问房亲四邻无银承应自请中人陈啟宗上门问到陈神贠（贤）承买当中三面言定时值田价银贰佰玖拾元正即日立契交足陈文富系余亲手接受回家正用其税应从买主耕种管业日后不得异言生端今恐口说无凭立永远断卖断补一纸付与收执为据

杨富贠（贤）代笔

陈文富亲笔

民国叁拾壹年正月十九日立

民国三十一年三月初七日借钱当田契

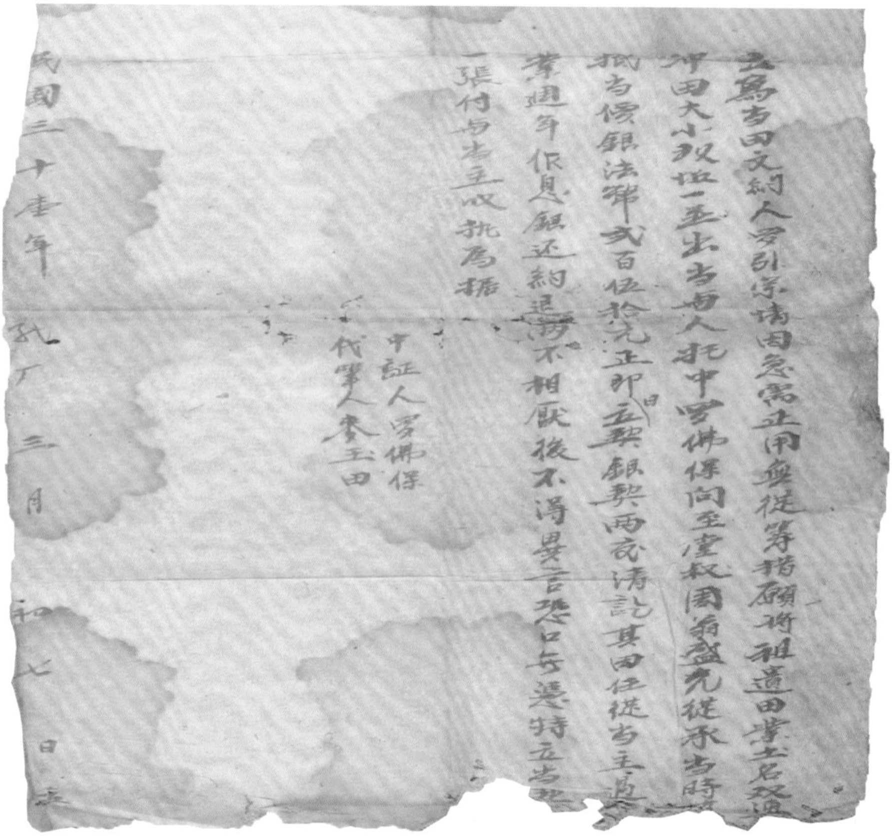

立写当田文约人罗引宗情因急需正用无从筹措
愿将祖遗田业土名双□冲田大小玖丘一并出当
与人托中罗佛保向至堂叔周翁盛无从承当时□
抵当价银法币贰百伍拾元正即日立契银契两交
清讫其田任从当主过□业周年作息银还约退两
不相厌后不得异言恐口无凭特立当〈契〉一张
付与当主收执为据
中证人罗佛保
代笔人麦玉田
民国三十壹年⍰⍰三月初七日立

民国三十一年六月初六日任求圣断卖木园田契

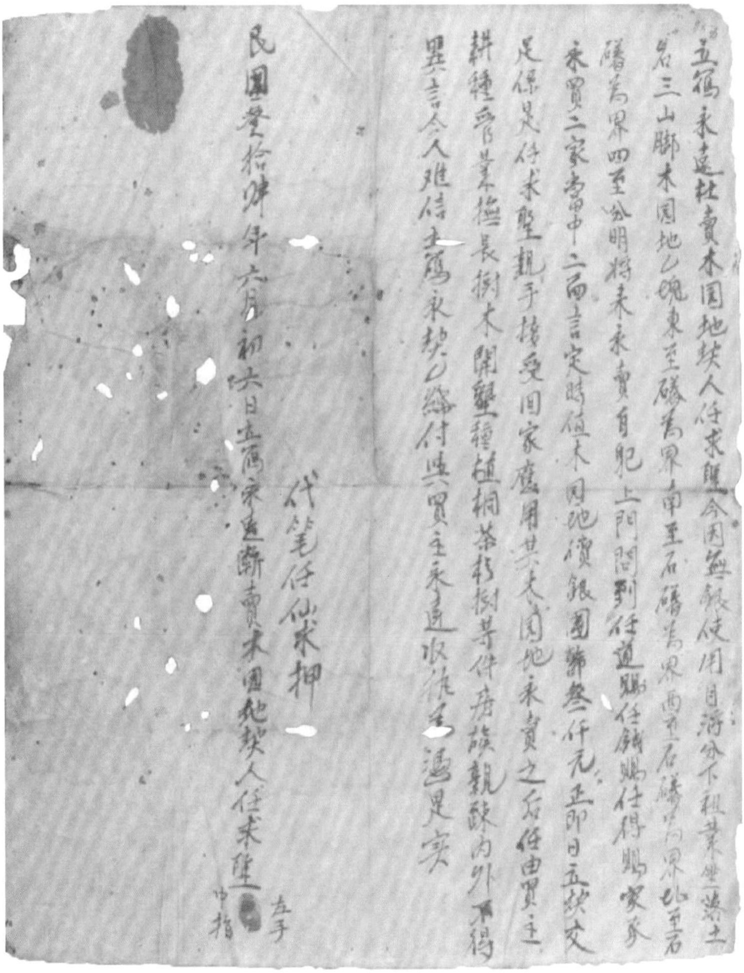

立写永远杜卖木园地契人任求圣今因无银使用自将分下祖业坐落土名三山脚木园地一块东至磜为界南至石磜为界西至石磜为界北至石磜为界四至分明将来永卖自己上门问到任道赐任钱赐任得赐家承永买二家当中二面言定时值木园地价银国币叁仟元正即日立契交足系是任求圣亲手接受回家应用其木园地永卖之后任由买主耕种管业抚长树木开垦种植桐茶杉树等件房族亲疏内外不得异言今人难信立写永契一纸付与买主永远收执为凭是实

代笔任仙求押

民国叁拾肆年六月初六日立写永远断卖木园地契人任求圣左手中指【押】

民国三十一年八月二十五日唐首接对换房屋契

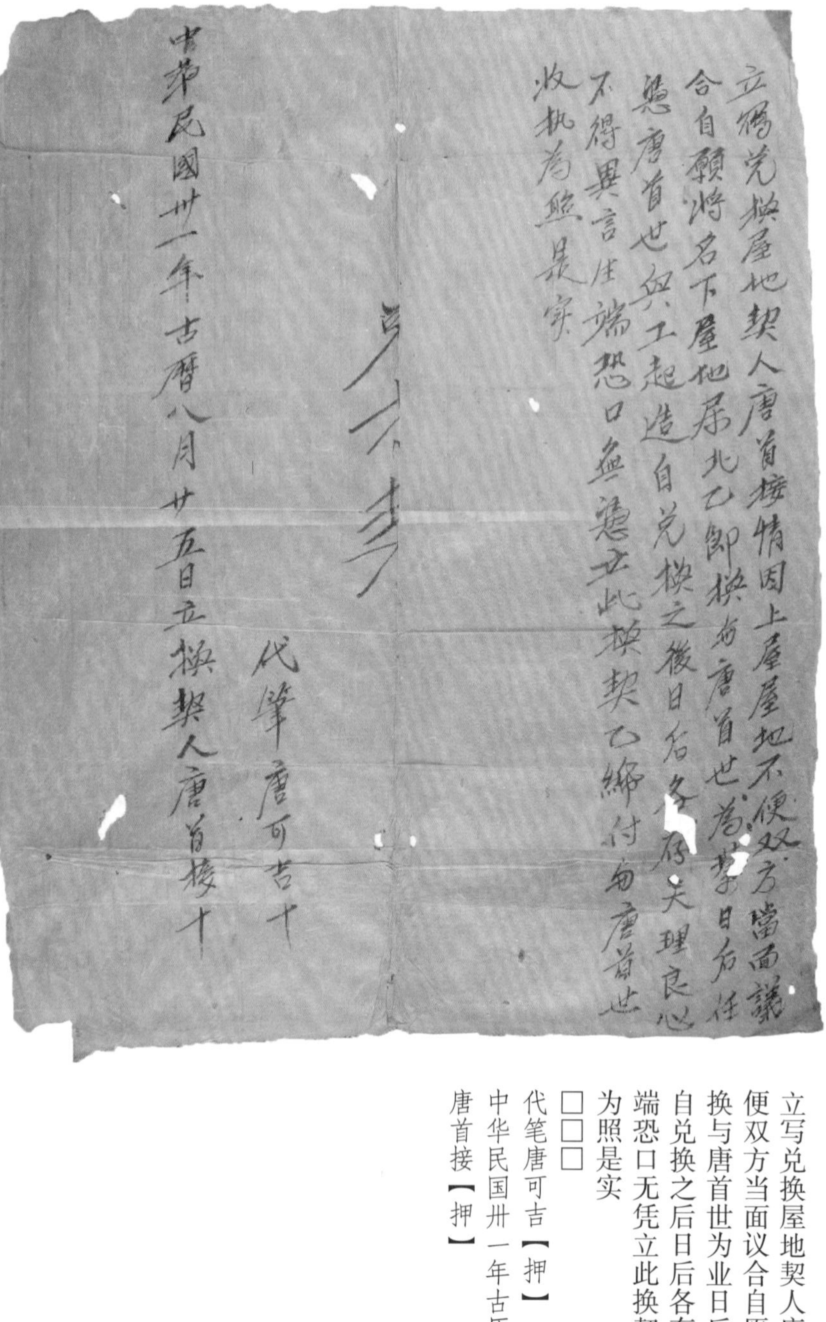

立写兑换屋地契人唐首接情因上屋屋地不便双方当面议合自愿将名下屋地尿北一即换与唐首世为业日后任凭唐首世兴工起造自兑换之后日后各存天理良心不得异言生端恐口无凭立此换契一纸付与唐首世收执为照是实

□□□

代笔唐可吉【押】

中华民国卅一年古历八月廿五日立换契人

唐首接【押】

民国三十二年元月邢汝金送榧树契

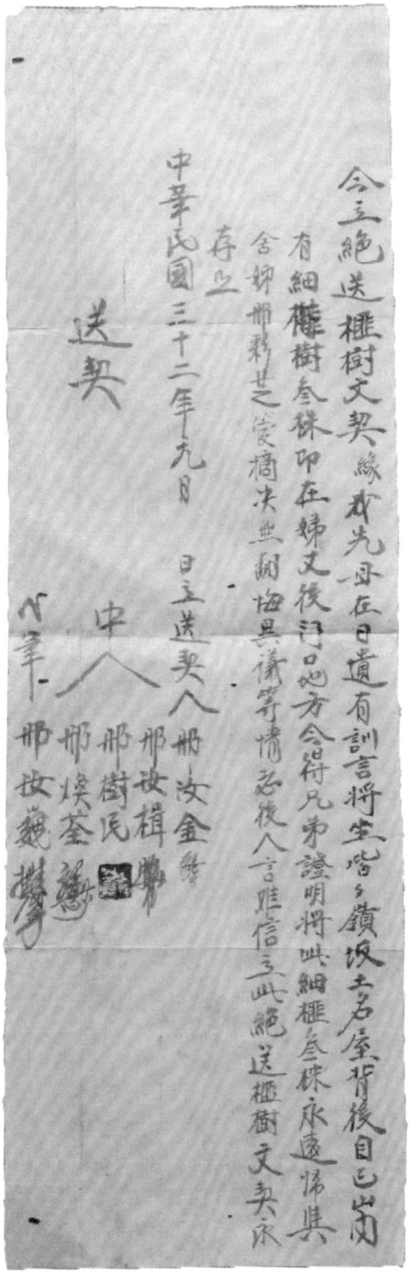

今立绝送榧树文契缘我先母在日遗有训言将坐皆皆岭坟土名屋背后自己岗有细榧树叁株即在姊文后门口地方今得兄弟证明将此细榧叁株永远归与舍姊邢彩芝管摘决无翻悔异议等情恐后人言难信立此绝送榧树文契永存照

中华民国三十二年元月日立送契人邢汝金【押】

送契中人邢汝楫【押】

邢树民【印】

邢焕全【押】

代笔邢汝巍【押】

民国三十二年二月十七日陈文富卖地契

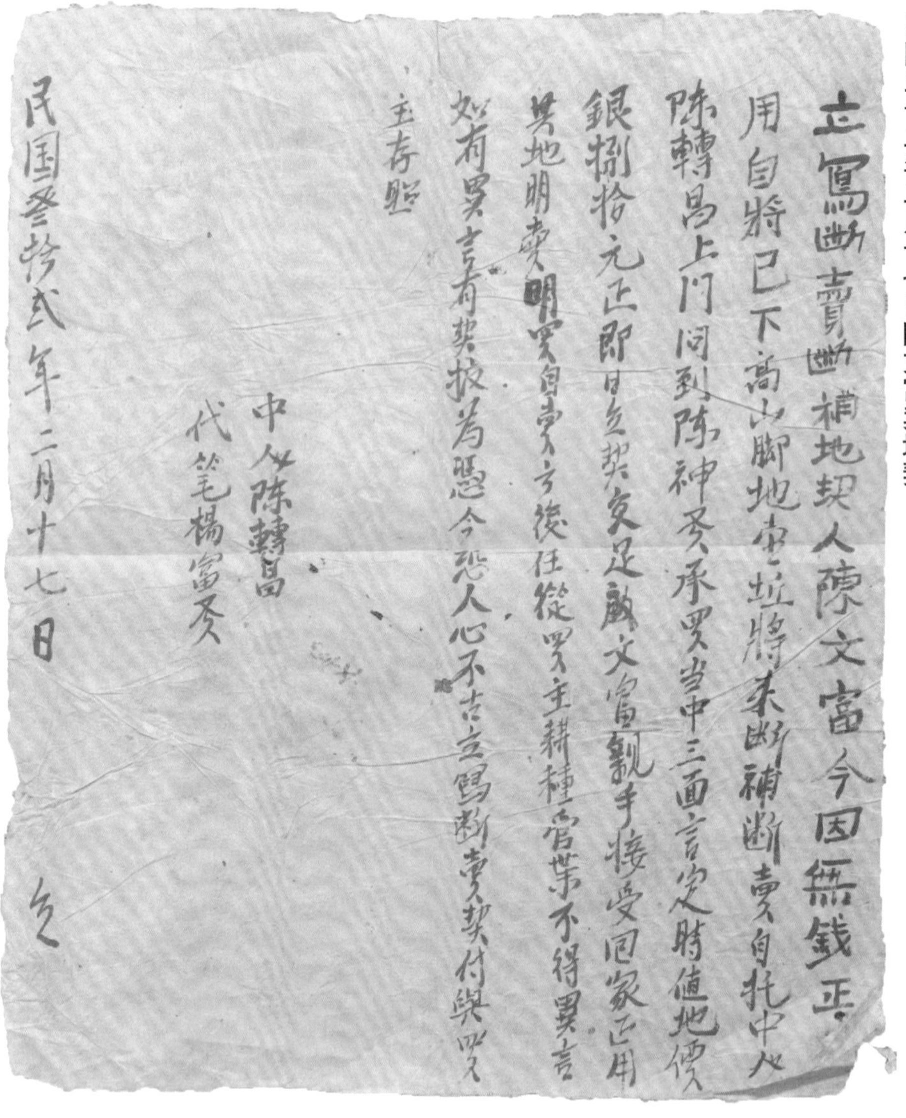

立写断卖断补地契人陈文富今因无钱正用自将己下高山脚地壹丘将来断补断卖自托中人陈韩昌上门问到陈神贠（贤）承买当中三面言定时值地价银捌拾元正即日立契交足文富亲手接受回家正用其地明卖明买自卖之后任从买主耕种管桀（业）不得异言如有异言有契据为凭今恐人心不古立写断卖契付与买主存照

中人陈韩昌

代笔杨富贠（贤）

民国叁拾贰年二月十七日立

民国三十四年元月八日唐求保卖田契

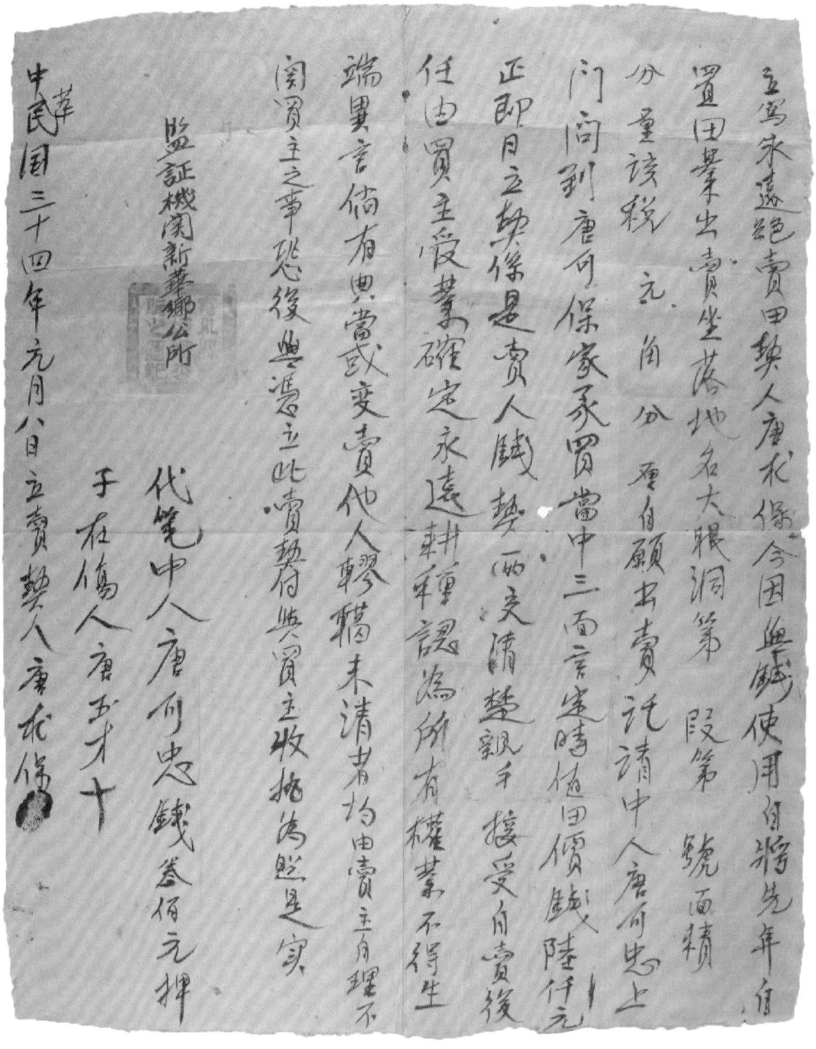

立写永远绝卖田契人唐求保今因无钱使用自将先年自置田业出卖坐落地名大眼洞第　段第　号面积　分　厘该税　元　角　分　厘自愿出卖托请中人唐可忠上门问到唐可保家承买当中三面言定时值田价钱陆仟元正即日立契系是卖人钱契两交清楚亲手接受自卖后任由买主管业确定永远耕种认为所有权业不得生端异言倘有典当或变卖他人轇轕未清者均由卖主自理不关买主之事恐后无凭立此卖契付与买主收执为照是实

监证机关新华乡公所【印】

代笔中人唐可忠钱叁百元押

子在场人唐五才

中华民国三十四年元月八日立卖契人唐求保

民国三十四年元月二十九日唐克东换地契

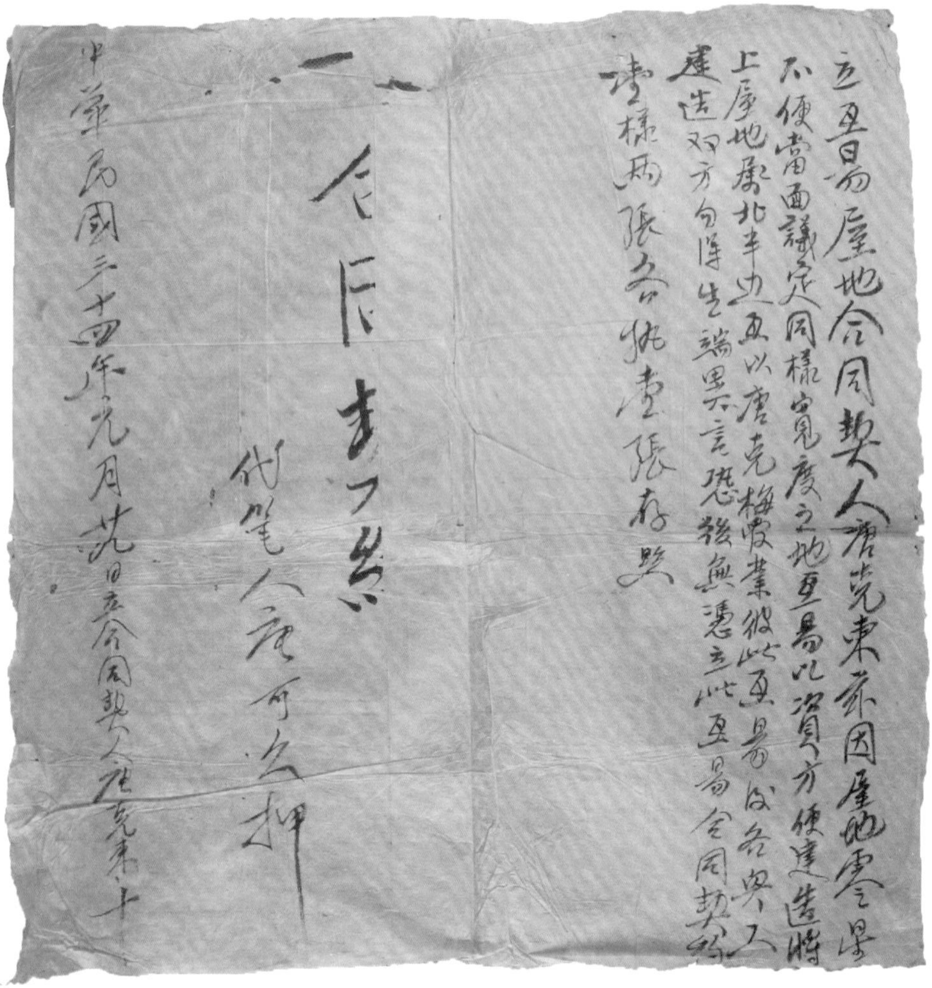

立互易屋地合同契人唐克东兹因屋地零星不便当面议定同样宽度之地互易以资方便建造将上屋地属北半边互以唐克梅管业彼此互易后各兴工建造双方勿得生端异言恐后无凭立此互易合同契约壹样两张各执壹张存照

〈合同契约〉

代笔人唐可久押

中华民国三十四年元月廿九日立合同契人唐克东【押】

民国三十四年二月初六日唐圣志卖田契

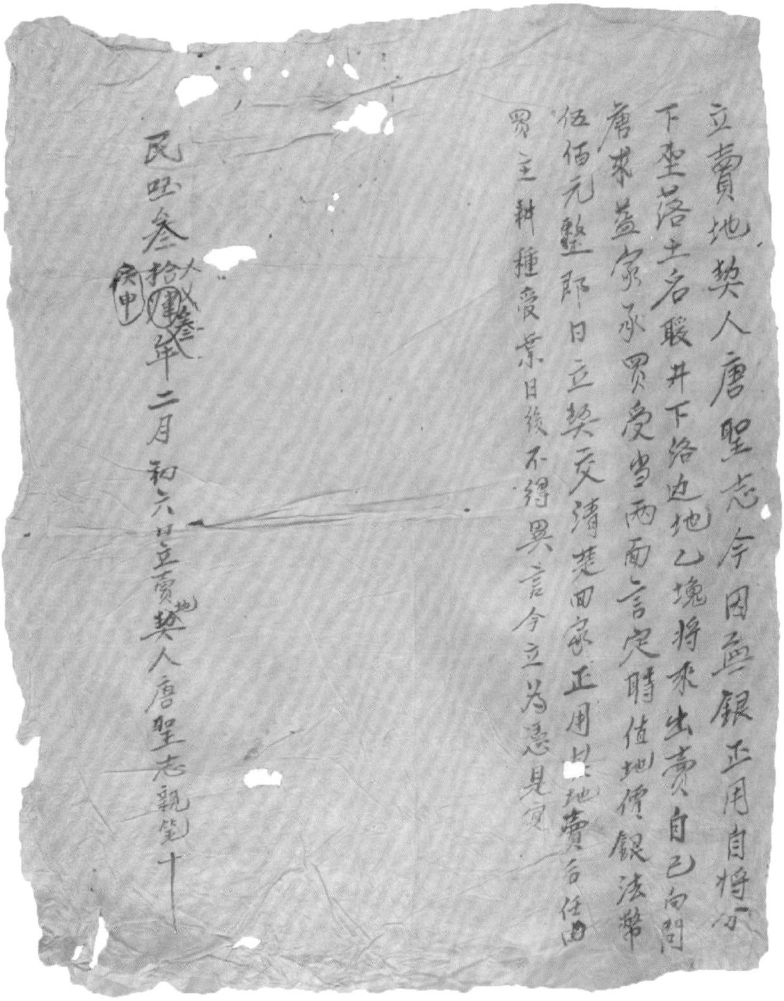

立卖地契人唐圣志今因无银正用自将分下坐落土名暖井下洛边地一块将来出卖自己向问唐求益家承买受当两面言定时值地价银法币伍佰元整即日立契交清楚回家正用其地卖后任由买主耕种管业日后不得异言今立为凭是实

民国叁拾叁年二月初六日立卖地契人唐圣志亲笔【押】

民国三十四年十月十三日钟荣兴卖田契

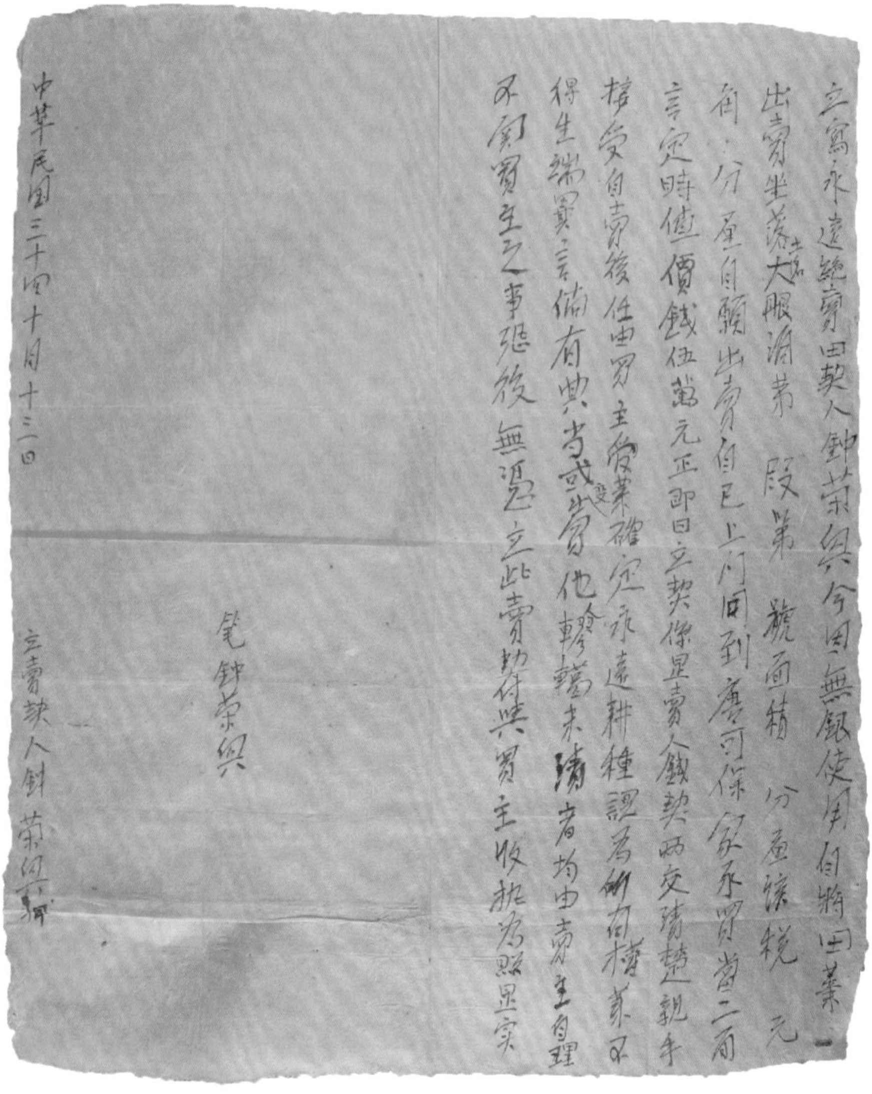

立写永远绝卖田契人钟荣兴今因无银使用自将田业出卖坐落土名大眼洎第　段　号面积　分　厘该税　元　角　分　厘自愿出卖自己上门问到唐可保家承买当二面言定时值价钱伍万元正即日立契系是卖人钱契两交清楚亲手接受自卖后任由买主管业确定永远耕种认为所有权业不得生端异言倘有典当或变卖他人轇轕未清者均由卖主自理不关买主之事恐后无凭立此卖契付与买主收执为照是实

笔钟荣兴

中华民国三十四〈年〉十月十三日

立卖契人钟荣兴押

民国三十四年十一月初八日吴忠斯母子卖地契

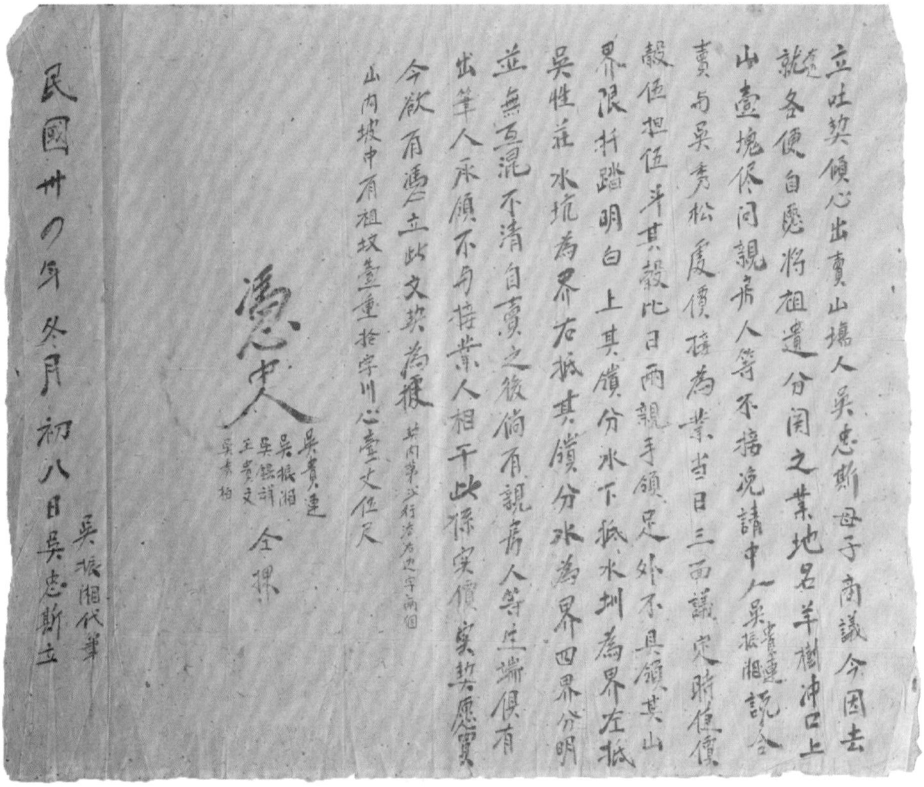

立吐（杜）契倾心出卖山场人吴忠斯母子商议今因去右边就各便自愿将祖遗分关之业地名羊树冲口上山壹块尽问亲房人等不接浼请中人吴贵连吴振湘说合卖与吴秀松处价接为业当日三面议定时值价谷伍担伍斗其谷比日两亲手领足外不具领其山界限扦踏明白上其岭分水下抵水圳为界左抵吴性庄水坑为界右抵其岭分水为界四界分明并无互混不清自卖之后倘有亲房人等生端俱有出笔人承领不与接业人相干此系实价实契愿买今欲有凭立此文契为据契内第贰行添右边字两个

山内坡中有祖坟壹重拾字川心壹仗伍尺

凭中人吴贵连吴振湘吴锡祥王贵文吴秀柏仝【押】

民国卅四年冬月初八日吴振湘代笔吴忠斯立

民国三十五年二月初七日唐可舍卖田契

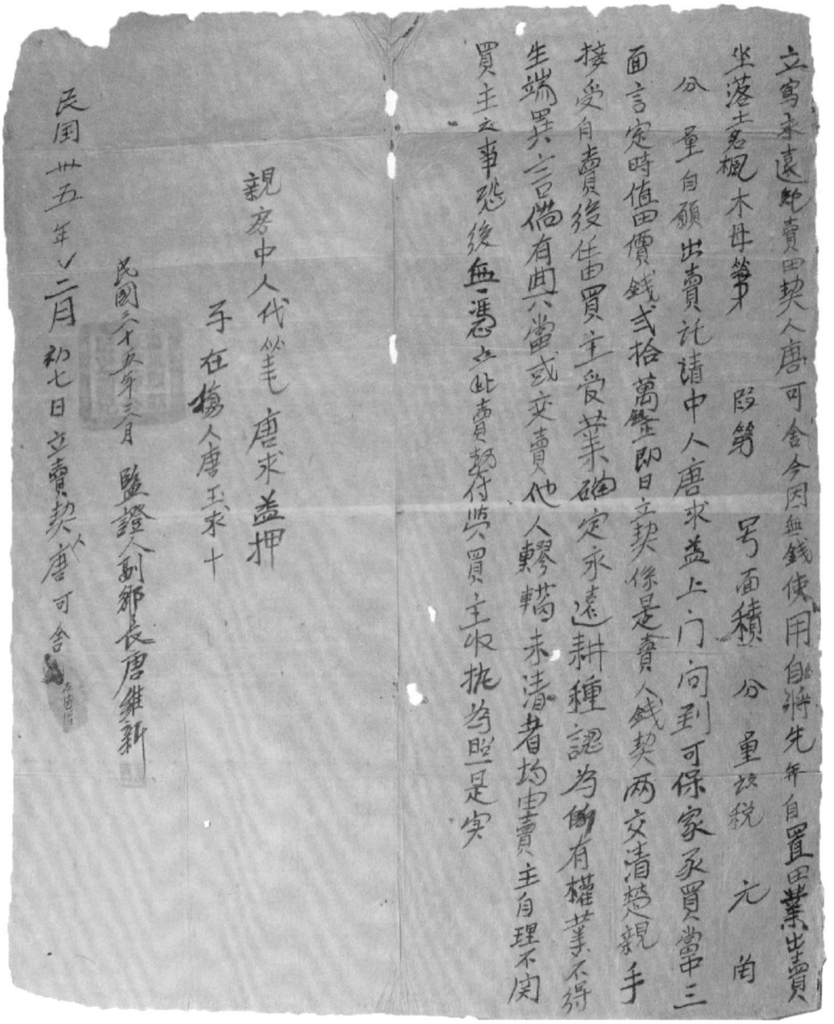

立写永远绝卖田契人唐可舍今因无钱使用自将先年自置田业出卖坐落土名枫木母第　段第　号面积　分　厘该税　元　角　分　厘自愿出卖托请中人唐求益上门问到可保家承买当中三面言定时值田价钱贰拾万银正即日立契系是卖人钱契两交清楚亲手接受自卖后任由买主管业确定永远耕种认为所有权业不得生端异言倘有典当或变卖他人轇轕未清者均由卖主自理不关买主之事恐后无凭立此卖契付与买主收执为照是实

亲房中人代笔唐求益【押】

子在常人唐玉求【押】

民国三十五年三月监证人副乡长唐维新【印】

民国卅五年二月初七日立卖契人唐可舍左拇指【押】

民国三十五年二月二十四于应杰卖西场南头料角契

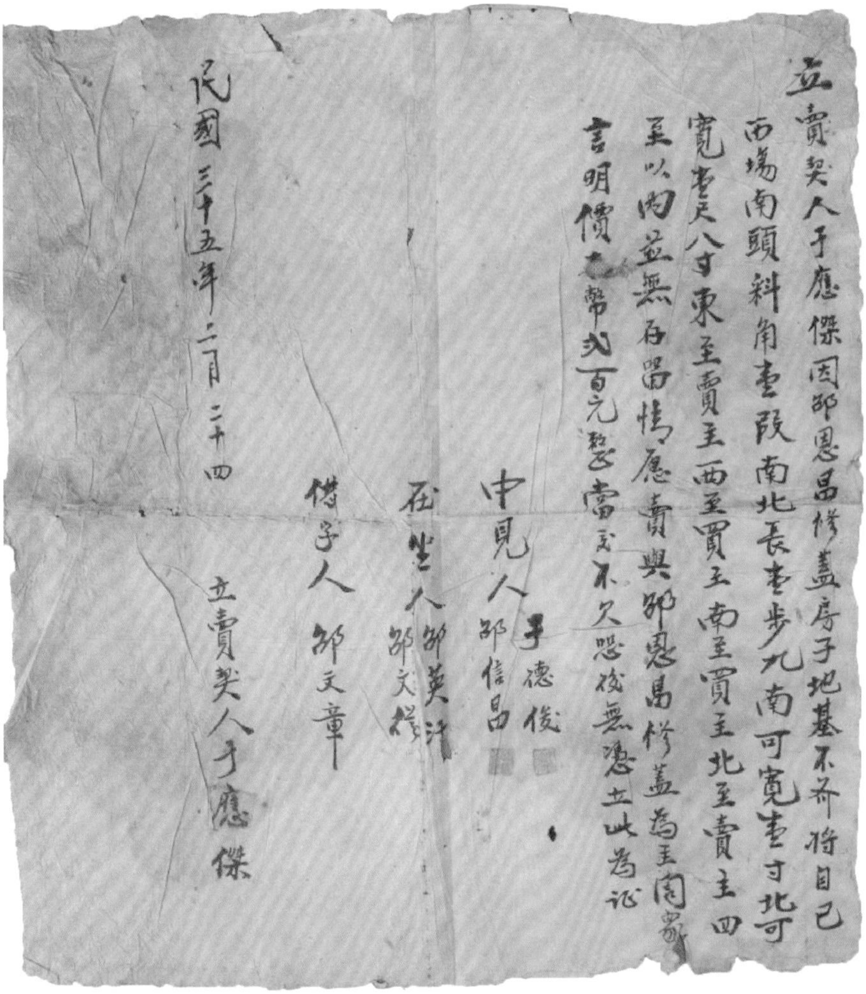

立卖契人于应杰因邵恩昌修盖房子地基不齐将自己西场南头料角壹段南北长壹步九南可宽壹寸北可宽壹尺八寸东至卖主西至买主南至买主北至卖主四至以内并无存留情愿卖与邵恩昌修盖为主同众言明价〈钱〉币贰百元整当交不欠恐后无凭立此为证

中见人于德俊【印】邵信昌【印】

在坐人邵英汗邵文从

借字人邵文章

民国三十五年二月二十四立卖契人于应杰

民国三十五年十二月二十五日唐玉才卖田契

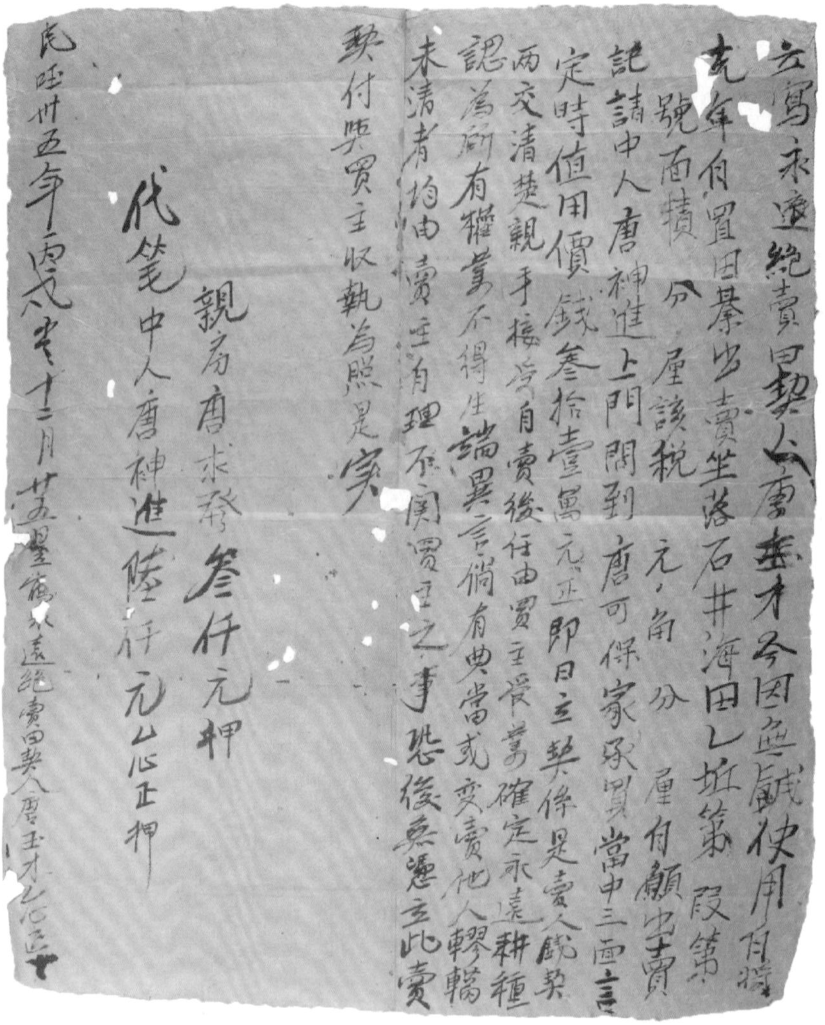

立写永远绝卖田契人唐玉才今因无钱使用
自将先年自置田基出卖坐落石井海田一丘
第　段第　号面积　分　厘该税　元　角
分　厘自愿出卖托请中人唐神进上门问到
唐可保家承买当中三面言定时值用价钱叁
拾壹万元正即日立契系是卖人钱契两交清
楚亲手接受自卖后任由买主管业确定永远
耕种认为所有权业不得生端异言倘有典当
或变卖他人轇轕未清者均由卖主自理不关
买主之事恐后无凭立此卖契付与买主收执
为照是实

亲房唐求发叁仟元【押】
代笔中人唐神进陆仟元【押】
民国卅五年丙戌（戌）岁十二月廿五日立
写永远绝卖田契唐玉才【押】

民国三十六年古历二月初二日罗佛保卖断补房屋文契

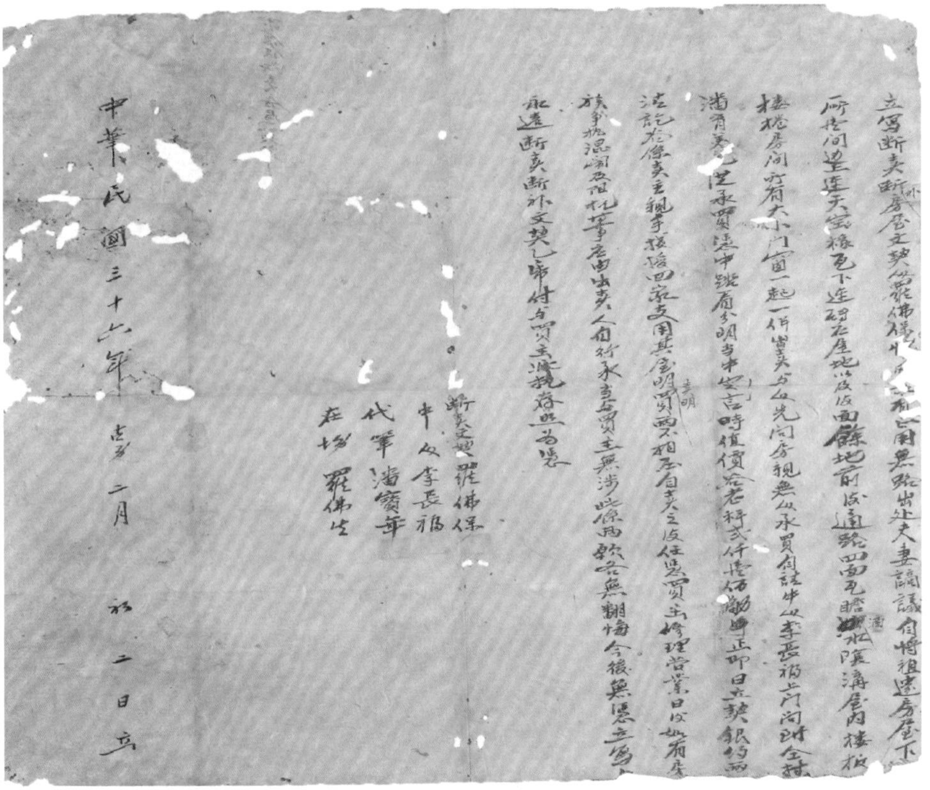

立写断卖断补房屋文契人罗佛保□□□□用无路出处夫妻謪（商）议自将祖遗房屋下厅壹间边上连天空椽瓦下连砖石屋地以及后面余地前后通路四面瓦瞻（檐）滴水阴沟屋内楼板楼棬房间所有大小门窗一起一并出卖与人先问房亲无人承买自请中人李长福上门问到仝村潘育美□从承买凭中踏看分明当中言定时值价谷老秤贰仟壹佰斤正即日立契银约两清讫谷系卖主亲手接授（受）回家支用其屋明卖明买两不相压自卖之后任凭买主修理管业日后如有房族争执混闹及阻抗等事应由出卖人自行承当与买主无涉此系两愿各无翻悔今后无凭立写永远断卖断补文契一纸付与买（收）主收执存照为凭

断卖文契罗佛保【印】

中人李长福【印】

代笔潘宝年【印】

在场罗佛生

中华民国三十六年古历二月初二日立

民国三十六年二月初十日唐圣恩卖茶树园地契

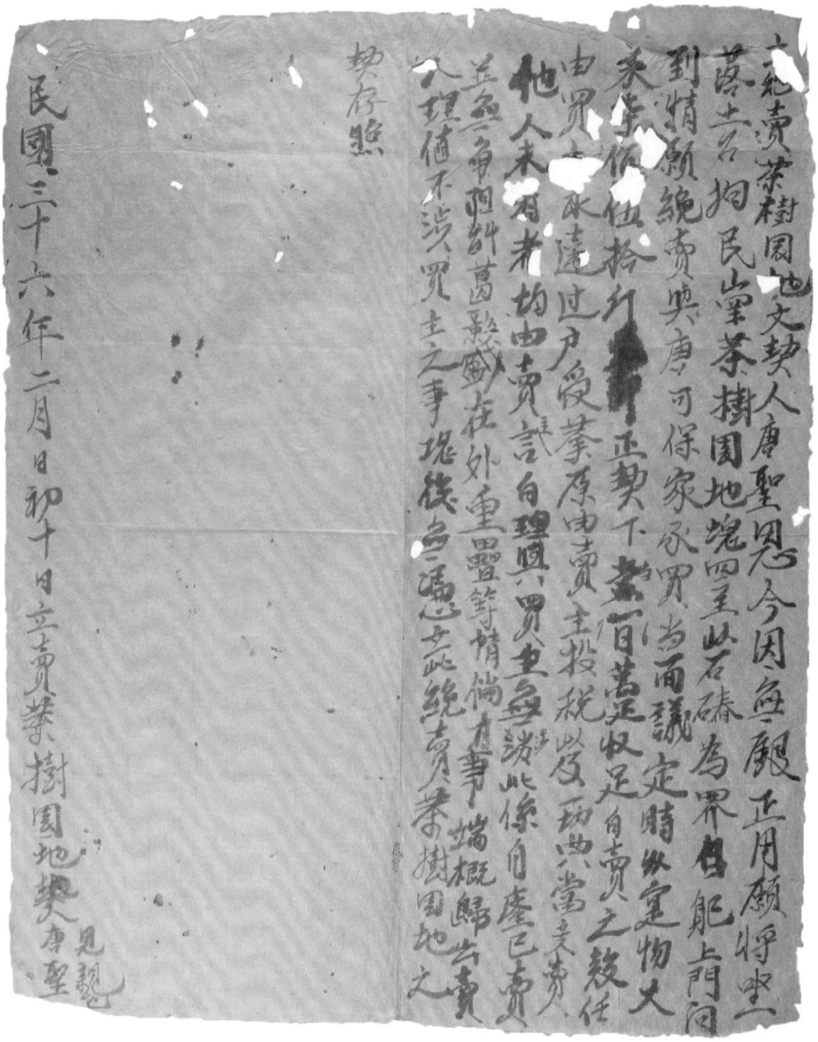

立绝卖茶树园地文契人唐圣恩今因无银正用愿将坐落土名拘民崀（岗）茶树园地块四至以石碡为界自己上门问到情愿绝卖与唐可保家承买当面议定时以实物大禾柒佰伍拾斤正契下当一日万足收足自卖之后任由买〈主〉永远过户管业原由卖主投税以及一切典当受卖他人未有者均由卖主言白（自）理与买主无涉此系自产巳（已）卖并无角阻纠葛影戯在外重叠等情倘有事端概归出卖人理值不涉买主之事恐后无凭立此绝卖茶树园地之契存照

民国三十六年二月［日］初十日立卖茶树园地契唐圣恩亲笔

民国三十六年二月初十日唐圣恩卖田契

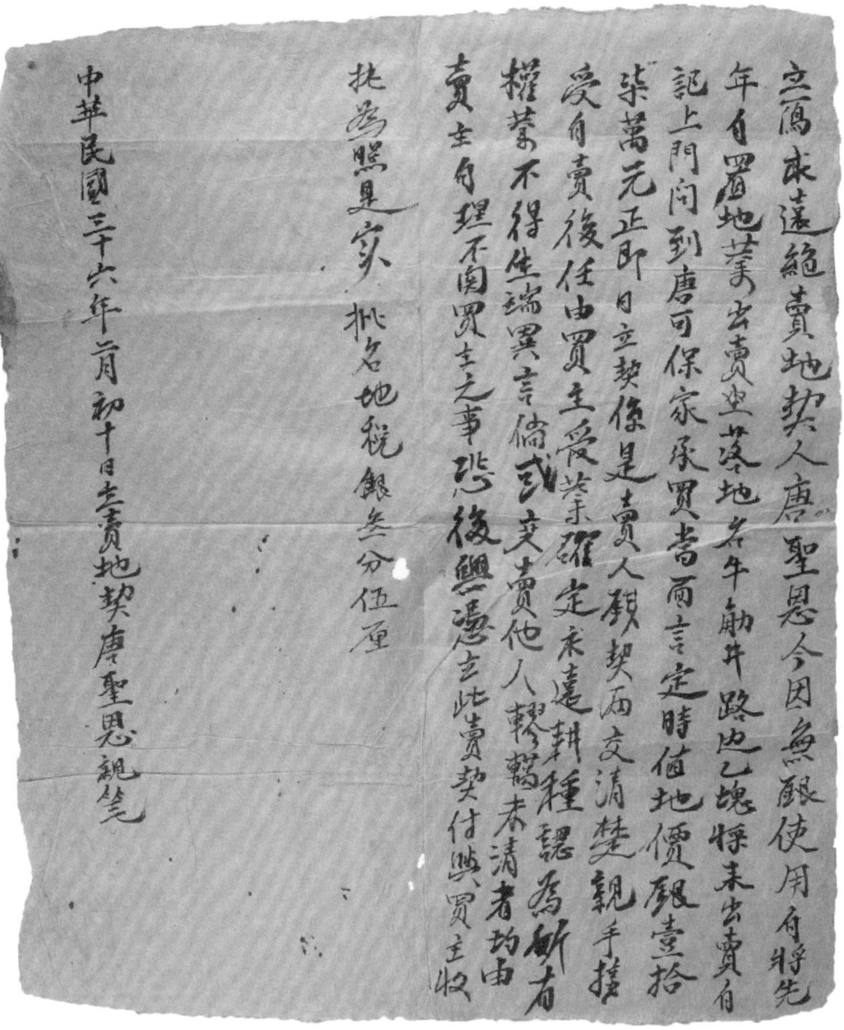

立写永远绝卖地契人唐圣恩今因无银使用自将先年自置地业出卖坐落地名牛觔井路边一块将来出卖自托上门问到唐可保家承买当面言定时值地价银壹拾柒万元正即日立契系是卖人钱契两交清楚亲手接受自卖后任由买主管业确定永远耕种认为所有权业不得生端异言倘或变卖他人轇輵未清者均由卖主自理不关买主之事恐后无凭立此卖契付与买主收执为照是实批名（明）地税银叁分伍厘

中华民国三十六年二月初十日立卖地契

唐圣恩亲笔

民国三十六年二月十三日梁先佳议让阴地契

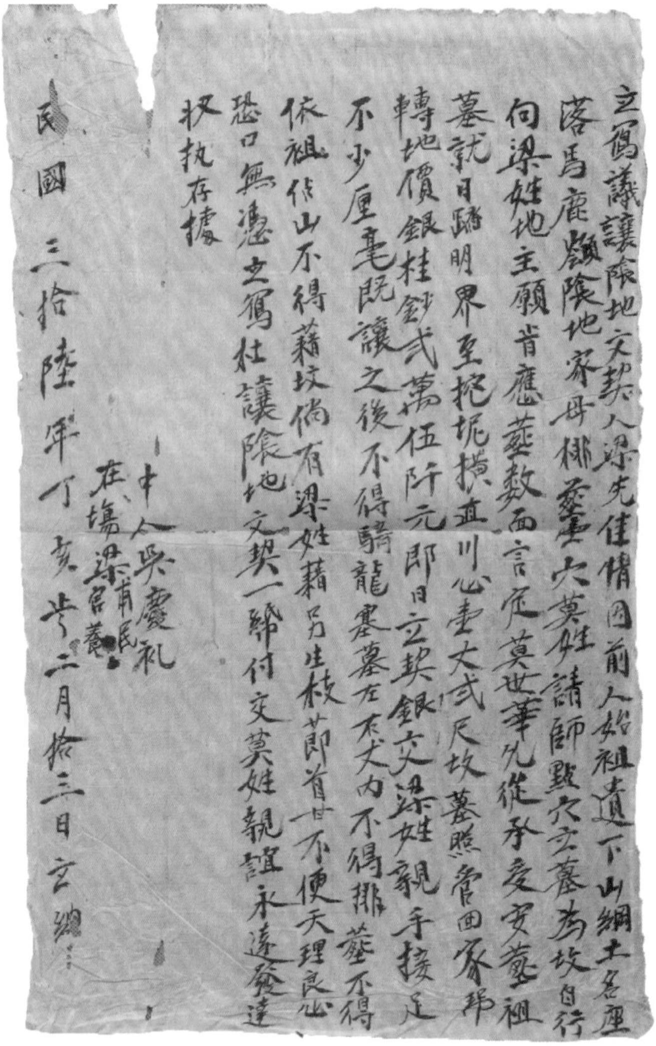

立写议让阴地文契人梁先佳情因前人始祖遗下山纲土名座落马鹿岭阴地家母棑葬壹穴莫姓请师点穴立墓为坟自行向梁姓地主愿肯应葬数面言定莫世华九从承受安葬祖墓就日踏明界至挖坭揁直川心壹丈贰尺坟墓照管回家帮转地价银桂钞贰万伍仟元即日立契交银梁姓亲手接足不少厘毫既让之后不得骑龙塞墓左右丈内不得排葬不得依祖占山不得借坟倘有梁姓藉另生枝节首甘不便天理良心恐口无凭立写杜让阴地文契一纸付交莫姓亲谊永远发达收执存据

中人吴庆礼

在场梁甫民梁官养

民国三拾陆年丁亥岁二月拾三日立纳

民国三十六年闰二月二十一日黎天德卖地契

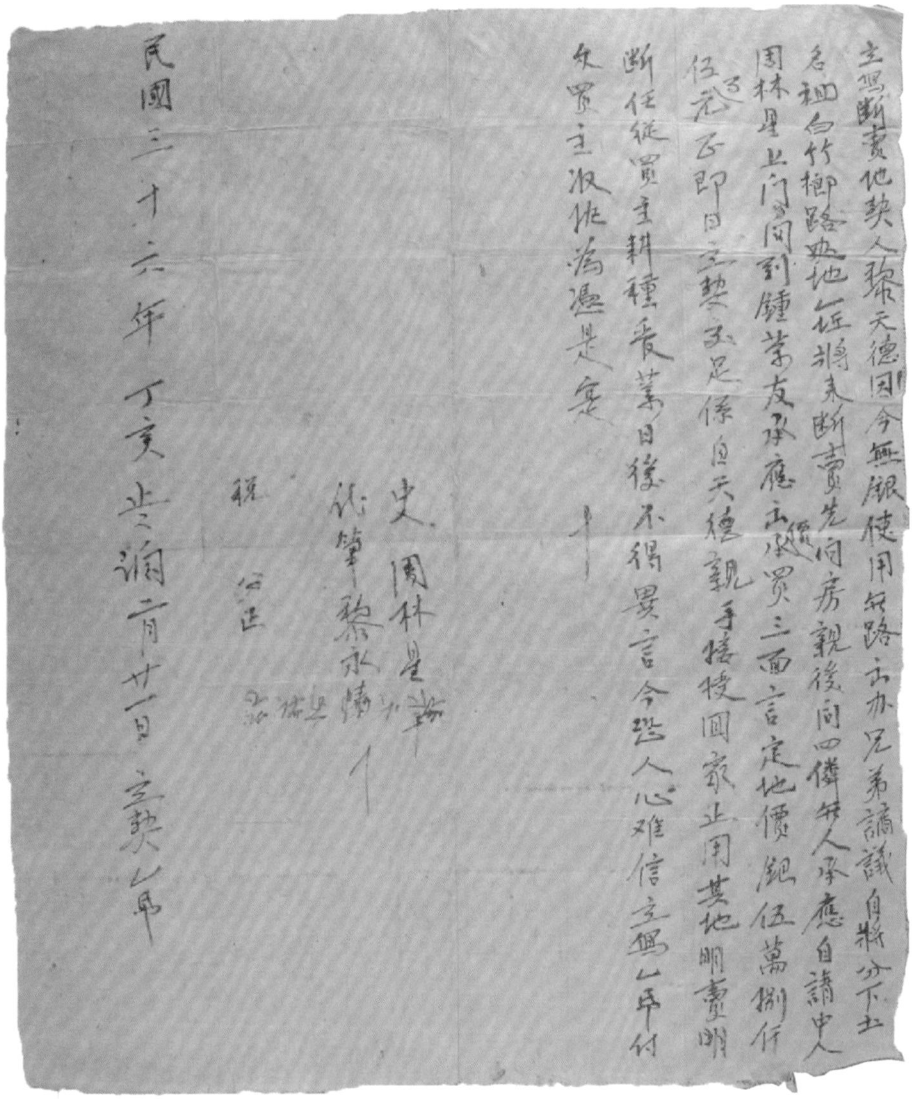

立写断卖地契人黎天德因今无银使用无路出办兄弟謪（商）议自将分下土名祖白竹榔路边地一丘将来断卖先问房亲后问四僯（邻）无人承应自请中人周林星上门问到钟荣友承应出价承买三面言定地价银伍萬捌仟伍百元正即日立契交足系自天德亲手接授（受）回家正用其地明卖明断任从买主耕种管业日后不得异言今恐人心难信立写一纸付与买主收执为凭是实【押】

中人周林星【押】

代笔黎永情【押】

税　　分正

民国三十六年丁亥岁润（闰）二月廿一日立契一纸

民国三十六年十月二十三日唐得挩卖茶树园地契

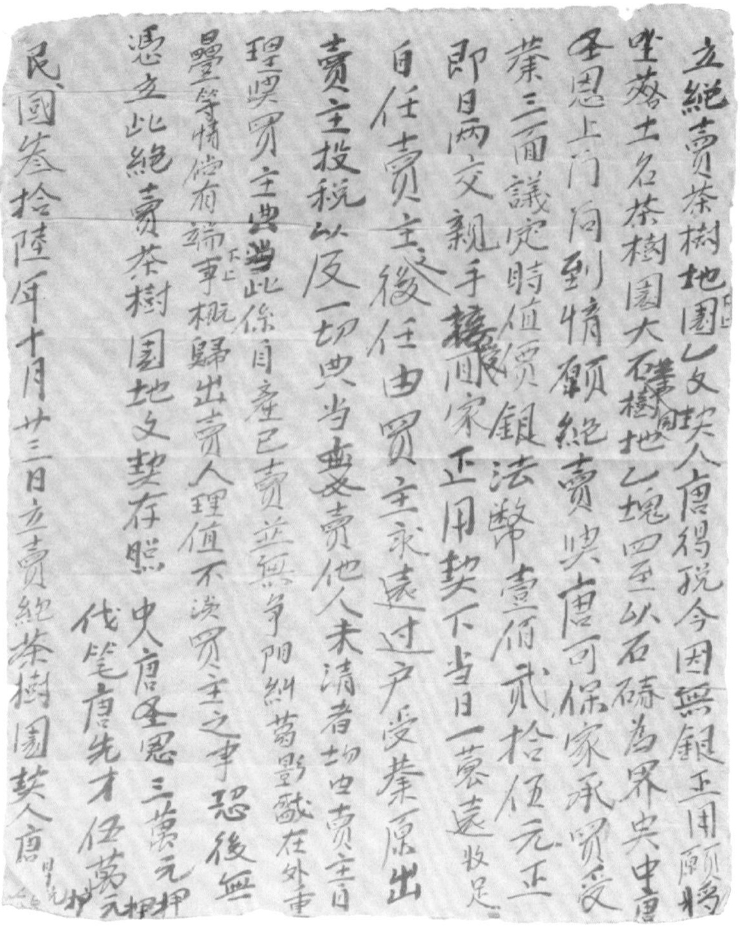

立绝卖茶树地园一文契人唐得挩今因无银正用
愿将坐落土名茶树园大石茶树园地一块四至以
石碡〔桩〕为界央中唐圣恩上门问到情愿绝卖
与唐可保家承买受业三面议定时值价银法币壹
佰贰拾伍元正即日两交亲手接受回家正用契下
当日一蒐远收足自任卖主之后任由买主永远过
户受业原出卖主投税以及一切典当变卖他人未
清者均由卖主自理与买主典当此系自产已卖并
无争相纠葛影戤在外重叠等情倘有事端概归出
卖人理值不涉买主之事恐后无凭立此绝卖茶树
园地文契存照

中人唐圣恩三万元押

代笔唐先才伍万元押

民国叁拾陆年十月廿三日立卖绝茶树园契人唐
□□

民国三十七年一月十八日钟伟民卖田契

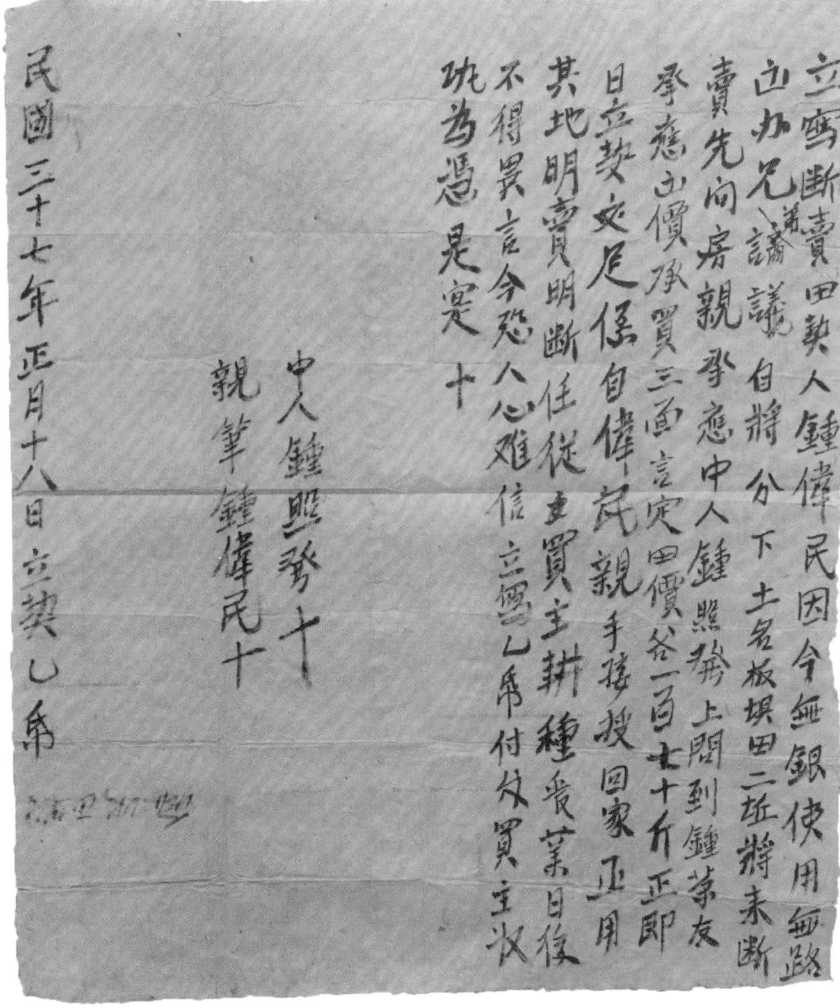

立写断卖田契人钟伟民因今无银使用无路出办兄弟謪（商）议自将分下土名板垻（埧）田二丘将来断卖先问房亲承应中人钟照发上问到钟荣友承应出价承买三面言定田价谷一百七十斤正即日立契交足系自伟民亲手接授（受）回家正用其地明卖明断任从买主耕种管业日后不得异言今恐人心难信立写一纸付与买主收执为凭是实【押】

中人钟照发【押】

亲笔钟伟民【押】

民国三十七年正月十八日立契一纸

民国三十七年一月十九日唐求益卖屋契

立为永远断卖为屋地契人唐求益今因无银使用月将先人房屋乙间上连
砖瓦木料下连地基石料粪坑砖概行断卖记请中人唐贵伸上门问到唐可保
实承买当中三面言定时值房价银以实物作价黄豆玖佰斤又大禾玖百行
正即日立劲两交清楚房屋断卖之后任由买主过手修整屋住日后不得生
端异言恐後無憑立此賣契乙纸付共買主收执为照是实
附说明（一）界址南至大路街为界（二）北
至首世屋墙为界北至从西角直线为界东至首
世屋墙为界

中人唐贵伸十

中華民國卅七年正月十九日鵑永遠斷賣房屋地契人唐求益親筆

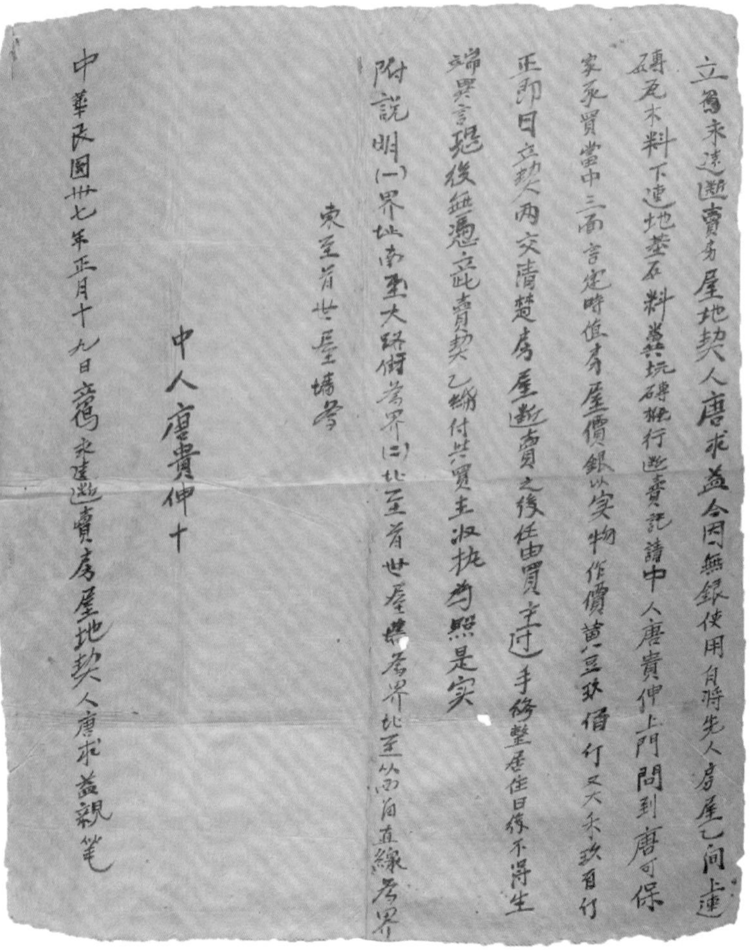

立写永远断卖房屋地契人唐求益今因无银使
用自将先人房屋一间上连砖瓦木料下连地基
石料粪坑砖概行断卖托请中人唐贵伸上门问
到唐可保家买当中三面言定时值房屋价银
以实物作价黄豆玖佰斤又大禾玖百斤正即日
立契两交清楚房屋断卖之后任由买主过手修
整居住日后不得生端异言恐后无凭立此卖契
一纸付与买主收执为照是实
附说明（一）界址南至大路街为界（二）北
至首世屋墙为界北至从西角直线为界东至首
世屋墙为〈界〉
中人唐贵伸【押】
中华民国卅七年正月十九日立写永远断卖房
屋地契人唐求益亲笔

民国三十七年八月初九日钟照富钟照修卖田契

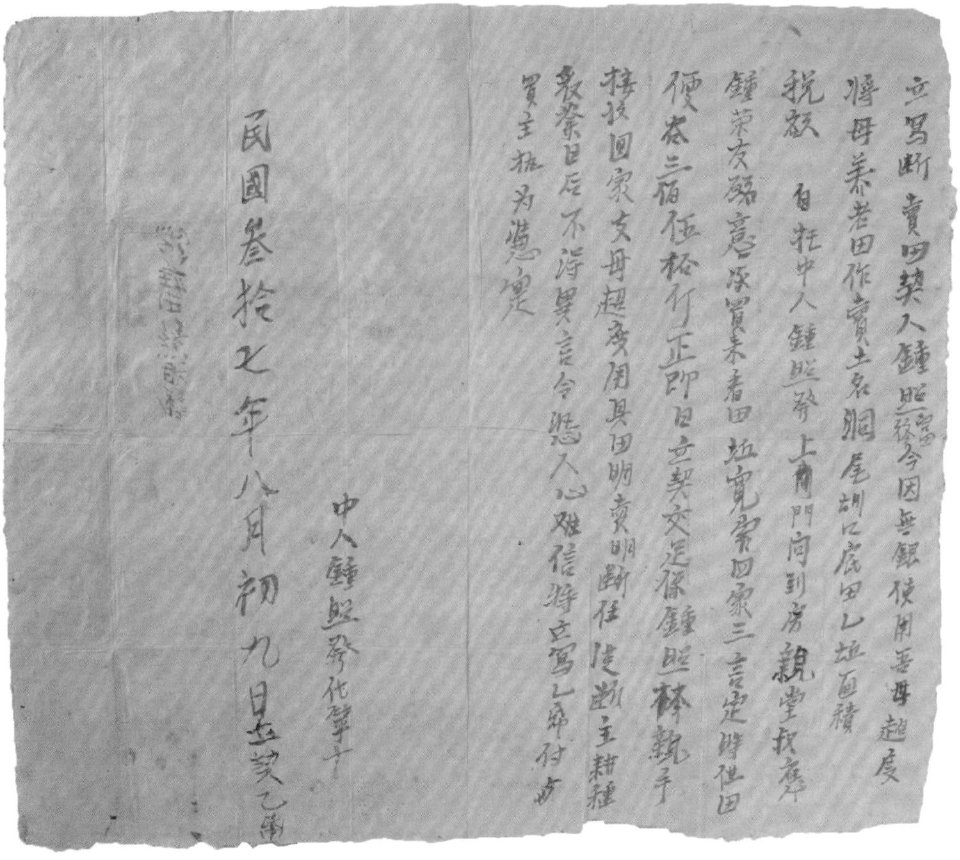

立写断卖田契人钟照富钟照修今因无银使用吾母超度将母养老田作卖土名洞尾圳口底田一丘面积　税额　自托中人钟照发上门问到房亲堂叔应钟荣友愿意承买来看田丘宽窄回家三〈面〉言定时值田价谷三佰伍拾斤正即日立契交足系钟照榉亲手接收回家支母超度用具田明卖明断任从断主耕种管业日后不得异言今恐人心难信特立写一纸付与买主收执为凭实

中人钟照发代笔【押】

民国叁拾七年八月初九日立契一纸

民国三十七年九月一日董若兰等义让地毛主权契

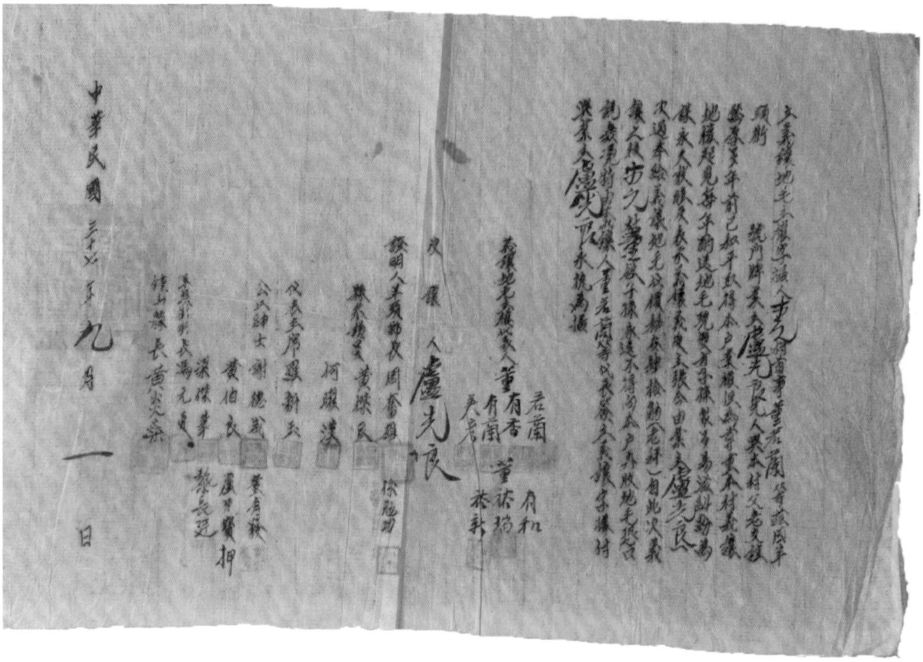

立义让地毛主权字据人□元村首事董若兰等兹因羊头街　号门牌业主卢光良先人与本村父老交谊笃厚多年前己（已）和平取得本户业权但为尊重本村义让地权起见每年酌送地毛现双方子孙众多易滋纠纷为谋永久敦睦及表示义让义受主张今由业主卢光良一次过奉给义让地毛仪价稻麦肆拾斤（老秤）自此次义让之后□元村董姓子孙永远不得向本户再收地毛恐口说无凭特由义让人董若兰等代表签立义让字据付与业主卢光良永执为据

义让地毛主权代表人董若兰【押】董有香【印】董有兰【印】董美彦【印】董有和董裕瑞【印】董裕新【印】

受让人卢光良

证明人羊头乡长周奋雄【印】徐勉功【印】

县长议员黄杰民【印】何曜汉【印】

代表主席罗新玉【印】

公正绅士谢德威【印】董有发【印】黄伯良【印】卢月宝【押】梁杰华【印】黎长廷【印】

羊头街街长冯元员【印】

钟山县长黄炎燊【印】

中华民国三十七年九月一日

民国三十八年二月唐李莲卖田契

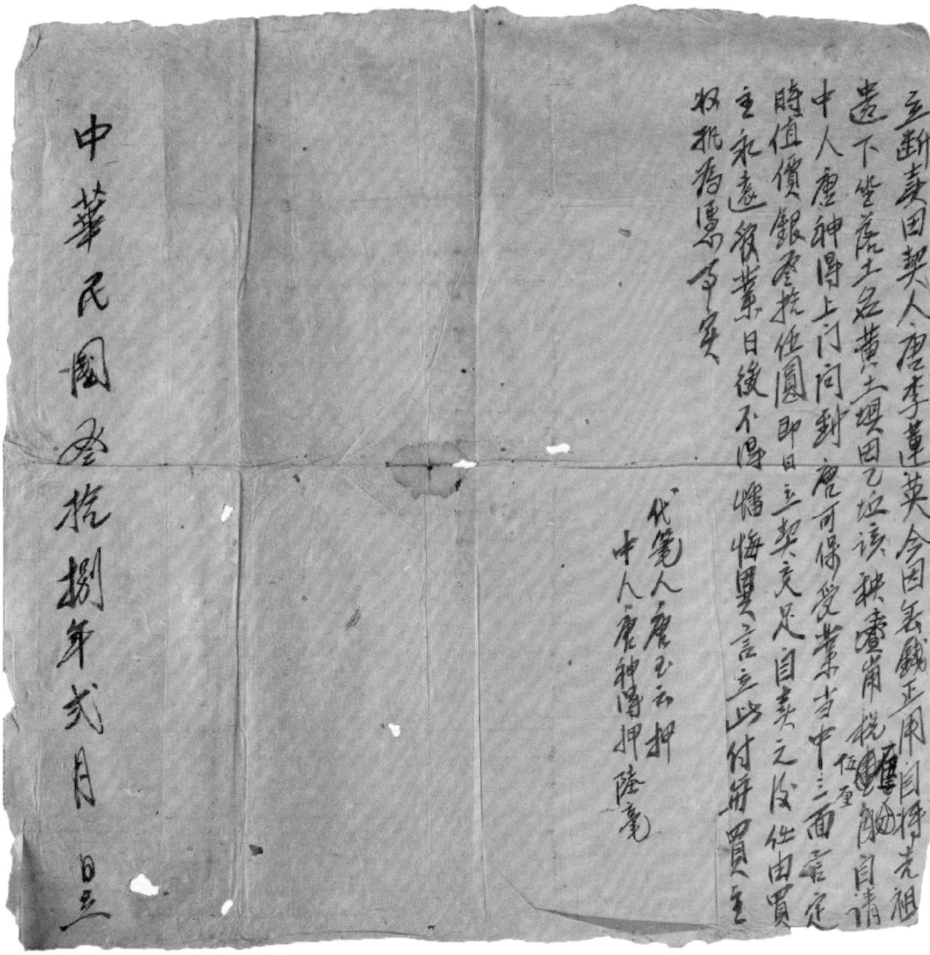

立断卖田契人唐李莲英今因无钱正用自将先祖遗下坐落土名黄土塅田一丘该秧壹肖（棚）用税伍厘自请中人唐神得上门问到唐可保受业当中三面言定时值价银叁拾伍圆即日立契交足自卖之后任由买主永远管业日后不得憣悔异言立此付与买主收执为凭事实

代笔人唐玉云押

中人唐神得押陆毫

中华民国三十八年二月日立

戊申年十二月二十七日任书发立写永卖草园地契

立寫永遠斷賣草菌地契人任書發今因無錢使用自將分下祖業坐落土名葉母文草地乙
四方乙塊將來出賣自請中人任瑞明上門问到任仙慶仙啟兄弟承買當中三面言定草地價銀
玖毫正即日立契交足係書發親接回家正用其草地出賣后任從買主管業日后不得異言立
寫永遠斷賣草地契乙紙付與買主收執為憑
中人任瑞明 钱四十文
天運戊申年十二月二十七日立寫永賣草地契人任書發親筆

立写永远断卖草园地契人任书发今因无钱使用自将分下祖业坐落土名叶母父草地一四方一块将来出卖自请中人任瑞明上门问到任仙庆仙啟兄弟承买当中三面言定草地价银玖毫正即日立契交足系书发亲接回家正用其草地卖后任从买主管业日后不得异言立写永远断卖草地契一纸付与买主收执为凭

中人任瑞明钱四十文

天运戊申年十二月二十七日立写永卖草地契人任书发亲笔

壬子元年正月十八日单范吾卖地契

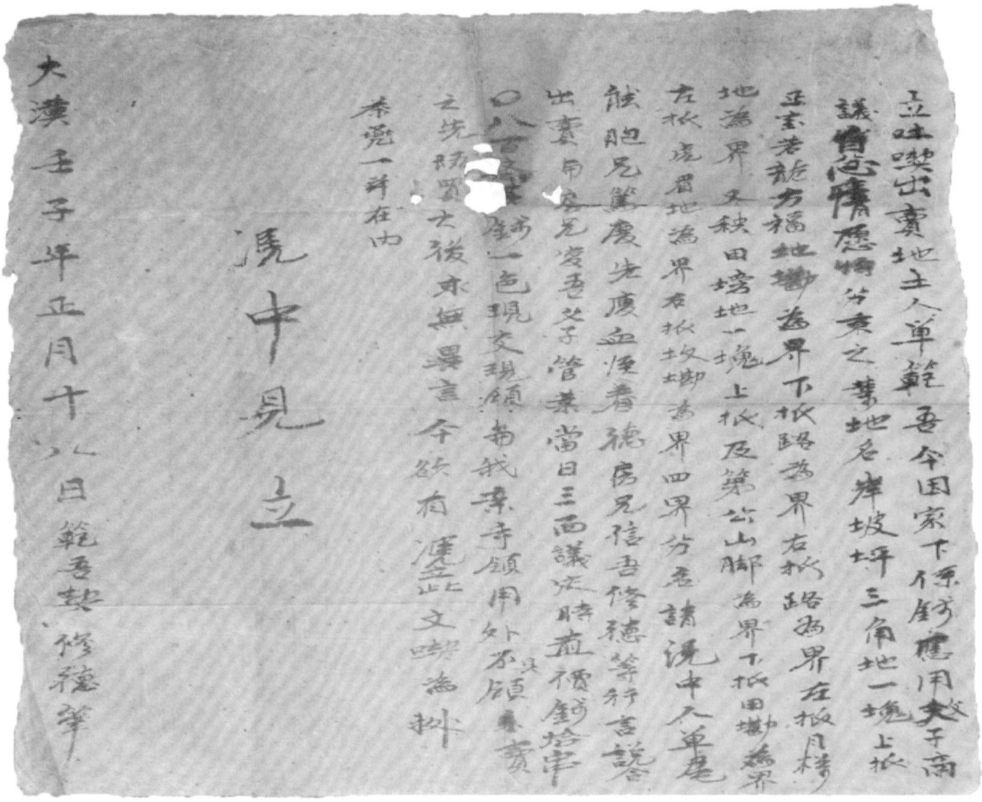

立吐（杜）喫（契）出卖地土人单范吾今因家下系钱应用父子商议自心情愿将分秉之业地名岸坡坪三角地一块上抵正室若龙方福地勘为界下抵路为界右抵路为界左抵月楼地为界又秧田塝地一块上抵及第公山脚为界下抵田勘为界左抵虎眉地为界右抵坟勘为界四界分名（明）请凭中人单尾能胞兄笃庆先庆血侄春德房兄信吾修德等行言说合出卖与房兄庆吾父子管业当日三面议定时值禶（价）钱拾串〇八百文□□钱一色现交现领与我亲手领用外不具领卖之先既买之后永无异言今欲有凭立此文喫（契）为据茶蔸一并在内

凭中见立

大汉壬子年正月十八日范吾契修德笔

壬戌岁九月十四日何兰珍卖房屋契

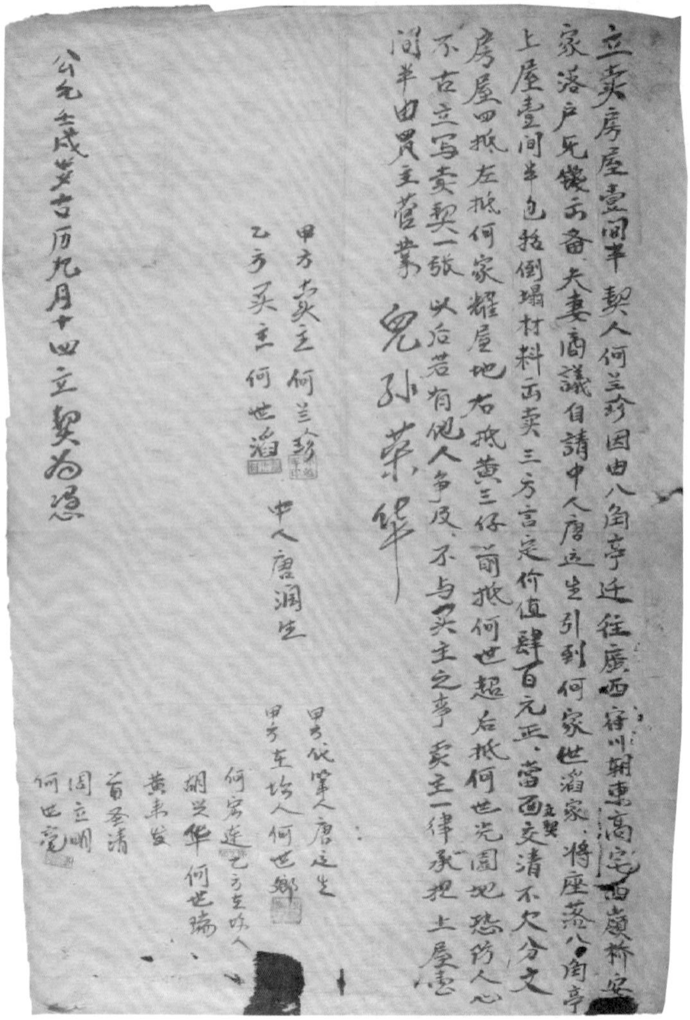

立卖房屋壹间半契人何兰珍因由八角亭迁往广西富守川钥东高宅西岭桥安家落户无钱出备夫妻商议自请中人唐运生引到何家世滔家将座落八角亭上屋壹间半包括倒塌材料出卖三方言定价值肆百元正当面立契交清不欠分文房屋四抵左抵何家耀屋地右抵黄三仔前抵何世超后抵何世光园地恐防人心不古立写卖契一张以后若有他人争及不与买主之事卖主一律承担上屋壹间半由买主管业 儿孙荣华

甲方卖主何兰珍【印】

乙方买主何世滔【印】

中人唐润生

甲方代笔人唐运生

甲方在场人何世乡【印】何宏连【印】

胡兴华黄来发首圣清周立明何世毫【印】

乙方在场人何世瑞

公元壬戌岁古历九月十四立契为凭

奉成贵奉成富卖田契

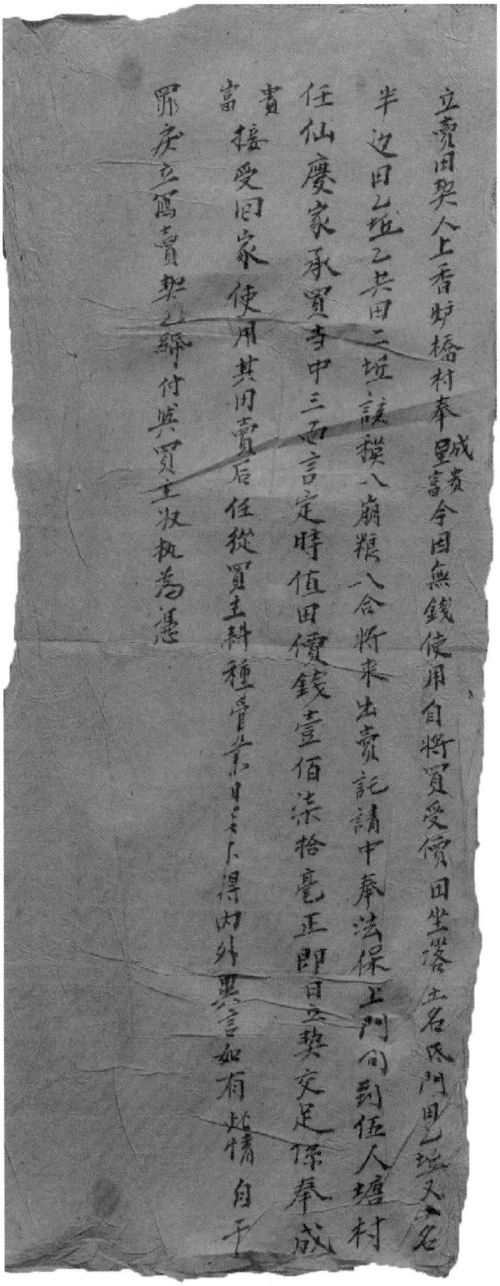

立卖田契人上香炉桥村奉成贵奉成富今因无钱使用自将买受价田坐落土名氏门田一丘又土名半边田一丘一共田二丘该秧八崩〔棚〕粮八合将来出卖托请中奉法保上门问到伍人塘村任仙庆家承买当中三面言定时值田价钱壹佰柒拾毫正即日立契交足系奉成贵奉成富接受回家使用其田卖后任从买主耕种管业日后不得内外异言如有此情自干罪戾立写卖契一纸付与买主收执为凭

某氏妇招李之维入赘填房契

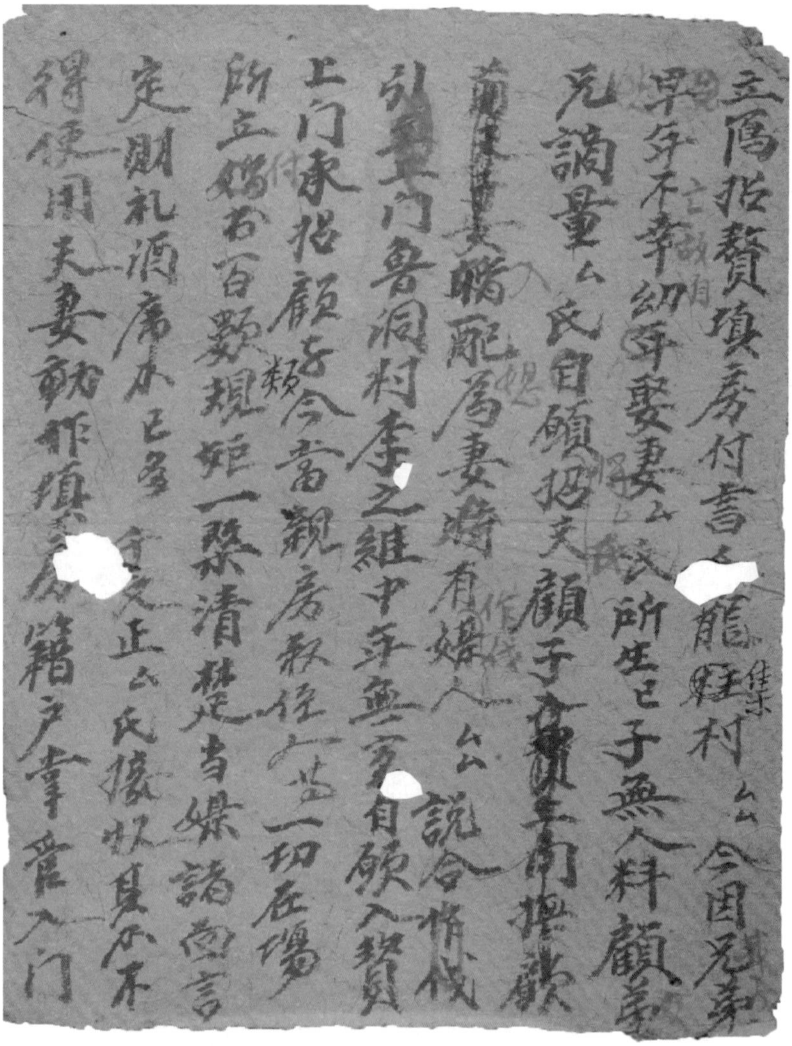

立写招赘填房付书□龙集村某某今因我子兄弟早年不幸亡故自幼娶妻某氏所生已子无人料顾弟兄父媳謪（商）量某氏愿将招夫顾子入配媳为妻今有作伐媒人某某说合作伐引至上门鲁洞村李之维中年无室自愿入赘上门承招顾子今当亲房叔侄人等一切在场所立付书百数类规矩一概清楚当媒诸面言定财礼酒席钱已多千文正某氏接收其钱不得使用夫妻动作填房籍户掌管入门